U0567521

本書爲二〇一七年阜陽市人文社會科學研究專項項目重大項目《明清六種〈潁州志〉校箋》的成果之一，
在出版時得到阜陽師範大學文學院校級一流學科和安徽省重點學科古代文學學科的經費支持

嘉靖潁州志（呂本）校箋

【上冊】

（明）呂景蒙◎纂修

張明華　岳冰◎校箋

SSAP
社會科學文獻出版社
SOCIAL SCIENCES ACADEMIC PRESS (CHINA)

圖書在版編目(CIP)數據

嘉靖潁州志（呂本）校箋：上下册 / 張明華，岳冰校箋. -- 北京：社會科學文獻出版社，2021.5

ISBN 978-7-5201-8324-6

Ⅰ. ①嘉… Ⅱ. ①張… ②岳… Ⅲ. ①阜陽-地方誌-明代 Ⅳ. ① K295.43

中國版本圖書館CIP數據核字（2021）第081749號

嘉靖潁州志（呂本）校箋（上下册）

纂　修 / （明）呂景蒙
校　箋 / 張明華　岳　冰

出 版 人 / 王利民
責任編輯 / 杜文婕　丁　凡

出　版 / 社會科學文獻出版社（010）59367143
地址：北京市北三環中路甲29號院華龍大厦　郵編：100029
網址：www.ssap.com.cn
發　行 / 市場營銷中心59367081　59367083
印　裝 / 三河市尚藝印裝有限公司

規　格 / 開　本：787mm×1092mm　1/16
印　張：45.5　字　數：690千字
版　次 / 2021年5月第1版　2021年5月第1次印刷
書　號 / ISBN 978-7-5201-8324-6
定　價 / 168.00圓（上下册）

前言

現存關於潁州（今安徽阜陽）的志書共有二十種（包括潁上、太和、臨泉、阜南四縣縣志），其中成化年間所修的《正德潁州志》（以下簡稱《正德志》）爲最早的《潁州志》，其次就屬吕景蒙所修《嘉靖潁州志》和李宜春所修的《嘉靖潁州志》。爲了便於區分，這裏以《吕志》代指前者，《李志》代指後者。相對於帶有草創性質的《正德志》，後出的《吕志》在體例的完備、内容的精審、思想的雅正等方面形成鮮明的特點，對後世的影響也更爲深遠。在整理和校釋的過程中，筆者對《吕志》的修纂過程、保存狀況以及志書本身的特點、影響、價值等方面有一定的認識，現略述如下。

一 《吕志》的編纂及成書

（一）編纂人員

在《吕志》的修纂過程中，有一個十二人的團隊。《凡例》中對十二個成員的分工情況有詳細的説明：時任潁州判官的吕景蒙爲之訂定，儒學學正胡袞爲之編次，訓導韋孚、鄭堂爲之校正，生員趙富、顧學詩、楊世楷、劉爵、唐寵、崔崑、黎鶚、黎凰爲之採摭，其中吕景蒙和胡袞對《吕志》的編纂起決定作用。

吕景蒙（一四八六—？），字修飭，又字希正，廣西象州人，弘治十七年（一五〇四）舉人，仕至監察御史。曾遊學於湛若水之门，對理學有較深研究。著有《定性發蒙》《象郡學的》《藏用集》《柳州府志》。可惜除《嘉靖潁州志》外，其他著作均已佚失。《康熙廣西通志·人物·鄉賢》載：

呂景蒙，字希正，象州人。弘治舉人，歷監察御史，以直言謫潁州判官，轉汲縣知縣。後陞福州府通判、大理寺評事，俱未就。嘗推重柳之先輩周東溪琦、簡駕鶴弼，爲儒者之學。其所談理道，粹然一出於正。總督兩廣張公嶽重之，有事於柳，過象州，造其廬，接談竟日，表其宅曰「理學名儒」。所著有《定性發蒙》《象郡學的》二書及《柳州府志》十六卷。

嘉靖十二年（一五三三），四十七歲的呂景蒙由御史左遷潁州添注判官。對《呂志》的修纂來説，呂景蒙的貢獻主要體現在三個方面：其一，主持《呂志》的修纂工作；其二，確定一套規整完備的體例；其三，提出並確立《呂志》「一準於史」的原則。《順治潁州志·宦業》在呂景蒙的傳記中對其大力褒揚，有「大有卓識，倣《史》《漢》之遺義，條例整潔，後人更討不能違其成範，且富有著述，卓爾名家也」之語。呂景蒙任潁州判官期間，除修志外，還有一些爲後世稱道的善政，如重修和新建西湖書院、三忠祠、六貞祠、名宦祠、三相祠等多個祠廟，爲州縣的學署置辦了七百多册的經、史書籍。

胡袞，字補之，自號味菜山人，鄱陽（今屬江西）人。曾在潁州、武昌、臺州等地擔任教職，著有《讀史質疑》《戊丙樵書》《東水質疑》等。《康熙鄱陽縣志·選舉·明貢士》載：「胡袞，字補之，大梨人。歷歸州、潁州、武昌教職。著有《讀史質疑》《戊丙樵書》等集。」嘉靖十二年，胡袞由選貢任潁州學正。在《呂志》的纂修過程中，胡袞的作用僅次於呂景蒙。在《呂志》的每一卷之後，修纂者都撰有議論性的結語。其中《禮樂》《過賓》《孝義》《遺逸》《貞烈》等卷後的結語爲胡袞一人所寫，而《食貨》《名宦》《鄉賢》《死事》《僑寓》《外傳》等卷後的結語，雖主要是吕景蒙所作，但胡衮之作也列於其後。這至少可以表明，在志書纂修過程中，胡衮對以上所列十多個類别的修纂做出了較多貢獻。

由於修纂團隊的大多數人員衹是協助吕、胡二人，對《吕志》的成書影響相對較小，人數又多，此處不再一一考證了。

（二）《吕志》的編纂過程及成書時間

關於《吕志》的修纂過程，吕景蒙在《後記》中説：「《潁志》採摭、編次凡三閲月，訂定惟盡公餘，脱稿隨壽諸梓則越十月。起筆自三月朔，畢工於十有二月終。」由此可見，修纂該志至少花費了一年多的時間。

先看《吕志》的始修時間。《吕志》前有三篇序文，最早的一篇爲吕景蒙所作，時間在嘉靖十五年五月（以下簡稱《吕序》）；其次爲時任潁州知州的黄九霄所作，時間在嘉靖十五年十月（以下簡稱《黄序》）；最晚的爲時任江西按察司僉事的王琇所作，時間在嘉靖十五年閏十二月（以下簡稱《王序》）。《黄序》云：

> 嘉靖乙未秋，予忝奉命守潁，惴惴無以覩下風、稱上意旨是懼。視篆甫既，取志閲之，訛舛弗經，凡厥未備……因與同寅吕君議云：惟文與獻，乃邦之紀。激發人心，終必賴之。此而弗力，吾党有餘愧也……吕君以議有合，慨然自許，據史傳，採輿議，編年繫事。

知州黄九霄到任不久，就與吕景蒙等人商議修志之事，序中所提到的「嘉靖乙未秋」，即嘉靖十四年（一五三五）秋。由此可知，《吕志》修纂在此後就已經開始了。不過，這時主要採集資料和確定體例，至於動筆，則在下一年「三月朔」。

再看《呂志》的成書時間。《黄序》中有「今秋九月書成，予三閲之」之語，可知，《呂志》初稿在嘉靖十五年（一五三六）九月已經完成。之後，黄九霄「三閲之」，也就意味著書稿又修改了兩遍，終於到同年的「十有二月」得以「畢工」。這也正與《王序》作於「嘉靖十有五年閏十二月朔日」的時間吻合。

綜上，《呂志》始修時間應不晚於嘉靖十四年季秋，最終成書時間在嘉靖十五年季冬。該志從開始修纂到結束，前後用時不少於十六個月。

（三）《呂志》的保存情況

在《呂志》刻成後，當時印刷多少本已不可知。不過，爲了防止散佚毀壞，呂景蒙對書板採取過一些保護措施。他在《後記》中説：「今置厨一座，用板藏於儒學尊經閣上之右面，東與史厨並列。凡游於斯、生於斯之賢士大夫，有欲印者，當計紙張，命工就印。」其對所修志書的看重與保護意識，於此可見一斑。呂景蒙的這種保存方式，對《呂志》的傳播和保存有一定的效果。

嘉靖十五年刻本《潁州志》現僅存一本，且《名宦》中歸暘、李添祐、王敬、方玉、游兆、孫景名、李悦、張賢、劉珮、車誠、王皞、孔克耕、鄭文廉等十三人的傳記缺失。該書藏於寧波天一閣，中國科學院圖書館和南京圖書館藏有據其所製膠卷，安徽省圖書館藏有據其抄録的抄本。一九九〇年上海書店出版《天一閣藏明代方志選刊續編》，《呂志》被收録在第三十五册。

二 《吕志》的特點及其成因

明永樂年間，爲修《大明一統志》，朝廷頒佈了《纂修志書凡例》，爲地方修纂志書提供了可參照的準則。由此以来，明代地方修志的風氣愈來愈濃。基於這樣的時代背景，在修纂《吕志》時，编纂者提出了「倣諸遷、固，據諸史傳，而參諸舊志」的原則，從而在實踐中形成了如下三個方面的特點。

（一）獨特的書寫方式

在《吕志》中，該特點主要表現在兩個方面。其一，紀傳體的書寫方式。《吕志》正文共二十卷，十餘萬字，分「紀二」「表五」「志八」「傳十二」，其中僅最後一類即占到一半以上。這種體例，可歸之爲紀傳體。這與《正德志》中可歸爲傳記的僅有「名宦」「流寓」「人物」「烈女」四類和《南畿志》中僅有「宦蹟」「人物」「烈女」「方伎」四類有很大的不同。《吕志》採用紀傳體，是编纂者有意繼承《史記》《漢書》的結果，故胡袞在《志論》中説：「今之《郡志》，古國史也。」其二，《吕志》對引用材料均注明來源。首先，在《凡例》中列出所引用的文獻，有《尚書》《詩經》《爾雅》《春秋》《左傳》《國語》《二十一史》《通鑑綱目》《通典》《通志》《文獻通考》《一統志》《續通鑑綱目》《中都志》《歷代輿地圖》等三十五種。其次，在《吕志》正文中還大量存在標注資料出處的情況。「郡紀」「輿地」「溝洫」「禮樂」「名宦」「鄉賢」「孝義」「方伎」「外傳」各類中，皆標注文獻的出處，其中又以「輿地」「名宦」「鄉賢」三類最爲突出。如「輿地上」在記録潁州的沿革時，從唐虞到明，每一條内容後均注有史料的出處。這種做法，體現了修纂者嚴謹的修志態度。

（二）鮮明的議論特色

一方面，各個類别後皆有專門之「論」。在《吕志》中，「表」外的其他類别都具有「叙——正文——論」的結構模式。其中「叙」即小序，主要交代該類别的設立原因；「論」則是對前面史料所反映出的經濟、社會、風俗、文化等方面狀況的判斷和評價。「叙」「論」都偏於議論。如《孝義》前的小序：「孝義者，人道之本，正家之原。未有人無孝義，而能充之以至於極致者。孝義豈易得哉？作《孝義傳》。」該卷後又有胡袞之「論」曰：「君子之居家也，孝義而已矣。孝，故能事其親；義，故能睦其衆。孔子曰：『是亦爲政，奚其爲爲政？』君子之修其身，能教於家，亦庶幾矣。」其中「論」的篇幅大多都在二百至五百字之間，也有近千字的，内容上大都在引用《周易》《尚書》《論語》《左傳》《孟子》《西銘》等儒家經典中的某一觀點，結合修志者的心得而引發的一些議論，帶有較强的教化傾向。

另一方面，重視議論的特點還突出體現在對有争議人物的評價上。《吕志》中有《外傳》一卷，傳主僅有陳勝、鄧宗和劉福通三人，分别記述他们的事蹟。以劉福通爲例，此前各種文獻多稱其爲「潁州妖人」，稱其在元末的起兵爲「作亂」，而吕景蒙在《外傳》中祇記述其事蹟，並没有做道德評價。對於陳勝、鄧宗傳記的處理，也是如此。可是在《外傳》結尾，却有吕景蒙和胡袞的兩段「論」。前者曰：

> 秦政暴虐，元政酷亂，已非一日矣。秦至二世，戍及閭左；元至順帝後興河夫，當時百姓困苦極矣，莫不欲死中求生，此陳勝、福通所以能造亂也。勝、通皆潁人，蹟其所言所爲，亦豪傑耳。宋秦觀謂：「銷亡大盗之術，莫大乎籠取天下之豪傑。」奈何秦之與元，行政既失，用人又非，遂使天下豪傑不得爲治世之能臣，而徒

爲亂世之姦雄也。惜哉！雖然，不有陳勝首事，何以收漢高祖之功？不有福通倡亂，何以成我高皇帝之業？亂極當治之時，天生仁義之主出乎其間！此群雄所以敗亡，而天下所以平定也。

後者曰：

按，《易》稱：「包無魚，起凶。」聖人爲之象曰：「無魚之凶，遠民也。」夫民之去己，猶己遠之耳。秦之亡也，以閭左戍；元之亡也，以治河夫。一夫大呼，天下響應。當此時，雖有利兵重險，無益於守也。然則興役而不恤其民者，亦可以鑒矣。

如果説吕論側重於突出對陳勝、劉福通的歷史價值，胡論則更强調了其對後世的借鑒意義。

（三）完備的體例

在修纂《吕志》時，修纂者參考的舊志主要有《中都志》《南畿志》和《正德志》三書。爲便於説明《吕志》體例完備的特點，現將其類目與以上三書進行列表比較：

表一 《中都志》《正德志》《南畿志》《呂志》體例對比表

序號	《中都志》成化六年（一四七〇）		《正德志》正德十二年（一五一七）		《南畿志》嘉靖十三年（一五三四）		《呂志》嘉靖十五年（一五三六）	
一	建置沿革	鋪舍	州圖	科貢	總志	都城圖	紀	郡紀
二	郡名	沼池	建置沿革	寺觀		南都紀	表	郡縣
三	星土	祥瑞	城池	烈女		南畿地理圖		疆域
四	疆域	帝土	疆域	仙釋		畿土世代表		封爵
五	形勝	后妃	郡望	題詠		志命官		職官
六	風俗	人才	形勢	文章		志户口		人物
七	户口	科貢	風俗	歐公詩文		志水利	志	輿地上
八	土産	孝行	山川			志戎備		輿地下
九	貢賦	貞節	古蹟		郡縣志	府圖		建置
一〇	山川	尚義	宮室			沿革		食貨
一一	城郭	道釋	臺館			城社		溝洫
一二	國都	藝術	陵墓			建牧		禮樂
一三	古蹟	名宦	公署			學校		學校
一四	宮室	酷吏	學校			祠墓		兵衛
一五	壇壝	辯疑	郵驛			古蹟	傳	命使
一六	公宇	文章	鋪舍			宦蹟		名宦
一七	學校	題詠	祠祀			人物		鄉賢
一八	軍衛	碑銘	坊郭			列女		過賓
一九	屯田	見仕	鄉井			方外		名將
二〇	坊市		關梁			藝文		死事
二一	宮觀		版圖					孝義
二二	寺院		貢賦					遺逸
二三	祠廟		物産					貞烈
二四	陵寢		名宦					僑寓
二五	塚墓		流寓					方技
二六	橋梁		人物					外傳

從上表可以看出：《吕志》的體例結構跟《中都志》《正德志》《南畿志》都不相同。《吕志》「紀」「表」「志」「傳」的結構，是對《史記》「本紀」「世家」「列傳」「表」「志」和《漢書》「紀」「表」「志」「傳」的繼承。也就是説，《吕志》是在借鑒《史記》《漢書》的基礎上，參考《中都志》《正德志》《南畿志》等的體例，構建了一個以「紀」「表」「志」「傳」爲框架的新結構。《南畿志》成書僅比《吕志》早兩年，但其中已經出現了「南都紀」「畿土世代表」「志命官」等類目，也就是説「紀」「表」「志」「傳」的體例已經有所體現，衹是尚未成爲統領全志的結構。到了修纂《吕志》的時候，修纂者結合紀傳體史書的體例，借鑒《南畿志》的這種分類而加以改進，纔形成了紀傳體結構。

對比《正德志》和《吕志》的篇幅可以進一步看出，《吕志》的核心部分在於「志」，該部分超過五萬字，占全文篇幅的一半，其下包括「輿地」「建置」「食貨」等七個類别，分别對潁州的地理、經濟、民生、教育、軍事等諸多方面進行記載。而《正德志》全文約六萬字，除去「題詠」「文章」「歐公詩文」三類占百分之三十五，「名宦」「流寓」「人物」「烈女」占百分之十五，用來記載潁州地理、經濟、教育等方面的篇幅不足三萬字。從上表可以看出，《吕志》中的「志」基本上涵蓋了《正德志》中除州圖、名宦、流寓、人物、烈女以外的二十八個類别的内容。尤其是其中「輿地」一個部分就整合了《正德志》中「建置沿革」「城池」「疆域」等十五個類别的内容。相比《正德志》在體例上的冗雜，《吕志》更爲簡潔明晰；相比於《正德志》内容上的簡約，《吕志》更加充實。此外，《吕志》用百分之十四的篇幅，列出五張「表」，清晰地展現了潁州歷史中「郡縣」「疆域」「職官」「封爵」等方面的更替變化情況，這也是《正德志》中所没有的。而《吕志》中占百分之三十篇幅、分成十二類别的「傳」，凸顯了其以人物爲中心的重要特徵。

當然，《吕志》也存在一些不足之處。如，該志雖參考過《歷代輿地圖》，書中却未有一幅與潁州相關的地理、城池圖。又如，對於李穀這樣曾經官居高位、事蹟又見於正史的潁州名人，僅因其曾仕後晉、後漢、後周及宋四朝，有失士大夫氣節，《吕志》竟然漠視不載。更爲嚴重的是，由於大量使用表格，在多數官員在職時間、士人貢舉時間不詳的情況下，《吕志》却勉强將其置於某年之下；或者由於抄録錯誤，甚至可能出現了表格錯行的情况，也造成了很多的時間錯誤。

綜合來看，《吕志》雖然存在一些瑕疵，但其獨特的書寫方式、鮮明的議論特徵以及完備的體例仍是非常突出的特色，而這些特色又是形成《吕志》獨特價值並令其影響深遠的重要原因。

三 《吕志》的價值與影響

作爲一本記載詳細的地方志書，《吕志》不僅對研究明代潁州和皖北文化具有重要的文獻價值，而且對其後幾種《潁州志》的修纂産生了重要影響。

（一）《吕志》的價值

《吕志》的文獻價值主要表現在這樣幾個方面。其一，《吕志》較詳細地記載並保存了成化十八年（一四八二）至嘉靖十五年（一五三六）共五十五年間的潁州人口、田地、貢賦、課税等地方史料。其二，對《正德志》中記載不詳的史料進行了增補。比如，《正德志》卷三「貢賦」「物産」「孳牧」三類都比較單薄，甚至没有具體内容，《吕志·食貨》不僅增加了成化十八年至嘉靖十一年（一五三二）共五十一年間潁州的人口、田地、貢賦、課税，補寫了「孳牧」部分，又新增了「庸調」部分。其三，《吕志》首次系統記録並保存了嘉靖十五年以前潁上、太和二縣的相關史料，爲後世二縣修纂縣志和研究嘉靖以前的政治、經濟、文化等提供了極爲珍貴的史料。其四，《吕志》中收録了一定數量與潁州相關的明代文學作品。雖然《吕志》不設「藝文」一類，但《輿地志》《學校志》《禮樂志》等卷中附録了楊榮、王九思、商輅、吕景蒙、胡袞、歐允莊、潘仁等人的十多篇詩文，對於整理明代文學作品具有一定的輯佚和校勘價值。

（二）《吕志》的影響

《吕志》對後世修纂《潁州志》的影響主要有兩個方面。其一，在體式和體例上，《吕志》採用的紀傳體的方式，在之後的《李志》《順治潁州志》《康熙潁州志》等中得到了繼承。如《順治潁州志》包括「紀一」「表四」「志六」「傳九」，共十六卷，再增《藝文》上、中、下及《叢談》四卷，共二十卷。雖然《順治潁州志》增加了「藝文」與「叢談」兩個類别，但總體結構與《吕志》大致相同。《康熙潁州志》修纂時也參考了《吕志》的體例，修纂者在《凡例》中説：「此《志》參酌吕、張二本及考功劉先生《潁記》，復採諸家典籍成書。」

其二，吕景蒙在纂修《吕志》時提出了「一準於史」的嚴格要求，也很值得一提。受其影響，後世《潁州志》的修纂者不僅對吕景蒙忠實於史的態度大加讚賞，而且將其貫穿到自己的行動中。如劉九光曾稱讚張鶴鳴所修《萬曆潁州志》「包羅疆宇，囊括古今，表裏人事，精核賦役，持例發凡，一準於史，犁然備矣」。

綜上所述，作爲成書年代較早、體例完備的潁州方志，《吕志》不僅代表了皖北明代方志的成就，還爲後世《潁州志》的編纂提供極具參考價值的範本，對今天研究阜陽歷史文化和明代皖北地區社會、經濟、文化的發展狀況都具有重要的意義。

校箋説明

因校箋需要，爲了解決實際上遇到的若干問題，特作説明如下。

其一，原書書前目録與各卷卷前目次表達略有不同。以卷一爲例，目録作「潁州志卷之一」，而卷一則作「潁州志一」。現依據目録，對卷前目次略加改動，以求前後一致。全書各卷皆同。同時，由於原書目録僅及大類，不便檢索，故在大類下加上二級標題。

其二，將原書中的異體字統一爲常見字。如原書不僅使用了一些異體字，而且同一字常常有不同寫法，現統一爲常見字。如「脩」與「修」統一爲「修」，「歡」與「懽」統一爲「歡」，「歎」與「嘆」統一爲「歎」，「樽」與「罇」統一爲「樽」，「莊」與「庄」統一爲「莊」，「釐」與「厘」統一爲「釐」。頁下注亦採用同樣的方式。

其三，現存阜陽方志仍有多種，在校箋時儘量使用此前的劉節《正德潁州志》和此後的李宜春《嘉靖潁州志》。這樣前後對照，不僅可以校正原文的錯誤，而且可以補充許多可貴的資料。至於此後的張鶴鳴《萬曆潁州志》、王天民《順治潁州志》和張鈁《康熙潁州志》，則除非有重要補充，一般不加引用。至於潁上、太和兩縣部分，主要依據劉宂、陳瑄《萬曆太和縣志》（如該書相關部分失載或過於模糊，則改據陳大綸、吴溢《順治太和縣志》）和翟迺慎《順治潁上縣志》來加以校箋。

其四，由於地名會有改變，建置會有變化。同樣的名稱，在上述幾種志書中所指對象可能並不同；即便對於同一對象，幾種志書的記載也會有所不同，甚至互相抵牾。如果根據這些記載能够確定本書的正誤，則直接作出明確的論斷；如無法判斷正誤，則亦一一列出，以俟他日有新文獻後進一步論斷。不僅如此，由於同一對象在不同的志書中可能遷移了方位，或者改變了建築，甚至改變了名稱，因此，本書注出此前、此後幾種志書中的相關記載，不僅是爲了證明本書內容的可信性，而且可以見出其來龍去脈。如果一味强調注釋與正文一致，就會忽視其這方面的意義。

其五，由於《成化中都志》和《南畿志》的成書時間均早於現存最早的《正德潁州志》，其中保留著較多的潁州地方史料，且常爲修志者參考，故凡見於其中的相關資料，均一一注出。

其六，使用其他地方的方志時遵循這樣一個前提：首先是争取找到相關的方志。許多地方由於無法找到當地的方志或者找到的方志中無相關內容，衹能望洋興歎！在找到相關方志的前提下，再儘量選擇距離相關內容年代最近的一種。不過，在實際操作中，這種情況雖然也有一些，但總體上還是顯得過於奢侈了。

其七，爲便於讀者觀覽，同時適應竪排，對書中的年號紀年或干支紀年，後面用漢字加注公元年數，放在「（）」之內。在同一條中，同樣的紀年方式，如正文已加標注，則頁下不再注出；前面引文已經注出，則後面的引文不再注出。

其八，對於書中的脱字，在脱字處加「（）」，將需要補出的字置於其中；對於書中的錯字，在不改變原字的前提下，後面加「[]」，將正確的字置於其中；對於書中的衍文，則删去多餘的字，並在頁下注出删字的緣由；如果原文可能有誤，却又無法判斷錯誤所在，亦將筆者的懷疑注在頁下；原文有缺字或者過於模糊，實在無法辨認，則以「□」標識。

目録（上）

潁州志卷之二

潁州志卷之三

潁州志卷之四

潁州志卷之五

潁州志序

修飭吕先生修其《州志》成，予諦觀之，天道備，地理該，人物詳，教化顯，美哉！有史氏之才焉。夫往修志，則脱略歲月，故漫而無考；是《志》也，則溯自帝嚳氏，以迄我朝之嘉靖，邈乎數千載，而歲月如計朝夕，先後不亂也，天道備矣。往修志，則地理雖載，但述險夷、道小大而已；是《志》也，則詳其沿革，標其時代，溯自唐虞，其間爲州爲郡，或廢或興，如具掌中，地理該矣。往修志，則人物雖載，或書名而闕字，或詳人而略行，或談及數載以上，寥寥無聞；是《志》也，則溯自春秋，或以德著，以功顯，以出録，以隱紀，上下數千載，而淑慝昭别，人物詳矣。往修志，則不及禮樂。夫禮樂者，教化之端也，如之何其廢之！是《志》也，論禮以定序，論樂以宣和，足以淑人心而懿風俗，教化顯矣。是故四者備則《志》之義備矣。中間條目尚多，四者其綱也。且其爲表爲論，出入縱横，皆祖於太史公之法度。故曰：美哉！有史氏之才焉。修飭先生好學，窮年孜孜，三服儒官而毗教甚多，一作柱史而風裁丕著。故其精神心術，發而爲文，非無本者。先生謫潁，富於著述，蓋不特《潁志》云爾。

嘉靖十有五年閏十二月朔日，賜進士、江西按察司僉事、前監察御史、門人秋陂王琇頓首謹序。

潁州志序

嘉靖乙未秋，予忝奉命守潁，惴惴無以覿下風、稱上意旨是懼。視篆甫既，取志閲之，訛舛弗經，凡厥未備。然究其極，易適於治，古之成蹟具見，獨湮於今者，有由然邪？因與同寅吕君議云：「惟文與獻，乃邦之紀。激發人心，終必賴之。此而弗力，吾黨有餘愧也。矧潁在我朝爲皇祖啟運先化之區，溯諸古，賢良逸烈，代不乏人；物産精華，甲於列郡，昔人之述備矣。方今文鬱而不章，獻落而不傳，人心固陋而不振，風化靡靡而不古若者，豈非紀訓之湮滅，無以沮勸與？吾黨曷修明之，使潁之人士庶其有觀乎？」吕君以議有合，慨然自許，據史傳，採輿議，編年繫事。其採摭釐正，司教胡君、韋君、鄭君有力焉。今秋九月書成，予三閲之，語同寅諸大夫士曰：「斯其潁之禎乎！其有古太史不華不俚之風乎！有一道德、同風俗之意乎！」

昔《周官》十有二職，辨方授民居先。韓宣子適魯稱歎者，亦以其周禮在也。觀斯《志》，以潁爲今周魯可也。《志》以紀云者，紀其大綱也，不可以原始要終、因時敬事以若民乎！以表云者，表其郡縣、疆域、封爵、職官也，不可以昭世代、明因革以儆有位乎！以志云者，志其輿地、食貨、禮樂、兵衛也，不可以辨辰次、識險要、厚風俗以壯邦本乎！以傳云者，傳其賢宦、將略、孝義、貞烈也，不可以勸忠、訓廉、崇正以淑人心乎！至於方伎、外傳，罔不悉録，所以存觀省、垂鑒戒云耳。斯《志》之作，豈苟乎哉！於潁之人士風俗，豈少補乎哉！後之視今，豈猶今之視昔乎哉！言既若，有感於昌黎子「人禍天刑」之恐，李太伯「譚禮樂陶民」之規，因思二氏之言曰：賢不肖存乎己，禍與福存乎天。使人有所賴，且有所法，然後知韓之見審而李之志有在也。諸君其無懼，而當官宜先事也，吾黨其懋之哉！幸相與終之。吕君曰：「子宜有言。」因紀其大都以附末簡。

嘉靖十五年丙申冬十月既望，奉訓大夫、潁州知州莆田黄九霄書。

潁州志凡例

引用

《書經》

《詩經》

《爾雅》

《春秋》

《左傳》

《國語》

《二十一史》

《通鑑綱目》

《通典》

《通志》

《文獻通考》

《一統志》

《續通鑑綱目》

《中都志》

《歷代輿地圖》

正誤

寢丘。按《史記·滑稽·優孟傳》注：「今光州固始之地，孫叔敖子僑之封邑，前有妬谷，後有戾丘。」《舊志》以爲潁東三十里有寢丘城，誤也。

蔡伯喈墓。按《一統志》：開封府即古陳留郡，東北有伯喈墓。《舊志》云：「在州西六十里，栗頭倉之西。」誤也。今有四大塚，蓋不可考。

黄霸墓。按《傳》：霸治潁川，即今之許州。霸非潁人，不應有墓在潁。《舊志》云：「州東三里灣中流高塚爲霸墓。」誤也。

《封爵》中潁陰侯灌嬰。按《史記》：潁陰縣屬潁川，今陳州南潁縣西北十三里潁陰故城是也。非汝陰地，不宜收入。《人物》中如灌夫，實潁陰人。父張孟，給事潁陰侯，遂蒙灌姓。《舊志》皆收入，誤也。

鄭渾。按《三國志》並無通判汝陰，《舊志》所載，皆下蔡長時事。

盧毓。按《魏志》：文帝踐祚，徙黄門侍郎，出爲濟陰相，非汝陰也。

徐邈。按《魏志》：文帝踐祚，歷譙相，平陽、安平太守，潁川典農中郎將。《傳》云「車駕幸許昌，問邈」云云，可證是許州，非潁也。《舊志》汝陰太守，誤矣。

周顗，並子閔。按《晉書》：汝南安城人。《舊志》誤收。

韓琦。未嘗知潁，《中都志》辯之詳矣。《舊志》誤也。

邵雍。舉逸士，補潁州團練推官，固辭。《舊志》以爲自將作監主簿遷潁州團練推官，卒，亦誤。

岳雲。按《飛傳》及《雲傳》，俱云潁昌，並無順昌字。《舊志》云：紹興十年，金兀朮南侵，圍順昌，爲劉錡所敗。至秋，攻郾城，又爲武穆所敗。先是，武穆遣裨將王貴將大軍援錡，屯於順昌，自是輕騎駐郾城。兀朮技窮，與龍虎、蓋天二酋並力來攻。飛遣子雲直貫虜軍，戰數十合，大敗之。兀朮忿甚，夜遁。飛謂雲曰：「賊必還攻潁昌，汝宜速援王貴。」既而兀朮果至，貴將雲奕、雲將背嵬戰於城西，殺兀朮婿夏金吾，又大敗之。兀朮僅以身免，遁還汴。及賊檜沮忌飛功，屢詔班師。雲、貴、錡等皆南還，順昌從此陷於胡虜。

李端愿。按本傳：知襄、郢二州，非潁州也。《中都志》曰：「至和中知潁州，遷鎮東軍節度觀察使。」蓋因其子評曾知潁州而誤也。

趙葵。按本傳：與潁州並無干。《舊志》誤收，且曰：「破虜大將軍。理宗開慶中，賊金爲胡元凌滅不支，宋軍入信州留屯，以俟策應。尋以糧盡兵少，退還。民亦念之。」

孫延仲。俱無可考。蓋當時郡名「潁州」，非「汝陰」。《中都志》云：「熙寧中，以龍圖閣待制守汝陰。」誤也。

蘇轍。按本傳：並無官潁事。又云：「築室於許，號潁濱遺老。」《中都志》云：「論事，出知潁州。崇寧致仕，居潁。」皆誤。

質實

《舊志》不載而諸史有考者，增入而注其所出；《舊志》所載而諸史無考者，存之庸備參考；《舊志》誤載而今乃敢刊落者，證以諸史故也。

修志

潁州添注判官象郡呂景蒙訂定。

潁州儒學學正鄱陽胡衮編次。

訓導長興韋孚、嵊縣鄭堂校正。

生員趙富、顧學詩、楊世楷、劉爵、唐寵、崔崑、黎鶚、黎凰採摭。

序志

吕景蒙曰：蒙爲《潁志》，既訂定目録矣，乃指示同志，倣諸遷、固，據諸史傳，而參諸《舊志》焉。時則有庠生趙富輩爲之採摭，有掌教胡君袞爲之編次，有司訓韋君孚、鄭君堂爲之讐校，蒙然後乃敢因而折［折］衷，爲之訂定焉。又各爲序於右，爲論於左。而胡君間亦著論於後，乃加「某曰」二字以别之。

其《志》也，爲《紀》一、《表》五、《志》八、《傳》十有二，通二十卷。所謂《紀》者，述唐虞以來三千八百九十四年之事。其間天人之際，固有小變、中變、大變之殊，之斯三變者，即太史公三統大備之意，乃一郡之大綱也。大綱所載，無非郡縣之事。《郡縣》有《沿革》，有《疆域》，有《封爵》，有《職官》與《人物》。兹欲微顯闡幽，苟不繫而表之，則年次何由而考？故史雖失編年之法，而今之《表》則尚存編年遺意也。是故諸《表》，觀乎《郡縣》《疆域》，而百世之因革、封守可考也；觀乎《封爵》，而一郡之大勢可考也；觀乎《職官》，而一時用人之得失可考也；觀乎《人物》，而歷代人物之優劣可考也。

《志》首《輿地》，志地里也。班固以十二次配十二野，其古人按星分野而畫野分州者乎？古之民風係於水土之風氣，而其俗又係於爲政者之好尚焉，故志地里而分野風俗在其中矣。《建置》志其城池、郡縣治與大小署。制也，建置爲國家之制，故次之。《食貨》志其版籍、田制與物産也。而食貨爲國家之本，故又次之。《溝洫》志水也。水利不興，則財用無由而足，故《溝洫》又次之。民富，而後教之，故次之以《禮樂》。周子曰：「禮，理也；樂，和也。陰陽理而後和，君君、臣臣、父父、子子、兄兄、弟弟、夫夫、婦婦，萬物各得其理而後和。」夫物至各得其理，禮斯著矣，而至於和，樂由生矣，此禮樂自然之本也。若夫玉帛交錯，鐘鼓鏗鏘者，特爲禮樂之文與！夫二

《禮》所記，諸《史》所志者，又皆器數之末耳。昔顏子問爲邦，而夫子亦志四代禮樂以爲教。斯二者，誠爲爲治所先，爲作《志》所本也。《學校》，禮官也，所以成教化者在是，故次之以學校。古於教化，乃以兵制輔之，故《志》以《兵衛》終焉。其中不志藝文者，以後世文浮於實，垂之不遠，不敢與經史並列也。不志刑法者，以唐虞兵刑之官合而爲一，故以之附於《兵衛》也。

其《列傳》，曰《命使》，曰《過賓》，曰《名將》，曰《死事》者，勸忠也；曰《名宦》，報功也；曰《鄉賢》，報德也；曰《孝義》，曰《貞烈》，崇節也；曰《遺逸》，尚志也；曰《俗[僑]寓》，尊賢也。凡此，皆「聖王制禮法，修教化，三綱正，九疇叙，百姓大和，萬物咸若」之謂也。其曰《方伎》，闢異也；曰《外傳》，誅亂也。凡此，皆「後世禮法不修，政刑苛紊，縱欲敗度，下民困苦。謂古樂不足聽也，代變新聲，妖淫愁怨，導欲增悲，不能自止，故有賊君棄父，輕生敗倫，不可禁者」之謂也。夫世有亂臣，而後有忠臣出，此天理之在人心，不待禮法教化而興者，又不可以常理論也。其末有曰：「不復古禮，不變今樂，而欲至治者，遠矣。」噫！周子禮樂之論，真有功於聖門，有關於世教，而作《志》者亦本之。斯二者，誠爲爲治之所先乎？爲作《志》者之所本乎？昔人謂：爲史傳易，志難。知乎此，則志誠難，而傳亦不易也。

嘉靖十五年丙申夏五月戊寅，書於壽春之舟次。

論 志

胡袞曰：今之郡志，古國史也。故其體，視遷、固所爲不同者，詳略之勢異也。是故五行列於《郡紀》，星野見於《輿地》，藝文載於《學校》，因略而致詳也。《紀》，以紀大綱也；《紀》不備，則有《表》，郡縣以表沿革，疆域以表封守，封爵以表食邑，職官、人物，皆表也。則有志地，志有土也，而後建置興，食貨治，溝洫乃爲之，禮樂、學校以教之，兵衛以輔之，民雖欲爲不善，不可得也。欲民之善，必風聲以勸之，則有《傳》以示之勸。《命使》《名宦》《過賓》《名將》，勸游宦也；《鄉賢》《死事》《孝義》《隱逸》《僑寓》，勸鄉邦也；翼以《貞烈》，兼之《方伎》，《傳》亦可矣。猶懼夫民之無親，難得而易失也，故受之以《外傳》終焉。

潁州志卷之一[一]

郡紀

呂景蒙曰：予倣遷、固書志潁，二書有《紀》，所以包舉大體，以提萬事之綱，予故首述潁自上古以來郡域沿革，若戰守、祥異，事關一郡大體者以爲《紀》。凡牧兹土者，欲原始察終，因時敬事，使一郡民物咸得其所，庶或有考於斯云。

帝嚳受之顓頊，創制九州，統理萬國。河南曰豫州，東南爲潁。《通志》。[二]

唐堯之興，因顓帝所建爲九州。其河之南爲豫州，豫之東南爲潁。[三]

虞舜肇十有二州。潁隷豫，如唐。《書》。[四]

〔一〕原作「潁州志二」，因與目録不一致而改。其後各卷皆同，不另注出。

〔二〕《通典·序目上》：「昔黄帝方制天下，立爲萬國。《易》稱『首出庶物，萬國咸寧』。及少皞氏之衰，其後制度無聞矣。若顓頊之所建，帝嚳受之，創制九州，統領萬國。」《通志·地理略·歷代封畛》：「臣謹按：杜佑之《序》曰：『昔黄帝方制天下，立爲萬國。《易》稱「首出庶物，萬國咸寧」。及少皞氏之衰，其後制度無聞矣。若顓帝之所建，帝嚳受之，創制九州，統領萬國。』」李宜春《嘉靖潁州志·州考》：「黄帝氏畫野分州，河之南爲豫，豫東北則潁地焉。」

〔三〕《通典·序目上》：「至堯遭洪水，而天下分絶，使禹平水土，還爲九州，如舊制也。」《通志·地理略·歷代封畛》同。

〔四〕《尚書·虞書》：「肇十有二州。」孔安國傳：「禹治水之後，舜分冀州爲幽州、并州，分青州爲營州，始置十二州。」

夏禹復九州。〔一〕

商湯「奄有九有」。制如夏。〔二〕

周初，分天下爲九畿。至成王時，亦曰九州。潁皆隸豫。《通志》。〔三〕

愚按：昔黄帝畫野分州，得百里之國萬區。顓帝始建九州，統領萬國。唐堯因爲九州，舜肇十有二州，至禹復合爲九。商、周俱如夏制。是潁三代以前皆隸豫，春秋以後始爲國、爲郡縣矣。

春秋時，潁爲胡子國；西一百二十里，爲沈子國；東二百里，爲州來。《左傳》。〔四〕

周襄王十八年（前六三四）春，魯叔孫得臣會晉人、宋人、陳人、衛人、鄭人伐沈，沈潰。《春秋》。〔五〕

定王八年（前五九九），魯宣公十年也，楚子伐鄭。晉士會救鄭，逐楚師於潁北。〔六〕

〔一〕《尚書·禹貢》：「禹别九州，隨山濬川，任土作貢。」《通典·序目上》：「夏氏革命，又爲九州。」

〔二〕《尚書·咸有一德》：「以有九有之師，爰革夏正。」《詩經·商頌·玄鳥》：「方命厥后，奄有九有。」毛亨傳：「九有，九州也。」鄭玄箋：「天帝命有威武之德者成湯，使之長有邦域，爲政於天下……湯有是德，故覆有九州，爲之王也。」《通典·序目上》：「塗山之會，亦云萬國，四百年間，遞相兼并。殷湯受命，其能存者三千餘國，亦爲九州，分統天下。」

〔三〕《通典·序目上》：「載祀六百。及乎周初，尚有千八百國。而分天下爲九畿……至成王時亦曰九州。」《通志·地理略·歷代封畛》同。

〔四〕《春秋·昭公四年》：「夏，楚子、蔡侯、陳侯、鄭伯、許男、徐子、滕子、頓子、胡子、沈子、小邾子、宋世子佐、淮夷會於申。」杜預注：「胡國，汝陰縣西北有胡城。」《南畿志·鳳陽府·潁州》：「潁州，春秋爲胡子國。」《正德潁州志·建置沿革》：「春秋時爲胡子國。」李宜春《嘉靖潁州志·州考》：「春秋則以潁爲胡子國。」

〔五〕「周襄王十八年」誤，當作「周襄王二十八年（前六二四）」，即魯文公三年。《春秋·文公三年》：「（文公）三年（前六二四）春，王正月，叔孫得臣會晉人、宋人、陳人、衛人、鄭人伐沈。沈潰。」

〔六〕《左傳·宣公十年》：「楚子伐鄭，晉士會救鄭，逐楚師於潁北。」

武夷胡氏曰：「知然者，以《傳》書『晉士會救鄭，逐楚師於潁北』，而經削之，則責晉可知矣。」〔一〕

簡王二年（前五八四），吴入州來。〔二〕

高氏曰：「吴楚争强，始見於此。州來屬楚，吴以兵入之者，楚雖恃强，而吴敢與之敵也。」〔三〕

家氏曰：「吴伐郯，《春秋》所憂也；入州來，又《春秋》所喜也。州來，楚之附庸，要害之地，吴得之可以制楚也。」〔四〕

靈王九年（前五六三），諸侯戍鄭虎牢。楚公子貞帥師救鄭，夾潁而軍。鄭子僑曰：「諸侯既有成行，必不戰矣。從之將退，不從亦退，楚必圍我，猶將退也。不如從楚，亦以退之。」賓涉潁，與楚人盟。〔五〕

景王十六年（前五二九），吴滅州來。〔六〕

高氏曰：「成六年（前五八五），吴入州來，蓋本楚屬也，至是取之。《春秋》詳楚伐吴，略吴伐楚，而志其甚

〔一〕（宋）胡安國《春秋傳·宣公十年》：「知然者，以《傳》書『晉士會救鄭，逐楚師於潁北』，而經削之，則責晉可知矣。」

〔二〕周簡王二年，即魯成公七年。《春秋·成公七年》：「吴入州來。」杜預注：「州來，楚邑，淮南下蔡縣是也。」

〔三〕（宋）高閌《春秋集注·成公七年》：「吴楚争强，始見於此。州來屬楚，吴以兵入之者，楚雖恃强，而吴敢與之敵也。」

〔四〕（宋）家鉉翁《春秋集傳詳説·成公上》：「吴伐郯，《春秋》所憂也；入州來，又《春秋》所喜也。州來，楚之附庸，直書州來，以其爲要害之地，吴楚所必争，吴得之可以制楚也。」

〔五〕周靈王九年，即魯襄公十年。《春秋·襄公十年》：「公會晉侯、宋公、衛侯、曹伯、莒子、邾子、齊世子光、滕子、薛伯、杞伯、小邾子伐鄭……戍鄭虎牢。楚公子貞帥師救鄭。」《左傳·襄公十年》：「楚子囊救鄭。十一月，諸侯之師還鄭而南，至於陽陵。楚師不退。知武子欲退，曰：『今我逃楚，楚必驕，驕則可與戰矣。』欒黶曰：『逃楚，晉之耻也。合諸侯以益耻，不如死！我將獨進。』師遂進。己亥，與楚師夾潁而軍。」

〔六〕周景王十六年，即魯昭公十三年。《春秋·昭公十三年》：「吴滅州來。」《左傳·昭公十三年》：「吴滅州來。令尹子期請伐吴，王弗許，曰：『吾未撫民人，未事鬼神，未修守備，未定國家，而用民力，敗不可悔。州來在吴，猶在楚也，子姑待之。』」

者，滅州來是也。」〔一〕

王氏曰：「州來本近楚小國，楚嘗取以爲附庸。及兹楚亂，吴遂出其不意而滅之。不書帥師，不書侵伐，以見其滅之之易也。」〔二〕

敬王元年（前五一九）秋七月戊辰，吴敗頓、胡、沈、蔡、陳、許之師於鷄父。胡子髡、沈子逞滅，獲陳夏齧。〔三〕

左丘明曰：「吴人伐州來，楚遠［薳］越帥師。及諸侯之師奔命救州來，吴人禦諸鍾離。子瑕卒，楚師熸。吴公子光曰：『諸侯從於楚者衆，而皆小國也，畏楚而不獲已，是以來。吾聞之曰：「作事威克其愛，雖小，必濟。」胡之［沈］之君幼而狂，陳大夫齧壯而頑，頓與許、蔡疾楚政。楚令尹死，其師熸。帥賤、多寵，政令不一。七國同役而不同心，帥賤而不能整，無大威命，楚可敗也。若分師先以犯胡、沈與陳，必先奔。三國敗，諸侯之師乃摇心矣。諸侯乖亂，楚必大奔。諸［請］先者去備薄威，後者敦陳整旅。』吴子從之。戊辰朔［晦］，戰於鷄父。吴子以罪人三千先犯胡、沈與陳，三國争之。吴爲三軍以繫於後，中軍從王，光帥右，掩餘帥左。吴之罪人或奔或止，三國亂，吴師擊之，三國敗，獲胡、沈之君及陳大夫。捨胡、沈之囚，使奔許與蔡、頓，曰：『吾君死矣！』師譟而

〔一〕（宋）高閌《春秋集注·昭公十三年》：「成六年，吴入州來，蓋本楚屬也，至是取之。《春秋》詳楚伐吴，略吴伐楚，而志其甚者，滅州來是也。」

〔二〕（宋）王葆《春秋集傳》已佚。《欽定春秋傳説彙纂》：「王氏葆曰：『州來本近楚小國，楚嘗取以爲附庸。及兹楚亂，吴遂出其不意而滅之。不書帥師，不書侵伐，以見其滅之之易也。』」

〔三〕周敬王元年，即魯昭公二十三年。《春秋·昭公二十三年》：「（七月）戊辰，吴敗頓、胡、沈、蔡、陳、許之師於鷄父。胡子髡、沈子逞滅，獲陳夏齧。」《左傳·昭公二十三年》：「吴人伐州來，楚薳越帥師及諸侯之師奔命救州來……戊辰晦，戰於鷄父。吴子以罪人三千先犯胡、沈與陳，三國争之。吴爲三軍以繫於後，中軍從王，光帥右，掩餘帥左。吴之罪人或奔或止，三國亂，吴師擊之，三國敗，獲胡、沈之君及陳大夫。捨胡、沈之囚，使奔許與蔡、頓，曰：『吾君死矣。』師譟而從之，三國奔，楚師大奔。」

從之，三國奔，楚師大奔。《書》曰『胡子髡、沈子逞滅，獲陳夏齧』，君臣之辭也。不言戰，楚未陳也。」〔一〕

公羊羔曰：「此偏戰也，曷爲以詐戰之辭言之？不與夷狄之主中國也。然則曷爲不使中國主之？中國亦新夷狄也。其言滅獲何？別君臣也。君使［死］於位曰滅，生得曰獲，大夫生死皆曰獲。不與夷狄之主中國，則其言獲陳夏齧何？吴少進也。」〔二〕

武夷胡氏曰：「吴伐州來，楚令尹帥師及諸侯之師與吴戰，曷爲不書？楚令尹既喪，楚師已熸，六國先敗，楚師遂奔，是以不書楚也。諸侯之師，曷爲略而不序頓、胡、沈？則其君自將，蔡、陳、許則大夫帥師。言戰，則未陳也，言敗績，則或滅或獲，其事亦不同也。故總言吴人以詐取勝於前，而以君與大夫序六國於後。胡、沈書爵、書名、書滅者，二國之君幼而狂，不能以禮自守，役屬於楚，悉師以出，一敗而身與衆俱亡也。其曰『胡子髡、沈子逞滅』者，若曰非有能滅之者，咸其自取焉耳。亦猶梁亡，自亡也；鄭棄其師，自棄也；齊人殲於遂，自殲也。或曰滅，或曰獲，別君臣也。君死曰滅，胡子髡、沈子逞是也；生得曰獲，秦、晉戰於韓原，獲晉侯是也。大夫生死皆曰獲，鄭獲宋華元，生也；吴獲陳夏齧，死也。書其敗，不以國分，而以君大夫爲序。書其死，不以事同，而

〔一〕《左傳・昭公二十三年》：「吴人伐州來，楚薳越帥師及諸侯之師奔命救州來。吴人禦諸鍾離。子瑕卒，楚師熸。吴公子光曰：『諸侯從於楚者衆，而皆小國也。畏楚而不獲已，是以來。吾聞之曰：「作事威克其愛，雖小，必濟。」胡、沈之君幼而狂，陳大夫齧壯而頑，頓與許、蔡疾楚政。楚令尹死，其師熸。帥賤、多寵，政令不壹。七國同役而不同心，帥賤而不能整，無大威命，楚可敗也。若分師先以犯胡、沈與陳，必先奔。三國敗，諸侯之師乃摇心矣。諸侯乖亂，楚必大奔。請先者去備薄威，後者敦陳整旅。』吴子從之。戊辰晦，戰於雞父。吴子以罪人三千先犯胡、沈與陳，三國争之。吴爲三軍以繫於後，中軍從王，光帥右，掩餘帥左。吴之罪人或奔或止，三國亂，吴師擊之，三國敗，獲胡、沈之君及陳大夫。捨胡、沈之囚使奔許與蔡、頓，曰：『吾君死矣！』師譟而從之，三國奔，楚師大奔。書曰『胡子髡、沈子逞滅，獲陳夏齧』，君臣之辭也。不言戰，楚未陳也。」

〔二〕《公羊傳・昭公二十三年》：「此偏戰也，曷爲以詐戰之辭言之？不與夷狄之主中國也。然則曷爲不使中國主之？中國亦新夷狄也。其言滅獲何？別君臣也，君死於位曰滅，生得曰獲，大夫生死皆曰獲。不與夷狄之主中國，則其言獲陳夏齧何？吴少進也。」

以君臣爲别。皆所以辨上下，定民志，雖顛沛必於是也，其義行而亂自熄矣。」〔一〕

十四年（前五〇六）夏四月庚辰，蔡公孫姓帥師滅沈，以沈子嘉歸，殺之。〔二〕

武夷胡氏曰：「沈人不會於召陵，晉人使蔡伐之。書滅沈，罪公孫姓也；書以歸，罪沈子嘉也；書殺之，罪蔡侯也。奉詞致討而覆其邦，家爲敵所執，不死於位，皆不仁矣。所惡於前，無以先後，出乎爾者，反乎爾者也。蔡侯視楚，猶沈視蔡也。昭公拘於郢，三年而後反，非以國小而弱乎？沈雖不會召陵，未有大罪惡也，而恃强殺之，甚矣。能無公孫翩之及哉？宋以曹伯陽歸，蔡以沈子嘉歸，皆殺之也。而或書或不書，其不書者，賤而略之也。」〔三〕

二十五年（前四九五）二月辛丑，楚子滅胡，以胡子豹歸。〔四〕

〔一〕（宋）胡安國《春秋傳·昭公二十三年》：「吴伐州來，楚令尹帥師及諸侯之師與吴戰，曷爲不書？楚令尹既喪，楚師已熸，六國先敗，楚師遂奔，是以不書楚也。諸侯之師，曷爲略而不序頓、胡、沈？則其君自將，蔡、陳、許則大夫帥師。言戰，則未陳也，言敗績，則或滅或獲，其事亦不同也。故總言吴人以詐取勝於前，而以君與大夫序六國於後。胡、沈書爵、書名、書滅者，二國之君幼而狂，不能以禮自守，役屬於楚，悉師以出，一敗而身與衆俱亡也，其曰『胡子髡、沈子逞滅』者，若曰非有能滅之者，咸其自取焉耳。亦猶梁亡，自亡也；鄭棄其師，自棄也；齊人殲於遂，自殲也。或曰滅，或曰獲，别君臣也。君死曰滅，胡子髡、沈子逞是也；生得曰獲，秦、晉戰於韓原，獲晉侯是也。大夫生死皆曰獲，鄭獲宋華元，生也；吴獲陳夏齧，死也。書其敗，不以國分，而以君大夫爲序。書其死，不以事同，而以君臣爲别。皆所以辨上下，定民志，雖顛沛必於是也，其義行而亂自熄矣。」

〔二〕周敬王十四年，即魯定公四年。《春秋·定公四年》：「夏四月庚辰，蔡公孫姓帥師滅沈，以沈子嘉歸，殺之。」

〔三〕（宋）胡安國《春秋傳·定公四年》：「沈人不會於召陵，晉人使蔡伐之。書滅沈，罪公孫姓也；書以歸，罪沈子嘉也；書殺之，罪蔡侯也。奉詞致討而覆其邦，家爲敵所執，不死於位，皆不仁矣。所惡於前，無以先後，出乎爾者，反乎爾者也。蔡侯視楚，猶沈視蔡也。昭公拘於郢，三年而後反，非以國小而弱乎？沈雖不會召陵，未有大罪惡也，而恃强殺之，甚矣。能無公孫翩之及哉？宋以曹伯陽歸，蔡以沈子嘉歸，皆殺之也。而或書或不書，其不書者，賤而略之也。」

〔四〕周敬王二十五年，即魯定公十五年。《春秋·定公十五年》：「二月辛丑，楚子滅胡，以胡子豹歸。」《左傳·定公十五年》：「吴之入楚也，胡子盡俘楚邑之近胡者。楚既定，胡子豹又不事楚，曰：『存亡有命，事楚何爲？多取費焉。』二月，楚滅胡。」

武夷胡氏曰：「按左氏，吳之入楚，胡子盡俘楚邑之近胡者。楚既定，又不事楚，曰：『存亡有命，事楚何爲？』爲是楚滅之。夫滅人之國，其罪大矣。然胡子豹乘楚之約，盡俘其邑之近胡者。所謂國必自滅，而後人滅之，非滅之者獨有罪也。國君造命，不可委命者，既以爲有命而又貪生忍辱，不死於社稷，則是不知命矣。書以歸罪，豹之不能死位而與歸也，故楚子書爵而胡子豹名。」〔一〕

二十七年（前四九三）十有一月，蔡遷於州來。後楚滅蔡，州來屬楚。《春秋》。〔二〕

武夷胡氏曰：「州來，吳所滅也，蔡雖請遷於吳而中悔。吳人如蔡納聘而師畢入，蔡侯告大夫，殺公子駟以說。哭而遷墓。如此則實吳人之所遷也。而經以自遷，爲文何也？楚既降蔡，使疆於江汝，蔡人聽命而還師矣。復背楚請遷於吳，而又自悔也，其謀之不臧甚矣。夫遷國，大事也，盤庚五遷，利害甚明，衆猶胥怨，不適有居，至於丁寧，反復播告之，修而後定也。今蔡介於吳、楚二大國之間，背楚詛吳，及其事急，又委罪於執政，其誰之咎也？故經以自遷爲文。」〔三〕

〔一〕（宋）胡安國《春秋傳·定公十五年》：「按左氏，吳之入楚，胡子盡俘楚邑之近胡者。楚既定，又不事楚，曰：『存亡有命，事楚何爲？』爲是楚滅之。夫滅人之國，其罪大矣。然胡子豹乘楚之約，盡俘其邑之近胡者。所謂國必自滅，而後人滅之，非滅之者獨有罪也。國君造命，不可委命者，既以爲有命而又貪生忍辱，不死於社稷，則是不知命矣。書以歸罪，豹之不能死位而與歸也，故楚子書爵而胡子豹名。」

〔二〕周敬王二十七年，即魯哀公二年。《春秋·哀公二年》：「十有一月，蔡遷於州來。蔡殺其大夫公子駟。」《左傳·哀公二年》：「吳洩庸如蔡納聘，而稍納師。師畢入，衆知之。蔡侯告大夫，殺公子駟以說。哭而遷墓。冬，蔡遷於州來。」《正德潁州志·建置沿革》：「戰國屬楚。」李宜春《嘉靖潁州志·州考》：「戰國屬楚。」

〔三〕（宋）胡安國《春秋傳·哀公二年》：「州來，吳所滅也，蔡雖請遷於吳而中悔。吳人如蔡納聘而師畢入，蔡侯告大夫，殺公子駟以說。哭而遷墓。如此則實吳人之所遷也。而經以自遷，爲文何也？楚既降蔡，使疆於江汝，蔡人聽命而還師矣。復背楚請遷於吳，而又自悔也，其謀之不臧甚矣。夫遷國，大事也，盤庚五遷，利害甚明，衆猶胥怨，不適有居，至於丁寧，反復播告之，修而後定也。今蔡介於吳、楚二大國之間，背楚詛吳，及其事急，又委罪於執政，其誰之咎也？故經以自遷爲文。」

秦制天下郡四十，潁爲潁川郡地。〔一〕

兩漢爲汝陰縣，屬汝南郡。〔二〕

元帝初元五年（前四四）夏及秋，霪雨連旬，壞卸民舍，及水流殺人。〔三〕

和帝永元十二年（一〇〇）六月，大水傷稼。〔四〕

安帝元初二年（一一五），潁州水化爲血。〔五〕

按京房《占》曰：「水化爲血，兵且起。」

〔一〕《史記·韓世家》：「（韓王安）九年（前二三〇），秦虜王安，盡入其地，爲潁川郡。韓遂亡。」張守節《正義》：「亡在秦始皇帝十七年（前二三〇）。」《史記·秦本紀》：「秦王政立二十六年（前二二一），初并天下爲三十六郡。」《晉書·地理志·總叙》：「始皇初并天下，懲戰國，削罷列侯，分天下爲三十六郡。於是興師踰江，平取百越，又置閩中、南海、桂林、象郡，凡四十郡，郡一守焉。」《正德潁州志·建置沿革》：「秦爲潁川郡地。」李宜春《嘉靖潁州志·州考》：「秦始分天下爲三十六郡，以潁爲潁川郡。」

〔二〕《後漢書·章帝紀》：「章和元年（八七）九月壬子……己未，幸汝陰。」注云：「汝陰：縣名，屬汝南郡，今潁川縣。」《成化中都志·建置沿革·潁州》：「兩漢爲汝南郡之汝陰縣。莽曰汝墳。」《正德潁州志·建置沿革》：「漢爲汝陰縣，屬汝南郡。」李宜春《嘉靖潁州志·州考》：「兩漢析爲汝陰縣，隸汝南郡。」

〔三〕「初元五年」誤，當作「永光五年（前三九）」。「卸」字，疑當作「鄉」。《漢書·元帝紀》：「（永光五年）秋，潁川水出，流殺人民。」又同書《五行志》：「元帝永光五年夏及秋，大水。潁川、汝南、淮陽、廬江雨，壞鄉聚民舍，及水流殺人。」李宜春《嘉靖潁州志·物異》：「漢初元五年夏及秋，霪雨連旬，壞卸民舍，及水流殺人。」

〔四〕《後漢書·五行志》：「（永元）十二年六月，潁川大水，傷稼。」李宜春《嘉靖潁州志·物異》：「永元十二年（一〇〇）六月，大水傷稼。」

〔五〕《後漢書·五行志》：「（永初）六年（一一二），河東池水變色，皆赤如血。是時鄧太后猶專政。」劉昭引《古今注》云：「元初二年（一一五），潁川襄城臨流水化爲血，不流。」又引京房《占》曰：「流水化爲血，兵且起。」李宜春《嘉靖潁州志·物異》：「元初二年，水化爲血。」

元［延］光二年（一二三）三月丙申，大風拔木。是年，潁上木連理者數株。〔一〕

三國魏置汝陰，後廢。〔二〕

晋泰和［始］二年（二六六），復置汝陰郡。〔三〕

惠帝元康四年（二九四）十一月，汝陰地震。是時，潁州言有木連理二。〔四〕

致堂胡氏曰：「草木之秀異，禽獸之珍奇，雲物之變動，無時無之，繫時好與不好耳。以爲祥瑞，注意於多有，雖元狩之麟、神爵之鳳，尚可力致。蓋嘗有好芝草者，一日官吏入深山窮谷間，覆地皆芝也，蓋數千萬本，遂擇其尤者，少取以復命。又況智巧之徒，能僞造乎？花卉可以染植增其態，毛羽可以喂飼變其色，雖石脈木理，猶且假幻使成文字。惟上之人泊然無欲於此也，苟欲之，則四面而至矣。漢章帝時，以瑞物仍集，改元章和，而何敞謂宋由、袁安曰：『夫瑞應依德而至，災異緣政而生。今異鳥祥於殿屋，怪草生於庭際，不可不察！』由、安懼不敢答。夫二人位冠群臣，乃爲諂媚之習、蒙蔽之行，以侈逸上心，使忽忘警戒，不亦昧於責難正救之

〔一〕《後漢書·五行志》：「延光二年三月丙申，河東、潁川大風拔樹。」

〔二〕《三國志·魏書·明帝》：「（景初二年即二三八年二月）壬寅，分沛國蕭、相、竹邑、符離、蘄、銍、龍亢、山桑、洨、虹十縣爲汝陰郡。」《成化中都志·建置沿革·潁州》：「魏置汝陰郡，後廢。」《南畿志·鳳陽府屬沿革·潁州》：「三國，魏置汝陰郡，後廢。」《正德潁州志·建置沿革》：「魏置汝陰郡。」李宜春《嘉靖潁州志·州考》：「魏改汝陰郡，領汝陰、宋、許昌三縣。」

〔三〕《晋書·地理志上》：「汝陰郡，魏置郡，後廢。泰始二年（二六六）復置。統縣八，户八千五百。汝陰（故胡子國）、慎（故楚邑）、原鹿、固始、鮦陽、新蔡、宋（侯相）、褒信。」《成化中都志·建置沿革·潁州》：「晋武帝泰始三［二］年復置郡。」《南畿志·鳳陽府屬沿革·潁州》：「晋復置。」李宜春《嘉靖潁州志·州考》：「晋復爲汝陰郡，領汝陰、慎、原鹿、固始、鮦陽、新蔡、宋、褒信八縣。」

〔四〕《晋書·五行志下》：「惠帝元康元年（二九一）十二月辛酉，京都地震……四年（二九四）二月，上谷、上庸、遼東地震……十一月，滎陽、襄城、汝陰、梁國、南陽地皆震。」李宜春《嘉靖潁州志·物異》：「晋元康四年十一月，汝陰地震。木連理二。」

道乎？」〔一〕

愚按：晉愍帝建興四年（三一六），新蔡縣吏任僑［喬］妻産二女，腹與心相合，自胸以上、臍以下各分，此蓋天下未一之妖也。時内史吕會上言：「按《瑞應圖》：『異根同體，謂之連理。異畝同潁［穎］，謂之嘉禾。』草木之異，猶以爲瑞，今二人同心，《易》稱『二人同心，其利斷金』，蓋四海同心之瑞也。」時皆哂之。謹附録出，以爲吾牧稱瑞之戒。〔二〕

東晉汝陰制如魏。

元帝後，北境漸蹙，潁陷於劉曜、石勒。〔三〕

宋置西汝陰郡。〔四〕

〔一〕（宋）胡寅《讀史管見・孝章・章和元年》：「『詔以瑞物仍集，改元章和。是時四方屢貢嘉瑞，何敞爲宋由、袁安曰：「夫瑞應依德而至，災異緣政而生。今異鳥翔於殿屋，怪草生於庭際，不可不察！」由、安懼不敢答。』草木之秀異，禽獸之珍奇，雲物之變動，無時無之，繫時好與不好耳。以爲祥瑞，注意於多有，雖元狩之麟、神爵之鳳，尚可力致。蓋嘗有好芝草者，一日官吏入深山窮谷間，覆地皆芝也，蓋數千萬本，遂擇其尤者，少取以復命。又况智巧之徒，能僞造乎？花卉可以染植增其態，毛羽可以喂飼變其色，雖石脈木理，猶且假幻使成文字。惟上之人泊然無欲於此也，苟欲之，則四面而至矣。是時以瑞物仍集，改元章和，而何敞所言者，公卿引而不宣，宋由、袁安位冠群后，乃爲諂媚之習、蒙蔽之行，以侈逸上心，使忽忘警戒，不亦昧於責難正君之道乎？」

〔二〕（晉）干寶《搜神記・任喬妻》：「晉愍帝建興四年（三一六），西都傾覆，元皇帝始爲晉王，四海宅心。其年十月二十二日，新蔡縣吏任喬妻胡氏，年二十五，産二女，相向，腹心合，自腰以上，臍以下，各分。此蓋天下未一之妖也。時内史吕會上言：『《瑞應圖》：「異根同體，謂之連理。異畝同潁［穎］，謂之嘉禾。」草木之屬，猶以爲瑞，今二人同心，天垂靈象，故《易》云：「二人同心，其利斷金。」休顯見生於陳東之國，蓋四海同心之瑞。不勝喜躍，謹畫圖上。』時有識者哂之。」

〔三〕《通典・州郡・序目上》：「初，元帝命祖逖鎮雍邱。逖死，北境漸蹙。於是荆、豫、（自淮北，今汝南、汝陰、南陽等郡以北）青、兗四州及徐州之半，陷劉曜、石勒。」李宜春《嘉靖潁州志・物異》：「東晉元帝，北境漸蹙，潁陷於劉曜、石勒。」

〔四〕《宋書・州郡志・南豫州》：「西汝陰太守，永初郡國、何、徐並無此郡。汝陰令……」

世祖大明二年（四五八）三月壬子，西［北］汝陰樓煩平地出醴泉，豫州刺史宗慤以聞。〔一〕

明帝泰始三年（四六七），魏鄭義、元石攻汝陰。汝陰太守張超城守，石等率精鋭攻之，不克。〔二〕

南齊仍置西汝陰郡。〔三〕

梁武帝（中）大通二年（五三〇），陳慶之破魏潁州刺史婁起。〔四〕

魏孝明帝孝昌三［四］年（五二八），置潁州。武泰元年（五二八）陷。〔五〕

西魏遣大將王思政入據潁州。東魏高岳堰洧水，灌城圍之，潁陷。《北史·周本紀》。〔六〕

〔一〕《宋書·符瑞志下》：「孝武帝大明二年三月壬子，北汝陰樓煩平地出醴泉，豫州刺史宗慤以聞。」李宜春《嘉靖潁州志·物異》：「宋大明二年三月壬子，西［北］汝陰郡樓煩平地出醴泉。」

〔二〕《宋書·明帝紀》：「（泰始三年二月）索虜寇汝陰，太守張景遠擊破之。」《魏書·鄭羲傳》：「明年春，又引軍東討汝陰。劉彧汝陰太守張超城守不下，（元）石率精鋭攻之，不克，遂退至陳項，議欲還軍長社，待秋擊之。」李宜春《嘉靖潁州志·物異》：「泰始三年，魏鄭羲、元石攻汝陰，太守張超城守，攻之不克。」

〔三〕《南齊書·州郡志·豫州》：「西汝陰郡：……汝陰……」

〔四〕《梁書·陳慶之傳》：「中大通二年，除都督南北司西豫豫四州諸軍事、南北司二州刺史，餘並如故。慶之至鎮，遂圍懸瓠。破魏潁州刺史婁起、揚州刺史是云寶於溱水，又破行臺孫騰、大都督侯進、豫州刺史堯雄、梁州刺史司馬恭於楚城。」

〔五〕《魏書·地形志·潁州》：「潁州：領郡二十，縣四十。」注云：「潁州：孝昌四年置，武泰元年陷，武定七年（五四九）復。」《成化中都志·建置沿革·潁州》：「後魏置潁川郡。」李宜春《嘉靖潁州志·州考》：「北魏孝昌三［四］年，置潁州，取潁水爲名，州於是乎開矣。」

〔六〕《北史·周太祖本紀》：「（大統）十三年（五四七）正月，東魏河南大行臺侯景舉河南六州來附，被圍於潁川。六月，帝遣開府李弼援之，東魏將韓軌等遁去。景遂徙鎮豫州。於是遣開府王思政據潁川，弼引軍還……十五年（五四九）春，帝遣大將軍趙貴帥師援王思政。高岳堰洧水以灌城，潁川以北皆爲陂澤，救兵不得至。六月，潁川陷。」李宜春《嘉靖潁州志·物異》：「西魏遣大將王思政入據潁，高岳堰洧水灌城，圍之，潁陷。」

東魏静帝元象元年（五三八），大行臺侯景率豫州刺史堯雄等相會，俱討潁州。梁回等棄城遁，潁州平。〔一〕

武定五年（五四七）正月，司徒侯景反。潁州刺史司馬世雲以城應之，景入據潁。〔二〕

七年（五四九）五月，魏克潁州。初，沙門志公於大會中作詩曰：「兀尾狗子始著狂，欲死不死齧人傷，須臾之間自滅亡。患在汝陰死三湘，横尸一旦無人藏。」景小字狗子，後景敗於三湘，果驗。〔三〕

潁州長史賀若統執刺史田迅，據州降後周。〔四〕

隋置汝陰郡，領縣五：汝陰，潁陽，清丘，潁上，下蔡。〔五〕

〔一〕《魏書·孝静紀》：「元象元年春正月……行臺任祥率豫州刺史堯雄等與大行臺侯景、司徒高敖曹、大都督万俟受洛干等於北豫相會，俱討潁州。梁回等棄城遁走，潁州平。」

〔二〕《魏書·孝静紀》：「（武定）五年春正月……辛亥，司徒侯景反，潁州刺史司馬世雲以城應之。景入據潁城，誘執豫州刺史高元成、襄州刺史李密、廣州刺史暴顯等。」

〔三〕《魏書·孝静紀》：「（武定七年）五月，齊文襄王帥衆自鄴赴潁川。六月丙申，克潁州，擒寳炬大將軍、尚書左僕射、東道大行臺、太原郡開國公王思政，潁州刺史皇甫僧顯等，及戰士一萬餘人，男女數萬口。」《梁書·侯景傳》：「天監中，有釋寳志曰：『掘尾狗子自發狂，當死未死嚙人傷，須臾之間自滅亡，起自汝陰死三湘。』」《隋書·五行志》：「（天監）十年（五一一）四月八日，志公於大會中又作詩曰：『兀尾狗子始著狂，欲死不死齧人傷，須臾之間自滅亡。患在汝陰死三湘，横尸一旦無人藏。』侯景小字狗子。初自懸瓠來降，懸瓠則古之汝南也。巴陵南有地名三湘，即景奔敗之所。」《南史·侯景傳》：「天監中，沙門釋寳志曰：『掘尾狗子自發狂，當死未死嚙人傷。須臾之間自滅亡，起自汝陰死三湘。』」

〔四〕《周書·賀若敦傳》：「賀若敦，代人也。父統，爲東魏潁州長史。大統三年（五三七），執刺史田迅以州降。」

〔五〕《隋書·地理志》：「汝陰郡，舊置潁州。統縣五，户六萬五千九百一十六。汝陰，舊置汝陰郡，開皇初郡廢。大業初復置。潁陽，梁曰陳留，并置陳留郡及陳州。東魏廢州。開皇初廢郡，十八年縣改名焉。清丘，梁曰許昌，及置潁川郡。開皇初廢郡，十八年縣改名焉。潁上，梁置下蔡郡，後齊廢郡。大業初縣改名焉。下蔡，梁置汴郡，後齊郡廢。大業初縣改名焉。又梁置淮陽郡，後齊改曰潁川郡。開皇初郡廢。」《成化中都志·建置沿革·潁州》：「隋爲汝陰郡，開皇初廢郡，置潁州。大業初復爲郡。」《正德潁州志·建置沿革》：「隋初廢。大業初，復爲潁州。」《南畿志·鳳陽府屬沿革·潁州》：「隋仍爲汝陰郡，開皇初廢郡，置潁州。大業初復郡。」

煬帝大業三年（六〇七）夏四月，賊率房憲（伯）陷汝陰郡。〔一〕

唐初置信州。武德四年（六二一）置潁州，領縣四：汝陰，潁上，下蔡，沈丘。《唐・地理志》。〔二〕

高宗永徽四年（六五三）夏、秋旱，光、婺、滁、潁等州尤甚。〔三〕

愚按《春秋家氏》謂：「旱而書，大水而書，大以變常書也。水旱之災，民受其虐，書以示戒也。」〔四〕

肅宗乾元元年（七五八），隸淮南西道。二年（七五九），廢淮南西道，置陳鄭節度使，以潁、亳、陳、鄭隸。

上元二年（七六一），廢陳鄭節度，以陳、鄭、潁、亳隸淮西。〔五〕

寶應元年（七六二），隸河南節度。〔六〕

大曆四年（七六九），殺潁州刺史李岵。出《本紀》。時令狐彰爲滑亳魏節度使，性猜阻忮忍，忤者輒死。潁州刺

〔一〕《隋書・煬帝紀》：「煬帝大業三年夏四月丁酉，賊帥房憲伯陷汝陰郡。」李宜春《嘉靖潁州志・物異》：「隨［隋］大業三年夏四月，賊率房憲伯陷汝陰郡。」

〔二〕《舊唐書・地理志・潁州中》：「漢汝南郡。隋爲汝陰郡。武德四年，平王世充，於汝陰縣西北十里置信州，領汝陰、清丘、永安、高唐、永樂等六縣，六年（六二三）改爲潁州。」《正德潁州志・建置沿革》：「唐初又置信州，尋改潁州。」

〔三〕《新唐書・五行志》：「（永徽）四年夏、秋，旱，光、婺、滁、潁等州尤甚。」李宜春《嘉靖潁州志・物異》：「唐永徽四年夏秋旱，潁等州尤甚。」

〔四〕（宋）家鉉翁《春秋集傳詳説・宣公下》：「自宣公即位以來，六年書螽，七年書大旱，今書大水，復書饑……旱而書大旱，水而書大水，以變常書也。水旱所及者廣，是爲變常……水旱之災，百姓重受其虐，《春秋》書之以垂戒於後。」

〔五〕《新唐書・方鎮表二》：「（至德元載，七五六）置淮南西道節度使，領義陽、弋陽、潁川、滎陽、汝南五郡，治潁川郡。」「（乾元元年）淮南西道節度徙治鄭州，增領陳、潁、亳三州，別置豫汝許節度使，治豫州。」「（乾元二年）廢淮南西道節度使，以陳、潁、亳隸陳鄭。置鄭陳節度使，領鄭、陳、亳、潁四州，治鄭州。」「（上元二年）廢鄭陳節度，以鄭、陳、亳、潁四州隸淮西。」《南畿志・鳳陽府屬沿革・潁州》：「乾元初復爲潁州，隸河南道。」

〔六〕《新唐書・方鎮表二》：「（寶應元年）復置河南節度使，治汴州，領州八：汴、宋、曹、徐、潁、兗、鄆、濮。」

史李岵，遣姚奭代之，戒曰：「不時（代），殺之。」岵知其謀，因殺奭，死者百餘人，奔汴州，上書自言，彰亦劾之。河南尹張延賞畏彰，留岵使不遣，故彰書先聞，斥岵夷州，殺之。出《彰傳》。〔一〕

是年，以潁州隸澤潞節度。十四年（七七九），以潁州隸永平節度。《方鎮表》。〔二〕

德宗建中元〔二〕年（七八一），置宋亳潁節度，號宣武軍，自是地專於宣武。《方鎮表》。〔三〕

真〔貞〕元四年（七八八），淮南及河南地生毛。〔四〕

愚按：潁介乎二地之間，故災異凡相有者亦書。

憲宗元和十四年（八一九）七月戊寅，韓弘以汴、宋、潁、亳歸於有司。〔五〕

懿宗咸通元年（八六〇），潁州大水。〔六〕

二年（八六一）秋，淮南、河南不雨，至於明年六月。〔七〕

〔一〕《新唐書·肅宗本紀》：「（大曆）四年正月甲戌，殺潁州刺史李岵。」《新唐書·令狐彰傳》：「然（令狐彰）猜阻忮忍，忤者輒死。怒潁州刺史李岵，遣姚奭代之，戒曰：『不時代，殺之。』岵知其謀，因殺奭，死者百餘人，奔汴州，上書自言，彰亦劾之。河南尹張延賞畏彰，留岵使，故彰書先聞，斥岵夷州，殺之。」

〔二〕《新唐書·方鎮表二》：「（大曆四年）河南節度增領泗州，以潁州隸澤潞節度。」「（大曆十四年）永平節度增領汴、潁二州，徙治汴州。」

〔三〕《新唐書·方鎮表二》：「（建中二年）永平節度增領鄭州，析宋、亳、潁別置節度使，以泗州隸淮南。是年以鄭州隸河陽三城節度，既而復舊。置宋亳潁節度使，治宋州，尋號宣武軍節度使。」

〔四〕《新唐書·五行志》：「貞元四年四月，淮南及河南地生毛。」

〔五〕《新唐書·憲宗本紀》：「（元和十四年）七月戊寅，韓弘以汴、宋、亳、潁四州歸於有司，弘朝於京師。」

〔六〕《新唐書·五行志》：「咸通元年，潁州大水。」

〔七〕《新唐書·五行志》：「咸通二年秋，淮南、河南不雨，至於明年六月。」

三年（八六二）夏，淮南、河南饑。〔一〕

象山陸氏曰：「歲之饑穰，百姓之命繫焉，天下之事孰重於此？」〔二〕

九年（八六八）十二月，龐勛破下蔡。見《康承訓傳》：「時勛取和州，破术陽、下蔡諸縣。」〔三〕

僖宗廣明元年（八八〇），黄巢圍潁州，刺史欲以城降。時段秀實孫珂居潁，募少年拒戰，衆裹糧請從，賊潰，拜州司馬。〔四〕

中和三年（八八三），以朱全忠爲宣武節度使，復專潁。〔五〕

哀宗天祐二年（九〇五）五月，潁州汝陰民彭文妻一産三男。〔六〕

愚按《通考》謂：「凡物反常則爲妖，亦陰氣盛故母道壯也。」〔七〕説者謂：天下安寧，無兵荒之憂，人民蕃息之驗，豈其然乎？

〔一〕《新唐書·五行志》：「咸通三年夏，淮南、河南饑。」

〔二〕（宋）陸九淵《象山先生全集·白鹿洞書院〈論語〉講義》：「歲之饑穰，百姓之命繫焉，天下之事孰重於此？」

〔三〕《新唐書·懿宗本紀》：「（咸通九年）十二月，龐勛陷和、滁二州，滁州刺史高錫望死之。」又《新唐書·康日知傳》所附《康承訓傳》：「（龐）勛好鬼道……賊别取和州，破沭陽、下蔡、烏江、巢諸縣。」《資治通鑑·唐懿宗紀》：「（咸通九年）龐勛以爲官軍不足畏，乃分遣其將丁從實等各將數千人南寇舒、廬，北侵沂、海，破沭陽、下蔡、烏江、巢縣。」

〔四〕《新唐書·段秀實傳》：「（秀實孫）珂，僖宗時居潁州，黄巢圍潁，刺史欲以城降，珂募少年拒戰，衆裹糧請從，賊遂潰，拜州司馬。」

〔五〕《資治通鑑·唐僖宗紀》：「（中和三年三月）己丑，以河中行營招討副使朱全忠爲宣武節度使。」

〔六〕《新唐書·五行志》：「天祐二年五月，潁州汝陰民彭文妻一産三男。」

〔七〕《新唐書·五行志》：「凡物反常則爲妖，亦陰氣盛則母道壯也。」《文獻通考·異物考》：「凡物反常則爲妖，亦陰氣盛則母道壯也。」

五代相襲，皆爲潁州。〔一〕

後唐長興三年（九三二）七月，諸州大水，宋、亳、潁尤甚。〔二〕

後漢乾祐二年（九四九），潁州進白鹿。〔三〕

周顯德三年（九五六），潁州進白兔。〔四〕

是年，又進白烏。〔五〕

愚按，宋紹熙五年（一一九四）八月，揚州獻白兔。侍御史章潁〔穎〕劾守臣錢之望以孽爲瑞，坐黜。又與唐大曆六年（七七一）獲白兔同占。吾後之牧，遇此當參考之，其義自見。

宋初，置汝陰郡，舊防禦使，後爲團練。開寶六年（九七三），復爲防禦。元豐二年（一〇七九），以順昌軍爲潁州節度，屬京西北路。政和六年（一一一六），改順昌府。〔六〕

〔一〕《正德潁州志·建置沿革》：「五代相襲。」

〔二〕《舊五代史·五行志》：「（長興）三年七月，諸州大水，宋、亳、潁尤甚。」《五代會要·水溢》：「長興三年七月，諸州大水，宋、亳、潁尤甚。」

〔三〕《五代會要·祥瑞》：「漢乾祐二年六月，潁州進白鹿。」《舊五代史·漢書·隱帝紀》：「（乾祐二年六月）乙亥，潁州獻白鹿。」

〔四〕《五代會要·祥瑞》：「至（顯德）三年，潁州進白兔。」《文獻通考·物異考·毛蟲之異》：「後周世宗顯德三年，潁州進白兔。」

〔五〕《文獻通考·物異考·羽蟲之異》：「（世宗顯德）三年，潁州進白烏。」

〔六〕《宋史·地理志》：「順昌府，上，汝陰郡，舊防禦，後爲團練。開寶六年，復爲防禦。元豐二年，陞順昌軍節度。舊潁州，政和六年，改爲府。崇寧户七萬八千一百七十四，口一十六萬六百二十八。貢紬、絁、綿。縣四：汝陰，望。開寶六年，移治於州城東南十里。泰和，望。潁上，緊。沈丘，緊。」《成化中都志·建置沿革·潁州》：「宋初爲潁州，屬京西路。熙寧五年（一〇七二），分屬京西北路。陞汝陰縣百尺鎮爲萬壽縣。元豐二年，陞順昌軍節度。（政和）六年，改爲順昌府，領汝陰、萬壽、潁上、沈丘四縣。宣和中改萬壽曰泰和。」《南畿志·鳳陽府屬沿革·潁州》：「宋初爲州屬西路，元豐間陞順昌軍，政和初改順昌府，治汝陰縣。」

太祖建隆二年（九六一），詔發陳、許丁夫數萬，浚蔡水入潁。〔一〕

建隆六年，潁州水溢，淹民舍、田疇甚衆。〔二〕

開寶元年（九六八）秋七月丙申，北漢潁州砦主胡遇等來降。〔三〕

二年（九六九），潁、蔡、陳、宋、亳、宿、許州水，害秋苗。〔四〕

四年（九七一）白露，舒、汝、廬、潁五水並漲，壞廬舍、民田。〔五〕

六年（九七三）六月，潁州淮、淠水溢，淹民舍、田疇甚衆。〔六〕

太宗太平興國二年（九七七）六月，潁州潁水漲，壞城門、軍營、民舍。〔七〕

五年（九八〇）五月，潁州潁水溢，壞堤及民舍。〔八〕

〔一〕《宋史·太祖本紀》：「（建隆）二年春正月……丁巳，導蔡水入潁。」

〔二〕此條誤，「建隆」年號僅使用四年。「建隆」二字，當爲「開寶」。詳見下「（開寶）六年」條。

〔三〕《宋史·太祖本紀》：「（開寶元年）秋七月丙申，幸鐵騎營，賜軍錢羊酒有差。北漢潁州砦主胡遇等來降。」

〔四〕《宋史·五行志》：「（開寶）二年七月，下邑縣河決。是歲，青、蔡、宿、淄、宋諸州水，真定、澶、滑、博、洺、齊、潁、蔡、陳、亳、宿、許州水，害秋苗。」

〔五〕《宋史·五行志》：「（開寶四年六月）蔡州淮及白露、舒、汝、廬、潁五水並漲，壞廬舍、民田。」

〔六〕《宋史·五行志》：「（開寶六年），鄆州河決楊劉口。懷州河決獲嘉縣。潁州淮、淠水溢，淹民舍、田疇甚衆。」《文獻通考·物異考·水災》：「（開寶）六年六月，鄆州河決楊劉口。懷州河決獲嘉。潁州淮、淠水溢，淹民舍、田疇甚衆。」

〔七〕《宋史·五行志》：「（太平興國二年）潁州潁水漲，壞城門、軍營、民舍。」

〔八〕《宋史·五行志》：「五年五月，潁州潁水溢，壞堤及民舍。」

是年，潁州獻白雉。〔一〕

宋雍熙間，强胡屢爲邊害，天子念守兵歲廣，乃遣議臣東出宿亳，至壽春，西出許潁，轉陳蔡之間，至襄鄧，得田可治者二十二萬頃，欲修耕屯之業。而任事者破壞其計，故功不立。〔二〕

淳化四年（九九三）秋，陳、潁、宋、亳州霖雨，秋稼多敗。〔三〕

五年（九九四）秋，宋、亳、陳、潁、泗、壽州雨水害稼。〔四〕

真宗咸平六年（一〇〇三），潁州獻白麑。〔五〕

天僖二年（一〇一八）三月甲申，潁州石隕出泉，飲之愈疾。〔六〕

三年正月晦，潁州沈丘縣民駱新田間震雷，頃之，隕石三，入地七尺許。〔七〕

〔一〕「是年」誤，當作「九年」。《文獻通考·物異考·羽蟲之異》：「太宗太平興國五年（九八〇）七月，秘書丞郭延釗獻紫鵲。九年（九八四），江陵獻緑鵲，易州獻紅山鵲，潁州獻白雉，西京獻白鳩。」

〔二〕《曾鞏集·本朝政要策·屯田》：「宋興，當雍熙之間，强胡屢爲邊害。天子念守兵歲廣，而趙魏失寧，廢耕桑之務，於是方田之法自此始。是後開易水，疏雞距，修鮑河之利，邊屯以次立矣。然中國一統，内輯百萬之師，議者以爲豈晏然不知兵農兼務哉？天子乃遣議臣東出宿亳，至壽春，西出許潁，轉陳蔡之間，至襄鄧，得田可治者二十二萬頃，欲修耕屯之業，度其功用矣。天子尤意嚮之，而任事者破壞其計，故功不立。」

〔三〕《宋史·五行志》：「是（淳化四年）秋，陳、潁、宋、亳、許、蔡、徐、濮、澶、博諸州霖雨，秋稼多敗。」

〔四〕《宋史·五行志》：「（淳化）五年秋，開封府宋、亳、陳、潁、泗、壽、鄧、蔡、潤諸州雨水害稼。」

〔五〕《文獻通考·物異考·毛蟲之異》：「（咸平）六年十月乙丑，有狐出皇城東北角樓，歷軍器庫至夾道，獲之。潭州獻白鹿，潁州獻白麑，單州獻白麞，開封府大唐縣獻黑兔，沂州獻紫兔。」

〔六〕「天僖二年」誤，當作「天禧三年（一〇一九）」。《宋史·真宗本紀》：「（天禧三年）三月戊午朔，日有食之……甲申，潁州石隕出泉，飲之愈疾。」

〔七〕《宋史·五行志》：「天禧三年正月晦，沈丘縣民駱新田聞震，頃之，隕石入地七尺許。」《文獻通考·物異考·玉石之異》：「天禧三年正月晦，潁州沈邱縣民駱新田間震雷，頃之，隕石三，入地七尺許。」

英宗治平元年（一〇六四），陳、潁、唐、泗、濠、楚、廬、壽俱有水災。〔一〕

是年，潁、亳州旱。〔二〕

神宗元豐二年（一〇七九）九月癸未，降順昌軍囚罪一等，待〔徒〕以下釋之。〔三〕

高宗紹興七年（一一三七），宗弼爲右監軍，復取河南，戰於潁州，漢軍少却。出《金史》。

是年，岳飛、劉安世襲取潁，郡皆響應。〔四〕

十年（一一四〇）五月壬寅，金人圍順昌府，東京副留守劉錡引兵力戰，敗之。乙巳，劉錡遣將閻充敗金人於李村。乙卯，順昌圍解。〔五〕

雲間張氏曰：大抵人徒知劉錡順昌之捷，而不知錡之取是捷者，其要有六。蓋公心以赴急難，一也；示死以堅衆志，二也；因天變以致敵，三也；以忠義感人，四也；示弱以驕敵，五也；以逸而待勞，六也。議者以諸將

〔一〕《宋史·五行志》：「治平元年，慶、許、蔡、潁、唐、泗、濠、楚、廬、壽、杭、宣、鄂、洪、施、渝州、光化軍水。」《文獻通考·物異考·水災》：「英宗治平元年，京師、許、蔡、陳、潁、唐、泗、濠、楚、廬、壽、杭、宣、鄂、洪、施、渝州、光化軍俱有水災。」

〔二〕《宋史·五行志》：「治平元年春，京師踰時不雨。鄭、滑、蔡、汝、潁、曹、濮、洺、磁、晉、耀、登等州，河中府、慶成軍旱。」《文獻通考·物異考·恒暘》：「治平元年春，京師踰時不雨。鄭、滑、蔡、汝、潁、亳、曹、濮、洺、磁、晉、耀、登等州，河中府、慶成軍旱。」

〔三〕《宋史·神宗本紀》：「（元豐二年）九月癸未，降順昌軍囚罪一等，徒以下釋之。」

〔四〕「紹興七年」誤，當作「紹興八年（一一三八）」，即金天眷元年（一一三八）。《金史·阿魯補傳》：「天會十五年（一一三七），詔廢齊國，已執劉麟，阿魯補先入汴京備變。明年（一一三八），除歸德尹。割河南地與宋，入爲燕京内省使。宗弼復河南，阿魯補先濟河，撫定諸郡，再爲歸德尹、河南路都統。宋兵來取河南地，宗弼召阿魯補，與許州韓常、潁州大㚖、陳州赤盞暉，皆會於汴，阿魯補以敵在近，獨不赴。而宋將岳飛、劉光世等，果乘間襲取許、潁、陳三州，旁郡皆響應。」

〔五〕《宋史·高宗本紀》：「（紹興十年五月）壬寅，金人圍順昌府，三路都統葛王褎以大軍繼至，劉錡力戰，敗之。六月……乙巳，劉錡遣將閻充戰敗金人於順昌之李村……乙卯，順昌圍解，兀朮還。」

不協心追討，而失此機會，似矣。嗚呼！當是時也，兀朮擁衆而來，敝城難守，危如一髮，將士有必死之理，順昌爲必陷之城，幸而勝之，則心願滿足，何暇窮追？人情然也，何足怪哉！臣謂劉錡順昌之捷，周瑜赤壁之勝，同一機也。昔者曹瞞志欲吞吳，擁兵臨江，旌旗舳艫，一望千里，吳人爲之膽落矣。幸而周瑜乘此東風，決策一戰，而老瞞逃遁不暇，幾乎不免。吳人之意，以爲退此勍敵，不猶愈於君臣被俘邪？由是歡呼凱旋，莫不相慶，至今以爲美談。順昌之事，何以異於是哉？君子待人以恕，而無求備之心，不當如議者所云也。〔一〕

三十一年（一一六一）五月乙卯，知順昌軍孟昭率部曲來歸。〔二〕

寧宗嘉定十年（一二一七），宋人攻潁州，焚掠而去。〔三〕

十四年（一二二一），宋人掠沈丘，殺縣令。是年，宋人焚潁州，執防禦判官。〔四〕

金完顔襄率甲士二千人渡潁水，攻拔潁州。以上俱《金史》。〔五〕

元潁州屬汝寧府。至元二年（一二六五），省四縣，及録事司入州。後復領三縣，沈丘、潁上、太和。〔六〕

〔一〕出自張時泰《續通鑑綱目廣義》。原書未見，然這段文字又見於《御批續資治通鑑綱目》所引。

〔二〕「三十一年」誤，當作「三十二年（一一六二）」。《宋史·高宗本紀》：「（紹興三十二年五月）乙卯，知順昌軍孟昭率部曲來歸。」

〔三〕寧宗嘉定十年，即金興定元年。《金史·宣宗本紀》：「（興定元年五月）癸巳，宋人攻潁州，焚掠而去。」

〔四〕寧宗嘉定十四年，即金興定五年。《金史·宣宗本紀》：「（興定五年八月）乙丑，宋人掠沈丘，殺縣令……（十一月）壬寅，宋人焚潁州，執防禦判官而去。」

〔五〕《金史·完顔襄傳》：「宋人犯南鄙，襄爲潁、壽都統，率甲士二千人渡潁水，敗敵兵五千，復潁州，生擒宋帥楊思。」

〔六〕《元史·地理志·河南府路（汝寧府）》：「潁州，下。唐初爲信州，後改汝陰郡，又改潁州。宋陞順昌府。金復爲潁州。舊領汝陰、泰和、沈丘、潁上四縣。元至元二年，省四縣及録事司入州。後復領三縣：太和，下。沈丘，下。潁上，下。」成化《中都志·建置沿革·潁州》：「元至元二年，省四縣入州，後復領泰和、潁上、沈丘三縣，隸河南汝寧府。」《南畿志·鳳陽府屬沿革·潁州》：「元因屬汝寧府。」

太宗四年（一二三二）春，攻金，下潁州。〔一〕

世祖中統四年（一二六三），以禮部尚書馬月合乃兼領潁州，光化互市。〔二〕

是年，以別的因爲壽、潁二州屯田府達魯花赤。時二州地多荒蕪，有虎食民妻，其夫來告，別的因默然良久，曰：「此易治耳。」迺立檻設機，縛羔羊檻中以誘虎。夜半，虎果至，機發，虎墮檻中，因取射之，虎遂死。自是虎害頓息。〔三〕

至元二十五年（一二八八），河決，潁被患。〔四〕

二十七年（一二九〇），復決，潁大被患。〔五〕

仁宗延祐元年（一三一四）冬十月，陞潁州萬户府爲中萬户府。〔六〕

泰定帝致和元年（一三二八）五月，潁州蝗。〔七〕

〔一〕《元史·太宗本紀》：「四年壬辰春正月……壬寅，攻鈞州，克之，獲金將合達。遂下商、虢、嵩、汝、陜、洛、許、鄭、陳、亳、潁、壽、睢、永等州。」

〔二〕《元史·世祖本紀》：「（中統四年五月）戊戌，以禮部尚書馬月合兼領潁州、光化互市，及領已括户三千，興煽鐵冶，歲輸鐵一百三萬七千斤，就鑄農器二十萬事，易粟四萬石輸官。」

〔三〕《元史·抄思傳》：「子別的因……明年，庚申，世祖即位，委任尤專。癸亥正月，召赴行在所。冬十一月，謁見世祖於行在所，世祖賜以金符，命別的因爲壽潁二州屯田府達魯花赤。時二州地多荒蕪，有虎食民妻，其夫來告，別的因默然良久，曰：『此易治耳。』迺立檻設機，縛羔羊檻中以誘虎。夜半，虎果至，機發，虎墮檻中，因取射之，虎遂死。自是虎害頓息。」

〔四〕《元史·世祖本紀》：「（至元二十五年四月）河決汴梁，太康、通許、杞三縣，陳、潁二州皆被害。」

〔五〕《元史·世祖本紀》：「（至元二十七年十一月）癸亥，河決祥符義唐灣，太康、通許、陳、潁二州大被其患。」

〔六〕《元史·仁宗本紀》：「（延祐元年）冬十月癸巳，陞潁州萬户府爲中萬户府。」

〔七〕《元史·泰定帝紀》：「（致和元年五月）汝寧府潁州、衛輝路汲縣蝗。」

順帝至正十一年（一三五一）五月辛亥，潁州妖人劉福通爲亂，以紅巾爲號，陷潁州，據朱皋，攻羅山等縣，陷汝、寧、光、息等府州，衆至十萬。〔一〕

深菴丘氏曰：「承平之時，國家有所征行戍守，恒患士卒消耗、軍伍空缺，稍欲編民爲兵，恐其嗟怨，或生他變。不獨本兵者不敢主此議，而建議者亦不敢啟此言。夫何盜賊一起，旬月之間即成千萬，是何公爲之甚難，而私爲之乃易易如此哉？必有其故矣。明明在上，穆穆布列者，請試思之。」〔二〕

愚按：深菴必有其故之云。蓋謂盜賊之起，皆由於水旱相仍，賦斂横出，工役並興，官吏激發，故不得已爲盜。始則起於穿窬剽掠，及其輾轉得志，馴至猖獗，釀成大患者多矣。元之紀綱廢弛，風俗頽敗，其致亂之階，已非一朝一夕之故，況復輕役民力，大修河防，民心愁怨，安能免於亂亡哉！

十六年（一三五六）四月，大明兵取潁州路。〔三〕

高皇帝洪武初，改隸鳳陽府，省汝陰、沈丘二縣入焉，領潁上、太和、亳三縣。編户三十二里，今增至八十里。

潁上縣編户一十三里，今增至一十九里。

太和縣編户二十一里，今增至三十五里。

〔一〕《元史·順帝紀》：「（至正十一年）五月己酉朔，日有食之。辛亥，潁州妖人劉福通爲亂，以紅巾爲號，陷潁州……六月，發軍一千，從直沽至通州，疏濬河道。是月，劉福通據朱皋，攻破羅山、真陽、確山，遂犯舞陽、葉縣等處……（九月）劉福通陷汝寧府及息州、光州，衆至十萬。」

〔二〕（明）丘濬《大學衍義補·論遏盜之機》：「承平之時，國家有所征行戍守，恒患士卒消耗、軍伍空缺，稍欲編民爲兵，恐其嗟怨，或生他變，不獨本兵者不敢主此議，而建議者亦不敢啟此言。夫何盜賊一起，旬月之間即成千萬，是何公爲之甚難而私爲之乃易易如此哉？必有其故矣。明明在上，穆穆布列者，請試思之。」

〔三〕「十六年」誤，當作「二十六年（一三六六）」。《元史·順帝紀》：「（至正二十六年）夏四月……是月，大明兵取淮安路、徐州、宿州、濠州、泗州、潁州、安豐路。」

亳縣編户二十里。〔一〕

睿皇帝正統二年（一四三七），潁上沙河水溢，壞民廬舍。〔二〕

天順四年（一四六〇），潁上沙河水漲，民舍多淹没，河東馬頭一空，始遷縣於河西立焉。〔三〕

純皇帝成化二年（一四六六），大水漫城尺許。是歲大饑，民死者半，斗米百錢。〔四〕

十三年（一四七七），潁上桃李冬華，有實如王瓜而小，體空無核。〔五〕

十六年（一四八〇）春，地震。秋，淋雨，穀粟無成，豆多腐爛。次年，大饑疫。〔六〕

敬皇帝弘治四年（一四九一），置兵備道於壽。十年（一四九七），移治於潁。〔七〕

〔一〕《成化中都志·建置沿革·潁州》：「洪武初，改隸本府，革汝陰、沈丘二縣，領潁上、太和、亳三縣。」《南畿志·鳳陽府屬沿革·潁州》：「皇明屬鳳陽府，領縣二。」《明史·地理志·鳳陽府（潁州）》：「潁州，洪武四年（一三七一）二月來屬，東距府四百四十里，領縣二：潁上、太和。亳州，洪武初以州治譙縣省入，尋降爲縣，屬歸德州。六年（一三七三）屬潁州。弘治九年（一四九六）十月復陞爲州。東南距府四百五十里。」

〔二〕李宜春《嘉靖潁州志·物異·明》：「正統元年（一四三六），潁上沙河水溢，壞民廬舍。」《順治潁上縣志·災祥·明》：「正統丁巳（一四三七），沙河水泛溢，街市民舍水浸者旬日，卧榻下盡魚鱉。李黄門牌坊爲之傾圮。」

〔三〕李宜春《嘉靖潁州志·物異·明》：「天順四年，潁上沙河水漲，民舍多淹没，河東馬頭一空。始遷縣於河西立焉。」《順治潁上縣志·災祥·明》：「天順庚辰（一四六〇），沙河水溢，民舍多没之。河東馬頭一空，始移河西立焉。」

〔四〕李宜春《嘉靖潁州志·物異·明》：「成化二年，大水，漫城尺許。是歲大飢，民死者半，斗米百錢。」《順治潁上縣志·災祥·明》：「成化丙戌（一四六六），大水浸城者數板。是年，大饑，民死者半，斗米值白銀乙錢。」

〔五〕李宜春《嘉靖潁州志·物異·明》：「（成化）十三年，潁上桃李冬華，有實，如王瓜而小，體空無核。」《順治潁上縣志·災祥·明》：「（成化）丁酉（一四七七），桃李冬花，樹有實如王瓜，體空，亦不堪食。」

〔六〕李宜春《嘉靖潁州志·物異·明》：「（成化）十六年春，地震。秋淋雨，穀粟無成，豆多腐爛。十七年，大饑疫。」《順治潁上縣志·災祥·明》：「（成化）庚子（一四八〇）春，地震。秋，淋雨。穀粟無成，豆多腐壞。次年，大饑，大疫。」

〔七〕李宜春《嘉靖潁州志·州考·潁州》：「弘治四年設兵備道，以河南按察司僉事鎮於壽州。十年迺移潁州。」

愚謂：畿内輔郡爲祖宗根本重地，洪武、永樂年間，武備修舉，少生盜賊。至正統末年，南方多事，盜賊漸多。景泰、天順以後，鹽徒縱横，興販私盐，聚衆爲盗，敵殺官軍，爲患日熾。弘治初，以建議者，乃各設兵備憲臣一員，上江在於九江，下江在於太倉，而鳳陽則於潁州，各住劄焉，此正設備不用之意。近復有議者，以爲冗員，欲行裁革，豈知天下之至慮者哉！

六年（一四九三）九月二十五日，大雪，道路不通，村落不辨，河水堅結，禽鳥絶飛。次年二月終，始霽，歲則大熟。〔一〕

是時，革亳，領潁、太二縣。〔二〕

七年（一四九四）四月初三日夜，北風大作，雨雹傷稼。〔三〕

八年（一四九五）七月十五日午，潁上天朗氣清，驟雨如注，即止。俄頃，日色中三龍出没烟雲，上下相持，自南而北，所過屋瓦皆飛。〔四〕

〔一〕李宜春《嘉靖潁州志・物異・明》：「弘治六年九月二十五日大雪，道路不通，村落不辨，河水堅結，禽鳥絶飛。至次年二月終始霽。歲則大熟。」《順治潁上縣志・災祥・明》：「弘治癸丑（一四九三）九月廿五，大雪，道路不通，村落不辨，河水堅結，禽鳥不飛。次年二月中始霽，歲則大熟。」

〔二〕《明史・地理志・南京（鳳陽府）》：「潁州：洪武四年二月來屬。東距府四百四十里，領縣二：潁上、太和。亳州。洪武初，以州治譙縣省入，尋降爲縣，屬歸德州。六年，屬潁州。弘治九年十月復陞爲州。」

〔三〕李宜春《嘉靖潁州志・物異・明》：「（弘治）七年四月初三日夜，北風大作，雨雹傷稼。」《順治潁上縣志・災祥・明》：「（弘治）甲寅（一四九四）四月初三日夜一更時，北風大作，雨雹。」

〔四〕李宜春《嘉靖潁州志・物異・明》：「（弘治）八年七月十五日午，潁上天朗氣清，驟雨如注，即止，俄頃，日色中三龍出没烟雲，上下相持，自南而北，所過屋瓦皆飛。」《順治潁上縣志・災祥・明》：「（弘治）乙卯（一四九五）七月十五日午，天朗氣清，日色中驟雨即止，俄頃三龍在西隅，煙雲上下相持，自南而北，其氣呼吸，屋瓦物器所遇者，皆爲奔空飛逐。人亦爲驚異。」

十七年（一五〇四）五月十二日午後，風自西作。晝晦，船隻多沈溺。至夜分，風乃止。〔一〕

毅皇帝正德三年（一五〇八），潁州進白兔。〔二〕

四年（一五〇九）春，大饑，人相食。〔三〕

七年（一五一二）春，潁上有鳥飛鳴城郭，其聲甚哀。〔四〕

三月，流賊劉三陷太和，賈敏兒等圍潁上，兵備李天衢督衆固守，七日而賊退。〔五〕

今上嘉靖元年（一五二二）七月二十四日，大風拔木摧禾。冬暖如春，諸果木皆華，間有實。〔六〕

〔一〕李宜春《嘉靖潁州志·物異·明》：「（弘治）十七年五月十二日午後，風自西作，晝晦冥，船隻多沈溺，至夜分風乃止。」《順治潁上縣志·災祥·明》：「（弘治）甲子（一五〇四）五月十二日午，颶大作，自西而來，其猛烈可畏，晝亦爲之晦。正陽河下，船多爲之漂流沈溺。」

〔二〕李宜春《嘉靖潁州志·物異·明》：「正德三年，潁州進白兔。」

〔三〕李宜春《嘉靖潁州志·物異·明》：「（正德）四年春，大飢，人相食。」《順治潁上縣志·災祥·明》：「正德己巳（一五〇九）春，大饑，人相吞噬。」

〔四〕李宜春《嘉靖潁州志·物異·明》：「（正德）七年春，潁上有鳥飛鳴城郭，其聲甚哀。」《順治潁上縣志·災祥·明》：「壬申（一五一二）春，有鳥不知所來，飛鳴城郭，其聲可怪，亦不識爲何鳥。」

〔五〕李宜春《嘉靖潁州志·物異·明》：「（正德七年）三月，流賊劉三陷太和，賈敏兒等圍潁上。兵備李天衢督衆圍守，七日而賊退。」《順治潁上縣志·災祥·明》：「（正德七年）三月初，劇賊圍城，十日不克，大肆剽掠，屠戮生靈，焚毀房屋。兵殘之後，至今民尚未蘇。」

〔六〕李宜春《嘉靖潁州志·物異·明》：「嘉靖元年七月二十四日，大風拔木摧禾，冬暖如春，諸果木皆華，間有實。」《順治潁上縣志·災祥·明》：「（嘉靖）壬午（一五二二）七月廿四，自暮達旦，拔伐樹木，摧折禾稼，已實者搖落一空，方秀者偃伏遍野，人盡失望。是冬，和氣如春，桃李諸果木皆華，間有實者。歲薦饑。」

三年（一五二四）正月元日夜，地震。春，大饑，人相食。〔一〕

四年（一五二五）八月二十二日，地震。十二月二十二日，復震。〔二〕

十三（一五三四）、十四年（一五三五），俱蝗。〔三〕

論曰：潁郡甲乎淮右，沃壤千里，東襟江淮，南接荊汝，西連襄鄧，北通汴徐，爲四衝八達之地，無險阻之形，所恃者一城而已爾。昔兀朮有曰：「以吾力攻汝城，直用靴尖趯倒耳。」嗚呼殆哉！三代以前固無容議，春秋以後，在楚爲家户，在六朝爲南北藩籬，在南宋爲襟喉，在我朝爲腹心。家户不可不嚴，藩籬不可不固，襟喉不可不護，腹心不可不理，而又重以天灾物異，往來迭見，其中鑒戒昭然，爲吾牧、爲吾民者，可不知所懼哉！賴有兵備道創設於斯，足以保障江淮，控制八面，誠一方之雄鎮也。必政舉人和，兵彊食足，然後在我有備，而意外之來不足憂也。郡之事，其重且大者有如此，吾爲此懼，用是提挈綱維，以昭永鑒云。

《郡紀》終

〔一〕《明史·五行·地震》：「（嘉靖）三年正月丙寅朔，兩畿、河南、山東、陝西同時地震。」李宜春《嘉靖潁州志·物異·明》：「（嘉靖）三年正月元日夜，地震。春大飢，人相食。」《順治潁上縣志·災祥·明》：「（嘉靖）甲申（一五二四）正月初一夜，地震。春大饑，米乙石值白銀乙兩六錢，各色雜糧價騰高。」

〔二〕《明史·五行·地震》：「（嘉靖）四年八月癸卯，徐州、鳳陽一衛三州縣及懷慶、開封二府俱地震，聲如雷。九月壬申，鳳陽、徐州及開封二縣復震。」李宜春《嘉靖潁州志·物異·明》：「（嘉靖）四年八月二十二日，地震。十二月二十二日復震。」

〔三〕李宜春《嘉靖潁州志·物異·明》：「（嘉靖）十三年、十四年俱蝗。」

潁州志卷之二

表一・郡縣

遷、固諸表，豈徒作哉？蓋爲並時異世而作也。夫時並則年歷差殊，世異則難於明辨。故其表也，多以世爲主，或主於地，或主於時，或國經而年緯，或年經而國緯，然後因而譜列之，良有深意。潁之《郡縣表》，予得二書焉，乃以世爲主，而百世之因革昭於指掌，是亦不徒作也矣。故首表郡縣。

	州	潁上	太和	亳縣
唐	豫州域。〔一〕	豫州域。〔二〕	豫州域。〔三〕	
虞	同。	同。	同。	
夏	同。	同。	同。	
商	同。	同。	同。	
周	同。	同。	同。	

〔一〕見本書《輿地上・沿革》「唐、虞爲豫州」句之注。

〔二〕《成化中都志・建置沿革・潁上縣》：「在州治東一百二十里。《禹貢》豫州之域。」

〔三〕《成化中都志・建置沿革・太和縣》：「在州治西北八十里。《禹貢》豫州之域。」

續表

	州	潁上	太和	亳縣
春秋	胡子國。〔一〕沈子國。〔二〕			
戰國	楚地。〔三〕	楚地。〔四〕	楚地。〔五〕	
秦	潁川郡地。〔六〕	同。	同。	
漢	汝陰縣。隸汝南郡。〔七〕	慎縣。新鄭縣。〔八〕	細陽縣。〔九〕	

〔一〕見本書《輿地志上・沿革》「胡子國」條之注。

〔二〕見本書《輿地志上・沿革》「沈子國」條之注。

〔三〕見本書《郡紀》「蔡遷於州來」句之注。

〔四〕《成化中都志・建置沿革・潁上縣》：「周末，屬楚。」

〔五〕《成化中都志・建置沿革・太和縣》：「春秋，胡國地，後屬楚。」

〔六〕見本書《郡紀》「潁爲潁川郡地」句之注。

〔七〕見本書《郡紀》「兩漢爲汝陰縣」句之注。

〔八〕《後漢書・安城孝侯賜傳》：「建武二年（二六）封爲慎侯。」李賢注：「慎縣，屬汝南郡。故城在今潁州潁上縣西北。」《元和郡縣志・河南道・潁州》：「潁上縣，中。西、北至州一百一十七里。本漢慎縣地，屬汝南郡。」《太平寰宇記・河南道・潁州》：「潁上縣，東南一百七十里。舊十一鄉，今三鄉。本漢慎縣地，屬汝南郡。」《成化中都志・建置沿革・潁上縣》：「漢汝陰縣地，屬汝南郡。」《南畿志・鳳陽府屬沿革・潁上》：「本慎縣地。」《順治潁上縣志・輿圖・疆域（沿革附）》：「西漢爲慎縣，又曰新鄭。莽曰慎治，又汝陰地，隸汝南郡。」

〔九〕《成化中都志・建置沿革・太和縣》：「漢爲汝南郡汝陰縣地。」《南畿志・鳳陽府屬沿革・太和縣》：「本細陽縣地。」

續表

	州	潁上	太和	亳縣
東漢	同。	同。	同。	
三國魏	汝陰郡。〔一〕			
晉	同。	慎縣。屬汝南郡。〔二〕		
東晉	同。			
劉宋	西汝陰郡。〔三〕			
南齊	同。			
梁		下蔡郡。〔四〕		

〔一〕見本書《郡紀》「魏置汝陰」句之注。

〔二〕「汝南郡」，當作「汝陰郡」。見本書卷一《郡紀》「晉泰和［始］二年（二六六），復置汝陰郡」句之注。《輿地廣記·京西北路》：「潁上縣，本楚慎縣……晉屬汝陰郡。」《成化中都志·建置沿革·潁上縣》：「晉屬汝陰郡。」《順治潁上縣志·輿圖·疆域（沿革附）》：「西晉屬汝陰郡，隸豫州道。」

〔三〕見本書《郡紀》「宋置西汝陰郡」句之注。

〔四〕《隋書·地理志》：「汝陰郡，舊置潁州。統縣五：……潁上，梁置下蔡郡，後齊廢郡。大業初縣改名焉……」《輿地廣記·京西北路》：「潁上縣，本楚慎縣……梁置下蔡郡，北齊郡廢。」《成化中都志·建置沿革·潁上縣》：「梁置下蔡郡，後齊廢。」《順治潁上縣志·輿圖·疆域（沿革附）》同。

續表

	州	潁上	太和	亳縣
魏	潁州。[一]			
隋	汝陰郡。[二]	潁上。[三]		
唐	信州。初置。 潁州。武德四年（六二一）置。[四]	潁上。[五]		

〔一〕見本書《郡紀》「魏孝明帝孝昌三年（五二七）置潁州」句之注。

〔二〕見本書《郡紀》「隋置汝陰郡」句之注。

〔三〕《隋書·地理志》：「汝陰郡，舊置潁州。統縣五：……潁上，梁置下蔡郡，後齊廢郡。大業初縣改名焉……」《元和郡縣志·河南道·潁州》：「潁上縣，中。西北至州一百一十七里。本漢慎縣地，屬汝南郡，自漢訖宋不改。隋大業二年（六〇六）置潁上縣，屬潁州。三年（六〇七），以潁州爲汝陰郡，縣仍屬焉。」《輿地廣記·京西北路》：「潁上縣，本楚慎縣……隋大業初，置潁上縣於故鄭城，屬汝陰郡。」《成化中都志·建置沿革·潁上縣》：「隋初置潁上縣，仍屬汝陰郡。」《南畿志·鳳陽府屬沿革·潁上》：「隋始置縣，改下蔡爲潁上縣，屬汝陰郡。」《順治潁上縣志·輿圖·疆域（沿革附）》：「隋文帝開皇三年（五八三）改置潁上縣，仍屬汝陰郡。」

〔四〕見本書《郡紀》「唐初置信州」句之注。

〔五〕《輿地廣記·京西北路》：「潁上縣：本楚慎縣……唐武德四年移於今治，屬潁州。」《成化中都志·建置沿革·潁上縣》：「唐屬潁州，隸河南道。」《南畿志·鳳陽府屬沿革·潁上》：「唐因之，屬潁州。」《順治潁上縣志·輿圖·疆域（沿革附）》：「唐武德三年（六二〇），屬潁州，隸河南道。」

續表

	州	潁上	太和	亳縣
五代梁	潁州。五代相襲，俱爲潁州。〔一〕	潁上。〔二〕		
宋	潁州。初置。順昌軍。元豐二年（一〇七九），以潁州爲順昌軍節度。順昌府。政和六年（一一一六）改。〔三〕汝陰縣。附治。	潁上。〔四〕	萬壽。〔五〕	

〔一〕見本書《郡紀》「五代相襲，皆爲潁州」句之注。

〔二〕《順治潁上縣志·輿圖·疆域（沿革附）》：「五代因之。」

〔三〕見本書《郡紀》「宋初置汝陰郡」句之注。

〔四〕《成化中都志·建置沿革·潁上縣》：「宋政和六年，以州爲順昌府，縣仍屬焉。」順治《潁上縣志·輿圖·疆域（沿革附）》同。《南畿志·鳳陽府屬沿革·潁上》：「宋，屬順昌府，後没於金。」

〔五〕《元豐九域志·北路》：「上，潁州：……縣四。開寶六年（九七三）以汝陰縣百尺鎮置萬壽縣……望，萬壽。州西北五十七里。三鄉。斤溝、界溝、税子步三鎮。有潁水。」《成化中都志·建置沿革·太和縣》：「本百尺鎮也。宋陞爲萬壽縣。宣和中改泰和縣。」《南畿志·鳳陽府屬沿革·太和》：「本細陽縣地。宋始置縣。宣和中，改萬壽縣爲太和，屬潁州。」

續表

	州	潁上	太和	亳縣
金	潁州。〔一〕	潁上。〔二〕		
元	潁州。屬汝寧府。中萬户府。延祐元年（一三一四）陞潁州萬户府爲中萬户府。〔三〕	潁上。〔四〕	太和。〔五〕	

〔一〕《金史·地理志·南京路》：「潁州：下，防禦。宋順昌府汝陰郡。」

〔二〕《金史·地理志·南京路》：「潁上：元光二年（一二二三）十一月改隸壽州。有潁水、淮水。」

〔三〕見本書《郡紀》「仁宗延祐元年冬十月」句之注。

〔四〕《成化中都志·建置沿革·潁上縣》：「元仍潁州。省縣入州，隸河南汝寧府。後復置，以縣直隸於府。」《南畿志·鳳陽府屬沿革·潁上》：「元初省入潁州，後復置。」《順治潁上縣志·輿圖·疆域（沿革附）》：「元至元〔正〕十三年（一三五三），仍潁州，省縣入焉。二十八年（一三六八），隸河南汝臨〔寧〕府。後復置縣，直隸於府。」

〔五〕《成化中都志·建置沿革·太和縣》：「元省入州，後復置，隸河南汝寧府。」《南畿志·鳳陽府屬沿革·太和》：「元省入潁州，後復置。」

續表

	州	潁上	太和	亳縣
皇明	潁州。屬鳳陽府。〔一〕	潁上。〔二〕	太和。〔三〕	亳。本春秋譙邑。秦屬碭郡。〔四〕漢置譙縣，屬沛國。〔五〕魏爲譙國，後魏置南兗州。〔六〕後周改亳州。〔七〕唐初，爲譙州，尋改亳州。天寶初，改亳

〔一〕見本書《郡紀》「明太祖洪武十六年（一三八三）攻下潁州」句之注。

〔二〕《成化中都志·建置沿革·潁上縣》：「國朝仍屬潁州。」《南畿志·鳳陽府屬沿革·潁上》：「皇明因之，屬潁州。」《順治潁上縣志·輿圖·疆域（沿革附）》：「明仍屬潁州，隸直隸鳳陽府。」

〔三〕《成化中都志·建置沿革·太和縣》：「國朝洪武元年（一三六八），除知縣高進招撫遺民六百户，分爲六鄉，開設縣治，改『泰』爲『太』，仍隸汝寧府。洪武三年（一三七〇），改隸本府，仍屬於潁州。」《南畿志·鳳陽府屬沿革·太和》：「皇明因之，屬潁州。」

〔四〕《元和郡縣志·河南道·亳州》：「《禹貢》豫州之域，至周不改。春秋時爲陳國之焦邑，六國時屬楚，在秦爲碭郡地。」

〔五〕《漢書·地理志》：「沛郡，故秦泗水郡，高帝更名。莽曰吾符。屬豫州。户四十萬九千七十九，口二百三萬四百八十。縣三十七：……譙，莽曰延成亭。」

〔六〕《元和郡縣志·河南道·亳州》：「初，後漢熹平五年（一七六），黄龍見譙，太史令單颺以爲其國當有王者興，不及五十年，亦當復見。後如其言，魏文帝即位。黄初元年（二二〇），以先人舊郡，又立爲譙國，與長安、許昌、鄴、洛陽號爲『五都』。」《魏書·地形志》：「濟陰郡，領縣四：……南兗州，正光中置，治譙城。」

〔七〕《元和郡縣志·河南道·亳州》：「後魏復置南兗州，周武帝改爲亳州。」

續表

亳縣	太和	潁上	州	
郡，乾元初，復亳州。〔一〕宋置集慶軍。〔二〕金仍爲亳州。〔三〕元屬歸德府。〔四〕本朝降爲縣，改屬潁州。弘治間，復陞爲州，屬鳳陽府。〔五〕				

《郡縣表》終

〔一〕《舊唐書·地理志》：「亳州：望，隋譙郡。武德四年，平王世充，改爲亳州，領譙、城父、谷陽、鹿邑、酇五縣。五年（六二二），置總管府，管譙、亳、宋、北荆、潁、沈六州。七年（六二四），改爲都督府。貞觀元年（六二七），罷都督府，亳州不改。十七年（六四三），廢譙州，以臨涣、永城、山桑三縣來屬。天寶元年（七四二），改爲譙郡。乾元元年（七五八），復爲亳州也。」

〔二〕《宋史·地理志》：「亳州：望，譙郡，本防禦。大中祥符七年（一〇一四），建爲集慶軍節度。」

〔三〕《金史·地理志》：「亳州：上，防禦使。宋譙郡集慶軍，隸揚州。貞祐三年（一二一五）陞爲節鎮，軍名集慶。」

〔四〕《元史·地理志》：「歸德府：唐宋州，又爲睢陽郡……縣四……亳州，下。唐初爲亳州，後改譙郡，又仍爲亳州。宋陞集慶軍。金復爲亳州。金亡，宋復之。」

〔五〕《大明一統志·中都·建置沿革》：「亳縣：在州城北二百十八里。本春秋譙邑。秦屬碭郡。漢置譙縣，屬沛國。魏爲譙國。後魏置南兗州，後周改亳州。唐初爲譙州，尋改亳州。天寶初，改亳郡。乾元初，復爲亳州。宋置集慶軍。金仍爲亳州。元屬歸德府。本朝降爲縣，改今屬，編户二十三里。」《明史·地理志·鳳陽府》：「亳州，元屬歸德府。洪武初，以州治譙縣省入，尋降爲縣，屬歸德州。六年（一三七三）屬潁州。弘治九年（一四九六）十月復陞爲州。」

表二・疆域

昔成周之制，分土惟三。[一]潁於千八百國內，爲子國者二焉。齒列當時，知名後世，其地亦云重矣。自秦罷侯置守，分而爲郡，嗣是若郡縣之或陞或降，地之或盈或縮，豈今之不古若哉？勢使然也。古之疆域，掌於封人。今而守乎斯土，界限不明，則政教何由而施？百姓何由而被其澤？故於疆域也，不得不表。

州	東	南	西	北
周	楚國。今壽州。[二]	蓼國。今固始。[三]	項國。今項城。[四]	陳國。周封舜後，今陳州。[五]

〔一〕《尚書・周書》：「列爵惟五，分土惟三。」孔安國傳：「列地封國，公侯方百里，伯七十里，子、男五十里，爲三品。」

〔二〕《史記・楚世家》：「（考烈王）十六年（前二四七），秦莊襄王卒，秦王趙政立。二十二年（前二四一），與諸侯共伐秦，不利而去。楚東徙都壽春，命曰郢。」張守節《正義》：「壽春在壽州，壽春縣是也。」

〔三〕《元和郡縣志・河南道・光州》：「固始縣：上。西南至州一百五十五里。本漢封蓼侯之地。春秋，蓼國。楚并之。今縣城是也。」

〔四〕《輿地廣記・京西北路》：「項城縣：本項國，戰國屬楚。」《大明一統志・開封府・建置沿革》：「項城縣：在城東南九十里，古項子國。漢置項縣，屬河南郡。晉屬陳國，復屬梁國。東魏置北揚州及秣陵縣。北齊信州、後周陳州，皆治此。隋始改爲項城縣，屬陳州。宋屬淮寧府。金仍屬陳州。元初省入商水縣，後復置。」

〔五〕《史記・周本紀》：「武王追思先聖王，乃褒封神農之後於焦，黃帝之後於祝，帝堯之後於薊，帝舜之後於陳，大禹之後於杞。」

續表

州	秦	漢
東	九江郡。壽春邑置，今壽州。〔一〕	淮南國。武帝時，復爲九江郡，今壽州。〔五〕
南	南郡。今湖廣黄岡。〔二〕	寢縣。屬汝南郡，今固始。〔六〕
西	南陽郡。今裕州舞陽。〔三〕	項縣。屬河南郡，今項城。〔七〕
北	碭郡。今歸德。〔四〕	淮陽國。今陳州。〔八〕

〔一〕《史記・項羽本紀》：「大司馬周殷叛楚，以舒屠六，舉九江兵，隨劉賈、彭越皆會垓下，詣項王。」張守節《正義》：「九江郡壽州也。楚考烈王二十二年，自陳徙壽春，號云郢。至王負芻爲秦將王翦、蒙武所滅，於此置九江郡。」

〔二〕《太平寰宇記・淮南道・黄州》：「黄州：齊安郡，今理黄岡縣……秦并天下置郡，此即南郡之地也。」

〔三〕《史記・秦本紀》：「（昭襄王）三十五年（前二七二），佐韓、魏、楚伐燕。初置南陽郡。」《明史・地理志》：「裕州：洪武初，以州治方城縣省入……領縣二：舞陽……」

〔四〕《通志・地理略》：「秦氏分制，罷侯置守，列爲四十，其境可知……碭郡：豫州之域。今睢陽、譙郡、濟陰及兖州之域，東平郡地是也。」《大明一統志・歸德府・建置沿革》：「《禹貢》豫州之域……秦爲碭郡，漢改爲梁國。」

〔五〕《漢書・地理志》：「九江郡：秦置，高帝四年（前二〇三）更名爲淮南國，武帝元狩元年（前一二二）復故。莽曰延平。屬揚州。」

〔六〕《漢書・地理志》：「淮陽國：……縣九：……固始。」《後漢書・郡國志》：「汝南郡：高帝置。雒陽東南六百五十里……固始，侯國。故寢也，光武中興更名。有寢丘。」

〔七〕《漢書・地理志》：「汝南郡：高帝置……縣三十七：……項，故國。」《後漢書・郡國志》：「汝南郡，高帝置。雒陽東南六百五十里。三十七城：……項。」劉昭補注：「故國，《左傳》僖十七年（前六四三）魯所滅。《地道記》曰：『有公路城，袁術所築。』」

〔八〕《漢書・地理志》：「淮陽國：高帝十一年（前一九六）置。莽曰新平，屬兖州。」《元和郡縣志・河南道・陳州》：「《禹貢》豫州之域……漢高帝分穎川，置淮陽國。後漢章帝改爲陳國。」

續表

州	東	南	西	北
東漢	揚州刺史治所。今壽州。〔一〕	固始縣。〔二〕	同。	同。
三國魏	壽春縣。今壽州。〔三〕	同。	同。	蒙縣。今蒙城，屬壽州。〔四〕
晉	淮南郡。東晉改壽陽郡，今壽州。〔五〕	同。屬汝陰郡。〔六〕	同。屬陳國，復屬梁國。〔七〕	豫州。今陳州。〔八〕
南宋	睢陽縣。屬南梁太守，今壽州。〔九〕	同。屬新蔡郡。〔一〇〕	同。	蒙縣。〔一一〕

〔一〕《後漢書·郡國志》："九江郡：……壽春。"顔師古注："《漢官》云刺史治，去雒陽千三百里，與《志》不同。"《元和郡縣志·江南道·潤州》："揚州故理在（上元）縣東百步。後漢末又理壽春。"《輿地廣記·淮南西路》："壽春縣：……漢高帝封子長爲淮南王。長子安謀反，誅，地入，又爲九江郡。東漢因之，爲揚州刺史治。"

〔二〕《太平寰宇記·淮南道·光州》："固始縣：……本漢寢縣。楚相孫叔敖子所封之邑在淮北，故此邑迄今有叔敖祠，甚靈。《續漢書·志》改爲固始。"

〔三〕《太平寰宇記·淮南道·壽州》："壽州，壽春郡。舊理壽春縣，今理下蔡縣……漢魏以後，爲揚州刺史理所。"

〔四〕《元和郡縣志·河南道·亳州》："蒙城縣：……本漢山桑縣，屬沛郡。後漢改屬汝南郡。魏屬譙郡。後魏孝文帝於此置渦州，理山桑城。"

〔五〕《大明一統志·鳳陽府》："壽州：……晉置淮南郡。東晉改壽陽郡。"

〔六〕《晉書·地理志》："汝陰郡，魏置郡，後廢。泰始二年（二六六）復置。統縣八：……汝陰，故胡子國……"

〔七〕《晉書·地理志》："梁國，漢置，統縣十二：……項……"《元和郡縣志·河南道·陳州》："項城縣，上。西北至州一百里……晉屬陳國。"

〔八〕《大明一統志·開封府·建置沿革》："陳州：……晉於此置豫州。"

〔九〕《宋書·州郡志》："南梁太守……今領縣九：……睢陽令，漢舊名。孝武大明六年（四六二），改名壽春，八年（四六四）復舊。"

〔一〇〕《宋書·州郡志》："新蔡太守……領縣四：……固始令，故名寢邱之地也。漢光武更名。晉成帝咸康二年（三三六），併新蔡，後又立。"

〔一一〕《宋書·州郡志》："譙郡太守……今領縣六：……蒙令，漢舊縣，屬沛。"

續表

州	東	南	西	北
南齊	東陽縣。屬臨淮郡，今廢地，屬壽州。〔一〕	同。屬北新蔡郡。〔二〕	同。	北蒙縣。屬北梁郡，今蒙城。〔三〕
隋	壽州。後改淮南郡。〔四〕	同。屬弋陽郡。〔五〕	項城縣。屬陳州。〔六〕	宛丘縣。後改爲淮陽郡，今陳州。〔七〕

〔一〕《南齊書·州郡志》：「臨淮郡（自此以下，郡無實土）：海西，射陽，淩，淮陰，東陽，淮浦（建武二年省）。」既曰臨淮郡「無實土」，則東陽在南齊後期已失，當屬於北魏。即先屬南齊，後屬北魏。以下固始縣、項縣、北蒙縣當同。

〔二〕《南齊書·州郡志》：「北新蔡郡：鮦陽，新蔡，固始，苞信。」

〔三〕《南齊書·州郡志》：「北梁郡，永元元年（四九九）《地志》無。北蒙，北陳。」

〔四〕《隋書·地理志》：「淮南郡……統縣四：……壽春。舊有淮南、梁郡、北譙、汝陰等郡，開皇初並廢，並廢蒙縣入焉。大業初置南郡。有八公山、門溪。」

〔五〕《隋書·地理志》：「弋陽郡：梁置光州。統縣六：……固始，梁曰蓼縣。後齊改名焉，置北建州，尋廢州，置新蔡郡。後周改置澮州。開皇初州郡並廢入，又改縣爲固始。有安陽山。」

〔六〕《隋書·地理志》：「淮陽郡：開皇十六年置陳州。統縣十：……項城，東魏置揚州及丹陽郡、秣陵縣，梁改曰殷州，東魏又改曰北揚州，後齊改曰信州，後周改曰陳州。開皇初改秣陵爲項縣。十六年分置沈州，大業初州廢。又有項城郡，開皇初分立陳郡，三年並廢。」

〔七〕《隋書·地理志》：「淮陽郡：開皇十六年置陳州。統縣十：……宛丘，後魏曰項，置陳郡。開皇初縣改名宛丘，尋廢郡，後析置臨蔡縣。大業初置淮陽郡，並臨蔡縣入焉。又後魏置南陽郡，東魏廢。」

續表

州	東	南	西	北
唐	同。天寶初，改壽春郡。〔一〕	同。屬光州。〔二〕	蔡州。今汝寧府。〔三〕	陳州。〔四〕
宋	壽春府。後改安豐軍，今壽州。〔五〕	同。以殷城縣省入。〔六〕	同。屬淮寧府，今陳州。〔七〕	淮寧府。今陳州。〔八〕

〔一〕《舊唐書·地理志》：「壽州：……天寶元年（七四二）改爲壽春郡。」《新唐書·地理志》：「壽州壽春郡，中都督府。本淮南郡，天寶元年更名。」

〔二〕《舊唐書·地理志》：「光州：緊，中。隋弋陽郡。武德三年（六二〇），改爲光州……光州領光山、樂安、固始三縣。」《新唐書·地理志》：「光州：弋陽郡，上……縣五：……固始，上。」

〔三〕《舊唐書·地理志》：「蔡州：上。隋汝南郡……寶應元年（七六二），改爲蔡州。」《新唐書·地理志》：「蔡州汝南郡，緊。本豫州，寶應元年更名。」《大明一統志·汝寧府》：「《禹貢》豫州之域……唐初置豫州，天寶初改汝南郡，乾元初復爲豫州，寶應初仍改蔡州。」

〔四〕《舊唐書·地理志》：「陳州：上。隋淮陽郡。武德元年（六一八），討平房憲伯，改爲陳州，領宛丘、箕城、扶樂、太康、新平五縣。貞觀元年（六二七），廢扶樂、箕城、新平三縣，復以沈州之項城、溵水二縣來屬。長壽元年（六九二），置武城縣。證聖元年（六九五），置光武縣。天寶元年（七四二），改陳州爲淮陽郡。乾元元年（七五八），復爲陳州。」《大明一統志·開封府·建置沿革》：「陳州：……隋廢陳爲鎮，曰宛丘。後改州，爲淮陽郡。唐復爲陳州。五代晉，爲鎮安州。周爲鎮安軍。」

〔五〕《宋史·地理志》：「壽春府：壽春郡，緊。忠正軍節度。本壽州。開寶中，廢霍山、盛唐二縣。政和六年（一一一六），陞爲府。八年（一一一八），以府之六安縣爲六安軍。紹興十二年（一一四二），陞安豐爲軍，以六安、霍邱、壽春三縣來隸。三十二年（一一六二），陞壽春爲府，以安豐軍隸焉。」

〔六〕《太平寰宇記·淮南道·光州》：「光州：……元領縣五。今四：定城，光山，仙君，固始。一縣廢：殷城。（併入固始。）……固始縣，東北一百一十五里。舊十二鄉，今六鄉。本漢寢縣……皇朝併殷城縣入。」

〔七〕《宋史·地理志》：「淮寧府：輔。淮陽郡，鎮安軍節度。本陳州。政和二年（一一一二），改輔爲上。宣和元年（一一一九），陞爲府……」《大明一統志·開封府》：「陳州：……宋宣和初陞淮寧府。」

〔八〕見上條注釋。

續表

州	東	南	西	北
元	安豐路。今改州，屬鳳陽府。〔一〕	同。	商水縣。項城省入，後復置。〔二〕	歸德府。今歸德州。〔三〕
皇明	壽州。	同。	項城縣。	亳州。
	東北	東南	西南	西北
	宿州。	霍丘縣。	上蔡縣。	陳州。

《疆域表》終

〔一〕《元史·地理志》：「安豐路：下。唐初爲壽州，後改壽春郡。宋爲壽春府，又以安豐縣爲安豐軍，繼遷安豐軍於壽春府。元至元十四年（一二七七），改安豐路總管府。十五年（一二七八），定爲散府，領壽春、安豐、霍丘三縣。二十八年（一二九一），復陞爲路。」《大明一統志·鳳陽府》：「領州五、縣十三：……壽州。在府西一百八十里……元置安豐路，本朝改爲壽州。」

〔二〕《元史·地理志》：「陳州：……舊領宛丘、南頓、項城、商水、西華、清水六縣。至元二年（一二六五），南頓、項城、清水皆廢，後復置南頓、項城。領五縣：……商水，至元二年，省南頓、項城入焉，後復置……」

〔三〕《元史·地理志》：「歸德府：唐宋州，又爲睢陽郡。後唐爲歸德軍。宋陞南京。金爲歸德府。金亡，宋復取之。舊領宋城、寧陵、下邑、虞城、穀熟、碭山六縣。元初與亳之酇縣同時歸附，置京東行省，未幾罷。歲壬子（一二五二），又立司府州縣官，以綏定新居之民。中統二年，審民户多寡，定官吏員數。至元二年（一二六五），以虞城、碭山二縣在枯黄河北，割屬濟寧府，又併穀熟入睢陽，酇縣入永州，降永州爲永城縣，與寧陵、下邑隸本府。八年（一二七一），以宿、亳、徐、邳並隸焉。」《大明一統志·開封府·建置沿革》：「歸德州：……宋陞爲南京應天府，治宋城。金改府曰歸德，復改宋城，曰睢陽。元因之。」

表三・封爵

成周之制，列爵惟五。[一]潁，善地也，故同姓並得子爵，爲胡、爲沈。自漢以後，王公諸侯固多遥授，然亦振古雄誇矣。而況有宋之神宗，亦嘗列封於此乎！地因人盛，雖謂之首善，可也。觀其即位之明年，降順昌軍囚罪一等，徒以下釋之，蓋其特恩與！夫郡之大勢有如此，則凡古之封爵於潁也，安得不爲之表？

	周	漢	東漢
王			
公			
侯		汝陰侯夏侯嬰。開國功臣，初定元勳十八人位次，嬰第八，受封於此。[二]	新郪侯郭竟。以驃騎都尉從征伐有功，受封。[三]
伯			
子	胡。姬姓。 沈。姬姓。		
男			

[一]《尚書・周書》：「列爵惟五。」孔安國傳：「即所識政事而法之。爵五等，公侯伯子男。」

[二]夏侯嬰（？——前一七二），沛（今江蘇沛縣）人。漢開國元勳。隨劉邦起義，以戰功，封汝陰侯。《史記・樊酈滕灌列傳》：「汝陰侯夏侯嬰，沛人也……漢王賜嬰爵列侯……更食汝陰。」《正德潁州志・名宦》：「夏侯嬰，開國功臣。初定元勳十八人位次，夏侯嬰第八，封汝陰侯。」李宜春《嘉靖潁州志・秩官》：「夏侯嬰，漢高祖初定元勳十八人位次，嬰第八，封汝陰侯。」

[三]郭竟，真定稾（今河北藁城）人。郭太后堂兄。東漢初爲騎都尉，從征有功，封新郪侯。後仕至東海相。《後漢書・郭皇后紀》：「后從兄竟，以騎都尉從征伐有功，封爲新郪侯，官至東海相。」李宜春《嘉靖潁州志・秩官》：「郭竟，東漢時，以驃騎都尉從征有功，封新郪侯。」

續表

	東漢
王	
公	
侯	慎侯劉賜。建武二年（二六）受封。〔一〕 汝陰侯劉信。賜之姪也，始爲更始討平汝南，故受封。〔二〕 細陽侯岑遵。彭之子也，以蔭受封。〔三〕 葛陵侯姚［銚］丹。期之子也，以父蔭受封。〔四〕
伯	
子	
男	

〔一〕劉賜（？——五二），字子琴，南陽蔡陽（今湖北棗陽）人。更始元年（二三）二月，爲光禄勳，封廣漢侯，尋改丞相。次年二月，封宛王。後降於劉秀。建武二年，封慎侯。十三年（三七），改安成侯。《後漢書·安成孝侯賜傳》：「安成孝侯賜字子琴，光武族兄也……聞光武即位，乃西之武關，迎更始妻子將詣洛陽。帝嘉賜忠，建武二年，封爲慎侯。」李宜春《嘉靖潁州志·秩官》：「劉賜，建武二年封慎侯。」

〔二〕劉信，南陽蔡陽（今湖北棗陽）人。劉賜之姪。《後漢書·安成孝侯賜傳》附傳：「初，信爲更始討平汝南，因封爲汝陰王。信遂將兵平定江南，據豫章。光武即位，桂陽太守張隆擊破之，信乃詣洛陽降，以爲汝陰侯。永平十三年（七〇），亦坐楚事國除。」李宜春《嘉靖潁州志·秩官》：「劉信，賜之姪也。始爲更始討平安南，封汝陰侯。」

〔三〕岑遵，南陽棘陽（今河南新野）人。岑彭子。嗣父爵爲舞陰侯，後徙封爲細陽侯。永平中，任屯騎校尉。《後漢書·岑彭傳》：「子遵嗣，徙封細陽侯……遵永平中爲屯騎校尉。」李宜春《嘉靖潁州志·秩官》：「岑遵，彭之子也，以蔭封細陽侯。」

〔四〕銚丹，潁川郟（今屬河南）人。銚期子。嗣父爵爲安成侯，後徙封爲葛陵侯。《後漢書·銚期傳》：「（建武）十年（三四）卒，帝親臨襚斂，贈以衛尉、安成侯印綬，謚曰忠侯。子丹嗣。復封丹弟統爲建平侯。後徙封丹葛陵侯。」李宜春《嘉靖潁州志·秩官》：「姚［銚］丹，期之子也，以蔭封葛陵侯。」

續表

	王	公	侯	伯	子	男
東漢			鮦陽侯陰慶。興之子也，以父蔭受封。〔一〕 細陽侯岑［杞］。遵之孫也，以祖蔭受封。〔二〕			
晉	汝陰王劉胤。彭城人，建元元年受封。〔三〕					

〔一〕陰慶，南陽新野（今屬河南）人。陰興子。以蔭封鮦陽侯。《後漢書·陰識傳》：「永平元年（五八）詔曰：『故侍中衛尉關内侯興，典領禁兵，從平天下，當以軍功顯受封爵，又諸舅比例，應蒙恩澤，興皆固讓，安乎里巷。輔導朕躬，有周昌之直，在家仁孝，有曾、閔之行，不幸早卒，朕甚傷之。賢者子孫，宜加優異。其以汝南之鮦陽封興子慶爲鮦陽侯，慶弟博爲灑强侯。』博弟員、丹並爲郎，慶推田宅財物悉與員、丹。帝以慶義讓，擢爲黄門侍郎。」李宜春《嘉靖潁州志·秩官》：「陰慶。興之子也，以蔭封鮦陽侯。」

〔二〕岑杞，南陽棘陽（今河南新野）人。岑遵之孫。襲父爵爲細陽侯，官至光禄勳。《後漢書·岑彭傳》：「遵卒，子伉嗣。伉卒，子杞嗣，元初三年（一一六），坐事失國。建光元年（一二一），安帝復封杞細陽侯，順帝時爲光禄勳。」李宜春《嘉靖潁州志·秩官》：「岑祀［杞］，遵之孫也，以蔭封細陽侯。」

〔三〕此條有誤。劉胤在南齊以宋帝後被封汝陰王，非晉代。呂景蒙將齊高帝建元元年（四七九）誤爲晉康帝建元元年（三四三）。劉胤，彭城（今江蘇徐州）人。《南齊書·高帝本紀》：「（建元元年）十月丙子，立彭城劉胤爲汝陰王，奉宋帝後。」李宜春《嘉靖潁州志·秩官》：「劉胤，彭城人。建元元年封汝陰王。」

續表

	王	公	侯	伯	子	男
宋	汝陰王渾。文帝第十子，元嘉十二年（四三五）受封。〔一〕 汝陰王休仁。文帝幼子，元嘉二十九年（四五二）受封。〔二〕					
梁	汝陰王劉叡。前壽昌令，太平元年（五五六）受封。〔三〕					

〔一〕此條有誤。劉渾受封汝陰王在元嘉二十四年（四四七），非十二年。劉渾（四三九——四五五），字休深。宋文帝第十子。初封汝陰王，後改武昌王。孝建元年（四五四）爲雍州刺史。《南史》本傳：「武昌王渾字休深，文帝第十子也。元嘉二十四年，年九歲，封汝陰王。後徙武昌……孝建元年爲雍州刺史。」李宜春《嘉靖潁州志·秩官》：「劉渾，文帝第十子。元嘉十二年封汝陰王。」

〔二〕此條有誤。劉休仁所封爲建安王，非汝陰王。劉休仁（四四三——四七一），宋文帝第十二子。元嘉二十九年，受封爲建安王。《南史》本傳：「建安王休仁，文帝第十二子也。元嘉二十九年，年十歲，立爲建安王。前廢帝景和元年（四六五），累遷護軍將軍。」李宜春《嘉靖潁州志·秩官》：「劉休仁，文帝幼子，元嘉二十九年封汝陰王。」

〔三〕劉叡，字元秀。江夏文獻王劉義恭子。封太子舍人，爲元凶所害。《宋書·劉義恭傳》：「義恭長子朗字元明……朗弟叡字元秀，太子舍人。爲元凶所害。追贈侍中，謚宣世子。大明二年（四五八），追封安陸王。」《梁書·敬帝紀》：「（太平元年十二月）甲午，以前壽昌令劉叡爲汝陰王。」李宜春《嘉靖潁州志·秩官》：「劉叡，前壽昌令。太平元年封汝陰王。」

續表

	王	公	侯	伯	子	男
魏	汝陰王景和。天賜孫，太和二十年（四九六）復封。〔一〕	汝陰公長孫道生。〔二〕	汝陰侯孔昭。以宓皇后親，受封。〔三〕			
唐	潁王墩［璬］。明皇子也。〔四〕 潁王禔。昭宗子，天祐二年（九〇五）封。〔五〕					

〔一〕景和，前汝陰王天賜孫，復封汝陰王。《魏書·高祖紀》：「（太和二十年）十有一月乙酉，復封前汝陰王天賜孫景和爲汝陰王。」《北史·魏本紀》同。李宜春《嘉靖潁州志·秩官》：「景和，天賜孫，太和二（十）年復封汝陰王。」

〔二〕長孫道生（三七〇——四五一），代郡（今山西代縣）人。長孫嵩之姪。世祖即位，進爵汝陰公。仕至司空、侍中，封上黨王。《魏書》本傳：「長孫道生，嵩從子也……世祖即位，進爵汝陰公。」李宜春《嘉靖潁州志·秩官》：「長孫道生，封汝陰公。」

〔三〕孔昭，魏郡鄴（今河北臨漳）人。孔伯恭父。以宓皇后親，封汝陰侯。《魏書·孔伯恭傳》：「孔伯恭，魏郡鄴人也。父昭，始光初，以宓皇后親，賜爵汝陰侯，加安東將軍，徙爵魏縣侯，遷安南將軍。」李宜春《嘉靖潁州志·秩官》：「孔昭，以宓皇后親封汝陰侯。」

〔四〕李璬，玄宗第十三子。初名澐。開元十三年（七二五）封潁王。《舊唐書》本傳：「潁王璬，玄宗第十三子也。讀書有文詞。初名澐。開元十三年，封潁王。十五年（七二七），遥領安東都護、平盧軍節度大使。二十三年（七三五），加開府儀同三司，改名璬。」李宜春《嘉靖潁州志·秩官》：「李墩［璬］，明皇子，封潁王。」

〔五〕李禔，昭宗第十六子。《新唐書·十一宗諸子》：「昭宗十七子……潁王禔，天祐二年始王，與蔡王祐同封。」李宜春《嘉靖潁州志·秩官》：「李禔，昭宗子，天祐二年封潁王。」

續表

	宋	元
王	潁王頊。英宗長子，治平元年（一〇六四）封，復爲皇子，即位，是爲神宗。〔一〕	潁川王察罕帖木兒。至正間封，事見《名將傳》。〔四〕
公	潁國公龐籍。以太子太保致仕，封潁國公。〔二〕	
侯	汝陰侯宗育。楚王元佐後，終右屯衛將軍，封此。〔三〕	
伯		
子		
男		

《封爵表》終

〔一〕趙頊（一〇四八——一〇八五），即宋神宗。英宗長子。治平元年，進封潁王。《宋史·英宗本紀》：「（治平元年）六月己亥，以淮陽郡王頊爲潁王。」《宋史·神宗本紀》：「神宗紹天法古運德建功英文烈武欽仁聖孝皇帝，諱頊，英宗長子……治平元年六月，進封潁王。」李宜春《嘉靖潁州志·秩官》：「趙頊，英宗長子。治平元年封潁王，後即位，是爲神宗。」

〔二〕龐籍（九八八——一〇六三），字醇之，單州武成（今屬山東）人。大中祥符八年（一〇一五）進士，仕至樞密使、以太子太保致仕，封潁國公。《宋史》本傳：「龐籍，字醇之，單州武成人……遷尚書左丞，不拜。徙定州，召還京師，上章告老，尋以太子太保致仕，封潁國公。」

〔三〕趙宗育，漢恭憲王趙元佐孫，密國公趙允言子。《宋史·漢王元佐》：「宗育，終右屯衛將軍，贈潁州防禦使、汝陰侯。」李宜春《嘉靖潁州志·秩官》：「趙宗育，楚王元佐後。以右屯衛將軍封汝陰侯。」

〔四〕察罕帖木兒（？——一三六二），字廷瑞，沈丘（今安徽臨泉）人。鎮壓紅巾軍有功，封汝寧府達魯花赤。至正二十二年（一三六二），爲降將田豐、王士誠所殺，追封潁川王。《元史》本傳：「及葬，賜賻有加，改贈宣忠興運弘仁效節功臣，追封潁川王，改謚忠襄，食邑沈丘縣，所在立祠，歲時致祭。」

潁州志卷之三

表四·職官

《職官表》，表職官也。凡官潁，必表年以著代也。《舊志》闕而今詳，史有考也。無考則闕，傳信也。史有名而無年，則闕年而表名，承疑也。賢、不肖必書，惟其官不惟其人也。意若曰：苟可以爲勸監，表如是，可矣！

州縣附

東漢			令	丞	尉	掾
光武 建武			虞延。傳見《名宦》。			何比干。傳見《鄉賢》。
順帝 永和			宋登。傳見《名宦》。 徐弘。出《中都志》。[一]			

［一］徐弘，字聖通，曾任汝陰令。《漢書》《後漢書》均未立傳。《藝文類聚·人部·謳謡》引《會稽典録》：「徐弘，字聖通，爲汝陰令，誅鋤姦桀，道不拾遺。民歌之曰：『徐聖通，爲汝陰。平刑罰，姦宄空。』」《成化中都志·名宦·潁州（漢）》：「徐弘，漢汝陰令。弘爲政嚴明。縣多大姓兼并，弘誅鋤奸桀，豪右斂手。」《南畿志·鳳陽府·宦蹟（漢）》同。《正德潁州志·名宦·漢》：「徐弘，汝陰令。弘爲政嚴明。縣多大姓兼并，弘誅鋤奸桀，豪强斂手。」李宜春《嘉靖潁州志·宦業·東漢》：「徐弘，汝陰令，爲政嚴明。縣多大姓兼并，弘誅鋤奸桀，豪右斂手。」

續表

	州縣附
魏	守
	陳琮。下邳人，出《陳球傳》。漢末置郡，當是仕魏。〔一〕
晉	守
武帝 咸寧	稽紹。詳本傳。〔二〕

〔一〕陳琮，字公琰，下邳淮浦（今江蘇漣水）人。《後漢書·陳球傳》：「（球）子瑀，吴郡太守。瑀弟琮，汝陰太守。」《成化中都志·名宦·潁州（漢）》：「陳琮，下邳淮浦人。太尉陳球次子，爲汝陰太守。有名於時。」《南畿志·鳳陽府·宦蹟》：「陳琮，下邳淮浦人。爲汝陰守，有名於時。」李宜春《嘉靖潁州志·職官·魏（守）》：「陳琮，下邳淮浦人。太尉球次子。爲汝陰太守，有名於時。」

〔二〕嵇紹（二五三——三〇四），字延祖，譙國銍（今安徽淮北）人。嵇康子。初仕晉武帝，爲秘書丞。惠帝朝拜爲侍中，「八王之亂」中被殺。《晉書》本傳：「嵇紹字延祖，魏中散大夫康之子也……紹以天子蒙塵，承詔馳詣行在所。值王師敗績於蕩陰，百官及侍衛莫不散潰，唯紹儼然端冕，以身捍衛，兵交御輦，飛箭雨集。紹遂被害於帝側，血濺御服，天子深哀歎之。及事定，左右欲浣衣，帝曰：『此嵇侍中血，勿去。』」《成化中都志·名宦·潁州（晉）》：「嵇紹，字延祖。晉武帝詔徵爲秘書丞，累遷汝陰太守，拜徐州刺史，後爲侍中。詳見《人才》類。」同書《人才·（晉）宿州》：「嵇紹，字延祖。康子。事母孝，晉武帝詔徵爲秘書丞。始入洛，或謂王戎曰：『昨於稠人中始見嵇紹，昂昂然如野鶴之在鷄群。』戎曰：『君復未見其父耳。』惠帝朝爲侍中。河間、城〔成〕都二王舉兵，帝北征，王師敗績於蕩陰，侍衛皆潰。兵交御前，惟紹以身捍衛，遂被害，血濺御衣。事定，左右欲浣衣，帝曰：『此嵇侍中血，勿去。』元帝贈太尉，謚忠穆。愚謂紹殺身成仁之際無慚索靖，委質爲臣之始有愧王裒。」李宜春《嘉靖潁州志·職官·晉（守）》：「嵇紹，字延祖。武帝詔徵爲秘書丞，累遷汝陰太守。」

續表

	州 縣附
東晉	
成帝 咸康	顏默。瑯琊莘人。出厥子《含傳》。〔一〕 鄧殷。汝陰太守。先是，夢行水邊，見一女子，猛獸隨其後。占曰：「水邊女，汝字；獸，守也。當作汝陰。」果然。〔二〕

〔一〕顏默，瑯琊莘（今山東費縣）人。顏含父。咸康間爲汝陰太守。《晉書·顏含傳》：「顏含，字弘都，瑯邪莘人也。祖欽，給事中。父默，汝陰太守。」李宜春《嘉靖潁州志·秩官·晉（守）》：「顏默，瑯琊莘人。咸康間爲汝陰太守。出《晉書》子含傳。」

〔二〕鄧殷，平陽襄陵（今山西襄汾）人。鄧攸之祖。初任澠池令，後仕至太子中庶子。《晉書·鄧攸傳》：「鄧攸，字伯道，平陽襄陵人也。祖殷，亮直强正。鍾會伐蜀，奇其才，自黽池令召爲主簿。賈充伐吴，請殷爲長史。後授皇太子《詩》，爲汝南太守。夢行水邊，見一女子，猛獸自後斷其盤囊。占者以爲水邊有女，汝字也，斷盤囊者，新獸頭代故獸頭也，不作汝陰，當汝南也。果遷汝陰太守。後爲中庶子。」《成化中都志·名宦·潁州（晉）》：「鄧殷，平陽襄陵人。攸之祖也。亮直强正。鍾會伐蜀，召爲主簿。後授皇太子《詩》，爲汝南太守。王隱《晉書》云：『殷爲汝南太守，夢行水邊，見一女，虎自後斷其盤囊。占者以爲水邊女，是汝字；斷盤囊者，是新虎頭代舊虎頭也，不作汝南，嘗〔當〕作汝陰。果遷汝陰太守。後爲中庶子。』」李宜春《嘉靖潁州志·職官·晉（守）》：「鄧殷，襄陵人。《晉書》云：『殷爲淮南太守，夢行水邊，見一女，虎自後斷其盤囊。占者以爲：水邊女是汝字；斷盤囊者，是新虎頭代舊虎頭也，不作汝南，當作汝陰。果遷汝陰守。』」

續表

	州縣附					
安帝 義熙	向靖。山陽人。詳本傳。〔一〕					
南宋	太守		令			
文帝 元嘉	王玄謨。太原祁人。詳本傳。〔二〕		李熙國。鮦陽令。出《中都志》。〔三〕			

〔一〕向靖，字奉仁，小字彌，河内山陽（今屬河南）人。累官太子左衛率，加散騎常侍。《宋書》本傳：「向靖字奉仁，小字彌，河内山陽人也……（義熙）八年（四一二），轉游擊將軍，尋都馬頭淮西諸郡軍事、龍驤將軍、鎮蠻護軍、安豐汝陰二郡太守、梁國内史，戍壽陽。」李宜春《嘉靖潁州志·秩官·宋（守）》：「向靖，山陽人。義熙間爲汝陰太守。見本傳。」

〔二〕王玄謨（三八八——四六八），字彦德，太原祁縣（今屬山西）人。仕至車騎將軍、南豫州刺史，封曲江縣侯。《宋書》本傳：「王玄謨字彦德，太原祁人也……元嘉中，補長沙王義欣鎮軍中兵參軍，領汝陰太守。」《成化中都志·名宦·潁州（南朝）》：「王玄謨，字彦德，太原祁人。劉宋元嘉中補鎮軍中兵參軍，領汝陰太守。每陳北伐之規，帝曰：『聞玄謨言，使人有封狼居須〔胥〕意。』累官寧朔將軍、南豫州刺史，加都督。卒謚莊。」《南畿志·鳳陽府·宦蹟》：「王玄謨，太原祁人。宋元嘉中領汝陰太守。每陳征伐之規，帝曰：『聞玄謨言，使人有封狼居胥意。』」李宜春《嘉靖潁州志·職官·宋（守）》：「王玄謨，字彦德。太原祁人。元嘉中，補鎮軍中兵參軍，領汝陰太守。每陳北伐規，帝曰：『聞玄謨言，使人有封狼居胥意。』」

〔三〕李熙國，元嘉前曾爲鮦陽令。《宋書·江秉之傳》：「元嘉初，太祖遣大使巡行四方，兼散騎常侍孔默之、王歆之等上言：『……前鮦陽令李熙國，在事有方，民思其政……應加褒賚，以勸於後。』」《成化中都志·名宦·潁州（南朝）》：「李熙國，宋鮦陽令。元嘉初，文帝遣大使巡行四方，兼散騎常侍王歆之等上言：鮦陽令李熙國，在事有方，民思其政，應加褒賚，以勸於後。鮦陽，晉縣。在州西鄉。」李宜春《嘉靖潁州志·職官·南宋》：「李熙國，元嘉初爲鮦陽令。王歆之上言：李熙國任事有方，人思其政，應加褒賚，以勸於後。」

續表

州縣附		
明帝 泰始	龐道隆。出《宋書·殷琰傳》。〔一〕 張景遠。出《宋書·劉勔傳》。〔二〕 張超。傳見《名宦》。 楊文長。出《鄭羲傳》。〔三〕	
南齊	太守	

〔一〕龐道隆，泰始間爲汝陰太守。《宋書·殷琰傳》：「太宗泰始元年（四六五），以休祐爲荆州，欲以吏部郎張岱爲豫州刺史。會晉安王子勛反，即以琰督豫司二州南豫州之梁郡諸軍事、建武將軍、豫州刺史，以西汝陰太守龐道隆爲琰長史，殿中將軍劉順爲司馬。」李宜春《嘉靖潁州志·秩官·宋（守）》：「龐道隆，泰始間爲汝陰太守。」

〔二〕張超，字景遠，初爲國輔將軍、汝陰太守，破虜有功，卒後追贈冠軍將軍、豫州刺史，追封含洭縣男，食邑三百户。《宋書·劉勔傳》：「至是引虜西河公、長社公攻圍輔國將軍、汝陰太守張景遠，景遠與軍主楊文萇拒擊，大破之。」李宜春《嘉靖潁州志·秩官（宋）》：「张景远。」按：此處誤將一人分作兩人。詳見《名宦》之注。

〔三〕楊文長，一作楊文萇，劉宋時曾任汝陰太守。《宋書·劉勔傳》：「泰始三年（四六七）……至是引虜西河公、長社公攻圍輔國將軍、汝陰太守張景遠，景遠與軍主楊文萇拒擊，大破之……以文萇代爲汝陰太守。」《北史·鄭羲傳》：「明年，又引軍東討汝陰。宋汝陰太守張超城守不下……歷年，超死，楊文長代戍，食盡城潰，乃克之，竟如羲策。」

續表

	州 縣附
武帝 永明	崔文仲。武城人。詳《祖思傳》。[一]
梁	
武帝 普通	裴[裴]之高。壽陽人。詳本傳。[二] 李元護。襄平人。詳本傳。[三]

[一]《南齊書·崔祖思傳》附傳：「祖思宗人文仲，初辟州從事……永明元年（四八三），爲太子左率，累至征虜將軍、冠軍司馬、汝陰太守。」《成化中都志·名宦·潁州（南朝）》：「崔文仲，清河東武城人。南齊徐州刺史，封建陽縣子，累遷黃門侍郎，領越騎校尉。徙封隨縣，爲汝陰太守。卒官，謚襄子。」李宜春《嘉靖潁州志·職官·南齊（守）》：「崔文仲，武城人。永明間爲太守。附祖思傳。」

[二]《梁書·裴邃傳》附傳：「之高，字如山，邃兄中散大夫髦之子也……常隨叔父邃征討，所在立功，甚爲邃所器重，戎政咸以委焉……仍除平北豫章長史、梁郡太守……時魏汝陰來附，敕之高應接，仍除假節、飆勇將軍、潁州刺史……侯景亂，之高率衆入援。」《成化中都志·名宦·潁州（南朝）》：「裴之高，字如山，壽陽人。邃兄中散大夫髦之子也。隨邃，所在立功，甚爲邃所器重，戎政咸委焉。除梁郡太守，封都城縣男。魏汝陰來附於梁，敕之高接應，仍除潁州刺史。侯景之亂，之高爲西豫州刺史，率衆入援。元帝承制，除特進金紫光禄大夫。卒謚恭。」李宜春《嘉靖潁州志·職官·梁（守）》：「裴之高，字如山，壽陽人。邃兄（之子）。隨邃，所在立功，甚爲器重，戎事咸委焉。除梁郡太守，魏汝陰來附於梁，敕之高接應，仍除潁州刺史。侯景之亂，之高爲西豫州刺史，率衆入援。」

[三] 李元護，遼東襄平（今遼寧遼陽）人。初仕蕭道成，歷官馬頭太守、後軍將軍、龍驤將軍。後爲裴叔業司馬，帶汝陰太守。《魏書》本傳：「李元護，遼東襄平人……仕蕭道成，歷官馬頭太守、後軍將軍、龍驤將軍……後爲裴叔業司馬，帶汝陰太守。」《北史》本傳：「李元護，遼東襄平人。晉司徒胤之八世孫也……仕齊，位馬頭太守，雖以將用自達，然亦頗覽文史，習於簡牘。後爲裴叔業司馬，帶汝陰太守。」李宜春《嘉靖潁州志·秩官·梁（守）》：「李元護，襄平人。」

續表

州 縣附

北魏	刺史 魏置州，領郡二十，州長曰刺史，郡長曰守。	守	長史			
孝文帝 太和	秦白。洛川人。出《秦族傳》。〔一〕	刁融。饒安人。出《北魏書·傳》。〔二〕 劉模。出《魏書·傳》。見《僑寓》。				

〔一〕秦白，洛川（今屬陝西）人。太和中潁州刺史。《周書·秦族傳》：「秦族，上郡洛川人也。祖白，父雚，並有至性，聞於閭里。魏太和中，板白潁州刺史。」《北史·秦族傳》同。李宜春《嘉靖潁州志·秩官》：「秦白，洛川人。出《秦族傳》。」

〔二〕刁融，字奉業，饒安（今屬河北）人。刁雍子。元和間爲汝陰太守。《魏書·刁雍傳》：「刁雍，字淑和，渤海饒安人也……雍長子纂，字奉宗。中書侍郎。早卒。纂弟遵，字奉國。襲爵。遵弟紹，字奉世。武騎侍郎、汝陰王天賜涼州征西府司馬。紹弟獻，字奉章。秘書郎。獻弟融，字奉業。汝陰太守。」李宜春《嘉靖潁州志·秩官·北魏（守）》：「刁融，字奉業，饒安人。元和間爲汝陰太守。」

	州縣附				
宣武帝 景明		傅永。清河人，以揚武將軍帶汝陰太守。詳本傳。〔一〕 斐［柳］玄瑜。聞喜［南解］人，鎮南大將軍開府從事中郎，帶汝陰太守。〔二〕			
東海王 建明	楊儉。華陰人，寧遠將軍、潁州刺史。詳本傳。〔三〕				

〔一〕傅永，字修期，清河（今屬河北）人。《魏書》本傳：「傅永，字修期，清河人也……時裴叔業率王茂先、李定等來侵楚王戍。永適還州，肅復令永討之……兩月之中，遂獻再捷，高祖嘉之，遣謁者就豫州策拜永安遠將軍、鎮南府長史、汝南太守、貝丘縣開國男，食邑二百户。高祖每歎曰：『上馬能擊賊，下馬作露布，唯傅修期耳。』裴叔業又圍渦陽，時高祖在豫州，遣永爲統軍……不經旬日，詔曰：『修期在後少有擒殺，可揚武將軍、汝陰鎮將，帶汝陰太守。』」李宜春《嘉靖潁州志·秩官·北魏（守）》：「傅永，清河人。景明間以揚武將軍帶汝陰太守。」

〔二〕柳玄瑜（四五九——五一三），河東南解（今山西永濟）人。柳玄達弟。《魏書·裴叔業傳》：「時河東南解人柳玄達，頗涉經史……玄達弟玄瑜，景明初，除正員郎，轉鎮南大將軍開府從事中郎，帶汝陰太守。延昌二年（五一三）卒，年五十五。」李宜春《嘉靖潁州志·秩官·北魏（守）》：「裴［柳］玄瑜，聞喜［南解］人。景明間以鎮南大將軍開府從事中郎，帶汝陰太守。」

〔三〕楊儉，華陰（今屬陝西）人。建明間爲潁州刺史。《魏書·楊播傳》：「楊播，字延慶，自云恒農華陰人也……播族弟鈞……長子暄，卒於尚書郎。暄弟穆，華州別駕。穆弟儉，寧遠將軍、頓丘太守……後以本將軍潁州刺史，尋加散騎常侍、平南將軍，州罷不行。」李宜春《嘉靖潁州志·秩官·北魏（守）》：「楊儉，淮［華］陰人。建明間以寧遠將軍潁州刺史。」

續表

西魏	州 縣附
文帝 大統	婁起。出《梁書·傳》。〔一〕
	趙剛。洛陽人。詳本傳。〔二〕 王神念。太原祁人。出《梁書·傳》。〔三〕

〔一〕婁起，曾任潁州刺史。《梁書·陳慶之傳》：「中大通二年（五三〇），除都督南北司西豫豫四州諸軍事、南北司二州刺史，餘並如故。慶之至鎮，遂圍懸瓠。破魏潁州刺史婁起、揚州刺史是云寶於溱水，又破行臺孫騰、大都督侯進、豫州刺史堯雄、梁州刺史司馬恭於楚城。」李宜春《嘉靖潁州志·秩官·西魏（刺史）》：「婁起，《梁書》載：『（中）大通二年，陳慶之破魏潁州刺史婁起。』」

〔二〕趙剛，字僧慶，洛陽（今屬河南）人。起家奉朝請，累遷鎮東將軍、銀青光禄大夫。《周書》本傳：「趙剛字僧慶，河南洛陽人也……初，賀拔勝、獨孤信以孝武西遷之後，並流寓江左……御史中尉董紹進策，請圖梁漢。以紹爲行臺、梁州刺史，率士馬向漢中。剛以爲不可，而朝議已決，遂出軍。紹竟無功而還，免爲庶人。除剛潁川郡守，加通直散騎常侍、衛大將軍……東魏行臺吉寧率衆三萬攻陷郡城，剛突出，還保潁川，重行郡事。復爲侯景所破，乃率餘衆赴洛陽……明年，洛陽不守。剛遠隔敵中，連戰破東魏廣州刺史李仲偘。時侯景别帥陸太、潁川郡守高冲等衆八千人，寇襄城等五郡。剛簡步騎五百，大破冲等。開府李延孫爲長史楊伯簡所害，剛擊斬之。又攻拔廣州，進軍陽翟。侯景自鄴入魯陽，與剛接戰。旬有三日，旋軍宜陽。時河南城邑，一彼一此。剛復出軍伊、洛，侯景亦度河築城。剛前後下景三郡，獲郡守一人，别破其行臺梅遷，斬首千餘級。」李宜春《嘉靖潁州志·秩官·西魏（守）》：「趙剛，洛陽人。」

〔三〕王神念（四五一——五二五），太原祁（今屬山西）人。仕至潁川太守，封南城縣侯。《梁書》本傳：「王神念，太原祁人也。少好儒術，尤明内典。仕魏，起家州主簿，稍遷潁川太守，遂據郡歸款。魏軍至，與家屬渡江，封南城縣侯，邑五百户。」李宜春《嘉靖潁州志·秩官·西魏（守）》：「王神念，太原祁人。」

續表

	州 縣附				
東魏					
静帝 天平	陸子彰。代人，拜衛將軍，潁州刺史。出祖《俟傳》。〔一〕				
元象	梁回。棄城遁走。〔二〕				
武定	司馬世雲。以城應侯景。〔三〕				

〔一〕陸子彰（四九七——五五〇），字明遠，代（今山西代縣）人。襲爵東郡公，除散騎侍郎，官至中書監。《魏書·陸俟傳》附傳：「子彰，字明遠，本名士沈……天平中，拜衛將軍、潁州刺史。」《成化中都志·名宦·潁州（北朝）》：「陸子彰，字明遠，代人。魏東平王俟玄孫。正光中襲爵東郡公，遷給事黄門侍郎。天平中，拜衛將軍、潁州刺史，後歷行滄、瀛、青、冀州事，甚有時譽，拜中書監。卒贈開府儀同三司，謚文宣。」李宜春《嘉靖潁州志·職官·東魏（刺史）》：「陸子彰，字明遠，代人。天平中，拜衛將軍、潁州刺史，後遷齊、徐、瀛、青、冀州刺史，有聲譽。」

〔二〕此條有誤。梁回當爲西魏潁州刺史，故東魏侯景討之。梁回，元象元年（五三八）爲潁州刺史。《魏書·孝静帝紀》：「元象元年春正月……行臺任祥率豫州刺史堯雄等與大行臺侯景、司徒高敖曹、大都督万俟受洛干等於北豫相會，俱討潁州。梁回等棄城遁走，潁州平。」李宜春《嘉靖潁州志·秩官（東魏）》：「梁回，元象元年，城陷。侯景討潁州，梁回等棄城遁。」

〔三〕司馬世雲，河内温（今河南温縣）人。《北齊書·司馬子如傳》：「子如兄纂，先卒，子如貴，贈岳州刺史。纂長子世雲，輕險無行，累遷衛將軍、潁州刺史。」《北史·司馬子如傳》附傳：「子如兄纂。纂長子世雲，輕險無行。累遷潁州刺史，肆行姦穢，將見推，懼，遂從侯景。文襄猶以子如恩舊，免其諸弟死罪，徙北邊。世雲以侯景敗於渦陽，復有異志，爲景所殺。」《成化中都志·酷吏》：「司馬世雲，河内温人。輕險無行。仕魏，累遷潁州刺史，肆行奸穢，將見推，遂從侯景。及景敗於渦陽，世雲復有異志，爲景所殺。」李宜春《嘉靖潁州志·秩官·東魏（刺史）》：「司馬世雲，武定五年（五四七），侯景反，潁州刺史司馬世雲以城應之，景入據潁。」本書《郡紀》「武定五年正月」條與之相關。

續表

	州縣附					
武定	杜弼。曲陽人，行潁州（事），攝行臺左丞。出《中都志》。〔一〕 田迅。出《後周書·傳》。〔二〕		韋元叡。杜陵人。出《魏書》。〔三〕 賀若統。後叛。事見《郡紀》。〔四〕			

〔一〕杜弼（四九〇——五五九），字輔玄，中山曲陽（今屬河北）人。以軍功起家，歷任中軍將軍、長史、中書令、驃騎將軍、膠州刺史等職。《北齊書》本傳：「杜弼字輔玄，中山曲陽人也……關中遣儀同王思政據潁州，太尉高岳等攻之。弼行潁州事，攝行臺左丞。」《成化中都志·名宦·（北朝）潁州》：「杜弼，字輔玄，中山陽曲人。祖彦衡，淮南太守。弼仕東魏，累遷廷尉卿，賜爵定陽縣男。西魏遣王思政據潁州，東魏以弼行潁州（事），攝行臺左丞。齊文宣時進爵爲侯，遷衛尉卿，歷行鄭、海二州事，除膠州刺史。所在清静廉潔，吏人懷之。」李宜春《嘉靖潁州志·職官·東魏（左丞）》：「杜弼，字輔玄，曲陽人。西魏遣王思政據潁州東迎，以弼行潁州，攝行臺左丞。」

〔二〕事見後注「賀若統」條所引《周書·賀若敦傳》。李宜春《嘉靖潁州志·秩官·東魏（長史）》：「田迅，潁州長史賀若統執刺史田迅，據州降後周。」

〔三〕韋元叡，京兆杜陵（今陝西西安）人。《魏書·韋閬傳》：「韋閬，字友觀，京兆杜陵人……閬從叔道福……子欣宗，以歸國勳，別賜爵杜縣侯……子元叡，武定中，潁州驃騎府長史。」李宜春《嘉靖潁州志·秩官·東魏（長史）》同。

〔四〕賀若統，代（今山西代縣）人。賀若敦之父。曾任潁州長史。《周書·賀若敦傳》：「賀若敦，代人也。父統，爲東魏潁州長史。大統三年（五三七），執刺史田迅以州降。至長安，魏文帝謂統曰：『卿自潁川從我，何日能忘。』即拜右衛將軍、散騎常侍、兗州刺史，賜爵當亭縣公。尋除北雍州刺史。卒，贈侍中、燕朔恒三州刺史、司空公，謚曰哀。」

唐	刺史	長史	司馬	參軍	
高祖 武德	李顯達。出《唐宰相表》。〔一〕 陸子才。吳人，有幹略，出《中都志》。〔二〕				
高宗 永徽	柳寶積。傳見《名宦》。				
中宗	王勔。天授中任，見殺於則天。出《公主傳》。〔三〕				
玄宗 開元	論惟貞。吐蕃人。〔四〕				

〔一〕此條有誤，李顯達爲隋時潁州刺史，非唐時。《新唐書·宰相世系表》：「（趙郡李氏）顯達，隋潁州刺史。」李宜春《嘉靖潁州志·秩官·唐（刺史）》：「李顯達，武德初爲信州刺史。」

〔二〕此條有誤。陸子才爲陳信州刺史，非唐刺史。《陳書·陸子隆傳》：「子隆弟子才，亦有幹略……除中衛始興王諮議參軍，遷飆猛將軍、信州刺史。」《南史·陸子隆傳》：「子隆弟子才，亦有幹略。從子隆征討有功，除始平太守，封始康縣子。卒於信州刺史。」《成化中都志·名宦·潁州（唐）》：「陸子才，吳人。信州刺史。有幹略。」李宜春《嘉靖潁州志·職官·唐（刺史）》：「陸子才，吳人。爲信州刺史，有幹略。」

〔三〕《新唐書·高安公主傳》：「高安公主，義陽母弟也。始封宣城。下嫁潁州刺史王勔。天授中，勔爲武后所誅。」李宜春《嘉靖潁州志·秩官·唐（刺史）》同。

〔四〕論惟貞，名瑀，字惟貞，吐蕃人，以字行。開元中爲潁州刺史。《新唐書·論弓仁傳》：「論弓仁，本吐蕃族也……孫惟貞。惟貞名瑀，以字行……史思明攻李光弼於河陽，周摯以兵二十萬陣城下，惟貞請鋭卒數千，鑿數門出，自旦及午，苦戰破之。光弼表爲開府儀同三司。光弼討史朝義，以惟貞守徐州。賊將謝欽讓據陳，乃假惟貞潁州刺史，斬賊將，降者萬人。」李宜春《嘉靖潁州志·秩官·唐（刺史）》：「論惟貞，吐蕃人。開元中任。」

續表

唐	刺史	長史	司馬	參軍	
代宗 大曆	李岵。詳見《郡紀》。				
僖宗 廣明			段珂。傳見《僑寓》。		
昭宗 乾寧	王敬蕘。本州人，時朱全忠專潁，敬蕘屬役。出《楊行密傳》及《五代》本傳。〔一〕 鄭誠。見《中都志》。〔二〕				

〔一〕王敬蕘（？——九〇七），潁州（今安徽阜陽）人。仕至武寧軍節度使、右龍武統軍。《舊五代史》本傳：「王敬蕘，潁州汝陰人。世爲郡武吏。唐乾符初，敬蕘爲本州都知兵馬使。中和初，寇難益熾，郡守庸怯，不能自固，敬蕘遂代之監郡，俄真拜刺史，加檢校右散騎常侍。」《新五代史》本傳：「王敬蕘，潁州汝陰人也。事州爲牙將。唐末王仙芝等攻劫汝、潁間，刺史不能拒，敬蕘遂代之，即拜刺史。」《成化中都志・人才・（唐）潁州》：「王敬蕘，汝陰人。唐末，王仙芝等攻劫汝、潁間，刺史不能拒，敬蕘遂代之，即拜刺史。沈勇有力，善用鐵槍，重二〔三〕十斤。潁、亳諸州民，皆依敬蕘避賊。梁太祖表爲沿淮指揮使。梁兵攻吴，敗歸過潁，大雪，士卒飢凍。敬蕘沿淮積薪作粥餔之，多賴全活。太祖表敬蕘武寧軍節度使。天祐三年（九〇六），爲左衛上將軍。梁初致仕，卒於家。」李宜春《嘉靖潁州志・人物・將略（唐）》：「王敬蕘，汝陰人。唐末，王仙芝等攻劫汝、潁間，刺史不能拒，敬蕘代之，拜刺史。沈勇有力，善用鐵鎗，重二〔三〕十斤。潁旁諸州民，皆依敬蕘避賊。梁太祖表爲沿淮指揮使。梁兵攻吴，敗歸過潁，大雪，士卒飢凍，敬蕘沿淮積薪作粥哺之，多賴全活，太祖表敬蕘武寧軍節度使。天祐三年，爲左衛上將軍。梁初致仕，卒於家。」

〔二〕鄭誠，字申虞，福州閩縣（今福建福州）人。仕至江西節度副使。《新唐書・藝文志》録有《鄭誠集》，注：「卷亡。字申虞，福州閩縣人。大中國子司業，郢、安二州刺史，江西節度副使。」《成化中都志・名宦・潁州（唐）》：「鄭誠，潁州刺史，甚有名。」《正德潁州志・名宦・唐》：「鄭誠，乾寧中任。」李宜春《嘉靖潁州志・秩官・刺史（梁）》：「鄭誠，潁州刺史，甚有名。」

續表

唐	刺史	長史	司馬	參軍	
昭宗 乾寧	李廓。出《舊志》，有捕盜功。〔一〕		鄭令譓。司功參軍。〔二〕 李文則。司倉參軍。史俱失其年。〔三〕		
五代梁	刺史				
太祖 開平	王重師。許州長社人。出《梁書》本傳。〔四〕				

〔一〕李廓，隴西人。李程之子。進士。曾任潁州刺史、觀察使。段成式《酉陽雜俎》卷九：「李廓在潁州，獲光火賊七人，前後殺人，必食其肉。獄具，廓問食人之故，其首言：『某受教於巨盗，食人肉者夜入，人家必昏沈，或有魘不悟者，故不得不食。』兩京逆旅中，多畫鸜鵒及茶碗，賊謂之鸜鵒辣者，記嘴所向；碗子辣者，亦示其緩急也。」《舊唐書·李程傳》附傳：「廓進士登第，以詩名聞於時。大中末，累官至潁州刺史，再爲觀察使。」李宜春《嘉靖潁州志·秩官·刺史》：「李廓，乾寧中任。有捕盜功。」

〔二〕李宜春《嘉靖潁州志·秩官·參軍（唐）》：「鄭令譓，司功參軍。」

〔三〕李宜春《嘉靖潁州志·秩官·參軍（唐）》：「李文則，司倉參軍。」

〔四〕王重師，長社（今河南長葛）人。曾任潁州刺史，後仕至佑國軍節度使。《舊五代史》本傳：「王重師，潁州長社人也……太祖伐上蔡，重師力戰有功。及討兖、鄆，擢爲指揮使，奏授檢校右僕射。重師枕戈擐甲，五六年於齊、魯間，凡經百餘戰，由是威震敵人。尋授檢校司空，爲潁州刺史。」《新五代史·王重師傳》：「王重師，許州長社人也。爲人沈默多智，善劍槊。秦宗權陷許州，重師脱身歸梁，從太祖平蔡，攻兖、鄆，爲拔山都指揮使。重師苦戰齊、魯間，威震鄰敵。遷潁州刺史。」李宜春《嘉靖潁州志·秩官·刺史（五代梁）》：「王重師，長社人。出本傳。」

續表

唐	刺史	長史	司馬	參軍
太祖 開平	李彥威。壽州人，出《梁書》本傳。〔一〕			
後唐	**團練使**			
明宗 天成	萇從簡。陳州人。詳本傳。〔二〕			
長興	李承約。薊州人。詳本傳。〔三〕			

〔一〕李彥威，又名朱友恭，壽州（今安徽壽縣）人。《舊唐書·昭宗本紀》：「（天祐元年八月）壬寅夜，朱全忠令左龍武統軍朱友恭、右龍武統軍氏叔琮、樞密使蔣玄暉弑昭宗於椒殿。」《新唐書·朱友恭傳》：「友恭者，本李彥威也。壽州人，客汴州。殖財任俠，全忠愛而子畜之，領長劍都，積功，表爲檢校尚書左僕射。乾寧中，授汝州刺史，檢校司空。楊行密侵鄂州，友恭將兵萬餘援杜洪，至江州，還攻黄州，入之，獲行密將，俘斬萬計。又襲安州，殺守將。遷潁州刺史、感化軍節度留後。帝東遷，爲左龍武統軍，貶崖州司户參軍。」李宜春《嘉靖潁州志·秩官·刺史（五代梁）》：「李彥威，壽州人。出本傳。」

〔二〕萇從簡，陳州（今河南淮陽）人。封開國公，授左金吾衛上將軍。《舊五代史》本傳：「萇從簡，陳州人……清泰二年（九三五），授潁州團練使。」《新五代史》本傳：「萇從簡，陳州人……廢帝舉兵於鳳翔，從簡與諸鎮兵圍之。已而兵潰，從簡東走被執。廢帝責其不降，從簡曰：『事主不敢二心。』廢帝釋之，拜潁州團練使。」李宜春《嘉靖潁州志·秩官·團練使（後唐）》：「萇從簡，陳州人。出本傳。」

〔三〕李承約（八六三——九三七），字德儉，薊州（今天津薊縣）人。仕至左驍衛上將軍，封開國公，卒贈太子太師。《舊五代史》本傳：「李承約，字德儉，薊州人也……莊宗即位，授檢校司空、慈州刺史，爲治平直，移授潁州團練使。」《新五代史》本傳：「李承約，字德儉，薊門人也……從破夾寨，戰臨清，以功累遷洺汾二州刺史、潁州團練使。」李宜春《嘉靖潁州志·秩官·團練使（後唐）》：「李承約，薊州人。出本傳。」

續表

唐	刺史	長史	司馬	參軍
長興	高行周。嬀州人。詳本傳。[一]			
後晉	馮玉。定州人。詳本傳。[二]			
後漢				
高祖	郭瓊。盧龍人。詳《綱目》及本傳。[三]			
乾祐	王祚。并州祁人。傳見《名宦》。			

〔一〕高行周，字尚質，嬀州（今河北涿鹿）人。五代名將高思繼之子。仕至端州刺史，封齊王。卒贈尚書令，追封秦王。《舊五代史》本傳：「高行周，字尚質，幽州人也。生於嬀州懷戎軍之鵰窠里……莊宗平河南，累加檢校太保，領端州刺史。同光末，出守絳州。明宗即位，特深委遇。天成中，從王晏球圍定州，敗王都，擒禿餒，皆有功。賊平，遷潁州團練使。」《新五代史》本傳：「高行周，字尚質，嬀州人也……明宗時，從平朱守殷，克王都，遷潁州團練使、振武軍節度使。」李宜春《嘉靖潁州志・秩官・團練使（後唐）》：「高行周，嬀州人。出本傳。」

〔二〕馮玉，字璟臣，定州（今屬河北）人。曾任潁州團練使，後仕至樞密使等。《舊五代史》本傳：「馮玉，少帝嗣位，納馮后於中宮，后即玉之妹也。玉既聯戚里，恩寵彌厚，俄自知制誥、中書舍人出爲潁州團練使，遷端明殿學士、户部侍郎，尋加右僕射，軍國大政，一以委之。」《新五代史》本傳：「馮玉，字璟臣，定州人也……晉出帝納玉姊爲后，玉以后戚知制誥，拜中書舍人。玉不知書，而與殷鵬同爲舍人，制誥常遣鵬代作。頃之，玉出爲潁州團練使，拜端明殿學士、户部侍郎，遷樞密使、中書侍郎、同中書門下平章事。」李宜春《嘉靖潁州志・秩官・團練使（後晉）》：「馮玉，定州人。出本傳。」

〔三〕郭瓊（八九三——九六四），平州盧龍（今屬河北）人。少以勇力聞。初爲後漢都指揮使，入宋以右領軍衛上將軍致仕。《宋史》本傳：「郭瓊，平州盧龍人……漢乾祐中，淮人攻密州，以爲行營都部署，未至，淮人解去。會平盧節度劉銖恃佐命之舊，稱疾不朝，將相大臣，懼其難制，先遣瓊與衛州刺史郭超以所部兵屯青州。銖不自安，置酒召瓊，伏壯士幕下，欲害瓊。瓊知其謀，屏去從者，從容就席，略無懼色，銖不敢發。瓊因爲陳禍福，銖感其言，遂治裝。俄詔至，即日上道。瓊改潁州團練使，又加防禦使。」《成化中都志・名宦・潁州（五代）》：「郭瓊，盧龍人。漢潁州團練使。初，平盧節度使劉銖貪虐，漢王欲徵之，恐其拒命，遣瓊將兵屯青州。銖置酒召瓊，伏兵幕下，欲害之。瓊知其謀，悉屏左右，從容如會，了無懼色，銖不敢發。瓊因諭以禍福，銖感服，詔至即行，故有是命。宋初，以右領（軍）衛上將軍致仕。瓊尊禮儒士，孜孜樂善，武臣之賢者也。」李宜春《嘉靖潁州志・職官・團練使（後漢）》：「郭瓊，盧龍人。初，平盧節度使劉銖貪虐，使主欲征之，恐其拒命，遣瓊將兵屯青州。銖置酒召瓊，伏兵幕下，欲害之。瓊知其謀，悉屏左右，從容如會，了無懼色，銖不敢發。瓊因諭以禍福，銖感服，詔至即行，故有是命。宋初，以右領（軍）衛上將軍致仕。瓊尊禮儒士，孜孜樂善，武臣之賢者也。」

續表

唐	刺史	長史	司馬	參軍		
後周						
世宗 顯德	司超。傳見《名宦》。					

宋	防禦使 團練使 知州	通判 長史	參軍 推官	教授 知縣	尉	掾
太祖 開寶	潘美。大名人，團練使。詳本傳。〔一〕	曹翰。大名人。詳本傳。〔二〕				

〔一〕此條有誤，潘美曾任泰州、朗州團練使，非潁州。潘美（九二五——九九一），字仲詢，大名（今屬河北）人。《宋史》本傳：「潘美字仲詢，大名人……李重進叛，太祖親征，命石守信爲招討使，美爲行營都監以副之。揚州平，留爲巡檢，以任鎮撫，以功授泰州團練使……開寶三年（九七〇），征嶺南，以美爲行營諸軍都部署、朗州團練使。」李宜春《嘉靖潁州志·傳疑》：「潘美，《近志》載美爲潁州團練使。按《宋史》本傳：『爲泰州團練使。』」

〔二〕曹翰（九二四——九九二），大名（今屬河北）人。宋初名將，曾判潁州。《宋史》本傳：「曹翰，大名人……（開寶二年）金陵平，江州軍校胡德、牙將宋德明據城拒命。翰率兵攻之，凡五月而陷……録功遷桂州觀察使、判潁州……（太平興國）五年（九八〇），從幸大名，拜威塞軍節度，仍判潁州，復命爲幽州行營都部署。」《正德潁州志·名宦·宋》：「曹翰，通判潁州。政令大行，教化浹洽，時人稱其能名。」李宜春《嘉靖潁州志·秩官·宋（通判）》：「曹翰，大名人。開寶二年，録功遷桂州觀察使、判潁州。興國五年，從幸大名，拜威武（『武』字當爲衍字）塞軍節度使，仍判潁州。」

續表

宋	防禦使 團練使 知州	通判 長史	參軍 推官	教授 知縣	尉	掾
太宗 太平興國		鄭文寶。詳《宋史·列傳》。〔一〕				
端拱	孔守正。浚儀人，防禦使。詳本傳。〔二〕 張茂直。兗州瑕丘人，知潁州。詳本傳。〔三〕					

〔一〕鄭文寶（九五三——一〇一三），字仲賢，汀州寧化（今屬福建）人。太平興國八年（九八三）進士，曾任潁州通判，後仕至兵部員外郎。《宋史》本傳：「鄭文寶，字仲賢，右千牛衛大將軍彦華之子……太平興國八年，登進士第，除修武主簿。遷大理評事、知梓州録事參軍事。州將表薦，轉光禄寺丞。留一歲，代歸。獻所著文，召試翰林，改著作佐郎，通判潁州。」李宜春《嘉靖潁州志·秩官·宋（通判）》：「鄭文寶，字仲賢。太平興國中，獻所著文，召試翰林，改著作佐郎，通判潁州。丁外艱。」

〔二〕孔守正，浚儀（今河南開封）人。柴榮征淮南，孔守正爲東班承旨。入宋，累遷日騎東西班指揮使。《宋史》本傳：「孔守正，開封浚儀人……端拱初，遷龍衛都指揮使，領長州團練使，出鎮真定。是年秋，出爲潁州防禦使。」李宜春《嘉靖潁州志·秩官·宋（防禦使）》：「孔守正，浚儀人。端拱初爲防禦使，太宗以其練習戎務，特置龍衛、神衛四厢都指揮使以授之，改領振州防禦使。」

〔三〕張茂直（九二七——一〇〇一），字林宗，兗州瑕丘（今山東滋陽）人。開寶二年（九六九）進士，後仕至秘書少監。《宋史》本傳：「張茂直字林宗，兗州瑕丘人……茂直淳至寡言，晚年多疾，才思梗澀不稱職。改秘書少監，出知潁州。咸平四年（一〇〇一），卒，年七十五。」李宜春《嘉靖潁州志·秩官·宋（知州）》：「張茂直，瑕丘人。端拱年任。」

續表

宋	防禦使 團練使 知州	通判 長史	參軍 推官	教授 知縣	尉	掾
端拱		魏廷式。大名宗城人，通判。詳本傳。〔一〕				
淳化	畢士安。傳見《名宦》。以下凡知潁州，見傳者，俱不見官。	陳漸。閬中人，長史。詳本傳。〔二〕				

〔一〕魏廷式（九五一—九九九），字君憲，大名宗城（今河北臨西）人。太平興國五年（九八〇）進士，曾任潁州通判、利州知州、益州路轉運使等職。《宋史》本傳：「魏廷式字君憲，大名宗城人……太平興國五年中第，釋褐朗州法曹掾。轉運使李惟清以其吏材奏，知桃源縣，遷將作監丞。端拱初，改著作佐郎、通判潁州。」李宜春《嘉靖潁州志·秩官·宋（通判）》：「魏廷式，大名宗城人。端拱年任。」

〔二〕陳漸，字鴻漸，閬中（今屬四川）人。陳堯佐從子。淳化中進士，曾任潁州長史、鳳州團練推官、耀州節度推官等職。《宋史·陳堯佐傳》附傳：「從子漸，字鴻漸……舉賢良方正科，不中，復調隴西防禦推官，坐法免歸，不復有仕進意，蜀中學者多從之游。堯咨不學，漸心薄之。堯咨後貴顯，與漸益不同，因言漸罪戾之人，聚徒太盛，不宜久留遠方。即召漸至京師，授潁州長史。」李宜春《嘉靖潁州志·秩官·宋（長史）》：「陳漸，閬中人。淳化間任。」

續表

宋	防禦使 團練使 知州	通判 長史	參軍 推官	教授 知縣	尉	掾
真宗 咸平	周起。淄州鄒平人，知潁州。詳本傳。〔一〕		穆修。文學參軍。傳見《名宦》。			
景德	慕容德豐。太原人，團練使。詳本傳。〔二〕		呂夷簡。推官。傳見《名宦》。			

〔一〕周起，字萬卿，淄州鄒平（今屬山東）人。咸平二年（九九九）進士。初任將作監丞，後爲禮部侍郎，拜樞密副使。《宋史》本傳：「周起字萬卿，淄州鄒平人……後復爲禮部侍郎，以疾請知潁州，徙陳州。卒，贈禮部尚書，謚安惠。」《成化中都志·名宦·潁州（宋）》：「周起，淄州鄒平人。登進士甲科，除匠［將］作監丞。以樞密直學士知開封府。聽斷明審，無留事。累官禮部侍郎、樞密副使。丁謂用事，以公爲冠萊公黨，逐之，以户部侍郎知青州。仁宗朝還爲禮部侍郎，留守南京，將復用，以病知潁州，徙汝州。卒贈禮部尚書，謚安惠。王荆公撰《神道碑》。公工書，善爲文，有集二十卷。」李宜春《嘉靖潁州志·職官·宋（知州）》：「周起，淄州鄒平人。咸平年爲禮部侍郎，以疾請知潁州。詳本傳。」

〔二〕慕容德豐（九四八——一〇〇二），字日新，太原（今屬山西）人。河南郡王慕容延釗次子。咸平四年任潁州團練使。《宋史·慕容延釗傳》附傳：「德豐，字日新，幼聰悟，延釗愛之……（咸平）三年（一〇〇〇），改滄州。德豐輕財好施，厚享將士。在西邊時，母留京師，妻孥寓長安，貧甚，真宗憫之，特詔給團練使奉。踰年，進潁州團練使，知貝、瀛二州。五年（一〇〇二），卒，年五十五。」李宜春《嘉靖潁州志·秩官·宋（團練使）》：「慕容德豐，太原人。景德中爲團練使。詳本傳。」

續表

宋	防禦使 團練使 知州	通判 長史	參軍 推官	教授 知縣	尉	掾
大中祥符	馬知節。幽州薊人，樞密副使，出爲防禦使。詳本傳。〔一〕 杜彥鈞。定州安喜人，防禦使。〔二〕					

〔一〕馬知節（九五五——一〇一九），字子元，幽州薊（今天津薊州）人。馬全義子。大中祥符七年（一〇一四），爲潁州防禦使。《宋史·馬全義傳》附傳：「知節，字子元，幼孤。太宗時，以蔭補供奉官，賜今名……大中祥符七年，出爲潁州防禦使、知潞州。」《成化中都志·名宦·潁州（宋）》：「馬知節，字子元，幽州人，徙祥符。七歲，太祖召見禁中，補西頭供奉官，而賜以名。年十八，監彭州兵馬，以嚴飭見憚如老將。真宗朝，除潁州防禦使，累官宣徽南院使、知樞密院事、檢校太尉。卒贈侍中，謚正惠。其在朝廷蹇蹇無所憚，嘗言『天下雖安，不可忘戰去兵』，帝以其言爲是。有《集》二十卷，王荆公爲撰《神道碑》。」李宜春《嘉靖潁州志·秩官·宋（防禦使）》：「馬知節，字子元，薊人。大中祥符七年，爲樞密副使。時王欽若爲樞密使，知節薄其爲人，遇事敢言，未嘗少屈，出爲潁州防禦使。」

〔二〕杜彥鈞，定州安喜（今河北定州）人。杜審琦弟審進子。《續資治通鑑長編·真宗·景德元年（一〇〇四）》卷五十七：「（九月）丙子，以天雄軍都部署周瑩爲駕前東面貝冀路都部署，潁州防禦使杜彥鈞副之。」《宋史·杜審琦傳》：「彥鈞由戚里進，保位而已。會有言政事不舉者，徙西京水南北都巡檢使。大中祥符五年（一〇一二），復知莫州。馬知節爲潁州防禦使，彥鈞换秦州。」李宜春《嘉靖潁州志·秩官·宋（防禦使）》：「杜彥鈞，安喜人。」

續表

宋	防禦使 團練使 知州	通判 長史	參軍 推官	教授 知縣	尉	掾
天僖	張師德。開封襄人，刑部尚書，出知潁州。詳本傳。〔一〕					
乾興	柳植。傳見《名宦》。					
仁宗 天聖	李士衡。蔡〔秦〕州成紀人，知潁州，詳本傳。〔二〕					

〔一〕張師德，字尚賢，開封襄邑（今河南睢縣）人。張去華子。大中祥符四年（一〇一一）進士第一，後仕至吏部郎中。《宋史·張去華傳》附傳：「師德，字尚賢。去華十子，最器師德……天禧初，安撫淮南，苦風眩，改判司農寺。擢右正言、知制誥，判尚書刑部。頃之，出知潁州，還刑部員外郎、判大理寺，爲群牧使、景靈宮判官，再遷吏部郎中。」李宜春《嘉靖潁州志·秩官·宋（知州）》：「張師德，開封襄人，天僖年以刑部尚書出知潁州。」

〔二〕李士衡，字天均，成紀（今甘肅秦安）人。進士，後仕至尚書左丞。《宋史》本傳：「李仕衡，字天均，秦州成紀人……仁宗即位，拜尚書左丞，以足疾，改同州觀察使，知陳州。州大水，築大隄以障水患。徙潁州，復知陳州。」李宜春《嘉靖潁州志·秩官·宋（知州）》：「李士衡，成紀人。天聖中任。」

續表

宋	防禦使 團練使 知州	通判 長史	參軍 推官	教授 知縣	尉	掾
仁宗 天聖	劉筠。大名人，禮部侍郎樞密制[直]學士，知潁州，詳本傳。〔一〕					
明道	晏殊。傳見《名宦》。		邵亢。團練推官。傳見《名宦》。			
景祐	楊察。傳見《名宦》。 程琳。傳見《名宦》。		王代恕。司法參軍。傳見《名宦》。			

〔一〕劉筠（九七一——一〇三一），字子儀，大名（今屬河北）人。咸平元年（九九八）進士。仕至禮部侍郎。《宋史》本傳：「劉筠字子儀，大名人。舉進士，爲館陶縣尉……知天聖二年（一〇二四）貢舉，數以疾告，進尚書禮部侍郎、樞密直學士、知潁州。召還，復知貢舉……」《成化中都志·名宦·潁州（宋）》：「劉筠，字子儀，大名人。咸平元年（九九八）進士，爲翰林學士。嘗草丁謂、李迪罷相制，繼而又命草制留謂，筠不從，遂出知廬州。再召爲學士，月餘，以疾出知潁州。復召入翰林，加丞[承]旨，進龍圖閣直學士，再知廣州。爲人不苟合，學問閎博，文章以理爲宗，詞尚緻密，尤工篇詠，能摸揣情狀，音調凄麗。自景德以來，文章與楊億齊名，號『楊劉』，天下宗之。」《南畿志·鳳陽府·宦蹟》：「劉筠，以樞密直學士知潁州，治尚最簡。」李宜春《嘉靖潁州志·職官·宋（知州）》：「劉筠，大名人。天聖中以樞密學士知潁州。」

續表

宋	防禦使 團練使 知州	通判 長史	參軍 推官	教授 知縣	尉	掾
景祐	夏竦。德安人，罷禮部尚書，知潁州。詳本傳。〔一〕 蔡齊。傳見《名宦》。					
皇祐	歐陽修。傳見《名宦》。 范仲淹。邠州人，户部侍郎，病甚，請知潁州，未至而卒。〔二〕					

〔一〕夏竦（九八五——一〇五一），字子喬，江州德安（今屬江西）人。仕至同中書門下平章事。《宋史》本傳：「夏竦字子喬，江州德安人……太后崩，罷爲禮部尚書，知襄州，改潁州。京東荐饑，徙青州，兼安撫使……」《成化中都志·名宦·潁州（宋）》：「夏竦。字子喬，江州德安人。天聖七年（一〇二九），參知政事。明道二年（一〇三三），罷爲禮部尚書，知襄州，尋改知潁州。以不苛爲政，革去前弊，人甚德之。又知亳州，立保五法，有政聲，賊盗不發，田里晏然。累官樞密使、同平章事，封鄭國公。慶曆八年（一〇四八），罷爲武寧節度使兼侍中。卒贈太師、中書令，謚文莊。」《南畿志·鳳陽府·宦蹟》：「夏竦，德安人。知潁州，以不苛爲政，革去前弊。又知亳州，立保伍法，盗賊不作，田里晏然。」李宜春《嘉靖潁州志·職官·宋（知州）》：「夏竦，德安人。景祐中罷禮部尚書知潁州，以不苛爲政，革去前弊，人甚德之。」

〔二〕范仲淹（九八九——一〇五二），字希文，吴縣（今江蘇蘇州）人。大中祥符八年（一〇一五）進士，仕至樞密副使、參知政事。主持「慶曆新政」，提出名黜陟、抑僥倖、精貢舉等十事。皇祐四年（一〇五二）知潁州，未至而卒。著有《范文正公集》。《宋史》本傳：「范仲淹，字希文，唐宰相履冰之後。其先，邠州人也，後徙家江南，遂爲蘇州吴縣人……以疾請鄧州，進給事中。徙荆南，鄧人遮使者請留，仲淹亦願留鄧，許之。尋徙杭州，再遷户部侍郎，徙青州。會病甚，請潁州，未至而卒，年六十四。」

續表

宋	防禦使 團練使 知州	通判 長史	參軍 推官	教授 知縣	尉	掾
皇祐	李垂。傳見《名宦》。	呂公著。傳見《名宦》。	張洞。傳見《名宦》。	謝絳。陳郡人，知汝陰縣。出《歐文集》。〔一〕		
至和	蘇頌。傳見《名宦》。	趙至忠。出《蘇頌傳》。〔二〕				

〔一〕謝絳（九九五——一〇三九），字希深，富陽（今屬浙江）人。大中祥符八年進士，曾任汝陰知縣、太常寺奉禮郎、兵部員外郎等職。《宋史》本傳：「謝絳，字希深。其先陽夏人。祖懿文，爲杭州鹽官縣令，葬富陽，遂爲富陽人……絳以父任試秘書省校書郎，舉進士中甲科，授太常寺奉禮郎、知汝陰縣。」《南畿志・鳳陽府・宦蹟（宋）》：「謝絳，知汝陰縣。喜談時事，嘗論四民失業，累數千言。」李宜春《嘉靖潁州志・秩官・宋（知縣）》：「謝絳，陳郡人。皇祐間任汝陰縣。」

〔二〕趙至忠，至和間任潁州通判。《宋史・蘇頌傳》：「富弼嘗稱頌爲古君子，及與韓琦爲相，同表其廉退，以知潁州。通判趙至忠本邊徼降者，所至與守競，頌待之以禮，具盡誠意。至忠感泣曰：『身雖夷人，然見義則服，平生誠服者，唯公與韓魏公耳。』」李宜春《嘉靖潁州志・秩官・宋（通判）》：「趙至忠，至和中任。」

續表

宋	防禦使 團練使 知州	通判 長史	參軍 推官	教授 知縣	尉	掾
寶元	陸經。出《歐詩集》。[一]	楊褒。出《歐詩集》。[二]				

[一] 陸經，字子履，越州（今浙江紹興）人。仕至集賢殿修撰。歐陽修有《聞潁州通判國博與知郡學士唱和頗多因以奉寄知郡陸經通判楊褒（治平二年）》詩。李宜春《嘉靖潁州志・秩官・宋（知州）》：「陸經，寶元中以學士知潁州。歐陽修《奉寄與通判楊褒詩》：『一自蘇梅閉九泉，始聞東潁播新篇。金尊留客史[使]君醉，玉麈高談別乘賢。十里秋風紅菡萏，一溪春水碧漪漣。政成事簡何爲樂，終日吟哦雜管絃。』」

[二] 楊褒，字之美，華陽（今四川雙流）人。曾任潁州通判。歐陽修有《聞潁州通判國博與知郡學士唱和頗多因以奉寄知郡陸經通判楊褒》詩。蘇軾有《次韻楊褒早春》詩，施顧注云：「楊褒，字之美。嘉祐末，爲國子監直講。治平間，出通判潁州。劉貢父同在學舍，多與倡酬，載貢父集。好收法書，蔡君謨多從借搨。歐陽文忠公見其女奴彈琵琶，有詩呈梅聖俞云：『楊君好雅心不俗，太學官卑飯脱粟。嬌兒兩幅青布裙，三脚木牀坐調曲。奇書古畫不論價，盛以錦囊裝玉軸。』亦可見其人也。」李宜春《嘉靖潁州志・秩官・宋（通判）》：「楊褒，寶元中任。」

續表

宋	防禦使 團練使 知州	通判 長史	參軍 推官	教授 知縣	尉	掾
康定	蘇軾。傳見《名宦》。				李直方。汝陰尉，有捕盗功。太守蘇軾奏賞之，不報。會郊恩，軾當轉官，即奏，移以賞之。詳《軾傳》。〔一〕	

〔一〕李直方，進士，曾任汝陰尉。《宋史·蘇軾傳》：「郡有宿賊尹遇等，數劫殺人，又殺捕盗吏兵。朝廷以名捕不獲，被殺家復懼其害，匿不敢言。軾召汝陰尉李直方曰：『君能禽此，當力言於朝，乞行優賞；不獲，亦以不職奏免君矣。』直方有母且老，與母訣而後行。乃緝知盗所，分捕其黨與，手戟刺遇，獲之。」《成化中都志·名宦·潁州（宋）》：「李直方，以進士及第，授汝陰縣尉。潁有劇賊尹遇等，爲一方患。蘇文忠公守潁，命直方擒之。直方多設方略，悉獲其黨與。公奏移，合轉官以賞之，不報。」《南畿志·鳳陽府·宦蹟（宋）》：「李直方，汝陰縣尉。潁有劇賊尹遇，爲一方患。蘇文忠公守潁，命直方擒之。直方多設方略，悉獲其黨。」《正德潁州志·名宦·宋》：「李直方，汝陰尉。除鋤奸暴，吏民畏服。以捕盗有功，潁州太守蘇軾奏乞賞之，不報。會郊恩，軾當轉官，即奏移以賞之。」李宜春《嘉靖潁州志·秩官·宋（尉）》：「李直方，康定中任汝陰尉，有捕盗功。見《蘇軾傳》。」

續表

宋	防禦使 團練使 知州	通判 長史	參軍 推官	教授 知縣	尉	掾
慶曆	薛向。河中萬泉人。詳本傳。〔一〕 曾肇。傳見《名宦》。		江楫。團練推官。傳見《名宦》。			
嘉祐	章衡。蒲城人。詳《宋史》。〔二〕 徐宗況。出《中都志》。〔三〕					

〔一〕薛向（一〇一六——一〇八一），字師正，河中萬泉（今山西萬榮南）人。以蔭入仕，仕至工部侍郎。《宋史》本傳：「薛向字師正，以祖顔任太廟齋郎，爲永壽主簿，權京兆户曹……於是舒亶論向反覆無大臣體，斥知潁州，又改隨州，卒年六十六。」李宜春《嘉靖潁州志·秩官·（宋）知州》：「薛向，萬泉人。慶曆中任。」

〔二〕章衡（一〇二五——一〇九九），字子平，浦城（今屬福建）人。嘉祐二年（一〇五七）進士第一，後仕至寶文閣待制。《宋史》本傳：「章衡，字子平，浦城人……三司使忌其能，出知汝州、潁州。」李宜春《嘉靖潁州志·秩官·（宋）知州》：「章衡，蒲〔浦〕城人。嘉祐中任。」

〔三〕歐陽修有《賜知潁州徐宗況進奉賀兗國公主出降銀絹馬等敕書（嘉祐二年）》。《成化中都志·名宦·潁州（宋）》：「徐宗況，嘉祐二年（一〇五七）知潁州。」李宜春《嘉靖潁州志·秩官·（宋）知州》：「徐宗況，嘉祐二年任。」

續表

宋	防禦使 團練使 知州	通判 長史	參軍 推官	教授 知縣	尉	掾
嘉祐		朱彦博。萍鄉人，八年（一〇六三），登許將榜進士，任通判。〔一〕	邵雍。其先范陽人。雍游河南，葬其親伊水上，遂爲河南人。舉逸士，補潁州團練推官，固辭不拜。〔二〕	常秩。教授。傳見《鄉賢》。		
英宗 治平	王旭。大名莘人，祐之子。傳見《名宦》。					范祖述。傳見《名宦》。

〔一〕朱彦博，字元施，萍鄉（今屬江西）人。嘉祐八年進士，曾任潁州通判。《大明一統志·袁州·人物》：「朱彦博，萍鄉人。嘉祐間進士，通判順［潁］州，上神宗書，極言當時利害。歷知虔、虢、解三州，所至有聲。嚴而不苛，明而不察，官吏畏之如神。」《正德袁州府志·科第·宋進士》：「朱彦博，嘉祐八年許將榜。萍鄉人。見《人物》。」李宜春《嘉靖潁州志·秩官·（宋）通判》：「朱彦博，萍鄉人。嘉祐八年，登許將榜進士。任通判。」

〔二〕邵雍（一〇一一——一〇七七），字堯夫，河南人。理學家、詩人，著有《伊川擊壤集》等。《宋史》本傳：「邵雍字堯夫。其先范陽人，父古徙衡漳，又徙共城。雍年三十，游河南，葬其親伊水上，遂爲河南人……嘉祐詔求遺逸，留守王拱辰以雍應詔，授將作監主簿，復舉逸士，補潁州團練推官，皆固辭乃受命，竟稱疾不之官。熙寧十年（一〇七七），卒，年六十七，贈秘書省著作郎。元祐中賜謚康節。」

續表

宋	防禦使 團練使 知州	通判 長史	參軍 推官	教授 知縣	尉	掾
神宗 熙寧	吕公著。傳見《名宦》。					
元豐	燕肅。傳見《名宦》。					
哲宗 元祐	陸佃。傳見《名宦》。 趙令時［時］。燕王德昭之後，簽書潁州公事。出《宋史》。〔一〕 豐稷。傳見《名宦》。					

〔一〕趙令時（一〇六一—一一三四），初字景貺，蘇軾改其字爲德麟，自號聊復翁。太祖第四子燕王趙德昭玄孫。元祐六年（一〇九一）簽書潁州，時蘇軾知潁州，薦其才於朝廷。後坐元祐黨籍，被廢十年。紹興初，襲安定郡王。卒贈開封府儀同三司。有《侯鯖録》八卷，《聊復詞》一卷。《宋史·燕王德昭傳》附其傳：「令時字德麟，燕懿王元孫也，蚤以才敏聞。元祐六年簽書潁州公事，時蘇軾爲守，愛其才，因薦於朝。」李宜春《嘉靖潁州志·秩官·（宋）知州》：「趙令時［時］，燕王德昭之後，元祐中簽書潁州公事。」

續表

宋	防禦使 團練使 知州	通判 長史	參軍 推官	教授 知縣	尉	掾
哲宗 元祐	李評。以榮州刺史知潁州。詳本傳。〔一〕 竇貞固。同州泉〔白水〕人，以刑部尚書出爲潁州團練使。詳本傳。〔二〕					

〔一〕李評，字持正，潞州上黨（今山西長治）人。李端愿子，李遵勖孫。以榮州刺史知潁州。《宋史·李遵勖傳》附傳：「評字持正……以榮州刺史出知潁州。」李宜春《嘉靖潁州志·秩官·（宋）知州》：「李評，元祐中以榮州刺史知潁州。」

〔二〕此條有誤。竇貞固由五代入宋，卒於太祖開寶二年（九六九），去「元祐」遠甚。竇貞固（八九二——九六九），字體仁，同州白水（今屬陝西）人。同光中舉進士。後晉開運三年（九四六）之前曾任潁州團練推官。《舊五代史·晉書·少帝紀》：「（開運三年九月）丙午，以太子少保楊凝式爲太子少傅，以刑部尚書王延爲太子少保，前潁州團練使竇貞固爲刑部尚書。」《宋史》本傳：「竇貞固字體仁，同州白水人……少帝即位，拜工部尚書。遷禮部尚書……改刑部尚書，出爲潁州團練使……開寶二年（九六九）病困，自爲墓誌，卒，年七十八。」李宜春《嘉靖潁州志·秩官·（宋）團練使》：「竇貞固，同州白水人。元祐中以刑部尚書出爲潁州團練使。詳本傳。」

續表

宋	防禦使 團練使 知州	通判 長史	參軍 推官	教授 知縣	尉	掾
哲宗 元祐				張舉［塈］。常州人，登進士甲科，近臣薦其高行。至元祐，大臣復薦之，起教授潁州，辭不就。詳本傳。〔一〕		

〔一〕張塈（一〇四五——一一〇五），字子厚，常州（今屬江蘇）人。英宗治平四年（一〇六七）進士，調清溪主簿。起爲潁州教官，堅辭不就。家中多蓄圖書，多論著，工書法。卒賜謚正素先生。《宋史》本傳：「張塈，字子厚，常州人。登進士甲科。以無他兄弟，獨養其親，不忍斯須去左右。親友彊之仕，乃調青溪主簿，亦不之官。閉户讀書四十年，手校數萬卷，無一字舛。窮經著書，至夜分不寐。元豐中，近臣薦其高行。至於元祐，大臣復薦之，起教授潁州，辭不就……」

續表

宋	防禦使 團練使 知州	通判 長史	參軍 推官	教授 知縣	尉	掾
紹聖	陳師錫。建陽人，知潁州。詳本傳。〔一〕 呂希績。公著次子。傳見《名宦》。					
徽宗 建中靖國	林攄。福州人，以翰林學士出知潁州。詳本傳。〔二〕					

〔一〕陳師錫，字伯修，建州建陽（今屬福建）人。熙寧九年（一〇七六）進士，曾任秘書省校書郎、殿中侍御史、潁州知州等職。《宋史》本傳：「陳師錫，字伯修，建州建陽人……於是出知潁、廬、滑三州。坐黨論，監衡州酒；又削官置郴州。卒，年六十九。」《成化中都志·名宦·潁州（宋）》：「陳師錫，建陽人。熙寧中游太學，有聲，擢進士第。徽宗朝拜殿中侍御史，疏陳時務，出知潁州，又知廬、滑二州。嘗與陳瓘同論蔡京、蔡卞，時號『二陳』。」李宜春《嘉靖潁州志·秩官·（宋）知州》：「陳師錫，建陽人。徽宗朝拜殿中侍御史，疏陳時務，出知潁州，又知廬、滑二州。嘗與陳瓘同論蔡京、蔡卞，時號『二陳』。」

〔二〕林攄，字彥振，福州長樂（今屬福建）人。初以父蔭入仕，崇寧五年（一一〇六）獲賜進士出身，後仕至翰林學士。《宋史》本傳：「林攄，字彥振，福州人……初，朝廷數取西夏地，夏求援於遼，遼爲請命。攄報聘，京密使激怒之以啟釁。入境，盛氣以待迓者，小不如儀，輒辨詰。及見遼主，始跪授書，即抗言數夏人之罪，謂北朝不能加責而反爲之請。禮出不意，遼之君臣不知所答。及辭，遼使攄附奏，求還進築夏人城柵。攄答語復不巽，遼人大怒，空客館水漿，絕煙火，至舍外積潦亦污以矢溲，使饑渴無所得。如是三日，乃遣還，凡饔餼、祖犒皆廢。歸復命，議者以爲怒鄰生事，猶除禮部尚書。既而遼人以失禮言，出知潁州。」李宜春《嘉靖潁州志·秩官·（宋）知州》：「林攄，福州人。建中靖國中，以翰林學士出知。」

續表

宋	防禦使 團練使 知州	通判 長史	參軍 推官	教授 知縣	尉	掾
徽宗 建中靖國	錢象先。吴人，由許州別駕遷知潁州。詳《舊志》。〔一〕 吕希純。公著第三子。傳見《名宦》。					
崇寧	鄭居中。開封人，知潁州。詳本傳。〔二〕	張叔夜。開封人。傳見《名宦》。				

〔一〕錢象先（九九六——一〇七六），字資元，蘇州（今屬江蘇）人。天禧二年（一〇一八）進士。仁宗時，以龍圖閣直學士出知蔡州，後以吏部侍郎致仕。《宋史》本傳：「錢象先字資元，蘇州人。進士高第，吕夷簡薦爲國子監直講……復知許、潁、陳三州，以吏部侍郎致仕。卒年八十一。」《成化中都志·名宦·潁州（宋）》：「錢象先，吴人。舉進士。自許州別駕遷知潁州。多善政，以經術勉士人。後入爲天章閣待制。」《南畿志·鳳陽府·宦蹟》：「錢象先，吴人。知潁州。多善政，以經術勉士人。後入爲天章閣待制。」《正德潁州志·名宦·宋》：「錢象先，吴人。舉進士。自許州別駕遷知潁州。多善政，以經術勉士人。後入爲天章閣待制。」李宜春《嘉靖潁州志·宦業·宋》：「錢象先，吴人。舉進士。自許州別駕遷知潁州。名〔多〕善政，以經術勉士人。後入爲天章閣待制。」

〔二〕鄭居中（一〇五九——一一二三），字達夫，開封（今屬河南）人。進士，大觀元年（一一〇七）同知樞密院事。《宋史》本傳：「鄭居中字達夫，開封人。登進士第。崇寧中，爲都官禮部員外郎、起居舍人，至中書舍人、直學士院。初，居中自言爲貴妃從兄弟，妃從藩邸進，家世微，亦倚居中爲重，由是連進擢。會妃父紳客祝安中者，上書涉謗訕，言者並及居中，罷知和州，徙潁州。」李宜春《嘉靖潁州志·秩官·（宋）知州》：「鄭居中，開封人。熙寧中任。」

續表

宋	防禦使 團練使 知州	通判 長史	參軍 推官	教授 知縣	尉	掾
崇寧	王襄。南陽人，以兵部尚書出知潁州。詳本傳。〔一〕					
	六年改潁州爲順昌府					
政和	知府	通判				
	彭訢［訢］。廬陵人。出《中都志》。〔二〕					

〔一〕王襄，初名寧，鄧州南陽（今屬河南）人。第進士，累官禮部尚書。《宋史》本傳：「王襄，初名寧，鄧州南陽人，擢進士第。崇寧二年（一一〇三），以軍器監主簿言事稱旨，擢庫部員外郎，改光禄少卿，出察訪陝西。還，爲顯謨閣待制、權知開封府。府事浩穰，訟者株蔓千餘人，縲繫滿獄。襄晝夜決遣，四旬俱盡；又閲月，獄再空。遷龍圖閣直學士、吏部侍郎，出知杭州；未至，改海州，又改應天府，徙鄆州。召爲禮部尚書，移兵部，出知潁州，改永興軍。」李宜春《嘉靖潁州志·秩官·（宋）知州》：「王襄，南陽人。崇寧中以兵部尚書出知。」

〔二〕《成化中都志·名宦·潁州（宋）》：「彭訢［訢］，字樂道，廬陵人。政和中知順昌府。有惠政，民思之。」《南畿志·鳳陽府·潁州（宦蹟）》：「彭訢，廬陵人。政和中知順昌府。有惠政，民思之。」《正德潁州志·名宦·宋》：「彭訢，字樂道，廬陵人。宋政和中任順昌知府。有惠政，民懷去思。」

續表

宋	防禦使 團練使 知州	通判 長史	參軍 推官	教授 知縣	尉	掾
高宗 紹興	陳規。傳見《名宦》。 盛陶。鄭州人，以龍圖閣學士出知順昌府。詳本傳。〔一〕	汪若海。傳見《名宦》。				

元	達魯花赤兼管奧魯勸農事 知州	同知	判官	吏目	學正	訓導
世祖 中統	別的因。四年（一二六三）任達魯花赤。〔二〕					

〔一〕盛陶（一〇三三——一〇九九），字仲叔，新鄭（今屬河南）人。舉進士。仕至權禮部侍郎、中書舍人。《宋史》本傳：「盛陶字仲叔，鄭州人。第進士。熙寧中爲監察御史……進權禮部侍郎、中書舍人，以龍圖閣待制知應天府、順昌府、瀛州。元符中例奪職，卒年六十七。」《成化中都志·名宦·潁州（宋）》：「盛陶，鄭州人。第進士，爲監察御史，累官權禮部侍郎，以龍圖閣學士知順昌府。嘗劾李復圭輕敵敗國，程昉開河無功。二人實王安石所主，陶不少屈，史稱其大節可取。」李宜春《嘉靖潁州志·職官·宋（知府）》：「盛陶，鄭州人。紹興中以龍圖閣學士知順昌府。嘗劾李復圭輕敵敗國，程昉開河無功。二人實王安石所主，陶不少屈，史稱其大節可取。」

〔二〕別的因，抄思子。襲父職爲副千户，曾任壽、潁二州屯田府達魯花赤、昭勇大將軍、臺州路達魯花赤等職。《元史·抄思傳》附傳：「癸亥（一二六三）正月，召赴行在所。冬十一月，謁見世祖於行在所，世祖賜金符，以別的因爲壽潁二州屯田府達魯花赤。時二州地多荒蕪，有虎食民妻，其夫來告，別的因默然良久，曰：『此易治耳。』迺立檻設機，縛羔羊檻中以誘虎。夜半，虎果至，機發，虎墮檻中，因取射之，虎遂死。自是虎害頓息。」李宜春《嘉靖潁州志·秩官·元（達魯花赤）》：「別的因，中統四年任。」

續表

元	達魯花赤兼管奧魯勸農事 知州	同知	判官	吏目	學正	訓導
世祖 中統	王公孺。奉議大夫，知潁州。出《中都志》。[一]	劉淵。東平齊河人，攻崖山有功，累官潁州副萬户。出《中都志》。[二]				
武宗 至大	朱蔚。[三] 贍思丁。[四] 李謙。[五]					

〔一〕王公孺，衛州汲縣（今河南衛輝）人。王惲之子。《元史·王惲傳》：「王惲，大德元年（一二九七），進中奉大夫。二年，賜鈔萬貫。乞致仕，不許。五年（一三〇一），再上章求退，遂授其子公孺爲衛州推官，以便養。」然未言其知潁州。《成化中都志·名宦·潁州（元）》：「王公孺，奉議大夫，潁州知州。前應奉翰林文字，有文學。撰《比干廟碑銘》。」李宜春《嘉靖潁州志·秩官·知州（元）》：「王公孺，中統中任，有文學。撰《比干廟碑銘》。」

〔二〕《元史·劉通傳》附傳：「淵，至元十一年（一二七四），佩金符……二十一年（一二八四），遷潁州副萬户。」《成化中都志·名宦·潁州（元）》：「劉淵，東平齊河人。父通，仕元爲淮西道宣慰司都元帥。淵從攻崖山有功，累官潁州副萬户。」李宜春《嘉靖潁州志·職官·副萬户（元）》：「劉淵，齊河人。中統中任。」《民國齊河縣志·選舉·贈廕》：「劉淵，復亨四子。累官安遠大將軍、副招討，潁州副萬户。」

〔三〕李宜春《嘉靖潁州志·秩官·達魯花赤（元）》：「朱蔚……俱至大中任。」

〔四〕李宜春《嘉靖潁州志·秩官·達魯花赤（元）》：「……贍思丁……俱至大中任。」

〔五〕李宜春《嘉靖潁州志·秩官·達魯花赤（元）》：「……李謙……俱至大中任。」

續表

元	達魯花赤兼管奥魯勸農事 知州	同知	判官	吏目	學正	訓導
武宗 至大	許好義。[一] 喻大丁。武略將軍，兼本州諸軍奥魯勸農事。[五]		蘇伯顔。[二] 蘇敦武。[三]	王從善。[四]		
泰定帝 泰定	尋敬。奉議大夫，兼管本州諸軍奥魯勸農事。[六] 亦馬矢里。承務郎，兼管本州諸軍奥魯勸農事。[七]					

〔一〕李宜春《嘉靖潁州志·秩官·達魯花赤（元）》：「……許好義。俱至大中任。」

〔二〕李宜春《嘉靖潁州志·秩官·判官（元）》：「蘇伯顔……俱至大中任。」

〔三〕李宜春《嘉靖潁州志·秩官·判官（元）》：「……蘇敦武。俱至大中任。」

〔四〕李宜春《嘉靖潁州志·秩官·吏目（元）》：「王從善，至大中任。」

〔五〕李宜春《嘉靖潁州志·秩官·達魯花赤（元）》：「喻大丁，泰定中爲承務郎，兼管本州諸軍奥魯勸農事。」

〔六〕李宜春《嘉靖潁州志·秩官·達魯花赤（元）》：「尋敬，泰定中爲承務郎，兼管本州諸軍奥魯勸農事。」

〔七〕李宜春《嘉靖潁州志·秩官·達魯花赤（元）》：「亦馬矢里，泰定中爲承務郎，兼管本州諸軍奥魯勸農事。」

續表

元	達魯花赤兼管奧魯勸農事知州	同知	判官	吏目	學正	訓導
泰定帝 泰定		帖里。〔一〕	翟珣。〔二〕	王振。〔三〕	孫儀。〔四〕 李汝揖。〔五〕 泰定十官，俱見本州《明離官記》。	吳從政。〔六〕 武德。〔七〕
文宗 至順	歸暘。傳見《名宦》。					

〔一〕 李宜春《嘉靖潁州志·秩官·同知（元）》：「帖里，泰定中任。」

〔二〕 李宜春《嘉靖潁州志·秩官·判官（元）》：「翟珣，泰定中任。」

〔三〕 李宜春《嘉靖潁州志·秩官·吏目（元）》：「王振，泰定中任。」

〔四〕 李宜春《嘉靖潁州志·秩官·學正（元）》：「孫儀……俱泰定中。」

〔五〕 李宜春《嘉靖潁州志·秩官·學正（元）》：「……李汝揖。俱泰定中。」

〔六〕 李宜春《嘉靖潁州志·秩官·訓導（元）》：「吳從政……俱泰定中。」

〔七〕 李宜春《嘉靖潁州志·秩官·訓導（元）》：「……武德。俱泰定中。」

續表

元	達魯花赤兼管奧魯勸農事 知州	同知	判官	吏目	學正	訓導
順帝 至正	張克讓。[一]	張鵬。[二]	孫明善。[三] 劉信。[四]	孟彧。[五] 解峻德。[六]	洪天麟。[七]	

皇明	知州	同知	判官	吏目	學正	訓導
高皇帝 洪武	王敬。傳見《名宦》。 方玉。傳見《名宦》。	李添祐。傳見《名宦》。	游兆。傳見《名宦》。			

〔一〕李宜春《嘉靖潁州志·秩官·（元）達魯花赤》：「張克讓，至正中任。」
〔二〕李宜春《嘉靖潁州志·秩官·同知（元）》：「張鵬，至正中任。」
〔三〕李宜春《嘉靖潁州志·秩官·判官（元）》：「孫明善……俱至正中。」
〔四〕李宜春《嘉靖潁州志·秩官·判官（元）》：「……劉信。俱至正中。」
〔五〕李宜春《嘉靖潁州志·秩官·吏目（元）》：「孟彧……俱至正中。」
〔六〕李宜春《嘉靖潁州志·秩官·吏目（元）》：「……解峻德。俱至正中。」
〔七〕李宜春《嘉靖潁州志·秩官·學正（元）》：「洪天麟，至正中任。」

續表

皇明	知州	同知	判官	吏目	學正	訓導
高皇帝 洪武	杜暹。雲南昆明人，洪武十五年（一三八二）任。因寓本州門[關]廂三圖。〔一〕					
文皇帝 永樂	吴圭。江西清江人，貢士。三年（一四〇五）任。〔二〕		李韶。山西潞州人。〔三〕			
昭皇帝 洪熙			潘守禮。河南扶溝人，兵部主事調潁。〔四〕			
章皇帝 宣德			楊暹。〔五〕			

〔一〕李宜春《嘉靖潁州志·秩官·知州（明）》：「杜暹，雲南昆明人。洪武十五年任，因寓本州關厢三橋。」

〔二〕李宜春《嘉靖潁州志·秩官·知州》：「吴圭，江西靖[清]江人。貢士。永樂三年任。」《嘉靖臨江府志·選舉·新喻》：「（洪武）十七年（一三八四）……吴珪，知州。」《康熙江西通志·選舉·（明）舉人》：「（洪武）甲子科……吴圭，新喻人。」

〔三〕李宜春《嘉靖潁州志·秩官·判官（明）》：「李韶，山西潞州人。進士。永樂中任，有治事才。」

〔四〕李宜春《嘉靖潁州志·秩官·判官（明）》：「潘守禮，河南扶溝人。洪熙間以兵部主事調。」

〔五〕李宜春《嘉靖潁州志·秩官·判官》：「楊暹，宣德間任。」

續表

皇明	知州	同知	判官	吏目	學正	訓導
睿皇帝 正統	王希初。元年（一四三六）任。〔一〕 孫景名。傳見《名宦》。 高明。閩人。〔二〕 宋徽。十三年（一四四八）任。〔三〕	黃亨。江西豐城人，五年（一四四〇）任。〔四〕	邵建初。〔五〕 董粱。保定人，四年（一四三九）任。〔六〕 黃永忠。湖廣巴陵人，五年任。〔七〕			

〔一〕李宜春《嘉靖潁州志·秩官·知州（明）》：「王希初，正統元年任。」《雍正湖廣通志·選舉志·明貢生（洪武）》：「王希初，知州。以上荊門人。」

〔二〕李宜春《嘉靖潁州志·秩官·知州》：「高明，閩人。正統間任。」

〔三〕李宜春《嘉靖潁州志·秩官·知州》：「宋徽，正統十三年任。」

〔四〕《正德潁州志·名宦·本朝》：「黃亨，江西豐城人。由舉人，正統中司知潁州。守官有聲。」《道光豐城縣志·科目·（明）文科》：「宣德七年壬子（一四三二）鄉試……黃亨，槎熪人。潁州同知。」

〔五〕李宜春《嘉靖潁州志·秩官·判官》僅存其名。《嘉靖建寧府志·選舉下·歲貢》：「政和縣儒學……邵建初，州判官。」《乾隆福建通志·明貢生·政和縣學》：「邵建初，州判……俱宣德年間貢。」

〔六〕李宜春《嘉靖潁州志·秩官·判官》：「董粱，保定人。正統四年任。」《弘治保定郡志·國朝科第·束鹿縣（歲貢）》：「董粱，州判。」《康熙束鹿縣志·選舉·貢生》：「（宣德）董粱，知州，判官。」

〔七〕李宜春《嘉靖潁州志·秩官·判官》：「黃永忠，湖廣巴陵人。正統五年任。」

續表

皇明	知州	同知	判官	吏目	學正	訓導
睿皇帝 正統				劉忠。河南光州人，四年任。〔一〕 賈贊。十二年（一四四七）任。〔二〕	雷塏。福建建安人。〔三〕 李悦。傳見《名宦》。	陳俊。河南杞縣人。〔四〕 陳鋐。廣東徐聞人。〔五〕 危安。福建武平人。〔六〕

〔一〕李宜春《嘉靖潁州志・秩官・吏目》：「劉忠，河南光州人。正統四年任。」《順治光州志・選舉考・貢士》：「劉忠，潁州吏目。」

〔二〕李宜春《嘉靖潁州志・秩官・吏目》：「賈贊，（正統）十一〔二〕年任。」

〔三〕李宜春《嘉靖潁州志・秩官・學正》：「雷塏，福建建安人。正統中任。」《嘉靖建寧府志・選舉・鄉舉》：「永樂十八年（一四二〇）庚子科……雷塏，《易》。潁川學正。俱建安人。」

〔四〕李宜春《嘉靖潁州志・秩官・訓導》：「陳俊，河南杞縣人……俱正統間任。」《乾隆杞縣志・選舉・（明）貢士》：「陳俊。字彦傑。（宣德）四年（一四二九）貢。授潁州訓導。」

〔五〕李宜春《嘉靖潁州志・秩官・訓導》：「陳鋐，廣東徐聞人……俱正統間任。」《宣統徐聞縣志・選舉志・登仕（明）》：「陳鋐，山西道御史。」

〔六〕李宜春《嘉靖潁州志・秩官・訓導》：「……危安，福建武平人。俱正統間任。」《弘治八閩通志・選舉・歲貢（汀州府）》：「危安，訓導。」《康熙福建通志・選舉・明貢生》：「武平縣……危安，梁山訓導。」

續表

皇明	知州	同知	判官	吏目	學正	訓導
景皇帝 景泰						蕭進。山東莒州人。〔一〕
睿皇帝 天順						
純皇帝 成化	張克讓。〔二〕 孫景明。〔三〕 李溥。直隸長垣人，五年（一四六九）任。〔四〕 劉質。〔五〕					

〔一〕李宜春《嘉靖潁州志·秩官·訓導》：「蕭進，山東莒州人。景泰間任。」

〔二〕李宜春《嘉靖潁州志·秩官·知州》：「張克讓，由貢士，正統間任。」

〔三〕詳見本書《名宦》。

〔四〕李宜春《嘉靖潁州志·秩官·知州》：「李溥，直隸長垣人。由景泰甲戌（一四五四）進士，成化五年任。」《嘉靖長垣縣志·選舉·進士》：「李溥，字大濟。景泰甲戌科，任潁州知州。」

〔五〕李宜春《嘉靖潁州志·秩官·知州》：「劉質……俱成化中任。」

續表

皇明	知州	同知	判官	吏目	學正	訓導
純皇帝 成化	張夢輔。〔一〕	馮奎。〔二〕 劉節。江西廬陵人，貢士，十三年（一四七七）任。有政勣，民至於今稱之。〔三〕 龔覬。〔四〕	黃立。四年（一四六八）任。〔五〕			

〔一〕《大明一統志·彰德府·名宦》：「張夢輔，由貢士初除直隸碭山知縣，秩滿陞知潁州，以憂去。成化十五年（一四七九）復除知磁州。隨任輒有治績，所在民咸懷之。」《南畿志·徐州府·宦蹟》：「張夢輔，陝西澄城人。任碭山知縣，爲政剛果。邑鄰□屯多盜，夢輔法禁嚴明，盜爲止息。陞知潁州。」李宜春《嘉靖潁州志·秩官·知州》：「……張夢輔。俱成化中任。」《崇禎碭山縣志·宦蹟》：「張夢輔，政尚廉明，膽略□□，理□剔蠹，恩威並用。遷潁州知州。」

〔二〕李宜春《嘉靖潁州志·秩官·同知》：「馮奎，成化中任。」

〔三〕《正德潁州志·名宦》：「劉節，江西人。由舉人，同知潁州。政聲大著，士民悦服。」李宜春《嘉靖潁州志·秩官·同知》：「劉節，江西廬陵人。成化十三年任。」同書《宦業（明）》：「劉節，江西廬陵人。成化十三年由貢士任同知。惓惓然以淑人心，敦教化爲務。嘗伐石砌東關馬頭，百廢具舉。纂修《州志》，允爲實録。議請撫按置縣於谷家莊，已相地度基，因節卒，遂寢。」

〔四〕李宜春《嘉靖潁州志·秩官·同知》：「龔覬，成化中任。」

〔五〕李宜春《嘉靖潁州志·秩官·判官》：「黃立，成化四年任。」

續表

皇明	知州	同知	判官	吏目	學正	訓導
純皇帝 成化			吳玹。五年任。〔一〕 李憲。山西汾州人。〔二〕 馬利。臨清人。〔三〕 王全。山西陽曲人。〔四〕 廖暉。〔五〕 曹宗讓。〔六〕	劉璡。〔七〕		

〔一〕李宜春《嘉靖潁州志·秩官·判官》：「吳玹，成化五年任。」

〔二〕李宜春《嘉靖潁州志·秩官·判官》：「李憲，山西汾州人……俱成化間任。」

〔三〕李宜春《嘉靖潁州志·秩官·判官》：「馬利，臨清人……俱成化間任。」《民國臨清縣志·選舉·明例貢表》：「（天順）馬利，州同知。」

〔四〕李宜春《嘉靖潁州志·秩官·判官》：「王全，山西陽曲人……俱成化間任。」

〔五〕李宜春《嘉靖潁州志·秩官·判官》：「廖暉……俱成化間任。」

〔六〕李宜春《嘉靖潁州志·秩官·判官》：「……曹宗讓。俱成化間任。」

〔七〕李宜春《嘉靖潁州志·秩官·吏目》：「劉璡……俱成化間任。」

續表

皇明	知州	同知	判官	吏目	學正	訓導
純皇帝 成化				董德。〔一〕 藍。失其名。〔二〕 馮文。〔三〕	張賢。傳見《名宦》。 孫晟。山東人。〔四〕 劉珮。傳見《名宦》。 應廣平。〔五〕 曾大賢。麻城人。〔六〕	

〔一〕李宜春《嘉靖潁州志·秩官·吏目》：「董德……俱成化間任。」

〔二〕李宜春《嘉靖潁州志·秩官·吏目》：「藍□，逸其名……俱成化間任。」

〔三〕李宜春《嘉靖潁州志·秩官·吏目》：「……馮文。俱成化間任。」

〔四〕李宜春《嘉靖潁州志·秩官·學正》：「孫晟，山東人。」

〔五〕李宜春《嘉靖潁州志·秩官·學正》：「應廣平……俱成化間任。」《浙江通志·選舉·（明）舉人》：「［景泰四年癸酉（一四五三）科］應廣平，黄巖人。教授。」《光緒黄巖縣志·選舉·鄉科》：「（景泰四年癸酉科）應廣平，字志道。謌之子。大名教授。」

〔六〕李宜春《嘉靖潁州志·秩官·學正》：「……曾大賢，麻城人。俱成化間任。」《民國麻城縣志前編·選舉·（明）舉人》：「成化十年甲午（一四七四）……曾大賢，學正。」

續表

皇明	知州	同知	判官	吏目	學正	訓導
純皇帝 成化						王頤。〔一〕張滿。〔二〕鮑寵。〔三〕張義。二十二年（一四八六）任。〔四〕常經。〔五〕

〔一〕李宜春《嘉靖潁州志·秩官·訓導》：「王頤……俱成化間任。」

〔二〕李宜春《嘉靖潁州志·秩官·訓導》：「張滿……俱成化間任。」

〔三〕李宜春《嘉靖潁州志·秩官·訓導》：「……鮑寵。俱成化間任。」

〔四〕李宜春《嘉靖潁州志·秩官·訓導》：「張義，（成化）二十二年任。」

〔五〕李宜春《嘉靖潁州志·秩官·訓導》：「常經，成化末任。」

續表

皇明	知州	同知	判官	吏目	學正	訓導
敬皇帝 弘治	劉讓。江西人。[一] 劉林。廣東人。[二] 丁瑄。山西岢嵐人。[三] 翁文奎。浙江蘭谿人，進士。[四] 張愛。傳見《名宦》。 陸。失其名，浙江人。[五]					

〔一〕李宜春《嘉靖潁州志·宦業（明）》：「劉讓，江西人。弘治初知潁州。初，州衛異屬，軍强而卑民，至豪勢軍舍常奪進州門，侵凌我百姓，莫之伊何。讓獨置之以法，公正自持，不少假借。紀綱稍稍然振樹，乃奏請兵備道移鎮潁、壽二州。潁至今賴焉。」同書《秩官·知州》：「劉讓，江西人。弘治初任。」

〔二〕李宜春《嘉靖潁州志·秩官·知州》：「劉林，廣東人……俱弘治間任。」

〔三〕李宜春《嘉靖潁州志·秩官·知州》：「……丁瑄，山西奇［岢］嵐人。俱弘治間任。」《雍正陝西通志·名宦·令長（明）》：「丁瑄，山西岢嵐人。舉人。弘治間知寶雞，鞫訊如神，獄無繫囚。公署圮壞，無不營建。後擢知潁州。（《馬志》。）」《乾隆寶鷄縣志·官師·知縣（明）》：「丁瑄，山西岢嵐州舉人。弘治四年（一四九一）任。鞫訊如神，營建公署。後陞知潁州。」

〔四〕李宜春《嘉靖潁州志·秩官·知州》：「翁文奎，浙江蘭谿人。由弘治庚戌（一四九〇）進士任。」《萬曆蘭谿縣志·人物類·進士》：「弘治庚戌錢福榜……翁文魁［奎］，字希曾。浮梁知縣，歷潁、鄭二州知州，陞南京刑部員外郎。」

〔五〕其人當爲陸琛。李宜春《嘉靖潁州志·秩官·知州》：「陸琛，浙江烏程人。弘治間自滁州調任。」崇禎《烏程縣志·科第·明朝（鄉舉）》：「成化庚子（一四八〇）……陸琛，字懷獻。任江西僉事。」

續表

皇明	知州	同知	判官	吏目	學正	訓導
敬皇帝 弘治	崔璽。〔一〕	吳鸞。〔二〕 葉清。進士，由寺丞左遷。〔三〕 蒙永思。〔四〕 劉泰。湖廣人，貢士。〔五〕 徐復禮。〔六〕	錢繡。浙江人。〔七〕 馬景。〔八〕			

〔一〕李宜春《嘉靖潁州志·秩官·知州》：「崔璽，弘治間任。」

〔二〕李宜春《嘉靖潁州志·秩官·同知》：「吳鸞，弘治初任。」

〔三〕李宜春《嘉靖潁州志·秩官·同知》：「葉清，浙江蕭山人。成化丁未（一四八七）進士。弘治間，由寺丞左遷。」《嘉靖蕭山縣志·選舉志·國朝（進士）》：「成化二十三年丁未費宏榜……葉清。太僕寺丞，左遷潁州同知、通州知州。」

〔四〕李宜春《嘉靖潁州志·秩官·同知》：「蒙永思……俱弘治間任。」

〔五〕李宜春《嘉靖潁州志·秩官·同知》：「劉泰，湖廣人，貢士……俱弘治間任。」

〔六〕李宜春《嘉靖潁州志·秩官·同知》：「……徐復禮。俱弘治間任。」《康熙福建通志·選舉·明貢生》：「沙縣學……徐復禮。潁州同知。」

〔七〕李宜春《嘉靖潁州志·秩官·判官》：「錢繡，浙江人……俱弘治間任。」

〔八〕李宜春《嘉靖潁州志·秩官·判官》：「馬景……俱弘治間任。」

續表

皇明	知州	同知	判官	吏目	學正	訓導
敬皇帝 弘治			雷頤。廣東人。〔一〕 段。失其名，北直隸人。〔二〕	貂廷用。〔三〕 辜俊。〔四〕	林初。福建寧德人，十三年（一五〇〇）任。〔五〕 王渙。浙江臨海人，十七年（一五〇四）任。有學行，一時人才，多所成就。遷池州教授。〔六〕	

〔一〕李宜春《嘉靖潁州志・秩官・判官》：「雷頤，廣東人……俱弘治間任。」

〔二〕李宜春《嘉靖潁州志・秩官・判官》：「……段□，北直隸人，逸其名。俱弘治間任。」

〔三〕李宜春《嘉靖潁州志・秩官・吏目》：「貂廷用……俱弘治間任。」《萬姓統譜・入聲・貂》：「貂廷用，嵩嵐人。弘治中任潁州判官。」

〔四〕李宜春《嘉靖潁州志・秩官・吏目》：「……辜俊。俱弘治間任。」《萬姓統譜・入聲・貂》：「貂廷用。嵩嵐人。弘治中任潁州判官。」

〔五〕李宜春《嘉靖潁州志・秩官・學正》：「林初，福建寧德人。弘治十三年（一五〇〇）任。」《福建通志・選舉・（明）舉人》：「成化十六年（一四八〇）寧德縣林初，潁州學正。」

〔六〕李宜春《嘉靖潁州志・秩官・學正》：「王渙，浙江臨海人。十七年（一五〇四）任。有學行，一時人才，多所成就。遷池州教授。」《康熙臨海縣志・選舉志・舉人》：「弘治十七年甲子科……王渙，字元文。任池州教授。」

續表

皇明	敬皇帝 弘治
知州	
同知	
判官	
吏目	
學正	
訓導	袁紀。十年（一四九七）任。[一] 陳秉。浙江樂清人，十一年（一四九八）任。[二] 潘繒。武昌人，十三年任。[三]

[一] 李宜春《嘉靖潁州志·秩官·訓導》：「袁紀，弘治十年任。」

[二] 李宜春《嘉靖潁州志·秩官·訓導》：「陳秉，浙江樂清人。十一年任。」

[三] 李宜春《嘉靖潁州志·秩官·訓導》：「潘繒，武昌人。十三年任。」

續表

皇明	知州	同知	判官	吏目	學正	訓導
敬皇帝 弘治						雷時。江西鄱陽人，十五年（一五〇二）任。〔一〕 李仕進。寧縣人。〔二〕
毅皇帝 正德	黃嘉愛。浙江餘姚人，進士。三年（一五〇八）任，調欽州，卒於官。〔三〕					

〔一〕李宜春《嘉靖潁州志·秩官·訓導》：「雷時，江西鄱陽人。十五年任。」

〔二〕李宜春《嘉靖潁州志·秩官·訓導》：「李仕進，寧縣人。弘治末任。」

〔三〕李宜春《嘉靖潁州志·秩官·知州》：「黃嘉愛，浙江餘姚人。正德戊辰（一五〇八）進士。是年任。」《光緒餘姚縣志·列傳·明》：「黃嘉愛，字懋仁。正德三年進士。官至欽州守。從王守仁講學，嘗有詩云：『文章自荷逢明主，道學還期覺後人。』其自負如此。」

續表

皇明	知州	同知	判官	吏目	學正	訓導
毅皇帝 正德	曾鼒。湖廣祁陽人，貢士，遷長史。〔一〕 張鎰。平谷人，有才幹，每爲當道褒奬，遷南昌府同知。〔二〕 劉鳳鳴。山西襄垣人。〔三〕	左崇。貢士，江西人。〔四〕 趙鼎。山西人。〔五〕 宋相。山西潞州人。〔六〕				

〔一〕李宜春《嘉靖潁州志·秩官·知州》：「曾鼒，湖廣祁陽人。貢士。遷長史。」《乾隆祁陽縣志·選舉·明舉人》：「成化十六年庚子（一四八〇）科：曾鼒，字叔和。係曾珙之子。以儒士中式。任青神知縣，陞瀘州知州，調潁州，轉涇府長史，晉階朝列大夫。」

〔二〕李宜春《嘉靖潁州志·秩官·知州》：「張鎰，平谷人。有才幹，每爲當道褒奬。遷同知。」《乾隆畿輔通志·舉人·明》：「宏〔弘〕治戊午（一四九八）……張鎰，平谷人。」《民國平谷縣志·选舉·（明）舉人》：「（弘治）戊午科一人：張鎰，同知鑄之弟。」

〔三〕李宜春《嘉靖潁州志·秩官·知州》：「……劉鳳鳴，山西襄垣人。俱正德間任。」《雍正山西通志·科目·明》：「正德二年丁卯（一五〇七）科鄉試：……劉鳳鳴。襄垣人。潔次子。穎〔潁〕州知州。」《乾隆重修襄垣縣志·選舉·（明）舉人》：「劉鳳鳴。潔次子。正德丁卯。任潁州知州。」

〔四〕李宜春《嘉靖潁州志·秩官·同知》：「左崇，江西人。貢士……俱正德間任。」《康熙江西通志·選舉·舉人（明）》：「（弘治）乙卯（一四九五）科……左崇，安福人。官同知。」

〔五〕李宜春《嘉靖潁州志·秩官·同知》：「趙鼎，山西人……俱正德間任。」

〔六〕李宜春《嘉靖潁州志·秩官·同知》：「宋相，山西潞州人……俱正德間任。」

續表

皇明	知州	同知	判官	吏目	學正	訓導
毅皇帝 正德		潘仁。江西九江人。〔一〕	官文輝。浙江人。〔二〕 朱傑。北直隸人。〔三〕 周文冕。山東高唐人。〔四〕 王尚忠。河南人。〔五〕 陳瑾。廣西武宣人，十三年（一五一八）任。〔六〕			

〔一〕李宜春《嘉靖潁州志·秩官·同知》：「……潘仁，江西九江人。俱正德間任。」《嘉靖九江府志·選舉·（明）賓貢》：「潘仁。州同知。」

〔二〕李宜春《嘉靖潁州志·秩官·判官》：「官文輝，浙江人……俱正德間任。」

〔三〕李宜春《嘉靖潁州志·秩官·判官》：「朱傑，北直隸人……俱正德間任。」

〔四〕李宜春《嘉靖潁州志·秩官·判官》：「周文冕，山東高唐人……俱正德間任。」《康熙高唐州志·選舉·薦辟》：「成化……周文冕。潁州判官。」

〔五〕李宜春《嘉靖潁州志·秩官·判官》：「……王尚忠，河南人。俱正德間任。」

〔六〕李宜春《嘉靖潁州志·秩官·判官》：「陳瑾，廣西武宣人。（正德）十三年任。」《嘉慶武宣縣志·選舉·明歲貢》：「陳瑾，任直隸亳州同知。」

續表

皇明	知州	同知	判官	吏目	學正	訓導
毅皇帝 正德				劉濟。 李矩。山西人。[一]	何南。八年（一五一三）任。[二] 劉琮。廣西蒼梧人，貢士。九年（一五一四）任，遷河南府學教授。[三] 黃椿。羅源人，十五年（一五二〇）任。[四]	

〔一〕李宜春《嘉靖潁州志·秩官·吏目》：「……李矩，山西人。俱正德間任。」

〔二〕李宜春《嘉靖潁州志·秩官·學正》：「何南，正德八年任。」

〔三〕李宜春《嘉靖潁州志·秩官·學正》：「劉琮，廣西蒼梧人。貢士，（正德）九年任。遷河南府學教授。」《乾隆梧州府志·選舉·鄉舉》：「弘治二年己酉（一四八九）……劉宗，蒼梧人。教諭。」當即其人。

〔四〕李宜春《嘉靖潁州志·秩官·學正》：「黃椿，福建羅源人。十五年任。」

續表

皇明	知州	同知	判官	吏目	學正	訓導
毅皇帝 正德						羅襄。江西人，六年（一五一一）任。[一] 劉賓。河南輝縣人，七年（一五一二）任。[二] 廖冕。四川人，七年任。[三]

〔一〕李宜春《嘉靖潁州志·秩官·訓導》：「羅襄，江西人。正德六年任。」

〔二〕李宜春《嘉靖潁州志·秩官·訓導》：「劉賓，河南輝縣人。（正德）七年任。」

〔三〕李宜春《嘉靖潁州志·秩官·訓導》：「廖冕，四川人。（正德）七年任。」

續表

皇明	知州	同知	判官	吏目	學正	訓導
毅皇帝 正德						胡哲。浙江人。〔一〕孫表。涿州人，八年任。〔二〕鬱驤。山東人，八年任。〔三〕張思明。新泰人。〔四〕

〔一〕李宜春《嘉靖潁州志·秩官·訓導》：「胡哲，浙江人。」

〔二〕李宜春《嘉靖潁州志·秩官·訓導》：「孫表，涿州人。（正德）八年任。」《民國涿縣志·選舉·貢士（明）》：「（嘉靖間）孫表，官訓導。」

〔三〕李宜春《嘉靖潁州志·秩官·訓導》：「鬱驤，山東人。（正德）八年任。」

〔四〕李宜春《嘉靖潁州志·秩官·訓導》：「張思明，新泰人。」《乾隆新泰縣志·選舉·貢生》：「張思明，官沙河教諭。」

續表

皇明	知州	同知	判官	吏目	學正	訓導
毅皇帝 正德						毛衵。陽武人，十六年（一五二一）任。〔一〕何琰。浙江淳安人，十六年任。〔二〕
今皇帝 嘉靖	周祖堯。山東東平人，進士。三年（一五二四）任，遷南京户部員外郎去。〔三〕					

〔一〕李宜春《嘉靖潁州志·秩官·訓導》：「毛衵，陽武人。（正德）十六年任。」《嘉靖陽武縣志·選舉·貢》：「正德時九人……毛衵，（正德）十二年貢。直隸潁川［州］訓導。」

〔二〕李宜春《嘉靖潁州志·秩官·訓導》：「何琰，浙江淳安人。（正德）十六年任。」《嘉靖淳安縣志·選舉·歲貢》：「何琰，正德十五年。仕潁州學訓導。」

〔三〕李宜春《嘉靖潁州志·名宦·知州》：「周祖堯，山東東平人。嘉靖癸未（一五二三）進士。甲申年（一五二四）任知州。持正秉剛，以樹紀綱爲主。遇千夫長抗行甬道間，竣拒之。且弗事趨媚，諸託不行。陞南京户部員外。」《民國東平縣志·選舉·進士表（明）》：「周祖堯，嘉靖癸未姚徠榜。」《民國東平縣志·選舉·舉人表（明）》：「周祖堯，正德己卯（一五一九）。」

續表

皇明	知州	同知	判官	吏目	學正	訓導
今皇帝 嘉靖	胡偉。湖廣京山人，進士。七年（一五二八）任，以被論去。[一] 宋璉。直隸永年人，進士。十年（一五三一）任，以被論去。[二]	傅楫。湖廣應山人，元年（一五二二）任。[三]				

[一] 李宜春《嘉靖潁州志·秩官·知州》：「胡偉，湖廣京山人。嘉靖［正德］辛巳（一五二一）進士。七年任。」《萬曆吉安府志·賢侯傳·永新縣》：「胡偉，字邦奇，京山人。嘉靖元年知永新縣事。才力强敏，任政堅持靡惑，興學勸農，儲粟賑饑，百廢咸舉。邑歲賦苦虛䝺，民以艱輸，多流亡。偉疏奏量田更籍，均其賦役。命下，豪右咸稱不便，上官多沮其議，偉力争之，遂定計。分都制籍，因賦著役，不浹歲告成，轉徙者復業。民至今頌思，有肖其像私祀之家者。」《康熙京山縣志·人物志·宦蹟》：「胡偉，字邦奇。正德辛巳進士。授永新縣令。時有例科田，諸郡邑具文書而已。偉獨奉行惟謹，因地定税，因税定徭。於是賦役平均，流亡復業，百姓稱便。在縣六年，遷知潁州。其治頗倣永新，潁人亦愛之。然賦性純恪，不肯媚趨以邀譽。當事者雖知其賢，不甚推引。居二年，謝歸。」

[二] 李宜春《嘉靖潁州志·秩官·知州》：「宋璉，直隸永平［年］人。嘉靖丙戌（一五二六）進士。十年任。俱以被論去。」《崇禎永年縣志·選舉·歷代進士表》：「嘉靖丙戌：宋璉，東平知州。」《光緒東平州志·職官表·明（知州）》：「宋連［璉］，永年人。進士。（嘉靖）八年任。」

[三] 李宜春《嘉靖潁州志·秩官·同知（明）》：「傅楫，湖廣應山人。嘉靖元年任。」《嘉靖應山縣志·（明）歲貢》：「傅楫公濟，任陝西行都司斷事，陞潁州同知。」

續表

皇明	知州	同知	判官	吏目	學正	訓導
今皇帝 嘉靖		黃國光。山東臨清人，進士。七年，主事左遷，尋轉河南僉事，卒。[一] 張綰。浙江永嘉人，九年（一五三〇）任，遷都事去。[二] 李珙。江西玉山人，吏員，十一年（一五三二）任，卒於官。[三]				

〔一〕李宜春《嘉靖潁州志・秩官・同知（明）》：「黃國光，山東臨清人。正德辛巳（一五二一）進士，嘉靖七年由主事左遷，尋轉河南僉事。」《乾隆山東通志・選舉志・制科（進士）》：「（辛巳科正德十六年楊惟聰榜）黃國光，臨清州人。參事。」《民國臨清縣志・選舉・（明）進士》：「（正德）黃國光，辛巳科，任河南僉事。」

〔二〕李宜春《嘉靖潁州志・秩官・同知（明）》：「張綰，浙江永嘉人。嘉靖九年任，遷都事。」

〔三〕李宜春《嘉靖潁州志・秩官・同知（明）》：「李珙，江西玉山人。吏員。嘉靖十一年任，卒於官。」《康熙玉山縣志・選舉・（明）才胥》：「李珙，市人。任潁州同知。」

續表

皇明	知州	同知	判官	吏目	學正	訓導
今皇帝 嘉靖			鄭駿。浙江諸暨人，元年任。〔一〕 任賢。河南温縣人，二年（一五二三）任。〔二〕 張振。陝西人。〔三〕 陳鳳儀。湖廣襄陽人。〔四〕 何坤。江西峽江人，監生，九年任，遷永淳知縣，居官清謹，民感德之。〔五〕			

〔一〕李宜春《嘉靖潁州志·秩官·判官（明）》：「鄭俊，浙江諸暨人。嘉靖元年任。」《乾隆諸暨縣志·選舉·（明）例貢》：「鄭天駿，潁州判官。」當即其人。

〔二〕李宜春《嘉靖潁州志·秩官·判官（明）》：「任賢，河南温縣人。（嘉靖）二年任。」

〔三〕李宜春《嘉靖潁州志·秩官·判官（明）》：「張振，陝西人。」

〔四〕李宜春《嘉靖潁州志·秩官·判官（明）》：「陳鳳儀，湖廣襄陽人。」

〔五〕李宜春《嘉靖潁州志·秩官·判官（明）》：「何坤，江西峽江人。（嘉靖）九年任。」

續表

皇明	知州	同知	判官	吏目	學正	訓導
今皇帝 嘉靖				徐富。浙江湖州人。〔一〕 張邦俊。直隸蠡縣人，官生，十一年任。〔二〕	廖雲從。福建懷安人，貢士，五年（一五二六）任，遷樂安知縣。〔三〕 胡志儒。雲南蒙化人，貢士，十一年任，卒於官。〔四〕	熊謙。湖廣石首人，元年任。〔五〕 秦邦彥。陝西三原人，二年任。〔六〕

〔一〕　李宜春《嘉靖潁州志・秩官・吏目（明）》：「徐富，浙江湖州人。」

〔二〕　李宜春《嘉靖潁州志・秩官・吏目（明）》：「张邦俊，直隸蠡縣人。官生，嘉靖十一年任。」

〔三〕　李宜春《嘉靖潁州志・秩官・學正（明）》：「廖雲從，福建懷安人。嘉靖五年任。」

〔四〕　李宜春《嘉靖潁州志・秩官・學正（明）》：「胡志儒，雲南蒙化人。貢士。（嘉靖）十一年任，卒於官。」《民國蒙化縣志稿・選舉・（明）舉人》：「胡志儒，嘉靖戊子（一五二八）。」《民國蒙化縣志稿・選舉・文職》：「胡志儒，嘉靖戊子舉人。任南直潁州學正。」

〔五〕　李宜春《嘉靖潁州志・秩官・訓導（明）》：「熊謙，湖廣石首人。嘉靖元年任。」

〔六〕　李宜春《嘉靖潁州志・秩官・訓導（明）》：「秦邦彥，陝西三原人。（嘉靖）二年任。」

續表

皇明	知州	同知	判官	吏目	學正	訓導
今皇帝 嘉靖						馬文玘。陝西三原人，三年任。[一] 韋孚。浙江長興人，八年（一五二九）任。[二]
	朱同蓁。浙江餘姚人，貢士。十一年（一五三二）任，遷廉州府同知去。[三]					

〔一〕李宜春《嘉靖潁州志·秩官·訓導（明）》：「馬文玘，陝西三原人。（嘉靖）三年任。」

〔二〕李宜春《嘉靖潁州志·秩官·訓導（明）》：「韋孚，浙江長興人。（嘉靖）八年任。」《嘉慶長興縣志·選舉·（明）貢生》：「韋孚，鳳京潁州訓導。」

〔三〕李宜春《嘉靖潁州志·秩官·知州》：「朱同蓁，浙江餘姚人。貢士。嘉靖十一年任。陞同知。」《光緒餘姚縣志·選舉表·（明）鄉貢》：「正德十一年丙子：朱同蓁，同芳弟。乾隆《通志》作餘杭人。任潁州知州。」

續表

皇明	知州	同知	判官	吏目	學正	訓導
	黄九霄。福建莆田人，貢士。十四年（一五三五）任。〔一〕 范金。河南武陟人，貢士。十七年（一五三八）任。〔二〕 劉養仕。四川内江人，貢士。二十年（一五四一）任。〔三〕					

〔一〕李宜春《嘉靖潁州志・秩官・知州》：「黄九霄，字騰昂。福建莆田人。貢士。嘉靖十四年任。」《乾隆福建通志・選舉・明舉人》：「嘉靖元年壬午（一五二二）丘愈榜……莆田縣……黄九霄，華子。順天中式。潁州知州。」《光緒莆田縣志・選舉・（明）鄉舉》：「（嘉靖元年壬午）黄九霄，字騰昂。華子。順天中式。潁州知州。」

〔二〕李宜春《嘉靖潁州志・秩官・知州》：「范金，河南武涉〔陟〕人。貢士。嘉靖十七年任。」《嘉慶葭州志・官師志・明（知州）》：「范金，武陟縣人。」《道光武陟縣志・選舉表・（明）舉人》：「宏〔弘〕治乙卯（一四九五）……范金，葭州知州。」

〔三〕李宜春《嘉靖潁州志・宦業・明》：「劉養仕，字學夫，四川内江人。嘉靖二十年由貢士任知州。革宿弊，汰冗費，裁抑豪强，吏民懷服。陞順天府治中。」《道光永州府志・職官年表・永州府歷代官屬姓氏表（明）》：「劉養仕，内江人。（嘉靖）三十六年任。」《民國内江縣志・列傳・明》：「劉養仕，嘉靖戊子舉人。守潁州，有救荒善政。擢永州府，以循良稱。壽八十一卒。」

續表

皇明	知州	同知	判官	吏目	學正	訓導
		賀朝聘。山西蒲縣人，監生，十四年任。〔一〕 茅宰。浙江山陰人，進士，十六年（一五三七）。刑部主事，左遷添注。〔二〕 黃惟賨。江西南城人，監生，十七年任。〔三〕				

〔一〕李宜春《嘉靖潁州志·秩官·同知（明）》：「賀朝聘，山西蒲縣人，監生，嘉靖十四年任。」《乾隆蒲縣志·選舉·（明）例貢》：「賀朝聘，潁州同知。」

〔二〕李宜春《嘉靖潁州志·秩官·同知（明）》：「茅宰。浙江山陰人。嘉靖十六年（一五三七）任。見《宦業》。」李宜春《嘉靖潁州志·宦業·明》：「茅宰，浙江山陰人。嘉靖己丑（一五二九）進士，十六年由刑部主事左遷添注同知。宅心如青天白日，布政如和風甘雨。吏畏其威，民懷其德，故其謡曰：『民之父母，愷悌君子。我潁茅公，如此如此。』又曰：『張周去後無天日，此日清光照千里。』陞南京刑部主事。」

〔三〕李宜春《嘉靖潁州志·秩官·同知（明）》：「黃惟賨，江西南城人。監生，嘉靖十七年任。」《康熙南城縣志·選舉·（明）應例太學生》：「（天順六年四十五歲例）黃惟賨，清第二子，潁州同知。」

續表

皇明	知州	同知	判官	吏目	學正	訓導
		任崙。浙江慈溪人，吏員，二十年任。〔一〕	呂景蒙。廣西象州人，貢士，十二年（一五三三）御史左遷添注。〔二〕 劉芳。陝西略陽人，監生，十四年任。〔三〕 羅文質。湖廣略陽人，監生，十六年任。〔四〕			

〔一〕李宜春《嘉靖潁州志·秩官·同知（明）》：「任崙，浙江慈谿人。吏員，嘉靖二十年任。」

〔二〕李宜春《嘉靖潁州志·秩官·判官（明）》：「呂景蒙，廣西象州人。（嘉靖）十二年任。」

〔三〕李宜春《嘉靖潁州志·秩官·判官（明）》：「劉芳，陝西略陽人。監生，（嘉靖）十四年任。」

〔四〕李宜春《嘉靖潁州志·秩官·判官（明）》：「羅文質，湖廣桂陽人。監生，（嘉靖）十六年任。」

續表

皇明	知州	同知	判官	吏目	學正	訓導
			梁金。廣西永淳人，監生，十九年（一五四〇）任。[一] 申純。山東楊［陽］穀人，吏員，二十年任。[二]		胡衮。江西鄱陽人，選貢，十二年任。[三]	鄭堂。浙江嵊縣人，八年任。[四] 姚理。浙江鄞縣人，十年任。[五]

〔一〕李宜春《嘉靖潁州志・秩官・判官（明）》：「梁金，廣西永淳人。監生，（嘉靖）十九年任。」

〔二〕李宜春《嘉靖潁州志・秩官・判官（明）》：「申純，山東陽穀人。吏員，（嘉靖）二十年任。」

〔三〕李宜春《嘉靖潁州志・秩官・學正（明）》：「胡衮，江西鄱陽人。（嘉靖）十二年任。」

〔四〕李宜春《嘉靖潁州志・秩官・訓導（明）》：「鄭堂，浙江嵊縣人，（嘉靖）八年任。」《同治嵊縣志・選舉・（明）歲貢》：「（嘉靖）鄭堂。（嘉靖）五年貢，字汝昇。居德政鄉，金谿教諭。」

〔五〕李宜春《嘉靖潁州志・秩官・訓導（明）》：「姚理，浙江鄞縣人，（嘉靖）十年任。」《嘉靖寧波府志・選舉・歲貢（國朝）》：「（嘉靖九年庚寅）姚理。」

續表

皇明	
知州	
同知	
判官	
吏目	
學正	
訓導	郭世相。河南閿鄉人，監生，二十年（一五四一）任。〔一〕 史璋。浙江處州衛人，監生，十六年（一五三七）任。〔二〕 孫仁俊。直隸新河人，監生，十六年任。〔三〕

〔一〕李宜春《嘉靖潁州志·秩官·學正》：「郭世相，字君佐，河南閿鄉人。歲貢，（嘉靖）二十年任。」

〔二〕李宜春《嘉靖潁州志·秩官·訓導（明）》：「史璋，浙江處州衛人，十六年任。」《雍正處州府志·選舉·（明）明經》：「（嘉靖）史璋，南安教諭。」

〔三〕李宜春《嘉靖潁州志·秩官·訓導》：「孫仁俊，直隸新河人，（嘉靖）十六年任。」

潁上

	令	丞	簿			
漢	劉伯麟。傳見《名宦》。					
北齊	樊子蓋。字宗華，廬江人，爲慎縣令。入隋，累封濟公，卒贈開封［府］儀同三司，謚景。〔一〕					
宋	劉渙。傳見《名宦》。 王渙之。傳見《名宦》。		萬適。陳州宛丘人，端拱中，韓丕知濠州，薦爲潁上簿。〔二〕			

〔一〕樊子蓋（五四五——六一六），字華宗，廬江（今安徽合肥）人。歷任樅陽太守、辰州刺史、武威太守等。治軍嚴格，因平叛有功，封爵建安侯。《隋書·樊子蓋傳》：「樊子蓋，字華宗，廬江人也。祖道則，梁越州刺史。父儒，侯景之亂奔於齊，官至仁州刺史。子蓋解褐武興王行參軍，出爲慎縣令，東汝、北陳二郡太守，員外散騎常侍，封富陽縣侯，邑五百户。周武帝平齊，授儀同三司，治郢州刺史。」《順治潁上縣志·宦業·北朝》：「樊子蓋，廬江人。仕北齊，爲慎令。入隋，累封濟公，贈開府儀同三司。謚景。今祀名宦。」

〔二〕萬適，字縱之，自號遺玄子，陳州宛丘（今河南淮陽）人。《宋史》有傳，但未載其爲潁上主簿。《成化中都志·名宦·潁上縣（宋）》：「萬適，陳州宛丘人，自號通玄子。喜學問，精《老子》，所著書百餘卷。以韓丕薦，召爲慎縣主簿。」李宜春《嘉靖潁州志·秩官·主簿（潁上）》：「萬適，宛丘人。喜問學，所著書百餘卷。以韓丕薦，召爲潁上主簿。」《順治潁上縣志·宦業·宋》：「萬適，東州宛丘人，自號通玄子。喜學問，精於《老子》，所著書百餘卷。端拱中，韓丕知濠州，薦之，召至，爲潁上簿，有惠政在人。今祀名宦。」

皇明	知縣	縣丞	主簿	典史	教諭	訓導
高皇帝 洪武	陳勝。〔一〕 車誠。浙江餘姚人，四年（一三七一）任。以廉謹稱，遷光州知州。〔二〕 高翼。〔三〕 王皞。武進人，有惠政，事見《縣志》。〔四〕 劉禮仁。〔五〕 卞子才。〔六〕					

〔一〕李宜春《嘉靖潁州志·秩官·知縣（潁上）》：「陳勝，洪武初任。」《順治潁上縣志·秩官·歷官（知縣）》：「陳勝，洪武二年（一三六九）任。」

〔二〕詳見本書《名宦》。

〔三〕李宜春《嘉靖潁州志·秩官·知縣（潁上）》：「高翼……俱洪武間任。」《順治潁上縣志·秩官·歷官（知縣）》僅存其名。

〔四〕詳見本書《名宦》。

〔五〕李宜春《嘉靖潁州志·秩官·知縣（潁上）》：「劉禮仁……俱洪武間任。」《順治潁上縣志·秩官·歷官（知縣）》僅存其名。《雍正廣東通志·人物志·明》：「劉孔仁，合浦人。洪武初以孝悌力田舉，任河南潁上令，廉勤愛民。九載歸休，年高德茂，鄉人重之。」疑即其人。

〔六〕李宜春《嘉靖潁州志·秩官·知縣（潁上）》：「卞子才……俱洪武間任。」《順治潁上縣志·秩官·歷官（知縣）》僅存其名。

續表

皇明	知縣	縣丞	主簿	典史	教諭	訓導
高皇帝 洪武	李公遂。〔一〕 王彥緒。〔二〕 史垕。〔三〕 李忠。〔四〕 宋大亨。〔五〕	王伯易。〔六〕 孔克耕。漢中人，十七年（一三八四）任，公勤幹理，擢禮部員外郎。〔七〕 董孝宗。〔八〕				

〔一〕李宜春《嘉靖穎州志·秩官·知縣（潁上）》：「李公遂……俱洪武間任。」《順治潁上縣志·秩官·歷官（知縣）》僅存其名。

〔二〕李宜春《嘉靖穎州志·秩官·知縣（潁上）》：「王彥緒……俱洪武間任。」《順治潁上縣志·秩官·歷官（知縣）》僅存其名。

〔三〕李宜春《嘉靖穎州志·秩官·知縣（潁上）》：「史垕……俱洪武間任。」《順治潁上縣志·秩官·歷官（知縣）》僅存其名。

〔四〕李宜春《嘉靖穎州志·秩官·知縣（潁上）》：「李忠……俱洪武間任。」《順治潁上縣志·秩官·歷官（知縣）》僅存其名。

〔五〕李宜春《嘉靖穎州志·秩官·知縣（潁上）》：「……宋大亨。俱洪武間任。」《順治潁上縣志·秩官·歷官（知縣）》僅存其名。

〔六〕李宜春《嘉靖穎州志·秩官·縣丞（潁上）》、《順治潁上縣志·秩官·歷官（明縣丞）》皆僅存其名。

〔七〕詳見本書《名宦》。

〔八〕李宜春《嘉靖穎州志·秩官·縣丞（潁上）》：「董孝宗……俱洪武間任。後裁革。」《順治潁上縣志·秩官·歷官（縣丞）》僅存其名。

續表

皇明	知縣	縣丞	主簿	典史	教諭	訓導
高皇帝 洪武		藉聞宗。〔一〕 艾守信。〔二〕 樊智。〔三〕 高堅。〔四〕 劉中。〔五〕 馬傑。 丞自傑裁革。〔六〕	姚養素。〔七〕 張仁。〔八〕			

〔一〕李宜春《嘉靖潁州志・秩官・縣丞（潁上）》：「藉聞宗……俱洪武間任。後裁革。」《順治潁上縣志・秩官・歷官（縣丞）》僅存其名。

〔二〕李宜春《嘉靖潁州志・秩官・縣丞（潁上）》：「艾守信……俱洪武間任。後裁革。」《順治潁上縣志・秩官・歷官（縣丞）》僅存其名。

〔三〕李宜春《嘉靖潁州志・秩官・縣丞（潁上）》：「樊智……俱洪武間任。後裁革。」《順治潁上縣志・秩官・歷官（縣丞）》僅存其名。

〔四〕李宜春《嘉靖潁州志・秩官・縣丞（潁上）》：「高堅……俱洪武間任。後裁革。」《順治潁上縣志・秩官・歷官（縣丞）》僅存其名。

〔五〕李宜春《嘉靖潁州志・秩官・縣丞（潁上）》：「劉中……俱洪武間任。後裁革。」《順治潁上縣志・秩官・歷官（縣丞）》僅存其名。

〔六〕李宜春《嘉靖潁州志・秩官・縣丞（潁上）》：「……馬傑。俱洪武間任。後裁革。」《順治潁上縣志・秩官・歷官（縣丞）》：「馬傑。後裁革。」

〔七〕李宜春《嘉靖潁州志・秩官・主簿（潁上）》：「姚養素……俱洪武間任。」《順治潁上縣志・秩官・歷官（主簿）》僅存其名。

〔八〕李宜春《嘉靖潁州志・秩官・主簿（潁上）》：「張仁……俱洪武間任。」《順治潁上縣志・秩官・歷官（主簿）》僅存其名。

續表

皇明	知縣	縣丞	主簿	典史	教諭	訓導
高皇帝 洪武			顏宗。[一] 霍篪。[二] 李得中。[三] 應志。[四] 杜斌。[五] 吴賢。[六] 吴智。[七] 寧莊。[八]			

〔一〕李宜春《嘉靖潁州志·秩官·主簿（潁上）》：「顏宗……俱洪武間任。」《順治潁上縣志·秩官·歷官（主簿）》僅存其名。

〔二〕李宜春《嘉靖潁州志·秩官·主簿（潁上）》：「霍篪……俱洪武間任。」《順治潁上縣志·秩官·歷官（主簿）》僅存其名。

〔三〕李宜春《嘉靖潁州志·秩官·主簿（潁上）》：「李得中……俱洪武間任。」《順治潁上縣志·秩官·歷官（主簿）》僅存其名。

〔四〕李宜春《嘉靖潁州志·秩官·主簿（潁上）》：「應志……俱洪武間任。」《順治潁上縣志·秩官·歷官（主簿）》僅存其名。

〔五〕李宜春《嘉靖潁州志·秩官·主簿（潁上）》：「杜斌……俱洪武間任。」《順治潁上縣志·秩官·歷官（主簿）》僅存其名。

〔六〕李宜春《嘉靖潁州志·秩官·主簿（潁上）》：「吴賢……俱洪武間任。」《順治潁上縣志·秩官·歷官（主簿）》僅存其名。

〔七〕李宜春《嘉靖潁州志·秩官·主簿（潁上）》：「吴智……俱洪武間任。」《順治潁上縣志·秩官·歷官（主簿）》僅存其名。

〔八〕李宜春《嘉靖潁州志·秩官·主簿（潁上）》：「寧莊……俱洪武間任。」《順治潁上縣志·秩官·歷官（主簿）》僅存其名。

續表

皇明	知縣	縣丞	主簿	典史	教諭	訓導
高皇帝 洪武			高福觀。〔一〕 趙昇。〔二〕 李素。〔三〕 張彪。〔四〕 邢清。〔五〕	王猷。〔六〕 杜湛。〔七〕 鄧宗仁。〔八〕 袁景芳。〔九〕 張庸。〔一〇〕		

〔一〕　李宜春《嘉靖潁州志・秩官・主簿（潁上）》：「高福觀……俱洪武間任。」《順治潁上縣志・秩官・歷官（主簿）》僅存其名。

〔二〕　李宜春《嘉靖潁州志・秩官・主簿（潁上）》：「趙昇……俱洪武間任。」《順治潁上縣志・秩官・歷官（主簿）》僅存其名。

〔三〕　李宜春《嘉靖潁州志・秩官・主簿（潁上）》：「李素……俱洪武間任。」《順治潁上縣志・秩官・歷官（主簿）》僅存其名。

〔四〕　李宜春《嘉靖潁州志・秩官・主簿（潁上）》：「張彪……俱洪武間任。」《順治潁上縣志・秩官・歷官（主簿）》僅存其名。

〔五〕　李宜春《嘉靖潁州志・秩官・主簿（潁上）》：「……邢清。俱洪武間任。」《順治潁上縣志・秩官・歷官（主簿）》僅存其名。

〔六〕　李宜春《嘉靖潁州志・秩官・典史（潁上）》：「王猷……俱洪武間任。」《順治潁上縣志・秩官・歷官（典史）》僅存其名。

〔七〕　李宜春《嘉靖潁州志・秩官・典史（潁上）》：「杜湛……俱洪武間任。」《順治潁上縣志・秩官・歷官（典史）》僅存其名。

〔八〕　李宜春《嘉靖潁州志・秩官・典史（潁上）》：「鄧宗仁……俱洪武間任。」《順治潁上縣志・秩官・歷官（典史）》僅存其名。

〔九〕　李宜春《嘉靖潁州志・秩官・典史（潁上）》：「袁景芳……俱洪武間任。」《順治潁上縣志・秩官・歷官（典史）》僅存其名。

〔一〇〕　李宜春《嘉靖潁州志・秩官・典史（潁上）》：「張庸……俱洪武間任。」《順治潁上縣志・秩官・歷官（典史）》僅存其名。

續表

皇明	知縣	縣丞	主簿	典史	教諭	訓導
高皇帝 洪武				方謙祐。〔一〕	謝善。浙江鄞縣人。〔二〕	
文皇帝 永樂	宋士民。〔三〕 馬得。〔四〕 惠幹。〔五〕 毛智。〔六〕 鄧謙。〔七〕					

〔一〕李宜春《嘉靖潁州志・秩官・典史（潁上）》：「……方謙祐。俱洪武間任。」《順治潁上縣志・秩官・歷官（典史）》僅存其名。

〔二〕李宜春《嘉靖潁州・秩官・教諭（潁上）》：「謝善，浙江鄞縣人。洪武間任。」《順治潁上縣志・秩官・學官（明潁上縣儒學教諭）》：「謝善，鄞縣人。貢，永樂六年（一四〇八）任。」

〔三〕李宜春《嘉靖潁州志・秩官・知縣（潁上）》：「宋士民……俱永樂間任。」《順治潁上縣志・秩官・歷官（明知縣）》作「朱士民」。

〔四〕李宜春《嘉靖潁州志・秩官・知縣（潁上）》：「馬得……俱永樂間任。」《順治潁上縣志・秩官・歷官（知縣）》僅存其名。

〔五〕李宜春《嘉靖潁州志・秩官・知縣（潁上）》：「惠幹……俱永樂間任。」《順治潁上縣志・秩官・歷官（知縣）》僅存其名。

〔六〕李宜春《嘉靖潁州志・秩官・知縣（潁上）》：「毛智……俱永樂間任。」《順治潁上縣志・秩官・歷官（知縣）》僅存其名。

〔七〕李宜春《嘉靖潁州志・秩官・知縣（潁上）》：「鄧謙……俱永樂間任。」《順治潁上縣志・秩官・歷官（知縣）》僅存其名。

續表

皇明	知縣	縣丞	主簿	典史	教諭	訓導
文皇帝 永樂	范觀。〔一〕 魏斌。〔二〕 范約。〔三〕 吴讓。〔四〕		梁登。〔五〕 胡登。〔六〕 劉禧。〔七〕 王頊。〔八〕 曹貫。直隸興濟人。〔九〕			

〔一〕李宜春《嘉靖潁州志·秩官·知縣（潁上）》：「范觀……俱永樂間任。」《順治潁上縣志·秩官·歷官（知縣）》僅存其名。

〔二〕李宜春《嘉靖潁州志·秩官·知縣（潁上）》：「魏斌……俱永樂間任。」《順治潁上縣志·秩官·歷官（知縣）》僅存其名。

〔三〕李宜春《嘉靖潁州志·秩官·知縣（潁上）》：「范約……俱永樂間任。」《順治潁上縣志·秩官·歷官（知縣）》僅存其名。

〔四〕李宜春《嘉靖潁州志·秩官·知縣（潁上）》：「……吴讓。俱永樂間任。」《順治潁上縣志·秩官·歷官（知縣）》僅存其名。

〔五〕李宜春《嘉靖潁州志·秩官·主簿（潁上）》：「梁登……俱永樂間任。」

〔六〕李宜春《嘉靖潁州志·秩官·主簿（潁上）》：「胡登……俱永樂間任。」《順治潁上縣志·秩官·歷官（主簿）》僅存其名。

〔七〕李宜春《嘉靖潁州志·秩官·主簿（潁上）》：「劉禧……俱永樂間任。」《順治潁上縣志·秩官·歷官（主簿）》僅存其名。

〔八〕李宜春《嘉靖潁州志·秩官·主簿（潁上）》：「王頊……俱永樂間任。」《順治潁上縣志·秩官·歷官（主簿）》僅存其名。

〔九〕李宜春《嘉靖潁州志·秩官·主簿（潁上）》：「曹貫，直隸興濟人……俱永樂間任。」《順治潁上縣志·秩官·歷官（主簿）》：「曹貫，直隸興濟人。」

續表

皇明	知縣	縣丞	主簿	典史	教諭	訓導
文皇帝 永樂			王海。直隸任丘人。〔一〕 李。失其名。〔二〕	楊文。〔三〕 孫子儀。〔四〕 鹿瑢。〔五〕 朱祉。〔六〕 石堅。〔七〕		
昭皇帝 洪熙	廖明。〔八〕					

〔一〕李宜春《嘉靖潁州志·秩官·主簿（潁上）》：「王海，直隸任丘人……俱永樂間任。」《順治潁上縣志·秩官·歷官（主簿）》僅存其名。

〔二〕李宜春《嘉靖潁州志·秩官·主簿（潁上）》：「……李，失其名。俱永樂間任。」《順治潁上縣志·秩官·歷官（主簿）》：「李□，失其名。」

〔三〕李宜春《嘉靖潁州志·秩官·典史（潁上）》：「楊文……俱永樂間任。」《順治潁上縣志·秩官·歷官（典史）》僅存其名。

〔四〕李宜春《嘉靖潁州志·秩官·典史（潁上）》：「孫子儀……俱永樂間任。」《順治潁上縣志·秩官·歷官（典史）》僅存其名。

〔五〕李宜春《嘉靖潁州志·秩官·典史（潁上）》：「鹿瑢……俱永樂間任。」《順治潁上縣志·秩官·歷官（典史）》僅存其名。

〔六〕李宜春《嘉靖潁州志·秩官·典史（潁上）》：「朱祉……俱永樂間任。」《順治潁上縣志·秩官·歷官（典史）》僅存其名。

〔七〕李宜春《嘉靖潁州志·秩官·典史（潁上）》：「……石堅。俱永樂間任。」《順治潁上縣志·秩官·歷官（典史）》僅存其名。

〔八〕李宜春《嘉靖潁州志·秩官·知縣（潁上）》：「廖明，洪熙間任。」《順治潁上縣志·秩官·歷官（明知縣）》作「廖萌」。楊士奇《送廖子謨序》：「翰林庶吉士廖子謨既授潁上知縣，告別將之官。廖氏之先與余同里巷……而子謨從余於翰林六年，志同而道契矣。」王直《篤愛堂記》：「長沙令廖子謨，予故人潛作先生子也。始取進士，入翰林爲庶吉士，以聰敏能文章得名。既而願宰邑以自効，乃授潁上令，改之長沙。」又《送廖知縣復職詩序》：「長沙令廖謨字子謨，予故人蒙城教諭潛仲子也。」當即其人，惟其名又有不同。

續表

皇明	知縣	縣丞	主簿	典史	教諭	訓導
昭皇帝 洪熙			馮繼。山西平陽人。〔一〕	何九皋。〔二〕		
章皇帝 宣德	輔臣。〔三〕 鞏希。〔四〕 雷祖述。〔五〕		陳幹。山東人。〔六〕 郜太。山西太原人。〔七〕	鄭禮。〔八〕		

〔一〕李宜春《嘉靖潁州志·秩官·主簿（潁上）》：「馮繼，山西平陽人。洪熙間任。」《順治潁上縣志·秩官·歷官（明主簿）》：「馮繼，平陽人。」

〔二〕李宜春《嘉靖潁州志·秩官·典史（潁上）》：「何九皋，洪熙間任。」《順治潁上縣志·秩官·歷官（明典史）》僅存其名。

〔三〕李宜春《嘉靖潁州志·秩官·知縣（潁上）》：「輔臣……俱宣德間任。」《順治潁上縣志·秩官·歷官（知縣）》僅存其名。

〔四〕李宜春《嘉靖潁州志·秩官·知縣（潁上）》：「鞏希……俱宣德間任。」《順治潁上縣志·秩官·歷官（知縣）》僅存其名。

〔五〕李宜春《嘉靖潁州志·秩官·知縣（潁上）》：「……雷祖述。俱宣德間任。」《順治潁上縣志·秩官·歷官（知縣）》僅存其名。

〔六〕李宜春《嘉靖潁州志·秩官·主簿（潁上）》：「陳幹，山東人……俱宣德間任。」《順治潁上縣志·秩官·歷官（主簿）》僅存其名。

〔七〕李宜春《嘉靖潁州志·秩官·主簿（潁上）》：「……郜太，山西太原人。俱宣德間任。」《順治潁上縣志·秩官·歷官（主簿）》：「郜泰，太原人。」

〔八〕李宜春《嘉靖潁州志·秩官·典史（潁上）》：「鄭禮。宣德間任。」《順治潁上縣志·秩官·歷官（典史）》僅存其名。

續表

皇明	知縣	縣丞	主簿	典史	教諭	訓導
睿皇帝 正統	沈潤。〔一〕 鄭文濂。仙居人，廉能有威，民至今慕之。〔二〕 耿威。四川西充人。〔三〕		閻縉。直隸永平人。簿自縉裁革。〔四〕	馮海。〔五〕	陳。失其名，陝西鳳翔人，五年（一四四〇）任。〔六〕	
景皇帝 景泰	鄭祺。傳見《名宦》。〔七〕 玄圭。直隸密雲人。〔八〕					

〔一〕李宜春《嘉靖潁州志·秩官·知縣（潁上）》：「沈潤……俱正統間任。」《順治潁上縣志·秩官·歷官（知县）》僅存其名。

〔二〕詳見本書《名宦》。

〔三〕李宜春《嘉靖潁州志·秩官·知縣（潁上）》：「……耿威，四川南充人。俱正統間任。」《順治潁上縣志·秩官·歷官（知縣）》：「耿盛，南充人。」二者當有一誤。

〔四〕李宜春《嘉靖潁州志·秩官·主簿（潁上）》：「閻縉，直隸永平人。正統間任。後裁革。」《順治潁上縣志·秩官·歷官（明主簿）》：「閻縉，永平人。簿自縉裁革。」

〔五〕李宜春《嘉靖潁州志·秩官·典吏（潁上）》：「馮海，正統間任。」《順治潁上縣志·秩官·歷官（典史）》僅存其名。

〔六〕其人當爲陳紳或陳才。李宜春《嘉靖潁州志·秩官·教諭（潁上）》：「陳紳，陝西鳳翔人。景泰五年（一四五四）任。」《順治潁上縣志·秩官·學官（明潁上縣儒學教諭）》：「陳才，鳳翔人。貢，景泰五年任。」

〔七〕詳見本書《名宦》。

〔八〕李宜春《嘉靖潁州志·秩官·知縣（潁上）》：「玄圭，直隸密雲人。景泰間任。」《順治潁上縣志·秩官·歷官（知縣）》：「玄圭，密雲人。」《民國密雲縣志·人才表·貢生（明）》：「玄圭，官江南潁上縣。」

續表

皇明	知縣	縣丞	主簿	典史	教諭	訓導
景皇帝 景泰				徐田。[一]	劉繼。福建人。[二]	
睿皇帝 天順	劉。失其名。[三] 李忠。仙居人。[四]			楊彪。[五] 田福。[六]	鍾期。江西太和人。二年（一四五八）任。[七] 李恪。[八]	

〔一〕李宜春《嘉靖潁州志・秩官・典吏（潁上）》：「徐田，景泰間任。」《順治潁上縣志・秩官・歷官（典史）》僅存其名。

〔二〕李宜春《嘉靖潁州志・秩官・教諭（潁上）》：「劉繼，福建人……俱永樂間任。」《順治潁上縣志・秩官・學官（明潁上縣儒學教諭）》：「劉繼，福建人。貢，永樂十年（一四一二）任。」

〔三〕其人當爲劉淮。李宜春《嘉靖潁州志・秩官・知縣（潁上）》：「劉淮……俱天順間任。」《順治潁上縣志・秩官・歷官（明知縣）》：「劉□，失其名。」

〔四〕李宜春《嘉靖潁州志・秩官・知縣（潁上）》：「……李忠，仙居人。俱天順間任。」《順治潁上縣志・秩官・歷官（知縣）》：「李忠，仙居人。」《光緒仙居縣志・選舉・貢生（明）》：「（弘治）李忠。《鄭志》：令潁上九年，有清名。《顧志》：在正統。」

〔五〕李宜春《嘉靖潁州志・秩官・典吏（潁上）》：「楊彪……天順間任。」《順治潁上縣志・秩官・歷官（典史）》僅存其名。

〔六〕李宜春《嘉靖潁州志・秩官・典吏（潁上）》：「……田福。天順間任。」《順治潁上縣志・秩官・歷官（典史）》僅存其名。

〔七〕李宜春《嘉靖潁州志・秩官・教諭（潁上）》：「鍾期，江西太和人。天順二年任。」《順治潁上縣志・秩官・學官（明潁上縣儒學教諭）》：「鍾期，太和人。貢，天順四年（一四六〇）任。」

〔八〕李宜春《嘉靖潁州志・秩官・教諭（潁上）》：「……李恪。俱永樂間任。」《順治潁上縣志・秩官・學官（明潁上縣儒學教諭）》：「李恪，永樂十六年（一四一八）任。」

續表

皇明	知縣	縣丞	主簿	典史	教諭	訓導
睿皇帝 天順						呂璠。浙江新昌人。〔一〕陶惟恭。湖廣公安人。〔二〕
純皇帝 成化	李時儀。傳見《名宦》。〔三〕曹琦。河南光州人。〔四〕王輔。浙江嘉興人。〔五〕					

〔一〕李宜春《嘉靖潁州志·秩官·訓導（潁上）》：「呂璠，浙江新昌人……俱天順間任。」《順治潁上縣志·秩官·學官（明潁上縣儒學訓導）》：「呂璠，新昌人。貢，天順五年（一四六一）任。」《民國新昌縣志·選舉表·薦辟（明）》：「呂璠，景泰中舉經明行修科，萊陽教諭。」

〔二〕李宜春《嘉靖潁州志·秩官·訓導（潁上）》：「……陶惟恭，湖廣公安人。俱天順間任。」《順治潁上縣志·秩官·學官（明潁上縣儒學訓導）》：「陶惟恭，公安人。貢，天順元年（一四五七）任。」《民國公安縣志·選舉·舉人（明）》：「（景泰四年癸酉科解元劉餘慶）陶惟恭，教諭。」

〔三〕詳見本書《名宦》。

〔四〕李宜春《嘉靖潁州志·秩官·知縣（潁上）》：「曹琦，河南光州人……俱成化間任。」《順治潁上縣志·秩官·歷官（知縣）》：「曹琦，光州人。」

〔五〕李宜春《嘉靖潁州志·秩官·知縣（潁上）》：「……王輔，浙江嘉興人。俱成化間任。」《順治潁上縣志·秩官·歷官（知縣）》：「王輔，嘉興人。正德七年（一五一二）任。」《光緒嘉興府志·選舉·貢生（明）》：「（天順六年）王黼，知縣。」疑即其人。

續表

皇明	知縣	縣丞	主簿	典史	教諭	訓導
純皇帝 成化				宋猷。〔一〕 王整。〔二〕 周榮。〔三〕 陶政。〔四〕 袁魁。〔五〕	陳拳。福建閩縣人，八年（一四七二）任。〔六〕 林堂。福建莆田人，十年（一四七四）任。〔七〕 郭玹。江西分宜人，十六年（一四八〇）任。〔八〕	

〔一〕李宜春《嘉靖潁州志·秩官·典吏（潁上）》：「宋猷……俱成化間任。」《順治潁上縣志·秩官·歷官（典史）》作「宋獻」。

〔二〕李宜春《嘉靖潁州志·秩官·典吏（潁上）》：「王整……俱成化間任。」《順治潁上縣志·秩官·歷官（典史）》僅存其名。

〔三〕李宜春《嘉靖潁州志·秩官·典吏（潁上）》：「周榮……俱成化間任。」《順治潁上縣志·秩官·歷官（典史）》僅存其名。

〔四〕李宜春《嘉靖潁州志·秩官·典吏（潁上）》：「陶政……俱成化間任。」《順治潁上縣志·秩官·歷官（典史）》僅存其名。

〔五〕李宜春《嘉靖潁州志·秩官·典吏（潁上）》：「……袁魁。俱成化間任。」《順治潁上縣志·秩官·歷官（典史）》僅存其名。

〔六〕李宜春《嘉靖潁州志·秩官·教諭（潁上）》：「陳拳，福建閩縣人。（成化）八年任。」《順治潁上縣志·秩官·學官（儒學教諭）》：「陳拳，閩縣人。貢，天順八年任。」所記時間不同，當有一誤。

〔七〕李宜春《嘉靖潁州志·秩官·教諭（潁上）》：「林堂，福建莆田人。成化十年任。」《順治潁上縣志·秩官·學官（明潁上縣儒學教諭）》：「林堂，莆田人。貢，成化十一年（一四七五）任。」《光緒莆田縣志·選舉·鄉舉（明）》：「（天順六年壬午）林堂，字望由。楊州教授。」

〔八〕李宜春《嘉靖潁州志·秩官·教諭（潁上）》：「郭玹，江西分宜人。（成化）十六年任。」《順治潁上縣志·秩官·學官（儒學教諭）》：「郭玹，分宜人。貢，成化十六年任。」《道光分宜縣志·選舉·縣學歲貢（明）》：「郭鉉，成化七年辛酉（一四七一）授潁上教諭。」

續表

皇明	知縣	縣丞	主簿	典史	教諭	訓導
純皇帝 成化						金曄。浙江鄞縣人。[一] 李銘。山東博興人。[二] 高玹。浙江鄞縣人。[三] 馬龍。河南孟津人。[四]

〔一〕李宜春《嘉靖潁州志・秩官・訓導（潁上）》：「金曄，浙江鄞縣人……俱成化間任。」《嘉靖寧波府志・選舉・歲貢（國朝）》：「（成化五年己丑）余曄。」疑即其人。

〔二〕李宜春《嘉靖潁州志・秩官・訓導（潁上）》：「李銘，山東博興人……俱成化間任。」《順治潁上縣志・秩官・學官（儒學訓導）》：「李銘，山東博興人。成化三年（一四六七）任。」《道光博興縣志・選舉表・貢生（明）》：「李銘，潁上訓導。」

〔三〕李宜春《嘉靖潁州志・秩官・訓導（潁上）》：「高玹，浙江鄞縣人……俱成化間任。」《順治潁上縣志・秩官・學官（儒學訓導）》：「高玹，浙江鄞縣人。」《嘉靖寧波府志・選舉・歲貢（國朝）》：「（天順八年甲申）高鉉。」

〔四〕李宜春《嘉靖潁州志・秩官・訓導（潁上）》：「馬龍，河南孟津人……俱成化間任。」《順治潁上縣志・秩官・學官（儒學訓導）》：「馬龍，河南孟津人。成化八年（一四七二）任。」

續表

皇明	知縣	縣丞	主簿	典史	教諭	訓導
純皇帝 成化						謝謙。廣西羅城人。〔一〕
敬皇帝 弘治	馬倫。遼東開元人。〔二〕 張澄。傳見《名宦》。〔三〕			牟必洪。〔四〕 張。失其名。〔五〕 賈倫。〔六〕 李祥。直隸保定人。〔七〕		

〔一〕李宜春《嘉靖潁州志·秩官·訓導（潁上）》：「……謝謙，廣西羅城人。俱成化間任。」《順治潁上縣志·秩官·學官（明潁上縣儒學訓導）》：「謝謙，羅田人。」《民國羅城縣志·政治·選舉（羅城縣歷代科舉人員姓名住址一覽表）》：「（成化四年戊子科舉人）謝謙，官寧波府知府。」

〔二〕李宜春《嘉靖潁州志·秩官·知縣（潁上）》：「馬倫，遼東開元人。」《順治潁上縣志·秩官·歷官（明知縣）》：「馬倫，開元人。」《民國開原縣志·科第表·貢生（明）》：「馬倫，官江南儀徵縣知縣。」

〔三〕李宜春《嘉靖潁州志·秩官·知縣（潁上）》：「張澄，河南洛陽人。弘治十八年（一五〇五）任。」詳見本書《名宦》。

〔四〕李宜春《嘉靖潁州志·秩官·典史（潁上）》：「牟必洪……俱弘治間任。」《順治潁上縣志·秩官·歷官（典史）》僅存其名。

〔五〕其人當爲張崇。李宜春《嘉靖潁州志·秩官·典史（潁上）》：「張崇……俱弘治間任。」《順治潁上縣志·秩官·歷官（典史）》：「張□，失其名。」

〔六〕李宜春《嘉靖潁州志·秩官·典史（潁上）》：「賈倫……俱弘治間任。」《順治潁上縣志·秩官·歷官（典史）》僅存其名。

〔七〕李宜春《嘉靖潁州志·秩官·典史（潁上）》：「李祥，直隸保定人……俱弘治間任。」《順治潁上縣志·秩官·歷官（典史）》：「李祥，保定人。」

續表

皇明	知縣	縣丞	主簿	典史	教諭	訓導
敬皇帝 弘治				郝傑。直隸大城人。〔一〕	林汝明。傳見《名宦》。 趙璁。福建南安人，十三年（一五〇〇）任。〔二〕	劉禎。江西永新人。〔三〕 張儼。浙江上虞人。〔四〕 劉裕。四川瀘州人。〔五〕

〔一〕李宜春《嘉靖潁州志·秩官·典史（潁上）》：「……郝傑，直隸大城人。俱弘治間任。」《順治潁上縣志·秩官·歷官（典史）》僅存其名。

〔二〕李宜春《嘉靖潁州志·秩官·教諭（潁上）》：「趙璁，福建南安人。（弘治）十三年任。」《順治潁上縣志·秩官·學官（明潁上縣儒學教諭）》：「趙璁，南安人。貢，弘治十二年（一四九九）任。」

〔三〕李宜春《嘉靖潁州志·秩官·訓導（潁上）》：「劉禎，江西永新人……俱弘治間任。」《順治潁上縣志·秩官·學官（明潁上縣儒學訓導）》：「劉禎，江西永新人。弘治元年（一四八八）任。」

〔四〕李宜春《嘉靖潁州志·秩官·訓導（潁上）》：「張儼，浙江上虞人……俱弘治間任。」《順治潁上縣志·秩官·學官（明潁上縣儒學訓導）》：「張儼，上虞人。弘治三年（一四九〇）任。」《雍正浙江通志·選舉·舉人（明）》：「（成化二十二年丙午科）張儼，上虞人。同知。」《光緒上虞縣志·選舉表·舉人（明）》：「（成化二十二年丙午）張儼，歷任潁上、延平、漳州、廣州同知。」

〔五〕李宜春《嘉靖潁州志·秩官·訓導（潁上）》：「劉裕，四川瀘州人……俱弘治間任。」《順治潁上縣志·秩官·學官（明潁上縣儒學訓導）》：「劉裕，盧［瀘］州人。弘治五年（一四九二）任。」

續表

皇明	知縣	縣丞	主簿	典史	教諭	訓導
敬皇帝 弘治						羅琪。浙江會稽人。〔一〕 牛鍾。直隸遵化人。〔二〕
毅皇帝 正德	屈寬。山東蓬萊人。〔三〕 丁璉。聊城人。〔四〕 王大本。湖廣京山人。〔五〕					

〔一〕李宜春《嘉靖潁州志・秩官・訓導（潁上）》：「羅琪，浙江會稽人……俱弘治間任。」《順治潁上縣志・秩官・學官（明潁上縣儒學訓導）》：「羅琪，會稽人。弘治十一年（一四九八）任。」《萬曆會稽縣志・選舉表・歲貢（明）》：「羅琪，訓導。」

〔二〕李宜春《嘉靖潁州志・秩官・訓導（潁上）》：「……牛鍾，直隸遵化人。俱弘治間任。」《順治潁上縣志・秩官・學官（明潁上縣儒學訓導）》：「牛鍾，遵化人。弘治十三年任。」

〔三〕李宜春《嘉靖潁州志・秩官・知縣（潁上）》：「屈寬，山東蓬萊人……俱正德中任。」《順治潁上縣志・秩官・歷官（知縣）》：「屈寬，蓬萊人。」

〔四〕李宜春《嘉靖潁州志・秩官・知縣（潁上）》：「丁璉，聊城人……俱正德中任。」《順治潁上縣志・秩官・歷官（明知縣）》：「丁璉，聊城人。」《乾隆山東通志・選舉志・舉人（明）》：「（乙酉科成化元年）丁璉，聊城人。知縣。」《雍正河南通志・職官・汝寧府屬知州知縣》：「（確山縣）丁璉，山東聊城人。舉人。成化二十三年（一四八七）任。」

〔五〕李宜春《嘉靖潁州志・秩官・知縣（潁上）》：「王大本，湖廣京山人……俱正德中任。」《順治潁上縣志・秩官・歷官（知縣）》：「王大本，京山人。」《雍正湖廣通志・選舉志・舉人》：「（弘治五年壬子鄉試榜）王大本，京山人。」《雍正湖廣通志・人物志・安陸府》：「王大本，字立之，京山人。弘治壬子（一四九二）鄉薦。令潁上，有善政，百姓德之。日進諸生論説古今，未幾謝歸。清風兩袖，囊琴襆被而已。《舊通志》」

續表

皇明	知縣	縣丞	主簿	典史	教諭	訓導
毅皇帝 正德	夏釜。浙江餘姚人，貢士。〔一〕 歐允莊。廣東順德人，貢士。十年（一五一五）任。〔二〕 魏頌。湖廣蒲圻人，貢士，十四年（一五一九）遷至知州。〔三〕			金英。江西新淦人。〔四〕 陳麒。山西平陽人。〔五〕		

〔一〕李宜春《嘉靖潁州志·秩官·知縣（潁上）》：「……夏釜，浙江餘姚人。貢士。俱正德中任。」《順治潁上縣志·秩官·歷官（明知縣）》：「夏釜，餘姚人。」《雍正浙江通志·選舉·明（舉人）》：「（弘治八年乙卯科）夏釜，餘姚人。知州。」《光緒餘姚縣志·選舉表·鄉貢（明）》：「（宏〔弘〕治八年乙卯）夏釜，見子淳傳。」《光緒餘姚縣志·列傳·明》：「夏淳，字惟初，號復吾。父釜。」

〔二〕李宜春《嘉靖潁州志·秩官·知縣（潁上）》：「歐允莊，廣東順德人。貢士。（正德）十年任。」《順治潁上縣志·秩官·歷官（知縣）》：「歐允莊，順德人。舉人，正德十三年（一五一八）任。」《咸豐順德縣志·選舉表·舉人（明）》：「（弘治）歐允莊，字國儀，陳村人。知潁上縣。」

〔三〕李宜春《嘉靖潁州志·秩官·知縣（潁上）》：「魏頌，湖廣蒲圻人。貢士。（正德）十四年任。遷知州。」《順治潁上縣志·秩官·歷官（明知縣）》：「魏頌，蒲圻人。舉人。嘉靖元年任。」《雍正湖廣通志·選舉志·舉人》：「（正德二年丁卯鄉試榜）魏頌，蒲圻人。」《雍正河南通志·職官·開封府屬知州知縣》：「（祥符縣）魏頌。湖廣蒲圻人。貢士。三年任。」《道光蒲圻縣志·選舉·舉人（明）》：「（正德）魏頌，字美之。（正德）二年丁卯中官知州，有傳。父銘。」

〔四〕李宜春《嘉靖潁州志·秩官·典吏（潁上）》：「金英，江西新淦人……俱正德間任。」《順治潁上縣志·秩官·歷官（典史）》：「金英，新涂〔淦〕人。」

〔五〕李宜春《嘉靖潁州志·秩官·典吏（潁上）》：「陳麒，山西平陽人……俱正德間任。」《順治潁上縣志·秩官·歷官（典史）》：「陳麒，平陽人。」

續表

皇明	知縣	縣丞	主簿	典史	教諭	訓導
毅皇帝 正德				張葦。直隸任丘人。〔一〕	胡祥。江西新淦人，元年（一五〇六）任。〔二〕 張雲龍。福建晉江人，三年（一五〇八）任。〔三〕 方世讓。湖廣巴陵人，九年（一五一四）任，遷陝西寧羌知州。〔四〕	

〔一〕李宜春《嘉靖潁州志·秩官·典史（潁上）》：「……張葦，直隸任丘人。俱正德間任。」《順治潁上縣志·秩官·歷官（典史）》：「張葦，任丘人。」

〔二〕李宜春《嘉靖潁州志·秩官·教諭（潁上）》：「胡祥，江西新淦人。正德元年任。」《順治潁上縣志·秩官·學官（明潁上縣儒學教諭）》：「胡祥，新金［淦］人。貢，正德元年任。」

〔三〕李宜春《嘉靖潁州志·秩官·教諭（潁上）》：「張雲龍，福建晉江人。（正德）三年任。」《順治潁上縣志·秩官·學官（明潁上縣儒學教諭）》：「張雲龍，晉江人。由舉人，正德三年任。」《乾隆福建通志·選舉·舉人（弘治十一年林士元榜戊午）》：「（泉州府）張雲龍，通判。」《乾隆晉江縣志·選舉·鄉舉（明）》：「（弘治十一年戊午科解元林士元榜）張雲龍，府學湖州通判。」

〔四〕李宜春《嘉靖潁州志·秩官·教諭（潁上）》：「方世讓，湖廣巴陵人。貢士，（正德）九年任。遷陝西寧羌知州。」《順治潁上縣志·秩官·學官（明潁上縣儒學教諭）》：「方世讓，巴陵人。貢，正德九年任。」《隆慶岳州府志·選舉表·（明岳州府學）舉人》：「（正德庚午）方世讓，寧羌知州。」《光緒寧羌州志·官師·知州（明）》：「方世讓，湖廣巴陵舉人。持躬清介，鋭意好士，州務一新。」

續表

皇明	知縣	縣丞	主簿	典史	教諭	訓導
毅皇帝 正德						王秉性。四川章明人。〔一〕段錦。直隸永年人。〔二〕丘材。福建莆田人。〔三〕朱恭。山東冠縣人。〔四〕

〔一〕李宜春《嘉靖潁州志·秩官·訓導（潁上）》：「王秉性，四川章明人……俱正德間任。」《順治潁上縣志·秩官·學官（明潁上縣儒學訓導）》：「王秉性，章明人。正德二年（一五〇七）任。」

〔二〕李宜春《嘉靖潁州志·秩官·訓導（潁上）》：「段錦，直隸永年人……俱正德間任。」《順治潁上縣志·秩官·學官（明潁上縣儒學訓導）》：「段錦，永年人。正德六年（一五一一）任。」《光緒永年縣志·選舉表·（明）貢生》：「（嘉靖三十五年丙辰科）：「段錦，訓導。」

〔三〕李宜春《嘉靖潁州志·秩官·訓導（潁上）》：「丘材，福建莆田人……俱正德間任。」《順治潁上縣志·秩官·學官（明潁上縣儒學訓導）》：「丘材，莆田人。正德九年（一五一四）任。」《乾隆福建通志·選舉·貢生（明）》：「（永福縣學）丘材，潁上訓導。」

〔四〕李宜春《嘉靖潁州志·秩官·訓導（潁上）》：「朱恭，山東冠縣人……俱正德間任。」《順治潁上縣志·秩官·學官（明潁上縣儒學訓導）》：「朱恭，冠縣人。正德七年（一五一二）任。」《道光冠縣縣志·選舉·恩貢歲貢（明）》：「朱恭。」

續表

皇明	知縣	縣丞	主簿	典史	教諭	訓導
毅皇帝 正德						丁舉。山東曲阜人，遷光山縣教諭。〔一〕
今皇帝 嘉靖	廖自顯。盧龍人，進士，元年（一五二二）任。行取選授監察御史，仕至汝寧府知府。〔二〕 王民。盧龍人，貢士，五年（一五二六）任，卒於官。〔三〕					

〔一〕李宜春《嘉靖潁州志·秩官·訓導（潁上）》：「……丁舉，山東曲阜人。俱正德間任。」《順治潁上縣志·秩官·學官（明潁上縣儒學訓導）》：「丁舉，曲阜人。正德十年（一五一五）任。」

〔二〕李宜春《嘉靖潁州志·秩官·知縣（潁上）》：「廖自顯，直隸盧龍人。嘉靖元年任。見《宦業》。」同書《宦業》：「廖自顯，字德潛，直隸盧龍人。正德辛巳（一五二一）進士，知潁上縣。爲政簡易，斷獄平反，植善掃强，境内稱治。暇則就諸生講論，秉燭不倦。甲申，江北大祲，潁上尤甚，多方賑濟，民賴以全活。」

〔三〕李宜春《嘉靖潁州志·秩官·知縣（潁上）》：「王民，盧龍人。貢士，（嘉靖）五年任。卒於官。」《順治潁上縣志·秩官·歷官（知縣）》：「王民，盧龍人。舉人，嘉靖六年（一五二七）任。」

續表

皇明	知縣	縣丞	主簿	典史	教諭	訓導
今皇帝 嘉靖	陳邦儀。九江人，貢士，十年（一五三一）任。〔一〕 林應亮。福建侯官人，進士，十二年（一五三三）任，尋調秀水。〔二〕 潘倫。廣東高要人，貢士，十二年任。〔三〕					

〔一〕李宜春《嘉靖潁州志·秩官·知縣（潁上）》：「陳邦儀，九江人。貢士，（嘉靖）十年任。短於催科，勞於撫字。以不合當道去。宦囊蕭然，容色自若。人至今思之。」《順治潁上縣志·秩官·歷官（知縣）》：「陳邦儀，九江人。舉人，嘉靖十一年（一五三二）任。」《嘉靖九江府志·選舉·（國朝）鄉試》：「（瑞昌弘治甲子科）陳邦儀，任宜章知縣。」

〔二〕李宜春《嘉靖潁州志·秩官·知縣（潁上）》：「林應亮，福建侯官人。嘉靖壬辰（一五三二）進士，（嘉靖）十二年任。尋調秀水縣。」《順治潁上縣志·秩官·歷官（知縣）》：「林應亮，侯官人。進士，嘉靖十二年任。」《乾隆福建通志·選舉·進士（明）》：「（嘉靖十一年壬辰林大欽榜）侯官縣林應亮，傳見《人物》。」《乾隆福建通志·人物·明》：「林應亮，字熙載。春澤子。嘉靖壬辰進士，知潁上，調秀水，皆有廉聲。守常德，榮王官校挾勢爲害，應亮剗梟獷，植善良，縛諸不法者署諸理。值大祲，治糜賑藥，全活者衆。歷藩臬，晉户部右侍郎。請告歸，奉父杖履幾二十年。時父春澤以程番太守家居，子如楚弱冠登進士，三世萊彩，傳爲盛事。」

〔三〕李宜春《嘉靖潁州志·秩官·知縣（潁上）》：「潘倫，廣東高要人。貢士，（嘉靖）十二年任。覲罷，不可。當道忌之，去。」《順治潁上縣志·秩官·歷官（知縣）》：「潘倫，高安［要］人。舉人，嘉靖十三年任。」《雍正廣東通志·選舉志·舉人（明）》：「（嘉靖元年壬午鄉試榜）潘倫，高要人。」《道光高要縣志·選舉録·舉人（明）》：「潘倫，嘉靖元年科，官潁上知縣。」

續表

皇明	知縣	縣丞	主簿	典史	教諭	訓導
今皇帝 嘉靖	姜時習。四川資縣人，十四年（一五三五）任。〔一〕			施釗。浙江餘姚人。〔二〕 李英。江西雩都人，十六年（一五三七）任。〔三〕	谷廩。陝西咸寧人，監生，二年（一五二三）任。〔四〕 何司明。福建福清人，貢士，八年（一五二九）任。〔五〕	

〔一〕李宜春《嘉靖潁州志·秩官·知縣（潁上）》：「姜時習，四川資縣人。貢士，（嘉靖）十四年任。」《順治潁上縣志·秩官·歷官（知縣）》：「姜時習，貴［資］縣人。舉人，嘉靖十五年（一五三六）任。」《雍正四川通志·選舉·舉人（明）》：「（明嘉靖年舉人）……姜時習。俱資縣人。」

〔二〕李宜春《嘉靖潁州志·秩官·典史（潁上）》：「施釗，浙江餘姚人。」《順治潁上縣志·秩官·歷官（典史）》：「施釗，餘姚人。」

〔三〕李宜春《嘉靖潁州志·秩官·典史（潁上）》：「李英，江西雩都人。」《順治潁上縣志·秩官·歷官（典史）》：「李英，雩都人。嘉靖十六年任。」

〔四〕李宜春《嘉靖潁州志·秩官·教諭（潁上）》：「谷廩，陝西咸寧人。嘉靖二年任。」《順治潁上縣志·秩官·學官（明潁上縣儒學教諭）》：「谷廩，咸寧人。貢，嘉靖二年任。」

〔五〕「司」字，一作「思」。李宜春《嘉靖潁州志·秩官·教諭（潁上）》：「何司明，福建福清人。貢士，（嘉靖）八年任。」《順治潁上縣志·秩官·學官（明潁上縣儒學教諭）》：「何思明，福清縣舉人。嘉靖八年任。」《乾隆福建通志·人物·明》：「何思明，字致虛，福清人。正德己卯舉人，授潁上教諭。潁爲鳳陽屬邑，雖稱中州，而士鮮經術。思明嚴立課程，時爲講解，士因而感奮，彬彬幾與畿輔埒。又捐俸葺學宮，闢泮池，恤貧士之不能婚葬者。部使者以學行兼優獎之。歸里，著有《經義典則》《四書訓字》及《梅花百咏》行於世。卒年八十二。子世祺，嘉靖進士。」

續表

皇明	知縣	縣丞	主簿	典史	教諭	訓導
今皇帝 嘉靖					崔繼賢。山東莒州人，監生，十六年任。〔一〕	陶瑜。江西廬陵人，監生，五年任。卒於官。〔二〕 余釜。浙江西安人，監生，八年任。〔三〕

〔一〕李宜春《嘉靖潁州志・秩官・教諭（潁上）》：「崔繼賢，山東莒州人。（嘉靖）十五年任。」《順治潁上縣志・秩官・學官（明潁上縣儒學教諭）》：「崔繼賢，莒縣人。貢，嘉靖十六年任。」《嘉慶莒州志・選舉・歲貢（明）》：「崔繼賢，教諭。」

〔二〕李宜春《嘉靖潁州志・秩官・訓導（潁上）》：「陶瑜，江西廬陵人。嘉靖五年任。卒於官。」《順治潁上縣志・秩官・學官（明潁上縣儒學訓導）》：「陶瑜，廬陵人。嘉靖五年任。」

〔三〕李宜春《嘉靖潁州志・秩官・訓導（潁上）》：「余釜，浙江西安人。（嘉靖）八年任。」《順治潁上縣志・秩官・學官（明潁上縣儒學訓導）》：「余釜，西安人。嘉靖八年任。」《嘉慶西安縣志・選舉・貢生（明）》：「（嘉靖年）余釜，教諭。」

太和

元	知縣					
成宗 大德	李瑛。[一]					
皇明	知縣	縣丞	主簿	典史	教諭	訓導
高皇帝 洪武	高士進。招附民人六百户，及置縣治焉。[二] 馬良。[三] 趙岱。[四]	袁伯儀。傳見《名宦》。				

〔一〕李宜春《嘉靖潁州志·秩官·知縣（元）》：「李瑛，大德中知太和縣。」《萬曆太和縣志·歷官·知縣題名》：「李瑛，大德八年（一三〇四）爲泰和達魯花赤。」

〔二〕李宜春《嘉靖潁州志·秩官·知縣（太和）》：「高士進，招附民人六百户，及置縣治。」《萬曆太和縣志·歷官·知縣題名（明）》：「高士進，洪武二年（一三六九）任太和知縣。詳見《名宦》。」《萬曆太和縣志·歷官·遺愛（明）》：「高士進，洪武二年任太和縣丞［知縣］。元季兵革之餘，民多流離。公招附人民六百户，愛養安輯，俾各遂其生息之樂，邑人愛之。見《名宦》。」

〔三〕李宜春《嘉靖潁州志·秩官·知縣（太和）》：「馬良……俱洪武間任。」《萬曆太和縣志·歷官·知縣題名（明）》：「馬良，洪武四年（一三七一）任。詳見《名宦》。」《萬曆太和縣志·歷官·遺愛（明）》：「馬良，洪武五年（一三七二）任太和縣知縣。廉介愛民，修置縣治，創建學堂於今地。作興士類，勸課農桑，不期年而百廢俱舉。」

〔四〕李宜春《嘉靖潁州志·秩官·知縣（太和）》：「趙岱……俱洪武間任。」《萬曆太和縣志·歷官·知縣題名（明）》：「趙岱，洪武八年（一三七五）任。」

續表

皇明	知縣	縣丞	主簿	典史	教諭	訓導
高皇帝 洪武	穆寧。〔一〕					
文皇帝 永樂	侯簡。〔二〕 魏恩。〔三〕 花潤（生）。〔四〕					
昭皇帝 洪熙						

〔一〕李宜春《嘉靖潁州志·秩官·知縣（太和）》：「……穆寧。俱洪武間任。」《萬曆太和縣志·歷官·知縣題名（明）》：「穆寧，洪武十二年（一三七九）任。」

〔二〕李宜春《嘉靖潁州志·秩官·知縣（太和）》：「侯簡……俱永樂間任。」《萬曆太和縣志·歷官·知縣題名（明）》：「侯簡，永樂元年（一四〇三）任。」

〔三〕李宜春《嘉靖潁州志·秩官·知縣（太和）》：「魏恩……俱永樂間任。」《萬曆太和縣志·歷官·知縣題名（明）》：「魏恩。無考。」

〔四〕李宜春《嘉靖潁州志·秩官·知縣（太和）》：「……花潤生。俱永樂間任。」《萬曆太和縣志·歷官·知縣題名（明）》：「花潤生，字蘊玉，號介軒。福建邵武府人。登永樂曾棨榜進士，永樂年任。復陞浙江舶司提舉，尋陞浙江提學。詳見《遺愛》。」《光緒邵武府志·選舉·進士（明）》：「（永樂二年甲申曾棨榜）花潤生，見《宦績傳》。」《光緒邵武府志·人物·宦績（明）》：「花潤生，字蘊玉。幼潁敏，博學强記，人以爲書肆。永樂二年第進士，知古田縣，教民種藝，創公署學校，爲子弟置書籍，親課其業。改太和縣，遷浙江市舶司提舉，擢按察司僉事，尋以尚書王直薦，轉提督浙江學校，規矩詳審，考校精嚴。未七十，引年歸。家居二十餘年，足蹟未嘗至公府。自號介軒，又號紫雲老人。有《介軒集》。」

續表

皇明	知縣	縣丞	主簿	典史	教諭	訓導
章皇帝 宣德	陳名。傳見《名宦》。					
睿皇帝 正統	張處仁。傳見《名宦》。 左弼。[一]	齊翼。湖廣人。[二]		馬俊。[三]	鄭恭。閩縣人。[四]	林僑。長樂人。[五] 葉文顯。海鹽人。[六]

〔一〕李宜春《嘉靖潁州志·秩官·知縣（太和）》：「左弼，正統間任。」《萬曆太和縣志·歷官·知縣題名（明）》：「左弼，無考。」

〔二〕李宜春《嘉靖潁州志·秩官·縣丞（太和）》：「齊翼，湖廣人。正統間任。」《萬曆太和縣志·歷官·主簿題名（明）》：「齊翼，湖廣黄岡人。正統十一年（一四四六）任。」

〔三〕李宜春《嘉靖潁州志·秩官·典史（太和）》：「馬俊，正統間任。」《萬曆太和縣志·歷官·主簿題名（明）》：「馬俊，正統初年任。」

〔四〕李宜春《嘉靖潁州志·秩官·教諭（太和）》：「鄭恭，閩人。正統間任。」《萬曆太和縣志·歷官·教諭題名（明）》：「鄭恭，福建福清人。正統年任。」《乾隆福建通志·選舉·舉人（明）》：「（正統六年辛酉方玭榜）福清縣鄭恭，九江教授。」

〔五〕李宜春《嘉靖潁州志·秩官·訓導（太和）》：「林僑，長樂人……俱正統間任。」《萬曆太和縣志·歷官·訓導題名（明）》：「林僑，福建長樂人。景泰二年（一四五一）任。」《乾隆福建通志·選舉·舉人（明）》：「（正統三年戊午林僑榜）長樂縣林僑。賜子，第一名，父子榜首。無錫教諭。」

〔六〕李宜春《嘉靖潁州志·秩官·訓導（太和）》：「……葉文顯，海臨人。俱正統間任。」《萬曆太和縣志·歷官·訓導題名（明）》：「葉文顯，浙江海鹽人。」

續表

皇明	知縣	縣丞	主簿	典史	教諭	訓導
景皇帝 景泰	范衷。江西豐城人，進士，由浙江調任。能以清約自持，斯亦足稱云。〔一〕		張信。〔二〕	傅興。〔三〕		
睿皇帝 天順		胡清。〔四〕		喬文。〔五〕		

〔一〕《大明一统志·江西布政司·人物》：「范衷，豐城人。由進士歷昌化、太和二縣尹，陞知汝州。居官清苦，每去任，民輒哀戀不捨。時天下廉官三人，衷爲第一。性至孝，廬父墓，瓜生連理。又有三白兔繞墓馴走，人謂孝感所致。二子鏞、鍈，皆第進士，官藩臬長，有聲於時。鏞任廣西，政績尤著。」李宜春《嘉靖潁州志·秩官·知縣（太和）》：「范衷，江西豐城人。景泰間任。」同書《宦業》：「范衷，江西豐城人。永樂辛丑（一四二一）進士，景泰初知太和縣。清約自持，愛民省費。」《萬曆太和縣志·歷官·（明）知縣題名》：「范衷，江西豐城人。由進士，景泰四年（一四五三）任。見《名宦》。」《順治太和縣志·歷官志·遺愛（明）》：「范衷，江西豐城人。永樂辛丑進士。景泰初知太和縣事。清約自持，省費愛民。名宦。」《同治豐城縣志·選舉·進士（明）》：「（永樂十九年辛丑曾鶴齡榜）范衷，槎村人。壽昌知縣。有傳。」《同治豐城縣志·人物·仕蹟（明）》：「范衷，字恭肅，楂村人。永樂進士，除昌化知縣，改壽昌。闢荒田二千六百畝，興水利三百四十有六區。報最當遷，民乞留，再任，陞知汝州。興利除害，不遺餘力。冢宰王直察舉天下廉吏數人，范衷爲第一。性至孝，廬父墓，瓜生連理，有白兔三馴繞墓側，人謂孝感所致。二子鏞、鍈皆登進士。」

〔二〕李宜春《嘉靖潁州志·秩官·主簿（太和）》：「張信，景泰間任。」《萬曆太和縣志·歷官·主簿題名（明）》：「張信，宣德十年（一四三五）任。」

〔三〕李宜春《嘉靖潁州志·秩官·典吏（太和）》：「傅興，景泰間任。」《萬曆太和縣志·歷官·典史題名（明）》：「傅興，景泰中任。」

〔四〕李宜春《嘉靖潁州志·秩官·縣丞（太和）》：「胡清，天順間任。」《萬曆太和縣志·歷官·主簿題名（明）》：「胡清，景泰二年（一四五一）任。」

〔五〕李宜春《嘉靖潁州志·秩官·典吏（太和）》：「喬文，天順間任。」《萬曆太和縣志·歷官·典史題名（明）》：「喬文，天順二年（一四五八）任。」

續表

皇明	知縣	縣丞	主簿	典史	教諭	訓導
純皇帝 成化	黄裳。山東章丘人。〔一〕 李靖。北直隸人。〔二〕 李傑。雲南人。〔三〕 潘凱。河南洛陽人。〔四〕					

〔一〕李宜春《嘉靖潁州志·秩官·知縣（太和）》：「黄裳，山東章丘人……俱成化間任。」《萬曆太和縣志·歷官·知縣題名（明）》：「黄裳，山東章丘人。由貢士，天順五年（一四六一）任。」

〔二〕李宜春《嘉靖潁州志·秩官·知縣（太和）》：「李靖，北直隸人……俱成化間任。」《萬曆太和縣志·歷官·（明）知縣題名》：「李靖，北直隸人。由貢士，成化二年（一四六六）任。」

〔三〕李宜春《嘉靖潁州志·秩官·知縣（太和）》：「李傑，雲南人……俱成化間任。」《萬曆太和縣志·歷官·（明）知縣題名》：「李傑，雲南人。由舉人，成化五年（一四六九）任。」

〔四〕李宜春《嘉靖潁州志·秩官·知縣（太和）》：「潘凱，河南洛陽人……俱成化間任。」《萬曆太和縣志·歷官·（明）知縣題名》：「潘凱，河南洛陽人。由舉人，成化八年（一四七二）任。」《乾隆洛陽縣志·選舉·舉人（明）》：「（景泰）潘凱，癸酉（一四五三）。長垣知縣。」《嘉慶長垣縣志·職官表·知縣（明）》：「（成化年）潘凱，河南洛陽人。」

續表

皇明	知縣	縣丞	主簿	典史	教諭	訓導
純皇帝 成化	徐冕。浙江人。〔一〕 楊昺。北直隸人，貢士。歷任八年，陞通判。〔二〕	李衍。湖廣人。〔三〕 甘澈。江西人。〔四〕	賈銘。北直隸人。〔五〕	苗清。山東人。〔六〕		

〔一〕李宜春《嘉靖潁州志·秩官·知縣（太和）》：「徐冕，浙江人……俱成化間任。」《萬曆太和縣志·歷官·知縣題名（明）》：「徐冕，浙江人。由舉人，成化十一年（一四七五）任。」

〔二〕李宜春《嘉靖潁州志·秩官·知縣（太和）》：「……楊昺，北直隸人。貢士。俱成化間任。」《萬曆太和縣志·歷官·知縣題名（明）》：「楊昺，直隸蠡縣人。由舉人，成化十八年（一四八二）任。歷任八年，陞通判。有《去思碑》。詳見《遺愛》。」《萬曆太和縣志·歷官·遺愛（明）》：「楊昺，北直隸蠡吾人。成化年由貢士，歷任八年。六事無修，吾善咸備，民拯吏畏，以薦陞府通。名宦。」《光緒蠡縣志·選舉·舉人（明）》：「（天順）楊昺，己卯（一四五九）。」

〔三〕李宜春《嘉靖潁州志·秩官·縣丞（太和）》：「李衍，湖廣人……成化間任。」《萬曆太和縣志·歷官·縣丞題名（明）》：「李衍，湖廣人。由監生，成化年間任。」

〔四〕李宜春《嘉靖潁州志·秩官·縣丞（太和）》：「……甘澈，江西人。成化間任。」《萬曆太和縣志·歷官·縣丞題名（明）》：「甘澈，江西豐城人。由監生，成化十一年（一四七五）任。築土城，建城門，有功城社者也。」

〔五〕李宜春《嘉靖潁州志·秩官·主簿（太和）》：「賈銘，北直隸人。成化間任。」《萬曆太和縣志·歷官·主簿題名（明）》：「賈銘，北直隸人。成化十三年（一四七七）任。」

〔六〕李宜春《嘉靖潁州志·秩官·典史（太和）》：「苗清，山東人。成化間任。」《萬曆太和縣志·歷官·典史題名（明）》：「苗清，山東長清人。成化二十四年（一四八八）任。」

續表

皇明	知縣	縣丞	主簿	典史	教諭	訓導
敬皇帝 弘治	楊鍊。河南靈寶人，進士。行取選授御史。[一] 丘經。京衛人，進士，五年（一四九二）任。行取選授御史。[二] 龔[翁]陸。福建人。[三]					

[一] 李宜春《嘉靖潁州志·秩官·知縣（太和）》：「楊鍊，河南靈寶人。進士，召入爲監察御史……俱弘治間任。」《萬曆太和縣志·歷官·知縣題名（明）》：「楊鍊，河南靈寶人。由進士，弘治二年（一四八九）任，行取御史。」《雍正河南通志·選舉·進士（明）》：「（成化辛丑科王華榜）楊鍊，靈寶人。御史。」《光緒靈寶縣志·選舉·進士（明）》：「楊鍊，字德純，營田里人。舉成化辛卯（一四七一）科，登成化辛丑（一四八一）進士，授合肥知縣，擢監察御史。」

[二] 李宜春《嘉靖潁州志·秩官·知縣（太和）》：「丘經，京衛人。弘治庚戌進士，召入爲監察御史……俱弘治間任。」《萬曆太和縣志·歷官·知縣題名（明）》：「丘經，京衛人。由進士，弘治五年（一四九二）任，行取御史。」

[三] 李宜春《嘉靖潁州志·秩官·知縣（太和）》：「龔[翁]陸，福建人……俱弘治間任。」《萬曆太和縣志·歷官·知縣題名（明）》：「翁陸，福建莆田人。由舉人，弘治七年（一四九四）任。有詩，載於《藝文》。」《光緒莆田縣志·選舉·鄉舉（明）》：「（成化十六年庚子）：「翁滓，字守□，世用子。府學。泰和知縣。」當即其人。

續表

皇明	知縣	縣丞	主簿	典史	教諭	訓導
敬皇帝 弘治	王旻。山東曹縣人。〔一〕 戴鰲。浙江鄞縣人，進士。陞主事。〔二〕	張瓊。湖廣人，五年任。〔三〕 李暉。湖廣人。〔四〕	潘志澄。湖廣人。〔五〕 陳虎。北直隸人。〔六〕 姚進。湖廣人。〔七〕			

〔一〕李宜春《嘉靖潁州志·秩官·知縣（太和）》：「王旻，山東曹縣人……俱弘治間任。」《萬曆太和縣志·歷官·知縣題名（明）》：「王旻，山東曹縣人。由舉人，弘治九年（一四九六）任。詳見《名宦》。」《萬曆太和縣志·歷官·遺愛（明）》：「王旻，山東曹縣人。由舉人，弘治九年任太和知縣。廉明剛正，不畏强禦，人不敢干以私，時有包孝肅之稱。吏民畏而愛之，卒於官。後人常思慕，祀之名宦。」

〔二〕李宜春《嘉靖潁州志·秩官·知縣（太和）》：「……戴鰲，浙江鄞縣人。弘治己未（一四九九）進士，陞主事。俱弘治間任。」《萬曆太和縣志·歷官·（明）知縣題名》：「戴鰲，浙江鄞縣人。由舉人，弘治十五年（一五〇二）任。」《嘉靖寧波府志·選舉·進士（國朝）》：「（弘治十二年己未科）戴鰲，知府。」《雍正浙江通志·選舉·進士（明）》：「（弘治十二年己未科倫文叙榜）戴鰲，鄞人。尋甸知府。」

〔三〕李宜春《嘉靖潁州志·秩官·縣丞（太和）》：「張瓊，湖廣人……俱弘治間任。」《萬曆太和縣志·歷官·縣丞題名（明）》：「張瓊，湖廣人。」

〔四〕李宜春《嘉靖潁州志·秩官·縣丞（太和）》：「……李暉，湖廣人。俱弘治間任。」《萬曆太和縣志·歷官·縣丞題名（明）》：「李暉，湖廣人。」

〔五〕李宜春《嘉靖潁州志·秩官·主簿（太和）》：「潘志澄，湖廣人……俱弘治間任。縣丞、主簿，今俱裁革。」《萬曆太和縣志·歷官·主簿題名（明）》：「潘志澄。湖廣人。弘治元年（一四八八）任。」

〔六〕李宜春《嘉靖潁州志·秩官·主簿（太和）》：「陳虎，北直隸人……俱弘治間任。縣丞、主簿，今俱裁革。」《萬曆太和縣志·歷官·主簿題名（明）》：「陳虎，北直隸人。弘治五年（一四九二）任。」

〔七〕李宜春《嘉靖潁州志·秩官·主簿（太和）》：「……姚進，湖廣人。俱弘治間任。縣丞、主簿，今俱裁革。」《萬曆太和縣志·歷官·主簿題名（明）》：「姚進，湖廣人。弘治八年（一四九五）任。」

續表

皇明	知縣	縣丞	主簿	典史	教諭	訓導
敬皇帝 弘治						陳曜。山西蒲州人。〔一〕 李宏。五年任。〔二〕 唐元。五年任。〔三〕
毅皇帝 正德	雷頤。湖廣巴陵人。〔四〕 宇文鍾。陝西人。〔五〕					

〔一〕李宜春《嘉靖潁州志·秩官·訓導（太和）》：「陳曜，山西蒲州人。弘治元年任。」《萬曆太和縣志·歷官·訓導題名（明）》：「陳曜，山西蒲州人。」

〔二〕李宜春《嘉靖潁州志·秩官·訓導（太和）》：「李宏……俱五年任。」《萬曆太和縣志·歷官·訓導題名（明）》：「李宏，年籍無考。」

〔三〕李宜春《嘉靖潁州志·秩官·訓導（太和）》：「……唐元。俱五年任。」《萬曆太和縣志·歷官·訓導題名（明）》：「唐元，年籍無考。」

〔四〕李宜春《嘉靖潁州志·秩官·知縣（太和）》：「雷頤，湖廣巴陵人……俱正德間任。」《萬曆太和縣志·歷官·知縣題名（明）》：「雷頤，湖廣巴陵人。由舉人，正德元年（一五〇六）任。有去思碑，詳見《藝文》。」《萬曆太和縣志·歷官·（明）遺愛》：「雷頤，湖廣巴陵人。由舉人，正德間任。公勤廉幹，興廢舉墜，嘗建馬神祠。去後人思之，樹碑於其前。」《康熙湖廣通志·選舉志·舉人（明）》：「（成化十三年丁酉鄉試榜）雷頤，巴陵人。知縣。」

〔五〕李宜春《嘉靖潁州志·秩官·知縣（太和）》：「宇文鍾，陝西人……俱正德間任。」《萬曆太和縣志·歷官·知縣題名（明）》：「宇文鍾，陝西乾州人。由進士，正德三年（一五〇八）任。以御史謫貶。」《光緒乾州志稿·選舉表·舉人（明）》：「（弘治五年）宇文鍾。」《光緒乾州志稿·選舉表·進士（明）》：「（弘治十五年）宇文鍾，監察御史。」

續表

皇明	知縣	縣丞	主簿	典史	教諭	訓導
毅皇帝 正德	薛安。鎮遠衛人。〔一〕 趙夔。傳見《名宦》。 許世昌。陝西澄縣人。瑞麥亭有《記》，蓋視前政變之有遺愛祠設也。其見任官輒自立碑與？〔二〕	賈釗。北直隸人。〔三〕 趙徽。四川人。〔四〕				

〔一〕李宜春《嘉靖潁州志·秩官·知縣（太和）》：「薛安，鎮遠衛人……俱正德間任。」《萬曆太和縣志·歷官·知縣題名（明）》：「薛安，湖廣鎮遠衛人。由監生，正德六年（一五一一）任。以陷城罷官，家眷遂不能歸，俱卒於言。有塚在太和。」

〔二〕李宜春《嘉靖潁州志·秩官·知縣（太和）》：「……許世昌，陝西澄縣人。俱正德間任。」《萬曆太和縣志·歷官·知縣題名（明）》：「許世昌，陝西澄城人。由舉人，正德十二年（一五一七）任。」《民國澄城縣附志·選舉表·舉人（明）》：「許世昌，弘治十七年（一五〇四）。太和知縣，開封府通判，順慶、承天同知。」

〔三〕李宜春《嘉靖潁州志·秩官·縣丞（太和）》：「賈釗，北直隸人……俱正德間任。」《萬曆太和縣志·歷官·縣丞題名（明）》：「賈釗，北直隸人。正德年間任。」

〔四〕李宜春《嘉靖潁州志·秩官·縣丞（太和）》：「……趙徽，四川人。俱正德間任。」《萬曆太和縣志·歷官·縣丞題名（明）》：「……趙徽，四川人。以上俱弘治年間任。」

續表

皇明	知縣	縣丞	主簿	典史	教諭	訓導
毅皇帝 正德				王憲。浙江人，元年（一五〇六）任。〔一〕	王建。河南人。〔二〕 錢健。浙江人。〔三〕 陳濬。湖廣人。〔四〕 朱充。浙江人。〔五〕	汪廷俊。浙江人。〔六〕 鄭文憲。浙江人。〔七〕

〔一〕李宜春《嘉靖潁州志・秩官・典史（太和）》：「王憲，浙江人。正德元年任。」《萬曆太和縣志・歷官・典史題名（明）》：「王憲，北直隸人。弘治年任。」

〔二〕王建，一作王鑒。李宜春《嘉靖潁州志・秩官・教諭（太和）》：「王建，河南人……俱正德間任。」《萬曆太和縣志・歷官・教諭題名（明）》：「王鑒，河南磁州人。由舉人，成化中任，□附籍太和。」

〔三〕李宜春《嘉靖潁州志・秩官・教諭（太和）》：「錢健，浙江人……俱正德間任。」《萬曆太和縣志・歷官・教諭題名（明）》：「錢鑒，江西新昌人。成化十□年任。」當即其人。

〔四〕李宜春《嘉靖潁州志・秩官・教諭（太和）》：「陳濬，湖廣人……俱正德間任。」《萬曆太和縣志・歷官・教諭題名（明）》：「陳濬，湖廣人。正德七年（一五一二）任。」

〔五〕「充」字，一作「伸」。李宜春《嘉靖潁州志・秩官・教諭（太和）》：「……朱充，浙江人。俱正德間任。」《萬曆太和縣志・歷官・教諭題名（明）》：「朱伸，浙江人。正德十年（一五一五）任。」

〔六〕李宜春《嘉靖潁州志・秩官・訓導》：「汪廷俊，浙江人……俱正德間任。」《萬曆太和縣志・歷官・訓導題名（明）》：「汪廷俊，浙江人。成化十八年（一四八二）任。有詩，載《藝文》。」

〔七〕李宜春《嘉靖潁州志・秩官・訓導》：「鄭文憲，浙江人……俱正德間任。」《萬曆太和縣志・歷官・訓導題名（明）》：「鄭文獻，浙江四明人。成化二十二年（一四八六）任。」

續表

皇明	知縣	縣丞	主簿	典史	教諭	訓導
毅皇帝 正德						徐良。浙江武義人。[一] 余先。[二]
今皇帝 嘉靖	許選。福建漳浦人，貢士。陞湖廣岳州通判。[三] 鄧覲。廣東人。[四]					

[一] 李宜春《嘉靖潁州志·秩官·訓導》：「徐良，浙江武義人……俱正德間任。」《萬曆太和縣志·歷官·訓導題名（明）》：「徐良，浙江武義人。」

[二] 李宜春《嘉靖潁州志·秩官·訓導》：「……余先。俱正德間任。」《萬曆太和縣志·歷官·訓導題名（明）》：「余先，年籍無考。」

[三] 李宜春《嘉靖潁州志·秩官·知縣（太和）》：「許選，福建漳浦人。貢士，嘉靖初任。見《宦業》。」《嘉靖潁州志·宦業·明》：「許選，福建漳浦人。嘉靖初由貢士知太和縣，多有惠政。歷三載，陞岳州通判。民作遺愛亭，題曰愛民父母。」《萬曆太和縣志·歷官·知縣題名（明）》：「許選，福建漳浦人。由舉人，嘉靖元年（一五二二）任。陞岳州通判。見《遺愛》。」《萬曆太和縣志·遺愛·皇明》：「許選，福建漳浦人。嘉靖十年（一五三一）由貢士任太和知縣。多有惠政。歷三載，陞岳州府通判。民作遺愛亭，題曰愛民父母。」《民國漳浦縣志·選舉·舉人》：「（正德五年庚午黃廷宣榜）許選，潛孫。岳州府通判。今詔安人。」

[四] 李宜春《嘉靖潁州志·秩官·知縣（太和）》：「鄧覲，廣東人。」《萬曆太和縣志·歷官·知縣題名（明）》：「鄧覲，廣東曲江人。由舉人，嘉靖九年（一五三〇）任。」《光緒曲江縣志·選舉表·舉人（明）》：「（正德十一年丙子）鄧覲，泰和知縣。」

續表

皇明	知縣	縣丞	主簿	典史	教諭	訓導
今皇帝 嘉靖	林鐔［墰］。福建莆田人，貢士，十二年（一五三三）任。卒於官。〔一〕 凌士顔。廣東化州人，貢士，十四年（一五三五）任。〔二〕					

〔一〕李宜春《嘉靖潁州志·秩官·知縣（太和）》：「林墰，福建莆田人。（嘉靖）十二年任。」《嘉靖潁州志·宦業·明》：：「林墰，字世崇，福建莆田人。嘉靖十二年由貢士知太和縣。愛民惜費，務以至誠。歷歲餘，卒於官。民哀而祀之。」《光緒莆田縣志·選舉·鄉舉（明）》：「（正德五年庚午）林墰，字世崇。洪曾孫。有傳。」《光緒莆田縣志·人物·仕蹟（明）》：「林墰，字世崇。洪曾孫。正德庚午鄉薦，授繁昌教諭，改新會，轉南雄教授。貴義賤利，以教化爲己任，督學歐陽鐸特移檄褒之。擢程鄉知縣，屬兵興甫罷，墰數褰帷問疾苦，尋以從子富巡撫兩廣，引嫌改太和。時旁邑蝗災，争設壇禳之，至有用巫詛爲厭勝計。吏以爲請，墰曰：『吾禳厭之術，非藉此也。』乃痛自引咎，輕徭弛禁，蝗竟不入境，旁邑爲之驚異。卒於官。墰雅好經術，修詞不尚浮華，所著有《西麓遺稿》。以子雲同貴，歷贈南京督察院右都御史。孫諧萬曆辛卯應天鄉薦，擬萬曆辛丑進士。曾孫璣萬曆丙戌進士，瑮刑部主事。元孫士鼎萬曆壬子鄉薦。」

〔二〕李宜春《嘉靖潁州志·秩官·知縣（太和）》：「凌士顔，廣東化州人。貢士，（嘉靖）十四年任。」《萬曆太和縣志·歷官·知縣題名（明）》：「凌士顔，號龍山，廣東化州人。由舉人，嘉靖十四年任。見《遺愛》。」《萬曆太和縣志·歷官·遺愛（明）》：「凌士顔，號龍山，廣東化州人。由舉人，嘉靖十四年任。下車之初，振作儒林，留心民瘼，以仁恕存心，以寬平爲政。暇日吟詠甚富。嘗捐俸刊社約，編以教民。」《道光化州志·文選舉·舉人（明）》：「凌士顔，庚午（一四九八）科。歷任大庾縣知縣。夔父。」

續表

皇明	知縣	縣丞	主簿	典史	教諭	訓導
今皇帝 嘉靖		賈鸞。山［江］西人。〔一〕 李具善。陝西人。〔二〕		皮秀。〔三〕 胡光大。〔四〕 羅大聲。湖廣麻城人，十二年任。〔五〕	張漢。餘姚人。〔六〕	

〔一〕李宜春《嘉靖潁州志·秩官·縣丞（太和）》：「賈鸞，山［江］西人……俱嘉靖間任。」《萬曆太和縣志·歷官·（明）縣丞題名》：「賈鸞，江西臨川人。正德十三年（一五一八）任。」

〔二〕李宜春《嘉靖潁州志·秩官·縣丞（太和）》：「……李具善，陝西人。俱嘉靖間任。」《萬曆太和縣志·歷官·（明）縣丞題名》：「李具善。陝西人。嘉靖年間任。」

〔三〕李宜春《嘉靖潁州志·秩官·典吏（太和）》：「皮秀……俱嘉靖初任。」《萬曆太和縣志·歷官·典史題名（明）》：「皮秀，江西豐城人。嘉靖元年（一五二二）任。」

〔四〕李宜春《嘉靖潁州志·秩官·典吏（太和）》：「……胡光大。俱嘉靖初任。」《萬曆太和縣志·歷官·典史題名（明）》：「胡光大，浙江人。嘉靖十年（一五三一）任。」

〔五〕李宜春《嘉靖潁州志·秩官·典吏（太和）》：「羅大聲，湖廣麻城人。（嘉靖）十二年任。」《萬曆太和縣志·歷官·典史題名（明）》：「羅大聲，湖廣麻城人。嘉靖十三年任。」

〔六〕李宜春《嘉靖潁州志·秩官·教諭（太和）》：「張漢，浙江餘姚人。嘉靖元年任。」《萬曆太和縣志·歷官·教諭題名（明）》：「張漢，浙江餘姚人。嘉靖年間任。」《光緒餘姚縣志·選舉表·歲貢（明）》：「（正德九年甲戌）張漢，泰和教諭。」

續表

皇明	今皇帝 嘉靖
知縣	
縣丞	
主簿	
典史	
教諭	楊大器。河南人，貢士，十二年任。〔一〕
訓導	東朝陽。河南項城人，八年（一五二九）任。陞教諭。〔二〕 張廷獻。廣東河源人，選貢，十五年（一五三六）任。〔三〕

《職官表》終

〔一〕李宜春《嘉靖潁州志·秩官·教諭（太和）》：「楊大器，河南人。貢士，（嘉靖）十二年任。」《萬曆太和縣志·歷官·教諭題名（明）》：「楊大器，河南遂平人。由舉人，嘉靖十一年（一五三二）任。」

〔二〕李宜春《嘉靖潁州志·秩官·訓導（太和）》：「東朝陽，河南項城人。嘉靖八年（一五二九）任。陞教諭。」《萬曆太和縣志·歷官·訓導題名（明）》：「東朝陽，河南項城人。嘉靖十二年任。」《宣統項城縣志·選舉表·貢生（明）》：「（嘉靖）東朝陽，涇州教授，陞湖北孝感縣知縣。」

〔三〕李宜春《嘉靖潁州志·秩官·訓導（太和）》：「張廷獻，廣東河源人。選貢，（嘉靖）十五年（一五三六）任。」《萬曆太和縣志·歷官·訓導題名（明）》：「張廷獻，號□□，廣東惠州府河源縣人。由選貢，嘉靖十五年任。陞金華教諭。」《光緒惠州府志·選舉表·歲貢（明河源）》：「（嘉靖）張廷獻，十四年，教諭。」

皇明	巡檢驛丞	倉局遞運	典術典科	僧正道正
潁州	何安。番禺人。柳河驛。〔一〕	李斌。所大使。〔二〕	盧斌。	覺遠。
	段禎。〔三〕	李旻。倉大使。〔四〕	盧鉞。	子信。
	趙玉。柏鄉人。〔五〕	臧政。倉副使。〔六〕	時泰。	廣本。
	石謂。肥鄉人。俱潁川驛。〔七〕	陸弘。所大使。〔八〕	毛緯。	明森。
	張迪。劉龍驛。〔九〕	郭良輔。倉大使。〔一〇〕	時恭。	明開。

〔一〕李宜春《嘉靖潁州志·秩官·驛丞》：「何安，番禺人。柳河驛。今革。」

〔二〕李宜春《嘉靖潁州志·秩官·所大使》：「所大使二人：李斌……今革。」

〔三〕李宜春《嘉靖潁州志·秩官·驛丞》：「段禎，潁川驛。」

〔四〕李宜春《嘉靖潁州志·秩官·倉大使》：「倉大使十四人：李旻……」

〔五〕李宜春《嘉靖潁州志·秩官·驛丞》：「趙玉，柏鄉人……已上俱潁川水驛。」

〔六〕李宜春《嘉靖潁州志·秩官·倉副使》：「副使十三人：臧政。」

〔七〕李宜春《嘉靖潁州志·秩官·驛丞》：「石謂，肥鄉人……已上俱潁川水驛。」

〔八〕李宜春《嘉靖潁州志·秩官·所大使》：「所大使二人：……陸弘。今革。」

〔九〕李宜春《嘉靖潁州志·秩官·驛丞》：「張迪，劉龍驛。今革。」

〔一〇〕李宜春《嘉靖潁州志·秩官·倉大使》：「倉大使十四人：……郭良輔。」

續表

皇明	巡檢驛丞	倉局遞運	典術典科	僧正道正
	孫禄。巡檢。〔一〕	危鑾。倉副使。〔二〕	毛續。	貴然。
	劉紀。鄧州人。〔三〕	翟錦。倉大使。〔四〕	時遇。	惠朗。
	李宦。濟南人。〔五〕	盧鳳。倉副使。〔六〕	楊賓。俱本州人。典術。〔七〕	惠恩。
	荆春。平度人。〔八〕	范正。倉大使。〔九〕	吴善。	海瑛。
	趙廷輔。平陰人。〔一〇〕	賈東周。倉副使。〔一一〕	丁南。	清孝。

〔一〕李宜春《嘉靖潁州志·秩官·巡檢（沈丘鎮）》：「孫禄。」

〔二〕李宜春《嘉靖潁州志·秩官·倉副使》：「副使十三人：……危鑾。」

〔三〕李宜春《嘉靖潁州志·秩官·驛丞》：「劉紀，鄧州人……已上俱潁川水驛。」

〔四〕李宜春《嘉靖潁州志·秩官·倉大使》：「倉大使十四人：……翟錦。」

〔五〕李宜春《嘉靖潁州志·秩官·驛丞》：「李宦，濟南人……已上俱潁川水驛。」

〔六〕李宜春《嘉靖潁州志·秩官·倉副使》：「副使十三人：……盧鳳。」

〔七〕李宜春《嘉靖潁州志·秩官·署印典術典科》：「楊賓。郭士元。俱本州人。」

〔八〕李宜春《嘉靖潁州志·秩官·驛丞》：「荆春，平度人……已上俱潁川水驛。」

〔九〕李宜春《嘉靖潁州志·秩官·倉大使》：「倉大使十四人：……范正。」

〔一〇〕李宜春《嘉靖潁州志·秩官·驛丞》：「趙廷輔，平陰人……已上俱潁川水驛。」

〔一一〕李宜春《嘉靖潁州志·秩官·倉副使》：「副使十三人：……賈東周。」

續表

皇明	巡檢驛丞	倉局遞運	典術典科	僧正道正
	楊秀純。施秉人。俱潁川驛。〔一〕	王伯昇。莒州人。倉大使。〔二〕	李義。	海府。
		虞邦崇。縉雲人。倉副使。〔三〕	閻仲恩。	清錦。
	趙柰。定興人。巡檢。〔四〕	趙璇。河内人。倉副使。〔五〕	王璽。	净亮。俱本州人。僧正。
		李橋。本州（人），散官。	郭士元。	韓福宗。
		張相。本州（人），散官。	吴悌。	張永良。俱本州人。道正。
		羅錫。本州人。典術。	任濟。俱本州人。典科。	
潁上	驛丞	倉局遞運	訓術 訓科	僧會 道會
	陳莊。甘城驛。〔六〕	熊景仁。局官。〔七〕	車日新。訓術。〔八〕	義山。〔九〕

〔一〕李宜春《嘉靖潁州志・秩官・驛丞》：「楊秀純，貴州施秉人，承差，嘉靖十一年（一五三二）任……已上俱潁川水驛。」

〔二〕李宜春《嘉靖潁州志・秩官・倉大使》：「倉大使十四人：……王伯昇，莒州人。」

〔三〕李宜春《嘉靖潁州志・秩官・倉副使》：「副使十三人：……虞邦崇，縉雲人。」

〔四〕李宜春《嘉靖潁州志・秩官・巡檢（沈丘鎮）》：「趙柰，定興人。」

〔五〕李宜春《嘉靖潁州志・秩官・倉副使》：「副使十三人：……趙璇，河内人，嘉靖十五年（一五三六）任。」

〔六〕李宜春《嘉靖潁州志・秩官・潁上縣（驛丞）》：「陳莊……已上俱甘城驛。」僅存其名。

〔七〕李宜春《嘉靖潁州志・秩官・潁上縣》：「税課局大使八人：熊景仁……今革。」《順治潁上縣志・秩官・雜職（税課局大使）》：「熊景仁，山東人。」

〔八〕《順治潁上縣志・秩官・雜職（陰陽學）》：「車日新，潁州人。」

〔九〕《順治潁上縣志・秩官・雜職（僧會司僧會）》僅存其名。

續表

潁上	驛丞	倉局遞運	訓術 訓科	僧會 道會
	羅明。〔一〕	孔孚。所官。〔二〕	王子中。訓科。〔三〕	義隆。〔四〕
	張冕。俱江口驛。〔五〕	鄭德［得］旻。局官。〔六〕	苗政。訓術。〔七〕	元覺。〔八〕
	張文振。〔九〕	毛淵。所官。〔一〇〕	趙可復。訓科。俱本州人。〔一一〕	可信。〔一二〕

〔一〕李宜春《嘉靖潁州志·秩官·潁上縣（驛丞）》：「羅明……已上俱江口驛。今革。」《順治潁上縣志·秩官·雜職（江口驛驛丞）》僅存其名。

〔二〕李宜春《嘉靖潁州志·秩官·潁上縣》：「遞運所大使十四人：孔孚……今革。」《順治潁上縣志·秩官·雜職（遞運所大使）》僅存其名。

〔三〕「中」字，一作「仲」。《順治潁上縣志·秩官·雜職（醫學訓科）》：「王子仲……」

〔四〕《順治潁上縣志·秩官·雜職（僧會司僧會）》：「釋義隆……」

〔五〕李宜春《嘉靖潁州志·秩官·潁上縣（驛丞）》：「張冕……已上俱江口驛。今革。」《順治潁上縣志·秩官·雜職（江口驛驛丞）》僅存其名。

〔六〕李宜春《嘉靖潁州志·秩官·潁上縣》：「税課局大使八人：……鄭得旻……今革。」《順治潁上縣志·秩官·雜職（税課局大使）》僅存其名。

〔七〕《順治潁上縣志·秩官·雜職（陰陽學）》：「苗政，潁州人。」

〔八〕《順治潁上縣志·秩官·雜職（僧會司僧會）》：「釋元覺……」

〔九〕李宜春《嘉靖潁州志·秩官·潁上縣（驛丞）》：「張文振……已上俱甘城驛。」《順治潁上縣志·秩官·雜職（甘城驛驛丞）》僅存其名。

〔一〇〕李宜春《嘉靖潁州志·秩官·潁上縣》：「遞運所大使十四人：……毛淵……今革。」《順治潁上縣志·秩官·雜職（遞運所大使）》僅存其名。

〔一一〕《順治潁上縣志·秩官·雜職（醫學訓科）》：「趙可復……」

〔一二〕《順治潁上縣志·秩官·雜職（僧會司僧會）》：「釋可信……」

續表

潁上	驛丞	倉局遞運	訓術 訓科	僧會 道會
	鄭廣。山西人。〔一〕	安仁。山東人。〔二〕	王仲和。訓術。〔三〕	悟鍾。俱僧會。〔四〕
	徐敏。鄞縣人。俱甘城驛。〔五〕	鄭□。山東人。〔六〕	王元良。訓科。〔七〕	
	李嵩。江口驛。〔八〕	鄧順。四川人。俱局官。〔九〕	名聰。訓科。〔一〇〕	

〔一〕李宜春《嘉靖潁州志·秩官·潁上縣（驛丞）》：「鄭廣，山西人……已上俱甘城驛。」

〔二〕李宜春《嘉靖潁州志·秩官·潁上縣》：「税課局大使八人：……安仁，山東人……今革。」《順治潁上縣志·秩官·雜職（税課局大使）》：「安仁，山東人。」

〔三〕《順治潁上縣志·秩官·雜職（陰陽學）》僅存其名。

〔四〕《順治潁上縣志·秩官·雜職（僧會司僧會）》：「釋悟鍾……」

〔五〕李宜春《嘉靖潁州志·秩官·潁上縣（驛丞）》：「徐敏，鄞縣人……已上俱甘城驛。」《順治潁上縣志·秩官·雜職（甘城驛驛丞）》：「徐敏，鄞縣人。」

〔六〕其人當爲鄭師儒。李宜春《嘉靖潁州志·秩官·潁上縣》：「税課局大使八人：……鄭師儒，山東人……今革。」

〔七〕《順治潁上縣志·秩官·雜職（醫學訓科）》：「王元良……」

〔八〕李宜春《嘉靖潁州志·秩官·潁上縣（驛丞）》：「李嵩……已上俱江口驛。今革。」《順治潁上縣志·秩官·雜職（江口驛驛丞）》僅存其名。

〔九〕李宜春《嘉靖潁州志·秩官·潁上縣》：「税課局大使八人：……鄧順，山東人……今革。」《順治潁上縣志·秩官·雜職（税課局大使）》：「鄧順，山東人。」

〔一〇〕《順治潁上縣志·秩官·雜職（醫學訓科）》：「名聰……」

續表

潁上	驛丞	倉局遞運	訓術 訓科	僧會 道會
	李錫。山東人。〔一〕	杜本。濱州人。所官。〔二〕	劉江。訓術。〔三〕	
	尹盛。山東人。俱甘城驛。〔四〕	孫繹。山東人。〔五〕	劉輷。訓術。〔六〕	
	嚴舉。山西人。〔七〕	王□。山東人。俱局官。〔八〕	任誠。訓科。	

〔一〕李宜春《嘉靖潁州志·秩官·潁上縣（驛丞）》：「李錫，山東人……已上俱甘城驛。」《順治潁上縣志·秩官·雜職（甘城驛驛丞）》：「李錫，山東人。」

〔二〕李宜春《嘉靖潁州志·秩官·潁上縣》：「遞運所大使十四人：……杜本，濱州人……今革。」《順治潁上縣志·秩官·雜職（遞運所大使）》：「杜本，山東濱州人。」

〔三〕《順治潁上縣志·秩官·雜職（陰陽學）》僅存其名。

〔四〕李宜春《嘉靖潁州志·秩官·潁上縣（驛丞）》：「尹盛，山東人……已上俱甘城驛。」《順治潁上縣志·秩官·雜職（甘城驛驛丞）》：「尹盛，山東人。」

〔五〕李宜春《嘉靖潁州志·秩官·潁上縣》：「税課局大使八人：……孫繹，山東人……今革。」《順治潁上縣志·秩官·雜職（税課局大使）》：「孫澤［繹］，山東人。」

〔六〕《順治潁上縣志·秩官·雜職（陰陽學）》：「劉輷。江之子。」

〔七〕「西」字，一作「東」。李宜春《嘉靖潁州志·秩官·潁上縣（驛丞）》：「嚴舉，山西人……已上俱甘城驛。」《順治潁上縣志·秩官·雜職（江口驛驛丞）》：「嚴舉，山東人。」

〔八〕李宜春《嘉靖潁州志·秩官·潁上縣》：「税課局大使八人：……王□，山東人，逸其名……今革。」

續表

穎上	驛丞	倉局遞運	訓術 訓科	僧會 道會
	宋□。山西人。俱江口驛。〔一〕	何英。山東人。所官。〔二〕	劉東。〔三〕	
	季倫。保定人。〔四〕	楊清。山東人。局官。〔五〕	林鳳鳴。俱訓術。〔六〕	
	李瑞。山東人。〔七〕	傅□。保定人。〔八〕	任繼。訓科。俱本縣人。〔九〕	

〔一〕其人當爲宋恕。」《順治潁上縣志・秩官・雜職（江口驛驛丞）》：「宋恕。」

〔二〕李宜春《嘉靖潁州志・秩官・潁上縣》：「遞運所大使十四人：……何英，山東人……今革。」《順治潁上縣志・秩官・雜職（遞運所大使）》：「何英，山東人。」

〔三〕《順治潁上縣志・秩官・雜職（陰陽學）》：「劉東。輗之子。」

〔四〕李宜春《嘉靖潁州志・秩官・潁上縣（驛丞）》：「季倫，保定人……已上俱甘城驛。」《順治潁上縣志・秩官・雜職（甘城驛驛丞）》：「季倫，保定人。」

〔五〕李宜春《嘉靖潁州志・秩官・潁上縣》：「稅課局大使八人：……楊清，山東人。今革。」

〔六〕《順治潁上縣志・秩官・雜職（陰陽學）》僅存其名。

〔七〕李宜春《嘉靖潁州志・秩官・潁上縣（驛丞）》：「李瑞，山東人……已上俱甘城驛。」《順治潁上縣志・秩官・雜職（甘城驛驛丞）》：「李瑞，山東人。」

〔八〕其人當爲傅保。李宜春《嘉靖潁州志・秩官・潁上縣》：「遞運所大使十四人：……傅□，保定人，逸其名……今革。」《順治潁上縣志・秩官・雜職（遞運所大使）》：「傅保，保定人。」

〔九〕《順治潁上縣志・秩官・雜職（醫學訓科）》：「任繼……」

續表

潁上	驛丞	倉局遞運	訓術 訓科	僧會 道會
	鄧順［頤］。四川人。俱甘城驛。〔一〕	劉順［頤］。棗陽人。〔二〕		
	吴文振。山西人。〔三〕	劉偉。晉寧人。〔四〕		
	陳璁。湖廣人。〔五〕	楊清。高唐人。〔六〕		

〔一〕「順」字，一作「瑞」。李宜春《嘉靖潁州志·秩官·潁上縣（驛丞）》：「鄧順，四川人……已上俱甘城驛。」《順治潁上縣志·秩官·雜職（甘城驛驛丞）》：「鄧瑞，四川人。」

〔二〕李宜春《嘉靖潁州志·秩官·潁上縣》：「遞運所大使十四人：……劉頤，棗陽人……今革。」《順治潁上縣志·秩官·雜職（遞運所大使）》：「劉頤，棗陽人。」

〔三〕李宜春《嘉靖潁州志·秩官·潁上縣（驛丞）》：「吴文振，山西人……已上俱江口驛。今革。」《順治潁上縣志·秩官·雜職（江口驛驛丞）》：「吴文振，山西人。」

〔四〕李宜春《嘉靖潁州志·秩官·潁上縣》：「遞運所大使十四人：……劉偉，晉寧人……今革。」《順治潁上縣志·秩官·雜職（遞運所大使）》：「劉偉，江西人。」

〔五〕李宜春《嘉靖潁州志·秩官·潁上縣（驛丞）》：「陳璁，湖廣人……已上俱江口驛。今革。」《順治潁上縣志·秩官·雜職（江口驛驛丞）》：「陳璁，湖廣人。」

〔六〕李宜春《嘉靖潁州志·秩官·潁上縣》：「遞運所大使十四人：……楊清，高唐人……今革。」《順治潁上縣志·秩官·雜職（遞運所大使）》：「楊清，高唐人。」

續表

潁上	驛丞	倉局遞運	訓術 訓科	僧會 道會
	王進德。福建人。俱江口驛。〔一〕	寧杲。江西人。〔二〕		
		童尹。黃巖人。〔三〕		
	郭成賢。山東人。〔四〕	陳安。滑縣人。〔五〕		
	周鳳。山東人。〔六〕	阮忠愛。四會人。〔七〕		

〔一〕李宜春《嘉靖潁州志·秩官·潁上縣（驛丞）》：「……王進德，福建人。已上俱江口驛。今革。」《順治潁上縣志·秩官·雜職（江口驛驛丞）》：「王進德，閩縣人。」

〔二〕李宜春《嘉靖潁州志·秩官·潁上縣》：「遞運所大使十四人：……寧杲，江西人……今革。」《順治潁上縣志·秩官·雜職（遞運所大使）》：「寧杲，江西人。」

〔三〕李宜春《嘉靖潁州志·秩官·潁上縣》：「遞運所大使十四人：……童尹，黃巖人……今革。」《順治潁上縣志·秩官·雜職（遞運所大使）》：「童尹，蘭溪人。」

〔四〕李宜春《嘉靖潁州志·秩官·潁上縣（驛丞）》：「郭成賢，山東人……已上俱甘城驛。」《順治潁上縣志·秩官·雜職（甘城驛驛丞）》：「郭成賢，山東人。」

〔五〕李宜春《嘉靖潁州志·秩官·潁上縣》：「遞運所大使十四人：……陳安，滑縣人……今革。」《順治潁上縣志·秩官·雜職（遞運所大使）》：「陳安，滑縣人。」

〔六〕李宜春《嘉靖潁州志·秩官·潁上縣（驛丞）》：「周鳳，山東人……已上俱甘城驛。」《順治潁上縣志·秩官·雜職（甘城驛驛丞）》：「周鳳，山東人。」

〔七〕李宜春《嘉靖潁州志·秩官·潁上縣》：「遞運所大使十四人：……阮忠愛，四會人……今革。」《順治潁上縣志·秩官·雜職（遞運所大使）》：「阮忠愛，四會人。」

續表

潁上	驛丞	倉局遞運	訓術 訓科	僧會 道會
	齊相。山東人。〔一〕	崔允。歷城人。〔二〕		
	殷域。河南人。〔三〕	郭環。獲嘉人。〔四〕		
	周斐。河南人。〔五〕			
太和	**巡檢驛丞**	**局官遞運**	**訓術 訓科**	**僧會 道會**
	趙旺。和陽驛。〔六〕	周原。所官。〔七〕	孟克誠。訓術。〔八〕	

〔一〕李宜春《嘉靖潁州志·秩官·潁上縣（驛丞）》：「齊相，山東人……已上俱甘城驛。」《順治潁上縣志·秩官·雜職（甘城驛驛丞）》：「齊相，山東人。」

〔二〕李宜春《嘉靖潁州志·秩官·潁上縣》：「遞運所大使十四人：……崔允，歷城人……今革。」《順治潁上縣志·秩官·雜職（遞運所大使）》：「崔允，歷城人。」

〔三〕李宜春《嘉靖潁州志·秩官·潁上縣（驛丞）》：「殷域，河南人……已上俱甘城驛。」《順治潁上縣志·秩官·雜職（甘城驛驛丞）》僅存其名。

〔四〕李宜春《嘉靖潁州志·秩官·潁上縣》：「遞運所大使十四人：……郭環，獲嘉人。今革。」《順治潁上縣志·秩官·雜職（遞運所大使）》：「郭環，護加［獲嘉］人。」

〔五〕李宜春《嘉靖潁州志·秩官·潁上縣（驛丞）》：「周斐，河南人……已上俱甘城驛。」《順治潁上縣志·秩官·雜職（甘城驛驛丞）》僅存其名。

〔六〕李宜春《嘉靖潁州志·秩官·驛丞》：「趙旺……俱和陽驛……俱裁革。」《萬曆太和縣志·歷官·驛丞（明）》僅存其名。

〔七〕李宜春《嘉靖潁州志·秩官·遞運所官》：「遞運所官一人：周原。今裁革。」《萬曆太和縣志·歷官·大使（明）》：「周原。年籍無考。」

〔八〕《萬曆太和縣志·歷官·訓術》：「孟克誠……以上無考。」

續表

太和	巡檢驛丞	局官遞運	訓術 訓科	僧會 道會
	馬成。界溝驛。〔一〕	陶仁淵。局官。〔二〕	馬榮。訓科。〔三〕	
	羅素。和陽驛。〔四〕		陳旻。訓術。	

《附職官表》終

〔一〕李宜春《嘉靖潁州志·秩官·驛丞》：「馬成，界溝驛。俱裁革。」《萬曆太和縣志·歷官·驛丞》：「……馬成。年籍俱無考。」

〔二〕李宜春《嘉靖潁州志·秩官·稅課局官》：「稅課局官一人：陶仁淵。今裁革。」《萬曆太和縣志·歷官·大使（明）》：「陶仁淵，廣西平樂人。洪武中任。自洪峒知縣以罪謫太和，因附籍於此。後圮縣丞煥，其裔也。」

〔三〕《萬曆太和縣志·歷官·訓科》：「馬榮……以上無考。」

〔四〕李宜春《嘉靖潁州志·秩官·驛丞》：「……羅素。俱和陽驛……俱裁革。」《萬曆太和縣志·歷官·驛丞》僅存其名。

潁州志卷之四

表五·人物

《人物表》，表人物也。太上立德，其次立功。故夫人之所以出於人物之表者，不在富與貴，而在功與德也。先儒有曰：「一命之士，苟存心於愛物，於人必有所濟。」[一]安知雜科之中，豈無若是班乎？苟徒以富貴爲心，則雖文擢大魁，位登宰輔，即孔子所謂鄙夫也，寧不爲科名之玷？故尚論古今人物也，道德爲上，功名次之，修政立事者又次之，富貴不足言也。以是觀人，則其人之賢與否也，安能免於後世之議？

［一］此爲宋人程顥語。程頤《明道先生行狀》：「先生常云：『一命之士，苟存心於愛物，於人必有所濟。』」

春秋	
仕	**伍員。**字子胥，潁乾溪人。父奢，兄尚，俱仕楚，諫楚平王被害。員奔吳，隱身修行，吳王以爲相。〔一〕 **伍舉。**仕楚，爲大夫，食邑椒，故又名椒舉。〔二〕
寓	
隱	

〔一〕伍員（？——前四八四），字子胥，又稱申胥，楚國人。《史記》有傳。《正德潁州志·人物·春秋》：「伍員，字子胥，潁川乾溪人。其父奢、兄尚俱仕楚，爲大夫。諫楚平王荒淫，遂俱被殺。先是，奢令員逃生，員如命奔吳。初不以爲才，員隱身修行。盍［闔］閭聞而賢之，遂相吳。魯定公四年（前五〇六）以吳師入楚，楚敗奔義陽。員伐平王塚，出屍鞭之，以復父之讎。復歸相吳，被讒賜死。宋張詠有《吊伍員》詩：『生能酬楚怨，死可報吳恩。直氣海濤在，片心江月存。』其故家今名伍名溝云。」按，此處所謂張詠「《吊伍員》詩」，實爲范仲淹《伍相廟》。李宜春《嘉靖潁州志·人物·忠義（春秋）》：「伍員，字子胥，潁乾溪人。父奢、子尚俱仕楚，爲大夫，諫楚平王荒淫，俱被殺。子胥亡入吳，因公子光求見吳王。後子光刺王僚自立，爲吳王闔閭，召子胥，與謀國事。九年（前五〇六），吳興師伐楚，楚昭王奔郢。子胥乃伐平王塚，出屍鞭之，以復父之讎。復歸相吳。太子夫差立，以伯嚭爲太宰，復伐越。越請和，委國爲臣。子胥强諫欲伐齊，又諫，伯嚭讒而毁之。夫差乃使使賜子胥屬鏤之劍，曰：『子以此死。』子胥仰天歎曰：『嗟乎！讒臣嚭爲亂矣，王乃反誅我。我令若父霸，自若未立時，諸公子争立，我以死争之於先王，幾不得立。若既得立，欲分吳國予我，我顧不敢望也。然今若聽諛臣言以殺長者。』乃告其舍人曰：『必樹吾墓上以梓，令可以爲器；而抉吾眼，縣吾東門之上，以觀越寇之入滅吳也。』乃自剄死。夫差聞之大怒，乃取子胥屍，盛以鴟夷革，浮之江中。吳人憐之，爲立祠於江上，因命曰胥山。」

〔二〕伍舉，又名椒舉，楚國人。曾任楚國大夫。《左傳·襄公二十六年》：「初，楚伍參與蔡太師子朝友，其子伍舉與聲子相善也。伍舉娶於王子牟。王子牟爲申公而亡，楚人曰：『伍舉實送之。』伍舉奔鄭，將遂奔晉。聲子將如晉，遇之於鄭郊，班荆相與食，而言復故。聲子曰：『子行也，吾必復子。』及宋向戌將平晉、楚，聲子通使於晉，還如楚……聲子曰：『今又有甚於此。椒舉娶於申公子牟，子牟得戾而亡，君大夫謂椒舉：女實遣之。懼而奔鄭，引領南望，曰：庶幾赦余。亦弗圖也。今在晉矣，晉人將與之縣，以比叔向。彼若謀害楚國，豈不爲患？』子木懼，言諸王，益其禄爵而復之。聲子使椒鳴逆之。」《正德潁州志·人物·春秋》：「伍舉，仕楚，爲大夫。食邑椒，故又名椒舉。即今椒陂鎮是也。」

續表

	仕	寓	隱
春秋	沈諸梁。字子羔［高］。仕楚，葉縣尹。詳《左傳》。〔一〕		
列國			沈郢。沈丘人。傳見《遺逸》。
漢			
武帝 征和	何比干。傳見《鄉賢》。		許曼。平輿人，善卜占。詳本傳。〔二〕
東漢			

〔一〕沈諸梁，字子高，楚國人。曾任楚國葉縣尹，故稱葉公。事見《左傳·哀公十六年（前四七九）》。《正德潁州志·人物·春秋》：「沈諸梁，字子羔［高］。仕楚，爲葉縣尹。按《左傳·哀公十三［六］年》：楚人白公勝作亂。殺令尹子西，攻惠王。子羔［高］討之。或曰：『君胡不胄？矢若傷君，是絶民望也。』乃胄而進。又曰：『君胡胄？國人見君面，是得艾也。』乃免胄而進。平，惠王復國，封葉公。性喜畫龍，嘗游孔門。」李宜春《嘉靖潁州志·人物·忠義》：「沈諸梁，字子高。仕楚，爲葉縣尹。哀公十六年，楚人白公勝作亂，殺令尹子西，攻惠王。子高討之。或曰：『君胡不胄？矢若傷君，是絶民望也。』乃胄而進。又曰：『君胡胄？國人見君面，是得艾也。』乃免胄而進。惠王復國，封葉公。」

〔二〕許曼，《後漢書》有傳。《成化中都志·藝術·潁州》：「許曼，汝南平輿人。祖父峻，字季山，善占卜之術，多有顯驗，時人方之前世京房。所著《易林》行於世。曼少傳峻學。桓帝時，隴西太守馮緄始拜郡開綬笥，有兩赤蛇分南北走，令曼筮之，曰：『三歲之後，君當爲邊將官，有東名，當東北行三千里。復五年，更爲大將軍南征。』延熹元年（一五八），緄果爲遼東太守，討鮮卑。至五年（一六二），復拜車騎將軍，擊武陵蠻。皆如占。其餘多類此云。」李宜春《嘉靖潁州志·人物·方伎》：「許曼，平輿人。祖父峻善占卜之術，時人方之京房，所著有《易林》。曼少傳其學。桓帝時，隴西太守馮緄始拜郡開綬笥，有兩赤蛇分南北走，令曼筮之。曰：『三歲之後，君當爲邊將，行東北三千里。復五年，更爲大將軍。』南征後，果爲遼東太守，討鮮卑，復拜車騎將軍，擊武陵蠻。如其占。餘多徵驗。」

續表

	仕	寓	隱
光武 建武	**郭憲**。傳見《鄉賢》。 **許揚**。平輿人，詳本傳。〔一〕		
明帝 永平	**張酺**。細陽人。傳見《鄉賢》。 **戴憑**。平輿人。傳見《鄉賢》。		
安帝 永初			**廖扶**。平輿人。傳見《遺逸》。
桓帝 延熹	**陳蕃**。平輿人。傳見《鄉賢》。		
靈帝 建寧	**范滂**。細陽人。傳見《鄉賢》。	**袁宏**。避居汝陰，講學，坐釣潁濱。傳見《遺逸》。	
光和	**張濟**。字元江。酺曾孫。仕至司空。〔二〕		

〔一〕許揚，《後漢書》本傳：「許揚，字偉君，汝南平輿人也。少好術數。王莽輔政，召爲郎，稍遷酒泉都尉。及莽篡位，楊乃變姓名爲巫醫，逃匿它界。莽敗，方還鄉里。」

〔二〕張濟，東漢經學家張酺孫。《後漢書·張酺傳》：「張酺字孟侯，汝南細陽人。趙王張敖之後也……曾孫濟，好儒學。（《華嶠書》曰：「蕃生磐，磐生濟。濟字元江。靈帝初，楊賜薦濟明習典訓，爲侍講。」）光和中至司空，病罷。及卒，靈帝以舊恩贈車騎將軍、關内侯印綬。其年，追濟侍講有勞，封子根爲蔡陽鄉侯。濟弟喜，初平中爲司空。」

續表

	仕	寓	隱
獻帝 初平	**張喜**。濟弟，爲司空。俱見《黼傳》。〔一〕 **許劭**。平輿人。傳見《鄉賢》。		
蜀			
昭烈 章武	**許靖**。傳見《鄉賢》。		
吴	**吕範**。細陽人。傳見《鄉賢》。 **吕據**。範次子。爲太子右部督。〔二〕		
晉	**畢卓**。字茂世，鮦陽人。父諶，中書郎。卓少希放達，爲胡毋輔之所知，爲吏部郎。過江卒。〔三〕		

〔一〕張喜，張濟弟。見上條之注。

〔二〕吕據，吕範子。《三國志·吕範傳》：「範長子先卒，次子據嗣。據字世議，以父任爲郎，後範寢疾，拜副軍校尉，佐領軍事。範卒，遷安軍中郎將。數討山賊，諸深惡劇地，所擊皆破。隨太常潘濬討五谿，復有功。朱然攻樊，據與朱異破城外圍，還拜偏將軍，入補馬閑右部督，遷越騎校尉。太元元年（二五一），大風，江水溢流，漸淹城門，權使視水，獨見據使人取大船以備害。權嘉之，拜盪魏將軍。權寢疾，以據爲太子右部督。」

〔三〕畢卓，《晉書》本傳：「畢卓，字茂世，新蔡鮦陽人也。」畢卓既爲鮦陽人，則葬於鮦陽較爲可信。又開封亦有畢卓墓。李宜春《嘉靖潁州志·傳疑》：「畢卓。《舊志·流寓》載：『爲吏部侍郎，以罪謫居鮦陽，因家焉。』按《一統》載：『卓爲汝寧人物，又云汝陰鮦陽人，以飲酒廢職。』」

續表

	仕	寓	隱
晉	隗炤。汝陰人。詳《一統志》。〔一〕		
北朝	董紹。鮦陽人。傳見《鄉賢》。		
北魏		劉模。傳見《僑寓》。	
唐			
僖宗 廣明		段珂。秀實孫。傳見《僑寓》。	

〔一〕隗炤，《晉書》有傳。《大明一統志·中都·潁州（人物）》：「隗炤，汝陰人，善《易》。臨終書板授妻，曰：『後五年春，當有詔使來，姓龔。此人負吾金，即以此板往責。』至期，果有龔使至，妻齎板往，使者惘然，良久乃悟。取蓍筮之，歎曰：『妙哉！吾不負金，汝夫自有金。知汝漸困，故藏金以待。知我善《易》，故書板以寓意耳。金五百斤，盛以青甕，覆以銅梓［柈］，在屋東，去壁一丈，入地九尺。』掘之，如卜。」《成化中都志·藝術·潁州》：「隗炤，晉汝陰人，善《易》。臨終書板授妻，云：『後五年春，當有詔使至，姓龔。此人負吾金，即以此板往索。』至期，果有龔使至，其妻齎板往，使者惘然，良久乃悟。取蓍筮之，歎曰：『妙哉！隗兄可謂鏡窮達而洞吉凶者也。吾不負金，汝夫自有金。知亡後當暫窮，故藏金以待。知我善《易》，故書板以寄意耳。金五百斤，盛以青甕，覆以銅盤，在屋東，去壁一丈，入地九尺。』掘之，如卜。」《正德潁州志·人物·隋》：「隗炤，汝陰人，善《易》。臨終書版授妻，曰：『後五年，當有詔使來，姓龔。此人負吾金，即以此版往責。』至期，果有龔使，妻賫版往，使者惘然，良久乃悟。取蓍筮之，歎曰：『妙哉！吾不負金，汝夫自有金。知汝漸困，故藏金以待。知我善《易》，故書版以寓意爾。金五百斤，盛以青甕，覆以銅柈，在屋東，去壁一丈，入地九尺。』掘之，如卜。」李宜春《嘉靖潁州志·方伎》：「隗炤，汝陰人也。善於《易》。臨終，善版授其妻，曰：『吾亡後，當大荒窮離，汝慎莫賣宅也。當有詔使來頓此亭，姓龔者，負吾金，即以此版責之。』炤亡後，其家大困，欲賣宅，憶夫言輒止。期日，有龔使者止亭中，妻遂齎版往責之。使者執版惘然，不知所以。妻曰：『夫臨亡手書版，見命如此，不敢妄也。』使者良久而悟，曰：『賢夫何善？』妻曰：『夫善於《易》。』使者曰：『噫！可知矣！』乃取蓍筮之，卦成，撫掌而歎曰：『妙哉！隗生含明隱蹟，可謂鏡窮達而洞吉凶者也。』於是告炤妻曰：『吾不相負金也，賢夫自有金耳。知亡後漸窮，故藏金以待。所以不告者，恐金盡而困無已也。知吾善《易》，故書版以寄意耳。金有五百斤，盛以青甕，覆以銅柈，埋在堂屋東頭，去壁一丈，入地九尺。』妻還掘之，果如卜。」

續表

	仕	寓	隱
後梁 開平	**楊師厚。**潁州斤溝人。詳《一統志》。〔一〕 **王敬蕘。**汝陰人。見《職官表》。		
後晉 天福	**李穀。**汝陰人。少任俠，爲鄉人所困。發憤從學，所覽如宿。舉進士。歷晉、漢、周，終開府儀同三司。《宋史》論其：「更事異姓，不能以名節生死。且以籌策自名，乃不能料藝祖有容之量，受李筠餽遺，以憂死，何其繆耶？」〔二〕		

〔一〕楊師厚（？——九一五），五代時梁將，末帝時被封鄴王，加檢校太師、中書令。《舊五代史》《新五代史》有傳。《成化中都志·人才傳·太和縣（五代）》：「楊師厚，潁斤溝人。今爲斤溝店，屬太和。朱全忠表爲曹州刺史，又爲齊州刺史。全忠使攻青州，屯於臨朐，平盧節度使王師範出兵攻臨朐，師厚伏兵奮擊，大破之，殺萬餘人，獲師範弟師克。明日，萊州兵五千救青州，師厚邀擊之，殺獲殆盡，遂徙寨，抵其城下，師範遂請降於師厚。累功爲天雄節度使。朱友珪欲圖之，召計事。其下勸勿行，師厚曰：『吾不負梁，今雖往，無如我何？』」《正德潁州志·人物·五代》：「楊師厚，金溝人。梁時累立戰功，爲天雄節度使。太祖與晉戰河北，乃爲招討使，悉領勁兵。朱友珪欲圖之，召計事。其吏勸勿行，師厚曰：『吾不負梁，今雖往，無如我何？』乃朝於京師。」李宜春《嘉靖潁州志·將略》：「楊師厚，潁州人。梁時累立戰功，爲天雄節度使。太祖與晉戰河北，乃爲招討使，悉領勁兵。朱友珪欲圖之，召計事。其吏勸勿行，師厚曰：『吾不負梁，今雖往，無如我何。』乃朝京師。」

〔二〕李穀，字惟珍。五代時連仕各朝，周恭帝時加開府儀同三司，封趙國公。《宋史》有傳。《成化中都志·人才傳·潁州（五代）》：「李穀，汝陰人。重厚剛毅，言多造［詣］理。舉進士，從事華、泰二州。晉天福中擢監察御史。累官開府儀同三司，進封趙國公。宋建隆初卒，贈侍中。」《正德潁州志·人物·宋》：「李穀，汝陰人。厚重剛毅，言多諧理。舉進士，從事華、泰二州。晉天福中擢監察御史。累官開府儀同三司，進封趙國公。宋建隆中卒，贈侍中。歷事五姓。」李宜春《嘉靖潁州志·文苑》：「李穀，字惟珍，汝陰人。發憤從學，所覽如宿習。年二十七舉進士，連辟華、泰二州從事。晉天福中，擢監察御史。累遷開府儀同三司，進封趙國公。太祖即位，遣使賜器幣。建隆元年（九六〇）卒，太祖聞之震悼。穀爲人厚重剛毅，深沈有城府，言多詣理，辭氣明暢，人主爲之竦聽。好汲引寒士，多至顯位。然更事異姓，不能以名節生死，倫義廢矣！子吉至補闕，拱至太子中允。」

續表

	仕	寓	隱
宋			
太祖 乾德	**田欽祚。** 潁州人。爲將練習戎旅，頗著勤勞，但性剛戾，負氣屢凌主帥郭進，至自縊死。又所受月俸芻粟，多販鬻規移，爲部下所訴。故《宋史》謂「彊戾而乏温克，以速於戾」。〔一〕		
開寶	**尹拙。** 汝陰人。傳見《鄉賢》。 **尹季通。** 拙子。有文學，以蔭補國子博士。〔二〕 **舒元。** 沈丘人。傳見《鄉賢》。		
太宗 淳化	**丁罕。** 潁州人。傳見《名將》。		
真宗 咸平	**張綸。** 汝陰人。傳見《鄉賢》。		

〔一〕 田欽祚（？——九八六），由五代入宋，仕至引進使、晉州都鈐轄。《宋史》有傳。李宜春《嘉靖潁州志·將略》：「田欽祚，潁州人。爲將練習兵旅，頗著勤勞，但性剛戾，負氣屢凌主帥郭進，至自縊死。又所受月俸芻粟，多販鬻規利，爲部下所訴。故《宋史》謂：『彊戾而乏温克，以速於戾。』」

〔二〕 尹季通，尹拙子。見本書《鄉賢》「尹拙」條。

續表

	仕	寓	隱
大中祥符	**舒明［昭］遠。**知白子。任大理丞。以明經賜進士第，改太常博士。〔一〕		**張可象。**潁州人。傳見《孝義》。
仁宗	**王臻。**汝陰人。傳見《鄉賢》。	**歐陽修。**傳見《僑寓》。 **劉攽。**傳見《僑寓》。	
神宗 熙寧	**王回。**潁州人。傳見《鄉賢》。 **王向。**回弟。傳見《鄉賢》。 **常秩。**汝陰人。傳見《鄉賢》。 **焦千之。**汝陰焦陂人。傳見《鄉賢》。	**李之儀。**傳見《僑寓》。	**王仲言。**臻子。傳見《遺逸》。
徽宗 政和	**傅瑾。**汝陰人。傳見《鄉賢》。		
元			

〔一〕舒昭遠，舒元孫，舒知白子。《宋史·舒元传》：「舒元，潁州沈丘人。少倜儻好學……子知白、知雄、知崇……知白子昭遠，大中祥符五年，任大理評事，因對自陳，改大理寺丞，賜進士第，至太常博士。」李宜春《嘉靖潁州志·選舉·宋》：「舒明［昭］遠，潁州沈丘人。任大理寺丞，賜進士第，官至太常博士。」

續表

	仕	寓	隱
泰定帝 泰定	**李守中。** 潁州人。以才學入仕，累官工部尚書。見《黼傳》。[一] **李黼。** 守中子。傳見《死事》。 **李秉方。** 黼子。以父忠，官集賢待制。見《黼傳》。[二]		**李冕。** 守中子，黼兄。傳見《死事》。 **李秉昭。** 冕子。傳見《死事》。
順帝 元統	**王珪。** 見《傳》。[三]		
至正	**張紹祖。** 潁州人。傳見《孝義》。 **察罕帖木兒。** 傳見《名將》。 **擴廓帖木兒。** 罕子。傳見《名將》。		

〔一〕李守中（一二七〇——一三四二），字正卿，潁州人。李黼之父。起家承直郎、保定滿城縣尹，遷奉議大夫、户部主事，改知泗州，後以嘉議大夫、工部尚書致仕。蘇天爵《元故嘉議大夫工部尚書李公墓誌銘》云：「公諱守中，字正卿……公享年七十有三，至正二年（一三四二）五月壬午以疾薨。」《正德潁州志・人物・元》：「李守忠[中]。本州人。以才學入仕，累官工部尚書。」二〇一二年，阜陽出土了《大元贈僉書樞密院事李公之妻隴西郡太夫人魏氏墓誌銘》，墓主即李守中之繼母，中云：「夫人姓魏氏，潁州泰和縣瑞子埠巨族也，嬪於我家，爲僉樞公繼室。僉樞諱榮，字榮甫，世居廣平。至元甲子，父總（管）亞中公由汴徙潁，遂家焉……三子一女，皆高出也。長曰守中，字正卿，慷慨有大志，踐揚中外，聲實煊赫，□爲當代偉人，仕至尚書工部，薨於至正壬午（一三四二）五月……」

〔二〕見本書《死事》。

〔三〕王珪，《元史》中未立傳。《成化中都志・人才傳・潁州（元）》：「王珪，元統中擢南臺御史，克振風紀。」《正德潁州志・人物・元》：「王珪，元統中以承直郎擢南臺監察御史，有風紀聲。」李宜春《嘉靖潁州志・氣節・元》：「王珪，潁州人。元統中以承直郎擢監察御史，有風紀聲。」

皇明	甲科	鄉貢	歲薦	辟舉 年次無考	應例 年次無考
洪武 戊申（一三六八）				**安然**。傳見《鄉賢》。	
壬子（一三七二）				**李敏**。傳見《鄉賢》。	
戊午（一三七八）				**欒世英**。是年以歷任不怠，遷四川布政使。〔一〕	
甲子（一三八四）		**方亨**。考功郎中。〔二〕			

〔一〕《明史·選舉志三》：「是年（洪武六年）遂罷科舉，别令有司察舉賢才，以德行爲本，而文藝次之。其目，曰聰明正直，曰賢良方正，曰孝弟力田，曰儒士，曰孝廉，曰秀才，曰人才，曰耆民。皆禮送京師，不次擢用……賢良欒世英、徐景昇、李延中，儒士張璲、王廉爲布政使。」《成化中都志·人才傳·潁州（國朝）》：「欒世英，洪武十一年（一三七八）任四川布政使。」《正德潁州志·人物·本朝》：「欒世英，洪武初入仕。歷任不怠，官至四川布政使。」李宜春《嘉靖潁州志·人物·明》：「欒世英，潁州人。洪武初入仕，歷任不怠，官至四川布政使。」

〔二〕《成化中都志·科貢·鄉舉》：「（庚午科洪武二十三年）方亨，潁州人。」《成化中都志·人才傳·潁州（國朝）》：「方亨，由舉人，任沔池縣教諭，累遷吏部考功司員外郎。」《南畿志·鳳陽府·鄉舉科》：「（洪武甲子）方亨。潁州人。郎中。」《正德潁州志·科貢·科（本朝）》：「方亨，洪武十七年甲子（一三八四）中應天府鄉試，任至考功郎中。」李宜春《嘉靖潁州志·選舉·舉人》：「方亨，潁州人。任沔池教諭，累遷吏部考功司員外郎。」

續表

皇明	甲科	鄉貢	歲薦	辟舉 年次無考	應例 年次無考
庚午（一三九〇）		韓進。監察御史。〔一〕	邢守仁。知府。〔二〕	竇松。監察御史，有聲於時。〔三〕	
辛未（一三九一）			張泌。傳見《鄉賢》。	李翰。福建布政司參政。〔四〕	

〔一〕《成化中都志·科貢·鄉舉》：「（庚午科洪武二十三年）韓進，潁州人。」《成化中都志·人才傳·潁州（國朝）》：「韓進，由舉人任監察御史。」《南畿志·鳳陽府·鄉舉科》：「（洪武庚午）韓進，潁州人。御史。」《正德潁州志·科貢·科（本朝）》：「韓進，洪武二十三年庚午（一三九〇）中應天府鄉試，任監察御史。」李宜春《嘉靖潁州志·選舉·舉人》：「韓進，潁州人。洪武庚午中式，終監察御史。」

〔二〕《成化中都志·人才傳·潁州（國朝）》：「邢守仁，任刑科給事中，陞金華府知府。」《正德潁州志·科貢·貢（本朝）》：「邢守仁，洪武應貢。仕至知府。」李宜春《嘉靖潁州志·選舉·歲貢》：「邢守仁，金華知府。」《萬曆金華府志·官師·國朝知府》：「邢守仁，潁州人。洪武中由給事中任。」

〔三〕《成化中都志·人才傳·潁州（國朝）》：「竇松，任浙江道監察御史。」《正德潁州志·人物·本朝》：「竇松，洪武中任監察御史，所至有冰蘗聲。」李宜春《嘉靖潁州志·人物·明》：「竇松，潁州人。洪武初任監察御史，雅尚節操，冰蘗著聲。」

〔四〕《成化中都志·人才傳·潁州（國朝）》：「李翰，洪武十一年（一三七八）除福建布政司參政。」李宜春《嘉靖潁州志·辟舉》：「李翰，洪武間以人才授福建布政司參政。」

續表

皇明	甲科	鄉貢	歲薦	辟舉 年次無考	應例 年次無考
癸酉（一三九三）		**焦敏**。金華知府。[一]	**周鎬**。布政司參議。[二]		
永樂 乙酉（一四〇五）		**李泰**。固始訓導。[三] **吴翔**。府學教授。[四]			

〔一〕《成化中都志·科貢·鄉舉》：「（癸酉科洪武二十六年）焦敏，潁州人。」《成化中都志·人才傳·潁州（國朝）》：「焦敏，由舉人任西安府知府。」《南畿志·鳳陽府·鄉舉科》：「（洪武癸酉）焦敏，潁州人。知府。」《正德潁州志·科貢·科（本朝）》：「焦敏，洪武二十六年癸酉中應天府鄉試，仕至金華知府。」李宜春《嘉靖潁州志·選舉·舉人》：「焦敏，潁州人。洪武癸酉中式，終金華知府。」《萬曆金華府志·官師·國朝知府》：「焦敏，潁州人。洪武二十五年（一三九二），由舉人授任。」

〔二〕《成化中都志·人才傳·潁州（國朝）》：「周鎬，由監生任兵科給事中，陞浙江布政司左參政，調河南左參政。」《正德潁州志·科貢·貢（本朝）》：「周鎬，洪武應貢。仕至左參議。」李宜春《嘉靖潁州志·選舉·歲貢》：「周鎬，河南左參政。俱洪武間貢。」

〔三〕《成化中都志·科貢·鄉舉》：「（乙酉科永樂三年）李泰，潁州人。」《南畿志·鳳陽府·鄉舉科》：「（永樂癸未）李泰，潁州人。訓導。」《正德潁州志·科貢·科（本朝）》：「李泰，永樂元年癸未（一四〇三）補科中應天府鄉試，任固始縣訓導。」李宜春《嘉靖潁州志·選舉·舉人》：「李泰，潁州人。永樂乙酉中式，固始縣學訓導。」

〔四〕《成化中都志·科貢·鄉舉》：「（乙酉科永樂三年）吴翔，潁州人。」《南畿志·鳳陽府·鄉舉科》：「（永樂乙酉）吴翔，潁州人。教諭。」《正德潁州志·科貢·科（本朝）》：「吴翔，永樂三年乙酉中應天府鄉試。任府教授。」李宜春《嘉靖潁州志·選舉·舉人》：「吴翔，潁州人。永樂乙酉中式。府學教授。」

續表

皇明	甲科	鄉貢	歲薦	辟舉 年次無考	應例 年次無考
永樂 乙酉 （一四〇五）		董敏。筠連訓導。〔一〕	李顒。知縣。〔二〕		
辛卯 （一四一一）		韓璽。傳見《鄉賢》。 閔名。夏邑教諭。〔三〕			
		仵恭。克敬，任陝西行都司斷事。遷嘉興通判。〔四〕			

〔一〕《成化中都志·科貢·鄉舉》：「（乙酉科永樂三年）董敏，潁州人。」《南畿志·鳳陽府·鄉舉科》：「（永樂乙酉）董敏，潁州人。教諭。」《正德潁州志·科貢·科（本朝）》：「董敏，永樂三年乙酉中應天府鄉試。任筠連縣訓導。」李宜春《嘉靖潁州志·選舉·舉人》：「董敏，潁州人。永樂乙酉中式。筠連縣學訓導。」

〔二〕《正德潁州志·科貢·貢（本朝）》：「李顒，永樂應貢。仕至知縣。」李宜春《嘉靖潁州志·選舉·歲貢》：「李顒，仕至知縣。」

〔三〕《成化中都志·科貢·鄉舉》：「（辛卯科永樂九年）閔銘，潁州人。」《南畿志·鳳陽府·鄉舉科》：「（永樂辛卯）閔銘，潁州人。教諭。」《正德潁州志·科貢·科（本朝）》：「閔銘，（永樂）辛卯中應天府鄉試。任夏邑縣學諭。」李宜春《嘉靖潁州志·選舉·舉人》：「閔名，潁州人。終夏邑教諭。」

〔四〕《成化中都志·科貢·鄉舉》：「（辛卯科永樂九年）仵恭，潁州人。」《南畿志·鳳陽府·鄉舉科》：「（永樂辛卯）許［仵］恭，潁州人。斷事。」《正德潁州志·科貢·科（本朝）》：「仵恭，辛卯中應天府鄉試。任斷事司斷事。」李宜春《嘉靖潁州志·選舉·舉人》：「仵恭，潁州人，字克敬。陝西行都司斷事，終嘉興通判。」

續表

皇明	甲科	鄉貢	歲薦	辟舉 年次無考	應例 年次無考
癸卯（一四二三）		**周彬。** 魯府教授。〔一〕 **秦昕。** 監察御史。〔二〕			
洪熙 乙巳（一四二五）			**王憲。** 知縣。〔三〕		
宣德 丙午（一四二六）			**張杲。** 國子學正。〔四〕		

〔一〕《成化中都志·科貢·鄉舉》：「（癸卯科永樂二十一年）周彬，潁州人。」《南畿志·鳳陽府·鄉舉科》：「（永樂癸卯）周彬，潁州人。教授。」《正德潁州志·科貢·科（本朝）》：「周彬，永樂二十一年癸卯中應天府鄉試。任府教授。」李宜春《嘉靖潁州志·選舉·舉人》：「周彬，潁州人。永樂癸卯中式，終魯府教授。」

〔二〕《正德潁州志·科貢·科（本朝）》：「秦忻，任監察御史。」李宜春《嘉靖潁州志·選舉·舉人》：「秦昕，潁州人。同癸卯中式。終監察御史。」

〔三〕《正德潁州志·科貢·貢（本朝）》：「王憲，宣德應貢。仕終知縣。」李宜春《嘉靖潁州志·選舉·歲貢》：「王憲，知縣。洪熙間貢。」

〔四〕《正德潁州志·科貢·貢（本朝）》：「張杲，宣德應貢。仕終國子學正。」李宜春《嘉靖潁州志·選舉·歲貢》：「張杲，仕終國子學正……俱宣德間貢。」

續表

皇明	甲科	鄉貢	歲薦	辟舉 年次無考	應例 年次無考
戊申（一四二八）			儲暘。[一]		
甲寅（一四三四）			韓俊。知縣。[二]		
正統 丙辰（一四三六）			陶鎔。教諭。[三]		
丁巳（一四三七）			丁正。訓導。[四]		
戊午（一四三八）			張方。府同知。[五]		

［一］《正德潁州志・科貢・貢（本朝）》：「儲暘，宣德應貢。」李宜春《嘉靖潁州志・選舉・歲貢》：「儲暘……俱宣德間貢。」

［二］《正德潁州志・科貢・貢（本朝）》：「韓俊，宣德應貢。任知縣。」李宜春《嘉靖潁州志・選舉・歲貢》：「……韓俊，仕至知縣。俱宣德間貢。」

［三］《正德潁州志・科貢・貢（本朝）》：「陶鎔，正統應貢。任教諭。」李宜春《嘉靖潁州志・選舉・歲貢》：「陶鎔，任教諭……俱正統貢。」

［四］《正德潁州志・科貢・貢（本朝）》：「丁正，正統應貢。任訓導。」李宜春《嘉靖潁州志・選舉・歲貢》：「丁正，任訓導……俱正統貢。」

［五］《正德潁州志・科貢・貢（本朝）》：「張方，正統應貢。任府同知。」李宜春《嘉靖潁州志・選舉・歲貢》：「張方，仕至府同知……俱正統貢。」

續表

皇明	甲科	鄉貢	歲薦	辟舉 年次無考	應例 年次無考
庚申（一四四〇）			**丁寧。**長史。[一]		
辛酉（一四四一）			**畢昇。**[二]		
壬戌（一四四二）			**韓琥。**[三]		
甲子（一四四四）			**劉政。**冠帶終身。[四]		
乙丑（一四四五）			**方泰。**德府典寶。[五]		

〔一〕《正德潁州志·科貢·貢（本朝）》：「丁寧，正統應貢。仕至長史。」李宜春《嘉靖潁州志·選舉·歲貢》：「……丁寧，仕至長史。俱正統貢。」

〔二〕《正德潁州志·科貢·貢（本朝）》：「畢昇，正統十年乙丑（一四四五）貢。」李宜春《嘉靖潁州志·選舉·歲貢》：「畢昇，（正統）十年貢。」

〔三〕《正德潁州志·科貢·貢（本朝）》：「韓琥，正統應貢。」李宜春《嘉靖潁州志·選舉·歲貢》：「韓琥……俱正統間貢。」

〔四〕《正德潁州志·科貢·貢（本朝）》：「劉政，正統應貢。願受冠帶終身。」李宜春《嘉靖潁州志·選舉·歲貢》：「劉政，冠帶終身……俱正統間貢。」

〔五〕《正德潁州志·科貢·貢（本朝）》：「方泰，正統應貢。仕至德府典寶。」李宜春《嘉靖潁州志·選舉·歲貢》：「方泰，仕至德府典寶……俱正統間貢。」

續表

皇明	甲科	鄉貢	歲薦	辟舉 年次無考	應例 年次無考
丙寅（一四四六）			**李勖**。府經歷。〔一〕		
丁卯（一四四七）		**葉春**。景和。河南鄉試，京衛武學教授。以上軍民弟子員，俱赴應天鄉試。時以學正李悦奏准，軍生始赴河南鄉試，而中式則自春始。〔二〕			
戊辰（一四四八）			**李琦**。府經歷。〔三〕		

〔一〕《正德潁州志・科貢・貢（本朝）》：「李勖，正統應貢。任府經歷。」李宜春《嘉靖潁州志・選舉・歲貢》：「李勖，任府經歷……俱正統間貢。」

〔二〕《成化中都志・科貢・鄉舉》：「（丁卯科正統十二年）葉春，潁州人。」《正德潁州志・科貢・科（本朝）》：「葉春，正統十二年丁卯中河南布政司鄉試，任五河縣教諭。」李宜春《嘉靖潁州志・選舉・舉人》：「葉春，潁州人，字景和。正統丁卯河南中式，終京衛武學教授。先是，軍民生儒俱應天鄉試，時學正李悦奏准軍生試河南，而中式則自春始。」《光緒五河縣志・官師・教諭》：「（天順）葉春，河南潁州衛舉人。」

〔三〕《正德潁州志・科貢・貢（本朝）》：「李琦，正統應貢。授府經歷。」李宜春《嘉靖潁州志・選舉・歲貢》：「李琦，任府經歷……俱正統間貢。」

續表

皇明	甲科	鄉貢	歲薦	辟舉 年次無考	應例 年次無考
己巳（一四四九）			**孫禧**。推官。〔一〕		
景泰 庚午（一四五〇）			**王綸**。主簿。〔二〕		
辛未（一四五一）			**方昌**。縣丞。〔三〕		
壬申（一四五二）			**龎以淳**。縣丞。〔四〕		

〔一〕《正德潁州志·科貢·貢（本朝）》：「孫禧，正統應貢。仕至推官。」李宜春《嘉靖潁州志·選舉·歲貢》：「……孫禧，仕至推官。俱正統間貢。」

〔二〕《正德潁州志·科貢·貢（本朝）》：「王綸，景泰中貢。仕終主簿。」李宜春《嘉靖潁州志·選舉·歲貢》：「王綸，仕至主簿……俱景泰間任。」

〔三〕《正德潁州志·科貢·貢（本朝）》：「方昌，景泰應貢。仕終縣丞。」李宜春《嘉靖潁州志·選舉·歲貢》：「方昌，仕至縣丞……俱景泰間任。」

〔四〕《正德潁州志·科貢·貢（本朝）》：「龎以淳，景泰應貢。仕至縣丞。」李宜春《嘉靖潁州志·選舉·歲貢》：「龎以淳，仕至縣丞……俱景泰間任。」

皇明	甲科	鄉貢	歲薦	辟舉 年次無考	應例 年次無考
癸酉 （一四五三）		**呂慶**。應天鄉試，府學教授。〔一〕			
甲戌 （一四五四）			**劉昶**。縣丞。〔二〕		
乙亥 （一四五五）			**任聰**。縣丞。〔三〕		
丙子 （一四五六）		**郭昇**。騰霄。〔四〕 **張嵩**。維嶽，通判。 俱河南鄉試。〔五〕			

〔一〕《成化中都志·科貢·鄉舉》：「（癸酉科景泰四年）呂慶，潁州人。」《南畿志·鳳陽府·鄉舉科》：「（景泰癸酉）呂慶，潁州人。教授。」《正德潁州志·科貢·科（本朝）》：「呂慶，景泰四年癸酉中應天府鄉試。任府教授。」李宜春《嘉靖潁州志·選舉·舉人》：「呂慶，潁州人。景泰癸酉中式。終府學教授。」

〔二〕《正德潁州志·科貢·貢（本朝）》：「劉昶，景泰應貢。仕終縣丞。」李宜春《嘉靖潁州志·選舉·歲貢》：「劉昶，仕至縣丞……俱景泰間任。」

〔三〕《正德潁州志·科貢·貢（本朝）》：「任聰，景泰應貢。仕終縣丞。」李宜春《嘉靖潁州志·選舉·歲貢》：「……任聰。仕至縣丞。俱景泰間任。」

〔四〕見本書《鄉賢》。

〔五〕《成化中都志·科貢·鄉舉》：「（丙子科景泰七年）張嵩，潁州人。」《正德潁州志·科貢·科（本朝）》：「張嵩，景泰七年丙子中河南布政司鄉試。仕至通判。」李宜春《嘉靖潁州志·選舉·舉人》：「張嵩，潁州人，字惟［維］嶽。景泰丙子河南中式。終通判。」

續表

皇明	甲科	鄉貢	歲薦	辟舉 年次無考	應例 年次無考
天順 丁丑 （一四五七）			陶瑀。縣丞。〔一〕		
戊寅 （一四五八）			張和。蜀府典儀。〔二〕		
己卯 （一四五九）			李華。〔三〕		
庚辰 （一四六〇）	郭昇。傳見《鄉賢》。		李春。訓導。〔四〕		
辛巳 （一四六一）			豪英。知縣。〔五〕		

〔一〕《正德潁州志·科貢·貢（本朝）》：「陶瑀，天順應貢。仕至縣丞。」李宜春《嘉靖潁州志·選舉·歲貢》：「陶瑀，仕至縣丞……俱天順初貢。」

〔二〕《正德潁州志·科貢·貢（本朝）》：「張和，天順應貢。任蜀府典儀。」李宜春《嘉靖潁州志·選舉·歲貢》：「張和，仕至蜀府典儀……俱天順初貢。」

〔三〕《正德潁州志·科貢·貢（本朝）》：「李華，天順應貢。」李宜春《嘉靖潁州志·選舉·歲貢》：「李華……俱天順初貢。」

〔四〕《正德潁州志·科貢·貢（本朝）》：「李春，天順應貢。任江西星子縣儒學訓導。」李宜春《嘉靖潁州志·選舉·歲貢》：「李春，任訓導。」

〔五〕《正德潁州志·科貢·貢（本朝）》：「豪英，天順應貢。仕終知縣。」李宜春《嘉靖潁州志·選舉·歲貢》：「豪英，仕至知縣……俱天順初貢。」

續表

皇明	甲科	鄉貢	歲薦	辟舉 年次無考	應例 年次無考
壬午 （一四六二）			**張從**。兵馬副指揮。〔一〕 **閔賢**。府學教授。〔二〕 **陳澤**。縣丞。〔三〕 **高洪**。縣丞。〔四〕		
癸未 （一四六三）			**丁盛**。教諭。〔五〕		
甲申 （一四六四）			**韓綸**。〔六〕		

〔一〕《正德潁州志·科貢·貢（本朝）》：「張從，天順應貢。任副兵馬。」李宜春《嘉靖潁州志·選舉·歲貢》：「……張從，仕至兵馬副指揮。俱天順初貢。」

〔二〕《正德潁州志·科貢·貢（本朝）》：「閔賢，天順七年（一四六三）選貢。任府教授。」李宜春《嘉靖潁州志·選舉·歲貢》：「閔賢，仕至府學教授……俱七年選貢。」

〔三〕《正德潁州志·科貢·貢（本朝）》：「陳澤，天順七年選貢。任縣丞。」李宜春《嘉靖潁州志·選舉·歲貢》：「陳澤，仕至縣丞……俱七年選貢。」

〔四〕《正德潁州志·科貢·貢（本朝）》：「高洪，天順七年選貢。任縣丞。」李宜春《嘉靖潁州志·選舉·歲貢》：「高洪，仕至縣丞……俱七年選貢。」

〔五〕《正德潁州志·科貢·貢（本朝）》：「丁盛，天順七年選貢。仕終教諭。」李宜春《嘉靖潁州志·選舉·歲貢》：「……丁盛，任教諭。俱七年選貢。」

〔六〕《正德潁州志·科貢·貢（本朝）》：「韓綸，天順八年甲申貢。」李宜春《嘉靖潁州志·選舉·歲貢》：「韓綸，（天順）八年貢。」

續表

皇明	甲科	鄉貢	歲薦	辟舉 年次無考	應例 年次無考
成化 乙酉（一四六五）			**李本。** 兵馬指揮。〔一〕		
丙戌（一四六六）			**丁安。** 按察司照磨。〔二〕		
戊子（一四六八）			**董宣［瑄］。** 府知事。〔三〕		
己丑（一四六九）			**張表。**〔四〕		

〔一〕《正德潁州志·科貢·貢（本朝）》：「李本，成化三年丁亥（一四六七）貢。任兵馬。」李宜春《嘉靖潁州志·選舉·歲貢》：「李本，成化三年貢。仕至兵馬指揮。」

〔二〕《正德潁州志·科貢·貢（本朝）》：「丁安，成化四年戊子（一四六八）貢。任按察司照磨。」李宜春《嘉靖潁州志·選舉·歲貢》：「丁安，（成化）四年貢。仕至按察司照磨。」

〔三〕《正德潁州志·科貢·貢（本朝）》：「董瑄，成化五年己丑（一四六九）貢。任府知事。」李宜春《嘉靖潁州志·選舉·歲貢》：「董瑄，（成化）五年貢。仕至府知事。」

〔四〕《正德潁州志·科貢·貢（本朝）》：「張表，成化七年辛卯（一四七一）貢。」李宜春《嘉靖潁州志·選舉·歲貢》：「張表，（成化）七年貢。」

續表

皇明	甲科	鄉貢	歲薦	辟舉 年次無考	應例 年次無考
庚寅（一四七〇）			**韓璋。** 主簿。〔一〕		
壬辰（一四七二）			**曹澤。** 縣丞。〔二〕		
癸巳（一四七三）			**張騰。**〔三〕		**趙紀。** 饒州吏目。〔四〕
甲午（一四七四）			**李通。** 南陽知縣，遷衛輝通判。〔五〕		

〔一〕《正德潁州志·科貢·貢（本朝）》：「韓璋，成化八年壬辰（一四七二）貢。任主簿。」李宜春《嘉靖潁州志·選舉·歲貢》：「韓璋，（成化）八年貢。仕至主簿。」

〔二〕《正德潁州志·科貢·貢（本朝）》：「曹澤，成化九年癸巳（一四七三）貢。任縣丞。」李宜春《嘉靖潁州志·選舉·歲貢》：「曹澤，（成化）九年貢。任縣丞。」

〔三〕《正德潁州志·科貢·貢（本朝）》：「張騰，成化十二年（一四七六）貢。」李宜春《嘉靖潁州志·選舉·歲貢》：「張騰，（成化）十二年貢。」

〔四〕《正德潁州志·科貢·制貢（本朝）》僅存其姓。李宜春《嘉靖潁州志·應例》：「趙紀，承天府靖□吏目。」

〔五〕《正德潁州志·科貢·貢（本朝）》：「李通，成化十二年丙申（一四七六）貢。任南陽縣令。九載，陞衛輝府判。所在政聲大著，得百姓歡心。」李宜春《嘉靖潁州志·選舉·歲貢》：「李通，十二年貢。任南陽知縣。九載，陞衛輝府通判，所在政聲大著。」《光緒南陽縣志·職官·（明）知縣》：「李通。」

續表

皇明	甲科	鄉貢	歲薦	辟舉 年次無考	應例 年次無考
甲午 （一四七四）					**周璇**。縣丞。〔一〕 **杜貫**。主簿。〔二〕
丙申 （一四七六）			**盧欽**。知縣。〔三〕		**王朝**。梓潼主簿。〔四〕
丁酉 （一四七七）		**韓祥**。璽孫。應天鄉試，會稽知縣。〔五〕			

〔一〕《正德潁州志·科貢·制貢（本朝）》：「周璇，任縣丞。」李宜春《嘉靖潁州志·應例》：「周璇，縣丞。」

〔二〕《正德潁州志·科貢·制貢（本朝）》：「杜貫，任主簿。」李宜春《嘉靖潁州志·應例》：「杜貫，主簿。」

〔三〕《正德潁州志·科貢·貢（本朝）》：「盧欽，成化十三年丁酉（一四七七）貢。任知縣。」李宜春《嘉靖潁州志·選舉·歲貢》：「盧欽，（成化）十三年貢。任知縣。」

〔四〕《正德潁州志·科貢·制貢（本朝）》：「王朝，應成化二十一年（一四八五）制貢。任梓潼縣主簿。」李宜春《嘉靖潁州志·應例》：「王朝，劍州梓潼縣主簿。」

〔五〕《成化中都志·科貢·鄉舉》：「（丁酉科成化十三年）韓祥，潁州人。」《南畿志·鳳陽府·鄉舉科》：「（成化丁酉）韓祥，潁州人。知縣。」《正德潁州志·科貢·科（本朝）》：「韓祥，璽孫。天順中應貢，補太學。成化十三年丁酉中順天府鄉試，任會稽縣知縣。」李宜春《嘉靖潁州志·選舉·舉人》：「韓祥，潁州人。璽孫。成化丁酉中式。終會稽知縣。」《萬曆會稽縣志·官師表·（皇明）知縣》：「（成化二十年）鄭祥。潁州人。有《傳》。」《萬曆會稽縣志·宦蹟傳·皇明》：「鄭祥，字景瑞，潁川［州］人。成化中知縣事，明賞罰，均徭賦，邑人懷之。」疑即其人。

續表

皇明	甲科	鄉貢	歲薦	辟舉 年次無考	應例 年次無考
丁酉（一四七七）		楊復初。河南鄉試，由訓導遷翰林待詔，官至長史。〔一〕	顧寧。〔二〕		劉朝。〔三〕 董旺。石城主簿。〔四〕 常清。高安主簿。〔五〕 王釗。德州判官。〔六〕

〔一〕《成化中都志·科貢·鄉舉》：「（丁酉科成化十三年）楊復初，潁州人。」《南畿志·鳳陽府·鄉舉科》：「（成化丁酉）楊復初，潁州人。翰林待詔。」《正德潁州志·科貢·科（本朝）》：「楊復初，成化十三年丁酉中河南布政司鄉試。明年乙榜，授訓導，仕至翰林待詔。」李宜春《嘉靖潁州志·選舉·舉人》：「楊復初，潁州人。同丁酉科河南中式。終長史。」

〔二〕《正德潁州志·科貢·貢（本朝）》：「顧寧，成化十五年（一四七九）貢。」李宜春《嘉靖潁州志·選舉·歲貢》：「顧寧，（成化）十五年貢。」

〔三〕《正德潁州志·科貢·制貢（本朝）》：「劉朝，應成化二十一年（一四八五）制貢。任德慶州判官，陞興寧縣知縣。」李宜春《嘉靖潁州志·人物·明》：「劉朝，潁州人。成化間，由監生任新安縣丞，遷德慶州判官。有惠政，信及猺獠。時分守道，在塗爲猺獠所困，朝急馳入，曉以禍福，賊衆遂散。以母老致仕。比歸，陞興寧知縣，不就。」《順治潁州志·名賢傳·明》：「劉朝，以郡學生補國子生，授新安縣丞。政寬平，人勸之嚴，曰：『民，吾子也。淫刑虐子，寧可無官。』陞廣東德慶州州判。時有藩司行部，獠率衆圍之，禍且不測，馳入獠中，諭以禍福，獠即解散，曰：『劉公不誑我也。』尋擢湖廣興寧知縣，以母老告歸，十八年，蕭然圖書而已。」

〔四〕《正德潁州志·科貢·制貢（本朝）》：「董旺，應成化二十一年制貢。任石城縣主簿。」李宜春《嘉靖潁州志·應例》：「董旺，贛州府石城縣主簿。」

〔五〕《正德潁州志·科貢·制貢（本朝）》：「常清，應成化二十一年制貢。任高安縣主簿。」李宜春《嘉靖潁州志·應例》：「常清，高安主簿。」

〔六〕《正德潁州志·科貢·制貢（本朝）》：「王釗，應成化二十一年制貢。任德州判官。」李宜春《嘉靖潁州志·應例》：「王釗，德州判官。」

續表

皇明	甲科	鄉貢	歲薦	辟舉 年次無考	應例 年次無考
丁酉 （一四七七）					陳鐸。王府教授。〔一〕
戊戌 （一四七八）			崔隆。按察司照磨。〔二〕		史鏡。澤州同知。〔三〕
庚子 （一四八〇）			孫祥。縣丞。〔四〕		聶珊。富平知縣。〔五〕

〔一〕《正德潁州志·科貢·制貢（本朝）》：「陳鐸，應成化二十一年制貢。任欒陵王府教授。」李宜春《嘉靖潁州志·應例》：「陳鐸，王府教授。」

〔二〕《正德潁州志·科貢·制貢（本朝）》：「崔隆，成化十六年庚子（一四八〇）貢。任按察司照磨。」李宜春《嘉靖潁州志·選舉·歲貢》：「崔隆，十六年貢，按察司照磨。」

〔三〕《正德潁州志·科貢·制貢（本朝）》：「史鏡，應成化二十一年（一四八五）制貢。任德州衛經歷，任山西澤州同知。」李宜春《嘉靖潁州志·選舉·應例》：「史鏡，澤州同知。」

〔四〕《正德潁州志·科貢·貢（本朝）》：「孫祥，成化十七年辛丑（一四八一）貢。任縣丞。」李宜春《嘉靖潁州志·選舉·歲貢》：「孫祥，（成化）十七年貢。慈谿縣丞。」

〔五〕《正德潁州志·科貢·制貢（本朝）》：「聶珊，應成化二十一年（一四八五）制貢。任清源縣縣丞，陞富平縣知縣。」李宜春《嘉靖潁州志·選舉·應例》：「聶珊，富平知縣。」《光緒富平縣志稿·職官表·知縣（明）》：「聶珊，汝陰（人）。」

續表

皇明	甲科	鄉貢	歲薦	辟舉 年次無考	應例 年次無考
辛丑 （一四八一）			沈澄。〔一〕		徐欽。饒州知事，終不就。〔二〕
弘治 戊申 （一四八八）			丁佐。宗輔，濟寧同知。〔三〕		

〔一〕《正德潁州志·科貢·貢（本朝）》：「沈澄，成化十九年癸卯（一八八三）貢。」李宜春《嘉靖潁州志·選舉·歲貢》：「沈澄，十九年貢。」

〔二〕《正德潁州志·科貢·制貢（本朝）》：「徐欽，應成化二十一年制貢。任饒州府知事。」李宜春《嘉靖潁州志·應例》：「徐欽，饒州府知事。」

〔三〕《正德潁州志·科貢·貢（本朝）》：「丁佐，弘治二年（一四八九）貢。任濟寧州同知。」李宜春《嘉靖潁州志·選舉·歲貢》：「丁佐，（弘治）二年貢。濟寧州同知。見《人物》。」李宜春《嘉靖潁州志·人物·廉介》：「丁佐，字宗輔，潁州人。剛方自持，取與不苟。遇人過即面斥之，雖豪貴不避。弘治間應貢，授濟寧州同知。尤甘清若，爲其子受污，歸，處之恬如也。會家至懸罄，不屈節稱灾，至爲州衛取重，亦未嘗致私舊焉。」

續表

皇明	甲科	鄉貢	歲薦	辟舉 年次無考	應例 年次無考
己酉（一四八九）		儲珊。朝珍，應天鄉試。〔一〕			

〔一〕《成化中都志·科貢·鄉舉》：「（己酉科弘治二年）儲珊，潁州人。」《成化中都志·科貢·進士》：「（己未科弘治十二年）儲珊，潁州人。」《南畿志·鳳陽府·進士科》：「（弘治己未）儲珊，潁州人。僉事。」《正德潁州志·人物·本朝》：「儲珊，字朝珍。自少力學不怠。弘治中登進士，初授江西清江令。甫逾歲，政通人和。未幾，丁外艱。服闋，改新鄉令。廉明公恕，有古循良風，且能鋤衆强以安寡弱。興學校，勸農桑，招流移，廣儲蓄，凡一切廢墜，殫力修舉。三載之間，境内晏然。故當道屢加禮獎，交章薦揚。及報政，考治功第一。擢監察御史，巡按山東，有冰蘖聲。」《正德潁州志·科貢·科（本朝）》：「儲珊，中弘治己酉（一四八九）應天府鄉試，登弘治己未（一四九九）倫文叙榜進士。初授知縣，擢監察御史。改南京兵部主事，尋陞浙江按察司僉事。」李宜春《嘉靖潁州志·人物·氣節》：「儲珊，字朝珍，潁州城南人。弘治己未（一四九九）進士，授清江知縣。丁外艱，服闋，改新鄉。以治行徵入，試河南道巡按東路，及清查遼陽錢穀，爲名御史。代按山東，振肅風紀。會劉瑾竊柄，縉紳側目，珊秉正嫉邪，爲瑾所陷，左遷爲山西岢嵐州判。瑾誅，起爲南京兵部車駕司主事，尋陞浙江僉事。時群醜王浩八等弄兵桃源，勢甚猖獗，陶巡撫奏珊才望勇略，專敕提兵操之。戰數十合，已有捷報，但負氣英邁，與當道論議弗協，即解綬東歸。後紀功黎給事上珊功，武廟嘉之，賜彩幣銀牌，獎於家。然才高用左，美負妬興，君子於是傷時事焉。悲哉！」《順治潁州志·名賢傳·明》：「儲珊，字朝珍，號潁濱。自幼以豪傑自許，薄章句，留心經濟。弘治己酉舉於鄉，己未舉進士，授清江知縣。丁外艱，補新鄉知縣。授御史，巡按山東，抗疏奏劉瑾不法狀，謫岢嵐州判。瑾誅，起南京兵部車駕司主事，擢浙江僉事。劇賊王浩八等亂桃源，勢甚猖，提兵出奇，累戰克捷。偶與當道左，即拂衣歸。黎給事叙公功，武廟嘉之，賜綵幣銀牌。家居閉户讀書，爲文雄渾，詩大有唐風。所著有《奏疏》八卷、《心遠堂詩草》四卷、《雜記》七卷、《鈎玄集》十卷，今皆散逸不可考云。」《雍正河南通志·職官·衛輝府屬知縣（新鄉縣）》：「儲珊，江南潁州人。弘治十八年（一五〇五）任。」《乾隆山東通志·職官志·明（巡按監察御史）》：「儲珊，南直潁州人。」《乾隆浙江通志·職官·明（提刑按察司僉事）》：「儲珊，潁州人。」《乾隆新鄉縣志·秩官·（明）知縣》：「（弘治）儲珊，有傳。」《乾隆新鄉縣志·人物·（明）循吏》：「儲珊，字朝珍，南直潁川人。弘治己未進士，初任清江，再起蒞兹邑。詢民瘼，理庶務，迎刃以解，有能聲。他邑矜疑之，獄咸委決焉。值□大旱，民心洶洶，珊沐浴虔禱，旋大雨，民賴以安。學校、城郭廢墜者，次第修舉，其他惠政不一。秩滿，擢監察御史。」

續表

皇明	甲科	鄉貢	歲薦	辟舉 年次無考	應例 年次無考
己酉（一四八九）			**李淮**。維揚，南城兵馬司指揮。〔一〕		
庚戌（一四九〇）			**陳宣**。敷政。〔二〕		
壬子（一四九二）			**仵輔**。良佐。〔三〕		
癸丑（一四九三）			**花錦**。文著，知縣。〔四〕		

〔一〕《正德潁州志·科貢·貢（本朝）》：「李淮，弘治四年（一四九一）貢。任南城正兵馬。」李宜春《嘉靖潁州志·選舉·歲貢》：「李淮，字維揚。（弘治）四年貢，南城兵馬指揮。」

〔二〕《正德潁州志·科貢·貢（本朝）》：「陳宣，弘治五年（一四九二）貢。」李宜春《嘉靖潁州志·選舉·歲貢》：「陳宣，字敷政。（弘治）五年貢。」

〔三〕《正德潁州志·科貢·貢（本朝）》：「仵輔，弘治六年（一四九三）貢。」李宜春《嘉靖潁州志·選舉·歲貢》：「仵輔，字良佐，（弘治）六年貢。」

〔四〕《正德潁州志·科貢·貢（本朝）》：「花錦，弘治八年（一四九五）貢。任知縣。」李宜春《嘉靖潁州志·選舉·歲貢》：「花錦，字文著。（弘治）八年貢，知縣。」

續表

皇明	甲科	鄉貢	歲薦	辟舉 年次無考	應例 年次無考
甲寅（一四九四）			韓唐。文勝，蒲圻知縣。〔一〕		
丙辰（一四九六）			李循。清豐訓導。〔二〕 時英。文綉，濰縣主簿。〔三〕		

〔一〕《正德潁州志·科貢·貢（本朝）》：「韓唐，弘治九年（一四九六）貢。任蒲圻縣知縣。」李宜春《嘉靖潁州志·選舉·歲貢》：「韓唐，字文勝。（弘治）九年貢。甫［蒲］圻知縣。」《道光蒲圻縣志·職官·（明）知縣》：「韓唐，列《舊志》，潁州人。」

〔二〕《正德潁州志·科貢·貢（本朝）》：「李循，弘治九年貢。任清豐訓導。」李宜春《嘉靖潁州志·選舉·歲貢》：「李循，（弘治）九年貢，清豐知縣。」

〔三〕《正德潁州志·科貢·貢（本朝）》：「時英，弘治十年（一四九七）貢。任濰縣主簿。」李宜春《嘉靖潁州志·選舉·歲貢》：「時英，字文綉。（弘治）十年貢。濰縣主簿。」《乾隆濰縣志·秩官表·（明）主簿》：「（弘治）時英。」

續表

皇明	甲科	鄉貢	歲薦	辟舉 年次無考	應例 年次無考
丁巳（一四九七）			**丁冠。**志元，鷄澤知縣。爲人恬淡，居官有陶靖節風味。鄉里多稱慕焉。[一]		
戊午（一四九八）			**郭昌。**騰秀，户部照磨，遷隴西知縣。[二]		
己未（一四九九）	**儲珊。**監察御史，仕至按察僉事。		**郭應霖。**商臣。[三]		

〔一〕《正德潁州志·科貢·貢（本朝）》：「丁冠，弘治十一年（一四九八）貢。」李宜春《嘉靖潁州志·選舉·歲貢》：「丁冠，（弘治）十一年貢。見《人物》。」李宜春《嘉靖潁州志·人物·孝義》：「丁冠，字志元，潁州人。事父母，晨昏定省，率以爲常。迨卒，遇時物必祭，汪汪然涕從而下。會兄奪月廩，跪謝曰：『某固欲奉兄也。』卒無間言。正德間應貢，授鷄澤知縣。慈祥雅淡，甫滿考即歸，民立碑誦之。其居鄉垂老，動有矩度，不溷溷於俗，不役役於貧，瀟然靖節風焉。」

〔二〕《正德潁州志·科貢·貢（本朝）》：「郭昌，弘治十一年貢。」李宜春《嘉靖潁州志·選舉·歲貢》：「郭昌，字騰秀。（弘治）十一年貢。户部照磨，遷隴西知縣。」

〔三〕《正德潁州志·科貢·貢（本朝）》：「郭應霖。弘治十三年（一五〇〇）貢。」李宜春《嘉靖潁州志·選舉·歲貢》：「郭應霖。字商臣。（弘治）十三年貢。」

續表

皇明	甲科	鄉貢	歲薦	辟舉 年次無考	應例 年次無考
庚申（一五〇〇）			**徐錦。**尚絅，主簿。〔一〕		
辛酉（一五〇一）			**吴寬。**大量，縣丞。〔二〕		
壬戌（一五〇二）			**麗虎。**世威，縣丞。〔三〕		
甲子（一五〇四）			**李勉。**維善。〔四〕		

〔一〕《正德潁州志·科貢·貢（本朝）》：「徐錦，弘治十三年貢。」李宜春《嘉靖潁州志·選舉·歲貢》：「徐錦，字尚絅。（弘治）十二年貢。主簿。」

〔二〕《正德潁州志·科貢·貢（本朝）》：「吴寬，弘治十四年（一五〇一）貢。」李宜春《嘉靖潁州志·選舉·歲貢》：「吴寬，字大量。（弘治）十四年貢。縣丞。」

〔三〕《正德潁州志·科貢·貢（本朝）》：「麗虎，弘治十六年（一五〇三）貢。」李宜春《嘉靖潁州志·選舉·歲貢》：「麗虎，字世威。（弘治）十六年貢。縣丞。」

〔四〕《正德潁州志·科貢·貢（本朝）》：「李勉，弘治十七年（一五〇四）貢。」李宜春《嘉靖潁州志·選舉·歲貢》：「李勉，字維善，（弘治）十七年貢。」

續表

皇明	甲科	鄉貢	歲薦	辟舉 年次無考	應例 年次無考
乙丑 （一五〇五）			**温漢**。宗堯，保定都司斷事。平生以清苦自勵，潁人稱其始終如一云。〔一〕		
正德 丙寅 （一五〇六）			**張桓**。繩武，主簿。〔二〕		**張鐄**。國珍，主簿。〔三〕

〔一〕《正德潁州志·科貢·貢（本朝）》：「温漢，弘治十八年（一五〇五）貢。」李宜春《嘉靖潁州志·選舉·歲貢》：「温漢，（弘治）十八年貢。見《人物》。」李宜春《嘉靖潁州志·人物·治行》：「温漢，字宗堯，潁州人。由歲貢任保定都司斷事，清操自勵，著有政聲。居鄉尤操履不苟，時論韙焉。」

〔二〕《正德潁州志·科貢·貢（本朝）》：「張恒［桓］，正德二年（一五〇七）貢。」李宜春《嘉靖潁州志·選舉·歲貢》：「張桓，字繩武。正德二年貢。主簿。」

〔三〕《正德潁州志·科貢·制貢（本朝）》：「張鐄，應正德三年（一五〇八）制貢。」李宜春《嘉靖潁州志·選舉·應例》：「張鐄，字國珍。主簿……俱正德間例。」

續表

皇明	甲科	鄉貢	歲薦	辟舉 年次無考	應例 年次無考
戊辰（一五〇八）			**雲青**。天章，定州訓導，遷陵縣教諭。〔一〕		**李爝**。委之，鳳陽右衛經歷。〔二〕
己巳（一五〇九）			**邢銘**。克新。〔三〕		**李爟**。輝之。〔四〕
庚午（一五一〇）		**胡洲**。登之，河南鄉試，順天推官。〔五〕			

〔一〕《正德潁州志·科貢·貢（本朝）》：「雲青，正德三年己巳［戊辰］貢。任定州訓導。」李宜春《嘉靖潁州志·選舉·歲貢》：「雲青，字天章。（正德）三年貢，定州訓導，遷陵縣教諭。」《道光定州志·職官·（明）訓導》：「雲青，潁州人。」

〔二〕《正德潁州志·科貢·制貢（本朝）》：「李爝，應正德三年制貢。」李宜春《嘉靖潁州志·選舉·應例》：「李爝，字委之。衛經歷……俱正德間例。」《順治潁州志·選舉表·應例（明）》：「李爝，衛經歷。」

〔三〕《正德潁州志·科貢·貢（本朝）》：「邢銘，正德四年（一五〇九）貢。」李宜春《嘉靖潁州志·選舉·歲貢》：「邢銘，字克新，（正德）四年貢。」

〔四〕《正德潁州志·科貢·制貢（本朝）》：「李瓘［爟］，應正德三年制貢。」李宜春《嘉靖潁州志·選舉·應例》：「李爟，字輝之……俱正德間例。」

〔五〕《成化中都志·科貢·鄉舉》：「（庚午科正德五年）胡洲，潁州人。」《南畿志·鳳陽府·鄉舉科》：「（正德庚午）胡洲。潁州人。推官。」《正德潁州志·科貢·科（本朝）》：「胡洲，中正德五年庚午（一五一〇）科河南鄉試。」李宜春《嘉靖潁州志·選舉·舉人》：「胡洲，潁州人，字登之。正德庚午河南中式，終順天府推官。」

續表

皇明	甲科	鄉貢	歲薦	辟舉 年次無考	應例 年次無考
庚午 （一五一〇）			**經秀**。世英，寧夏衛知事。〔一〕		**李烶**。楹之。〔二〕 **周鉞**。秉之，長沙經歷。〔三〕
壬申 （一五一二）			**史銓**。大衡，南京金吾衛經歷。〔四〕		**李琦**。體質，縣丞。〔五〕 **鍾士元**。舜卿，池州檢校。〔六〕

〔一〕《正德穎州志·科貢·貢（本朝）》：「經秀，正德六年（一五一一）貢。」李宜春《嘉靖穎州志·選舉·歲貢》：「經秀，字世英。（正德）五年貢，寧夏衛知事。」

〔二〕《正德穎州志·科貢·制貢（本朝）》：「李烶，應正德三年制貢。」李宜春《嘉靖穎州志·選舉·應例》：「李烶，字楹之。」

〔三〕《正德穎州志·科貢·制貢（本朝）》：「周鉞，應正德三年制貢。」李宜春《嘉靖穎州志·選舉·應例》：「周鉞，字秉之。府經歷……俱正德間例。」《乾隆長沙府志·職官·經歷（明）》僅存其名。

〔四〕李宜春《嘉靖穎州志·選舉·歲貢》：「史銓，字大衡。（正德）七年貢。南京金吾衛經歷。」

〔五〕《正德穎州志·科貢·制貢（本朝）》：「李琦，應正德三年制貢。」李宜春《嘉靖穎州志·選舉·應例》：「李琦，字體質。縣丞……俱正德間例。」

〔六〕《正德穎州志·科貢·制貢（本朝）》：「鍾士元，應正德三年制貢。」李宜春《嘉靖穎州志·選舉·應例》：「鍾士元，字舜卿。池州檢校……俱正德間例。」

續表

皇明	甲科	鄉貢	歲薦	辟舉 年次無考	應例 年次無考
癸酉 （一五一三）			**郭應宗**。維臣，縣丞。〔一〕		
甲戌 （一五一四）			**張潮**。大宗。〔二〕		**王鏷**。國重。〔三〕
丙子 （一五一六）		**郭應元**。虞臣。昇子，有乃父風。未仕，卒。〔四〕	**高譽**。德彰，縣丞。〔五〕		**儲恩**。君錫。〔六〕 **王椿**。壽卿，豊縣主簿。〔七〕

〔一〕李宜春《嘉靖潁州志·選舉·歲貢》：「郭應宗，字維臣。（正德）八年貢。縣丞。」

〔二〕李宜春《嘉靖潁州志·選舉·歲貢》：「張潮，字大宗。（正德）九年貢。」

〔三〕《正德潁州志·科貢·制貢（本朝）》：「王鏷，應正德三年制貢。」李宜春《嘉靖潁州志·選舉·應例》：「王鏷，字國重……俱正德間例。」

〔四〕《成化中都志·科貢·鄉舉》：「（丙子科正德十一年）郭應元，潁州人。」《南畿志·鳳陽府·鄉舉科》：「（正德丙子）郭應元，潁州人。」李宜春《嘉靖潁州志·選舉·舉人》：「郭應元，潁州人，字虞臣。昇子。正德丙子（一五一六）中式。有乃父風。稟命弗融，惜哉！」

〔五〕李宜春《嘉靖潁州志·選舉·歲貢》：「高譽，字德彰。（正德）十一年貢。縣丞。」

〔六〕《正德潁州志·科貢·制貢（本朝）》：「儲恩，應正德三年（一五〇八）制貢。」李宜春《嘉靖潁州志·選舉·應例》：「儲恩，見《人物》。」李宜春《嘉靖潁州志·人物·孝義》：「儲恩，字君錫，潁州人。僉事珊子。爲太學生，事父母以孝聞。一日往田所，忽母丁宜人暴卒，聞訃即匍匐歸，抱母屍慟哭，恨不及面訣，頭觸地死。時年三十三。」

〔七〕《正德潁州志·科貢·制貢（本朝）》：「王椿，應正德三年制貢。」李宜春《嘉靖潁州志·選舉·應例》：「王椿，字壽卿。主簿……俱正德間例。」

續表

皇明	甲科	鄉貢	歲薦	辟舉 年次無考	應例 年次無考
丁丑（一五一七）			**豪綉**。彦章。〔一〕		**金黄**。一中，知縣。〔二〕
戊寅（一五一八）			**張昂**。志大。〔三〕		**甘美**。以德，府檢校。〔四〕
己卯（一五一九）		**張治**。宗舜，守亨子。三原知縣。〔五〕 **張葵**。司忠。俱河南鄉試。〔六〕			

〔一〕李宜春《嘉靖潁州志·選舉·歲貢》：「豪綉，字彦章，（正德）十二年貢。」

〔二〕《正德潁州志·科貢·制貢（本朝）》：「金黄，應正德三年制貢。」李宜春《嘉靖潁州志·選舉·應例》：「金黄，字一中，知縣……俱正德間例。」

〔三〕李宜春《嘉靖潁州志·選舉·歲貢》：「張昂，字志大，（正德）十三年貢。」

〔四〕《正德潁州志·科貢·制貢（本朝）》：「甘美，應正德三年制貢。」李宜春《嘉靖潁州志·選舉·應例》：「甘美，字以德。府檢校……俱正德間例。」

〔五〕《成化中都志·科貢·鄉舉》：「（己卯科正德十四年）張治，潁州人。」《南畿志·鳳陽府·鄉舉科》：「（正德己卯）張治，潁州人。」李宜春《嘉靖潁州志·選舉·舉人》：「張治，潁州人，字宗舜。守亨子。正德己卯（一五一九）河南中式。授三原知縣。」《光緒三原縣志·官師·（明）知縣》：「張治，潁川衛舉人。嘉靖十四年（一五三五）任，數月即解任去，君子稱其恬退。祀名宦。」

〔六〕《成化中都志·科貢·鄉舉》：「（己卯科正德十四年）張葵，潁州人。」《南畿志·鳳陽府·鄉舉科》：「（正德己卯）張葵，潁州人。」李宜春《嘉靖潁州志·選舉·舉人》：「張葵，潁州人，字司忠。同（正德）己卯河南中式。」

續表

皇明	甲科	鄉貢	歲薦	辟舉 年次無考	應例 年次無考
己卯 （一五一九）			李熠。明道。〔一〕		金紫。道夫，上林典署。〔二〕 胡霽。景明。〔三〕 楊實。誠之。〔四〕 周節。景新。〔五〕
庚辰 （一五二〇）			徐潤。天霽，主簿。〔六〕 盧佐。明相，知縣。〔七〕		

〔一〕李宜春《嘉靖潁州志·選舉·歲貢》：「李熠，字明道。（正德）十四年貢。」

〔二〕《正德潁州志·科貢·制貢（本朝）》：「金紫，應正德九年制貢。」李宜春《嘉靖潁州志·選舉·應例》：「金紫，字道夫。上林典署，歷陞河間府通判……俱正德間例。」

〔三〕《正德潁州志·科貢·制貢（本朝）》：「胡濟〔霽〕，應正德九年制貢。」李宜春《嘉靖潁州志·選舉·應例》：「胡霽，字景明……俱正德間例。」

〔四〕《正德潁州志·科貢·制貢（本朝）》：「楊實，應正德九年制貢。」李宜春《嘉靖潁州志·選舉·應例》：「楊實，字誠之……俱正德間例。」

〔五〕《正德潁州志·科貢·制貢（本朝）》：「周節，應正德十二年制貢。」李宜春《嘉靖潁州志·選舉·應例》：「周節，字景新……俱正德間例。」

〔六〕李宜春《嘉靖潁州志·選舉·歲貢》：「徐潤，字天霽。（正德）十五年（一五二〇）貢。主簿。」

〔七〕李宜春《嘉靖潁州志·選舉·歲貢》：「盧佐，字明相。（正德）十五年貢。知縣。」

續表

皇明	甲科	鄉貢	歲薦	辟舉 年次無考	應例 年次無考
庚辰（一五二〇）					**鍾士賢**。舜舉。〔一〕 **閻中倫**。文叙。〔二〕
辛巳（一五二一）			**邢嵩**。維嶽，有學行，一時學者多出其門。任黄州通判。〔三〕 **崔淵**。本深。〔四〕		**李炳**。蔚之。〔五〕

〔一〕《正德潁州志·科貢·制貢（本朝）》：「鍾士賢，應正德十二年制貢。」李宜春《嘉靖潁州志·選舉·應例》：「鍾士賢，字舜舉。杭州府檢校……俱正德間例。」

〔二〕李宜春《嘉靖潁州志·選舉·應例》：「……閻仲［中］倫，字文叙。蕭山縣丞，爲親老致仕……俱正德間例。」《康熙蕭山縣志·職官志·縣丞（明）》：「閻中倫，潁州人。（嘉靖）二十年（一五四一）任，由監生。」

〔三〕李宜春《嘉靖潁州志·選舉·歲貢》：「邢嵩，（正德）十六年（一五二一）貢。見《人物》。」李宜春《嘉靖潁州志·人物·經術》：「邢嵩，字維嶽，潁州人。爲庠名士，尤邃經學。後以貢，游太學，祭酒湛甘泉公器之，授以知行合一之學。潁後進多師範焉。授黄州府通判，以忤當道，改柳州，歸。所著有《佐黄録》。」《江南通志·人物》：「邢嵩，字維嶽。潁州人。博雅邃經學，以貢入太學，祭酒湛若水器之。潁後進多從學焉。授黄州府通判。」

〔四〕李宜春《嘉靖潁州志·選舉·歲貢》：「崔淵，字本深。（正德）十六年貢。」

〔五〕李宜春《嘉靖潁州志·選舉·應例》：「李炳，字蔚之……俱正德間例。」

續表

皇明	甲科	鄉貢	歲薦	辟舉 年次無考	應例 年次無考
辛巳 （一五二一）					**李際東。**震卿。〔一〕 **王冕。**宗周。〔二〕
嘉靖 壬午 （一五二二）			**程鳳。**來儀。〔三〕		
甲申 （一五二四）			**田富。**大有，深沈有德。〔四〕		

〔一〕李宜春《嘉靖潁州志·選舉·應例》：「李際東，字震卿……俱正德間例。」

〔二〕李宜春《嘉靖潁州志·選舉·應例》：「……王冕，字宗周。俱正德間例。」

〔三〕李宜春《嘉靖潁州志·選舉·歲貢》：「程鳳，字來儀。嘉靖元年（一五二二）貢。華縣主簿。」

〔四〕李宜春《嘉靖潁州志·選舉·歲貢》：「田富，字大有。（嘉靖）三年（一五二四）貢。沂水主簿。深沈有德，學士多仰慕焉。」

續表

皇明	甲科	鄉貢	歲薦	辟舉 年次無考	應例 年次無考
乙酉 （一五二五）		**楊世相。** 維薰。〔一〕 **劉渭。** 清甫。〔二〕 **田貴。** 子良。俱河南鄉試。〔三〕	**韓思瑁。** 君執，棲霞訓導。〔四〕		
丙戌 （一五二六）	**楊世相。** 蘄水知縣，卒於官。		**張鸞。** 騰霄，兗州訓導。〔五〕		

〔一〕李宜春《嘉靖穎州志·選舉·進士》：「楊世相，穎州人，字維薰。嘉靖乙酉（一五二五）舉人，丙戌（一五二六）登龔用卿榜，授蘄水知縣，卒。」

〔二〕李宜春《嘉靖穎州志·選舉·舉人》：「劉渭，穎州人，字清甫。嘉靖己卯（一五五五）河南中式。」《順治穎州志·孝義傳·明》：「劉渭，字清夫。性敏絶，憲臺曾公奇之。父瑁殯在堂，僕遺火，將及棺，公抱棺呼天，甘焚死。憲臺曾公素奇之，亟往救，問：『茂才安在？』左右曰：『抱棺哭，不肯出。』曾恚曰：『巡緝官兵不急救火，死茂才者，若輩即償！』指揮陳勳覆濕綿襦拉出。會大雨，火亦撲滅。母有疾，吐痰盈盂，公跽涕，籲天請代，持盂，號呼飲之，曰：『母液不忍棄也。』母疾遂愈。工詞賦，矢口而成。詩酒自娱，不拘繩墨。四壁蕭然，人呼爲狂生。所著作皆散逸，今士林傳誦者，珠聯玉屑，無全篇可紀云。」

〔三〕李宜春《嘉靖穎州志·選舉·舉人》：「田貴，穎州人，字子良。同己卯河南中式，卒。」

〔四〕李宜春《嘉靖穎州志·選舉·歲貢》：「韓思瑁，字君執。（嘉靖）四年貢。棲霞訓導。」《順治穎州志·選舉表·歲貢（明）》：「韓思瑁，訓導。宦歸，夫婦策蹇載子女，古樸不有類如此。」

〔五〕李宜春《嘉靖穎州志·選舉·歲貢》：「張鸞，字騰霄。（嘉靖）五年貢。兗州訓導。」

續表

皇明	甲科	鄉貢	歲薦	辟舉 年次無考	應例 年次無考
戊子 （一五二八）		**張燫**。汝明。〔一〕 **張光祖**。德徵，治子。 俱河南鄉試。〔二〕			

〔一〕李宜春《嘉靖潁州志・選舉・舉人》：「張燫，潁州人，字汝明。嘉靖戊子（一五二八）河南中式。任安慶府太湖縣知縣。」《順治潁州志・名賢傳・明》：「張燫，字汝明，號水臺。登嘉靖戊子鄉試。仕太湖縣知縣。孝友天成，慷慨有大節。好施予，空釜待火者相望。於書一目不忘，爲詩豪俊。嘗曰：『武功如衛霍，詩如李杜，花間露耳！』以故稿成輒棄去，年九十卒。子弟摭拾其餘稿，曰《水臺集》，藏於家。」《康熙潁州志・人物・名賢（明）》：「張燫，字汝明，號水臺。於書一覽不忘，爲詩風骨豪俊。年弱冠登嘉靖戊子賢書，爲太湖令，旬日而返。時游松風、秋水諸名園，鄙斥流俗，寄託高遠。嘗曰：『武功如衛霍，詩如李杜，皆花間露耳！』故著述成輒棄去，卒年九十。有一子培，亦舉於鄉。孫嗣軫始刻《思保堂集》，皆掇拾之餘也。其《感懷》云：『汗漫多情淹客住，尋常有酒對花開。』《病目》云：『無睡奈何秋雨夜，有懷空負菊花辰。』雅有勝致，惜全豹無從窺矣。」《張氏族譜・先達列傳》：「公諱燫，字汝明，號水臺。登嘉靖戊子鄉試，仕太湖知縣。孝友天成，慷慨有大節。好施予，空釜待火者相望。於書一目不忘，爲詩風骨豪俊，不染塵俗。嘗曰：『武功如衛霍，詩詞如李杜，花間露耳！』以故稿成輒棄去，年九十卒。其孫嗣軫撫拾其餘稿，曰《水臺集》，藏於家。又有《思保堂集》。祀鄉賢。」

〔二〕李宜春《嘉靖潁州志・選舉・進士》：「張光祖，潁州人，字德徵。治之子。嘉靖戊子河南中式，（嘉靖）壬辰（一五三二）登林大欽榜。授鉅鹿知縣，以才優，更繁上虞縣。尋徵入，爲監察御史，按京儲，按東路，又按陝西，紀功宣府。」《順治潁州志・名賢傳・明》：「張光祖，初名檀，以避親王諱，奏更之。中嘉靖戊子鄉試，壬辰進士，授鉅鹿令。調繁上虞，修白馬湖，築海塘四十里，上虞民建祠祀之。擢御史，察糧，盡裁樣米，巡關嚴整，邊圉肅然，巡按關中，大振風紀。庚子（一五四〇）督試，録出其手，榜中多名公卿。辛丑（一五四一），虜大舉入寇，奉命紀功。時邊官多殺無辜冒功，因具疏劾之，数總制以下數十員俱當伏誅，中忤權貴，遂罷歸。縱酒色自娛，鄉人以氣高喜事，多譏議之。大抵其人天性孝友，俠凌霄漢，蓋王仲卿、法孝直之流亞也。」《康熙上虞縣志・秩官・（明）知縣》：「張光祖，潁州人。」《光緒鉅鹿縣志・官師・（明）知縣》：「張光祖，潁川［州］進士，（嘉靖）十二年任。」

續表

皇明	甲科	鄉貢	歲薦	辟舉 年次無考	應例 年次無考
戊子（一五二八）			劉琮。良貴。〔一〕 雲瑞。一麟。〔二〕		劉嘉相。夢説。〔三〕 儲忠。宗一。〔四〕 周淳。伯程。〔五〕
己丑（一五二九）			顧恩。天錫。〔六〕		周芳。維茂。〔七〕

〔一〕李宜春《嘉靖潁州志·選舉·歲貢》：「劉琮，字良貴。（嘉靖）七年貢。」

〔二〕李宜春《嘉靖潁州志·選舉·歲貢》：「雲瑞，字一麟。（嘉靖）七年貢。」

〔三〕李宜春《嘉靖潁州志·選舉·應例》：「劉嘉相，字夢説。」

〔四〕李宜春《嘉靖潁州志·選舉·應例》：「儲忠，字宗一，珊之子。」

〔五〕李宜春《嘉靖潁州志·選舉·應例》：「周淳，字伯程。」

〔六〕李宜春《嘉靖潁州志·選舉·歲貢》：「劉［顧］恩，字天錫。（嘉靖）八年（一五二九）貢。」

〔七〕李宜春《嘉靖潁州志·選舉·應例》：「周芳，字維茂。」

續表

皇明	甲科	鄉貢	歲薦	辟舉 年次無考	應例 年次無考
庚寅 （一五三〇）			李應東。一元。〔一〕		張光國。文徵。〔二〕
辛卯 （一五三一）		尚爵。國重。〔三〕 李增。孟川，炳子。 俱河南鄉試。〔四〕			李濟美。子材。〔五〕 李企。進夫。〔六〕 李璋。體粹。〔七〕

〔一〕李宜春《嘉靖潁州志·選舉·歲貢》：「李應東，字一元。（嘉靖）九年（一五三〇）貢。」

〔二〕李宜春《嘉靖潁州志·選舉·應例》：「張光國，字文徵。治之子。」

〔三〕李宜春《嘉靖潁州志·選舉·舉人》：「尚爵，潁州人，字淑仁。嘉靖辛卯河南中式。」《順治潁州志·名賢傳·明》：「尚爵，字淑仁。父病，藥石饘粥必嘗，即便液器具必親滌。嘉靖辛卯舉河南鄉試，授掖縣令。邑學博道失環，責償店主人，爵察其冤。會葺城隍廟，爵曰：『不燭真得環者爲無神。』輟工三日，真得環者果自首。遷永平判，灌園得金，掩其封。歸家，僻處村落，不入城市，環堵蕭然，甚適也。性和易簡澹，人稱爲長者。祀鄉賢。」

〔四〕李宜春《嘉靖潁州志·選舉·進士》：「李增，潁州人，字孟川。炳之子。嘉靖辛卯河南中式，乙未（一五三五）登韓應龍榜。授户部主事，任山東濟寧知府。」

〔五〕李宜春《嘉靖潁州志·選舉·應例》：「李濟美，字子材。」

〔六〕李宜春《嘉靖潁州志·選舉·應例》：「李企，字進夫。」

〔七〕李宜春《嘉靖潁州志·選舉·應例》：「李璋，字體粹。」

續表

皇明	甲科	鄉貢	歲薦	辟舉 年次無考	應例 年次無考
壬辰（一五三二）	張光祖。上虞知縣。		李霓。民望。〔一〕		李芥。維重。〔二〕
癸巳（一五三三）			張實。若虛。〔三〕		盧臣。尚卿。〔四〕

〔一〕 李宜春《嘉靖潁州志·選舉·歲貢》：「李霓，字民望。（嘉靖）十一年（一五三二）貢。」

〔二〕 李宜春《嘉靖潁州志·選舉·應例》：「李芥，字維重。」

〔三〕 李宜春《嘉靖潁州志·選舉·歲貢》：「張實，字若虛。（嘉靖）十二年（一五三三）貢。遼東都司斷事。」《順治潁州志·名賢傳·明》：「張實，字若虛，號筠塢。由選貢。渾璞質直。毛公查川以直諫謫潁倅，與交善，時過輒坐語移晷。一日已別，方知具鷄黍，馳遣没齒婢援之，毛公遂止飲笑，夜分甫去，至今人兩艷其高。讓産甘貧，拒夜奔女。任遼東斷事，著廉能聲。遇異人授黄白術，謝不受。爲學專篤行，詩雅暢，惜散逸。」

〔四〕 李宜春《嘉靖潁州志·選舉·應例》：「盧臣，字尚卿。」

續表

皇明	甲科	鄉貢	歲薦	辟舉 年次無考	應例 年次無考
甲午 （一五三四）		**盧翰**。子羽，應天鄉試。[一]			**劉梓**。伯孝。[二]
乙未 （一五三五）	**李增**。户部主事。				**劉相**。懋德。[三]

〔一〕李宜春《嘉靖潁州志·選舉·舉人》："盧翰，潁州人，字子羽。嘉靖甲午（一五三四）中式。"《順治潁州志·名賢傳·明》："盧翰，字子羽，號中菴。幼端方穎異，年十八，甫讀書，入目即徹。六經百氏，三教九流，但自書契以來蹟在人間者，靡不研精吸髓，校其訛而釐其偏。選貢入南國子，司丞歐陽南野呼爲老友。登嘉靖甲午應天鄉試。丁父艱，茹蔬廬墓三年。選兗州府推官，剛腸疾惡，執法不撓。有豪右織仇爲盜，臺司偏執，翰正色拂衣争，始得減。署滕，有巨盗難獲，廉其出没蹤，盡擒之。當事者至榜其奇，比之虞詡。署曹，抗檄發賑，全活萬人。齊魯士慕翰，不遠數百里走授業，門下殆數百人。翰教以孝友力行，親爲證解六經。署濟寧椽，聞量移之命，即日策蹇渡河。家眷尚在兗，遣倉頭買下澤車載之歸，蕭然無一篋。遂絶意仕進，閉户讀書，不與市人交。葛巾野服，油油與偕，雖野老里兒，莫不呼爲先生。晚年尤洞於易數，凡晦冥、理亂、床褟、呼吸，皆測之數，燭如蓍蔡。淮西、泗上、汝潁間，有學行者多出其門。臨没，呼子晉孝廉晉曰：『封《易》置我懷中，我平生精神在此。』口占一絶曰：『中菴魄既降，四體得所放。平生浩然氣，飛還太虚上。』命諸孫歌之，笑曰：『快哉！』遂瞑目而逝。著書數萬言，藏於家。有傳，見《藝文》。按，公理學不減濂洛關閩，數舉鄉賢，皆沈閣不行，識者三致歎焉。"詳見張鶴鳴《盧中菴先生傳》。

〔二〕李宜春《嘉靖潁州志·選舉·應例》："劉梓，字伯孝。"《順治潁州志·選舉表·應例（明）》："劉梓，南京中城兵馬指揮。誠篤慎審，居官能制强横，金陵至今有聲。"

〔三〕李宜春《嘉靖潁州志·選舉·應例》："劉相，字懋德。"

續表

皇明	甲科	鄉貢	歲薦	辟舉 年次無考	應例 年次無考
丙申（一五三六）			陳舜卿。汝弼。〔一〕		楊於廷。汝鄰。〔二〕

穎上			
	仕	寓	隱
春秋	管仲。傳見《鄉賢》。		
列国	甘茂。爲秦左相。詳本傳。〔三〕		

〔一〕李宜春《嘉靖穎州志·選舉·歲貢》：「陳舜卿，字汝弼。（嘉靖）十五年（一五三六）貢。」

〔二〕李宜春《嘉靖穎州志·選舉·應例》：「楊於廷，字汝鄰。」

〔三〕甘茂，《史記》有傳。《南畿志·鳳陽府·人物》：「甘茂，下蔡人。學百家之説，爲秦武王左丞相。王使茂約魏伐韓，茂恐王聽讒，先進説於王，王與盟於息壤，卒拔韓宜陽。後復事齊爲上卿。」《正德穎州志·人物·列國》：「甘茂，仕秦，爲左相。秦嘗使之約魏以伐韓宜陽。茂恐王聽讒見疑，王遂與之盟於息壤。卒拔宜陽。今甘城驛，相傳以爲茂故宅云。」《順治穎上縣志·人物·戰國》：「甘茂，爲秦左丞相。王使之約魏以伐韓，卒授宜陽。後被讒奔齊，位上卿，卒於魏。事詳司馬遷傳，見《藝文》。今祀鄉賢。」

續表

	潁上		
	仕	寓	隐
秦	**甘羅。**茂之孫。年十二，事文信侯，始皇以爲上卿。詳本傳。〔一〕		
唐	**張路斯。**登進士，爲宣城令。詳本傳。〔二〕		
元	**張克讓。**傳見《鄉賢》。		

〔一〕　甘羅（约前二五六——？），事見《史記·甘茂列傳》。《成化中都志·人才傳·潁上縣（戰國）》：「甘羅，《舊志》云『潁上人』，今甘城驛是其舊址也。秦左相甘茂之孫。年十二，事文信侯吕不韋，爲庶子。秦欲使張唐相燕，唐不肯行。羅曰：『夫項橐七歲爲孔子師，今臣生十二歲於兹矣，若其試臣可乎？』於是見張唐，説而行之，乃使羅於趙。王郊迎，割五城以廣河間。羅還報，始皇以爲上卿，復以始甘茂田宅賜之。太史公曰：『甘羅年少，出一奇計，聲稱後世，雖非篤行君子，亦戰國一策士也。』按《史記》：『甘茂，下蔡人。』而《舊志》載羅於潁上，今本縣有甘城驛，又有甘羅鄉，豈茂本潁上人？因事史舉，而僑居下蔡歟？」《正德潁州志·人物·列國》：「甘羅，茂之孫。年十二，事秦相吕不韋。秦欲使張唐相燕，唐不肯行。羅説而行之，乃使羅於趙。趙王郊迎，割五城以廣河間。羅還報秦，封羅爲上卿。復以茂田宅賜之。」《順治潁上縣志·人物·秦》：「甘羅，茂之孫。年十二歲，爲秦上卿。事詳司馬遷傳。遺址丘隴，至今存焉，故潁號甘城。今祀鄉賢。」

〔二〕　見本書《方伎》。

皇明	甲科	鄉貢	歲薦	辟舉 年次無考	應例 年次無考
洪武 戊申（一三六八）				章順舉。傳見《鄉賢》。 柴景周。同知。[一] 盛得興。知州。[二] 梅玉。郎中。[三]	
甲子（一三八四）		高舉。山東濟河訓導。[四]	郭沖。户科給事中。[五]		

〔一〕李宜春《嘉靖潁州志·選舉·辟舉》：「柴景周，附廓人。洪武十八年（一三八五），以隱士聘，授衛輝同知。」《順治潁上縣志·選舉·徵辟（明）》：「柴景周，洪武十八年。任衛輝府同知。」

〔二〕李宜春《嘉靖潁州志·選舉·辟舉》：「盛得興，淮潤鄉人。洪武十七年（一三八四），應孝廉舉，授廣安州知州。以孝友教民，民多化焉。」《順治潁上縣志·選舉·徵辟（明）》：「盛得興，洪武十七年（一三八四），以孝廉任四川廣安州知州。」

〔三〕《成化中都志·人才傳·潁上縣（國朝）》：「梅玉，由監生，任工部主事，陞郎中。」李宜春《嘉靖潁州志·選舉·辟舉》：「梅玉，附廓人，字子英，精於楷書。永樂六年（一四〇八）辟，充太學生，官至工部郎中。」《順治潁上縣志·選舉·徵辟（明）》：「梅玉，永樂中，以楷書任工部營繕司郎中。」

〔四〕《成化中都志·科貢·鄉舉》：「（甲子科洪武十七年）高舉，潁上人。」《南畿志·鳳陽府·鄉舉科》：「（洪武甲子）高舉，潁上人。訓導。」李宜春《嘉靖潁州志·選舉·舉人》：「高舉，潁上縣人。授山東濟河縣學訓導。俱洪武甲子（一三八四）中式。」《順治潁上縣志·選舉·舉人（明）》：「（洪武甲子科）高舉，濟河訓導。」

〔五〕李宜春《嘉靖潁州志·選舉·歲貢（潁上）》：「郭沖，户科給事中……俱洪武間貢。」《順治潁上縣志·選舉·歲貢（明）》：「（洪武）郭沖，户科給事中。」

續表

皇明	甲科	鄉貢	歲薦	辟舉 年次無考	應例 年次無考
丙寅 （一三八六）			**封聲**。鳳翔同知。〔一〕		
戊辰 （一三八八）			**楊璠**。〔二〕		
庚午 （一三九〇）			**徐璧**。〔三〕		
壬申 （一三九二）			**許道安**。〔四〕		
甲戌 （一三九四）			**李閶**。澤州知州。〔五〕		

〔一〕李宜春《嘉靖潁州志·選舉·歲貢（潁上）》：「封聲，鳳翔同知……俱洪武間貢。」《順治潁上縣志·選舉·歲貢（明）》：「（洪武）封聲，鳳翔府同知。」

〔二〕李宜春《嘉靖潁州志·選舉·歲貢（潁上）》：「楊璠……俱洪武間貢。」《順治潁上縣志·選舉·歲貢（明）》：「（洪武）楊璠。」

〔三〕李宜春《嘉靖潁州志·選舉·歲貢（潁上）》：「徐璧……俱洪武間貢。」《順治潁上縣志·選舉·歲貢（明）》：「（洪武）徐璧。」

〔四〕李宜春《嘉靖潁州志·選舉·歲貢（潁上）》：「許道安……俱洪武間貢。」《順治潁上縣志·選舉·歲貢（明）》：「（洪武）許道安。」

〔五〕李宜春《嘉靖潁州志·選舉·歲貢（潁上）》：「李閶，澤州知州……俱洪武間貢。」《順治潁上縣志·選舉·歲貢（明）》：「（洪武）李閶，澤州知州。」

續表

皇明	甲科	鄉貢	歲薦	辟舉 年次無考	應例 年次無考
丙子 （一三九六）		陳璵。國子學録。〔一〕 沈鏞。保定訓導。〔二〕 諸葛珙。永平訓導。〔三〕	沈銘。醴陵教諭。〔四〕		
戊寅 （一三九八）			趙敏。陵水知縣。〔五〕		

〔一〕《成化中都志·科貢·鄉舉》："（甲子科洪武十七年）陳璵，潁上人。"《南畿志·鳳陽府·鄉舉科》："（洪武甲子）陳璵，潁上人。國子學録。"李宜春《嘉靖潁州志·選舉·舉人》："陳璵，潁上縣人。洪武丙子（一三九六）中式，終國子學録。"《順治潁上縣志·選舉·舉人（明）》："（丙子科舉人）陳璵，國子監學録。"

〔二〕《南畿志·鳳陽府·鄉舉科》："（洪武丁卯）沈鏞，潁上人。訓導。"李宜春《嘉靖潁州志·選舉·舉人》："沈鏞，潁上縣人，字惟聲。洪武丙子（一三九六）中式，保定縣學訓導。"《順治潁上縣志·選舉·舉人（明）》："（丙子科舉人）沈鏞，保定訓導。"《同治醴陵縣志·秩官·訓導（明）》："沈鏞，潁上舉人。《通志》作貢生。"

〔三〕《成化中都志·科貢·鄉舉》："（丙子科洪武二十九年）諸葛珙，潁上人。"《南畿志·鳳陽府·鄉舉科》："（洪武丙子）諸葛珙，潁上人。訓導。"李宜春《嘉靖潁州志·選舉·舉人》："諸葛珙，潁上縣人，字惟祥。洪武丙子（一三九六）中式，永平府學訓導。"《順治潁上縣志·選舉·舉人（明）》："（丙子科舉人）諸葛珙，永平訓導。"

〔四〕李宜春《嘉靖潁州志·選舉·歲貢（潁上）》："沈銘，醴陵教諭。……俱洪武間貢。"《順治潁上縣志·選舉·歲貢（明）》："（洪武）沈銘，醴陵縣教諭。"

〔五〕李宜春《嘉靖潁州志·選舉·歲貢（潁上）》："趙敏，陵水知縣……俱洪武間貢。"《順治潁上縣志·選舉·歲貢（明）》："（洪武）趙敏，萬安縣令。"

續表

皇明	甲科	鄉貢	歲薦	辟舉 年次無考	應例 年次無考
庚辰（一四〇〇）			**秋茂**。按察司僉事。〔一〕		
壬午（一四〇二）			**李謙**。禮科給事中。〔二〕		
永樂 癸未（一四〇三）					

〔一〕《明實録·太宗實録》：「（永樂元年十一月）乙酉，改前浙江按察司僉事秋茂爲江西按察司僉事……」《成化中都志·人才傳·潁上縣（國朝）》：「秋茂，由監生，任江西按察司僉事。」李宜春《嘉靖潁州志·選舉·歲貢（潁上）》：「秋茂，见《人物》……俱洪武間貢。」李宜春《嘉靖潁州志·人物·廉介（明）》：「秋茂，字可材，潁上人。由太學生授望江教諭，以才能陞江西僉事。奏績入朝，人品修長，昂然出衆。太宗文皇帝見而異之，曰：『是何職官？』對曰：『臣江西按察僉事，職司風紀。』特旨改湖廣僉事，採取營建大木。所至有成績，吏民目之曰『秋打鬼』。」《萬姓統譜》卷六十三：「秋茂，潁上人。永樂中山東僉事。」《順治潁上縣志·人物·明》：「秋茂，字可才。由太學授望江縣教諭，以才能陞江西僉事。奏績入朝，人品修長，昂然出塵。太宗文皇帝見而異之，曰：『是何職官？』對曰：『臣江西僉事，職司風紀。』特旨改湖廣僉事，至有成績，民稱『秋打鬼』。」《雍正山西通志·職官·明》：「秋茂，監生。洪武時任僉事。直隸潁上人。」《雍正河南通志·職官·推官（汝寧府）》：「秋茂，江南潁上人。永樂元年（一四〇三）任。」《乾隆浙江通志·職官·明》：「（提刑按察司僉事）秋茂。」

〔二〕李宜春《嘉靖潁州志·選舉·歲貢（潁上）》：「……李謙，禮科給事中。俱洪武間貢。」《順治潁上縣志·選舉·歲貢（明）》：「（洪武）李謙，禮科給事中。」

續表

皇明	甲科	鄉貢	歲薦	辟舉 年次無考	應例 年次無考
甲申（一四〇四）			**卞毅。**鹽運同知。〔一〕		
丙戌（一四〇六）			**黄旺。**户科給事中。〔二〕		
戊子（一四〇八）			**高舉。**濟河訓導。〔三〕		
庚寅（一四一〇）			**盛安。**鳳翔通判。〔四〕		

〔一〕李宜春《嘉靖潁州志・選舉・歲貢（潁上）》：「卞毅，鹽運使司同知……俱永樂間貢。」《順治潁上縣志・選舉・歲貢（明）》：「（永樂）卞毅，山東鹽運司同知。」

〔二〕李宜春《嘉靖潁州志・選舉・歲貢（潁上）》：「黄旺，户科給事中……俱永樂間貢。」《順治潁上縣志・選舉・歲貢（明）》：「（永樂）黄旺，户科給事中。」

〔三〕李宜春《嘉靖潁州志・選舉・歲貢（潁上）》：「高舉，濟河訓導……俱永樂間貢。」《順治潁上縣志・選舉・歲貢（明）》：「（永樂）高舉，濟河訓導。」

〔四〕李宜春《嘉靖潁州志・選舉・歲貢（潁上）》：「盛安，鳳翔通判……俱永樂間貢。」《順治潁上縣志・選舉・歲貢（明）》：「（永樂）盛安，鳳翔通判。」

續表

皇明	甲科	鄉貢	歲薦	辟舉 年次無考	應例 年次無考
辛卯 （一四一一）		**李芳。** **卜謙。**傳見《鄉賢》。 **林英。**知縣。〔一〕 **楊誠。**伴讀。〔二〕			
壬辰 （一四一二）			**武忠。**即墨知縣。〔三〕		

〔一〕《成化中都志・科貢・鄉舉》：「（辛卯科永樂九年）林瑛，潁上人。」《南畿志・鳳陽府・鄉舉科》：「（永樂辛卯）林英，潁上人。知縣。」李宜春《嘉靖潁州志・選舉・舉人》：「林英，潁上縣人。見《人物》。」李宜春《嘉靖潁州志・人物・治行（明）》：「林英，字茂華，潁上人。永樂間由鄉貢授大同縣主簿，陞鹿邑知縣。負有才名，爲政豈弟慈祥，民以父母戴之。」《順治潁上縣志・人物・明》：「林瑛，字茂華。由鄉貢授大同縣簿，陞鹿邑縣令。有才名，及爲政，豈弟慈祥，鹿民咸以父母戴之。」《雍正河南通志・職官・開封府屬知州知縣（鹿邑縣）》：「林瑛，江南潁上人。舉人。正統年任。」

〔二〕《成化中都志・科貢・鄉舉》：「（辛卯科永樂九年）楊誠，潁上人。」《南畿志・鳳陽府・鄉舉科》：「（永樂辛卯）楊誠，潁上人。伴讀。」李宜春《嘉靖潁州志・選舉・舉人》：「楊誠，潁上縣人，字彥實。終靖江王府伴讀。俱永樂辛卯（一四一一）中式。」《順治潁上縣志・選舉・舉人（明）》：「（永樂辛卯科四人）楊誠，河間府訓導，陞王府伴讀。」

〔三〕李宜春《嘉靖潁州志・選舉・歲貢（潁上）》：「武忠，字秉恕，即墨知縣……俱永樂間貢。」《順治潁上縣志・選舉・歲貢（明）》：「（永樂）武忠，即墨縣令。」

續表

皇明	甲科	鄉貢	歲薦	辟舉 年次無考	應例 年次無考
甲午（一四一四）		盛能。	王珉。灤州知州。〔一〕		
乙未（一四一五）	李芳。傳見《鄉賢》。 盛能。黎平知府。〔二〕				
丙申（一四一六）			朱涣。教諭。〔三〕		

〔一〕李宜春《嘉靖潁州志·選舉·歲貢（潁上）》：「王珉，字仲玉，灤州知州……俱永樂間貢。」《順治潁上縣志·選舉·歲貢（明）》：「（永樂）王珉，灤州知州。」《光緒灤州志·爵秩表·同知（明）》：「（永樂）王珉，監生，南直隸潁上人。十五年（一四一七）任。」

〔二〕《成化中都志·科貢·進士》：「（乙未科永樂十三年）盛能，潁上人。」《成化中都志·人才傳·潁上縣（國朝）》：「盛能，由進士，任户部福建司主事。」《南畿志·鳳陽府·進士科》：「（永樂乙未）盛能，潁上人。知府。」李宜春《嘉靖潁州志·人物·經術（明）》：「盛能，字惟賢，潁上縣人。家貧，力學通五經，尤精於《易》。登進士，授户部雲南副主事，陞黎平知府。卒於官，貧不能歸，遂家焉。」《順治潁上縣志·選舉·進士（明）》：「（永樂乙未科二人）盛能，登陳循榜。任户部主事，陞黎平知府。」

〔三〕李宜春《嘉靖潁州志·選舉·歲貢（潁上）》：「朱涣，教諭……俱永樂間貢。」《順治潁上縣志·選舉·歲貢（明）》：「（永樂）朱涣，教諭。」

續表

皇明	甲科	鄉貢	歲薦	辟舉 年次無考	應例 年次無考
戊戌 （一四一八）			**遲英。**按察司經歷。[一]		
庚子 （一四二〇）			**潘楷。**郎中。[二]		
壬寅 （一四二二）			**王會。**益都主簿。[三]		
甲辰 （一四二四）					
洪熙 乙巳 （一四二五）					

〔一〕李宜春《嘉靖潁州志・選舉・歲貢（潁上）》：「遲英，字仲華，按察司經歷……俱永樂間貢。」《順治潁上縣志・選舉・歲貢（明）》：「（永樂）遲瑛，河南按察司經歷。」

〔二〕《成化中都志・人才傳・潁上縣（國朝）》：「潘楷，由監生，任行在刑部主事，陞户部郎中。」李宜春《嘉靖潁州志・選舉・歲貢（潁上）》：「潘楷，字持範，刑部郎中……俱永樂間貢。」《順治潁上縣志・選舉・歲貢（明）》：「（永樂）潘楷，刑部主事，户部郎中。」

〔三〕李宜春《嘉靖潁州志・選舉・歲貢（潁上）》：「王會，益都主簿……俱永樂間貢。」《順治潁上縣志・選舉・歲貢（明）》：「（永樂）王會，益都主簿。」

續表

皇明	甲科	鄉貢	歲薦	辟舉 年次無考	應例 年次無考
宣德 丙午（一四二六）			王勉。[一]		
戊申（一四二八）			封表。[二]		
庚戌（一四三〇）			周芳。[三]		
壬子（一四三二）			曹寧。[四]		

〔一〕李宜春《嘉靖潁州志·選舉·歲貢（潁上）》：「王勉……俱永樂間貢。」《順治潁上縣志·選舉·歲貢（明）》：「（永樂）王勉。」

〔二〕李宜春《嘉靖潁州志·選舉·歲貢（潁上）》：「封表……俱永樂間貢。」《順治潁上縣志·選舉·歲貢（明）》：「（永樂）封表。」

〔三〕李宜春《嘉靖潁州志·選舉·歲貢（潁上）》：「周芳……俱永樂間貢。」《順治潁上縣志·選舉·歲貢（明）》：「（永樂）周芳。」

〔四〕李宜春《嘉靖潁州志·選舉·歲貢（潁上）》：「曹寧……俱永樂間貢。」《順治潁上縣志·選舉·歲貢（明）》：「（永樂）曹寧。」

續表

皇明	甲科	鄉貢	歲薦	辟舉 年次無考	應例 年次無考
甲寅（一四三四）			**鍾量。**泰和知縣。〔一〕		
正統 丙辰（一四三六）			**荊政。**縣丞。〔二〕		
戊午（一四三八）			**李秉。**汝寧知府。〔三〕		

〔一〕《成化中都志·人才傳·潁上縣（國朝）》：「鍾量，由監生，任江西道監察御史。」李宜春《嘉靖潁州志·選舉·歲貢（潁上）》：「鍾量，字克容。授御史，謫泰和知縣……俱永樂間貢。」《順治潁上縣志·選舉·歲貢（明）》：「（永樂）鍾量，山東道御史。」《同治泰和縣志·職官·（明）令宰》：「鍾量，潁上人。御史，改宣德四年任。」

〔二〕李宜春《嘉靖潁州志·選舉·歲貢（潁上）》：「荊政，定興縣丞……俱永樂間貢。」《順治潁上縣志·選舉·歲貢（明）》：「（永樂）荊政，定興縣丞。」

〔三〕《成化中都志·人才傳·潁上縣（國朝）》：「李秉，由監生，任户科給事中，陞汝寧府知府。」李宜春《嘉靖潁州志·選舉·歲貢（潁上）》：「李秉，字克儉，授户科給事中，陞汝寧府知府……俱永樂間貢。」《順治潁上縣志·選舉·歲貢（明）》：「（永樂）李秉，户部給事中，陞汝寧知府。見《人物》。」《順治潁上縣志·人物·明》：「李秉，字克儉。由監生授户科給事中，陞汝寧知府。在諫垣直言敢諫，遷郡守。發政施仁，光明正大，有古人風。今祀鄉賢。」

續表

皇明	甲科	鄉貢	歲薦	辟舉 年次無考	應例 年次無考
庚申（一四四〇）			**張曙。**縣丞。〔一〕		
壬戌（一四四二）			**曹慶。**兵馬副指揮。〔二〕		
甲子（一四四四）			**官政。**鄢縣丞。〔三〕		
丙寅（一四四六）			**王傑。**樂陵縣丞。〔四〕		

〔一〕李宜春《嘉靖潁州志·選舉·歲貢（潁上）》：「張曙，縣丞……俱永樂間貢。」《順治潁上縣志·選舉·歲貢（明）》：「（永樂）張曙，縣丞。」

〔二〕李宜春《嘉靖潁州志·選舉·歲貢（潁上）》：「曹慶，兵馬副指揮……俱永樂間貢。」《順治潁上縣志·選舉·歲貢（明）》：「（永樂）曹慶，南京西城兵馬。」

〔三〕李宜春《嘉靖潁州志·選舉·歲貢（潁上）》：「……官政，鄢縣丞。俱永樂間貢。」《順治潁上縣志·選舉·歲貢（明）》：「（永樂）官政，鄢縣丞，陞鄢縣令。」

〔四〕李宜春《嘉靖潁州志·選舉·歲貢（潁上）》：「王傑，洪熙元年（一四二五）貢，樂陵縣丞。」《順治潁上縣志·選舉·歲貢（明）》：「（洪熙）王傑，樂陵縣令。」《康熙樂陵縣志·秩官·知縣（明）》：「王傑，南直潁上人。□□□任。有《傳》。」《康熙樂陵縣志·宦績·知縣（明）》：「王傑，南直潁上人。正統元年（一四三六）令樂陵。敦厚守己，平易近民。職滿當遷，邑人泣留曰：『吾父母他往，民等何怙何恃？』傑亦泣下不忍去，□□□家於樂。每朔望，邑民踵門叩見。年九十餘卒。」

續表

皇明	甲科	鄉貢	歲薦	辟舉 年次無考	應例 年次無考
戊辰 （一四四八）			陳讓。閩縣主簿。〔一〕		
景泰 庚午 （一四五〇）		謝鵬。騰霄。〔二〕	陳冒［瑁］。〔三〕		
壬申 （一四五二）			高悦。巡檢。〔四〕		

〔一〕李宜春《嘉靖潁州志·選舉·歲貢（潁上）》：「陳讓，閩縣主簿……俱宣德間任。」《順治潁上縣志·選舉·歲貢（明）》：「（宣德）陳讓，閩縣簿。」

〔二〕《成化中都志·科貢·鄉舉》：「（庚午科景泰元年）謝鵬，潁上人。」《南畿志·鳳陽府·鄉舉科》：「（景泰庚午）謝鵬，潁上人。」李宜春《嘉靖潁州志·選舉·舉人》：「謝鵬，潁上縣人，字騰霄。景泰庚午中式。」《順治潁上縣志·選舉·舉人（明）》：「（景泰庚午科）謝鵬，未仕。」

〔三〕李宜春《嘉靖潁州志·選舉·歲貢（潁上）》：「陳瑁……俱宣德間任。」《順治潁上縣志·選舉·歲貢（明）》：「（宣德）陳瑁。」

〔四〕李宜春《嘉靖潁州志·選舉·歲貢（潁上）》：「高悦，鹿角巡檢……俱宣德間任。」《順治潁上縣志·選舉·歲貢（明）》：「（宣德）高悦，巴陵巡檢。」

續表

皇明	甲科	鄉貢	歲薦	辟舉 年次無考	應例 年次無考
癸酉（一四五三）		**韓雄**。杞縣知縣。〔一〕			
甲戌（一四五四）			**王政**。訓導。〔二〕		
丙子（一四五六）		**費經［謹］**。東阿教諭。〔三〕	**顧忠**。〔四〕		

〔一〕《成化中都志·科貢·鄉舉》："（癸酉科景泰四年）韓雄，潁上人。"李宜春《嘉靖潁州志·選舉·舉人》："韓雄，潁上縣人。同癸酉中式。終河南杞縣知縣。"《順治潁上縣志·選舉·舉人（明）》："（癸酉科）韓雄，任杞縣令。"《乾隆杞縣志·職官·知縣（明）》："韓雄，潁上人。成化年由舉人任。"

〔二〕李宜春《嘉靖潁州志·選舉·歲貢（潁上）》："王政，豐城訓導……俱宣德間任。"《順治潁上縣志·選舉·歲貢（明）》："（宣德）王政，澧縣訓導。"

〔三〕《成化中都志·科貢·鄉舉》："（丙子科景泰七年）費謹，潁上人。"《南畿志·鳳陽府·進士科》："（景泰癸酉）費謹，潁上人。教諭。"李宜春《嘉靖潁州志·選舉·舉人》："費謹，潁上縣人。同丙子中式。見《人物》。"李宜春《嘉靖潁州志·人物·文苑（明）》："費謹，字慎之，潁上縣人。博通今古，由鄉貢授阜城訓導，陞東阿教諭。敦風化以淑後進，植德行以仰前修，當道皆禮重之。致仕歸，結忘年社會，惟以詩酒娛日。所著有詩稿，藏於家。"《順治潁上縣志·人物·明》："費謹，字慎之。博通今古，由鄉貢授阜城訓，陞東阿諭。敦風化以淑後進，植德行以仰前修，當道皆禮重之。致仕，作忘年社以會鄉人。詩有『少長忘年結好盟，厭厭夜飲樂昇平』。諸詩稿家藏。"《道光東阿縣志·官師·教論（明）》："費謹，直隸潁州人。正德年任。"

〔四〕李宜春《嘉靖潁州志·選舉·歲貢（潁上）》："顧忠……俱宣德間任。"《順治潁上縣志·選舉·歲貢（明）》："（宣德）顧忠，未仕。"

續表

皇明	甲科	鄉貢	歲薦	辟舉 年次無考	應例 年次無考
天順 戊寅 （一四五八）			**章徵**。知縣。〔一〕		
庚辰 （一四六〇）			**許安**。訓導。〔二〕		
壬午 （一四六二）			**楊順**。麻城知縣。〔三〕		
甲申 （一四六四）			**名顯**。府同知。〔四〕		

〔一〕李宜春《嘉靖潁州志·選舉·歲貢（潁上）》：「章徵，順舉孫。齊東知縣……俱宣德間任。」《順治潁上縣志·選舉·歲貢（明）》：「（宣德）章徵，齊東縣令。」

〔二〕李宜春《嘉靖潁州志·選舉·歲貢（潁上）》：「……許安，舞陽訓導。俱宣德間任。」《順治潁上縣志·選舉·歲貢（明）》：「（宣德）許安，舞陽訓導。」

〔三〕李宜春《嘉靖潁州志·選舉·歲貢（潁上）》：「楊順，麻城知縣……俱正統間任。」《順治潁上縣志·選舉·歲貢（明）》：「（正統）楊順，麻城縣令。」《民國麻城縣志前編·文秩官表·知縣（明）》：「（正統）楊順。」

〔四〕李宜春《嘉靖潁州志·選舉·歲貢（潁上）》：「名顯，字孔彰。夔州府同知……俱正統間任。」《順治潁上縣志·選舉·歲貢（明）》：「（正統）名顯，夔州府同知。」《正德夔州府志·職官題名·（皇明）同知》：「名顯，成化五年（一四六九）到任。後以考察去。」

續表

皇明	甲科	鄉貢	歲薦	辟舉 年次無考	應例 年次無考
成化 乙酉 （一四六五）		**蕭性和。** 河南鄉試，漢陽教授。〔一〕	**陳智。** 達縣知縣。〔二〕		
丙戌 （一四六六）			**柴清。** 太谷知縣。〔三〕 **林茂。** 巡檢。〔四〕 **聶進。** 濟南知事。〔五〕		

〔一〕《成化中都志·科貢·鄉舉》：「（乙卯科成化元年）蕭性和，潁上人。」《南畿志·鳳陽府·鄉舉科》：「（成化乙酉）蕭性和，潁上人。教授。」李宜春《嘉靖潁州志·選舉·舉人》：「蕭性和，潁上縣人。成化乙酉河南中式，終漢陽府學教授。」《順治潁上縣志·選舉·舉人（明）》：「（成化乙酉科）蕭性和，河南中式，漢陽府授。」

〔二〕李宜春《嘉靖潁州志·選舉·歲貢（潁上）》：「陳智，達縣知縣……俱正統間任。」《順治潁上縣志·選舉·歲貢（明）》：「（正統）陳智，達縣令。」

〔三〕李宜春《嘉靖潁州志·選舉·歲貢（潁上）》：「柴清，景周之孫。太谷知縣……俱正統間任。」《順治潁上縣志·選舉·歲貢（明）》：「（正統）柴清，太谷縣知縣。」

〔四〕李宜春《嘉靖潁州志·選舉·歲貢（潁上）》：「林茂，兖州巡檢……俱正統間任。」《順治潁上縣志·選舉·歲貢（明）》：「（正統）林茂，兖州府巡檢。」

〔五〕李宜春《嘉靖潁州志·選舉·歲貢（潁上）》：「……聶進，濟南知事。俱正統間任。」《順治潁上縣志·選舉·歲貢（明）》：「（正統）聶進，濟南府知事。」

續表

皇明	甲科	鄉貢	歲薦	辟舉 年次無考	應例 年次無考
丙戌 （一四六六）			**徐玹。**冠帶終身。〔一〕 **盧雲。**嘉善知縣。〔二〕 **李昱。**樂亭縣丞。〔三〕 **陳能。**錢塘主簿。〔四〕 **吴育。**臨川縣丞。〔五〕		

〔一〕李宜春《嘉靖潁州志·選舉·歲貢（潁上）》：「徐玹，冠帶終身……俱景泰間貢。」《順治潁上縣志·選舉·歲貢（明）》：「（景泰）徐鉉，遥授冠帶。」

〔二〕李宜春《嘉靖潁州志·選舉·歲貢（潁上）》：「盧雲，字從龍。嘉善知縣……俱景泰間貢。」《順治潁上縣志·選舉·歲貢（明）》：「（景泰）盧雲，加［嘉］善知縣。陞裕州知州。」《光緒嘉善縣志·職官·知縣（明）》：「（天順七年）盧雲，字從龍。南直潁州人，歲貢。」

〔三〕李宜春《嘉靖潁州志·選舉·歲貢（潁上）》：「李昱，字文明。芳之姪。樂亭縣丞……俱景泰間貢。」《順治潁上縣志·選舉·歲貢（明）》：「（景泰）李昱，樂亭丞。」

〔四〕李宜春《嘉靖潁州志·選舉·歲貢（潁上）》：「陳能，字惟賢。錢塘主簿……俱景泰間貢。」《順治潁上縣志·選舉·歲貢（明）》：「（景泰）陳能，錢塘簿。」

〔五〕李宜春《嘉靖潁州志·選舉·歲貢（潁上）》：「……吴育，字春元。光禄署事，陞臨川縣丞。俱景泰間貢。」《順治潁上縣志·選舉·歲貢（明）》：「（景泰）吴育，光禄寺監事。陞臨川丞。」

續表

皇明	甲科	鄉貢	歲薦	辟舉 年次無考	應例 年次無考
丙戌 （一四六六）			李盛。鄢陵主簿。〔一〕 杜遲。通城知縣。〔二〕 余恭。〔三〕 高翔。〔四〕 林鸞。西平教諭。〔五〕		

〔一〕李宜春《嘉靖潁州志·選舉·歲貢（潁上）》：「李盛，字時暢。鄢陵主簿……已上應四十五歲貢例。」《順治潁上縣志·選舉·歲貢（明）》：「（天順）李盛，鄢陵簿。」《嘉靖鄢陵志·官師·（大明）主簿》：「李勝〔盛〕，潁上人。」

〔二〕李宜春《嘉靖潁州志·選舉·歲貢（潁上）》：「杜遲，字時昇。通城知縣，以礼致仕……已上應四十五歲貢例。」《順治潁上縣志·選舉·歲貢（明）》：「（天順）杜遲，通城知縣。」

〔三〕其人當作「餘恭讓」，佚失一字。李宜春《嘉靖潁州志·選舉·歲貢（潁上）》：「余恭讓，字思謙……已上俱成化間任。」《順治潁上縣志·選舉·歲貢（明）》：「（成化）余恭讓，未仕。」

〔四〕李宜春《嘉靖潁州志·選舉·歲貢（潁上）》：「高翔，字文舉……已上俱成化間任。」《順治潁上縣志·選舉·歲貢（明）》：「（成化）高翔，未仕。」

〔五〕李宜春《嘉靖潁州志·選舉·歲貢（潁上）》：「林鸞，字雲翔。英之姪。西平教諭……已上應四十五歲貢例。」《順治潁上縣志·選舉·歲貢（明）》：「（天順）林鸞，西平教諭。」《民國西平縣志·職官·教諭表（明）》：「（成化十一年）林鸞。」

續表

皇明	甲科	鄉貢	歲薦	辟舉 年次無考	應例 年次無考
丙戌 （一四六六）			**趙瑛。**奉祀。〔一〕 以上應四十五歲貢例。		**章冕。**鹽運提舉。〔二〕 **朱瑄。**府知事。〔三〕 **李瓚。**知縣。〔四〕 **卜鏞。**知縣。〔五〕

〔一〕李宜春《嘉靖潁州志·選舉·歲貢（潁上）》：「……趙瑛，字奇玉，徽府奉祀。已上應四十五歲貢例。」《順治潁上縣志·選舉·歲貢（明）》：「（天順）趙瑛，徽府奉祀。」

〔二〕李宜春《嘉靖潁州志·選舉·應例（潁上）》：「章冕，字伯儀。順舉子。永樂十二年（一四一四），授交趾永固知縣，陞交趾鹽運司提舉。」《順治潁上縣志·選舉·制貢》：「章冕，交趾鹽運司提舉。」

〔三〕李宜春《嘉靖潁州志·選舉·應例（潁上）》：「朱瑄，永平知事……俱景泰四年（一四五三）例。」《順治潁上縣志·選舉·制貢》：「朱瑄，永平府知事。」

〔四〕李宜春《嘉靖潁州志·選舉·應例（潁上）》：「李瓚，字廷器。秉之子。瑞昌知縣……俱景泰四年例。」《順治潁上縣志·選舉·制貢》：「李瓚，遂昌令。」《光緒遂昌縣志·職官·知縣（明）》：「（成化）李瓚，鳳陽人。成化間舉人。廉能果斷，摘奸鋤强。訟不越宿而決，豪横懾伏，囹圄空虚。以疾卒，人皆稱之。」

〔五〕李宜春《嘉靖潁州志·選舉·應例（潁上）》：「卜鏞，字景和。謙季子。博通經籍，尤長吟詠。授涉縣知縣。所著有《梅窗吟稿》，藏於家……俱景泰四年例。」《順治潁上縣志·選舉·制貢》：「卜鏞，涉縣尹。」

續表

皇明	甲科	鄉貢	歲薦	辟舉 年次無考	應例 年次無考
丙戌 （一四六六）					卜釗。常德知府。〔一〕 蔡澄。博平主簿。〔二〕 鍾英。〔三〕 葛璘。〔四〕

〔一〕李宜春《嘉靖潁州志·選舉·應例（潁上）》：「卜釗，謙子，見《人物》……俱景泰四年例。」李宜春《嘉靖潁州志·人物·循吏（明）》：「卜釗，字景威。謙之子。以太學生初授臨朐知縣，勞心撫字，民咸德之。九年，民不忍別，立德政遺愛碑，以識去思。陞保安州知州，調隆慶州，擢常德知府。歷官無污行，人咸重之。」《順治潁上縣志·人物·明》：「卜釗，字景威。謙之子。以太學生初授臨朐知縣，勞心撫字，民咸德之。九年，民不忍別，立德政遺愛碑。陞保安知州，擢常德知府。天資英敏，器宇凝重，博學强記，旁通百家，人所難及。歷官三任，無污行，人咸重之。」《光緒臨朐縣志·秩官表·知縣（明）》：「（成化）卜釗，二年（一四六六）任。有《傳》。」《光緒臨朐縣志·宦績·明》：「知縣卜釗，字景威，直隸潁上人。進士，成化中任，政以節儉平易爲本，尤善體察民隱。秩滿當去，民籲留弗獲，爲立石以記德政。（《舊志》）」《嘉靖常德府志·官守志·郡守（國朝）》：「卜釗，潁上人。監生。成化間任。」

〔二〕李宜春《嘉靖潁州志·選舉·應例（潁上）》：「蔡澄，字水清。博平主簿……俱景泰四年例。」《順治潁上縣志·選舉·制貢》：「蔡澄，博平簿。」

〔三〕李宜春《嘉靖潁州志·選舉·應例（潁上）》：「鍾英，字廷俊。量之子……俱景泰四年（一四五三）例。」《順治潁上縣志·選舉·制貢》：「鍾英，量子。」

〔四〕李宜春《嘉靖潁州志·選舉·應例（潁上）》：「……葛璘，字華玉。俱景泰四年例。」《順治潁上縣志·選舉·制貢》：「葛璘。」

續表

皇明	甲科	鄉貢	歲薦	辟舉 年次無考	應例 年次無考
戊子 （一四六八）			江華。沁州同知。〔一〕		李俊。府照磨。〔二〕
庚寅 （一四七〇）			鄭璉。主簿。〔三〕		李茂。判官。〔四〕
辛卯 （一四七一）		黃廣。	沈璿。判官。〔五〕		鄭仲英。〔六〕

〔一〕李宜春《嘉靖潁州志・選舉・歲貢（潁上）》：「江華，字文英。任沁州同知，改通州、涿州，陞定州知州，調霑益州，歷官五郡，守身一節……已上俱成化間任。」《順治潁上縣志・選舉・歲貢（明）》：「（成化）江華，累任知州。」

〔二〕李宜春《嘉靖潁州志・選舉・應例》：「李俊，武昌照磨……俱成化間例。」《順治潁上縣志・選舉・制貢》：「李俊，武昌府照磨。」

〔三〕李宜春《嘉靖潁州志・選舉・歲貢（潁上）》：「鄭璉，字宗器。信豐主簿……已上俱成化間任。」《順治潁上縣志・選舉・歲貢（明）》：「（成化）鄭璉，信豐簿。」《乾隆信豐縣志・官師・主簿（明）》：「鄭璉，弘治中任。」

〔四〕李宜春《嘉靖潁州志・選舉・應例》：「李茂，沅州判官……俱成化間例。」《順治潁上縣志・選舉・制貢》：「李茂，湖廣沅州判。」

〔五〕李宜春《嘉靖潁州志・選舉・歲貢（潁上）》：「沈璿，字文璣。臨清判官……已上俱成化間任。」《順治潁上縣志・選舉・歲貢（明）》：「（成化）沈濬，清州判。」

〔六〕李宜春《嘉靖潁州志・選舉・應例》：「鄭仲英……俱成化間例。」《順治潁上縣志・選舉・制貢》：「鄭仲英。」

續表

皇明	甲科	鄉貢	歲薦	辟舉 年次無考	應例 年次無考
壬辰 （一四七二）			謝節。錢塘縣丞。〔一〕		奚傑。知縣。〔二〕
甲午 （一四七四）			卜宣。知縣。〔三〕		葛振。引禮舍人。〔四〕
丙申 （一四七六）			曾伯中。主簿。〔五〕		朱錦。判官。〔六〕

〔一〕李宜春《嘉靖潁州志·選舉·歲貢（潁上）》：「劉［謝］節，字景修，錢塘縣丞……已上俱成化間任。」《順治潁上縣志·選舉·歲貢（明）》：「（成化）謝節，錢塘丞。」

〔二〕李宜春《嘉靖潁州志·選舉·應例》：「奚傑，字文俊。臨清知縣，改新樂，耿介有爲，事强訶省……俱成化間例。」《順治潁上縣志·選舉·制貢》：「奚傑，德州判官，改新樂知縣。」《民國臨清縣志·秩官志·知縣（明）》：「（成化）奚傑，南直潁上人。」《民國新樂縣志·職官·知縣（明）》：「（弘治）奚傑，潁上人。二年（一四八九）任。」

〔三〕李宜春《嘉靖潁州志·選舉·歲貢（潁上）》：「卜宣，字文著。謙之孫。以才學爲鄉所重，知南都縣，操履不苟，無愧家聲云……已上俱成化間任。」《順治潁上縣志·選舉·歲貢（明）》：「（成化）卜宣，南都知縣。謙之孫。」

〔四〕李宜春《嘉靖潁州志·選舉·應例》：「葛振，字廷舉。引禮舍人……俱成化間例。」《順治潁上縣志·選舉·制貢》：「葛振，雍府引禮。」

〔五〕李宜春《嘉靖潁州志·選舉·歲貢（潁上）》：「曾伯中，字大本。益都主簿……已上俱成化間任。」《順治潁上縣志·選舉·歲貢（明）》：「（成化）曾伯中，益都簿。」

〔六〕李宜春《嘉靖潁州志·選舉·應例》：「朱錦，字尚絅。霸州判官……俱成化間例。」《順治潁上縣志·選舉·制貢》：「朱錦，霸州判。」

續表

皇明	甲科	鄉貢	歲薦	辟舉 年次無考	應例 年次無考
戊戌 （一四七八）			鍾玘。府經歷。〔一〕		盧景。〔二〕
庚子 （一四八〇）			盛雲。主簿，有惠政。〔三〕		劉芳〔昉〕。府照磨。〔四〕

〔一〕李宜春《嘉靖潁州志·選舉·歲貢（潁上）》：「鍾玘，字朝用。量之孫。廣西府經歷……已上俱成化間任。」《順治潁上縣志·選舉·歲貢（明）》：「（成化）鍾玘，廣西府經歷。」

〔二〕李宜春《嘉靖潁州志·選舉·應例》：「盧景，字文師。雲之子……俱成化間例。」《順治潁上縣志·選舉·制貢》：「盧景。」

〔三〕李宜春《嘉靖潁州志·選舉·歲貢（潁上）》：「盛雲，見《人物》……已上俱成化間任。」李宜春《嘉靖潁州志·人物·治行（明）》：「盛雲，字惟高，潁上人。正統間，由監生任日照縣主簿。日照，海濱邑，多穢土，教民種麥，多獲其利。民立祠祀焉。」《順治潁上縣志·人物·明》：「盛雲，字惟高。由監生任日照縣簿。性行樸實，事母最孝，厲官九載，不減儒素。日照濱海多產，民不知耕種，教以樹藝，多獲利。此特惠政之一，類此者書不能悉。海民立祠祀之，今祀鄉賢。」

〔四〕李宜春《嘉靖潁州志·選舉·應例》：「劉昉，字德明。臺州照磨……俱成化間例。」《順治潁上縣志·選舉·制貢》：「劉昉，臺州府照磨。」

續表

皇明	甲科	鄉貢	歲薦	辟舉 年次無考	應例 年次無考
壬寅 （一四八二）			**章經**。訓導。〔一〕		**杜焕**。延平通判。〔二〕
癸卯 （一四八三）			**柴瓚**。審理。〔三〕		**姚溥**。冠縣丞。〔四〕

〔一〕李宜春《嘉靖潁州志·選舉·歲貢（潁上）》：「……章經，字廷濟，號畫村居士。順舉曾孫。晉州訓導。已上俱成化間任。」《順治潁上縣志·選舉·歲貢（明）》：「（成化）章經，晉州訓導。順舉之孫。」

〔二〕李宜春《嘉靖潁州志·選舉·應例》：「杜焕，字永顯。暹之子。授福建按察司照磨。時琉球入貢，憲長夏景和委焕接之，琉球以金爲贄。焕正色曰：『汝爲納貢而來，予先受贄，是欺吾君也，不可。』遠人俯首敬服。歷陞延平府通判。」《順治潁上縣志·選舉·制貢》：「杜焕，福建按察司判檢校，官至通判。」《乾隆延平府志·職官·（明）通判》：「（正德）杜焕，潁上人。監生，十年（一五一五）任。」

〔三〕李宜春《嘉靖潁州志·選舉·歲貢（潁上）》：「柴瓚，字廷珪。慶府審理……俱弘治間貢。」《順治潁上縣志·選舉·歲貢（明）》：「（弘治）柴瓚，寧夏慶府審理。」

〔四〕李宜春《嘉靖潁州志·選舉·應例》：「姚溥，字本源。冠縣丞……俱成化間例。」《順治潁上縣志·選舉·制貢》：「姚溥，冠縣丞。」

續表

皇明	甲科	鄉貢	歲薦	辟舉 年次無考	應例 年次無考
甲辰 （一四八四）	**黃廣**。觀刑部政卒。〔一〕		**顧勤**。〔二〕		**聶雄**。新昌縣丞。〔三〕
丙午 （一四八六）			**林顯**。眉州判官。〔四〕		**汪泰**。辰州照磨。〔五〕

〔一〕《成化中都志·科貢·進士》：「（甲辰科成化二十年）黃廣，潁上人。」《南畿志·鳳陽府·進士科》：「（成化甲辰）黃廣，潁上人。」李宜春《嘉靖潁州志·選舉·舉人》：「黃廣，潁上縣人。成化辛卯（一四七一）舉人，甲辰（一四八四）登李旻榜，觀政卒。見《人物》。」李宜春《嘉靖潁州志·人物·文苑（明）》：「黃廣，字文博，潁上人。鋭心經史，擅譽藝林。甘貧苦，守如鐵石，不爲勢利所動。舉進士，試户部政，慨然有匡世志，而才足以稱之。劇疾在告，端坐而逝。士論惜焉。」《順治潁上縣志·人物·明》：「黃廣，字文博。登進士。鋭志經史，甘貧苦如鐵石，一切勢利，不以動心。有匡世志，而才亦足以稱之。惜乎疾劇，在告而歸。嘗語子曰：『爲人不可不正大光明。噫！吾逝矣，爾其勉之。』端坐而終。今祀鄉賢。」

〔二〕李宜春《嘉靖潁州志·選舉·歲貢（潁上）》：「顧勤，字必成。忠之孫……俱弘治間任。」《順治潁上縣志·選舉·歲貢（明）》：「（弘治）顧勤，未仕。」

〔三〕李宜春《嘉靖潁州志·選舉·應例》：「聶雄，字鎮遠。進之孫。新昌縣丞……俱成化間例。」《順治潁上縣志·選舉·制貢》：「聶雄，新昌丞。」《民國新昌縣志·職官表·縣丞（明）》：「聶雄。」

〔四〕李宜春《嘉靖潁州志·選舉·歲貢（潁上）》：「林顯，字希彰。眉州判官……俱弘治間任。」《順治潁上縣志·選舉·歲貢（明）》：「（弘治）林顯，眉州判。」

〔五〕李宜春《嘉靖潁州志·選舉·應例》：「汪泰，字世亨。辰州照磨……俱成化間例。」《順治潁上縣志·選舉·制貢》：「汪泰，辰州府照磨。」

續表

皇明	甲科	鄉貢	歲薦	辟舉 年次無考	應例 年次無考
弘治 戊申（一四八八）			曹剛。檢校。〔一〕		杜煒。贛州照磨。〔二〕
庚戌（一四九〇）			嚴瓚。西華縣丞。〔三〕		沈繼。序班。〔四〕

〔一〕李宜春《嘉靖潁州志·選舉·歲貢（潁上）》：「曹剛，字浩然。黄州檢校……俱弘治間任。」《順治潁上縣志·選舉·歲貢（明）》：「（弘治）曹剛，黄州府檢校。」

〔二〕李宜春《嘉靖潁州志·選舉·應例》：「杜煒，字秉燿。暹之姪。贛州照磨……俱成化間例。」《順治潁上縣志·選舉·制貢》：「杜煒，贛州府照磨。」《同治贛州府志·府秩官表·照磨（明）》：「（弘治七年，一四九四）杜煒。」

〔三〕李宜春《嘉靖潁州志·選舉·歲貢（潁上）》：「嚴瓚，字廷璋。西華縣丞……俱弘治間任。」《順治潁上縣志·選舉·歲貢（明）》：「（弘治）嚴瓚，西華丞。」

〔四〕李宜春《嘉靖潁州志·選舉·應例》：「沈繼，字克承。鴻臚寺序班……俱成化間例。」《順治潁上縣志·選舉·制貢》：「沈繼，鴻臚寺序班。」

續表

皇明	甲科	鄉貢	歲薦	辟舉 年次無考	應例 年次無考
壬子 （一四九二）		**王翊**。奉新知縣。傳見《孝義》。	**楊悌**。新安訓導。〔一〕		**姚漢**。龍游主簿。〔二〕 **葛鋭**。弋陽主簿。〔三〕
甲寅 （一四九四）			**遲仁**。金［全］州同知。〔四〕		**馬江**。序班。〔五〕

〔一〕李宜春《嘉靖潁州志·選舉·歲貢（潁上）》：「楊悌，字士易。順之孫。新安訓導……俱弘治間任。」《順治潁上縣志·選舉·歲貢（明）》：「（弘治）楊悌，新安訓導。」《民國新安縣志·職官·訓導（明）》：「楊悌，宏治間任。」

〔二〕李宜春《嘉靖潁州志·選舉·應例》：「姚漢，字本高。龍游主簿……俱成化間例。」《順治潁上縣志·選舉·制貢》：「姚漢，龍游簿。」

〔三〕李宜春《嘉靖潁州志·選舉·應例》：「葛鋭，字進之。振之姪。弋陽主簿……俱成化間例。」《順治潁上縣志·選舉·制貢》：「葛鋭，弋陽簿。」《萬曆弋陽縣志·官師·主簿（明）》：「（成化）葛鋭。」

〔四〕李宜春《嘉靖潁州志·選舉·歲貢（潁上）》：「遲仁，字元善。全州同知……俱弘治間任。」《順治潁上縣志·選舉·歲貢（明）》：「（弘治）遲仁，南京錦衣衛經歷。陞全州同知。」

〔五〕李宜春《嘉靖潁州志·選舉·應例》：「馬江，字本源。鴻臚序班……俱成化間例。」《順治潁上縣志·選舉·制貢》：「馬江，鴻臚序班。」

續表

皇明	甲科	鄉貢	歲薦	辟舉 年次無考	應例 年次無考
丙辰 （一四九六）			**林鵬［鵾］。**鄢陵主簿。〔一〕		**姚濂。**高密縣丞。〔二〕
戊午 （一四九八）			**葉璁。**慈利主簿。〔三〕 **黃瓚。**府經歷。〔四〕		**陶傑。**壽張知縣。〔五〕 **卜惟敬。**橫州吏目。〔六〕

〔一〕李宜春《嘉靖潁州志·選舉·歲貢（潁上）》：「林鵬，字雲沖。英之子。鄢陵主簿……俱弘治間任。」《順治潁上縣志·選舉·歲貢（明）》：「（弘治）林鵬，鄢陵簿。」《嘉靖鄢陵志·縣官·主簿（明）》：「林鵾，潁上人。俱正德間任。」

〔二〕李宜春《嘉靖潁州志·選舉·應例》：「姚濂，字本周。漢之弟。山東高密縣丞……俱成化間例。」《順治潁上縣志·選舉·制貢》：「姚濂，高密丞。」《民國高密縣志·職官·縣丞（明）》：「姚濂，鳳陽監生。」

〔三〕李宜春《嘉靖潁州志·選舉·歲貢（潁上）》：「葉璁，字玉卿。慈谿［利］主簿……俱弘治間任。」《順治潁上縣志·選舉·歲貢（明）》：「（弘治）葉璁，平生有志操。任慈利簿九年，毫不苟取。」《萬曆慈利縣志·秩官·主簿》：「（正德年）葉聰［璁］，潁上人，由監生。」

〔四〕李宜春《嘉靖潁州志·選舉·歲貢（潁上）》：「……黃瓚，字彥器。廣之姪。惠州經歷。俱弘治間任。」《順治潁上縣志·選舉·歲貢（明）》：「（弘治）黃瓚，惠州府經歷。」

〔五〕李宜春《嘉靖潁州志·選舉·應例》：「陶傑，字尚德。歷官壽張知縣……俱成化間例。」《順治潁上縣志·選舉·制貢》：「陶傑，唐縣丞，陞知縣。」《光緒壽張縣志·職官志·縣令（明）》：「陶傑，監生，潁上人。正德十年（一五一五）任。」

〔六〕李宜春《嘉靖潁州志·選舉·應例》：「卜惟敬，字一之。鏞之子。洪州吏目……俱成化間例。」《順治潁上縣志·選舉·制貢》：「卜惟敬，洪州目。」

續表

皇明	甲科	鄉貢	歲薦	辟舉 年次無考	應例 年次無考
庚申（一五〇〇）			**費淵。**絳州判官。〔一〕		**王宸。**臺州通判。〔三〕
			錢富。胙城知縣。〔二〕		**任聚。**新昌主簿。〔四〕
壬戌（一五〇二）			**潘英。**提舉。〔五〕		**高桂。**萍縣知縣。〔六〕

〔一〕李宜春《嘉靖潁州志·選舉·歲貢（潁上）》：「費淵，字本深。謹之子。絳州判官……俱弘治間貢。」《順治潁上縣志·選舉·歲貢（明）》：「（弘治）費淵，絳州判。」

〔二〕李宜春《嘉靖潁州志·選舉·歲貢（潁上）》：「錢富，字好禮。胙城知縣。居官有守有爲，疾甚告歸，抵家而卒，囊橐蕭然……俱正德間貢。」《順治潁上縣志·選舉·歲貢（明）》：「（正德）錢富，胙城知縣。」

〔三〕李宜春《嘉靖潁州志·選舉·應例》：「王宸，字共之。相之姪。臺州通判……俱成化間例。」《順治潁上縣志·選舉·制貢》：「王宸，北城兵馬司副指揮，陞臺州府通判。《嘉靖丙戌志》多出其手。」

〔四〕李宜春《嘉靖潁州志·選舉·應例》：「任聚，字應奎。新昌縣主簿……俱成化間例。」《順治潁上縣志·選舉·制貢》：「任聚，新昌簿。」《同治新昌縣志·秩官·主簿（明）》：「任聚，潁州人。弘治十一年（一四九八）任添設。」

〔五〕李宜春《嘉靖潁州志·選舉·歲貢（潁上）》：「潘英，字世華。楷之曾孫。江西都司斷事……俱正德間貢。」《順治潁上縣志·選舉·歲貢（明）》：「（正德）潘英，四川提舉。」

〔六〕李宜春《嘉靖潁州志·選舉·應例》：「……高桂，字士期。翔之姪。萍鄉知縣。俱成化間例。」《順治潁上縣志·選舉·制貢》：「高桂，萍鄉知縣。」《同治萍鄉縣志·職官表·知縣（明）》：「（正德十二年）高桂，南直潁上監生。」

續表

皇明	甲科	鄉貢	歲薦	辟舉 年次無考	應例 年次無考
甲子（一五〇四）			**盧珂**。知縣。〔一〕		**任富**。原武縣丞。〔二〕
正德 丙寅（一五〇六）			**凌霄**。嘉興縣丞。〔三〕		**李經**。〔四〕
戊辰（一五〇八）			**卞武**。〔五〕		**鹿堂**。上元主簿。〔六〕

〔一〕李宜春《嘉靖潁州志·選舉·歲貢（潁上）》：「盧珂，字朝聲。雲之孫。海寧縣丞……俱正德間貢。」《順治潁上縣志·選舉·歲貢（明）》：「（正德）盧琦［珂］，河曲知縣。」《乾隆海寧縣志·職官·縣丞（明）》：「盧珂，潁上人。監生。嘉靖元年（一五二二）任。許相卿有《送盧君之河曲太尹序》。」

〔二〕李宜春《嘉靖潁州志·選舉·應例》：「任富，字應禄。聚之弟。原武縣丞……俱正德間例。」《順治潁上縣志·選舉·制貢》：「任富，河南原武丞。」

〔三〕李宜春《嘉靖潁州志·選舉·歲貢（潁上）》：「凌霄，字克沖。嘉興縣丞……俱正德間貢。」《順治潁上縣志·選舉·歲貢（明）》：「（正德）凌霄，嘉興丞。」《光緒嘉興府志·官師·縣丞（明）》：「（正德年）凌霄，潁上歲貢。」

〔四〕李宜春《嘉靖潁州志·選舉·應例》：「李經，字以序……俱正德間例。」《順治潁上縣志·選舉·制貢（明）》：「李經。」

〔五〕李宜春《嘉靖潁州志·選舉·歲貢（潁上）》：「卞武，字克韶。毅之曾孫……俱正德間貢。」《順治潁上縣志·選舉·歲貢（明）》：「（正德）卞武，毅孫。」

〔六〕李宜春《嘉靖潁州志·選舉·應例》：「鹿堂，字希陞。上元主簿……俱正德間例。」《順治潁上縣志·選舉·制貢（明）》：「鹿堂，上元簿。」《道光上元縣志·歷官·主簿（明）》：「鹿堂。」

續表

皇明	甲科	鄉貢	歲薦	辟舉 年次無考	應例 年次無考
庚午（一五一〇）			**官唐**。府經歷。〔一〕		**凌朝**。陝西布政司副理問。〔二〕
壬申（一五一二）			**沈紘**。教諭。〔三〕		**凌巖**。□□□□。〔四〕
甲戌（一五一四）			**葉洪**。衛經歷。〔五〕		**馬臣**。德州判官。〔六〕

〔一〕「唐」字，一作「鏜」。李宜春《嘉靖潁州志·選舉·歲貢（潁上）》：「官唐，字堯臣。政之曾孫……俱正德間貢。」《順治潁上縣志·選舉·歲貢（明）》：「（正德）官鏜，杭州府經歷。」

〔二〕李宜春《嘉靖潁州志·選舉·應例》：「凌朝，字士瞻。陝西布政司副理問……俱正德間例。」《順治潁上縣志·選舉·制貢（明）》：「凌朝，陝西副理問。」

〔三〕李宜春《嘉靖潁州志·選舉·歲貢（潁上）》：「沈紘，字朝儀。裕州訓導……俱正德間貢。」《順治潁上縣志·選舉·歲貢（明）》：「（正德）沈紘，西平縣教諭。」

〔四〕李宜春《嘉靖潁州志·選舉·應例》：「凌巖，字仰止。霄之子。黄州檢校……俱正德間例。」《順治潁上縣志·選舉·制貢（明）》：「凌巖，黄州府檢校。」

〔五〕李宜春《嘉靖潁州志·選舉·歲貢（潁上）》：「葉洪，字思禹。真定經歷。性質樸茂，志行端確，雖年近耄耋，而友愛尤篤，鄉評重之……俱正德間貢。」《順治潁上縣志·選舉·歲貢（明）》：「（正德）葉洪，真定衛經歷。」

〔六〕李宜春《嘉靖潁州志·選舉·應例》：「馬臣，字懷忠……俱正德間例。」《順治潁上縣志·選舉·制貢（明）》：「馬臣，德州判。」

續表

皇明	甲科	鄉貢	歲薦	辟舉 年次無考	應例 年次無考
丙子 （一五一六）		王確。知州，改通判。〔一〕	顧銳。知縣。〔二〕		王密。〔三〕

〔一〕王確，字介夫。正德十一年（一五一六）舉人。《成化中都志·科貢·鄉舉》：「（丙子科正德十一年）王確，潁上人。」《南畿志·鳳陽府·鄉舉科》：「（正德丙子）王確，潁州人。」李宜春《嘉靖潁州志·選舉·舉人》：「王確，潁上縣人，字介夫，相之姪。同正德丙子中式，終通判。」《順治潁上縣志·選舉·舉人（明）》：「（正德丙子科）王確，餘杭尹，至青州通判。相之姪。見《人物》。」《順治潁上縣志·人物·明》：「王確，天性孝友，領鄉薦。任餘杭令，有惠政，辨冤獄。丁内艱，雪者饋金，不受，後建却金亭，立石見之。見《名宦志》。服闋，補東明令，治河功擢汾州守。時宗室暴橫，奉三尺裁抑之，騰沸謗議。掛冠歸，優游林泉，教子是務。子民牧，吟詠揮灑有父風，由胄監參戎德衛。孫敷納，初授別駕。曾孫廁名膠庠。天之報施善人，蓋方興未艾云。」《民國餘杭縣志·職官表·令（明）》：「（嘉靖五年）王確，有《傳》。」《民國餘杭縣志·名宦傳·明》：「王確，字介夫，鳳陽府潁上縣人。由舉人，嘉靖五年（一五二六）知餘杭縣。人品高邁，臨時敏決，以經術輔吏治，掾史畏其神明。洞徹民隱，民無不被其慈者。其理邑中孫榮獄事，尤見卓識。初確至，入境即知獄。有浮里界民孫榮者，以他人縱燒安溪官民廬舍，辭誣及榮，前按獄者治榮罪死，然實非榮燒也。隱之於心，密訪二年，具得安溪被火情狀，臬司委令覆訊，確遂以實詳。當事者怒以輒易成案，勒令如原署。確不得已，疏奏於朝，爲力辨榮實冤，且言：『皇上盛德好生，而微臣預有子民之責，請得身詣詔獄，與衆廷辯。榮情如臣言，妄則甘伏故出之罪；如非妄，則宜釋冤抑之。夫以昭平允之治，民枉伸，則臣職無愧，雖蒙譴責罷官無憾！』其言慷慨切至，天子爲感動焉，命下，緣是榮得減死論，尚未及釋也。頃之，確以憂去。榮母懷白金百助喪役，確愕然曰：『令知民冤，民固不知令志耶！』固却之。後二年，榮竟以確言獲歸。當是時，確之剛果有爲，名聞天下。邑舊有《成化志》，僅抄本，亦不備，確以爲志者，賦役版籍所載，所以覈民事而資吏治也。漫置之，則凡征輸、運解、物辨無所稽考，胥吏有所售其奸矣。再歲成之，於是《餘杭縣志》始有刻本。人服其簡而有法，確亦自謂：『百五十年來，吾邑治始有所徵信云。』嘗遇火災，頃刻延燒邑中數十家，確亟禱於城隍之神，反躬自責，火遂熄。人敬異之。邑司訓鈕鷟，江右新城人，安貧愛士，確重之。及卒，至不能成喪，又乏嗣，妻女煢煢，確哀之，捐奉爲倡，邑弟子以次賻助以歸。及確朝覲之日，淡泊無與比，極人情所難受，確往返怡然。至考其與民興利，如預備等倉，則又多充積，足以爲儉歲賑貧計。在任五年，民悲其去，嘗歌思之。已而孫榮退念前恩，搆却金亭，錢塘吴鼎爲之《記》。」《民國東明縣志·設官篇·知縣（明）》：「王確，嘉靖十一年任。潁上縣舉人，陞汾州知州。」

〔二〕李宜春《嘉靖潁州志·選舉·歲貢（潁上）》：「……顧銳，字抑之。勤之姪。俱正德間貢。」《順治潁上縣志·選舉·歲貢（明）》：「（正德）顧銳，辰溪縣令。」

〔三〕李宜春《嘉靖潁州志·選舉·應例》：「王密，字簡之。相之子……俱正德間例。」《順治潁上縣志·選舉·制貢》：「王密。」

續表

皇明	甲科	鄉貢	歲薦	辟舉 年次無考	應例 年次無考
戊寅（一五一八）			王舉。希賢。〔一〕		凌岐。鳳止。〔二〕
己卯（一五一九）		趙鎧。公振。〔三〕			奚盤。邦固。〔四〕
庚辰（一五二〇）			李讓。德容。〔五〕		馬極。懷立。〔六〕

〔一〕李宜春《嘉靖潁州志・選舉・歲貢（明）》：「王舉，字希賢。相之從姪。」《順治潁上縣志・選舉・歲貢（明）》：「（嘉靖）王舉，未仕。」

〔二〕李宜春《嘉靖潁州志・選舉・應例》：「凌岐，字鳳止。胥仲子。武定判官……俱正德間例。」《順治潁上縣志・選舉・制貢》：「凌岐，武定州判。」

〔三〕《成化中都志・科貢・鄉舉》：「（己卯科正德十四年）趙鎧，潁上人。」《南畿志・鳳陽府・鄉舉科》：「（正德己卯）趙鎧，潁上人。」李宜春《嘉靖潁州志・選舉・舉人》：「趙鎧，潁上縣人，字公振。同己卯中式，任永平府通判。」《順治潁上縣志・選舉・舉人（明）》：「（己卯科）趙鎧，早領鄉薦，主司期以大器，累副春榜，竟數奇。授永平府通判，有惠政，未久疾歸，弗盡其用，以清白傳家云。」

〔四〕李宜春《嘉靖潁州志・選舉・應例》：「奚盤，字邦固。傑之孫。日照主簿……俱正德間例。」《順治潁上縣志・選舉・制貢（明）》：「奚盤，日照簿。」《光緒日照縣志・秩官・主簿（明）》：「奚盤，潁上人。以上嘉靖間任。」

〔五〕李宜春《嘉靖潁州志・選舉・歲貢（明）》：「李讓，字德容。」《順治潁上縣志・選舉・歲貢（明）》：「（嘉靖）李讓，未仕。」

〔六〕李宜春《嘉靖潁州志・選舉・應例》：「馬極，字懷立。臣之弟。萊蕪主簿……俱正德間例。」《順治潁上縣志・選舉・制貢（明）》：「馬極，萊蕪簿。」

續表

皇明	甲科	鄉貢	歲薦	辟舉 年次無考	應例 年次無考
辛巳（一五二一）			**韓楊。** 景元。〔一〕		**任緒。** 有中。〔二〕
嘉靖 壬午（一五二二）			**黃鳳。** 應韶。〔三〕		**名鎰。** 應權。〔四〕
甲申（一五二四）			**丘文聰。** 性夫。〔五〕		**陳彥方。** 廷美。〔六〕

〔一〕李宜春《嘉靖潁州志·選舉·歲貢（明）》：「韓楊，字景元。雞澤知縣。」《順治潁上縣志·選舉·歲貢（明）》：「（嘉靖）韓楊，雞澤知縣。」《乾隆雞澤縣志·職官·知縣（明）》：「韓楊，潁上歲貢。嘉靖年任，重建南北城樓。」

〔二〕李宜春《嘉靖潁州志·選舉·應例》：「任緒，字有終。聚之姪。漳州衛經歷……俱正德間例。」《順治潁上縣志·選舉·制貢（明）》：「任緒，漳州衛經歷。」

〔三〕李宜春《嘉靖潁州志·選舉·歲貢（明）》：「黃鳳，字應韶。」《順治潁上縣志·選舉·歲貢（明）》：「（嘉靖）黃鳳，未仕。」

〔四〕李宜春《嘉靖潁州志·選舉·應例》：「名鎰，字應權。顯之孫。雞山主簿……俱正德間例。」《順治潁上縣志·選舉·制貢（明）》：「名鎰，主簿。」

〔五〕李宜春《嘉靖潁州志·選舉·歲貢（明）》：「丘文聰，字性夫。仙居主簿。」《順治潁上縣志·選舉·歲貢（明）》：「（嘉靖）丘文聰，仙居縣簿。」《光緒仙居志·職官·主簿（明）》：「（世宗嘉靖十年辛卯）邱聰，南昌監生。」疑即其人。

〔六〕「方」字，一作「芳」。李宜春《嘉靖潁州志·選舉·應例》：「陳彥方，字廷美。武城縣丞……俱正德間例。」《順治潁上縣志·選舉·制貢（明）》：「陳彥芳，縣丞。」

續表

皇明	甲科	鄉貢	歲薦	辟舉 年次無考	應例 年次無考
丙戌（一五二六）			**盧金**。國賓。〔一〕		**林鳳梧**。國遇。〔二〕
戊子（一五二八）			**李棟**。天培。〔三〕		**李崇厚**。希淳。〔四〕
庚寅（一五三〇）			**卜應亨**。嘉會。〔五〕		**鹿中魁**。子元。〔六〕

〔一〕李宜春《嘉靖潁州志·選舉·歲貢（明）》：「盧金，字子南。」《順治潁上縣志·選舉·歲貢（明）》：「（嘉靖）盧金，未仕。」

〔二〕李宜春《嘉靖潁州志·選舉·應例》：「……林鳳梧，字國遇。顯之子。杭州知事。俱正德間例。」《順治潁上縣志·選舉·制貢（明）》：「林鳳梧，知事。」

〔三〕李宜春《嘉靖潁州志·選舉·歲貢（明）》：「李棟，字天植。」《順治潁上縣志·選舉·歲貢（明）》：「（嘉靖）李棟，未仕。」

〔四〕李宜春《嘉靖潁州志·選舉·應例（嘉靖）》：「李崇厚，字希純，經之子。」《順治潁上縣志·選舉·制貢》：「李崇厚，鴻臚序班。」

〔五〕李宜春《嘉靖潁州志·選舉·歲貢（明）》：「卜應亨，字嘉會。井涇知縣，行取陞鈞州知州。」《順治潁上縣志·選舉·歲貢（明）》：「（嘉靖）卜應亨，井涇令。陞鈞州知州。」《雍正井陘縣志·官秩·邑令（明）》：「卜應亨，江南潁上人。貢生，嘉靖二十三年（一五四四）任。陞鈞州知州。」

〔六〕李宜春《嘉靖潁州志·選舉·應例》：「鹿中魁，字元卿。」《順治潁上縣志·選舉·制貢（明）》：「鹿中魁。」

續表

皇明	甲科	鄉貢	歲薦	辟舉 年次無考	應例 年次無考
壬辰（一五三二）			鄭宗儒。崇道。〔一〕		鹿中粹。子文。〔二〕
甲午（一五三四）			錢潮。汝時。〔三〕		張澤。時霖。〔四〕
丙申（一五三六）			馬萬椿。喬年。〔五〕		王民牧。汝恕。〔六〕

〔一〕李宜春《嘉靖潁州志·選舉·歲貢（明）》：「鄭宗儒，字崇道。濟寧衛經歷。」《順治潁上縣志·選舉·歲貢（明）》：「（嘉靖）鄭宗儒，經歷。正直，敢言民間利病。」

〔二〕李宜春《嘉靖潁州志·選舉·應例》：「鹿中粹，字純卿。」《順治潁上縣志·選舉·制貢（明）》：「鹿中粹。」

〔三〕李宜春《嘉靖潁州志·選舉·歲貢（明）》：「錢潮，字汝時。嘉興府經歷。」《順治潁上縣志·選舉·歲貢（明）》：「（嘉靖）錢潮，嘉興經歷。」《光緒嘉興府志·官師·經歷（明）》：「（嘉靖年）錢潮。」

〔四〕李宜春《嘉靖潁州志·選舉·應例》：「張澤，字時霖。」《順治潁上縣志·選舉·制貢（明）》：「張澤。」

〔五〕李宜春《嘉靖潁州志·選舉·歲貢（明）》：「馬萬椿，字喬年。」《順治潁上縣志·選舉·歲貢（明）》：「（嘉靖）馬萬春［椿］，鬱林州判。」

〔六〕李宜春《嘉靖潁州志·選舉·應例》：「王民牧，字汝恕。」《順治潁上縣志·選舉·制貢（明）》：「王民牧，德州衛經歷。確之子。」

太和			
	仕	寓	隱
宋	**劉弘義。**斤溝人，進士。官無考。〔一〕		

皇明	甲科	鄉貢	歲薦	辟舉 年次無考	應例 年次無考
洪武 戊申 （一三六八）				**李宏。**監察御史。〔二〕 **常同倫。**主事。〔三〕	

〔一〕李宜春《嘉靖潁州志・選舉・進士》：「劉弘義，太和縣斤溝人。」《萬曆太和縣志・人物・鄉賢（宋）》：「劉弘義，斤溝人。登進士第，歷官有政聲。」《順治太和縣志・人物志・進士題名（宋）》：「劉弘義，斤溝人。登進士。詳見《鄉賢》。」《順治太和縣志・鄉賢・宋》：「劉弘義，斤溝人。登進士第，歷官有聲。」

〔二〕李宜春《嘉靖潁州志・選舉・辟舉（太和）》：「李宏，監察御史……俱洪武初辟。」《成化中都志・科貢・鄉舉》：「（戊子科永樂六年）李宏，太和人。」《萬曆太和縣志・人物・辟舉（皇明）》：「李宏，洪武二十年（一三八七），以孝廉薦授監察御史。」《順治太和縣志・人物志・辟舉（明）》同。

〔三〕《成化中都志・科貢・鄉舉》：「（己酉科宣德四年）常同倫，太和人。」李宜春《嘉靖潁州志・選舉・辟舉（太和）》：「……常同倫，主事。俱洪武初辟。」《萬曆太和縣志・人物・辟舉（皇明）》：「常同倫，洪武二十一年（一三八八），以孝廉薦任，至主事。」《順治太和縣志・人物志・辟舉（明）》：「常同倫，洪武二十一年，以孝廉薦任主事。」

續表

皇明	甲科	鄉貢	歲薦	辟舉 年次無考	應例 年次無考
甲子（一三八四）			田子耕。給事中。〔一〕		
丙寅（一三八六）			王佐。都司斷事。〔二〕		
戊辰（一三八八）			程儀。知縣。〔三〕		

〔一〕《成化中都志·科貢·鄉舉》：「（甲子科正統九年）田子耕，太和人。」《成化中都志·人才傳·太和縣（國朝）》：「田子耕，萬壽鄉人。由監生，任户科給事中。」李宜春《嘉靖潁州志·選舉·歲貢（太和）》：「田子耕，給事中……俱洪武間貢。」《萬曆太和縣志·人物·歲貢題名（皇明）》：「田子耕，字豐蘊。應洪武二十二年（一三八九）貢。任至給事中。先是十六年初，令天下儒學歲貢生員，太和之貢自耕始也。」《順治太和縣志·人物志·歲選貢題名（明）》：「田子耕，字豐蘊。應洪武二十二年貢，官至給事中。太和貢自耕始。」

〔二〕李宜春《嘉靖潁州志·選舉·歲貢（太和）》：「王佐，都司斷事……俱洪武間貢。」《順治太和縣志·人物志·歲選貢題名（明）》：「王佐，字良輔。應洪武二十三年（貢）。任都司斷事。」

〔三〕李宜春《嘉靖潁州志·選舉·歲貢（太和）》：「程儀，知縣……俱洪武間貢。」《萬曆太和縣志·人物·歲貢題名（皇明）》：「程儀，字□□。應洪武二十四年（一三九一）貢。任山東章丘縣知縣。」《順治太和縣志·人物志·歲選貢題名（明）》：「程儀，洪武二十四年貢。任章丘知縣。」

續表

皇明	甲科	鄉貢	歲薦	辟舉 年次無考	應例 年次無考
庚午（一三九〇）			陳瑾。知事。〔一〕		
壬申（一三九二）			吴道東。主事。〔二〕		
甲戌（一三九四）			王瑜。〔三〕		

〔一〕李宜春《嘉靖潁州志・選舉・歲貢（太和）》：「陳瑾，知事……俱洪武間貢。」《萬曆太和縣志・人物・歲貢題名（皇明）》：「陳瑾，字公玉。應洪武二十五年（一三九二）貢。任福建福州衛知事。」《順治太和縣志・人物志・歲選貢題名（明）》：「陳瑾，字公玉。洪武二十五年（貢）。任福州衛知。」

〔二〕《成化中都志・科貢・鄉舉》：「（己卯科天順三年）吴道東，太和人。」《成化中都志・人才傳・太和縣（國朝）》：「吴道東，在城人。由監生，任户部四川主事。」李宜春《嘉靖潁州志・選舉・歲貢（太和）》：「吴道東，主事……俱洪武間貢。」《萬曆太和縣志・人物・歲貢題名（皇明）》：「吴道東，字文昇。玘之父。應洪武二十八［六］年（一三九三）貢。仕至户部主事。詳見《鄉賢》。」《萬曆太和縣志・人物・鄉賢（明）》：「吴道東，字文昇，在城圖人。自幼穎異不凡，比長，力學不倦，名冠鄉庠。督學校其文，皆首薦之。居家以孝友稱，士君子慕其才德者，僉曰：『吴公，臺輔器也。』應洪武二十六年歲貢。仕至户部主事。會計國用，隨時區處，嘉譽昇聞於上，尋以疾卒。子玘任濟源簿，有政聲。孫倫任序班，漢廩膳生員，溥任汀州府照磨，侃應歲貢，皆爲鄉里所推。曾孫萱任武昌縣丞，復丞滋陽。邑人劉鵾贈詩云：『再承簡命佐花封，化被南服道又東。數載衣冠淪盛世，一時文物作高風。毛公本爲慈親屈，仁傑非因好爵從。忠孝兩全臣子節，好將功業繼夔龍。』涖官兩邑，人懷其惠。後裔從書、從準、自昇，皆游鄉學。人咸謂吴公之慶未艾云。」《順治太和縣志・人物志・歲選貢題名（明）》同。

〔三〕李宜春《嘉靖潁州志・選舉・歲貢（太和）》：「王瑜……俱洪武間貢。」《萬曆太和縣志・人物・歲貢題名（皇明）》：「王瑜，字□□。應洪武二十七年（一三九四）貢。」《順治太和縣志・人物志・歲選貢題名（明）》：「王瑜，洪武二十七年貢。」

續表

皇明	甲科	鄉貢	歲薦	辟舉 年次無考	應例 年次無考
丙子 （一三九六）			**程泰。**監察御史。[一]		
戊寅 （一三九八）			**李實。**知縣。[二]		
己卯 （一三九九）		**范淵。**湖廣襄陽通判。[三]			

［一］《成化中都志·科貢·鄉舉》：「（甲午科成化十年）程泰，太和人。」《成化中都志·科貢·進士》：「（戊戌科成化十四年）程泰，太和人。」《成化中都志·人才傳·太和縣（國朝）》：「程泰，由監生，任監察御史。」李宜春《嘉靖潁州志·選舉·歲貢（太和）》：「程泰，監察御史……俱洪武間貢。」《萬曆太和縣志·人物·歲貢題名（皇明）》：「程泰，字致和。應洪武二十八年（一三九五）貢。仕至監察御史。」《順治太和縣志·人物志·歲選貢題名（明）》：「程泰，字致和。洪武二十八年貢，官至監察御史。」

［二］《成化中都志·科貢·鄉舉》：「（乙酉科永樂三年）李實，太和人。」李宜春《嘉靖潁州志·選舉·歲貢（太和）》：「李實，知縣……俱洪武間貢。」《萬曆太和縣志·人物·歲貢題名（皇明）》：「李實，字伯誠。應洪武二十九年（一三九六）貢。任武清縣知縣，再補新鄭。所至有惠政，民咸德之。」《順治太和縣志·人物志·歲選貢題名（明）》：「李實，字伯誠。洪武二十九年貢。任武清縣知縣，有惠政。」

［三］《成化中都志·科貢·鄉舉》：「（己卯科洪武三十二年）范淵，太和人。」《南畿志·鳳陽府·鄉舉科》：「（洪武己卯）范淵，太和人。通判。」李宜春《嘉靖潁州志·選舉·舉人》：「范淵，太和縣人。洪武己卯中式。終湖廣襄陽府通判。」《順治太和縣志·人物·（明）舉人題名》：「范淵，字叔澄。洪武乙［己］卯科。任襄陽府判。」

續表

皇明	甲科	鄉貢	歲薦	辟舉 年次無考	應例 年次無考
庚辰（一四〇〇）			**朱廉**。衛經歷。〔一〕		
壬午（一四〇二）		**洪清**。	**李讓**。知縣。〔二〕		
永樂 癸未（一四〇三）	**洪清**。樂清縣丞。〔三〕				

〔一〕李宜春《嘉靖潁州志·選舉·歲貢（太和）》：「朱廉，衛經歷……俱洪武間貢。」《萬曆太和縣志·人物·歲貢題名（皇明）》：「朱廉，字□□。應洪武三十年（一三九七）貢。任居庸衛經歷。」《順治太和縣志·人物志·歲選貢題名（明）》：「朱廉，洪武三十（年貢）。」

〔二〕李宜春《嘉靖潁州志·選舉·歲貢（太和）》：「……李讓，知縣。俱洪武間貢。」《萬曆太和縣志·人物·歲貢題名（皇明）》：「李讓，字子謙。應永樂二年（一四〇四）貢。任福建侯官縣知縣。」《順治太和縣志·人物志·歲選貢題名（明）》：「李讓，永樂二年貢。任侯官知縣。」

〔三〕《成化中都志·科貢·鄉舉》：「（壬午科洪武三十五年）洪清，太和人。」《成化中都志·科貢·進士》：「（甲申科永樂二年）洪清，太和人。」《南畿志·鳳陽府·進士科》：「（永樂甲申）洪清，太和人。侍讀。」李宜春《嘉靖潁州志·選舉·進士（太和）》：「洪清，太和縣人。壬午（一四〇二）舉人，永樂癸未登曾棨榜，樂清縣丞。」《順治太和縣志·人物·進士題名（明）》：「洪清，永樂甲申科進士。」《順治太和縣志·人物·舉人題名（明）》：「洪清，字永達。洪武壬午科。授提舉，改縣丞、王府伴讀。洪公以洪武鄉榜既仕爲提舉，爲縣丞，爲伴讀，復登永樂進士。豈明初制既仕不得會試乎？抑洪公不得志於洪武，而再售於永樂也。進士後又何不書爵？」《光緒樂清縣志·職官·（明）縣丞》：「洪清，清一作靖。」

續表

皇明	甲科	鄉貢	歲薦	辟舉 年次無考	應例 年次無考
甲申（一四〇四）			李有［育］。監察御史。［一］		
乙酉（一四〇五）		張蘊。［二］			
丙戌（一四〇六）			孟健。都司斷事。［三］		
戊子（一四〇八）			王弼。同知。［四］		

［一］《成化中都志·科貢·鄉舉》：「（丁酉科成化十三年）李育，太和人。」《成化中都志·人才傳·太和縣（國朝）》：「李育，由監生，任監察御史。」李宜春《嘉靖潁州志·選舉·歲貢（太和）》：「李有［育］，監察御史……俱永樂間貢。」《萬曆太和縣志·人物·歲貢題名（皇明）》：「李育，字子英。應永樂三年（一四〇五）貢。任江西豐城縣知縣，陞監察御史。」《順治太和縣志·人物志·歲選貢題名（明）》：「李育，字子英。永樂三年貢。任豐城知縣，陞監察御史。」

［二］《成化中都志·科貢·鄉舉》：「（乙酉科永樂三年）張蘊，太和人。」《南畿志·鳳陽府·鄉舉科》：「（永樂乙酉）張蘊，太和人。」李宜春《嘉靖潁州志·選舉·舉人》：「張蘊，太和縣人。永樂乙酉中式。」《順治太和縣志·人物·（明）舉人題名》：「張蘊，字純中。永樂乙酉科。」

［三］李宜春《嘉靖潁州志·選舉·歲貢（太和）》：「孟健，都司斷事……俱永樂間貢。」《萬曆太和縣志·人物·歲貢題名（皇明）》：「孟健，字大亨。應永樂四年（一四〇六）貢。任都司斷事。」《順治太和縣志·人物志·歲選貢題名（明）》：「孟健，字大亨。永樂四年貢。任都司斷事。」

［四］李宜春《嘉靖潁州志·選舉·歲貢（太和）》：「王弼，同知……俱永樂間貢。」《萬曆太和縣志·人物·歲貢題名（皇明）》：「王弼，字良佐。應永樂五年（一四〇七）貢。任道州同知。」《順治太和縣志·人物志·歲選貢題名（明）》：「王弼，字良佐。永樂五年貢。任州同。」

續表

皇明	甲科	鄉貢	歲薦	辟舉 年次無考	應例 年次無考
庚寅（一四一〇）			**張倫**。縣丞。〔一〕		
壬辰（一四一二）			**軒廣**。員外郎。〔二〕		
甲午（一四一四）		**齊敬**。山西石樓訓導。〔三〕 **王質**。傳見《鄉賢》。	**于昌**。衛經歷。〔四〕		

〔一〕李宜春《嘉靖潁州志·選舉·歲貢（太和）》：「張倫，縣丞……俱永樂間貢。」《萬曆太和縣志·人物·歲貢題名（皇明）》：「張倫，字秉彝。應永樂六年（一四〇八）貢。任博平縣丞。」《順治太和縣志·人物志·歲選貢題名（明）》：「張倫，字秉彝。永樂六年貢。任博平縣丞。」

〔二〕《成化中都志·科貢·鄉舉》：「（癸卯科成化十九年）軒廣，太和人。」《成化中都志·科貢·進士》：「（庚戌科弘治三年）軒廣，太和人。」《成化中都志·人才傳·太和縣（國朝）》：「軒廣，大義鄉人。由監生，除府通判，陞户部員外郎。」李宜春《嘉靖潁州志·選舉·歲貢（太和）》：「軒廣，員外郎……俱永樂間貢。」《萬曆太和縣志·人物·歲貢題名（皇明）》：「軒廣，字大理。應永樂七年（一四〇九）貢。仕至工部員外。」《順治太和縣志·人物志·歲選貢題名（明）》：「軒廣，字大理。永樂七年貢。任工部員外。」

〔三〕《南畿志·鳳陽府·鄉舉科》：「（永樂甲午）齊敬，太和人。教諭。」李宜春《嘉靖潁州志·選舉·舉人（太和）》：「齊敬，太和縣人。永樂甲午（一四一四）中式，授山西石樓訓導。」《順治太和縣志·人物·（明）舉人》：「齊敬，字致恭。永樂甲午科。任石埭［樓］訓導。入鄉賢。」

〔四〕李宜春《嘉靖潁州志·選舉·歲貢（太和）》：「于昌，衛經歷……俱永樂間貢。」《萬曆太和縣志·人物·歲貢題名（皇明）》：「于昌，字宗盛。應永樂八年（一四一〇）貢。任經歷。」《順治太和縣志·人物志·歲選貢題名（明）》：「于昌，字宗盛。永樂八年貢。任經歷。」

續表

皇明	甲科	鄉貢	歲薦	辟舉 年次無考	應例 年次無考
丙申（一四一六）			龐純。縣丞。〔一〕		
戊戌（一四一八）			高融。知州。〔二〕		
庚子（一四二〇）		范寬。湖廣石首訓導。〔三〕	林寅。〔四〕		

〔一〕李宜春《嘉靖潁州志・選舉・歲貢（太和）》：「龐純，縣丞……俱永樂間貢。」《萬曆太和縣志・人物・歲貢題名（皇明）》：「龐純，字惟一。應永樂九年（一四一一）貢。任黄岡縣丞。」《順治太和縣志・人物志・歲選貢題名（明）》：「龐純，字惟一。永樂九年貢。任黄岡縣丞。」

〔二〕《成化中都志・科貢・鄉舉》：「（丙午科成化二十二年）高融，太和人。」李宜春《嘉靖潁州志・選舉・歲貢（太和）》：「高融，知州……俱永樂間貢。」《萬曆太和縣志・人物・歲貢題名（皇明）》：「高融，字仲和。應霖之祖。應永樂十年（一四一二）貢。任山東泰安州知州。」《順治太和縣志・人物志・歲選貢題名（明）》：「高融，字仲和。永樂十年貢。知泰州。後應霖即其孫。」

〔三〕《成化中都志・科貢・鄉舉》：「（庚子科永樂十八年）范寬，太和人。」《南畿志・鳳陽府・鄉舉科》：「（永樂庚子）范寬，太和人。」李宜春《嘉靖潁州志・選舉・舉人》：「范寬，太和縣人。永樂庚子中式，終湖廣石首訓導。」《順治太和縣志・人物・（明）舉人題名》：「范寬，字仲容。永樂庚子科。」

〔四〕李宜春《嘉靖潁州志・選舉・歲貢（太和）》：「林寅……俱永樂間貢。」《萬曆太和縣志・人物・歲貢題名（皇明）》：「林寅，字宗敬。應永樂十一年（一四一三）貢。任嘉興府經歷。」《順治太和縣志・人物志・歲選貢題名（明）》：「林寅，字宗敬。永樂十一年貢。任嘉興經歷。」

續表

皇明	甲科	鄉貢	歲薦	辟舉 年次無考	應例 年次無考
壬寅 （一四二二）			**田春**。光禄司監事。〔一〕		
甲辰 （一四二四）			**李康**。檢校。〔二〕		
洪熙 乙巳 （一四二五）					

〔一〕李宜春《嘉靖潁州志·選舉·歲貢（太和）》：「田春，光禄寺監事……俱永樂間貢。」《萬曆太和縣志·人物·歲貢題名（皇明）》：「田春，字景原。應永樂十二年（一四一四）貢。任光禄寺監事。」《順治太和縣志·人物志·歲選貢題名（明）》：「田春，字景原。永樂十二年貢。任光禄寺監事。」

〔二〕李宜春《嘉靖潁州志·選舉·歲貢（太和）》：「……李康，檢校。俱永樂間貢。」《萬曆太和縣志·人物·歲貢題名（皇明）》：「李康，字永寧。應永樂十三年（一四一五）貢。任山西太原府檢校。」《順治太和縣志·人物志·歲選貢題名（明）》：「李康，字永寧。永樂十三年貢。任太原檢校。」

續表

皇明	甲科	鄉貢	歲薦	辟舉 年次無考	應例 年次無考
宣德 丙午 （一四二六）			關好文。漢陽推官。〔一〕		
戊申 （一四二八）			孫文。武强縣丞。〔二〕		
庚戌 （一四三〇）			段凱。主簿。〔三〕		

〔一〕《成化中都志・科貢・鄉舉》：「（壬子科弘治五年）關好文，太和人。」李宜春《嘉靖潁州志・選舉・歲貢（太和）》：「關好文，漢陽推官……俱宣德間貢。」《萬曆太和縣志・人物・歲貢題名（皇明）》：「關好文，字志學。洪之祖。應永樂十五年（一四一七）貢。任漢陽府推官，尋改調河澗府推官。政平訟理，有處及民。詳見《鄉賢》。」《萬曆太和縣志・人物・鄉賢（明）》：「關好文，字志學。志行純古，問學優裕。蚤歲蜚聲卓著，嘗以孝弟推於鄉。應永樂十五年貢。初任漢陽府推官，廉明確慎，政平訟理，有循良之度。及入覲，以賢能改推河澗府。門屏私謁，決獄無留滯者。政聲視前益驗，吏民懷之。孫洪經明行修，由歲貢任直隸欒城縣知縣。善政庇民，有光前烈。後人游鄉庠者甚衆。」《順治太和縣志・人物志・歲選貢題名（明）》：「關好文，字志學。永樂十五年貢。任漢陽府推官，調河澗府。政平訟理。詳見《鄉賢》。嘉靖間貢洪，即其孫。」

〔二〕李宜春《嘉靖潁州志・選舉・歲貢（太和）》：「孫文，武强縣丞……俱宣德間貢。」《萬曆太和縣志・人物・歲貢題名（皇明）》：「孫文，字成章。應永樂十六年（一四一八）貢。任北直隸武强縣丞。」《順治太和縣志・人物志・歲選貢題名（明）》：「孫文，字成卓〔章〕。永樂十六年貢。任武强縣丞。」

〔三〕李宜春《嘉靖潁州志・選舉・歲貢（太和）》：「段凱，主簿……俱宣德間貢。」《順治太和縣志・人物志・歲選貢題名（明）》：「段凱，永樂十八年（一四二〇）貢。任嵊縣主簿。」

續表

皇明	甲科	鄉貢	歲薦	辟舉 年次無考	應例 年次無考
壬子（一四三二）			**陳顯**。[一]		
甲寅（一四三四）			**王翼**。主簿。[二]		
正統 丙辰（一四三六）			**呂興**。府經歷。[三]		

〔一〕李宜春《嘉靖潁州志·選舉·歲貢（太和）》：「陳顯……俱宣德間貢。」《順治太和縣志·人物志·歲選貢題名（明）》：「陳顯，字叔明。永樂十九年（一四二一）貢。」

〔二〕李宜春《嘉靖潁州志·選舉·歲貢（太和）》：「……王翼，主簿。俱宣德間貢。」《順治太和縣志·人物志·歲選貢題名（明）》：「王翼，字軸正。永樂二十年（一四二二）貢。任成安主簿。」

〔三〕李宜春《嘉靖潁州志·選舉·歲貢（太和）》：「呂興，府經歷……俱正統間貢。」《順治太和縣志·人物志·歲選貢題名（明）》：「呂興，字原隆。永樂二十一年（一四二三）貢。任寧德經歷。」

續表

皇明	甲科	鄉貢	歲薦	辟舉 年次無考	應例 年次無考
戊午（一四三八）		**徐良。**陝西隆德訓導。〔一〕	**郭銘。**縣丞。〔二〕		
庚申（一四四〇）			**貊安。**內鄉縣知縣。〔三〕		
壬戌（一四四二）			**趙莊。**主簿。〔四〕		

〔一〕李宜春《嘉靖潁州志·選舉·舉人》：「徐良，太和縣人。正統戊午中式。授陝西隆德訓導。」《順治太和縣志·人物·（明）舉人題名》：「徐良，字至善。正統庚午科。任於潛訓導，陞崇德教諭。」

〔二〕李宜春《嘉靖潁州志·選舉·歲貢（太和）》：「郭銘，縣丞……俱正統間貢。」《順治太和縣志·人物志·歲選貢題名（明）》：「郭銘，宣德二年（一四二七）貢。任江西縣丞。」

〔三〕李宜春《嘉靖潁州志·選舉·歲貢（太和）》：「貊安，內鄉知縣……俱正統間貢。」《順治太和縣志·人物志·歲選貢題名（明）》：「貊安，字治民。元平章高之孫。宣德四年（一四二九）貢。任內丘令。勤勞政事，開水利灌溉民田千餘頃。建洪濟、雲溪二橋，民多賴之。九載任滿，民詣闕保留，復任三載。陞汝州知州，卒。民立祠。」

〔四〕李宜春《嘉靖潁州志·選舉·歲貢（太和）》：「趙莊，主簿……俱正統間貢。」《順治太和縣志·人物志·歲選貢題名（明）》：「趙莊，字子敬。宣德六年（一四三一）貢。任廣東主簿。」

續表

皇明	甲科	鄉貢	歲薦	辟舉 年次無考	應例 年次無考
甲子（一四四四）			**張志。**應天推官。〔一〕		
丙寅（一四四六）			**孫翱。**〔二〕		
戊辰（一四四八）			**戈戢。**山西代州學正。〔三〕		

〔一〕李宜春《嘉靖潁州志·選舉·歲貢（太和）》：「張志，應天推官……俱正統間貢。」《成化中都志·科貢·鄉舉》：「（戊午科弘治十一年）張志，太和人。」《順治太和縣志·人物志·歲選貢題名（明）》：「張志，舉人。倫之父。宣德七年（一四三二）貢。任應天推官。詳見《藝文》。」《順治太和縣志·藝文志·宸翰（明）》載有張志任應天府推官時朝廷封贈其夫妻及其父母之誥命。

〔二〕李宜春《嘉靖潁州志·選舉·歲貢（太和）》：「孫翱……俱正統間貢。」《順治太和縣志·人物志·歲選貢題名（明）》：「孫翱，字雲翔。宣德年，四十五以上貢例。」

〔三〕李宜春《嘉靖潁州志·選舉·歲貢（太和）》：「……戈戢，代州學正。俱正統間貢。」《順治太和縣志·人物志·歲選貢題名（明）》：「戈戢，字永清。宣德十年（一四三五）貢。任代州學正。」

續表

皇明	甲科	鄉貢	歲薦	辟舉 年次無考	應例 年次無考
景泰 庚午 （一四五〇）		張禎。陝西乾州學正。〔一〕	郭毅。黔陽縣知縣。〔二〕		
壬申 （一四五二）			吴玘。主簿。〔三〕		
癸酉 （一四五三）		張倫。知縣。〔四〕			

〔一〕「禎」字，一作「禎」。《成化中都志·科貢·鄉舉》：「（庚午科景泰元年）張禎，太和人。」《南畿志·鳳陽府·鄉舉科》：「（景泰庚午）張禎，太和人。學正。」李宜春《嘉靖潁州志·選舉·舉人》：「張禎，太和縣人。同庚午中式，授陝西乾州學正。」《順治太和縣志·人物·（明）舉人題名》：「張禎，字應祥。景泰庚子［午］科。任乾州學正。」《光緒乾州志稿·官師傳·師儒（明）》：「張禎，《前志》：州學正，勤學善教，剛方而廉。」

〔二〕李宜春《嘉靖潁州志·選舉·歲貢（太和）》：「郭毅，黔陽知縣……俱景泰間貢。」《順治太和縣志·人物志·歲選貢題名（明）》：「郭毅，正統二年（一四三七）貢，任知縣。」

〔三〕李宜春《嘉靖潁州志·選舉·歲貢（太和）》：「吴玘，主簿……俱景泰間貢。」《順治太和縣志·人物志·歲選貢題名（明）》：「吴玘，字廷玉。道東之子。正統四年（一四三九）貢，任濟源主簿。」《乾隆濟源縣志·職官·（明）主簿》：「吴玘，天順四年任。」《光緒武昌縣志·官師·（明）訓導》：「吴玘，南直隸太和縣人。永樂二年任。」

〔四〕《成化中都志·科貢·鄉舉》：「（癸酉科景泰四年）張倫，太和人。」《南畿志·鳳陽府·鄉舉科》：「（景泰癸酉）張倫，太和人。知縣。」李宜春《嘉靖潁州志·選舉·舉人》：「張倫，太和縣人。同癸酉中式，終知縣。」《順治太和縣志·人物·（明）舉人題名》：「張倫，字仲理。以《春

續表

皇明	甲科	鄉貢	歲薦	辟舉 年次無考	應例 年次無考
甲戌（一四五四）			**單麟。**京衛經歷。〔一〕		
丙子（一四五六）			**范能。**知縣。〔二〕		
天順戊寅（一四五八）			**陳璟。**〔三〕		
庚辰（一四六〇）			**高增。**〔四〕		

〔一〕李宜春《嘉靖潁州志·選舉·歲貢（太和）》：「單麟，京衛經歷……俱景泰間貢。」《順治太和縣志·人物志·歲選貢題名（明）》：「單麟，字景祥。正統六年（一四四一）貢。任衛經歷。」

〔二〕李宜春《嘉靖潁州志·選舉·歲貢（太和）》：「……范能，知縣。俱景泰間貢。」《順治太和縣志·人物志·歲選貢題名（明）》：「范能，字國用。」

〔三〕李宜春《嘉靖潁州志·選舉·歲貢（太和）》：「陳璟……俱天順間貢。」《順治太和縣志·人物志·歲選貢題名（明）》：「陳璟，正統間貢。」

〔四〕李宜春《嘉靖潁州志·選舉·歲貢（太和）》：「高增……俱天順間貢。」《順治太和縣志·人物志·歲選貢題名（明）》：「高增，字益喜。正統十二年（一四四七）貢。」

續表

皇明	甲科	鄉貢	歲薦	辟舉 年次無考	應例 年次無考
壬午（一四六二）			李恭。[一]		
甲申（一四六四）			韓鎔。大使。[二]		
成化 乙酉（一四六五）		陳貴。山東棲霞知縣。[三]			

〔一〕李宜春《嘉靖潁州志·選舉·歲貢（太和）》：「李恭……俱天順間貢。」《順治太和縣志·人物志·歲選貢題名（明）》：「李恭，字致敬。正統十四年（一四四九）貢。」

〔二〕李宜春《嘉靖潁州志·選舉·歲貢（太和）》：「……韓鎔，大使。俱天順間貢。」《順治太和縣志·人物志·歲選貢題名（明）》：「韓鎔，字宗範。景泰二年（一四五一）貢。任大使。」

〔三〕《南畿志·鳳陽府·鄉舉科》：「（成化乙酉）陳貴，太和人。知縣。」李宜春《嘉靖潁州志·選舉·舉人》：「陳貴，太和縣人。同乙酉中式，終山東棲霞知縣。」《順治太和縣志·人物·（明）舉人題名》：「陳貴，字大用。成化乙酉科，任棲霞知縣。詳見《鄉賢》。」《順治太和縣志·人物·鄉賢（明）》：「陳貴，字大用。家世倪丘。少有大志，成化乙酉科領應天鄉薦，卒業成均。授山東棲霞縣知縣。居官廉謹愛民，有古循吏風，大宗伯倪公岳作《十異詩》贈之。子禄兒時即穎異，嘗從父抵縣，父命屬對，云：『騎馬行至雙浮屠，風霜兩鬢。』禄應聲曰：『乘龍直上九重天，雨露一身。』父心奇之，駸駸教習舉子業。比長，從游學士孫公交之門，肆力問學。已而補邑庠弟子員，督學司馬公試文，大加稱賞。每按屬郡邑，必攜之行，或命題賦詩，滚滚數百言，諸名輩數稱其爲奇器云。年弱冠製作甚富，屬以疾夭，父痛之，俱付回禄。今罕傳者。有才未就，士論每每深惜之。」

續表

皇明	甲科	鄉貢	歲薦	辟舉 年次無考	應例 年次無考
成化 乙酉 （一四六五）			**韓澄**。照磨。〔一〕		
丙戌 （一四六六）			**張寧**。引禮舍人。〔二〕 **蘇深**。主簿。〔三〕 **王輔**。縣丞。〔四〕 **王還**。知縣。〔五〕		

〔一〕李宜春《嘉靖潁州志·選舉·歲貢（太和）》：「韓澄，照磨……已上應四十五歲貢例。」《順治太和縣志·人物志·歲選貢題名（明）》：「韓澄，字以清。景泰四年（一四五三）貢。任府照磨。」

〔二〕李宜春《嘉靖潁州志·選舉·歲貢（太和）》：「張寧，引禮舍人……已上應四十五歲貢例。」《順治太和縣志·人物志·歲選貢題名（明）》：「張寧，字以康。景泰六年（一四五五）貢，引禮舍人。」

〔三〕「深」字，一作「琛」。李宜春《嘉靖潁州志·選舉·歲貢（太和）》：「蘇深，主簿……已上應四十五歲貢例。」《順治太和縣志·人物志·歲選貢題名（明）》：「蘇琛，字文端。天順元年（一四五七）貢。」

〔四〕李宜春《嘉靖潁州志·選舉·歲貢（太和）》：「王輔，縣丞……已上應四十五歲貢例。」《順治太和縣志·人物志·歲選貢題名（明）》：「王輔，字廷弼。天順三年（一四五九）貢。」

〔五〕李宜春《嘉靖潁州志·選舉·歲貢（太和）》：「王還，知縣……已上應四十五歲貢例。」《萬曆太和縣志》《順治太和縣志》未載此人。

續表

皇明	甲科	鄉貢	歲薦	辟舉 年次無考	應例 年次無考
丙戌 （一四六六）			吴倫。序班。〔一〕 郭信。縣丞。〔二〕 田登。訓導。〔三〕 王通。衛經歷。〔四〕 戚能。經歷。〔五〕		

〔一〕李宜春《嘉靖潁州志·選舉·歲貢（太和）》：「吴倫，序班……已上應四十五歲貢例。」《順治太和縣志·人物志·歲選貢題名（明）》：「吴倫，字秉彝。玘之姪。天順五年（一四六一）貢。任序班。」

〔二〕李宜春《嘉靖潁州志·選舉·歲貢（太和）》：「郭信，縣丞……已上應四十五歲貢例。」《順治太和縣志·人物志·歲選貢題名（明）》：「郭信，字克誠。天順六年（一四六二）貢。任縣丞。先是，選入國子監。」

〔三〕李宜春《嘉靖潁州志·選舉·歲貢（太和）》：「田登，訓導……已上應四十五歲貢例。」《順治太和縣志·人物志·歲選貢題名（明）》：「田登，字志高。天順七年（一四六三）貢。任訓導。」

〔四〕李宜春《嘉靖潁州志·選舉·歲貢（太和）》：「王通，衛經歷……已上應四十五歲貢例。」《順治太和縣志·人物志·歲選貢題名（明）》：「王通，字彦達。天順七年貢。任京衛經歷，覃恩進徵仕郎。」

〔五〕李宜春《嘉靖潁州志·選舉·歲貢（太和）》：「戚能，經歷……已上應四十五歲貢例。」《順治太和縣志·人物志·歲選貢題名（明）》：「戚能，字宗善。天順七年貢。任衛經歷。」

續表

皇明	甲科	鄉貢	歲薦	辟舉 年次無考	應例 年次無考
丙戌 （一四六六）			**牛璘**。序班。〔一〕 **王健**。縣丞。〔二〕 **黃智**。審理。〔三〕 **張謨**。〔四〕 **吴侃**。〔五〕		

〔一〕李宜春《嘉靖潁州志・選舉・歲貢（太和）》：「牛璘，序班……已上應四十五歲貢例。」《順治太和縣志・人物志・歲選貢題名（明）》：「牛璘，字汝文。天順七年貢。任鴻臚寺序班。」

〔二〕李宜春《嘉靖潁州志・選舉・歲貢（太和）》：「王健，縣丞……已上應四十五歲貢例。」《順治太和縣志・人物志・歲選貢題名（明）》：「王健，字以亨。司寇質之季子。天順七年貢。任寶豐縣丞。」

〔三〕李宜春《嘉靖潁州志・選舉・歲貢（太和）》：「黃智，審理……已上應四十五歲貢例。」《順治太和縣志・人物志・歲選貢題名（明）》：「黃智，字斯明。天順七年貢。任王府審理。」

〔四〕李宜春《嘉靖潁州志・選舉・歲貢（太和）》：「張謨……已上應四十五歲貢例。」《順治太和縣志・人物志・歲選貢題名（明）》：「張謨，字廷訓。成化元年（一四六五）貢。」

〔五〕李宜春《嘉靖潁州志・選舉・歲貢（太和）》：「吴侃……已上應四十五歲貢例。」《順治太和縣志・人物志・歲選貢題名（明）》：「吴侃，字剛直。成化二年（一四六六）貢。」

續表

皇明	甲科	鄉貢	歲薦	辟舉 年次無考	應例 年次無考
丙戌（一四六六）			范秀。都司斷事。〔一〕 周瓚。〔二〕 解文。〔三〕 劉騰。主簿。〔四〕 徐本。衛經歷。〔五〕		

〔一〕「秀」字，一作「琇」。李宜春《嘉靖潁州志・選舉・歲貢（太和）》：「范秀，都司斷事……已上應四十五歲貢例。」《順治太和縣志・人物志・歲選貢題名（明）》：「范琇，字德蘊。成化四年（一四六八）貢。任都司斷事。」

〔二〕李宜春《嘉靖潁州志・選舉・歲貢（太和）》：「周瓚……已上應四十五歲貢例。」《萬曆太和縣志・人物・歲貢題名（皇明）》：「周瓚，字□□。應成化五年（一四六九）貢。」《順治太和縣志・人物志・歲選貢題名（明）》：「周瓚，成化五年貢。」

〔三〕李宜春《嘉靖潁州志・選舉・歲貢（太和）》：「解文……已上應四十五歲貢例。」《萬曆太和縣志・人物・歲貢題名（皇明）》：「解文，字德華。應成化六年（一四七〇）貢。」《順治太和縣志・人物志・歲選貢題名（明）》：「解文，字德華。成化六年貢。」

〔四〕李宜春《嘉靖潁州志・選舉・歲貢（太和）》：「劉騰，主簿……已上應四十五歲貢例。」《萬曆太和縣志・人物・歲貢題名（皇明）》：「劉騰，字子雲。應成化七年（一四七一）貢。任主簿。」《順治太和縣志・人物志・歲選貢題名（明）》：「劉騰，字子雲。成化七年貢，任主簿。」

〔五〕李宜春《嘉靖潁州志・選舉・歲貢（太和）》：「徐本，衛經歷……已上應四十五歲貢例。」《萬曆太和縣志・人物・歲貢題名（皇明）》：「徐本，字□□。應成化九年（一四七三）貢。任□州府經歷。」《順治太和縣志・人物志・歲選貢題名（明）》：「徐本。成化九年貢。任衛經歷。」

續表

皇明	甲科	鄉貢	歲薦	辟舉 年次無考	應例 年次無考
丙戌 （一四六六）			**陳聰**。同知。〔一〕 已上應四十五歲貢例。		
戊子 （一四六八）			**劉忠**。檢校。〔二〕		
庚寅 （一四七〇）			**朱和**。府知事。〔三〕		

〔一〕《成化中都志·科貢·鄉舉》：「（辛酉科弘治十四年）陳聰，太和人。」李宜春《嘉靖潁州志·選舉·歲貢（太和）》：「……陳聰，同知。已上應四十五歲貢例。」《萬曆太和縣志·人物·歲貢題名（皇明）》：「陳聰，字宗魯。應成化十一年（一四七五）貢。任河南磁州同知。」《順治太和縣志·人物志·歲選貢題名（明）》：「陳聰，字宗魯。成化十一年貢。任磁州同知。」

〔二〕李宜春《嘉靖潁州志·選舉·歲貢（太和）》：「劉忠，檢校……俱成化間貢。」《萬曆太和縣志·人物·歲貢題名（皇明）》：「劉忠，應成化十二年（一四七六）貢。傳見《鄉賢》。」《萬曆太和縣志·人物·鄉賢（明）》：「劉忠，字廷臣，號梅軒。太平圖人。起家歲薦，任福建邵武府檢校。有吏材，知府王公、夏公皆器重之。嘗委署懷寧等縣。所至清操自持，士民悦服。迨休致家居，訓二子成立。仲鵬河南杞學諭，季鵾江西崇江丞，咸能守官箴。人皆多公之善教云。」《順治太和縣志·人物志·歲選貢題名（明）》：「劉忠，成化十二年貢。詳見《鄉賢》。」《光緒邵武府志·職官·（明）檢校》：「劉忠，太和人。」

〔三〕李宜春《嘉靖潁州志·選舉·歲貢（太和）》：「朱和，府知事……俱成化間貢。」《萬曆太和縣志·人物·歲貢題名（皇明）》：「朱和，字節之。錦之父。應成化十五年（一四七九）貢，任廣東潮州府知事。」《順治太和縣志·人物志·歲選貢題名（明）》：「朱和，字節之。錦之父。成化十五年貢，任潮州通判。」《光緒潮州府志·職官表·（明）府知事》：「（弘治）朱和，鳳陽（人）。」

續表

皇明	甲科	鄉貢	歲薦	辟舉 年次無考	應例 年次無考
辛卯（一四七一）		**王章**。山東臨邑知縣。〔一〕			
壬辰（一四七二）			**李雄**。推官。〔二〕		
甲午（一四七四）			**吳浦**。照磨。〔三〕		

〔一〕《成化中都志·科貢·鄉舉》：「（辛卯科成化七年）王章，太和人。」《南畿志·鳳陽府·鄉舉科》：「（成化辛卯）王章。太和人。知縣。」李宜春《嘉靖潁州志·選舉·舉人》：「王章，太和縣人。成化辛卯中式，終山東臨邑知縣。」《順治太和縣志·人物·（明）舉人題名》：「王章，字文顯。成化辛卯科，任臨邑知縣。詳見《鄉賢》。」《順治太和縣志·人物·鄉賢（明）》：「王章，字文顯，萬壽圖人。容貌魁偉，學問淵宏，及門受業者數百人。持身嚴慎，雖燕居亦衣冠，當盛暑不褻體。成化辛卯領鄉薦。任山東臨邑知縣。明勤才幹，政理賦平，惓惓以淑人爲心，以敦教化爲念。民有訟者，一訊，立辨諭其曲直以去，時稱爲古之循良。及致仕家居，蹟不履公廷。與鄉人處，恂恂謙抑，無論少長皆下之。嘗有人犯之者，閉户不校，明日造其門謝之。其人愧悔無地，經年不敢相見。雖兒童走卒，皆知公爲盛德君子也。」

〔二〕李宜春《嘉靖潁州志·選舉·歲貢（太和）》：「李雄，推官……俱成化間貢。」《成化中都志·科貢·鄉舉》：「（甲子科弘治十七年）李雄，太和人。」《萬曆太和縣志·人物·歲貢題名（皇明）》：「李雄，字世英。應成化十七年（一四八一）貢。任浙江金華府推官。」《順治太和縣志·人物志·歲選貢題名（明）》：「李雄，字世英。成化十七年貢。任金華府推官。」

〔三〕「浦」字，一作「溥」。李宜春《嘉靖潁州志·選舉·歲貢（太和）》：「吳浦，照磨……俱成化間貢。」《萬曆太和縣志·人物·歲貢題名（皇明）》：「吳溥，字希和。應成化十九年（一四八三）貢。任府照磨。」《順治太和縣志·人物志·歲選貢題名（明）》：「吳溥，字希和。成化十九年貢。任府照磨。」

續表

皇明	甲科	鄉貢	歲薦	辟舉 年次無考	應例 年次無考
丙申 （一四七六）			**高雲**。府經歷。〔一〕		
戊戌 （一四七八）			**鄒裕**。主簿。〔二〕		
庚子 （一四八〇）		**紀鏞**。 **劉剛**。山東壽章縣知縣。〔三〕	**李潤**。縣丞。〔四〕		

〔一〕李宜春《嘉靖潁州志・選舉・歲貢（太和）》：「高雲，府經歷……俱成化間貢。」《萬曆太和縣志・人物・歲貢題名（皇明）》：「高雲，字騰霄。應成化二十一年（一四八五）貢。任雲南石屏府經歷。」《順治太和縣志・人物志・歲選貢題名（明）》：「高雲，字騰霄。成化二十一年貢。任府經歷。」

〔二〕李宜春《嘉靖潁州志・選舉・歲貢（太和）》：「鄒裕，主簿……俱成化間貢。」《萬曆太和縣志》《順治太和縣志》皆無此人。

〔三〕《成化中都志・科貢・鄉舉》：「（庚子科成化十六年）劉剛，太和人。」《南畿志・鳳陽府・鄉舉科》：「（成化庚子）劉剛，太和人。」李宜春《嘉靖潁州志・選舉・舉人》：「劉剛，太和縣人。成化庚子中式，終山東壽昌知縣。」《順治太和縣志・人物・（明）舉人題名》：「劉剛，成化庚子科。任壽張知縣。詳見《鄉賢》。」《順治太和縣志・人物・鄉賢（明）》：「劉剛，字宗柔，順化圖人。自少以穎異稱，及游芹宮，雋聲大著。成化庚子科，與同邑翰林紀鏞同榜舉人。任壽張縣令，居官清謹，剖決如流。邑有霜〔孀〕婦改嫁，及死，前子争欲葬之，即判云：『生前改嫁，已無戀子之心；死後歸塋，難見前夫之面。』一時縉紳極服其有識也。有貧民鬻子輸官銀者，行道坐荒草處失銀，覓而求之不得。其人泣訴於庭，公令取草斷之，邑民皆赴庭觀聽，乃令閉户，問觀者聽何事，衆皆駭然無對，即令身有銀者悉給失銀之民償官，人以爲異。在官多有惠政及民，上司呼曰小劉，百姓呼曰包劉。」《光緒壽張縣志・職官・縣令（明）》：「劉剛，貢生，安徽潁州府太和縣人。弘治九年（一四九六）任。」

〔四〕李宜春《嘉靖潁州志・選舉・歲貢（太和）》：「李潤，縣丞……俱成化間貢。」《萬曆太和縣志》《順治太和縣志》皆無此人。

續表

皇明	甲科	鄉貢	歲薦	辟舉 年次無考	應例 年次無考
壬寅（一四八二）			李桓。〔一〕		
甲辰（一四八四）			王增。〔二〕		
丙午（一四八六）			周冕。訓導。〔三〕		
丁未（一四八七）	紀鏞。傳見《鄉賢》。				

〔一〕李宜春《嘉靖潁州志·選舉·歲貢（太和）》：「李桓……俱成化間貢。」《萬曆太和縣志》《順治太和縣志》皆無此人。

〔二〕李宜春《嘉靖潁州志·選舉·歲貢（太和）》：「王增……俱成化間貢。」《萬曆太和縣志·人物·歲貢題名（皇明）》：「王增，字益之。應成化二十三年（一四八七）貢。任北京衛經歷。」《順治太和縣志·人物志·歲選貢題名（明）》：「王增，字益之。成化二十三年貢。任衛經歷。」

〔三〕李宜春《嘉靖潁州志·選舉·歲貢（太和）》：「……周冕，訓導。俱成化間貢。」《萬曆太和縣志·人物·歲貢題名（皇明）》：「周冕，字文中。應弘治二年（一四八九）貢。任訓導。」《順治太和縣志·人物志·歲選貢題名（明）》：「周冕，字文中。弘治二年貢。任訓導。」

續表

皇明	甲科	鄉貢	歲薦	辟舉 年次無考	應例 年次無考
弘治 戊申 （一四八八）			**貊振。**主簿。[一]		
庚戌 （一四九〇）			**陳洪。**經歷。[二]		
壬子 （一四九二）			**張鎮。**[三]		

［一］李宜春《嘉靖潁州志・選舉・歲貢（太和）》：「貊振，主簿……俱弘治間貢。」《萬曆太和縣志・人物・歲貢題名（皇明）》：「貊振，字文鐸。安之子。以恩貢入國子監。任順天府東安縣主簿。公勤才幹，心切於愛民，馬政之司尤爲清理。嘗聘居庸關，有職慎才優之獎。百姓興『我民父母』之歌。甫三載，毅然致仕。人皆□之，以爲有祖之遺風云。」《順治太和縣志・人物志・歲選貢題名（明）》：「貊振，字文鐸。安之子。以恩貢入監，任東安主簿。才幹愛民，清理馬政。居庸關有職慎才優之獎。百姓興『我民父母』之歌。甫三載，毅然致仕。人皆以爲有祖風。」

［二］《成化中都志・科貢・鄉舉》：「（癸酉科正德八年）陳洪，太和人。」李宜春《嘉靖潁州志・選舉・歲貢（太和）》：「陳洪，經歷……俱弘治間貢。」《萬曆太和縣志・人物・歲貢題名（皇明）》：「陳洪，字文量。以恩貢入國學。任南京江陰衛經歷。考滿，進階徵仕郎。」《順治太和縣志・人物志・歲選貢題名（明）》：「陳洪，字文量。恩貢入監，任江陰衛經歷。考滿，加徵仕郎。」

［三］李宜春《嘉靖潁州志・選舉・歲貢（太和）》：「張鎮……俱弘治間貢。」《萬曆太和縣志・人物・歲貢題名（皇明）》：「張鎮，字衛邦。瑮之父，繼之祖。應弘治四年（一四九一）貢。有文學，一時學者多宗之。」《順治太和縣志・人物志・歲選貢題名（明）》：「張鎮，字衛邦。弘治四年貢。有文學，人宗之。」

續表

皇明	甲科	鄉貢	歲薦	辟舉 年次無考	應例 年次無考
甲寅 （一四九四）			徐淵。知縣。〔一〕		
丙辰 （一四九六）			田璜。〔二〕		
戊午 （一四九八）			陶玘。〔三〕 吴萱。〔四〕		

〔一〕《成化中都志·科貢·鄉舉》：「（癸酉科正德八年）徐淵，太和人。」李宜春《嘉靖潁州志·選舉·歲貢（太和）》：「徐淵，知縣……俱弘治間貢。」《萬曆太和縣志·人物·歲貢題名（皇明）》：「徐淵，字時之。應弘治六年（一四九三）貢。任山西太谷縣知縣。微時有夢云：『水擊石澗箏，聲響三弄琴。』抵任，果驗。仕僅三月，遂棄官。公爲人恭謹孚乎神明，年八十八終於家。鄉人頌之。」《順治太和縣志·人物志·歲選貢題名（明）》：「徐淵，字時之。弘治六年貢。任太谷知縣。微時有夢云：『水擊石澗箏，聲響三弄琴。』抵任，果驗。僅三月，棄官歸焉。人恭謹，可孚神明，年八十八。」《民國太谷縣志·官師·知縣（明）》：「（正德六年）徐元。」疑即其人。

〔二〕李宜春《嘉靖潁州志·選舉·歲貢（太和）》：「田璜……俱弘治間貢。」《萬曆太和縣志·人物·歲貢題名（皇明）》：「田璜，字廷瑞。應弘治八年（一四九五）貢。」《順治太和縣志·人物志·歲選貢題名（明）》：「田璜，字廷瑞。弘治八年貢。」

〔三〕李宜春《嘉靖潁州志·選舉·歲貢（太和）》：「陶玘……俱弘治間貢。」《萬曆太和縣志·人物·歲貢題名（皇明）》：「陶玘，字廷玉。應弘治十年（一四九七）貢。」《順治太和縣志·人物志·歲選貢題名（明）》：「陶玘，字廷玉。弘治十年貢。仁淵孫。今庠生振鶴祖。」

〔四〕李宜春《嘉靖潁州志·選舉·歲貢（太和）》：「吴萱……俱弘治間貢。」《萬曆太和縣志·人物·歲貢題名（皇明）》：「吴萱，字景茂。應弘治十二年（一四九九）貢。任湖廣武昌縣丞。起復補滋陽縣丞。」《順治太和縣志·人物志·歲選貢題名（明）》：「吴質[萱]，字景茂。弘治十二年貢，任縣丞。」

續表

皇明	甲科	鄉貢	歲薦	辟舉 年次無考	應例 年次無考
庚申（一五〇〇）			朱錦。〔一〕 張元應。〔二〕		
壬戌（一五〇二）			高佐。〔三〕		
甲子（一五〇四）			單美。縣丞。〔四〕		

〔一〕李宜春《嘉靖潁州志·選舉·歲貢（太和）》：「朱錦……俱弘治間貢。」《萬曆太和縣志（皇明）》：「朱錦，字文綉。和之子。應弘治十四年（一五〇一）貢。」《順治太和縣志·人物志·歲選貢題名（明）》：「朱錦，字文綉。和之子。弘治十四年貢。」

〔二〕李宜春《嘉靖潁州志·選舉·歲貢（太和）》：「張元應……俱弘治間貢。」《萬曆太和縣志·人物·歲貢題名（皇明）》：「張元應，字孟吉。應弘治十六年（一五〇三）貢。」《順治太和縣志·人物志·歲選貢題名（明）》：「張元應，字孟吉。弘治十六年貢。」

〔三〕李宜春《嘉靖潁州志·選舉·歲貢（太和）》：「高佐……俱弘治間貢。」《萬曆太和縣志·人物·歲貢題名（皇明）》：「高佐，字良弼。應弘治十八年（一五〇五）貢。」《順治太和縣志·人物志·歲選貢題名（明）》：「高佐，字良弼。弘治十八年貢。」

〔四〕李宜春《嘉靖潁州志·選舉·歲貢（太和）》：「……單美，縣丞。俱弘治間貢。」《萬曆太和縣志·人物·歲貢題名（皇明）》：「單美，字文質。應正德元年（一五〇六）貢，任江西德興縣丞。」《順治太和縣志·人物志·歲選貢題名（明）》：「單美，字文質。正德元年貢，任德興縣丞。」《同治德興縣志·職官·縣丞（明）》：「單美，嘉靖元年任。」

續表

皇明	甲科	鄉貢	歲薦	辟舉 年次無考	應例 年次無考
正德 丙寅（一五〇六）			**范琦**。〔一〕		**王暐**。縣丞。〔二〕
戊辰（一五〇八）			**關洪**。知縣。〔三〕		**陳注**。序班。〔四〕

〔一〕李宜春《嘉靖潁州志·選舉·歲貢（太和）》：「范琦……俱正德間貢。」《萬曆太和縣志》《順治太和縣志》未載此人。

〔二〕李宜春《嘉靖潁州志·選舉·應例（太和）》：「王暐，縣丞……俱正德間貢。」《順治太和縣志》未載此人。

〔三〕李宜春《嘉靖潁州志·選舉·歲貢（太和）》：「關洪，知縣……俱正德間貢。」《萬曆太和縣志·人物·歲貢題名（皇明）》：「關洪，字德裕。好文之孫。應正德六年（一五一一）選貢，任北直隸欒城縣知縣。居二載，廉勤公謹，威惠並行。興澤役，備賑積，招撫流移。禁戢盜賊，捉獲僞造印信之人，政聲赫然。」《順治太和縣志·人物志·歲選貢題名（明）》：「關洪，字德裕。正德六年選貢。任欒城知縣，政聲赫然。」《同治欒城縣志·職官表·知縣（明）》：「（嘉靖）關洪，山西人。」當誤。

〔四〕李宜春《嘉靖潁州志·選舉·應例（太和）》：「陳注，序班……俱正德間貢。」《萬曆太和縣志·人物·例貢題名》：「陳注，字本源。以附學生應例入監。任鴻臚寺序班。」《順治太和縣志·人物·例貢題名》：「陳注，字本源。附監。任鴻臚序班。」

續表

皇明	甲科	鄉貢	歲薦	辟舉 年次無考	應例 年次無考
庚午（一五一〇）			楊瑜。訓導。[一]		唐宗。衛經歷。[二]
壬申（一五一二）			孫輅。[三]		陳泰。主簿。[四]

[一] 李宜春《嘉靖潁州志·選舉·歲貢（太和）》：「楊瑜，訓導……俱正德間貢。」《萬曆太和縣志·人物·歲貢題名（皇明）》：「楊瑜，字□□。應正德二年（一五〇七）貢，任河南虞城縣訓導。」《順治太和縣志·人物志·歲選貢題名（明）》：「楊瑜，正德二年貢。任虞城訓導。」《光緒虞城縣志·職官·訓導（明）》：「楊榆［瑜］，南直太和人。」

[二] 「宗」字，一作「琮」。李宜春《嘉靖潁州志·選舉·應例（太和）》：「唐宗，衛經歷……俱正德間貢。」《萬曆太和縣志·人物·例貢題名》：「唐琮，字□□。以附學生應例入監，任□京衛經歷。」《順治太和縣志·人物·例貢題名》：「唐琮，附監，任京衛經歷。」

[三] 李宜春《嘉靖潁州志·選舉·歲貢（太和）》：「孫輅……俱正德間貢。」《萬曆太和縣志·人物·歲貢題名（皇明）》：「孫輅，字大用。舉人崇德之叔。應正德四年（一五〇九）貢。」《順治太和縣志·人物志·歲選貢題名（明）》：「孫輅，字大用。舉人崇德之叔。正德四年貢。」

[四] 李宜春《嘉靖潁州志·選舉·應例（太和）》：「陳泰，主簿……俱正德間貢。」《萬曆太和縣志·人物·例貢題名》：「陳泰，字時亨。以附學生應例入監。任浙江餘姚縣簿。有惠政，□□□□，□奬其治績，三載，政成化行。」《順治太和縣志·人物·例貢題名》：「陳泰，字時亨。附監，任餘姚主簿。」《光緒餘姚縣志·職官表·主簿（明）》：「（嘉靖）陳泰，二年（一五二三）任。」

續表

皇明	甲科	鄉貢	歲薦	辟舉 年次無考	應例 年次無考
甲戌（一五一四）			**譚恭。**知縣。〔一〕		**桑鼎。**〔二〕
丙子（一五一六）		**孫崇德。**湖廣遠安知縣，陞大名府通判。〔三〕	**張本。**縣丞。〔四〕		**范鎰。**兵馬。〔五〕

〔一〕李宜春《嘉靖潁州志·選舉·歲貢（太和）》：「譚恭，知縣……俱正德間貢。」《萬曆太和縣志·人物·歲貢題名（皇明）》：「譚恭，字克敬。應正德八年（一五一三）貢。任廣西北流知縣。」《順治太和縣志·人物志·歲選貢題名（明）》：「譚恭，字克敬。正德八年貢。任北流知縣。」

〔二〕李宜春《嘉靖潁州志·選舉·應例（太和）》：「桑鼎……俱正德間貢。」《萬曆太和縣志·人物·例貢題名》：「桑鼎，字朝重。以附學生應例入監。任山東王府奉祠。」《順治太和縣志·人物·例貢題名》：「桑鼎，字朝重。附監。任王府奉祠。」

〔三〕《成化中都志·科貢·鄉舉》：「（丙子科正德十一年）孫崇德，太和人。」李宜春《嘉靖潁州志·選舉·舉人》：「孫崇德，太和縣人。同丙子中式，授湖廣遠安知縣，陞大名府通判。」《順治太和縣志·人物·（明）舉人題名》：「孫崇德，號南村。正德丙子科。詳見《鄉賢》。」《同治遠安縣志·文職·知縣（明）》：「（嘉靖十年）孫崇德，泰［太］和人。舉人。」

〔四〕李宜春《嘉靖潁州志·選舉·歲貢（太和）》：「張本，縣丞……俱正德間貢。」《萬曆太和縣志·人物·歲貢題名（皇明）》：「張本，字原之。應正德十年（一五一五）貢。任山東德平縣丞。」《順治太和縣志·人物志·歲選貢題名（明）》：「張本，字原之。正德十年貢。任德平縣丞。」

〔五〕李宜春《嘉靖潁州志·選舉·應例（太和）》：「范鎰，字惟衡。任北京東城兵馬司兵馬，陞廣西太平府養利州知州……俱正德間貢。」《萬曆太和縣志·人物·例貢題名》：「范鎰，字惟衡，號平齋。湖之父。忠厚老成，篤志力學。由廩膳生應例入監。任北京東城副兵馬，諭中敕贈監修九廟大工，陞南城正兵馬。起復補宗城□兵馬，以殺獲有功，陞養利州知州。卒於官，素行端愷，鄉里敬服。後人多遇鄰國，□□庠，以孝友稱。人以爲公之餘慶云。」《順治太和縣志·人物·例貢題名》：「范鎰，字惟衡。廩監。任京城兵馬，陞知州。」

續表

皇明	甲科	鄉貢	歲薦	辟舉 年次無考	應例 年次無考
丙子 （一五一六）					張元薦。〔一〕
戊寅 （一五一八）			胡連［璉］。縣丞。〔二〕		
庚辰 （一五二〇）			王宥。〔三〕		

〔一〕李宜春《嘉靖潁州志·選舉·應例（太和）》：「……張元薦。俱正德間貢。」《萬曆太和縣志·人物·例貢題名》：「張元薦，字孟直。以廩膳生應例入監。」《順治太和縣志·人物·例貢題名》：「張元薦，字孟直。廩監。」

〔二〕李宜春《嘉靖潁州志·選舉·歲貢（太和）》：「胡連［璉］，縣丞……俱正德間貢。」《萬曆太和縣志·人物·歲貢題名（皇明）》：「胡璉，字美器。慎言之父。應正德十二年（一五一七）貢。任福建閩縣丞，有政聲，尋陞南京旗守衛經歷。三年考滿，敕進階徵仕郎。」《順治太和縣志·人物志·歲選貢題名（明）》：「胡璉，字美器。正德十二年貢。任閩縣丞。有政聲，陞衛經歷。考滿，敕加徵仕郎。」

〔三〕李宜春《嘉靖潁州志·選舉·歲貢（太和）》：「……王宥。俱正德間貢。」《萬曆太和縣志·人物·歲貢題名（皇明）》：「王宥，字天錫。應正德十四年（一五一九）貢。任江西益府審理。」《順治太和縣志·人物志·歲選貢題名（明）》：「王宥，字天錫。正德十四年貢。任王府審理。」

續表

皇明	甲科	鄉貢	歲薦	辟舉 年次無考	應例 年次無考
嘉靖 壬午（一五二二）		王希喆。山東蒙陰知縣。〔一〕	朱鐸。州判。〔二〕		
甲申（一五二四）			李溥。〔三〕		

〔一〕《成化中都志·科貢·鄉舉》：「（壬午科嘉靖元年）王希誥［喆］，太和人。」《南畿志·鳳陽府·鄉舉科》：「（嘉靖壬午）王希喆，太和人。」李宜春《嘉靖潁州志·選舉·舉人》：「王希喆，太和縣人。嘉靖壬午中式，授山東蒙陰知縣。」《順治太和縣志·人物·（明）舉人題名》：「王希喆，號秋渠。嘉靖壬午科。任蒙陰令。詳見《鄉賢》。」

〔二〕李宜春《嘉靖潁州志·選舉·歲貢（太和）》：「朱鐸，判官。」《萬曆太和縣志·人物·歲貢題名（皇明）》：「朱鐸，字文振，號東崖。和之姪。應正德十六年（一五二一）貢。任山東武定府判官。起復□□州判官。」《順治太和縣志·人物志·歲選貢題名（明）》：「朱鐸，字文振。和之姪。正德十六年貢，任武定判官。」

〔三〕李宜春《嘉靖潁州志·選舉·歲貢（太和）》：「李溥。」《萬曆太和縣志·人物·歲貢題名（皇明）》：「李溥，字文淵。□□□。應嘉靖二年（一五二三）貢。任浙江□□縣丞。廉明公謹，不事奔競。士大夫重之。」《順治太和縣志·人物志·歲選貢題名（明）》：「李溥，字文淵。嘉靖二年貢。任縣丞。」

續表

皇明	甲科	鄉貢	歲薦	辟舉 年次無考	應例 年次無考
丙戌 （一五二六）			李松。〔一〕		劉一貴。〔二〕
戊子 （一五二八）			郭梁。〔三〕		沈葵。〔四〕

〔一〕李宜春《嘉靖潁州志·選舉·歲貢（太和）》：「李松。」《萬曆太和縣志·人物·歲貢題名（皇明）》：「李松，字沖霄。應恩貢。任開封鄭州判官。」《順治太和縣志·人物志·歲選貢題名（明）》：「李松，字沖霄。恩貢。任鄭州判官。」

〔二〕李宜春《嘉靖潁州志·選舉·應例（太和）》：「劉一貴。」《萬曆太和縣志·人物·例貢題名》：「劉一貴，字道寬，號東泉。汝炳、汝炤之父。以廩膳生應例入監。」《順治太和縣志·人物·例貢題名》：「劉一貴，字道寬。廩監。」

〔三〕李宜春《嘉靖潁州志·選舉·歲貢（太和）》：「郭梁。」《萬曆太和縣志·人物·歲貢題名（皇明）》：「郭梁，字大用。應嘉靖六年（一五二七）貢。任□□莒州判官。詳見《鄉賢》。」《萬曆太和縣志·人物·鄉賢（明）》：「郭梁，字大用，號愛柏。南原和人。賦性質直，好學不倦。以經明行修，充稱嘉靖六年歲貢，任莒州判官。剛直不阿，廉靖寡慾。時同僚貪墨者輒面斥之，郡民逃移者多賴安輯。及致仕家居，執經從游者雲集，一時文士多出其門。」《順治太和縣志·人物志·歲選貢題名（明）》：「郭梁，字大用。嘉靖六年貢。任莒州判官。詳見《鄉賢》。」《順治太和縣志·人物·鄉賢（明）》與《萬曆太和縣志》同。

〔四〕李宜春《嘉靖潁州志·選舉·應例（太和）》：「沈葵。」《萬曆太和縣志·人物·例貢題名》：「沈葵，字子藎，號一川。以附學生應例入監。」《順治太和縣志·人物·例貢題名》：「沈葵，字子藎。附監。」

續表

皇明	甲科	鄉貢	歲薦	辟舉 年次無考	應例 年次無考
庚寅 （一五三〇）			劉鵾。〔一〕		葛輗。〔二〕
壬辰 （一五三二）			楊鳴鸞。〔三〕		宋滋。〔四〕

〔一〕李宜春《嘉靖潁州志·選舉·歲貢（太和）》：「劉鵾。」《萬曆太和縣志·人物·歲貢題名（皇明）》：「劉鵾，字嵩高，號抑菴。忠之子。應嘉靖十年（一五三一）選貢，任江西崇仁縣丞。先是，大學士張孚敬題奏太和縣學歲貢生員不拘常格，歲選文優者准充，□然行之。和選貢自鵾始，仍令有司扁其門扃，遂爲例云。」《順治太和縣志·人物志·歲選貢題名（明）》：「劉鵾，號抑菴。忠之子。嘉靖十年選貢，任崇仁縣丞。先是，詔選文優者充。太和之選貢自鵾始，有司扁其門。」《康熙崇仁縣志·縣丞（明）》：「（肅皇帝）劉鵾，太和人。」

〔二〕李宜春《嘉靖潁州志·選舉·應例（太和）》：「葛輗。」《萬曆太和縣志·人物·例貢題名》：「葛輗，字希信，號潤西。以附學生應例入監。」《順治太和縣志·人物·例貢題名》：「葛輗，字希信。附監。」

〔三〕李宜春《嘉靖潁州志·選舉·歲貢（太和）》：「楊鳴鸞。」《萬曆太和縣志·人物·歲貢題名（皇明）》：「楊鳴鸞，字子和，號直齋。波之父。應嘉靖十一年（一五三二）貢。任江西貴溪縣主簿。」《順治太和縣志·人物志·歲選貢題名（明）》：「楊鳴鸞。字子和。嘉靖十一年貢。任主簿。」《康熙貴溪縣志·職官·主簿（明）》：「（嘉靖）楊鳴鸞，太湖人。監生。」當有誤。

〔四〕李宜春《嘉靖潁州志·選舉·應例（太和）》：「宋滋，字德濡。」《萬曆太和縣志·人物·例貢題名》：「宋滋，字德濡，號抑齋。以增廣生應例入監。」《順治太和縣志·人物·例貢題名》：「宋滋，字德濡。增監。」

續表

皇明	甲科	鄉貢	歲薦	辟舉 年次無考	應例 年次無考
甲午 （一五三四）			王希甫。〔一〕		陳大縉。〔二〕
丙申 （一五三六）			張繼。〔三〕		張孟元。〔四〕

《人物表》終

〔一〕李宜春《嘉靖潁州志·選舉·歲貢（太和）》：「王希甫。」《萬曆太和縣志·人物·歲貢題名（皇明）》：「王希甫，字惟賢，號鳳山。舉人章之孫。應嘉靖十三年（一五三四）選貢。」《順治太和縣志·人物志·歲選貢題名（明）》：「王希甫，字惟賢。舉人章之孫。嘉靖十三年選貢。」

〔二〕李宜春《嘉靖潁州志·選舉·應例（太和）》：「陳大縉，字廷儀。」《萬曆太和縣志·人物·例貢題名》：「陳大縉，字廷儀，號龍泉。以廩膳生應例入監，博學有雅量。有貨野凫於張賓者，而□詘取其值，縉與之，不爲辨。長吟詠，嘗送子文炳從師，有詩曰：『遠涉河西講《易經》，其中疑難要叮嚀。象從龍馬究顛末，目向先天問始終。且學且思忙着力，不爐不扇快亦功。莫將心事□鄉漢，須託拳拳百□聽。』著作甚富，有集藏於家，後以母老不仕。」《順治太和縣志·人物·例貢題名》：「陳大縉，字龍泉。廩監。博學有雅量。」

〔三〕李宜春《嘉靖潁州志·選舉·歲貢（太和）》：「張繼。」《萬曆太和縣志·人物·歲貢題名（皇明）》：「張繼，字孝卿，號善濟。鎮之孫。應嘉靖十五年（一五三六）選貢。任□南□□、西平縣丞。居官甫及一年，遽求□致仕，□急流勇退。和之選貢例自繼止。」

〔四〕李宜春《嘉靖潁州志·選舉·應例（太和）》：「張孟元。」《萬曆太和縣志·人物·例貢題名》：「張孟元，字子仁，號静石。以附學生應例入監。」《順治太和縣志·人物·例貢題名》：「張孟元，字子仁。附監。」

皇明	潁州
武胄	張勝。河南都指揮僉事。〔四〕 鞏臣。河南都指揮僉事。〔五〕 李淳。大同備禦都指揮僉事。〔六〕
雜科	
馳〔貤〕封〔一〕 永樂以前無考	
王府官〔二〕	
義官〔三〕	

〔一〕「貤」字，原誤作「馳」。以下潁上、太和部分同。

〔二〕《正德潁州志》、李宜春《嘉靖潁州志》和《順治潁州志》皆無此類。

〔三〕《正德潁州志》、李宜春《嘉靖潁州志》和《順治潁州志》皆無此類。

〔四〕李宜春《嘉靖潁州志·兵防·潁川衛（指揮使）》：「張傑，直隸徐州人。初，張永以靖難功調潁川，世襲指揮使。子信替。無嗣，以姪永襲。傳勝，以功陞河南都指揮僉事，尋以罪免。泰替原職。傑，泰孫也，嘉靖十二年（一五三三）因父亡承襲，見管城操。」

〔五〕李宜春《嘉靖潁州志·兵防·潁川衛（指揮使）》：「鞏世，兗州府嶧縣人。初，鞏信永樂十八年（一四二〇）以功調潁川，世襲指揮僉事。傳瑛。再傳方，天順二年（一四五八）以功陞世襲指揮使。固替，以納粟進都指揮僉事。臣襲，又納粟如之，後以殺潁上寇功，銓注河南都司掌印，世襲原職，嘉靖二十年（一五四一）陞貳簽書，尋陞都指揮僉事，未任，卒。子夢圭。」

〔六〕李宜春《嘉靖潁州志·兵防·潁川衛（同知）》：「李柱，山東莒州人。初，李端以河南都指揮瑾子，宣德十年（一四三五）襲授潁川指揮同知，戰雞兒嶺，陣亡。銘襲。傳淳，以納粟進河南都指揮僉事，後領敕宣府春班備禦，殺達賊有功，欽賜表裏。傳鶴，無嗣。柱以端曾孫，嘉靖二十一年（一五四二）承襲，見掌印屯局。」

續表

皇明	武胄	雜科	馳〔貤〕封 永樂以前無考	王府官	義官
潁州	王臣。大同備禦都指揮僉事。〔一〕	朱文浩。長沙府通判。〔二〕 姜韶。鹽引所大使。〔三〕 董良。南京甲字庫大使。〔四〕 梁孟謙。〔五〕 李宗華。〔六〕 張鵬舉。〔七〕			

〔一〕李宜春《嘉靖潁州志·兵防·潁川衛（指揮使）》：「王嘉愛，直隸廬州人。初，王威宣德六年（一四三一）以都指揮諒子授潁川，世襲指揮使。鎮襲，以納粟進都指揮僉事。爵襲，又納粟如之。臣替職，推舉陞河南都指揮僉事。嘉愛以嘉靖十六年（一五三七）替原職，今以罪免。」

〔二〕李宜春《嘉靖潁州志·選舉·雜科》：「朱文浩，通判。」

〔三〕李宜春《嘉靖潁州志·選舉·雜科》：「姜韶，所大使。」

〔四〕李宜春《嘉靖潁州志·選舉·雜科》：「董良，庫大使。」

〔五〕李宜春《嘉靖潁州志·選舉·雜科》僅存其名。

〔六〕李宜春《嘉靖潁州志·選舉·雜科》僅存其名。

〔七〕李宜春《嘉靖潁州志·選舉·雜科》僅存其名。

續表

義官	王府官	馳〔貤〕封 永樂以前無考	雜科	武胄	皇明
李正。	李熜。衛籍。	郭斌。以子昇貴，累贈工部郎中。〔一〕			
郭敬。	李啟東。州籍。	郭正。以子昌貴，贈户部照磨。〔二〕			
王讓。	劉棋。	史雄。以子鏡貴，贈衛經歷。〔三〕			
王得。	亓彪。	李敬。以子通貴，贈知縣。〔四〕			
周漢。	楊宗輔。俱衛籍。				
周源。	盧鵬。				
平宣。	董宗潤。				
劉端。	仵明善。				

〔一〕李宜春《嘉靖潁州志·選舉·貤封》：「郭斌，以子昇貴，累贈工部郎中。」

〔二〕李宜春《嘉靖潁州志·選舉·貤封》：「郭正，以子昌貴，贈户部照磨。」

〔三〕李宜春《嘉靖潁州志·選舉·貤封》：「史雄，以子鏡貴，贈衛經歷。」

〔四〕李宜春《嘉靖潁州志·選舉·貤封》：「李敬，以子通貴，贈知縣。」

續表

類別	人名
皇明	
武胄	
雜科	王和。長壽典史。〔一〕 聞凌。永嘉稅課局大使。〔二〕 高聰。麻城典史。〔三〕 吴忠。上虞巡檢。〔四〕 徐全。巡檢。〔五〕 李慶。巡檢。〔六〕 劉仲禮。朱皋巡檢。〔七〕
馳［貤］封 永樂以前無考	
王府官	
義官	

〔一〕李宜春《嘉靖潁州志·選舉·雜科》：「王和，典史。」

〔二〕李宜春《嘉靖潁州志·選舉·雜科》：「聞凌，局大使。」

〔三〕李宜春《嘉靖潁州志·選舉·雜科》：「高聰，典史。」

〔四〕李宜春《嘉靖潁州志·選舉·雜科》：「吴忠，巡檢。」

〔五〕李宜春《嘉靖潁州志·選舉·雜科》：「徐全，巡檢。」

〔六〕李宜春《嘉靖潁州志·選舉·雜科》：「李慶，巡檢。」

〔七〕李宜春《嘉靖潁州志·選舉·雜科》：「劉仲禮，巡檢。」

續表

義官	王府官	馳［貤］封 永樂以前無考	雜科	武胄	皇明
楊亨。 王安。 李政。 高叢。 閻聰。 楊清。 王鎮。 劉顯忠。 劉鑒。	張典。 時通。 韓舜元。 張鵬。 常江。 楊沖霄。 周叙。 李介。俱州籍。 亓熊。	胡璉。以子洲貴，贈順天府推官。〔二〕 李炳。以子增貴，封户部主事。〔三〕 金堂。以子紫貴，贈上林苑典署。〔四〕	張益。辰州府倉大使。〔一〕		

〔一〕李宜春《嘉靖潁州志·選舉·雜科》：「張益，倉大使。」

〔二〕李宜春《嘉靖潁州志·選舉·貤封》：「胡璉，以子洲貴，贈順天府推官。」

〔三〕李宜春《嘉靖潁州志·選舉·貤封》：「李炳，以子增貴，贈户部主事。」

〔四〕李宜春《嘉靖潁州志·選舉·貤封》：「金堂，以子紫貴，贈上林苑監典署。」

續表

類別	人物
皇明	
武胄	
雜科	王聰。濟南府倉大使。〔一〕 楊福。南京織染局大使。〔二〕 冷琥。南豐巡檢。〔三〕 田慶。廣東遞運所大使。〔四〕 李廣。新會倉副使。〔五〕 楊洪。巡檢。〔六〕 陶鎮。巡檢。〔七〕
馳[貤]封 永樂以前無考	
王府官	袁澤。 王臣。 王相。 王經。 鍾士良。俱衛籍典膳。 朱清。州籍，以光禄寺厨役陞典膳。 儲惠。
義官	水良。 李鎰。 王景暘。 王景和。 李溥。 周環。 周銘。 平錦。 平欽。

〔一〕李宜春《嘉靖潁州志·選舉·雜科》：「王聰，倉大使。」

〔二〕李宜春《嘉靖潁州志·選舉·雜科》：「楊福，局大使。」

〔三〕李宜春《嘉靖潁州志·選舉·雜科》：「冷琥，巡檢。」

〔四〕李宜春《嘉靖潁州志·選舉·雜科》：「田慶，所大使。」

〔五〕李宜春《嘉靖潁州志·選舉·雜科》：「李廣，倉副使。」

〔六〕李宜春《嘉靖潁州志·選舉·雜科》：「楊洪，巡檢。」

〔七〕李宜春《嘉靖潁州志·選舉·雜科》：「陶鎮，巡檢。」

續表

義官	王府官	馳〔貤〕封 永樂以前無考	雜科	武胄	皇明
			張鑒。福建倉大使。〔一〕 劉鳳。趙州遞運所大使。〔二〕 李玘。巡檢。〔三〕 郭清。靈石主簿。〔四〕 李福成。巡檢。〔五〕 王泰。武崗倉大使。〔六〕 解貞。□津典史。〔七〕		

〔一〕李宜春《嘉靖潁州志·選舉·雜科》：「張鑒，倉大使。」

〔二〕李宜春《嘉靖潁州志·選舉·雜科》：「劉鳳，所大使。」

〔三〕李宜春《嘉靖潁州志·選舉·雜科》：「李玘，巡檢。」

〔四〕李宜春《嘉靖潁州志·選舉·雜科》：「郭清，主簿。」

〔五〕李宜春《嘉靖潁州志·選舉·雜科》：「李福成，巡檢。」

〔六〕李宜春《嘉靖潁州志·選舉·雜科》：「王泰，倉大使。」

〔七〕李宜春《嘉靖潁州志·選舉·雜科》：「解貞，典史。」

續表

皇明	武冑	雜科	馳［貤］封 永樂以前無考	王府官	義官
		劉鑒。新城典史。[一] 韓秀。泰州同知。[二] 于文正。巡檢。[三]		甘善。俱州籍，良醫。 王漢。 黃璽。俱州籍。 趙宥。 田珊。俱衛籍，引禮。 甘棠。 周鎮。俱納粟正千户。	楊昭。 王暉。 李翔。 聶通。 江還。 雲崗。 朱旺。 錢安。 郭政。

〔一〕李宜春《嘉靖潁州志·選舉·雜科》：「劉鑒，典史。」

〔二〕李宜春《嘉靖潁州志·選舉·雜科》：「韓秀，同知。」

〔三〕李宜春《嘉靖潁州志·選舉·雜科》：「于文正，巡檢。」

續表

類別	
皇明	
武胄	
雜科	李浩。柳州巡檢。〔一〕 侯文通。工正所工副。〔二〕 張廣。山東廣寧庫大使。〔三〕 郭騰。成山衛經歷。〔四〕 陶得。廣東遞運所大使。〔五〕
馳〔貤〕封 永樂以前無考	
王府官	
義官	鞏玹。 李鑒。 李鏞。 邵忠。 常貴。 董嵩。 閻順。 許仲安。 陳鑒。

〔一〕李宜春《嘉靖潁州志·選舉·雜科》：「李浩，巡檢。」

〔二〕李宜春《嘉靖潁州志·選舉·雜科》：「侯文通，所工副。」

〔三〕李宜春《嘉靖潁州志·選舉·雜科》：「張廣，大使。」

〔四〕李宜春《嘉靖潁州志·選舉·雜科》：「郭騰，衛經歷。」

〔五〕李宜春《嘉靖潁州志·選舉·雜科》：「陶得，所大使。」

續表

類目	人物
皇明	
武胄	
雜科	任山。潼川州判。〔一〕 閻舉。安吉州巡檢。〔二〕 田雄。茶陵州巡檢。〔三〕 王鳳。濟陽典史。〔四〕 張孟晊。桃源典史。〔五〕 李晟。太平典史。〔六〕 蔣昂。清縣典史。〔七〕
馳〔貤〕封 永樂以前無考	
王府官	
義官	

〔一〕李宜春《嘉靖潁州志·選舉·雜科》：「任山，州判。」

〔二〕李宜春《嘉靖潁州志·選舉·雜科》：「閻舉，巡檢。」

〔三〕李宜春《嘉靖潁州志·選舉·雜科》：「田雄，巡檢。」

〔四〕李宜春《嘉靖潁州志·選舉·雜科》：「王鳳，典史。」

〔五〕李宜春《嘉靖潁州志·選舉·雜科》：「張孟晊，典史。」

〔六〕李宜春《嘉靖潁州志·選舉·雜科》：「李晟，典史。」

〔七〕李宜春《嘉靖潁州志·選舉·雜科》：「蔣昂，典史。」

續表

皇明	
武冑	
雜科	劉彪。巡檢。〔一〕 姚銓。萊陽典史。〔二〕 鄒安。荊州巡檢。〔三〕
馳〔貤〕封 永樂以前無考	
王府官	
義官	張鎮。 張宣。 張舉。 張洪。 張汴。 張端。 張英。 張友才。 田寬。

〔一〕李宜春《嘉靖潁州志·選舉·雜科》：「劉彪，巡檢。」

〔二〕李宜春《嘉靖潁州志·選舉·雜科》：「姚銓，典史。」《民國萊陽縣志·職官·典史（明）》：「（嘉靖）姚銓，七年（一五二八）任。」

〔三〕李宜春《嘉靖潁州志·選舉·雜科》：「鄒安，巡檢。」

續表

皇明	
武胄	
雜科	顧旺。江西織染局副使。[一] 陳興。餘姚倉大使。[二] 韋雲。鄧州倉大使。[三] 蘇璋。石首驛丞。[四] 楊輔。鉅野典史。[五] 董淮。江山典史。[六]
馳〔貤〕封 永樂以前無考	
王府官	
義官	王寧。李能。馬聰。劉全。尚德。蔡春。王時。楊榮。李瀚。

〔一〕李宜春《嘉靖潁州志·選舉·雜科》：「顧旺，局副使。」

〔二〕李宜春《嘉靖潁州志·選舉·雜科》：「陳興，倉大使。」

〔三〕李宜春《嘉靖潁州志·選舉·雜科》：「韋雲，倉大使。」

〔四〕李宜春《嘉靖潁州志·選舉·雜科》：「蘇璋，驛丞。」

〔五〕李宜春《嘉靖潁州志·選舉·雜科》：「楊輔，典史。」

〔六〕李宜春《嘉靖潁州志·選舉·雜科》：「董淮，典史。」

續表

皇明	
武冑	
雜科	姚學。漢陽河伯。〔一〕 陳縉。大同倉大使。〔二〕 袁瓚。首陽縣丞。〔三〕 張鼐。〔四〕 張虎山。〔五〕 盧志淩。〔六〕 張寶。〔七〕
馳〔貤〕封 永樂以前無考	
王府官	
義官	

〔一〕李宜春《嘉靖穎州志·選舉·雜科》：「姚學，河伯。」

〔二〕李宜春《嘉靖穎州志·選舉·雜科》：「陳縉，倉大使。」

〔三〕李宜春《嘉靖穎州志·選舉·雜科》：「袁瓚，縣丞。」

〔四〕李宜春《嘉靖穎州志·選舉·雜科》僅存其名。

〔五〕李宜春《嘉靖穎州志·選舉·雜科》僅存其名。

〔六〕李宜春《嘉靖穎州志·選舉·雜科》僅存其名。

〔七〕李宜春《嘉靖穎州志·選舉·雜科》僅存其名。

續表

皇明	
武胄	
雜科	李文舉。[一] 于鳳。[二] 張澤。[三] 肩固。[四]
馳［貤］封 永樂以前無考	
王府官	
義官	李浩。鞏旻。郭晟。李宗。苗貴。袁和。陳本。李節。王弼。

〔一〕李宜春《嘉靖潁州志·選舉·雜科》僅存其名。

〔二〕李宜春《嘉靖潁州志·選舉·雜科》：「于鳳，典史。」

〔三〕李宜春《嘉靖潁州志·選舉·雜科》：「張澤，所大使。」

〔四〕李宜春《嘉靖潁州志·選舉·雜科》：「肩固，典史。」

續表

皇明	
武胄	
雜科	崔璣。[一] 許鎮。[二] 齊堂。[三] 楊葵。[四] 邢表。[五] 黎鳳。[六] 霍勢。[七]
馳〔貤〕封 永樂以前無考	
王府官	
義官	李宣。 王海。 馮正。 李蘭。 王洪。 王禄。 鞏璽。

〔一〕李宜春《嘉靖潁州志·選舉·雜科》僅存其名。
〔二〕李宜春《嘉靖潁州志·選舉·雜科》僅存其名。
〔三〕李宜春《嘉靖潁州志·選舉·雜科》僅存其名。
〔四〕李宜春《嘉靖潁州志·選舉·雜科》僅存其名。
〔五〕李宜春《嘉靖潁州志·選舉·雜科》僅存其名。
〔六〕李宜春《嘉靖潁州志·選舉·雜科》僅存其名。
〔七〕李宜春《嘉靖潁州志·選舉·雜科》僅存其名。

續表

皇明	
武胄	
雜科	張溥。俱省祭。〔一〕
馳［貤］封 永樂以前無考	
王府官	
義官	鞏恩。亓象。寧漢。王冕。高鑒。李賢。劉輔。唐富。李璇。李璣。張鵬。

〔一〕李宜春《嘉靖潁州志·選舉·雜科》僅存其名。

續表

皇明	
武胄	
雜科	
馳［貤］封 永樂以前無考	
王府官	
義官	李琰。李琨。趙宸。高鵬。唐冠。李相。李澤。李演。李湧。

續表

義官	王府官	馳［馳］封 永樂以前無考	雜科	武胄	皇明
宋環。王銓。李淇。李潮。劉珍。唐溥。陳國民。周鋭。崔鑒。					

續表

皇明	武胄	雜科	馳［貤］封 永樂以前無考	王府官	義官
	雜科	同上	馳［貤］封	義官〔一〕	同上
					崔釗。陳清。陳國策。崔涇。楊澤。鄭環。吳紀。張明陽。王祥。
潁上	韓旭。兵馬司吏目。〔二〕				

〔一〕李宜春《嘉靖潁州志》、《順治潁上縣志》皆無「義官」分類及如下表人員。

〔二〕李宜春《嘉靖潁州志·選舉·雜科（潁上）》：「韓旭，兵馬司吏目。」《順治潁上縣志·選舉·雜科》：「韓旭，吏目。」

續表

雜科	瓢雄。長陽典史。〔一〕 馬訓。石門驛丞。〔二〕 王憲。通州倉大使。〔三〕 李榮。茶馬司大使。〔四〕 蔡春。高郵驛丞。〔五〕 名璽。永安典史。〔六〕 李紳。善化典史。〔七〕 鮑鳳。薊州倉大使。〔八〕
同上	
馳［貤］封	
義官	
同上	

〔一〕李宜春《嘉靖潁州志·選舉·雜科（潁上）》：「瓢雄，典史。」《順治潁上縣志·選舉·雜科》：「瓢雄，典史。」

〔二〕李宜春《嘉靖潁州志·選舉·雜科（潁上）》：「馬訓，驛丞。」《順治潁上縣志·選舉·雜科》：「馬訓，驛丞。」

〔三〕李宜春《嘉靖潁州志·選舉·雜科（潁上）》：「王憲，倉大使。」《順治潁上縣志·選舉·雜科》：「王憲，大使。」

〔四〕李宜春《嘉靖潁州志·選舉·雜科（潁上）》：「李榮，大使。」《順治潁上縣志·選舉·雜科》：「李榮，大使。」

〔五〕李宜春《嘉靖潁州志·選舉·雜科（潁上）》：「蔡春，驛丞。」《順治潁上縣志·選舉·雜科》：「蔡春，驛丞。」

〔六〕李宜春《嘉靖潁州志·選舉·雜科（潁上）》：「名璽，典史。」《順治潁上縣志·選舉·雜科》：「名璽，典史。」

〔七〕李宜春《嘉靖潁州志·選舉·雜科（潁上）》：「李紳，典史。」《順治潁上縣志·選舉·雜科》：「李紳，典史。」

〔八〕李宜春《嘉靖潁州志·選舉·雜科（潁上）》：「鮑鳳，倉大使。」《順治潁上縣志·選舉·雜科》：「鮑鳳，大使。」

續表

	雜科	同上	馳［貤］封	義官	同上
		錢信。奉化主簿。〔一〕 張芳。廣寧主簿。〔二〕 錢璟。大使。〔三〕 陳輔。景陵典史。〔四〕 張玉。河伯大使。〔五〕 邊綱。黄崗巡檢。〔六〕 王進。黑鹽井大使。〔七〕			

〔一〕李宜春《嘉靖潁州志·選舉·雜科（潁上）》：「錢信，主簿。」《順治潁上縣志·選舉·雜科》：「錢信，主簿。」《光緒奉化縣志·職官表·主簿（明）》：「（成化）錢信，有傳。五年（一四六九）任。」《光緒奉化縣志·名宦·明》：「錢信，潁上人。成化間主簿。元旦與令翟暄詣郡，是夜奸人埋火於兵、刑二房，文卷焚盡。按察使提問，信獨引罪，由是翟免，人咸義之。」

〔二〕李宜春《嘉靖潁州志·選舉·雜科（潁上）》：「張芳，主簿。」《順治潁上縣志·選舉·雜科》：「張芳，主簿。」

〔三〕李宜春《嘉靖潁州志·選舉·雜科（潁上）》：「錢璟，大使。」《順治潁上縣志·選舉·雜科》：「錢璟，大使。」

〔四〕李宜春《嘉靖潁州志·選舉·雜科（潁上）》：「陳輔，典史。」《順治潁上縣志·選舉·雜科》：「陳輔，典史。」

〔五〕李宜春《嘉靖潁州志·選舉·雜科（潁上）》：「張玉，大使。」《順治潁上縣志·選舉·雜科》：「張玉，大使。」

〔六〕李宜春《嘉靖潁州志·選舉·雜科（潁上）》：「邊綱，巡檢。」《順治潁上縣志·選舉·雜科》：「邊剛，巡檢。」

〔七〕李宜春《嘉靖潁州志·選舉·雜科（潁上）》：「王進，大使。」《順治潁上縣志·選舉·雜科》：「王進，大使。」

續表

	雜科	同上	馳［貤］封	義官	同上
		任玉。荆州衛知事。〔一〕 陳漢。餘姚倉大使。〔二〕	潘子信。以子楷貴，贈工部主事。〔三〕 卜銘。以子謙貴，贈工科給事中。〔四〕 李友。以子秉貴，贈户科給事中。〔五〕 江浩。以子華貴，贈涿州同知。〔六〕		

〔一〕李宜春《嘉靖潁州志·選舉·雜科（潁上）》：「任玉，衛知事。」《順治潁上縣志·選舉·雜科》：「任玉，荆州衛知事。」

〔二〕李宜春《嘉靖潁州志·選舉·雜科（潁上）》：「陳漢，倉大使。」《順治潁上縣志·選舉·雜科》：「楊漢，大使。」當即其人。

〔三〕李宜春《嘉靖潁州志·選舉·貤封（潁上）》：「潘子信，以子楷貴，贈工部主事。」《順治潁上縣志·選舉·貤封》：「潘子信，以子楷贈工部主事。」

〔四〕李宜春《嘉靖潁州志·選舉·貤封（潁上）》：「卜銘，以子謙貴，贈工科給事中。」《順治潁上縣志·選舉·貤封》：「卜銘，以子謙贈工科給事中。」

〔五〕李宜春《嘉靖潁州志·選舉·貤封（潁上）》：「李友，以子秉貴，贈户科給事中。」《順治潁上縣志·選舉·貤封》：「李友，以子秉贈徵士郎，户科給事中。」

〔六〕李宜春《嘉靖潁州志·選舉·貤封（潁上）》：「江浩，以子華貴，贈涿州同知。」《順治潁上縣志·選舉·貤封》：「江浩，以子華贈同知。」

續表

同上	卜璋。錢祀。盧名。葛鎔。李璋。盛恒。葛諒。王室。韓珏。
義官	高廷。李林。沈緒。任銘。名驥。杜炳。王宦。杜稱。名欽。
馳[貤]封	王仲程。以子相貴，贈順府推官。〔一〕
同上	
雜科	張整。禄米倉大使。〔二〕 趙漢。典史。〔三〕

〔一〕李宜春《嘉靖潁州志·選舉·貤封（潁上）》：「王仲程，以子相貴，贈順天府推官。」《順治潁上縣志·選舉·貤封》：「王仲程，以子相贈推官。」

〔二〕李宜春《嘉靖潁州志·選舉·雜科（潁上）》：「張整，倉大使。」《順治潁上縣志·選舉·雜科》：「張整，大使。」

〔三〕李宜春《嘉靖潁州志·選舉·雜科（潁上）》：「趙漢，典史。」《順治潁上縣志·選舉·雜科》：「趙漢，典史。」

續表

雜科	黃本隆。濟寧閘官。〔一〕 曹鑒。鹽場大使。〔二〕 封翱。大使。〔三〕 李麒。〔四〕 曹經。〔五〕 門相。〔六〕 遲議。〔七〕
同上	
馳［貤］封	
義官	
同上	

〔一〕李宜春《嘉靖潁州志·選舉·雜科（潁上）》：「黃本隆，閘官。」《順治潁上縣志·選舉·雜科》：「黃本隆，閘官。」

〔二〕李宜春《嘉靖潁州志·選舉·雜科（潁上）》：「曹鑒，大使。」《順治潁上縣志·選舉·雜科》：「曹鑒，大使。」

〔三〕李宜春《嘉靖潁州志·選舉·雜科（潁上）》：「封翱，大使。」《順治潁上縣志·選舉·雜科》：「封翱，大使。」

〔四〕李宜春《嘉靖潁州志·選舉·雜科（潁上）》、《順治潁上縣志·選舉·雜科》皆僅存其名。

〔五〕李宜春《嘉靖潁州志·選舉·雜科（潁上）》、《順治潁上縣志·選舉·雜科》皆僅存其名。

〔六〕李宜春《嘉靖潁州志·選舉·雜科（潁上）》、《順治潁上縣志·選舉·雜科》皆僅存其名。

〔七〕李宜春《嘉靖潁州志·選舉·雜科（潁上）》僅存其名。《順治潁上縣志·選舉·雜科》：「遲議，龍江關正提舉。」

續表

雜科	
同上	韓忠。巡檢。〔一〕 祁鳳。方家堰巡檢。〔二〕 葛鸞。驛丞。〔三〕 趙昂。心鹿巡檢。〔四〕 門謨。〔五〕 郁倫。〔六〕 許潮。〔七〕
馳〔貤〕封	
義官	
同上	

〔一〕李宜春《嘉靖潁州志·選舉·雜科（潁上）》：「韓忠，巡檢。」《順治潁上縣志·選舉·雜科》：「韓忠，巡檢。」

〔二〕李宜春《嘉靖潁州志·選舉·雜科（潁上）》：「祁鳳，巡檢。」《順治潁上縣志·選舉·雜科》：「祁鳳，方家堰巡檢，陞饒州大使。」

〔三〕李宜春《嘉靖潁州志·選舉·雜科（潁上）》：「葛鸞，驛丞。」《順治潁上縣志·選舉·雜科》：「葛鸞，驛丞。」

〔四〕李宜春《嘉靖潁州志·選舉·雜科（潁上）》：「趙昂，心鹿巡檢。」《順治潁上縣志·選舉·雜科》：「趙昂，巡檢。」

〔五〕李宜春《嘉靖潁州志·選舉·雜科（潁上）》、《順治潁上縣志·選舉·雜科》皆僅存其名。

〔六〕李宜春《嘉靖潁州志·選舉·雜科（潁上）》、《順治潁上縣志·選舉·雜科》皆僅存其名。

〔七〕李宜春《嘉靖潁州志·選舉·雜科（潁上）》、《順治潁上縣志·選舉·雜科》皆僅存其名。

續表

雜科	
同上	名舉。〔一〕 劉鉞。〔二〕
馳［貤］封	梅春。以子榮貴，贈光禄寺署丞。〔三〕 王森。以子宸貴，贈兵馬副指揮。〔四〕 遲誠。以子仁貴，贈錦衣衛經歷。〔五〕
義官	錢貴。 奚尚義。 馬讓。 李洪。 高實。 張彪。 姚繼先。 馬森。 顧宏。
同上	張綱。 杜佶。 郭安。 姚繼祖。 姚潤。 韓璋。 顧宦。 姚潔。 王應禄。

〔一〕李宜春《嘉靖潁州志·選舉·雜科（潁上）》、《順治潁上縣志·選舉·雜科》皆僅存其名。

〔二〕李宜春《嘉靖潁州志·選舉·雜科（潁上）》、《順治潁上縣志·選舉·雜科》皆僅存其名。

〔三〕李宜春《嘉靖潁州志·選舉·貤封（潁上）》：「梅春，以子榮貴，贈光禄寺署丞。」《順治潁上縣志·選舉·貤封》：「梅春，以子榮贈光禄署丞。」

〔四〕李宜春《嘉靖潁州志·選舉·貤封（潁上）》：「王森，以子宸貴，贈兵馬副指揮。」《順治潁上縣志·選舉·貤封》：「王森，以子宸贈文林郎，兵馬指揮司副指揮。」

〔五〕李宜春《嘉靖潁州志·選舉·貤封（潁上）》：「遲誠，以子仁貴，贈錦衣衛經歷。」《順治潁上縣志·選舉·貤封》：「遲誠，以子仁贈錦衣衛經歷。」

續表

	雜科	同上	馳［貤］封	義官	同上
	名鏊。〔一〕 許大興。〔二〕 李廷美。〔三〕 王堂。〔四〕 陳洪。〔五〕 李賢。〔六〕 孫鵬。〔七〕				

〔一〕李宜春《嘉靖潁州志·選舉·雜科（潁上）》、《順治潁上縣志·選舉·雜科》皆僅存其名。

〔二〕李宜春《嘉靖潁州志·選舉·雜科（潁上）》、《順治潁上縣志·選舉·雜科》皆僅存其名。

〔三〕李宜春《嘉靖潁州志·選舉·雜科（潁上）》、《順治潁上縣志·選舉·雜科》皆僅存其名。

〔四〕李宜春《嘉靖潁州志·選舉·雜科（潁上）》、《順治潁上縣志·選舉·雜科》皆僅存其名。

〔五〕李宜春《嘉靖潁州志·選舉·雜科（潁上）》、《順治潁上縣志·選舉·雜科》皆僅存其名。

〔六〕李宜春《嘉靖潁州志·選舉·雜科（潁上）》、《順治潁上縣志·選舉·雜科》皆僅存其名。

〔七〕李宜春《嘉靖潁州志·選舉·雜科（潁上）》、《順治潁上縣志·選舉·雜科》皆僅存其名。

續表

雜科	魏諒。〔一〕 劉聰。〔二〕
同上	卜惟勤。〔三〕 吴雲。〔四〕 史仲昇。〔五〕 王鄉。〔六〕 李仁。〔七〕 陳金。〔八〕 靳鉞。〔九〕
馳［貤］封	
義官	
同上	

〔一〕李宜春《嘉靖潁州志·選舉·雜科（潁上）》、《順治潁上縣志·選舉·雜科》皆僅存其名。

〔二〕李宜春《嘉靖潁州志·選舉·雜科（潁上）》、《順治潁上縣志·選舉·雜科》皆僅存其名。

〔三〕李宜春《嘉靖潁州志·選舉·雜科（潁上）》、《順治潁上縣志·選舉·雜科》皆僅存其名。

〔四〕李宜春《嘉靖潁州志·選舉·雜科（潁上）》、《順治潁上縣志·選舉·雜科》皆僅存其名。

〔五〕李宜春《嘉靖潁州志·選舉·雜科（潁上）》、《順治潁上縣志·選舉·雜科》皆僅存其名。

〔六〕李宜春《嘉靖潁州志·選舉·雜科（潁上）》、《順治潁上縣志·選舉·雜科》皆僅存其名。

〔七〕李宜春《嘉靖潁州志·選舉·雜科（潁上）》、《順治潁上縣志·選舉·雜科》皆僅存其名。

〔八〕李宜春《嘉靖潁州志·選舉·雜科（潁上）》、《順治潁上縣志·選舉·雜科》皆僅存其名。

〔九〕李宜春《嘉靖潁州志·選舉·雜科（潁上）》僅存其名。《順治潁上縣志·選舉·雜科》：「靳鉞，驛丞。」

續表

同上	韓珍。 韓正。 顧龍。 蘇仁。 姚繼魁。 李綸。	
義官	高陞。 馬榛。 姚繼述。 高禄。 馬楫。 王賢。 趙奎。	
馳［貤］封		
同上	馬鋭。[一] 錢鋭。[二]	
雜科		奚堂。[三] 劉恩。[四] 周緒。[五]

〔一〕李宜春《嘉靖潁州志·選舉·雜科（潁上）》、《順治潁上縣志·選舉·雜科》皆僅存其名。

〔二〕李宜春《嘉靖潁州志·選舉·雜科（潁上）》、《順治潁上縣志·選舉·雜科》皆僅存其名。

〔三〕李宜春《嘉靖潁州志·選舉·雜科（潁上）》、《順治潁上縣志·選舉·雜科》皆僅存其名。

〔四〕李宜春《嘉靖潁州志·選舉·雜科（潁上）》、《順治潁上縣志·選舉·雜科》皆僅存其名。

〔五〕李宜春《嘉靖潁州志·選舉·雜科（潁上）》、《順治潁上縣志·選舉·雜科》皆僅存其名。

續表

	雜科	馳［貤］封		義官	俱闕
太和	王欽。〔一〕 鄭得山。〔二〕	萬賢。〔三〕 范釗。〔四〕 趙剛。〔五〕 周洪。〔六〕 鄒秀。俱省祭。〔七〕			

《附人物表》終

〔一〕李宜春《嘉靖潁州志·選舉·雜科（潁上）》、《順治潁上縣志·選舉·雜科》皆僅存其名。

〔二〕李宜春《嘉靖潁州志·選舉·雜科（潁上）》、《順治潁上縣志·選舉·雜科》皆僅存其名。

〔三〕李宜春《嘉靖潁州志·選舉·雜科（潁上）》僅存其名。《順治潁上縣志·選舉·雜科》：「萬賢，知事。」

〔四〕李宜春《嘉靖潁州志·選舉·雜科（潁上）》、《順治潁上縣志·選舉·雜科》皆僅存其名。

〔五〕李宜春《嘉靖潁州志·選舉·雜科（潁上）》僅存其名。《順治潁上縣志·選舉·雜科》：「趙剛，巡檢。」

〔六〕李宜春《嘉靖潁州志·選舉·雜科（潁上）》、《順治潁上縣志·選舉·雜科》皆僅存其名。

〔七〕《順治潁上縣志·選舉·雜科》僅存其名。

潁州志卷之五

志一・輿地上

昔吴俶［淑］謂：「天下山川險要，皆王室之微奥也。故《周禮》職方之掌天下圖籍也，惟重焉。」〔一〕維夫郡之《輿地》既具，則其辰次之分配，風俗之醇澆，形勢之阨塞，如指掌而斯在。是《輿地》之有關於世也大矣！爰志《輿地》。

唐、虞。《書》。

豫州。〔二〕潁其屬地。

夏、商。《書》。

荆、河惟豫州。〔三〕蔡氏曰：「豫州之城，西南至南條荆山，北距大河。」〔四〕熊氏曰：「今爲河南府虢、郟、鄭、汝等州之地。」〔五〕潁即汝州

〔一〕《宋史・吴淑傳》載其曾上言曰：「天下山川險要，皆王室之秘奥，國家之急務，故《周禮》職方氏掌天下圖籍。」

〔二〕《尚書・禹貢》：「荆河惟豫州。伊、洛、瀍、澗既入於河，滎波既豬，導菏澤，被孟豬。」

〔三〕《尚書・禹貢》：「荆河惟豫州。」

〔四〕（宋）蔡沈《書經集傳・禹貢》注：「豫州之域，西南至南條荆山，北距大河。」

〔五〕（清）傅澤洪《行水金鑒》引（宋）熊禾《書説》：「豫州居天下之中，四方道理適均。湯之亳，今河南偃師。成王之洛邑，今河南洛陽縣。其地北距河，南抵荆山，東抵徐，西抵雍、梁。今爲河南府虢、陝、鄭、汝、陳、蔡、唐、鄧、汴、宋等州之地。」

之屬地也。

周。《書》《詩》《春秋》《左傳》。

豫州。州存其地，皆爲列國。

汝墳。《詩》云：「遵彼汝墳。」[一]朱子云：「汝水經潁州。」[二]

胡。《春秋》昭公二十三年（前五一五），見於《經》。[三]哀十四年（前四八一），楚子滅胡。[四]

沈。文公三年（前六二四），見於《經》。[五]定四年（前五〇六），蔡滅沈。[六]

州來。成公七年（前五八四），見於《經》。[七]昭十三年（前五二九），吴滅州來。[八]

秦。司馬遷《史記》。

［一］《詩經·汝墳》：「遵彼汝墳，伐其條枚。」

［二］（宋）朱熹《詩經集傳·汝墳》：「遵彼汝墳。」注云：「汝水出汝州天息山，徑蔡、潁州入淮。墳，大防也。」

［三］《春秋·昭公二十三年》：「（昭公）二十有三年（前五一五）……秋七月，莒子庚輿來奔。戊辰，吴敗頓、胡、沈、蔡、陳、許之師於雞父。胡子髡、沈子逞滅，獲陳夏齧。」

［四］《春秋·哀公十四年》無此内容。實見於《春秋·定公十五年》：「（定公）十五年（前四九五）春……二月辛丑，楚子滅胡，以胡子豹歸。」

［五］《春秋·文公三年》：「（文公）三年（前六二四）春王正月，叔孫得臣會晉人、宋人、陳人、衛人、鄭人伐沈。」

［六］《春秋·定公四年》：「（定公）四年（前五〇六）……夏四月庚辰，蔡公孫姓帥師滅沈，以沈子嘉歸，殺之。」

［七］《春秋·成公七年》：「（成公）七年（前五八四）春王正月，鼷鼠食郊牛角，改卜牛……八月戊辰，同盟於馬陵，公至自會。吴入州來。」

［八］《春秋·昭公十三年》：「（昭公）十三年（前五二九）……冬十月，葬蔡靈公。公如晉，至河乃復。吴滅州來。」杜預注：「州來，楚邑。」

潁川郡地。〔一〕置守尉監。

漢。班固《漢書》。

汝南郡地。〔二〕

汝陰。故胡國，都尉治。莽曰汝墳。〔三〕

分野：角、亢、氐則韓之分野，兼得秦楚之交。〔四〕汝南之汝陰宜屬楚分。〔五〕

風俗：汝南之別，皆急疾有氣勢。〔六〕

東漢。范曄《漢書》。

汝南郡地。〔七〕

汝陰本胡國。杜預曰：「縣西北有胡城。《地道記》有陶丘鄉，《詩》所謂汝墳。」〔八〕

〔一〕《史記·燕召公世家》：「（燕王喜）二十五年（前二三〇），秦虜滅韓王安，置潁川郡。」

〔二〕《漢書·地理志》：「汝南郡：高帝置。莽曰汝墳。分爲賞都尉。屬豫州。」

〔三〕《漢書·地理志》：「女陰，故胡國。都尉治。莽曰汝墳。」

〔四〕《漢書·地理志》：「韓地，角、亢、氐之分野也。韓分晉得南陽郡及潁川之父城、定陵、襄城、潁陽、潁陰、長社、陽翟、郟，東接汝南，西接弘農得新安、宜陽，皆韓分也。」

〔五〕《漢書·地理志》：「楚地，翼、軫之分野。今之南郡、江夏、零陵、桂陽、武陵、長沙及漢中、汝南郡，盡楚分野。」

〔六〕《漢書·地理志》：「楚有江漢川澤山林之饒，江南地廣，或火耕水耨……而漢中淫失枝柱，與巴蜀同俗。汝南之別，皆急疾有氣勢。」

〔七〕《後漢書·郡國志》：「汝南郡：高帝置。洛陽東南六百五十里。」

〔八〕《後漢書·郡國志》：「汝陰本胡國。」杜預注：「縣西北有胡城。《地道記》有陶丘鄉，《詩》所謂汝墳。」

後漢。陳壽《志》。

汝陰郡。屬魏。〔一〕

晉。唐太宗《晉書》。

汝陰郡。魏置郡，後廢，泰始二年（二六六）復置。〔二〕統縣八：

汝陰。故胡子國。

慎。故楚邑。

原鹿。

固始。

鮦陽。

新蔡。

宋。侯相。

褒信。〔三〕

分野：汝南入房二度。〔四〕

〔一〕《三國志·魏書·明帝紀》：「（紹漢二年）夏四月庚子，司徒韓暨薨。壬寅，分沛國蕭、相、竹邑、符離、蘄、銍、龍亢、山桑、洨、虹十縣爲汝陰郡。」

〔二〕《晉書·地理志》：「汝陰郡，魏置郡，後廢，（晉武帝）泰始二年復置。統縣八，户八千五百。」

〔三〕《晉書·地理志》：「汝陰郡：汝陰，故胡子國。慎，故楚邑。原鹿。固始。鮦陽。新蔡。宋，侯相。褒信。」

〔四〕《晉書·天文志》：「房、心，宋，豫州：潁川入房一度，汝南入房二度，沛郡入房四度，梁國入房五度，淮陽入心一度，魯國入心三度，楚國入房四度。」

風俗：闕。

南宋。沈約《宋書》。

西汝陰郡。太守。領縣四：

汝陰。

安城。

樓煩。

宋。〔一〕

南齊。蕭子顯《齊書》。

西汝陰郡。太守。領縣九：

汝陰。

樓煩。

宋。

陳。《永元志》無。

平豫。《永元志》無。

固始。《永元志》無。

〔一〕《宋書·州郡志》：「汝陰太守，晉武帝分汝南立，成帝咸康二年（三三六），省併新蔡，後復立。領縣四。户二千七百四十九，口一萬四千三百三十五。汝陰令，漢舊縣。宋令，前漢名新郪，章帝建初四年（公元七九），徙宋公國於此，改曰宋。宋城令，漢舊縣。樓煩令，漢舊縣，屬雁門。流寓配屬。」

新蔡。《永元志》無。

汝南。《永元志》無。

安城。〔一〕

梁。姚思廉《梁書》。

潁州。屬魏。〔二〕

領郡二十。〔三〕汝陰、弋陽、潁川等郡皆屬之。〔四〕

北齊。李百藥《北齊書》。

潁州。屬魏。〔五〕

陳。姚思廉《陳書》。

潁州。屬周。〔六〕

〔一〕《南齊書·州郡志》：「西汝陰郡：樓煩。汝陰。宋。陳，《永元志》無。平豫，《永元志》無。固始，《永元志》無。新蔡，《永元志》無。汝南，《永元志》無。安城。」

〔二〕《梁書·地形志》：「潁州：孝昌四年（五二八）置，武泰元年（五二八）陷，武定七年（五四九）復。」

〔三〕《梁書》無此內容。實見《魏書·地形志》：「潁州：領郡二十，縣四十……汝陰、弋陽二郡，北陳留、潁川二郡，財丘、梁興二郡，西恒農、陳南二郡，東郡、汝南二郡，清河、南陽二郡，東恒農郡，新蔡、南陳留二郡，滎陽、北通二郡，汝南、太原二郡，新興郡。」

〔四〕《魏書·地形志》：「汝陰、弋陽二郡：蕭衍置雙頭郡縣，魏因之。」「北陳留、潁川二郡：蕭衍爲陳州，（孝静帝）武定七年（五四九）改置。」

〔五〕《北齊書》無此內容，實見《魏書·地形志》。詳見上注。

〔六〕《陳書》無此內容，實見《魏書·地形志》。

隋。長孫無忌《隋書》。

汝陰郡。舊置潁州。統縣五：

汝陰。舊置汝陰郡。開皇初郡廢。太［大］業初復置。

潁陽。梁曰陳留，並置陳留郡及陳州。東魏，廢州。開皇初，廢郡。十八年（五九八）縣改名焉。有鄭縣，後齊廢。

清丘。梁曰許昌，及置潁川郡。開皇初廢郡。十八年（五九八）縣改名焉。

潁上。梁置下蔡郡，後齊廢郡。太［大］業初縣改名焉。

下蔡。梁置汴郡，後齊郡廢。太［大］業初縣改名焉。又梁置淮陽郡，後齊改曰潁川郡。開皇初郡廢。〔一〕

分野：豫州在天官，自氐五度至尾九度，爲大火，於辰在卯。〔二〕汝陰屬豫州。

風俗：邪僻傲蕩，舊傳其俗。今則好尚稼穡，重於禮文，其風皆變於古。〔三〕

唐。歐陽修《唐書》。

潁州汝陰郡，上。本信州，武德四年（六二一）置，六年（六二三）更名。領縣四：

汝陰，緊。武德初有永安、高唐、永樂、清丘、潁陽等縣。六年，省永安、高唐、永樂，貞觀元年（六二七）省清丘、潁陽，皆入汝陰。南

〔一〕《隋書·地理志》：「汝陰郡：舊置潁州。統縣五：汝陰，舊置汝陰郡，開皇初郡廢。大業初復置。潁陽，梁曰陳留，並置陳留郡及陳州。東魏州廢。開皇初廢郡，十八年縣改名焉。有鄭縣，後齊廢。清丘，梁曰許昌，及置潁川郡。開皇初廢郡，十八年縣改名焉。潁上，梁置下蔡郡，後齊廢郡。大業初縣改名焉。下蔡，梁置汴郡，後齊郡廢。大業初縣改名焉。又梁置淮陽郡，後齊改曰潁川郡。開皇初郡廢。」

〔二〕《隋書·地理志》：「豫州於《禹貢》爲荆州之地。其在天官，自氐五度至尾九度，爲大火，於辰在卯。」

〔三〕《隋書·地理志》：「滎陽古之鄭地，梁郡梁孝故都，邪僻傲蕩。舊傳其俗。今則好尚稼穡，重於禮文，其風皆變於古。譙郡、濟陰、襄城、潁川、汝南、淮陽、汝陰，其風頗同。」

三十五里有椒陂塘，引澗水溉田二百頃。永徽中，刺史柳寶積修。西北二十里有大崇陂，八十里有雞陂，六十里有黄陂，東北八十里有湄陂。皆隋末廢，唐復之，溉田數百頃。

潁上。上。

下蔡。上。武德四年（六二一）置渦州，八年（六二五）州廢。

沈丘。中。本郑州，領沈丘、宛丘。唐初州廢，以宛丘、沈丘來屬。後省沈丘入汝陰，神龍二年（七〇六）復置。〔一〕

分野：古胡之國，氏涉壽星，當洛邑衆山之東，與亳古［土］相接，次南直潁水之間，曰太昊之墟，爲亢分。〔二〕

風俗：闕。

南唐。歐陽修《五代史》。

潁州。

縣。闕。

〔一〕《新唐書·地理志》：「潁州汝陰郡：上。本信州，武德四年置，六年更名。土貢：絁、綿、糟白魚。户三萬七百七，口二十萬二千八百九十。縣四：汝陰，緊。武德初有永安、高唐、永樂、清丘、潁陽等縣，六年省永安、高唐、永樂，貞觀元年省清丘、潁陽，皆入汝陰。南三十五里有椒陂塘，引澗水溉田二百頃，永徽中，刺史柳寶積修。潁上，上。下蔡，上。武德四年置渦州，八年州廢。西北百二十里有大崇陂，八十里有雞陂，六十里有黄陂，東北八十里有湄陂，皆隋末廢，唐復之，溉田數百頃。沈丘，中。本郑州，領沈丘、宛丘。唐初州廢，以宛丘隸陳州，沈丘來屬。後省沈丘入汝陰，神龍二年復置。」

〔二〕《新唐書·天文志》：「角、亢，壽星也。初，軫十度，餘八十七，秒十四少。中，角八度。終，氏一度……中國地絡在南北河之間，首自西傾，極於陪尾，故隨、申、光皆豫州之分，宜屬鶉火，古陳、蔡、許、息、江、黄、道、柏、沈、賴、蓼、須頓、胡、防、弦、厲之國。氏涉壽星，當洛邑衆山之東，與亳土相接，次南直潁水之間，曰太昊之墟，爲亢分。」

宋。脱脱《宋史》。

順昌府，上。汝陰郡，舊防禦，後爲團練。開寶六年（九七三），復爲防禦。元豐二年（一〇七九），陞順昌軍節度，舊隸州。政和六年（一一一六），改爲府。縣四：

汝陰，望。開寶六年（九七三），移治於州城東南十里。

泰和，望。

潁上，緊。

沈丘，緊。〔一〕

分野：京西北路，荆豫之域，而豫州之壤爲多，當角、亢、氐分。〔二〕

風俗：民性安舒，多衣冠舊族，土地褊薄，迫於營養，洛俗然也。汝陰在二京之交，俗頗同於洛邑。〔三〕

元。河南江北行省。汴梁路地。〔四〕

〔一〕《宋史·地理志》：「順昌府，上。汝陰郡，舊防禦，後爲團練。開寶六年（九七三），復爲防禦。元豐二年，陞順昌軍節度，舊隸州。政和六年，改爲府。崇寧户七萬八千一百七十四，口一十六萬六百二十八。縣四：汝陰，望。開寶六年，移治於州城東南十里。泰和，望。潁上，緊。沈丘，緊。」

〔二〕《宋史·地理志》：「京西南、北路，本京西路，蓋《禹貢》冀、豫、荆、兖、梁五州之域，而豫州之壤爲多，當井、柳、星、張、角、亢、氐之分。」

〔三〕《宋史·地理志》：「而洛邑爲天下之中，民性安舒，而多衣冠舊族。然土地褊薄，迫於營養。盟津、滎陽、滑臺、宛丘、汝陰、潁川、臨汝在二京之交，其俗頗同。」

〔四〕《元史·地理志》：「（至元）九年（一二七二），廢延州，以所領延津、陽武二縣屬南京路，統蔡、息、鄭、鈞、許、陳、睢、潁八州，開封、祥符倚郭，而屬邑十有五。舊有警巡院，十四年（一二七七）改録事司。二十五年（一二八八），改南京路爲汴梁路。」

潁州，下。唐初爲信州，後改汝陰郡，又改潁州。宋陞順昌府。金復爲潁州，舊領汝陰、泰和、沈丘、潁上四縣。元至元二年（一二六五）省四縣及録事司入州，後復。領三縣：

泰和，下。

沈丘，下。

潁上，下。〔一〕

分野：氐，二［一］度七十七分七十七秒外入宋分大火之次，辰在卯。〔二〕

風俗：闕。

皇明。《一統志》。

直隸鳳陽府潁州。初，元順帝十六年（一三四八），我太祖高皇帝兵取潁州路，因舊名州。領縣三：

潁上。漢汝陰郡地。晉屬汝陰郡。梁置下蔡郡，後齊廢。隋初置潁上縣，仍屬汝陰郡。唐屬潁州，隸河南道。宋政和六年（一一一六）以州爲順昌府，仍屬焉。元仍潁州，省縣入州，隸河南汝寧府，後復置，以縣直隸於府。本朝仍屬潁州。編户一十三里。

太和。本古胡國地。漢爲汝陰縣地。蓋本百尺鎮也，宋陞爲萬壽縣。宣和中，改泰和縣，屬潁州。元省入州，後復置，隸河南汝寧府。本朝洪武元年（一三六八），除知縣高進招撫遺民六百户，分爲六鄉，開設縣治，改泰爲太，仍隸汝寧府。洪武三年（一三七〇），改隸本府，仍屬於潁州，編户二十一里。

亳縣。古焦國。西漢爲譙縣，後漢屬沛國。魏置譙國。後周置亳州。唐因之。宋陞爲集慶軍節度。元復爲亳州，屬歸德府。本朝洪武初，改

〔一〕《元史·地理志》：「潁州：下。唐初爲信州，後改汝陰郡，又改潁州。宋陞順昌府。金復爲潁州。舊領汝陰、泰［太］和、沈丘、潁上四縣。至元二年（一二六五），省四縣及録事司入州。後復領三縣：太和、沈丘、潁上。」

〔二〕《元史·曆志》：「氐一度七十七分七十七秒外入宋分大火之次，辰在卯。」

州爲亳縣，六年（一三七三），改隸本府，屬於潁州。弘治間，復陞爲州，隸本府。〔一〕

州地廣四百一十里，袤三百里。潁上地廣一百三十里，袤一百五十里。太和地廣一百五十里，袤一百七十里。

州在京師之南，南京之北，汴之東南，淮之西。其東爲壽州，其東南爲霍丘，其南爲汝寧之固始，其西南爲汝寧之上蔡，其西爲河南省之汝寧，其西北爲開封之陳州，其北爲亳州，其東北爲蒙城。東至壽州一百里，以正陽淮河爲界；西至汝寧府二百一十里，以鮦陽城爲界；南至固始縣一百二十里，以朱臯鎮淮河爲界；北至亳州一百八十里，以西淝河爲界。東南至霍丘一百四十五里，以淮河爲界；西南至汝寧之上蔡三百里，以州之艾亭集爲界；東北至蒙城縣一百九十五里，以州之小橋溝爲界；西北至開封府之陳州三百里，以州之界首爲界。

潁上縣在州之東。東至壽州之正陽鎮八十里；西至潁州之夷陵溝六十里；南至霍丘之淮河二十五里；北至亳州之城父店八十里。其到壽州一百四十里，潁州一百二十里，霍丘縣七十里。北到永城縣四十里；東南到安豐縣一百二十里；西南到固始一百八十里；東北到蒙城縣一百五十里；西北到潁州劉龍界七十里。

太和縣在州之西北。東至潁州之七八〔丈〕溝八十里；西至項城縣之界首溝七十里；南至潁州之雙溝三十里；北至亳州淝河一百四十里。其到蒙城縣二百五十里，項城縣一百四十里。南到光州三百里；北到亳州一百八十里；東南到潁州八十里；西南到新蔡縣一百八十里；東北到永城縣三百里，西北到鹿邑縣一百七十里。

〔一〕《大明一統志·中都·建置沿革》：「潁州。」注曰：「在府西四百四十里。《禹貢》豫州之域。春秋爲胡子國。戰國屬楚。秦爲潁川郡地。漢爲汝陰縣，屬汝南郡。魏置汝陰郡。後魏置潁川，取潁水爲名。齊罷州置郡。隋初廢，大業初復置。唐初置信州，尋改潁州。天寶初，改汝陰郡。乾元初，復爲潁州。五代因之。宋置順昌軍，政和中改順昌府，治汝陰縣。金復爲潁州。元屬汝寧府。本朝改今屬。編户三十二里。領縣三：潁上，在州城東一百二十里。本漢汝南郡慎縣地。晉屬汝陰郡。梁置下蔡郡。北齊省。隋置潁上縣，屬汝陰郡。唐屬潁州。五代、宋、金因之。元省入州，後復置。本朝因之，編户一十三里。太和，在州城西北八十里。本漢汝南郡細陽縣地。宋置萬壽縣，宣和中改太和縣。元省入州，後復置。本朝因之。編户二十一里。亳縣，在州城北二百八十里。本春秋譙邑。秦屬碭郡。漢置譙縣，屬沛國。魏爲譙國，後魏置南兗州。後周改亳州。唐初爲譙州，尋改亳州。天寶初，改亳郡，乾元初，復亳州。宋置集慶軍。金仍爲亳州。元屬歸德府。本朝降爲縣，改今屬。編户二十三里。」

疆域

《風土記》：襟帶長淮，控扼陳蔡。〔一〕

晉《王淮論》：東連三吴，南引荆汝。〔二〕

陶洪［弘］景《信州記》：梁宋吴楚之衝，齊魯汴洛之道。〔三〕

唐李岵《德政碑》：淮海内屏，東南樞轄。〔四〕

歐公《寄韓魏公書》：汝陰西湖，天下勝絶。《故志》。〔五〕

分野

潁州在《禹貢》豫州之域。〔六〕《天文》心、房分野。《故志》。又云：「起氐十一度。」費氏。又云：「起亢八度。」

〔一〕（晉）周處《風土記》原文已佚，然《大清一統志·潁州府·形勢》與《江南通志·疆域》引此二句時，均云出自周處《風土記》，當可信。

〔二〕「王」應作「正」。《晉書·伏滔傳》載其曾作《正淮論》，文中有「彼壽陽者，南引荆汝之利，東連三吴之富；北接梁宋，平塗不過七日；西援陳許，水陸不出千里」數句。《大明一統志·中都·形勝》：「東連三吴，南引荆汝。」注云：「晉伏滔《正淮論》：『東連三吴之富，南引荆汝之利。外有江湖之阻，内保淮淝之固。』」又《大清一統志·潁州府·形勢》：「東連三吴，南引荆汝。」注云：「晉《正淮論》。」

〔三〕（南朝梁）陶弘景《信州記》原文已佚，然《大清一統志·陳州志》與《江南通志·疆域》引此二句時，均云出自陶弘景《信州記》，當可信。信州，即潁州故名。

〔四〕（唐）李岵《廬州刺史本州團練使羅珦德政碑》：「淮海内屏，地雄人富；東南樞轄，有介馬數百，徒兵萬人。」

〔五〕（宋）歐陽修《與韓忠獻書》：「汝陰西湖，天下勝絶。」按：今存最早之《正德潁州志》未録歐陽修此文，當非其所謂「《故志》」。疑當爲元代或更前之志書。

〔六〕《尚書·禹貢》：「荆河惟豫州。」（清）傅澤洪《行水金鑒》引（宋）熊禾《書説》：「豫州居天下之中，四方道理適均。湯之亳，今河南偃師。成王之洛邑，今河南洛陽縣。其地北距河，南抵荆山，東抵徐，西抵雍、梁。今爲河南府號、陝、鄭、汝、陳、蔡、唐、鄧、汴、宋等州之地。」

蔡氏。〔一〕又云：「起氐二度。」一行。〔二〕又云：「鈎鈐星别爲豫州。」包氏。〔三〕又云：「鎮星主嵩高山，豫州。」《唐志》。〔四〕又云：「宋、鄭之疆，候歲星，占心、房。北斗之分屬摇光。」《天官書》。〔五〕又云：「外方、熊耳以里［至］泗水、陪尾，豫州，屬摇星。」《春秋緯・文耀鈎》。〔六〕又云：「玉衡第七星，主豫。」《星經》。〔七〕

唐《天文志》曰：「近代諸儒言星土者，或以州，或以國。虞、夏、秦、漢，郡國廢置不同。周之興也，王畿千里。其衰也，僅得河南七縣。今天下一統，而直以鶉火爲周，則疆埸舛矣。七國之初，地形雌韓而雄魏，魏西距高陵，盡河東、河内，北固漳、鄴，東分梁、宋，至於汝南，韓樣［據］全鄭之地，南盡潁州［川］、南陽，西達虢

〔一〕《晉書・天文志》：「自氐五度至尾九度爲大火，於辰在卯，宋之分野，屬豫州。」費直注云：「起氐十一度。」蔡邕注云：「起亢八度。」

〔二〕《舊唐書・天文志》：「貞觀中，李淳風撰《法象志》，始以唐之州縣配焉。至開元初，沙門一行又增損其書，更爲詳密……氐、房、心，大火之次也。卯初起氐二度，中房二度，終尾六度。」

〔三〕《晉書・地理志》：「豫州：案《禹貢》爲荆河之地。《周禮》：『河南曰豫州。』豫者舒也，言稟中和之氣，性理安舒也。《春秋元命包》云：『鈎鈐星别爲豫州。』」

〔四〕《唐志》無此内容。實見《後漢書・天文志》：「《易》曰：『天垂象，聖人則之。庖犧氏之王天下，仰則觀象於天，俯則觀法於地。』觀象於天，謂日月星辰。觀法於地，謂水土州分……天地設位，星辰之象備矣。」李賢注：「《星經》曰：『歲星主泰山，徐州、青州、兖州。熒惑主霍山，揚州、荆州、交州。鎮星主嵩高山，豫州。』」

〔五〕《史記・天官書》：「宋、鄭之疆，候在歲星，占於心、房。」

〔六〕《周禮・保章氏》：「以星土辨九州之地，所封封域，皆有星分，以觀妖祥。」賈公彦疏：「此解經九州之地。《春秋緯・文耀鈎》云：『布度定記，分州繫象……外方、熊耳以東至泗水、陪尾，豫州，屬摇星。』」

〔七〕《後漢書・天文志》：「《易》曰：『天垂象，聖人則之。庖犧氏之王天下，仰則觀象於天，俯則觀法於地。』觀象於天，謂日月星辰。觀法於地，謂水土州分……天地設位，星辰之象備矣。」李賢注：「《星經》曰：『歲星主泰山，徐州、青州、兖州。熒惑主霍山，揚州、荆州、交州。鎮星主嵩高山，豫州……玉衡第一星主徐州，常以五子日候之……第七星爲豫州，常以五午日候之……』」

略，距函谷、宜陽，地［北］連上地，皆綿亘數州，相維［錯］如繡。考雲漢山河之象，多者或至十餘宿。其後魏徙大梁，則西河合於東井；秦拔宜陽，而上黨入於輿鬼。方戰國未滅時，星象之言，屢有明效。今則同在畿甸之中矣，或者猶據《漢書·地理志》推之，是宋［守］甘、石遺術，而不知變通之數也。」〔一〕山堂章氏曰：「天有十二次，日月之所躔。地有十二辰，王侯之所國。」〔二〕《周官·大司徒》：「辨十有二土，十有二壤。」〔三〕《保章氏》：「以星土辨九州，所封封域，皆有分星，以觀妖祥。」〔四〕

風俗

《寰宇記》：汝潁人率性真直，賤商務農。〔五〕

〔一〕《新唐書·天文志》：「近代諸儒言星土者，或以州，或以國。虞、夏、秦、漢，郡國廢置不同。周之興也，王畿千里。及其衰也，僅河南七縣。今又天下一統，而直以鶉火爲周分，則疆埸舛矣。七國之初，天下地形雌韓而雄魏，魏地西距高陵，盡河東、河內，北固漳、鄴，東分梁、宋，至於汝南，韓據全鄭之地，南盡潁川、南陽，西達虢略，距函谷，固宜陽，北連上地，皆綿亘數州，相錯如繡。考雲漢山河之象，多者或至十餘宿。其後魏徙大梁，則西河合於東井；秦拔宜陽，而上黨入於輿鬼。方戰國未滅時，星象之言，屢有明效。今則同在畿甸之中矣。或者猶據《漢書·地理志》推之，是守甘、石遺術，而不知變通之數也。」

〔二〕《晉書·地理志》：「職方掌天下之土，以州厥利；保章辨九州之分野，皆有星分……所謂南北爲經，東西爲緯。天有十二次，日月之所躔；地有十二辰，王侯之所國也。」（宋）章如愚《群書考索·天文門·分野》：「天有十二次，日月之所躔；地有十二辰，王侯之所國。」

〔三〕《周禮·大司徒》：「以土宜法辨十有二土之名物，以相名宅，而知其利害，以阜人民，以蕃鳥獸，以毓草木，以任土事。辨十有二壤之物，而知其種，以教稼穡樹蓺。」

〔四〕後「封」字，原誤作「二」。《周禮·保章氏》：「保章氏掌天星，以志星辰日月之變動，以觀天下之遷，辨其吉凶。以星土辨九州之地，所封封城，皆有分星，以觀妖祥。」

〔五〕（宋）樂史《太平寰宇記·淮南道·舒州》：「風俗：揚州之域，婚嫁喪祀，與諸夏同，率性真直，賤商務農。」又《太平寰宇記·淮南道·濠州》：「風俗：『揚州之域，婚嫁喪祀，與諸夏不異，率性真直，賤商務農。』」又《大明一統志·中都·風俗》：「率性真直，賤商務農。」注云：「《寰宇記》。」

《風土記》云：尚氣安愚。〔一〕

賁嵩云：汝潁固多奇士。〔二〕

《宋地志》云：風俗清麗。〔三〕

人備文武全才。〔四〕

不事末作。男勤耕桑，女勤織紝。〔五〕

《元志》云：里巷敦扶持之義，男女别飲食之筵。〔六〕

歐公《思潁詩序》云：民淳訟簡而物産美，土厚水甘而風氣和。《故志》。〔七〕

涑水司馬氏曰：「國家之治亂本於禮，而風俗之善惡繫於習。赤子之啼，無有五方，其聲一也。及其長，則言語不通，飲食不同，有至死莫能相爲者。是無他焉，所習異也。至於古今亦然。有服古之衣冠於今之世，則駭於州里矣；服今之衣冠於古之世，則僇於有司矣。衣冠烏有是非哉？習與不習而已矣。夫民朝夕見之，其心安焉，以爲

〔一〕（晉）周處《風土記》原文已佚，然劉節《正德潁州志·風俗》與《江南通志·潁州府·風俗》引此句時，均云出自《風土記》。

〔二〕《晉書·周顗列傳》：「司徒掾同郡賁嵩有清操，見顗，歎曰：『汝潁固多奇士！自頃雅道陵遲，今復見周伯仁，將振起舊風，清我邦族已。』」

〔三〕《宋史·地理志》無此内容。實見《大明一統志·中都·風俗》：「風俗清麗。」注云：「潁州《舊志》：『山川流峙，風俗清麗，人才皆間氣所鍾。』」

〔四〕《宋史·地理志》無此内容。實見《大明一統志·中都·風俗》：「人備文武全才。」注云：「同上。」

〔五〕《宋史·地理志》無此内容。實見《大明一統志·中都·風俗》：「不事末作。」注云：「同上。汝陰之俗，不事末作。男勤耕桑，女勤織紝。」

〔六〕二句又見於《江南通志·潁州府·風俗》，注云：「出元史志。」疑出自元代潁州方志，原書已佚。二句又見於《大清一統志·鳳陽府·風俗》，注云：「出《元和地理志》。」而《元和郡縣圖志》無近似内容。

〔七〕（宋）歐陽修《思潁詩後序》：「民淳訟簡而物産美，土厚水甘而風氣和。」

天下事，正應如此，一旦驅之使去此而就彼，則無不憂疑而莫肯從矣。昔秦廢井田而民愁怨，王莽復井田而民亦愁怨。趙武靈王變華俗效胡服而群下不悦，後魏孝文帝變胡服效華俗而群下亦不悦。由此觀之，世俗之情，安於所習，駭於所未見，固其常也。是故上行下效謂之風，薰烝漸漬謂之化，淪胥委靡謂之流，衆心安定謂之俗。及乎風化已失，流俗已成，則雖辨智弗能諭也，强毅不能制也，重賞不能勸也，嚴刑不能止也，自非聖人得位而臨之，積百年之功，莫能變也。」〔一〕

論曰：星分以觀妖祥，習尚以變風俗。志首及之，所以使牧民者知謹天變、重禮教也。予猶恐君子之易忽也，故引諸家所論而表之於右。

《輿地志上》終

〔一〕（宋）李燾《續資治通鑑長編·仁宗·嘉祐七年》：「五月丁未朔，命起居舍人、天章閣待制兼侍講司馬光仍知諫院。光上書曰：『臣以駑蹇之質，再爲諫官……竊以國家之治亂本於禮，而風俗之善惡繫於習。赤子之啼，無有五方，其聲一也。及其長，則言語不通，飲食不同，有至死莫能相爲者。是無他焉，所習異也。至於古今亦然。有服古之衣冠於今之世，則駭於州里矣；服今之衣冠於古之世，則僇於有司矣。衣冠焉有是非哉？習與不習而已矣。夫民朝夕見之，其心安焉，以爲天下之事，正應如此，一旦驅之使去此就彼，則無不憂疑而莫肯從矣。昔秦廢井田而民愁怨，王莽復井田而民亦愁怨，趙武靈王變華俗效胡服而群下不悦，後魏孝文帝變胡服效華俗而群下亦不悦。由此觀之，世俗之情，安於所習，駭所未見，固其常也。是故上行下效謂之風，薰烝漸漬謂之化，淪胥委靡謂之流，衆心安定謂之俗。及夫風化已失，流俗已成，則雖有辨智弗能諭也，强毅不能制也，重賞不能勸也，嚴刑不能止也，自非聖人得位而臨之，積百年之功，莫之能變也。』」

本書爲二〇一七年阜陽市人文社會科學研究專項項目重大項目《明清六種〈潁州志〉校箋》的成果之一，
在出版時得到阜陽師範大學文學院校級一流學科和安徽省重點學科古代文學學科的經費支持

嘉靖潁州志（吕本）校箋

【下冊】

（明）吕景蒙◎纂修

張明華　岳　冰◎校箋

SSAP

社會科學文獻出版社
SOCIAL SCIENCES ACADEMIC PRESS (CHINA)

目録（下）

潁州志卷之六

潁州志卷之七

潁州志卷之八

潁州志卷之九

潁州志卷之十

潁州志卷之十一

潁州志卷之十二

潁州志卷之十三

潁州志卷之十四

潁州志卷之十五

潁州志卷之十六

潁州志卷之十七

潁州志卷之十八

潁州志卷之十九

潁州志卷之二十

潁州志卷之六

志二・輿地下

山

潁雖無高山巨川，而亦有宗乎山川者。

山之爲崗者一十有三

州

曰中村崗。在南鄉七十里，南臨谷河，環崗村落，故名。〔一〕

曰安舟崗。在南鄉，去城九十里，淮水北岸。淮泛無涯，往來舟楫，依崗灣泊，故名。〔二〕

〔一〕《正德潁州志・山川》：「中村崗，在南鄉七十里，南臨谷河，環岡村落，故名。」李宜春《嘉靖潁州志・輿勝・崗》：「中村崗，在州南七十里，南臨谷河，環崗村落，故名。」

〔二〕《正德潁州志・山川》：「安舟崗，在南鄉，去城九十里，淮水北岸。泛無涯，往來舟楫依崗灣泊，故名。」李宜春《嘉靖潁州志・輿勝・崗》：「安舟崗，在州南九十里，淮水泛溢，舟楫多伏崗灣泊，故名。」

曰楓北崗。在南鄉九十里，近地里城。〔一〕

曰釤崗。在南鄉一百一十里，蒙河之北。〔二〕

曰仁勝崗。在南鄉一百四十里，近艾亭。〔三〕

曰熬鼎崗。在州西南一百四十五里，汝水北。〔四〕

潁上

曰老梧崗。在縣南十里，舊有梧樹叢生其上，故名。〔五〕

曰黃崗。在縣西南二十里，臨淮河之濱。〔六〕

曰焦崗。在縣東南七十里正陽鄉。〔七〕

〔一〕《正德潁州志·山川》：「楓北崗，在南鄉九十里，近地里城。」李宜春《嘉靖潁州志·輿勝·崗》：「楓北崗，在州南九十里，近地里城。」

〔二〕《正德潁州志·山川》：「釤崗，在南鄉一百一十里，蒙河北。」李宜春《嘉靖潁州志·輿勝·崗》：「釤崗，在州南一百一十里，蒙河之北。」

〔三〕《正德潁州志·山川》：「仁勝崗，在南鄉一百四十里，近艾亭。」李宜春《嘉靖潁州志·輿勝·崗》：「仁勝崗，在州南一百四十里，近艾亭。」

〔四〕《正德潁州志·山川》：「熬鼎崗，州西南一百四十五里，汝水北。」李宜春《嘉靖潁州志·輿勝·崗》：「熬鼎崗，在州西南一百四十五里，汝水之北。」

〔五〕李宜春《嘉靖潁州志·輿勝·崗》：「老梧崗，在潁上縣南十里，有梧樹叢生其上，故名。」《順治潁上縣志·輿圖·山川》：「老梧崗，在縣東南十里，舊有梧樹叢生其上，故名。」

〔六〕李宜春《嘉靖潁州志·輿勝·崗》：「黃崗，在潁上縣西南二十里，臨淮河之濱。」《順治潁上縣志·輿圖·山川》：「黃崗，在縣西南二十里，臨淮河之濱。」

〔七〕李宜春《嘉靖潁州志·輿勝·崗》：「焦崗，在潁上縣東南七十里正陽鄉。」《順治潁上縣志·輿圖·山川》：「焦崗，在縣東南七十里正陽鄉。」

曰垂崗。在縣南四十里，淮河北岸。〔一〕

曰王崗。在縣東南五十里，鋪名。〔二〕

曰鄭家崗。在縣東四十里。俱正陽鄉。〔三〕

太和

曰盧家崗。在縣東南四十里。〔四〕

山之爲嶺者三

州

曰七旗嶺。在南鄉七十五里，北臨谷河。俗傳：王保保嘗屯兵於此，樹七旗，故名。嶺頭有倉。〔五〕

〔一〕李宜春《嘉靖潁州志·輿勝·崗》：「垂崗，在潁上縣南四十里，淮河北岸。」《順治潁上縣志·輿圖·山川》：「垂崗，在縣東南四十里，淮河北岸。」

〔二〕李宜春《嘉靖潁州志·輿勝·崗》：「王崗，在潁上縣東南五十里，鋪名。」《順治潁上縣志·輿圖·山川》：「王崗，在縣東五十里鋪。」

〔三〕李宜春《嘉靖潁州志·輿勝·崗》：「鄭家崗，在潁上縣東四十里。俱正陽鄉。」《順治潁上縣志·輿圖·山川》：「鄭家崗，在縣東四十里。俱正陽鄉。」

〔四〕《正德潁州志·山川》：「盧家崗，在州西北九十里。」《萬曆太和縣志·輿勝志·山川》：「盧家崗，在縣東南四十里。」

〔五〕《正德潁州志·山川》：「七旗嶺，在南鄉七十五里，北臨谷河。俗傳：王保保嘗屯兵於此，樹七旗，故名。嶺頭有倉。」李宜春《嘉靖潁州志·輿勝·嶺》：「七旗嶺，在州南七十五里，北臨谷河。俗傳：王保保嘗屯兵，樹七旗於此，故名。嶺頭有倉。」

曰金黄嶺。在南鄉一百二十里，淮水北岸，近朱臯鎮。〔一〕

曰黄牛嶺。在州西一百六十里，流鞍河北。〔二〕

川

水之爲河者三十有一

州

曰潁河。舊自河南項城縣界流入太和、潁上等縣，經陳州西華境。宋劉敞詩有「世亂潁水濁，世治潁水清」之句。本朝洪武八年（一三七五），黄河分決合流，經潁州北門外。宣德五年（一四三〇），西北淤塞，俗稱小河，上通古汴，下達淮泗。〔三〕

〔一〕《正德潁州志·山川》：「金黄嶺，在南鄉，去城一百二十里，淮水北岸，近朱臯鎮。」李宜春《嘉靖潁州志·輿勝·嶺》：「金黄嶺，在州南一百二十里，淮水北岸，近朱臯鎮。」

〔二〕《正德潁州志·山川》：「黄牛嶺，在州西一百六十里，流鞍河北。」李宜春《嘉靖潁州志·輿勝·嶺》：「黄牛嶺，在州西一百六十里，瓦店子北。」

〔三〕《大明一統志·中都·山川》：「潁水，舊自河南項城縣界流入太和、潁上等縣，經陳州西華境。宋劉敞詩有『世亂潁水濁，世治潁水清』之句。本朝洪武八年（一三七五），黄河分決合流，經潁州北門外。宣德五年（一四三〇），西北淤塞，俗稱小河，上通古汴，下達淮泗。」《正德潁州志·山川》：「潁河，在州西鄉入境。源自汝州山中，發至小窑、西華始大，匯澤南頓。洪武初，黄河自通許之西支，分陳州商水，入南頓混潁。東流項城趙家渡，入潁州境，澎湃乳香臺。東過沈丘楊橋，繞西古城，折而東北爲長灣，又折而南爲私擺渡。經王莊鋪，繞北城門外，依黄霸堆而東入舊黄河，遥遥東下。過留陵，出江口，經甘城驛，至正陽入淮河。今土俗猶呼爲小河云。」李宜春《嘉靖潁州志·輿勝·河》：「潁河，在州北。發源自汝州山中，至小窑、西華始大，滙澤南頓。洪武初，黄河自通許之西支分陳州商水，入南頓混潁，東流項城趙家渡入潁州境，澎湃乳香臺。東過沈邱楊橋，繞西古城，折而東北爲長灣，又折而南爲私擺渡，經王莊鋪，繞北城門外，依黄霸堆而東入舊黄河，過留陵，出江口，經甘城，至正陽入淮河。宣德五年，西北淤塞。呼爲小河，上達古汴，下通淮泗。」

曰汝河。在潁州南一百二十里，源發汝州天息山，經新蔡、朱皋，東流入淮。又有小汝水，在沈丘廢縣北。〔一〕

曰黃河。舊自太和縣界流入，經潁州北門城下東流，至壽州正陽鎮注淮。正統十二年（一四四七），上流淤塞，惟西華境一支入潁合流，下達於淮泗。〔二〕

曰淮河。出東州桐柏縣大復山，東過信陽，又東過潁州之褒信，汝水自西北來入焉；又東過下蔡，潁水從西北來入焉；又東過壽春，有淝水從東南來入焉。去州一百二十里。〔三〕

曰小汝河。在州西一百三十里添子塚南，積乾柳樹集南溝洫之水成河，過雙溝，水四達處有古塚，相傳上古小國主陵。正統中，水涸，盜

〔一〕《大明一統志·中都·山川》：「汝水，在潁州南一百二十里，源發汝州天息山，經新蔡、朱皋，東流入淮。又有小汝河，在沈丘廢縣北。」《正德潁州志·山川》：「汝河，在州西南一百四十里。源自汝州天息山，經臨潁、新蔡，過汝寧城東，入州界之桃花店，東南爲龍項灣，又東爲永安廢縣，環地理城，出鈐崗從淮。」李宜春《嘉靖潁州志·輿勝·河》：「汝河，在州（西南）百四十里。發源自汝州天息山，經臨潁、新蔡，過汝寧城東，入州界之桃花店。東南爲龍項灣，又東爲永安廢縣，環地里［理］城，出鈐崗從淮。」

〔二〕《大明一統志·中都·山川》：「黃河，舊自太和縣界流入，經潁州北門城下，東流至壽州正陽鎮，注淮水。正統十二年（一四四七），上流淤塞，惟西華境一支入潁合流，下達於淮泗。」《正德潁州志·山川》：「黃河，在州西。初自西北入境，東南流。按《禹貢》，故道自建紹後決，益淮、泗，猶僅半派。隋大業中，引而入汴，從渦合淮。自此汴梁以南，獨受河患。金之亡，河徙自太康，決釁入陳、潁。故地本下，而水道小，受河之衝，騰蹙渺茫，州境之淪河者十四五。又百餘年，却自通許又分派回入渦河，然大勢自若。其始入境，決界溝成湖，出而匯白陽湖，過太和舊縣，支分爲西茨河、柳河，屈折百里。間復合於回窩，至黃霸堆，下合潁河。」李宜春《嘉靖潁州志·輿勝·河》：「黃河，在州西，舊自太和縣界流入境，東南至正陽鎮注淮。正統十二年，上流淤塞，惟西華境一支入潁，合流下達於淮泗。」

〔三〕《大明一統志·中都·山川》：「淮水，發源桐柏山，入潁上界，至壽州西北合肥水，至懷遠縣合渦水東流，歷府北境，又東北入泗州，至清河口會泗水，東入於海。府境諸源之水皆入焉。」《正德潁州志·山川》：「淮河，在州南一百二十里。源自南陽胎簪，發至桐柏，東南流汝寧。又東過潁州南鄉，與汝水合，盡州南境，馳入正陽，下流與潁河合。」李宜春《嘉靖潁州志·輿勝·河》：「淮河，在州南一百二十里。發源自南陽胎簪，至桐柏東過汝寧；又東過潁州之褒信，汝水自西北來入焉；又東過下蔡，潁水從西北來入焉；又東過壽春，肥水從東南來入焉。」

發塚，取有金玉，今形蹟存河水中。水自北而南至沈丘，北入潁河。〔一〕

曰流鞍河。在州西沈丘鄉，無源。自三障坡積水，過水丘成河，混流不竭，東過黃牛嶺，又東過青楊館，折而直北至沈丘鎮入潁河。相傳：光武征王尋，坡戰失利，渡河，没馬漂鞍，至青楊館收散兵追尋，因名。〔二〕

曰舒陽河。在州西鄉。源自項城乾柳樹集，北入境，經鄭家湖下，東過觀音寺，又東折而南，逡巡陶中湖，相馳入柳河。〔三〕

曰柳河。在州西鄉。源自白楊湖，黃河支流會税絲以南諸水，積流許家窩，成大河。東流十餘里，且折而南，過魚營，西出夬臺，即南爲廢柳河驛所，下流石羊鋪，右入舊黃河。〔四〕

曰西茨河。在州西鄉，無源。舊因黃河横流，衝決成河。今太和縣新集以南五道溝諸水，經長營、五輛車營前後坡積水，從流至廢柳河驛，

〔一〕《正德潁州志·山川》：「小汝河，在州西一百三十里添子塚南，積乾柳樹集南溝洫之水成河，過雙溝，水四達處有古塚，相傳上古小國主陵。正統中，水涸，盜發塚，取有金玉，今形蹟存河水中。水自北而南至沈丘，北入潁河。」李宜春《嘉靖潁州志·輿勝·河》：「小汝河，在州西一百三十里添子塚南，積乾柳樹集南溝洫之水成河，過雙溝，水四達處有古塚，相傳上古小國主陵。正統中，水涸，盜發塚，取有金玉。今形蹟尚在河中。水自北而南至沈丘，北入潁河。」

〔二〕《正德潁州志·山川》：「流鞍河，在州西沈丘鄉，無源。自三障坡積水，過水丘成河，混流不竭，東過黃牛嶺，又東過青楊館，折而直北至沈丘鎮入潁河。相傳：光武征王尋，坡戰失利，渡河，没馬漂鞍，至青楊館收散兵追尋，因名。」李宜春《嘉靖潁州志·輿勝·河》：「流鞍河，在州西沈丘鄉。自三障坡積水，過水丘成河，東過黃牛嶺，又東過青陽〔楊〕館，折而直北，至沈丘鎮入潁。相傳：光武征王尋，坡戰失利，渡河没馬漂鞍，至青楊館收散兵追尋，因名。」

〔三〕《正德潁州志·山川》：「舒陽河，在州西鄉。源自項城乾柳樹集，北入境，經鄭家湖下，東過觀音寺，又東折而南，逡巡陶中湖，相馳入柳河。」李宜春《嘉靖潁州志·輿勝·河》：「舒陽河，在州西鄉。發源自項城乾柳樹集，北入境，經鄭家湖下，東過觀音寺，又東折而南，過陶中湖，入柳河。」

〔四〕《正德潁州志·山川》：「柳河，在州西鄉。源自白楊湖，黃河支流會税絲以南諸水，積流許家窩，成大河。東流十餘里，且折而南，過魚營，西出夬臺，即南爲廢柳河驛所，下流石羊鋪，右入舊黃河。」李宜春《嘉靖潁州志·輿勝·河》：「柳河，在州西鄉。發源自白楊湖，黃河支流，會税絲以南諸水，積流許家窩，成大河。東流十許里，且折而南，過魚營，西出夬臺，即南爲廢柳河驛，下流石羊鋪，右入舊黃河。」

東入柳河。〔一〕

曰西三十里河。在城西，無源。自蚕方以北畎澮之水積成寬河，至蔡村南入潁河。〔二〕

曰七里河。在城西，無源。水自南十五里廟之東，畎澮之水會積成河，久雨則汪洋奔湍，折北達於潁河。〔三〕

曰延河。在州西沈丘縣，上源莫詳。自新蔡東流入境，至龍口，屈折姜寨之南，又東過瓦店，又東背長官店，又東北過楊橋，入潁河。〔四〕

曰大潤河。在州南五十里，水由土陂以出地泉，又栗林南諸坡積流成河，過黃花陂下，東流愈大，東過磚橋，受小潤河之水，出椒陂，縈迴過板橋東，南入淮。〔五〕

〔一〕《正德潁州志·山川》：「西茨河，在州西鄉，無源。舊因黃河橫流，衝決成河。今太和縣新集以南五道溝諸水，經長營、五輛車營前後坡積水，從流至廢柳河驛，東入柳河。」李宜春《嘉靖潁州志·輿勝·河》：「西茨河，在州西鄉。舊因黃河橫流，衝決成河，今太和縣新集以南五道溝諸水，經長營、五雨［輛］車營前坡積水，從流至廢潁河驛，東入柳河。」

〔二〕《正德潁州志·山川》：「西三十里河，城西，無源。自蚕方以北畎澮之水積成寬河，至蔡村南入潁河。」李宜春《嘉靖潁州志·輿勝·河》：「西三十里河，在州城西。自蚕方以北畎澮之水積成寬河，至蔡村南入潁河。」

〔三〕《正德潁州志·山川》：「七里河，在城西，無源。水自南十五里廟之東，畎澮之水會積成河，久雨則汪洋奔湍，已而盈科不進，趨折北達於潁河。」李宜春《嘉靖潁州志·輿勝·河》：「七里河，在州城西，水自南十五里廟之東，積畎澮水成河。久雨則汪洋奔湍，折而北，達於潁河。」

〔四〕《正德潁州志·山川》：「延河，在州西沈丘縣，上源莫詳。自新蔡東流入境，至龍口，屈折姜寨之南，又東過瓦店，又東背長官店，又東北過楊橋，入潁河。」李宜春《嘉靖潁州志·輿勝·河》：「延河，在州西沈丘鄉。自新蔡東流入境，至龍口屈折姜寨之南，又東過瓦店，又東背長官店，又東北過楊橋，入潁河。」

〔五〕《正德潁州志·山川》：「大潤河，在州南五十里，水由土陂以出地泉，又栗林南諸坡積流成河，過黃花陂下，東流愈大，東過磚橋，受小潤河之水，出椒陂，縈迴過板橋東，南入淮。」李宜春《嘉靖潁州志·輿勝·河》：「大潤河，在州南五十里。水由上［土］陂以出地泉，又栗林南諸坡積［水］成河，過黃花陂下，東流愈大。東過磚橋，受小潤河之水，出焦陂，過板橋東，南入淮。」

曰小潤河。在州南四十里。水自蚕方以東溝澗積水成河，過黄丘，下七星橋，東流至磚橋，東入大潤河。〔一〕

曰谷河。在州南七十里，上源莫詳。由新蔡而東入境，經黑塔坡，下油店橋，東南過老軍屯，又東過楊宅橋介陳村，繞七旗崗，北爲崇灣，匯於中村崗，南至水臺，西入淮。〔二〕

曰清河。在州南城之南。相傳：楚靈王自水臺西開通商渠，自淮而北，轉而西，又折而北，直抵胡子城，歷世變遷，陵谷易位。五代時，王祚爲潁州刺史，疏導古通商渠，更名曰清河，舟楫復通，南境無水患。後不知何時，復多湮塞。〔三〕

曰蒙河。在州南一百里，無源。自紅林東坡積水成河，南背金黄嶺，西流會汝河，至釤崗南，會淮。〔四〕

曰桃子河。在州南六十里。水自海家溝東注秋家莊，又經分水廟，流而爲河。東馳不十里，折北而過大屯環井村，包回龍，注大河。〔五〕

〔一〕《正德潁州志·山川》：「小潤河，在州南四十里。水自蚕方以東溝澗積水成河，過黄丘，下七星橋，東流至磚橋，東入大潤河。」李宜春《嘉靖潁州志·輿勝·河》：「小潤河，在州南四十里。自蚕方以東，溝澗積水成河。過黄丘，下七星橋，東流至磚橋，東入大潤河。」

〔二〕《正德潁州志·山川》：「谷河，在州南七十里，上源莫詳。由新蔡而東入境，經黑塔坡下油店橋，東南過老軍屯，又東過楊宅橋介陳村，繞七旗崗，北爲崇灣，匯於中村崗，南至水臺，西入淮。」李宜春《嘉靖潁州志·輿勝·河》：「小潤河，在州南四十里。自蚕方以東，溝澗積水成河。過黄丘，下七星橋，東流至磚橋，東入大潤河。」

〔三〕《正德潁州志·山川》：「清河，在州南，城之南。相傳：楚靈王自水臺西開通商渠，自淮而北，轉而西，又折而北，直抵胡子城，歷世變遷，陵谷易位。五代時，王祚爲潁州刺史，疏導古通商渠，更名曰清河，舟楫復通，南境無水患。後不知何時，復多湮塞。」李宜春《嘉靖潁州志·輿勝·河》：「清河，在州城南。相傳：楚靈王自水臺西開通商渠，自淮而北，轉而西，又折而北，直抵胡子城，歷世變而堙。五代時，王祚爲潁州刺史，復疏導之，更名曰清河，舟楫復通，南境無水患。後不詳何時，復多堙塞。」

〔四〕《正德潁州志·山川》：「蒙河，在州南一百里，無源。自紅林東坡積水成河，南背金黄嶺，西流會汝河，至釤崗南會淮。」李宜春《嘉靖潁州志·輿勝·河》：「蒙河，在州南一百里。自紅林東坡積水成河，南背金黄嶺，西流會汝河。至釤崗南，會淮。」

〔五〕《正德潁州志·山川》：「桃子河，在州南六十里。水自海家溝迤邐東注秋家莊，又東繞分水廟，被漫溝洫，集而爲河。東馳不十里，折北而過大屯環井村，包回龍，注大河。」李宜春《嘉靖潁州志·輿勝·河》：「桃子河，在州南六十里。自海家溝東注秋家莊，又東繞分水廟，流而爲河。東馳不十里，折北而過大屯環井村，包回龍注於大河。」

曰十八里河。在州東鄉，無源。水由撫軍廟南諸坡溝澮所集，浸淫不流。相傳：土人鑿渠以洩黄潦，南北延袤五十里，下流入張家湖，注潁。〔一〕

曰東三十里河。在東鄉，無源。水由梁莊坡南流，下成河，過倒塔坡，不能自達於潁，曲折西南，注於張家湖。〔二〕

曰淝河。在州北一百一十里，上源莫詳。自太和北源，東經宋塘河，過板橋，背金溝，東南抱岳廂，環張村鋪，又東經靳家渡，迂折而南，縈迴董家集，又南而馬家淺，入壽州境，至硤石山入淮。按《一統志》：淝水，一出宿州，至懷遠入淮。又有東淝河，在壽州東北，西流入淮。西淝河在下蔡廢城東流入淮。此則西淝河也。〔三〕

曰北茨河。在州北鄉，無源。自金溝水南流漸大，依三塔，西過蔗店，出黑風溝口，趨龍窩寺傍下流，西南至石羊鋪，北入舊黄河。〔四〕

〔一〕《正德潁州志·山川》：「十八里河，在州東鄉，無源。水由撫軍廟以南諸坡溝澮所集，浸淫不流。相傳：土人鑿渠以洩黄潦。南北延袤五十里，下流入張家湖，注潁。」李宜春《嘉靖潁州志·輿勝·河》：「十八里河，在州東鄉。集撫軍廟南諸溝澮，浸淫不流。相傳土人鑿渠以洩黄潦，南北延袤五十里，下流入張家湖，注於潁。」

〔二〕《正德潁州志·山川》：「東三十里河，在東鄉，無源。水由梁莊坡南流，下成河，過倒塔坡，不能自達於潁，曲折西南注於張家湖。」李宜春《嘉靖潁州志·輿勝·河》：「東三十里河，在州東。由梁莊坡南流下成河，過倒塔坡，下達於潁，折西南注於張家湖。」

〔三〕《大明一統志·中都·山川》：「淝水，源出宿州龍山湖，東流至懷遠縣入淮。又有東淝河，在壽州城東北，西流十里入淮。西淝河在下蔡廢城西南境，東流十里入淮。」《正德潁州志·山川》：「淝河，在州北一百一十里，上源莫詳。自太和北源，東經宋塘河，過板橋，背金溝，東南抱岳廂，環張村鋪，又東經靳家渡，迂折而南，縈迴董家集，又南而馬家淺，入壽州境，至硤石山入淮。」李宜春《嘉靖潁州志·輿勝·河》：「淝河，在州北一百一十里。自太和北源，東經宋塘河，過板橋，背金溝水，南抱岳廂，環張村鋪，又東經靳家渡，迂折而南，縈迴董家集，又南而馬家浅，入壽州境，至硤石山入淮。」

〔四〕《正德潁州志·山川》：「北茨河，在州北鄉，無源。自金溝水南流漸大，依三塔，西過蔗店，出黑風溝口，趨龍窩寺傍下流，西南至石羊鋪，北入舊黄河。」李宜春《嘉靖潁州志·輿勝·河》：「北茨河，在川北鄉，无源。自金溝水南流漸大，依三塔，西過蔗店，出黑风溝口，趨龍窩寺傍下流，西南至石羊鋪，北入舊黄河。」

潁上

曰沙河。在縣治東門外，即潁水也。東南至清水鎮入沙河。〔一〕

曰濟河。在縣北五十里甘羅鄉。源出東北亳州，流百餘里，東入淝水，由金溝達入淮。〔二〕

曰八里河。在縣南八里，即柳溝之水，因道里之近，遂名河。〔三〕

曰史河。在縣東一十里甘羅鄉，即沙河支流之水。〔四〕

曰江口河。在縣西北五十里潁陽鄉。源出潁州蘆嚚，其水縈紆浩蕩，有似於江，故名。南流入於沙河。〔五〕

淮、潤、淝、清河，同州。

〔一〕李宜春《嘉靖潁州志·輿勝·河》：「沙河，在潁上縣東門外，即潁水也。東南至清水鎮入沙河。」又《順治潁上縣志·輿圖·山川》：「沙河，在縣治東門外，即潁水也。」

〔二〕李宜春《嘉靖潁州志·輿勝·河》：「濟河，在潁上縣北五十里甘羅鄉。源出亳州，流百餘里，東入淝水，由金溝入淮。」《順治潁上縣志·輿圖·山川》：「濟河，縣治北五十里，源出亳州東北，其流百餘里，東入淝水，由金溝達淮。」

〔三〕李宜春《嘉靖潁州志·輿勝·河》：「八里河，在潁上縣南八里，故名。即柳溝之水。」《順治潁上縣志·輿圖·山川》：「八里河，在縣治南八里，即柳溝之水，因道里，遂名。」

〔四〕李宜春《嘉靖潁州志·輿勝·河》：「史河，在潁上縣東一十里甘羅鄉，即沙河支流。」《順治潁上縣志·輿圖·山川》：「史河，在縣治東十里甘羅鄉，即沙河支流。」

〔五〕李宜春《嘉靖潁州志·輿勝·河》：「江口河，在潁上縣西北五十里潁陽鄉。源出潁州蘆嚚，其水縈紆浩蕩，有似於江，故名。南流入沙河。」《順治潁上縣志·輿圖·山川》：「江口河，在縣西北五十里潁陽鄉。源出潁州蘆嚚，其水縈紆蕩浩，有似於江，故名。南流入沙河。」

太和

曰沙河。在縣南二里，流入淮。〔一〕

曰八丈河。在縣北四十里，通谷河。〔二〕

曰宋塘河。在縣北六十里。通亳州淝河，流入茨河。〔三〕

曰聶家河。在縣西北一十二里。西臨界溝，東近舊縣。〔四〕

柳、茨、谷河，同州。

論曰：春秋以還，議者莫不以形勝爲尚，謂山川要害足爲城守障蔽，而不知險在於人，不在於山川城守也，何則？潁城自古有之，更秦歷漢，以至於今，當南北之衝，其間變故多矣！若南北朝之婁起失守，梁回遁亡，司馬世雲之以城應侯景，賀若統之據城降後周者，此城也，是果無要害乎？若南宋張超之城守，若唐段秀實孫珂之拒戰，若宋劉錡之敗金人，若我朝李天衢之禦逆七者，亦此城也，而未聞復有所謂要害也。由是觀之，地利無常，惟人是制。地險不足恃，敵險不足畏，惟患吾自失其險耳！故苟得其人，則雖蕞爾之城屹爲重鎮；苟非其人，雖有金城湯池，高山

〔一〕李宜春《嘉靖潁州志·輿勝·河》：「沙河，在太和縣南二里，流入淮。」《萬曆太和縣志·輿勝志·山川》：「沙河，黄河之支流也。原黄河經開封府城北，東由清寧而行。」

〔二〕李宜春《嘉靖潁州志·輿勝·河》：「八丈河，在太和縣北四十里，通谷河。」《萬曆太和縣志·輿勝志·山川》：「八丈河，在縣北四十里，會聶家等湖之水，積流成河，東流港溝，而通於谷河。」

〔三〕李宜春《嘉靖潁州志·輿勝·河》：「宋塘河，在太和縣北六十里。通亳州淝河，流入茨河。」《萬曆太和縣志·輿勝志·山川》：「宋塘河，在縣北六十里。北通亳州淝河，南流至於雙泉溝，入於谷河。」

〔四〕李宜春《嘉靖潁州志·輿勝·河》：「聶家河，在太和縣西北一十二里。西臨界溝，東近舊縣。」《萬曆太和縣志·輿勝志·山川》未載此河。

巨川，不足恃也！《易》曰：「地險，山川丘陵也。王公設險以守其國。」[一]《孟子》曰：「築斯城也，鑿斯池也，與民守之，效死而弗去。」[二]此萬世要害之定論也。若夫張、段、劉、李諸君，其所謂設險以守國，效死而弗去者乎？而婁起輩者，則諸君之罪人也。後之守斯土者，或值時艱，宜擇而處之，毋曰「無險可據」，斯民社之幸也。

水之爲溜者十有二

州

曰回窩。在州東三十五里。[三]

曰坎王。在州西北十五里。[四]

曰黃崗。在州西三十里。[五]

曰白廟。在州北十里。[六]

曰黃河新。在州北二十五里。[七]

〔一〕出自《周易·上經》。

〔二〕《孟子·梁惠王下》：「滕文公問曰：『滕，小國也。間於齊楚，事齊乎？事楚乎？』孟子對曰：『是謀非吾所能及也。無已，則有一焉：鑿斯池也，築斯城也，與民守之，效死而民弗去，則是可爲也。』」

〔三〕李宜春《嘉靖潁州志·輿勝·溜》：「回窩溜，在州東三十五里。」

〔四〕李宜春《嘉靖潁州志·輿勝·溜》：「坎王溜，在州西北十五里。」

〔五〕李宜春《嘉靖潁州志·輿勝·溜》：「黃岡溜，在州西三十里。」

〔六〕李宜春《嘉靖潁州志·輿勝·溜》：「白廟溜，在州北十里。」

〔七〕李宜春《嘉靖潁州志·輿勝·溜》：「黃河新溜，在州北二十五里。」

潁上

曰賢壩。去縣二十五里。〔一〕

曰鹽村。去縣十二里。〔二〕

曰河東。在縣附廓。〔三〕

曰刑旗。在縣北五里許。〔四〕

曰桑園。去縣治一十五里。〔五〕

曰草廟。去縣三十五里。〔六〕

曰曹家。去縣六十里。沙河自昔安流，洪武壬申夏，黄河决溢入潁。正統丁巳（一四三七），復於鹿邑，潁水遂遺此險。自下流而上，遷移不常，居民隨地取名，均謂之溜。百餘年，至潁州白龍溝。正德甲戌，其流漸平。潁上今無此險矣。〔七〕

〔一〕李宜春《嘉靖潁州志・輿勝・溜》：「賢壩溜，去潁上縣二十五里。」《順治潁上縣志・輿圖・溜》：「賢壩溜，去縣四十里。」

〔二〕李宜春《嘉靖潁州志・輿勝・溜》：「鹽村溜，去潁上縣一十五里。」《順治潁上縣志・輿圖・溜》：「鹽村溜，去縣十二里。」

〔三〕李宜春《嘉靖潁州志・輿勝・溜》：「河東溜，在潁上縣附廓。」《順治潁上縣志・輿圖・溜》：「河東溜，在縣附廓。」

〔四〕李宜春《嘉靖潁州志・輿勝・溜》：「刑旗溜，在潁上縣北五里許。」《順治潁上縣志・輿圖・溜》：「刑旗溜，在縣北五里許。」

〔五〕李宜春《嘉靖潁州志・輿勝・溜》：「桑園溜，去潁上縣一十五里。」《順治潁上縣志・輿圖・溜》：「桑園溜，去縣治一十五里。」

〔六〕李宜春《嘉靖潁州志・輿勝・溜》：「草廟溜，去潁上縣三十五里。」《順治潁上縣志・輿圖・溜》：「草廟溜，去縣六十里。」

〔七〕李宜春《嘉靖潁州志・輿勝・溜》：「曹家溜，去潁上縣六十里。按：洪武壬申（一三九二）夏，黄河水溢入潁上。正統丁巳，復出鹿邑。閱百餘年，已至潁州白龍溝，逆流而上，衝徙靡常。居民隨地取名，均謂之溜。正德甲戌來，其流漸平。潁上今無此險矣。」《順治潁上縣志・輿圖・溜》：「曹家溜，去縣六十里。沙河自昔安流。洪武壬申夏，黄河决溢入潁。正統丁巳，復於鹿邑。潁水遂遺此險。自下流而上，遷移不常，居民隨地取名，均謂之溜。百餘年，至潁州白龍溝。正德甲戌（一五一四），其流漸平。潁上今無此險矣。」

水之爲港者三

州

曰母猪。在州北八十里，淝河之南。自西而東幾四十里。首三塔，尾小橋溝，港南北大坡，畎澮之水悉集。東連淝河，泛則通舟。〔一〕

曰白魚。在州北九十里，母豬港北。溝洫之水積流爲大渠，通淝河。故白魚自海濱沿淮入淝，至此溝而止，色白味甘，人常得之，用意取則不得。〔二〕

曰黄丘。在州西南五十里。積後坡之水，南達潤河。〔三〕

水之爲潭者一

潁上

曰魚鱗。在縣西北四十里淮潤鄉。〔四〕

〔一〕《正德潁州志·山川》：「母猪港，在州北八十里，淝河之南。自西而東幾四十里。首三塔，尾小橋溝，港南北大坡，畎澮之水悉集。東連淝河，泛則通舟。」李宜春《嘉靖潁州志·輿勝·港》：「母猪港，在州北八十里。淝河南闊幾四十，自三塔距小橋溝，南北俱大坡，畎澮之水集焉。東連淝河，泛則可舟。」

〔二〕《正德潁州志·山川》：「白魚港，在州北九十里，母豬港北。溝洫之水積流爲大渠，通淝河。故白魚自海濱沿淮入肥，至此溝而止，色白味甘，人常得之。用意取則不得。」李宜春《嘉靖潁州志·輿勝·港》：「白魚港，在州北九十里，母豬港北。溝洫之水積成大渠，通淝河。故白魚自海濱沿淮入淝，至此港而止，其色白味甘。」

〔三〕《正德潁州志·山川》：「黄丘港，在州西南五十里。積後坡之水，南達潤河。」李宜春《嘉靖潁州志·輿勝·港》：「黄丘港，在州西南五十里。積後坡之水，南達潤河。」

〔四〕李宜春《嘉靖潁州志·輿勝·潭》：「魚鱗潭，在潁上縣西北四十里淮潤鄉。」《順治潁上縣志·輿圖·潭》：「魚鱗潭，在縣西北四十里淮潤鄉。」

水之爲池者一

潁上

曰蓮花。在縣西八里。〔一〕

水之爲井者二

州

曰甜水。在南城中道觀前。城内外井泉多鹹苦，獨此水清甜，故名。〔二〕

曰十里。在州城河北，騸馬廠之東。井水清甜，十里外有取汲者，故名。且古所（甃）。〔三〕

關廂鄉圖

州

關四：

〔一〕李宜春《嘉靖潁州志・輿勝・池》：「蓮花池，在潁上縣西八里。」《順治潁上縣志・輿圖・池》：「蓮花池，縣西八里。」

〔二〕《正德潁州志・山川》：「甜水井，在州南城中道觀前。城内外井泉多鹹苦，獨此水清甜，故名。」李宜春《嘉靖潁州志・輿勝・井》：「甜水井，在州南城中道觀前。城内外井泉多鹹苦，獨此水清甜，故名。」

〔三〕《正德潁州志・山川》：「十里井，在州城河北騸馬廠之東。井水清甜，十里外有取汲者，故名。且古所甃，大而且深，大旱不竭。」李宜春《嘉靖潁州志・輿勝・井》：「十里井，在州城河北騸馬廠之東。井水清甜，十里外有取汲者，大旱不竭，故名。」

東關。宜陽門外。〔一〕

西關。宜秋門外。〔二〕

南關。迎薰門外。〔三〕

北關。承恩門外。潁河之濱。〔四〕

以上關廂，爲里者四。

鄉七：

東鄉。爲里者十。〔五〕

西鄉。爲里者，十有五。〔六〕

南鄉。爲里者，十有六。〔七〕

〔一〕《正德潁州志·關梁》：「東關，在北城之東，驛遞在焉。南北三街俱通衢。」李宜春《嘉靖潁州志·州考·關》：「東關，在州宜陽門外，潁川驛在焉。是隸渡馬頭，同知劉節所砌。」

〔二〕《正德潁州志·關梁》：「西關，在南城之西。惟東西一條街，軍民混居。」李宜春《嘉靖潁州志·州考·關》：「西關，在州宜秋门外西。」

〔三〕《正德潁州志·關梁》：「南關，在南城之南，無民户。南北一街，十餘家軍。」李宜春《嘉靖潁州志·州考·關》：「南關，在州迎薰门外南，軍人所住。」

〔四〕《正德潁州志·關梁》：「北關，在北城西北隅。商賈交集，軍民混居。」李宜春《嘉靖潁州志·州考·關》：「北關，在州達淮、通卞二門外，商賈交集，大都會也。」

〔五〕《正德潁州志·廓附》：「東鄉，在州城東二十里楊灣。始有土民主户。潁水東流，南北岸皆屬東鄉也。」

〔六〕《正德潁州志·廓附》：「西鄉，自楊橋順河而下，至官擺渡南北岸，皆屬西鄉。」

〔七〕《正德潁州志·廓附》：「南鄉，自州城南三十里小澗河南，始有主户。東西地廣近三十里，客户附廓買地立家。」

北鄉。爲里者，十有二。〔一〕

沈丘。爲里者，十有三。

河北。爲里者六。

新增。爲里者四。

潁上

關四：

東關。通津門外。〔二〕

西關。潁陽門外。〔三〕

南關。壽春門外。〔四〕

北關。禾稔門外。〔五〕

以上關廂，爲里者二。

鄉四：

〔一〕《正德潁州志·廓附》：「北鄉，自州城北三十里伍名鋪，有土民主户。」

〔二〕《順治潁上縣志·建置·關廂》：「東關，臨河，自纜移垛，商船不住，貿易盡廢。有教場巷、沈家巷、丁家巷、曹家巷、鹿家巷。」

〔三〕《順治潁上縣志·建置·關廂》：「西關，河南山陝通衢。萬曆十六年（一五八八），知縣郭公振民辟新街一道，達於南關。」

〔四〕《順治潁上縣志·建置·關廂》：「南關，前代建學宫於斯，巷有二，一總鋪，即舊學街。」

〔五〕《順治潁上縣志·建置·關廂》：「北關，東西大街一道，有大十字街、中小街、後小街、河頭街。巷四：館驛街、韓家巷、遞運所巷、徐家巷。」

潁陽。縣之西北，爲里者四。〔一〕

淮潤。縣之西南，爲里者四。〔二〕

甘羅。縣之東北，爲里者五。〔三〕

正陽。縣之西南，爲里者四。〔四〕

太和

在城四。縣之城廂内外，爲里者四。

鄉七：

南原和。縣之北，爲里者四。

北原和。縣之北，爲里者四。

大義。縣之西，爲里者四。

萬壽。縣之西，爲里者四。

添保。縣之東，爲里者四。

〔一〕《順治潁上縣志·建置·關廂》：「潁陽鄉，共四圖，在西北。其鄉之民惟務農。」

〔二〕《順治潁上縣志·建置·關廂》：「淮潤鄉，共四圖，在城西南淮河濱。」

〔三〕《順治潁上縣志·建置·關廂》：「甘羅鄉，共五圖，在城東北。秦丞相出處之地。」

〔四〕《順治潁上縣志·建置·關廂》：「正陽鄉，共四圖，在城東南，淮河左，沙河右。」李宜春《嘉靖潁州志·賦産·編户》：「潁上縣……治凡一十九里。洪武初六里，永樂癸未（一四〇三）增七里，景泰壬申（一四五二）增四里，成化壬寅（一四八二）增二里。關廂二里，潁陽鄉四里，淮潤鄉四里，甘羅鄉五里，正陽鄉四里。」

太平。縣之西北，爲里者六。

順化。縣之東北，爲里者五。〔一〕

鎮八

州

沈丘。西一百八十里，疑即沈子之丘墓。有巡檢司。〔二〕

椒陂。南六十里，今廢。〔三〕

〔一〕李宜春《嘉靖潁州志·賦産·編户》：「太和縣，嘉靖二十一年（一五四二），户四千五百有九，口五萬六千九百九十五。視十一年（一五三二），口增六千四百六十一。治凡三十五里。城厢四里，南原和鄉四里，北原和鄉四里，大義鄉四里，萬壽鄉四里，添保鄉四里，太平鄉六里，順化鄉五里。」《順治太和縣志·食貨·均里均甲》：「八圖名：在城、南原、北原、大義、天保、萬壽、太平、順化。拾陸里。在城壹與肆併壹里，在城貳與叁併壹里。南原壹與肆併壹里，南原貳與叁併壹里。北原壹爲壹里，北原貳爲壹里。大義壹與叁併壹里，大義貳與肆併壹里。萬壽壹與叁併壹里，萬壽貳與肆併壹里。天保壹與貳併壹里，天保叁與肆併壹里。太平壹與貳與叁併壹里，太平肆與伍與陸併壹里。順化壹爲壹里，順化貳爲壹里。」

〔二〕《正德潁州志·關梁》：「沈丘鎮，在州西一百二十里，廢沈丘縣東。鎮離州遠，故置巡檢司，以察奸細。巡檢司正廳，在鎮中，面北。吏房，在正廳前，左廂。監牢，在正廳前，右廂。大門，在正廳前。巡檢宅，在正廳後。」李宜春《嘉靖潁州志·州考·鎮》：「沈丘鎮，在州西一百八十里，巡檢司在焉。」

〔三〕《正德潁州志·關梁》：「椒陂鎮，在州南六十里潤河上。前代置鎮，有碑存。實宋仁宗寶元二年乙卯（一〇三九）正月立，推之，置鎮又在立碑之前。今鎮廢，規制尚存。」李宜春《嘉靖潁州志·州考·鎮》：「椒陂鎮，在州南六十里潤河上。宋寶元置鎮，有碑存焉。今廢。」

潁上

西正陽。東南七十里，淮水西，潁水東，即潁口也。〔一〕

江口。西北四十里，沙河東岸。〔二〕

漕口。西南六十里，南臨淮河，西通汝河、潤河，環於東北。今呼爲南趙［照］集，因寺更焉。〔三〕

王墅。西北六十里，江子口東北。〔四〕

留陵。西北五十里，沙河東北岸。〔五〕

太和

舊縣。北一十里。〔六〕

〔一〕李宜春《嘉靖潁州志·州考·鎮》：「西正陽鎮，在潁上縣東南七十里淮水西，潁水東，即潁口也。」《順治潁上縣志·建置·市鎮》：「西正陽，縣東南七十里，淮水西，潁水東，即潁口是。近被水崩廢。」

〔二〕李宜春《嘉靖潁州志·州考·鎮》：「江口鎮，在潁上縣西北四十里，沙河東岸。」《順治潁上縣志·建置·市鎮》：「江口鎮，縣西北四十里，沙河東岸。」

〔三〕李宜春《嘉靖潁州志·州考·鎮》：「漕口鎮，在潁上縣西南六十里，南臨淮河，西通汝河、潤河，環於東北，今呼爲南照集，因寺更焉。」《順治潁上縣志·建置·市鎮》：「漕口鎮，縣西南五十里。南臨淮河，西通汝河、潤河。」

〔四〕李宜春《嘉靖潁州志·州考·鎮》：「王墅鎮，在潁上縣西北六十里，江子口東北。」《順治潁上縣志·建置·市鎮》：「王墅鎮，縣西北六十里，江口東北。」

〔五〕李宜春《嘉靖潁州志·州考·鎮》：「留陵鎮，在潁上縣西北五十里，沙河東北岸。」《順治潁上縣志·建置·市鎮》：「留陵鎮，縣西北五十里，沙河東北岸。」

〔六〕李宜春《嘉靖潁州志·州考·鎮》：「舊縣鎮，在太和縣北一十里。」《順治太和縣志·輿勝·鎮市》：「舊縣集，縣北八里，臨沙河。宋爲泰和縣。居民稱繁，商賈四集。故本土之人少，徽、川、山、陝之人多。太和之第一鎮。」

寨二

州

姜寨。西二百里。舊傳：光武討賊不克，後人呼爲强寨，今訛云姜。〔一〕

包家。西六十五里。宋劉錡破兀朮，民聚此以應錡。〔二〕

村五十有六

州

百社。東三十里。〔三〕

東陳。東四十里，舊有倉。宋嘉定中，霍丘人王鑒敗金虜於此。〔四〕

羊灣。東三十里。〔五〕

〔一〕《正德潁州志·關梁》：「姜寨，在州西沈丘鄉，去城百里。漢光武討巨寇王尋，自蔡州追奔至，是賊屯於寨。及戰於坡，漢兵不支，尋亦北走。後人因乎强寨，今訛爲姜寨。」李宜春《嘉靖潁州志·輿勝·古蹟》：「姜寨，在州西二百里，光武屯處。」

〔二〕《正德潁州志·關梁》：「包家寨，在州西六十五里，小河北岸，孤崗坦夷。相傳：宋將劉錡募敢死士，負藥毒潁上流，以困金虜兀朮。民結義於寨，以俟策應後人，因呼爲寨云。」李宜春《嘉靖潁州志·輿勝·古蹟》：「包家寨，在州西六十五里，民聚應劉錡。」

〔三〕李宜春《嘉靖潁州志·州考·村》：「百社村，在州東三十里。」

〔四〕李宜春《嘉靖潁州志·州考·村》：「東陳村，在州東四十里，舊有倉，宋嘉定中，霍丘人王鑒敗金虜於此。」

〔五〕李宜春《嘉靖潁州志·州考·村》：「羊灣村，在州東三十里。」

東西侯。東六十里，二村。〔一〕

青丘。東五十里。〔二〕

爐熬。東九十里。〔三〕

高。南九十里。〔四〕

井。南六十里。〔五〕

桃花。南六十里。〔六〕

南陳。南七十五里。〔七〕

紅林。南一百里。〔八〕

墨皂。南一百里。〔九〕

〔一〕李宜春《嘉靖潁州志·州考·村》：「東西侯村，在州東六十里。二村。」

〔二〕李宜春《嘉靖潁州志·州考·村》：「青丘村，在州東五十里。」

〔三〕李宜春《嘉靖潁州志·州考·村》：「爐熬村，在州東九十里。」

〔四〕李宜春《嘉靖潁州志·州考·村》：「高村，在州南九十里。」

〔五〕李宜春《嘉靖潁州志·州考·村》：「井村，在州南六十里。」

〔六〕李宜春《嘉靖潁州志·州考·村》：「桃花村，在州南六十里。」

〔七〕李宜春《嘉靖潁州志·州考·村》：「南陳村，在州南七十五里。」

〔八〕李宜春《嘉靖潁州志·州考·村》：「紅林村，在州南一百里。」

〔九〕李宜春《嘉靖潁州志·州考·村》：「墨皂村，在州南一百里。」

獅子。南四十五里。〔一〕

栗林。西一百二十里。〔二〕

定香。西一百一十里。〔三〕

長灣。西六十里。〔四〕

五樟。北八十里。〔五〕

潁上

百社。張龍公家於此。〔六〕

鹽。洪武初，淮北鹽屯於此，河之南岸有行鹽衙門，今革。〔七〕

〔一〕李宜春《嘉靖潁州志·州考·村》：「獅子村，在州南四十五里。」

〔二〕李宜春《嘉靖潁州志·州考·村》：「栗林村，在州西一百二十里。」

〔三〕李宜春《嘉靖潁州志·州考·村》：「定香村，在州西一百一十里。」

〔四〕李宜春《嘉靖潁州志·州考·村》：「長灣村，在州西六十里。」

〔五〕李宜春《嘉靖潁州志·州考·村》：「五樟村，在州北八十里。」

〔六〕李宜春《嘉靖潁州志·州考·村》：「百社村，在潁上縣，張龍公家於此。」《順治潁上縣志·建置·鄉圖》：「甘羅鄉百社村，張龍公家於此。」

〔七〕李宜春《嘉靖潁州志·州考·村》：「鹽村，在潁上縣。洪武初，淮北鹽屯於此河之南岸，有行鹽衙門，今革。」《順治潁上縣志·建置·鄉圖》：「甘羅鄉鹽村，洪武初，淮北鹽屯於此，今革。」

茅城、華、陽臺後、方姚林、灰溝、丁家、底葛、河。俱在甘羅鄉。〔一〕

王岡、關洲、同丘、長湖、文化、柳河、標竹、廟臺、潤河、潤頭、百尺、管谷。管仲家於此。俱在淮潤鄉。〔二〕

黄岡、垂岡、黑林、洪城、焦岡、朱四灣、陳預灣、鄭家岡、花水澗、思犢灣。俱在正陽鄉。〔三〕

會恩、胡蔟［簇］、映林、千倉、丘團、江北。俱在潁陽鄉。〔四〕

集一十有五

州

流湖。西一百五十里。〔五〕

〔一〕李宜春《嘉靖潁州志・州考・村》：「茅城村、華村、陽臺後村、方姚林村、灰溝村、丁家村、底葛村、河村。俱在潁上縣甘羅鄉。」《順治潁上縣志・建置・鄉圖》：「甘羅鄉，共五圖，在城東北，秦丞相出處之地。其鄉之民多農桑是務。村十有一：百社村、（張龍公家於此。）鹽村、（洪武初，淮北鹽屯於此，今革。）茅城村、華村、陽臺村、方姚村、灰溝村、丁家村、底葛村、河村、陽臺［南陽］村。」

〔二〕李宜春《嘉靖潁州志・州考・村》：「王岡村、關洲村、同丘村、長湖村、文化村、柳河村、標竹村、廟臺村、潤河村、澗頭村、百尺村、管谷村。（管仲家於此。）俱在潁上縣淮潤鄉。」《順治潁上縣志・建置・鄉圖》：「淮潤鄉，共四圖，在城西南淮河濱。其鄉之人力田爲業。村十有五：王岡村、關洲村、同丘村、長湖村、文化村、柳河村、標竹村、廟臺村、潤河村、澗頭村、百尺村、管谷村、新興店、古店、趙家集村。」

〔三〕李宜春《嘉靖潁州志・州考・村》：「黄岡村、垂岡村、黑林村、洪城村、焦岡村、朱四灣村、陳預灣村、鄭家岡村、花水澗村、思犢灣村。俱在潁上縣正陽鄉。」《順治潁上縣志・建置・鄉圖》：「正陽鄉，共四圖，在城東南。淮河左，沙河右。其鄉之民爲農爲圃。村有十：黄岡村、垂岡村、黑林村、洪城村、焦岡村、朱四灣村、陳預灣村、鄭家岡村、花水澗村、思犢灣村。」

〔四〕李宜春《嘉靖潁州志・州考・村》：「會恩村、胡簇村、映林村、千倉村、丘團村、江北村。俱在潁上縣潁陽鄉。」《順治潁上縣志・建置・鄉圖》：「潁陽鄉，共四圖，在西北。其鄉之民惟務於農。共四圖，其鄉之民惟務於農。村有六：會恩村、胡簇村、映林村、千倉村、丘團村、江北村。」

〔五〕《正德潁州志・鄉井》：「流湖集，在沈丘，一百五十五里。北五里即嚮張埠，上舡，故商游貨集也。」李宜春《嘉靖潁州志・州考・集》：「流湖集，在州西一百五十里。」

黄牛嶺。西一百八十里。〔一〕

長官店。西一百二十里。〔二〕

驛口橋。西一百里。〔三〕

楊橋。西九十里。〔四〕

楊村。西一百四十里。〔五〕

田村。西一百二十里。〔六〕

横橋。北六十里。〔七〕

〔一〕《正德潁州志·鄉井·集》:「黄牛嶺集,在沈丘,一百八十里。主、客户。田家市易。」李宜春《嘉靖潁州志·州考·集》:「黄牛嶺集,在州西一百八十里。」

〔二〕《正德潁州志·鄉井·集》:「長官店集,在西鄉,一百二十里。河遠,市集亦衆。客户。」李宜春《嘉靖潁州志·州考·集》:「長官集,在州西一百二十里。」

〔三〕《正德潁州志·鄉井·集》:「驛口橋集,在西鄉,百里。主、客户,田農交易亦盛。」李宜春《嘉靖潁州志·州考·集》:「驛口橋集,在州西一百里。」

〔四〕《正德潁州志·鄉井·集》:「楊橋集,在西鄉,九十里,潁濱。貨物游散他集,本集落落。」李宜春《嘉靖潁州志·州考·集》:「楊橋集,在州西九十里。」

〔五〕《正德潁州志·鄉井·集》:「楊村集,在西鄉,一百四十五里。潁泛舟通,集南有商無賈,市頗交易。主、客户。」李宜春《嘉靖潁州志·州考·集》:「楊村集,在州西一百四十里。」

〔六〕《正德潁州志·鄉井·集》:「田村集,在南鄉,一百二十里。商賈俱集,市盛。」李宜春《嘉靖潁州志·州考·集》:「田村集,在州西四十里。」按:二者名稱雖同,但彼此距離較遠,當非一處:一在今潁州區境内,爲大田集;一在今阜南縣境内,爲小田集。

〔七〕《正德潁州志·鄉井·集》:「横橋集,在北鄉,六十里,預備倉傍。舊在倉南五里西城,因窪移鄰倉。」李宜春《嘉靖潁州志·州考·集》:「横橋集,在州北六十里。」

乾溝。西四十里。〔一〕

雙塔。北八十里。〔二〕

董家。北一百里。〔三〕

中村。南七十里。〔四〕

紅林。南一百一十里。〔五〕

功立橋。南九十里。〔六〕

艾亭。南一百七十里。〔七〕

〔一〕《正德潁州志·鄉井·集》：「乾溝集，在西鄉，四十里。驛路傍午，商貨平平。」李宜春《嘉靖潁州志·州考·集》：「乾溝集，在州西四十里。」

〔二〕《正德潁州志·鄉井·集》：「雙塔集，在北鄉，八十里。有商無賈，市亦平平。主、客户並。」李宜春《嘉靖潁州志·州考·集》：「雙塔集，在州北八十里。」

〔三〕《正德潁州志·鄉井·集》：「董家集，在北鄉，一百里，蒙城縣界。客户，田家市易。」李宜春《嘉靖潁州志·州考·集》：「董家集，在州北一百里。」

〔四〕《正德潁州志·鄉井·集》：「中村集，在南鄉，七十里。前臨谷河，商賈輻輳，市日無虚。主、客户雜處。」又李宜春《嘉靖潁州志·州考·集》：「中村集，在州南七十里。」

〔五〕《正德潁州志·鄉井·集》：「紅林集，在南鄉，一百一十里，通蒙河入淮。市集亦小，客户多。」李宜春《嘉靖潁州志·州考·集》：「紅村〔林〕集，在州南八十里。」

〔六〕《正德潁州志·鄉井·集》：「功立橋集，在南鄉，九十里。工商雜集，貨亦適中。」李宜春《嘉靖潁州志·州考·集》：「功立橋集，在州南九十里。」

〔七〕《正德潁州志·鄉井·集》：「艾亭集，在南鄉，一百七十里，近汝河。商賈盛集。主、客户並。」李宜春《嘉靖潁州志·州考·集》：「艾亭集，在州南一百七十里。」

營三

州

長。西七十里。〔一〕

五輛車。西五十里。〔二〕

趙德。西一百九十里。〔三〕

店三十有五

州

夷陵。東六十里。〔四〕

〔一〕《正德潁州志·鄉井》：「長營，在西鄉，七十里，柳河之陽。前後地俱下，營地俱沃。」李宜春《嘉靖潁州志·兵防·營》：「長營，在州西七十里。」

〔二〕《正德潁州志·鄉井》：「五輛車營，在西鄉，六十里，柳河之陽。地南沃北下。」李宜春《嘉靖潁州志·兵防·營》：「五輛車營，在州西五十里。」

〔三〕《正德潁州志·鄉井》：「趙德營，在沈丘，一百九十里，乳香臺北，地下。項城户雜處。」李宜春《嘉靖潁州志·兵防·營》：「趙德營，在州西一百九十里。按：三營，古屯兵處也。在行師亦或可囿，故附於此。」

〔四〕《正德潁州志·鄉井》：「夷陵店，在東鄉，六十里鋪，過客逆旅。土主、客户雜處。」李宜春《嘉靖潁州志·州考·店》：「夷陵店，在州東六十里。」

留陵。東六十里。〔一〕

棗莊。東六十里。〔二〕

岳厢。北一百二十里。〔三〕

三塔。北一百一十里。〔四〕

車家。北四十里。〔五〕

伍名。北三十里。〔六〕

柳河。西四十里。〔七〕

時。西四十里。〔八〕

〔一〕《正德潁州志·鄉井》：「留陵店，在東鄉，六十里。水站。土主、客户雜處。」李宜春《嘉靖潁州志·州考·店》：「留陵店，在州東六十里。」

〔二〕《正德潁州志·鄉井》：「棗莊店，在東鄉，六十里。田家交易。主户多。」李宜春《嘉靖潁州志·州考·店》：「棗莊店。在州東六十里。」

〔三〕《正德潁州志·鄉井》：「岳厢店，在北鄉，一百二十里。田家交易。主户多。」李宜春《嘉靖潁州志·州考·店》：「岳厢店，在州北一百二十里。」

〔四〕《正德潁州志·鄉井》：「三塔店，在北鄉，一百一十里。雜太和户住，小市集耳。」李宜春《嘉靖潁州志·州考·店》：「三塔店，在州北一百一十里。」

〔五〕《正德潁州志·鄉井》：「車家店，在北鄉，四十里。集而未成。客户。」李宜春《嘉靖潁州志·州考·店》：「車家店。在州北四十里。」

〔六〕《正德潁州志·鄉井》：「伍名店，在北鄉，三十里。客户數家。」李宜春《嘉靖潁州志·州考·店》：「伍名店，在州北三十里。」

〔七〕《正德潁州志·鄉井》：「柳河店，在西鄉，四十里，廢站傍。主、客户並。」李宜春《嘉靖潁州志·州考·店》：「柳河店，在州西四十里。」

〔八〕《正德潁州志·鄉井》：「時店，在西鄉，四十里，柳河西。客户。田家交易。」李宜春《嘉靖潁州志·州考·店》：「時店，在州西四十里。」

界溝。西一百四十里。〔一〕

南市。西二百四十里。〔二〕

楊官。西一百四十里。〔三〕

瓦。西一百五十里。〔四〕

八十里。西楊橋之東。〔五〕

高堂。西九十里。〔六〕

栗頭。西六十里。〔七〕

黄丘。南五十里。〔八〕

〔一〕《正德潁州志·鄉井》：「界溝店，在西鄉，一百四十里。舊黄河通，商賈集。河徙市净。」李宜春《嘉靖潁州志·州考·店》：「界溝店，在州西一百四十里。」

〔二〕《正德潁州志·鄉井》：「南市店，在沈丘西，二百四十里。主、客户雜。田家交易。」李宜春《嘉靖潁州志·州考·店》：「南市店，在州西二百四十里。」

〔三〕《正德潁州志·鄉井》：「楊官店，在沈丘，一百四十里。客户。酒、醋、鹽、鐵市。」李宜春《嘉靖潁州志·州考·店》：「楊官店，在州西一百四十里。」

〔四〕《正德潁州志·鄉井》：「瓦店，在沈丘，一百五十里。主、客户。商賈游貨耳。」李宜春《嘉靖潁州志·州考·店》：「瓦店。在州西一百五十里。」

〔五〕《正德潁州志·鄉井》：「八十里店，在西鄉，楊橋東。客户。過客逆旅耳。」李宜春《嘉靖潁州志·州考·店》：「八十里店，在州西楊橋之東。」

〔六〕《正德潁州志·鄉井》：「高堂店，在西鄉，九十里。客户。田家交市。」李宜春《嘉靖潁州志·州考·店》：「高堂店，在州西九十里。」

〔七〕《正德潁州志·鄉井》：「栗頭店，在西鄉，六十里。主、客户雜。盐、鉄市耳。」李宜春《嘉靖潁州志·州考·店》：「栗頭店，在州西六十里。」

〔八〕《正德潁州志·鄉井》：「黄丘店，在南鄉，五十里。客户。無市。」李宜春《嘉靖潁州志·州考·店》：「黄丘店，在州南五十里。」

桃花。南一百八十里。〔一〕

狼頭。南九十里。〔二〕

永安。古縣南一百四十里。〔三〕

迎仙。西一百四十里。〔四〕

桃團。北九十里。〔五〕

潁上

陽臺。〔六〕

古。〔七〕

〔一〕《正德潁州志·鄉井》：「桃花店，在南鄉，一百八十里，汝水東。商賈往來，店雜主、客户。」李宜春《嘉靖潁州志·州考·店》：「桃花店，在州南一百八十里。」

〔二〕《正德潁州志·鄉井》：「狼頭店，在南鄉，九十里。客户。」李宜春《嘉靖潁州志·州考·店》：「狼頭店，在州南九十里。」

〔三〕《正德潁州志·鄉井》：「永安店，古縣街市存，在南鄉，一百四十里，汝水濱。舟楫上下，故交易廣。東又有小店。」李宜春《嘉靖潁州志·州考·店》：「永安店，在古縣南，一百四十里。」

〔四〕《正德潁州志·鄉井》：「迎仙店，在沈丘，一百四十里。主、客户。田家交易。」李宜春《嘉靖潁州志·州考·店》：「迎仙店，在州西一百四十里。」

〔五〕《正德潁州志·鄉井》：「桃團店，在北鄉，九十里，近淝河，水泛通舟。主、客户雜處。」李宜春《嘉靖潁州志·州考·店》：「桃團店，在州北九十里。」

〔六〕李宜春《嘉靖潁州志·州考·店》：「陽臺店、古店。俱在潁上縣。」

〔七〕見上條注。

太和

盧家岡。西四十里。〔一〕

界溝。西北七十里。〔二〕

稅子鋪。西四十里。〔三〕

玄墻。東北四十里。〔四〕

雙浮屠鋪。北三十里。〔五〕

東西良善。東三十里。〔六〕

〔一〕李宜春《嘉靖潁州志·州考·店》：「盧家岡店，在太和縣西四十里。」《萬曆太和縣志·輿勝·鎮市》《順治太和縣志·輿勝·鎮市》未載此店。

〔二〕李宜春《嘉靖潁州志·州考·店》：「界溝店，在太和縣西北七十里。」《萬曆太和縣志·輿勝·鎮市》：「界溝鎮，在縣西北六十里。」《順治太和縣志·輿勝·鎮市》：「界溝鎮，縣西北六十里。即界首集。」

〔三〕李宜春《嘉靖潁州志·州考·店》：「稅子鋪店，在太和縣西四十里。」《萬曆太和縣志·輿勝·鎮市》：「稅子鋪集，在縣西北三十里。原有社學、便民倉，其址俱存。」《順治太和縣志·輿勝·鎮市》：「稅子鋪集，縣西北三十里。尚有社學、便民倉基址。」

〔四〕李宜春《嘉靖潁州志·州考·店》：「玄墻店，在太和縣東北四十里。」《萬曆太和縣志·輿勝·鎮市》：「玄墻集。在縣東北四十里，臨茨河。即古百尺鎮也。」《順治太和縣志·輿勝·鎮市》：「玄墻集，縣東北四十里，臨茨河。即古百尺鎮也。」

〔五〕李宜春《嘉靖潁州志·州考·店》：「雙浮屠鋪店，在太和縣北三十里。」《萬曆太和縣志·輿勝·鎮市》：「雙浮屠集。在縣西北三十五里。此地昔有海眼寺，姑嫂二人爲尼，各造七級浮屠一座。嫂所造者，與寺俱廢；姑所造者，至今尚存，高十數丈，突聳霄漢，棲宿雲霞，超然見數十里外。亦古蹟也，因改名集。」《順治太和縣志·輿勝·鎮市》：「雙浮屠集，縣西北三十五里。有海眼寺，姑嫂二人爲尼，各造七級浮屠一座。嫂造者，與寺俱廢。姑造者，至今存，高數丈，亦一異蹟也。」

〔六〕李宜春《嘉靖潁州志·州考·店》：「東西良善店，在太和縣東三十里。」《萬曆太和縣志·輿勝·鎮市》：「東良善店，在縣北三十里。西良善店，在縣北三十里。」《順治太和縣志·輿勝·鎮市》：「東西良善店，縣北，俱三十里。」

宋城。北七十里。〔一〕

張册。北八十里。〔二〕

斤溝。東北六十里。〔三〕

柘。東南三十里。〔四〕

龍窩。南四十里。〔五〕

莊六

州

官。南九十里。〔六〕

〔一〕李宜春《嘉靖潁州志·州考·店》：「宋城店，在太和縣北七十里。」《萬曆太和縣志·輿勝·鎮市》《順治太和縣志·輿勝·鎮市》未載此店。

〔二〕李宜春《嘉靖潁州志·州考·店》：「張册店，在太和縣北八十里。」《萬曆太和縣志·輿勝·鎮市》：「張册店，在縣西北七十里，臨沙河。原有社學、便民倉，故址俱存。」《順治太和縣志·輿勝·鎮市》：「張册店，縣西北七十里，臨茨河。有社學、便民倉址。」

〔三〕李宜春《嘉靖潁州志·州考·店》：「斤溝店，在太和縣東北六十里。」《萬曆太和縣志·輿勝·鎮市》：「斤溝集，在縣西北六十里。」《順治太和縣志·輿勝·鎮市》：「斤溝集，在縣西北六十里。」

〔四〕李宜春《嘉靖潁州志·州考·店》：「柘店，在太和縣東南三十里。」《萬曆太和縣志·輿勝·鎮市》：「柘店，在縣東三十里。」《順治太和縣志·輿勝·鎮市》：「柘店，在縣東三十里。」

〔五〕李宜春《嘉靖潁州志·州考·店》：「龍窩店，在太和縣南四十里。」《萬曆太和縣志·輿勝·鎮市》：「龍窩店。」《順治太和縣志·輿勝·鎮市》：「龍窩店。」

〔六〕李宜春《嘉靖潁州志·州考·莊》：「官莊，在州南九十里。」

秋家。南七十里。〔一〕

南劉。南九十里。〔二〕

西劉。西一百八十里。〔三〕

欒。西一百八十里。〔四〕

谷家。西一百八十五里。〔五〕

坡一十有一

州

王市。北九十里。〔六〕

雙塔。北八十里。〔七〕

〔一〕李宜春《嘉靖潁州志·州考·莊》：「秋家莊，在州南七十里。」

〔二〕李宜春《嘉靖潁州志·州考·莊》：「南劉莊，在州南九十里。」

〔三〕李宜春《嘉靖潁州志·州考·莊》：「西劉莊，在州西一百八十里。」

〔四〕李宜春《嘉靖潁州志·州考·莊》：「欒莊，在州西一百八十里。」

〔五〕李宜春《嘉靖潁州志·州考·莊》：「谷家莊，在州西一百八十五里。成化間，同知劉節請巡撫置縣，已遣官相地於此，未就而巡撫歿，事遂寢。」

〔六〕《正德潁州志》相關部分缺失。《正德潁州志·廢倉四所》：「王市倉，在北鄉，去州八十里。地最下，雨多則倉基皆水，蓋具故事爾。存窪地十畝。」李宜春《嘉靖潁州志·州考·坡》：「王市坡，在州北九十里。」

〔七〕《正德潁州志·鄉井》：「□□〔雙塔〕坡，在北鄉，八十里，西北向，地多下。」

梁莊。北六十里。〔一〕

郭城。北四十五里。〔二〕

栗頭。西六十里。〔三〕

長官店。西一百二十里。〔四〕

三障。西一百六十里。〔五〕

閙店。西一百五十里。〔六〕

棠林。南七十里。〔七〕

〔一〕《正德潁州志·鄉井》：「梁莊坡，在北鄉，六十里，地平曠。民户，東北二鄉并。」李宜春《嘉靖潁州志·州考·坡》：「梁莊坡，在州北六十里。」

〔二〕《正德潁州志·鄉井》：「郭城坡，在北鄉，四十五里，地平。民户，西北二鄉間。」李宜春《嘉靖潁州志·州考·坡》：「郭城坡，在州北四十五里。」

〔三〕《正德潁州志·鄉井》：「栗頭坡，在西鄉，六十里，地壚疏，不堪耕治。」李宜春《嘉靖潁州志·州考·坡》：「栗頭坡，在州西六十里。」

〔四〕《正德潁州志·鄉井》：「長官店坡，在西鄉，一百二十里，窪淖沮洳，不堪耕治。」李宜春《嘉靖潁州志·州考·坡》未載此坡。

〔五〕《正德潁州志·鄉井》：「三障坡，在沈丘，一百八十里東，多下。相傳：光武戰於此。」李宜春《嘉靖潁州志·州考·坡》：「三障坡，在州西一百六十里。」

〔六〕《正德潁州志·鄉井》：「閙店坡，在沈丘南，一百五十里，地曠，西向。有新蔡客户。」李宜春《嘉靖潁州志·州考·坡》：「閙市〔店〕坡，在州西一百五十里。」

〔七〕《正德潁州志·鄉井》：「棠林坡，在南鄉，中村崗南。舊多棠林，今悉耕治。」李宜春《嘉靖潁州志·州考·坡》：「棠林坡，在州南七十里。」

黑塔。南一百六十里。〔一〕

黃花。南七十里。〔二〕

渡二十有六

州

東關口。潁川驛之後。〔三〕

三里灣。東二里，潁河與黃河會處。〔四〕

毛家窩。州北。〔五〕

官擺。西十五里，潁河。〔六〕

〔一〕《正德潁州志·鄉井》：「黑塔坡，在南鄉，一百六十里，土沃，西北。沈丘鄉户。」李宜春《嘉靖潁州志·州考·坡》：「黑塔坡，在州南一百六十里。」

〔二〕《正德潁州志·鄉井》：「黃花坡，在南鄉，七十里，地下不治。惟黃花時發，故名。」李宜春《嘉靖潁州志·州考·坡》：「黃花坡，在州南七十里。」

〔三〕《正德潁州志·關梁》：「東關口渡，在北城東北隅，潁川驛後。渡通蒙城、亳縣。」李宜春《嘉靖潁州志·建置·渡》：「東關口渡，在州潁川驛後。」

〔四〕《正德潁州志·關梁》：「三里灣渡，在州東三里，潁水舊與黃河會處。渡通東北鄉、蒙、亳二縣。」李宜春《嘉靖潁州志·建置·渡》：「三里灣渡，在州東二里，潁河與黃河會處。」

〔五〕《正德潁州志·關梁》：「毛家窩渡，在州北舊黃河上。渡通蒙、亳。」李宜春《嘉靖潁州志·建置·渡》：「毛家窩渡，在州北。」

〔六〕《正德潁州志·關梁》：「官擺渡，在州西十五里，王莊鋪前潁河。渡通太和。」李宜春《嘉靖潁州志·建置·渡》：「官擺渡，在州西十五里，潁河。」

私擺。西六十里，潁河。〔一〕

茨河。西二十五里。〔二〕

谷河口。州東。〔三〕

劉家。東南一百一十里，淮河。〔四〕

中村崗。南七十里，谷河。〔五〕

朱皋。南一百二十里，汝河。〔六〕

留陵。州東，潁河。〔七〕

〔一〕《正德潁州志·關梁》：「私擺渡，古名老婆灣，在州西十六里，過潁河，南北要津。宋紹興十年（一一四〇），金龍虎大王等敗，退軍至此留營，爲副留守劉錡所敗。」李宜春《嘉靖潁州志·建置·渡》：「私擺渡，在州西六十〔十六〕里，潁河。」

〔二〕《正德潁州志·關梁》：「茨河渡，在州西二十五里，石羊鋪前。渡通太和縣。」李宜春《嘉靖潁州志·建置·渡》：「茨河渡，在州西北二十五里。」

〔三〕《正德潁州志·關梁》：「谷河口渡，在州東南谷河入淮處。渡通宣灣。」李宜春《嘉靖潁州志·建置·渡》：「谷河口渡，在州東南。」

〔四〕《正德潁州志·關梁》：「劉家渡，在州東南一百一十里水臺東，淮水。渡通霍丘。」李宜春《嘉靖潁州志·建置·渡》：「劉家渡，在州東南一百一十里，淮河。」

〔五〕《正德潁州志·關梁》：「中村崗渡，在州南七十里，谷河。渡通安舟崗，逾淮河。」李宜春《嘉靖潁州志·建置·渡》：「中村岡渡，在州南七十里，谷河。」

〔六〕《正德潁州志·關梁》：「朱皋渡，在州南一百二十里，蒙、汝入淮處。渡通固始。」李宜春《嘉靖潁州志·建置·渡》：「朱皋渡，在州南一百二十里，汝河。」

〔七〕《正德潁州志·關梁》：「留陵渡，在州東留陵驛後，潁河。渡通東鄉。」李宜春《嘉靖潁州志·建置·渡》：「留陵渡，在州東，潁河。」

靳家。北一百二十里，淝河。〔一〕

岳厢。北一百二十里，淝河。〔二〕

裴家。西九十里，潁河。〔三〕

張老人。西六十五里，潁河。〔四〕

黄連。西九十里，潁河。宋劉錡募敢死士，毒上流以困兀朮在此。〔五〕

潁上

關洲。西南四十五里。〔六〕

廟臺。南二十五里。〔七〕

〔一〕《正德潁州志·關梁》：「靳家渡，在州北一百二十里，淝河。渡通蒙、亳。」李宜春《嘉靖潁州志·建置·渡》：「靳家渡。在州東北九十里，淝河。」

〔二〕《正德潁州志·關梁》：「岳厢渡，在州北一百二十里，淝河。渡通張村鋪并亳縣。」李宜春《嘉靖潁州志·建置·渡》：「岳厢渡。在州北一百二十里，淝河。」

〔三〕《正德潁州志·關梁》：「裴家渡，在州西九十里，潁河。渡通南北行旅。」李宜春《嘉靖潁州志·建置·渡》：「裴家渡，在州西九十里，潁河。」

〔四〕《正德潁州志·關梁》：「張老人渡，在州西六十五里。渡通南北通衢。太和粮税從此上船。」李宜春《嘉靖潁州志·建置·渡》：「張老人渡，在州西六十五里，潁河。」

〔五〕《正德潁州志·關梁》：「黄連渡，在州西九十里潁河。宋劉錡募敢死士，毒上流以困兀朮在此。」李宜春《嘉靖潁州志·建置·渡》：「黄連渡，在州西九十里，潁河。宋劉琦募敢死士，毒上流以困兀朮於此。」

〔六〕李宜春《嘉靖潁州志·建置·渡》：「關洲渡，在潁上縣西南四十五里。」《順治潁上縣志·輿圖·渡》：「關洲渡，在縣西南四十五里。」

〔七〕李宜春《嘉靖潁州志·建置·渡》：「廟臺渡，在潁上縣南二十五里。」《順治潁上縣志·輿圖·渡》：「廟臺渡，在縣南二十五里。」

正陽。東南七十里。〔一〕

江口。江子水出設舟，以便往來。〔二〕

許家。北十二里。〔三〕

吴家。北七里。〔四〕

嚴家。北一里。〔五〕

朱家。南三里。〔六〕

楊家。東南二十五里。〔七〕

八里。東南五十里。〔八〕

〔一〕李宜春《嘉靖潁州志·建置·渡》：「正陽渡，在潁上縣東南七十里。」《順治潁上縣志·輿圖·渡》：「正陽渡，在縣東南七十里。」

〔二〕李宜春《嘉靖潁州志·建置·渡》：「江口渡，在潁上縣江子。水出設舟，以便往來。」《順治潁上縣志·輿圖·渡》：「江口渡，江子水出設渡，以便往來。」

〔三〕李宜春《嘉靖潁州志·建置·渡》：「許家渡，在潁上縣北二十里。」《順治潁上縣志·輿圖·渡》：「許家渡，在縣北二十里。」

〔四〕李宜春《嘉靖潁州志·建置·渡》：「吴家渡，在潁上縣北十〔七〕里。」《順治潁上縣志·輿圖·渡》：「吴家渡，在縣北七里。」

〔五〕李宜春《嘉靖潁州志·建置·渡》：「嚴家渡，在潁上縣北一里。」《順治潁上縣志·輿圖·渡》：「嚴家渡，在縣北一里。」

〔六〕李宜春《嘉靖潁州志·建置·渡》：「朱家渡，在潁上縣南三里。」《順治潁上縣志·輿圖·渡》：「朱家渡，在縣南十五里。」彼此距離差別較大，或爲渡口移位，或原非一渡，皆不可知。

〔七〕李宜春《嘉靖潁州志·建置·渡》：「楊家渡，在潁上縣東南二十五里。」《順治潁上縣志·輿圖·渡》：「楊家渡，在縣東南五里。」此條情況與上條相類。

〔八〕李宜春《嘉靖潁州志·建置·渡》：「八里渡，在潁上縣東南五十里。」《順治潁上縣志·輿圖·渡》：「八里垛渡，在縣東南五十里。」

太和

闕。

故蹟

城二十有三郡二縣六尾一堂三亭八樓一館二臺九池二井一潭二谷一塘一

胡子國城。即州之南城。本姬姓，莫詳封世。昭公二十三年（前五一九），吴人伐州來，胡子髡不能以理守小國，役屬於楚，自將從六國奔命救州來。吴人曰：「胡沈之君幼而狂。」諸侯同役而不同心，分師先犯，戰於雞父，胡君死焉。後定公十五年（前四九五）二月，楚遂伐胡，執胡子豹歸，城遂爲楚。秦滅楚。漢滅秦，遂置汝陰縣焉。〔一〕

沈子國城。在州西一百二十里。文公三年（前六二四）春，諸侯以沈未嘗與中國盟會，而南服於楚，舉師伐之，入境而民潰。自此見於春

〔一〕《正德潁州志·古蹟》：「胡子國城，即今南城。按《春秋》，本陳地。周康王封陳滿之裔國於胡，爵爲子。其後入《春秋》，見於經、傳一百二十四國，胡與焉。然蕞尔境土，介於華夷，不得與中土諸侯盟會。至魯昭公四年（前五三八）夏，楚子主盟，諸侯會申，始一見焉。秋，從諸侯伐吴鍾離。至昭公二十三年，吴人伐州來。胡子髡不能以理守小國，役屬於楚，自將從六國奔命救州來。吴人曰：『胡、沈之君幼而狂，諸侯同役而不同心。』分師先犯，戰於雞父，胡君死焉。其後，國雖楚與，而侵以弱。昭公三十年（前五一二），又爲楚所割乾溪之田，以益徐之來奔公子章羽。定公四年（前五〇六），吴人入楚，敗之。胡子豹忿楚，盡俘楚邑近胡之民以自多。楚既定，豹又不受命，乃曰：『存亡有命，事楚何爲？徒多取費！』定公十五年二月，楚遂滅胡，執胡子豹歸，城遂爲楚。秦滅楚，漢滅秦，遂置縣焉。」李宜春《嘉靖潁州志·輿勝·古蹟》：「胡子國城，即今南城。按《春秋》，本陳地。周康王封陳滿之裔國於胡，爵爲子。其後入春秋一百二十四國，胡與焉。然蕞尔境土，介於華夷，不得與中國諸侯盟會。至晉昭公四年夏，楚子主盟，諸侯會申，始一見焉。秋，從諸侯伐吴鍾離。至昭公二十二［三］年，吴人伐州來，胡子髡役屬於楚，自將從六國救州來。吴人曰：『胡、沈之君幼而狂，諸侯同役而不同心。』分師先犯，戰於雞父，胡君死焉。其後國雖楚興，而侵以弱。三十年，又爲楚所割乾溪之田，以益徐之來奔公子章羽。定公四年，吴人入楚，敗之。胡子豹忿楚，盡俘楚邑近胡之民以自多。楚既定，豹又不受命，乃曰：『存亡有命，事楚何爲？徒多取費！』十五年二月，楚遂滅胡，執胡子豹歸，城遂爲楚。秦滅楚，漢滅秦，遂置縣焉。」

秋。其後爲蔡所滅，今存遺址。〔一〕

州來城。在州東二百里。春秋陳附庸國。自成公八年（前五八三），吴入州來。見於經。後爲楚所滅。漢初置縣，屬沛郡。隋改屬汝陰。宋開寶中，衍爲壽春之地。〔二〕

任城。在州北，潁水之陽三里。南朝陳將任蠻奴於水邊築城以圍汝陰。今俗呼蠻樓寨，址存。〔三〕

〔一〕《正德潁州志·古蹟》：「沈子國城，在州西一百二十里。按《史記·世家》，周文王第十一子聃季食邑於沈。傳至春秋，見於經、傳一百二十四國，沈與焉。魯文公三年春，諸侯以沈未嘗與中國會盟，而南服於楚，率師伐之，入境而民潰。魯昭公四年（前五三八）夏，始從諸侯會申。秋七月，從諸侯伐吴鐘離。昭公五年（前五三七），從陳、蔡八國伐吴。昭公二十三年（前五一九）秋七月戊辰，吴伐州來，沈子逞自將從楚救州來。吴人分師，戰於雞父。沈子敗，死焉。其後中國無伯，遂臣服於楚。至葉公沈諸梁爲楚葉尹，國遂以滅。秦滅楚，漢滅秦，置縣治於沈國城。歷代廢置，沿革莫詳。宋、元尚爲沈丘縣，有城隍廟碑在故城中。元將王保保鎮陳潁，開府沈城，掘城東、南、西三面爲湖，以拒外兵。至正末，揭城中軍民北遁，城空，遂廢。今遺址具存。」李宜春《嘉靖潁州志·輿勝·古蹟》：「沈子國城，在州西一百二十里。按《史記·世家》，周文王第十一子聃季食邑於沈。傳至春秋一百二十四國，沈與焉。魯文公三年春，諸侯以沈未嘗與十國會盟，而南服於楚，率師伐之，入境而民潰。魯昭公四年夏，始從諸侯會申。秋七月，從諸（侯）伐吴鍾離。昭公五年，從陳、蔡八國伐吴。二十三年秋七月戊辰，吴伐州來。沈子逞自將，從楚救州來。吴人分師，戰於雞父，沈子敗死焉。其後中國無伯，遂臣服於楚。至葉公沈諸梁爲楚葉尹，國遂以滅。秦滅楚，漢滅秦，置縣治於沈國城。歷代廢置，沿革莫詳。宋、元尚爲沈丘縣，有城隍廟碑在故城中。元將王保保鎮陳潁，開府沈城，掘城東南西三面爲湖，以拒外兵。至正末，竭城中軍民北遁，城空，遂廢。今遺址俱存。」

〔二〕《正德潁州志·古蹟》：「州來城，在州東二百里。本春秋陳附庸國，其後爲楚與國。魯成公八年，吴入州來，楚救之。昭公十二年（前五三〇），楚子狩於州來，師次潁尾。至十二［九］年（前五二三），楚城州來。定公三年（前五〇七），吴滅州來，據之。哀公三年（前四九二），蔡背楚歸吴，遷於州來，改名下蔡。後卒爲楚滅，城復爲楚。秦滅楚，漢滅秦，置縣，屬沛郡。隋改屬汝陰。唐因之。五季之末，周世宗修復故城，屯守以逼南唐。宋建隆中，始移壽陽，軍於下蔡。開寶七年（九七四），置壽春府於壽山之陽，下蔡地遂入壽春。」李宜春《嘉靖潁州志·輿勝·古蹟》：「州來城，在州東二百里。本春秋陳附庸國，其後爲楚與國。魯成公八年，吴入州來，楚救之。昭公十二年，楚子狩於州來，師次潁尾。至十二［九］年，楚城州來。定公三年，吴滅州來，據之。哀公三年，蔡背楚歸吴，遷於州來，改名下蔡。後爲楚滅，城復爲楚。秦滅楚，漢滅秦，置縣，屬沛郡。隋改屬汝陰。唐因之。五季之末，周世宗修復故城，屯守以逼南唐。宋建隆中始移壽陽，軍於下蔡。開寶七年，置壽春府於壽山之陽，下蔡地遂入壽春。」

〔三〕《正德潁州志·古蹟》：「任城，在城北潁水之陽三里。南朝陳將任蠻奴於水濱築城，以圍汝陰。今城爲河水蕩夷，土俗尤呼蠻樓寨。」李宜春《嘉靖潁州志·輿勝·古蹟》：「任城，在州北潁水之陽三里。南朝陳將任蠻奴於水邊築城，以圍汝陰。今俗呼蠻樓寨，址存。」

地理城。在州南一百一十里。元至順置縣，後因劉福通作亂，遂廢。〔一〕

才城。在州南一百一十里，東西有二城。〔二〕

黄城。在州西一百二十五里。〔三〕

古城。在州南椒陂鎮，有二城。〔四〕

唐屯城。在州南一百七十里。唐劉仁瞻築。〔五〕

東城、西城。俱在州北七十里。舊傳：唐置府兵，築城屯營。〔六〕

省城。在州西一百八十里。〔七〕

〔一〕《正德潁州志·古蹟》：「地理城，在州南一百一十里，汝水陽。相傳：元至順壬申（一三三二），同知歸暘請添置縣，名潁水。今寺基，故城隍廟也。至正辛卯（一三五一），劉福通作亂，流劫鄉村，破燒縣治，遂廢。」李宜春《嘉靖潁州志·輿勝·古蹟》：「地里［理］城，在州南一百一十里。元至順置縣，後因劉福通作亂，遂廢。」

〔二〕《正德潁州志·古蹟》：「才城，在州南一百一十里。東西相去二三里，有小土城二，莫考所築。土人呼東才城、西才城。」李宜春《嘉靖潁州志·輿勝·古蹟》：「才城，在州南一百一十里。東西有二城。」

〔三〕《正德潁州志·古蹟》：「黄城，在州西一百二十五里，舒陽河之南。相傳：前代屯兵，土人見黄旗，故呼黄城。」李宜春《嘉靖潁州志·輿勝·古蹟》：「黄城，在州西一百二十五里。」

〔四〕《正德潁州志·古蹟》：「古城二，一在州東南，椒陂鎮東二里。疑與鎮同建置，小衙門也。一在州西楊橋，下流黄河決齧，城已半淪落，不詳所築。」李宜春《嘉靖潁州志·輿勝·古蹟》：「古城，在州南椒陂鎮，有二城。」

〔五〕《正德潁州志·古蹟》：「唐屯城，在州西南一百七十里，龍項灣東。相傳：南唐時劉仁贍築城屯軍，以拒劉知遠。」李宜春《嘉靖潁州志·輿勝·古蹟》：「唐屯城，在州南一百七十里。唐劉仁瞻築。」

〔六〕《正德潁州志·古蹟》：「東城、西城，俱在州北七十里。五樟林近兩城，相去三十里。相傳：唐置府兵，分戍於此，築城屯營，遂名。」李宜春《嘉靖潁州志·輿勝·古蹟》：「東城、西城，俱在州北七十里。舊傳：唐置府兵，築城屯營。」

〔七〕《正德潁州志·古蹟》：「省城，在州西一百八十里。俗傳荒唐，不載。」李宜春《嘉靖潁州志·輿勝·古蹟》：「省城，在州西一百八十里。」

阜陽城。在州西一百五十里，莫詳所築。〔一〕

關王城。在州東二百里，淮水西正陽。舊傳：三國先主結關羽、張飛討亂，備城淮東，關城淮西。〔二〕

武陰城。在潁上東南七十里正陽鄉。或爲周武王所築，或爲張飛所築，未詳。〔三〕

段家城。在潁上西北六十里。段靈君所築。外環九里，内周三里，重城巍然，鄉人呼爲段家營，恐誤也。〔四〕

洪城。在潁上東三十里。不知何代何人所築。遺址瓦礫存焉。〔五〕

舊縣城。在潁上北十二里，臨沙河。基址猶存。〔六〕

〔一〕《正德潁州志·古蹟》：「阜陽城，在州西一百五十里，沈丘廢縣南。今置郵舍其中，城不詳所築。」李宜春《嘉靖潁州志·輿勝·古蹟》：「阜陽城，在州西一百五十里。莫詳所築。」

〔二〕《正德潁州志·古蹟》：「關王城，在州東二百里，淮水西正陽。漢末，先主結關羽、張飛討亂。初依孫氏於壽春，備城淮東，關城淮西。後鼎分入蜀，而故城不毀。世變運移，千五百年，河淮衝蕩，城之不淪没陵夷者，惟東向一帶耳。成化初，山陰僧正喜游方至是，結菴祀武安王於故城基上。今土俗呼關王寺云。」李宜春《嘉靖潁州志·輿勝·古蹟》：「關王城，在州東二百里淮水西正陽。舊傳：三國先主結關羽、張飛討亂，備城淮東，關城淮西。河流［淮］衝蕩，唯東向一帶尚存。今祀羽於故城基。」

〔三〕李宜春《嘉靖潁州志·輿勝·古蹟》：「武陰城。在潁上縣東南七十里正陽鄉。或爲周武王所築，或爲張龍所築。」《順治潁上縣志·輿圖·古蹟》：「武陰城，即《中都志》『土城』是也。《記里書》云：『周武王所築。《舊志》又云張飛所築。按：先主初依孫氏於壽春，正陽有先主關土［王］城，疑此必張飛城。俗傳八里垛，皆其遺蹟。』」

〔四〕李宜春《嘉靖潁州志·輿勝·古蹟》：「段家城，在潁上縣西北六十里。相傳段靈君所築。外環九里，内周三里，重城巍然，鄉人呼爲段家營。」《順治潁上縣志·輿圖·古蹟》：「段家城，縣西北六十里。段靈君所築。外環九里，内周三里。里人呼爲段家營。」

〔五〕李宜春《嘉靖潁州志·輿勝·古蹟》：「洪城，在潁上縣東三十里。不知何代所築，遺址瓦礫存焉。」《順治潁上縣志·輿圖·古蹟》：「洪城，縣東三十里。不知何代所築，基址瓦礫存焉。」

〔六〕李宜春《嘉靖潁州志·輿勝·古蹟》：「舊縣城，潁上縣北十二里。臨沙河，基址猶存。」《順治潁上縣志·輿圖·古蹟》：「舊縣城，《中都志》：『縣北十二里沙河兩岸。』」

潁陽城。在太和北，周二里。〔一〕

信陽城。在太和西北八十里，周圍四里許。〔二〕

宋王城。在太和北七十里，周二里。〔三〕

玄墻城。在太和東北四十里，周二里。〔四〕

鮦陽廢郡。在州西二百一十里。有故郪亭遺址。〔五〕

廢陳留郡。在州東南二百里。隋置。唐屬汝陰。今改屬壽州。〔六〕

〔一〕李宜春《嘉靖潁州志·輿勝·古蹟》：「潁陽城，在太和縣北，周二里。」《萬曆太和縣志·輿勝·古蹟》：「潁陽城，在縣東北三里，周廣四里許。隋時縣治故址。」

〔二〕李宜春《嘉靖潁州志·輿勝·古蹟》：「信陽城，在太和縣西北八十里。周圍四里許。」《萬曆太和縣志·輿勝·古蹟》：「信陽城，在縣西北六十里。周廣四里許。」

〔三〕李宜春《嘉靖潁州志·輿勝·古蹟》：「宋王城，在太和縣北七十里，周二里。」《萬曆太和縣志·輿勝·古蹟》：「宋王城，縣北七十里。重城輪迴，門堂基址隱隱可見。漢光武建武十三年（三七），封殷後孔安爲宋王，都於此。附近有塚幾堆，岡陵隆突，時呼爲宋王塚。」

〔四〕李宜春《嘉靖潁州志·輿勝·古蹟》：「玄墻城，在太和縣東北四十里，周二里。」《萬曆太和縣志·輿勝·古蹟》：「萬壽城，在縣西北四十里茨河之東。即今玄墻集也。宋時縣治故址，四門城基俱存。」

〔五〕《正德潁州志·古蹟》：「鮦陽廢郡，在州西二百一十里。按《輿地志》，沈子國西有古鮦陽郡，漢光武封戚里陰慶爲鮦陽侯。故郪亭，慶府第也。百餘年前，猶有剝落字石一拳，今無之。」李宜春《嘉靖潁州志·輿勝·古蹟》：「鮦陽廢郡，在州西二百一十里，有故郪亭遺址。」

〔六〕《大明一統志·中都·古蹟》：「廢陳留郡，在安豐縣東北五里。梁置郡及縣。隋廢郡改縣。」《正德潁州志·古蹟》：「廢陳留郡，在州東南二百里。梁置郡及縣。隋廢郡改縣，曰潁陽。唐省入汝陰。今其地改屬壽州。」李宜春《嘉靖潁州志·輿勝·古蹟》未載。

細陽廢縣。在州西二百里。漢置。五季廢。〔一〕

青丘廢縣。在州東六十五里。隋大業置。唐武德中廢。即今北照寺基。〔二〕

鄭丘廢縣。《舊志》以州東五里婆娑塚爲鄭丘址。〔三〕

平輿廢縣。在州南一百里。漢置縣。五季兵亂殘廢。〔四〕

永安廢縣。在州南一百四十里。唐會昌中置縣。五季殘廢。〔五〕

〔一〕《大明一統志·中都·古蹟》：「細陽城，在潁州西北四十里。漢縣，屬汝南郡。」《正德潁州志·古蹟》：「細陽廢縣。在州西二十里。漢置縣，屬汝南郡。五季廢。今古城尚在茨河鋪西三里，城甚狹小，疑當時縣治子城也。」《萬曆太和縣志·輿勝·古蹟》：「細陽城，在□茨河之西。□□□□故址。」

〔二〕《大明一統志·中都·古蹟》：「清〔青〕丘城，在潁州東五十六里。隋大業間置縣，屬汝陰郡。唐武德間廢。」《正德潁州志·古蹟》：「青丘廢縣，在州東五十六里，潁河北岸。隋大業間置縣，屬汝陰郡。唐武德中廢，縣治即今北照寺基，俗呼青丘村。」李宜春《嘉靖潁州志·輿勝·古蹟》：「青丘廢縣，在州東六十五里。隨〔隋〕大業置，唐武德中廢。即北照寺基。」

〔三〕《後漢書·郡國志·豫州》：「汝南郡，三十七城：……宋公國，周名鄭丘，漢改爲新鄭，章帝建初四年（七九）徙宋公於此。」《大明一統志·中都·古蹟》：「鄭丘，去潁州治八里。魏安釐王時，秦拔鄭丘。漢置新鄭縣，屬汝南郡。章帝時，徙宋公於此，今呼爲潁陽城。」《正德潁州志·古蹟》：「鄭丘廢縣，在州東。《元志》云：『去城八里。魏安釐王時，秦拔鄭丘。漢置新鄭縣，屬汝南郡。章帝時，徙宋公於此，今呼爲潁陽城。』按：今州城近郭八里無古城基，惟東五里有土阜，屹然高大，土人呼爲婆娑塚，疑古鄭丘也，而地則在潁水之南。水北曰陽，潁陽全無可考。況今婆娑塚四面夷曠，其爲新鄭廢縣無疑也。」李宜春《嘉靖潁州志·輿勝·古蹟》：「鄭丘廢縣，《舊志》以州東五里婆娑塚爲鄭丘址。」

〔四〕《正德潁州志·古蹟》：「平輿廢縣，在州南一百里。漢置縣，屬汝南郡。至五季末，兵亂殘廢。今土城尚完。周圍五六里，四門。土人居宅不改。北枕谷河，城東南隅舊有斷碑，剥落莫辨。俗呼爲遠城云。」李宜春《嘉靖潁州志·輿勝·古蹟》：「平輿廢縣，在州南一百里。漢置縣，五季毁於兵。」

〔五〕《正德潁州志·古蹟》：「永安廢縣，在州南一百四十里，汝水北岸。唐會昌中置縣，屬信州。五季廢。今市井具存。北行三里有縣治子城。」李宜春《嘉靖潁州志·輿勝·古蹟》：「永安廢縣，在州南一百四十里。唐會昌中置縣，五季廢。」

廢慎縣。在州東南七十里。漢初置縣。不詳何代廢。〔一〕

潁尾。《左傳》：「楚子狩於州來，次於潁尾。」在下蔡西。〔二〕

去思堂。宋晏殊以使相出知潁州日，作屋北渚之北，臨西溪，以爲出祖所。初名清漣閣，既代，民不能忘，更題曰去思。堂前有雙柳亭，遺址莫詳所在。〔三〕歐陽修《答杜相公寵示去思堂詩》〔四〕：

當年丞相倦洪鈞，弭節初來潁水濱。惟以琴樽樂嘉客，能將富貴比浮雲。西溪水色春長緑，北渚花光暖自薰。〔五〕得載公詩播人口，去思從此四夷聞。

聚星堂。宋歐陽修守潁，倅佐吕公著，而其先政如晏殊、蔡齊、曾肇皆名公，故修建堂治内，題曰聚星。有《聚星堂詩集》。〔六〕

〔一〕《大明一統志・中都・古蹟》：「慎縣城，在潁上縣西北。漢縣，屬汝南郡。晉屬汝陰郡。」《正德潁州志・古蹟》：「慎縣廢城，在州東南七十里。漢初置縣，屬汝南郡。晉屬汝陰郡。後不詳何代廢。今潤河板橋東南岸，土城基址尚在。」李宜春《嘉靖潁州志・輿勝・古蹟》：「廢慎縣，在州東南七十里。漢初置縣。」

〔二〕《左傳・昭公十二年》：「楚子狩於州來，次於潁尾。」李宜春《嘉靖潁州志・輿勝・古蹟》：「潁尾，在下蔡西。《左傳》：『楚子狩於州來，次於潁尾。』」《順治潁上縣志・輿圖・古蹟》：「潁尾，在下蔡西，縣東。《左傳》：『楚子狩於州來，次於潁尾。』」

〔三〕《正德潁州志・宮室》：「去思堂，宋晏元獻公殊以使相出知潁州日，作屋北渚之北，臨西溪，以爲出祖所。初名清漣閣，嘗手植雙柳閣前。既代名，民不能忘，更題曰去思。後又更曰雙柳亭。按《歐公文集》，有北渚、西溪，今皆不詳其地。四百餘年，世移地改如此夫！」李宜春《嘉靖潁州志・輿勝・古蹟》：「去思堂。宋晏殊以使相出知潁州，作屋北渚之北，臨西溪，名清漣閣。既代去，民更爲去思堂，以思殊也。殊手植雙柳於堂之前。至歐陽修爲守，雙柳成陰，建亭於其上，曰雙柳亭。」

〔四〕此詩見於《歐陽修全集》。

〔五〕此處，《歐陽修全集》所録文本有小注：「去思堂在北渚之北，臨西溪。溪，晏公所開也。」

〔六〕《大明一統志・中都・宮室》：「聚星堂，在潁州治。宋歐陽修守郡日建。有《聚星堂集》。」《正德潁州志・宮室》：「聚星堂，宋歐陽文忠公守潁，倅佐吕正獻。而其先政，如晏殊、蔡齊、曾肇、韓琦，皆名公，故歐公建堂治内，題曰聚星。有《聚星堂詩集》。」李宜春《嘉靖潁州志・輿勝・古蹟》：「聚星堂，宋歐陽修守潁，以倅吕公著、前守晏殊、蔡齊、曾肇皆名公，故建堂治内，曰聚星。」

會老堂。宋蔡寬夫《詩話》：「歐陽修與趙槩同在政府，相得歡甚。後於熙寧中，相繼謝事歸。槩單騎過修於汝陰，時年幾八十，留踰月，日消汝水之陰。吕公著時守郡，因名其堂。」〔一〕修《詩》〔二〕：

古來交道愧難終，此會今時豈易逢。出處三朝俱白首，凋零萬木見青松。公能不遠來千里，我病猶能〔三〕醻一鍾。已勝山陰空興盡，且留歸駕爲從容。

其二〔四〕：

欲知盛事繼荀陳，請看當筵主與賓。金馬玉堂三學士，清風明月兩閑人。紅芳已盡鶯猶囀，青杏初嘗酒正醇。美景難並良會少，乘歡舉白莫辭頻。

〔一〕《大明一統志·中都·宮室》：「會老堂，在潁州。宋蔡寬夫《詩話》：『歐陽修與趙槩同在政府，相得歡甚，後相繼謝事歸。槩單騎過修於汝陰，時年幾八十，留踰月，日游汝水之陰。』因名其堂。」《正德潁州志·宮室》：「會老堂，宋歐陽公以熙寧四年辛亥（一〇七一）致政歸潁。初，公在兩制及樞院、政府，前後與趙康靖同官，遷拜不殊，故相得歡甚。及相繼謝事，趙单騎訪公汝陰，時年幾八十。吕申公守郡，爲作會老堂於西湖書院之傍。趙優游堂中，月餘而别。再逾時，歐公薨。」李宜春《嘉靖潁州志·輿勝·古蹟》：「會老堂，歐陽修與趙槩同在政府，相得甚歡。後熙寧中，相繼謝事。槩單騎訪修汝陰，時年幾八十。郡守吕公著因作堂於西湖書院之傍，留踰月而去。」按：會老堂實爲歐陽修家西堂，肖漢澤《會老堂是六一堂西堂》對此所考甚詳。

〔二〕此詩見於《歐陽修全集》，題爲《會老堂》。

〔三〕「能」字，《歐陽修全集》所録文本作「堪」。

〔四〕見《歐陽修全集》，題爲《會老堂致語》，其題下注曰：「熙寧壬子，趙康靖公自南京訪公於潁，時吕正獻公爲守。」全文爲：「某聞安車以適四方，禮典雖存於往制；命駕而之千里，交情罕見於今人。伏惟致政少師一德元臣，三朝宿望。挺立始終之節，從容進退之宜。謂青衫早并於俊游，白首各諧與歸老。已釋軒裳之累，却尋鷄黍之期。遠無憚於川塗，信不渝於風雨。幸會北堂之學士，方爲東道之主人。遂令潁水之濱，復見德星之聚。里閭拭目，覺陋巷以生光；風義聳聞，爲一時之盛事。敢陳口號，上贊清歡：欲知盛集繼荀陳，請看當筵主與賓。金馬玉堂三學士，清風明月兩閒人。紅芳已盡鶯猶囀，青杏初嘗酒正醇。美景難並良會少，乘歡舉白莫辭頻。」

蘇軾《和前詩》〔一〕：

一時冠蓋盡嚴終，舊德年來豈易逢。聞道堂中延蓋叟，定應牀下拜梁松。蠹魚自曬開箱篋，科斗長收古鼎鐘。我欲棄官重問道，寸筵何以得從容。

其二〔二〕：

三朝出處共雍容，歲晚交情見二公。乘輿不辭千里遠，放懷還喜一樽同。嘉謀定國垂青史，盛事傳家有素風。自顧纓塵猶未濯，九霄終日羨冥鴻。

沈亭。在州西一百二十里，廢沈子國城東五里。秦時高士沈郢建爲游釣之所。今爲預備倉基。〔三〕

雙柳亭。在州。宋晏殊守郡日，嘗手植雙柳。至歐陽修爲守，則雙柳成陰，遂建此亭。〔四〕修《詩》〔五〕：

曲欄高柳拂層簷，却憶初栽映碧潭。人昔共游今孰在，樹猶如此我何堪。壯心無復身從老，世事都銷酒半酣。後日更來知有幾，攀條莫惜駐征驂。

修爲殊門生，故有「何堪」之句。

〔一〕此詩見《蘇軾詩集》，題爲《和歐陽少師會老堂次韻》。

〔二〕此詩見《蘇軾詩集》，題爲《題永叔會老堂》。

〔三〕《正德潁州志·宫室》：「沈亭，在州西一百二十里，廢沈子國城東五里。秦時高士沈郢建爲游釣之所。今爲預備倉基。」李宜春《嘉靖潁州志·輿勝·古蹟》：「沈亭，在州西一百二十里，廢沈子國城東五里。秦高士沈郢建爲游釣之所。今預備倉基。」

〔四〕《大明一統志·中都·宫室》：「雙柳亭，在潁州。宋晏殊守郡日，嘗手植雙柳。至歐陽修爲守，則雙柳成陰，遂建此亭。作詩有『樹猶如此我何堪』。」《正德潁州志·宫室》：「去思堂，宋晏元獻公殊以使相出知潁州日，作屋北渚之北，臨西溪，以爲出祖所。初名清漣閣，嘗手植雙柳閣前。既代名，民不能忘，更題曰去思。後又更曰雙柳亭。」李宜春《嘉靖潁州志·輿勝·古蹟》未載。

〔五〕此詩見《歐陽修全集》，題爲《去思堂手植雙柳今已成陰因而有感》。

清潁亭。在州西湖上。宋晏殊建。蘇軾嘗與弟轍别於此，有「别淚滴清潁」之句。〔一〕

葵亭。宋吕公著倅潁，日作亭後圃，題曰葵亭。有《葵亭集》。〔二〕

擇勝亭。蘇軾守潁，以帷幙蔽後園地上，題曰擇勝，公暇布席觴吟，味移日。〔三〕

艾亭。在南鄉，去州一百七十里，近汝河。〔四〕

駐驛亭。在潁上水岸。《舊志》：洪武翠華經此少憩，建亭以招［昭］勝蹟。〔五〕

〔一〕《大明一統志·中都·宫室》：「清潁亭，在潁州西湖上。宋晏殊建。蘇軾嘗與弟轍别於此，有『别淚滴清潁』之句。」《正德潁州志·宫室》：「清潁亭，宋晏元獻罷相，出守潁郡。嘗優游西湖之上，舒徐潁水之濱，作亭城陰以自頤息，俯瞰潁水，故名曰清潁亭。」李宜春《嘉靖潁州志·輿勝·古蹟》：「清潁亭，宋晏殊守潁，作亭於城陰，俯瞰潁水，故名清潁。劉敞詩：『世亂潁水濁，世治潁水清。』蘇軾《别弟轍詩》：『别淚滴清潁。』」「别淚滴清潁」句見於《蘇軾潁州初别子由二首》其一：「征帆挂西風，别淚滴清潁。」

〔二〕《正德潁州志·宫室》：「葵亭，宋吕正獻倅潁日，作亭後圃，題曰葵亭。及爲太守時，休倅圃亭。有《葵亭集》。」李宜春《嘉靖潁州志·輿勝·古蹟》：「葵亭，宋吕公著倅潁日，作亭後圃，題曰葵亭。有《葵亭集》。」

〔三〕蘇轍《潁州擇勝亭詩》序：「子瞻爲汝陰守，以幄爲亭，欲往即設，不常其處，名之曰擇勝，爲作四言一章。轍愛其文，故繼之云。」蘇軾《擇勝亭銘》：「維古潁城，因潁爲隍。倚舟於門，美哉洋洋。如淮之甘，如漢之蒼。如洛之温，如浚之凉。可侑我客，可流我觴。我欲即之，爲館爲堂。近水而構，夏潦所襄。遠水而築，邈焉相望。乃作斯亭，筵楹欒梁。鑿枘交設，合散靡常。赤油仰承，青幄四張。我所欲往，一夫可將。與水陞降，除地布牀。可使杜蕢，洗觶而揚。可使莊周，觀魚而忘。可使逸少，祓禊而祥。可使太白，泳月而狂。既薺我茶，亦醪我漿。既濯我纓，亦浣我裳。豈獨臨水，無適不臧。春朝花郊，秋夕月場。無脛而趨，無翼而翔。敝以改爲，其費易償。榜曰擇勝，名實允當。維古聖人，不留一方。虚白爲室，無可爲鄉。神馬尻輿，孰爲輪箱。流行坎止，雖獨不傷。居之無盗，中靡所藏。去之無戀，如所宿桑。豈如世人，生短慮長。尺宅不治，寸田是荒。錫瓦銅雀，石門阿房。俯變仰滅，與生俱亡。我銘斯亭，以砭世盲。」《正德潁州志·宫室》：「擇勝亭，宋蘇東坡守汝陰日，以幃幙蔽後園地上，題曰擇勝。公暇出游，揭以自隨，意會處輒施亭布席，觴詠終日。」李宜春《嘉靖潁州志·輿勝·古蹟》未載。

〔四〕《正德潁州志·宫室》：「艾亭，在南鄉，去州一百七十里，近汝河。」李宜春《嘉靖潁州志·輿勝·古蹟》未載。

〔五〕李宜春《嘉靖潁州志·輿勝·古蹟》：「駐驛亭，在潁上縣。《舊志》：洪武翠華經此少憩，建亭以昭勝蹟。」《順治潁上縣志·建置·亭》：「駐驛亭，洪武經北少憩，因建焉。在河東岸。」

潁亭。在潁上，潁水之濱。〔一〕元結《詩》〔二〕：

潁上風烟天地迴，潁亭孤賞亦悠哉。春風碧水雙鷗静，落日青山萬馬來。勝槩消沈幾今昔，中年登覽足悲哀。遠游擬續騷人賦，所惜匆匆無酒杯。

金鷄樓。舊於北城東南角建樓。俗傳：城多蜈蚣之患，作金鷄於城下，鎮壓之。因以名樓。今廢。〔三〕

青楊館。在州西一百四十里。相傳：光武討王尋，駐兵於此。〔四〕

焦館。在州南城。吕希純守潁日建，宿焦千之，故名。〔五〕歐陽修《送焦千之秀才詩》〔六〕：

焦生獨立士，勢利不可恐。誰言一身窮，自待九鼎重。有能揭之行，可謂仁者勇。吕侯相家子，德義勝華寵。焦生得與隨，道合若膠鞏。始生及吾門，徐子喜驚踊。曰此雖至寶，一失何由踵。自吾得二生，粲粲獲雙珙。奈何奪其一，使我意紛葩。吾嘗愛生才，抽擢方鬱蓊。猶須老霜雪，然後見森聳。況從主人賢，高行可傾竦。讀書趨簡要，害説去雜冗。新文時我寄，庶可蠲煩壅。

〔一〕李宜春《嘉靖潁州志·輿勝·古蹟》：「潁亭，在潁上縣潁水濱。」《順治潁上縣志·建置·亭》：「潁亭，潁水之濱，元遺山有題，今廢。」

〔二〕元結無此詩，實爲金代元好問《潁亭》。

〔三〕《正德潁州志·宫室》：「金鷄楼，大明洪武中，指揮僉事李勝作樓北城東南角上。相傳：土境中舊有蜈蚣，長七八寸，殺人。古時以金鑄鷄首埋於此，以鎮壓之，患遂息。因於金鷄堆建樓，故名。」李宜春《嘉靖潁州志·輿勝·古蹟》：「金雞樓，洪武初，指揮僉事李勝作樓北城東南角。城中多蜈蚣，長十八寸，殺人。乃以金鑄雞埋於城下壓之，因建樓於上。今廢。」

〔四〕《正德潁州志·臺館》：「青楊館，在州西一百四十五里，沈丘之南。相傳：光武討王尋，駐兵於此。後追至濉水，破之。」李宜春《嘉靖潁州志·輿勝·古蹟》：「青楊館，在州西一百四十里。相傳：光武討王尋，駐兵於此。」

〔五〕《正德潁州志·臺館》：「焦館，在南城。按《古志》，州治西南城隅，水池上有焦館。宋吕希純守郡日，建以宿焦千之，故名。」李宜春《嘉靖潁州志·輿勝·古蹟》：「焦館，在州南城。吕希純守潁日建，宿焦千之，故名。」

〔六〕此詩見《歐陽修全集》，題曰《送焦千之秀才》。

相讓臺。在州東二里。《舊志》以爲楚莊王所築，今爲東嶽行祠。〔一〕

主人臺。在州東三里夾洲堆。元季時，每旦有彩雲騰於上。及大明兵起，我太祖高皇帝在布衣，集豪傑其上，天下大定，彩雲散空，故居民呼其臺云。〔二〕

乳香臺。在州西一百八十里。舊産乳香，因以名臺。〔三〕

水臺。在州南一百里。相傳：楚平王所築，以觀淮水，爲競渡之戲。〔四〕

夬臺。在州西四十五里，莫詳所築。《舊志》以爲宋岳雲駐兵於此，援順昌。今考爲潁昌，非是。〔五〕

〔一〕《正德潁州志·臺館》：「相讓臺，在州城東一里。按《楚史拾遺》：莊王欲築層臺於寢丘，延石千里，延壤百里。大臣諫而死者七十二人，寢人諸御已諫而動王之心，又不色加王。已而逃去，王追而納其言。解層臺，罷民役，因名臺曰相讓。即今東岳行祠基。」李宜春《嘉靖潁州志·輿勝·古蹟》：「相讓臺，在州東二里。《楚史拾遺》載：莊王欲築層臺於寢丘，延石千里，延壤百里，大臣諫而死者七十二人。寢人諸御已諫而動王之心，又不色加王，已而逃去。王追而納其言，解層臺，罷民役，因名臺曰相讓。今爲東岳行祠。」

〔二〕《正德潁州志·臺館》：「主人臺，在州東三里灣，黄霸孤堆州頭。元季時，每旦有彩雲騰繞。及大明兵興，我太祖高皇帝在布衣，集豪傑其上，天下大定，彩雲散空。故居民呼其臺云。」李宜春《嘉靖潁州志·輿勝·古蹟》：「主人臺，在州東三里夾洲堆。元季，每旦彩雲騰於上。我太祖起兵，集豪傑於此。天下大定，彩雲遂空，故民呼其臺云。」

〔三〕《正德潁州志·臺館》：「乳香臺，在州西一百八十里。舊産乳香，故名。繞臺皆潁水，沿流上至趙家埠，則項城界。成化中，同知劉節言於巡撫，將分置一縣於臺水之陽，以拯邊疆之民被漁獵於鄰封者。遣官相地，卜治所於谷家莊，未就，而巡撫物故，劉亦去，事遂閣。後之仁人，憫遠民之塗炭，其究心焉。」李宜春《嘉靖潁州志·輿勝·古蹟》：「乳香臺。在州西一百八十里，舊産乳香，故云。」

〔四〕《正德潁州志·臺館》：「水臺，在州南一百里，瀕淮。相傳：楚平王荒游，築臺以爲游觀之計。」李宜春《嘉靖潁州志·輿勝·古蹟》：「水臺，在州南一百里。相傳：楚平王所築以觀淮水，爲競渡之戲。」

〔五〕《正德潁州志·臺館》：「夬臺，在州西四十五里，柳河上。宋裨將岳雲援順昌，追奔兀朮，兵至此臺駐師。」李宜春《嘉靖潁州志·輿勝·古蹟》：「夬臺，在州西四十五里。莫詳所築，（《舊志》）誤以爲宋岳雲駐兵於此，援順昌。今考爲潁昌，非是。」

展家臺。在州南七十里。元至正中，南山賊流劫鄉村，有展氏聚義民保鄉井，築臺誓衆，因以名焉。〔一〕

釣魚臺。在州南七十里，潁水北岸。漢末，袁宏避亂汝陰，游釣河濱。後人名其處。〔二〕

賀勝臺。在州西北十里，潁水南。宋東京副留守劉錡敗兀朮於順昌，追奔出境，知府陳規迎勞犒軍此臺，故名。〔三〕

焦氏臺。在潁上東，沙河之側。張路斯游釣於此。〔四〕

畢卓池。在州西銅陽城内。池廣十里，今半湮。〔五〕

龍池。在潁上西南四十里淮潤鄉。張公九子脱骨化龍處。〔六〕

〔一〕《正德潁州志·臺館》：「展家臺，在州南七十里，中村崗之東。元至正甲午（一三五三），南山長鎗賊流劫鄉村，展氏聚義民保鄉井，築臺誓衆，因名。」李宜春《嘉靖潁州志·輿勝·古蹟》：「展家臺，在州南七十里。元至正中，南山賊流劫鄉村。有展氏聚義民保鄉井，築臺誓衆，故名。」

〔二〕《正德潁州志·臺館》：「釣魚臺，在州東七十里，潁水北岸。漢末，袁宏以家世名宦，崇守節義，見紹、述諸袁跋扈，乃避地汝陰。講學之暇，游釣河濱。後人賢之，因名其處。」李宜春《嘉靖潁州志·輿勝·古蹟》：「釣魚臺，在州南七十里潁水北岸。漢末袁宏避亂汝陰，游釣河濱，故名。」

〔三〕《正德潁州志·臺館》：「賀勝臺，在州西北十里，潁水南岸。宋東京副留守劉錡敗兀朮順昌城北，追奔出境。師還，守臣陳規犒軍此臺，故名。」李宜春《嘉靖潁州志·輿勝·古蹟》：「賀勝臺，在州西北十里潁水南。宋東京副留守劉錡敗兀朮於順昌，追奔出境。知府陳規犒軍此臺，故名。」

〔四〕李宜春《嘉靖潁州志·輿勝·古蹟》：「焦氏臺，在潁上縣東沙河之側，張路斯游釣於此。」《順治潁上縣志·輿圖·山川》：「焦氏臺，在縣東十里史河口，即今張龍公釣處。」

〔五〕《正德潁州志·古蹟》：「畢卓池，在州西銅陽城内。池舊廣十畝，今半湮。」李宜春《嘉靖潁州志·輿勝·池》：「畢卓池，在州西銅陽城内，廣十里。今已半湮。」

〔六〕李宜春《嘉靖潁州志·輿勝·池》：「龍池，在潁上縣西南四十里淮潤鄉。張公九子化龍處。」《順治潁上縣志·輿圖·山川》：「龍池，縣西南四十里淮潤鄉。張公九子化龍處。」

琉璃井。在北城中，州治東南。其水清冽，井底有青石八片，瑩潤照人，故名。〔一〕

張公潭。在潁上。乃龍公與鄭祥遠争釣處。有祠立於岸上。〔二〕

白龍潭。在潁上北七里。《舊志》白龍昇於斯。古祠遭黄河水患，今立廟於岸側。〔三〕

管谷。在潁上北二十五里淮潤鄉。《舊志》云管仲家於此。〔四〕

周家塘。在潁上西十二里。周總管家於此，故名。南注八里河。〔五〕

陵墓三十有八

州

夷陵。東六十里。《春秋·宣公十一年》：「楚子、陳侯、鄭伯盟於辰陵。」《穀梁傳》注：「辰陵，夷陵也。」今地丘垤連亘。《舊志》以爲

〔一〕《正德潁州志·山川》：「琉璃井，在北城中，州治東南。其水清冽，井底有青石八片，瑩潤照人，故名。」李宜春《嘉靖潁州志·輿勝·井》：「琉璃井，在州治東南。其水清冽，井底有青石八片，瑩潤照人，故名。」

〔二〕李宜春《嘉靖潁州志·輿勝·潭》：「張公潭，在潁上縣。乃龍公争釣處。有祠立於岸上。」《順治潁上縣志·輿圖·潭》：「張公潭，乃龍公與鄭祥遠争釣處，有祠立於岸上。」

〔三〕李宜春《嘉靖潁州志·輿勝·潭》：「白龍潭，在潁上縣北七里。《舊志》：白龍昇處。古祠遭黄河，今廟在岸側。」《順治潁上縣志·輿圖·潭》：「白龍潭，縣北七里沙河北。《舊志》：白龍昇於斯。古祠遭黄河水患，今立廟於岸側。」

〔四〕李宜春《嘉靖潁州志·輿勝·古蹟》：「管谷，在潁上縣北二十五里淮潤鄉。《舊志》云：管子家此。」《順治潁上縣志·輿圖·山川》：「管谷，縣北三十五里。《志》：管仲家於此。」

〔五〕李宜春《嘉靖潁州志·溝洫·塘》：「周家塘，在潁上縣西十二里，周□□總管家於此，南注八里河。」《順治潁上縣志·輿圖·山川》：「周家塘，在縣西北十二里。元周總管家於此，故名。」

古列國之君丘壟。皆未詳。〔一〕

留陵。東六十里。〔二〕

艮陵。莫詳所在。〔三〕

沈丘。西一百二十里。疑即沈子之丘。〔四〕

水丘。西一百八十里。《舊志》：光武與王尋戰於此。及即位，詔令瘞戰死士骨於此。〔五〕

黃丘。南四十里。屹然土中。〔六〕

金丘。南八十里。《舊志》謂：楚王埋金於此，以鎮水災。未詳。〔七〕

〔一〕《正德潁州志·陵墓》：「夷陵，在州東六十里。按《春秋·宣公十一年》：『夏，楚子、陳侯、鄭伯盟於辰陵。』《穀梁傳》注：『辰陵，夷陵也。』其地，今西南丘垤連亘，如崗如阜。疑皆古者列國之君丘壟也。」李宜春《嘉靖潁州志·輿勝·墳墓》：「夷陵，在州東六十里。《春秋·宣公十一年》：『楚子、陳侯、鄭伯盟於辰陵。』《穀梁傳》注：『辰陵，夷陵也。』今地丘垤連亘。《舊志》以疑列國之君丘壟，皆未詳。」

〔二〕《正德潁州志·陵墓》：「留陵，在州東六十里。又東二里，白下、留陵，俱潁水之南。兩地之間，塚阜纍纍。疑皆古列國之君陵墓也。」李宜春《嘉靖潁州志·輿勝·墳墓》：「留陵，在州東六十里。」

〔三〕《正德潁州志·陵墓》：「艮陵，未詳所在。」李宜春《嘉靖潁州志·輿勝·墳墓》：「艮陵，莫詳所在。」

〔四〕《正德潁州志·陵墓》：「沈丘，在州西一百二十里，廢沈丘縣城外。西南土阜截然高大，周迴幾一里。城，故沈子國；丘，則沈子丘墓也。」李宜春《嘉靖潁州志·輿勝·墳墓》：「沈丘，在州西一百二十五里。疑即沈子之丘。」

〔五〕《正德潁州志·陵墓》：「水丘，在州西一百八十里三障坡東。相傳：光武與王尋戰，敗於坡。及即位，詔令瘞死士骨於此，故名。今丘亦甚高大。」李宜春《嘉靖潁州志·輿勝·墳墓》：「水丘，在州西一百八十里。《舊志》：光武與王尋戰於此。及即位，詔令瘞戰死士骨於此。」

〔六〕《正德潁州志·陵墓》：「黃丘，在州南四十里，屹然土中。無所傳考。」李宜春《嘉靖潁州志·輿勝·墳墓》：「黃丘，在州南四十里，屹然土中。」

〔七〕《正德潁州志·陵墓》：「金丘，在州南八十里淮河灣上。相傳：淮水衝決堤岸，楚王埋金以鎮之，故名。」李宜春《嘉靖潁州志·輿勝·墳墓》：「金丘，在州南八十里。《舊志》謂楚王埋金於此，以鎮水災。未詳。」

青丘。東五十里。古有青丘縣。今尚名青丘村。〔一〕

澮丘。東八十里。〔二〕

鄎丘。東五里。俗呼爲婆娑［婆］塚。〔三〕

破丘。西一百六十里。〔四〕

宣家塚。南九十里。〔五〕

添子塚。西一百五十里。〔六〕

〔一〕《正德潁州志·陵墓》：「青丘，在州東五十五里，瀕潁。古有青丘縣，今尚名青丘村。丘存，無所傳考。」李宜春《嘉靖潁州志·輿勝·墳墓》：「青丘，在州東五十里。古有青丘縣，今尚名青丘村。」

〔二〕《正德潁州志·陵墓》：「澮丘，在州東南八十里通商渠東岸。丘無傳考。」李宜春《嘉靖潁州志·輿勝·墳墓》：「澮丘，在州東八十里。」

〔三〕《大明一統志·中都·古蹟》：「鄎丘，去潁州治八里。魏安釐王時，秦拔鄎丘。漢置新鄎縣，屬汝南郡。章帝時徙宋公於此。今呼爲潁陽城。」《正德潁州志·陵墓》：「鄎丘，在州東五里，巍然高大，俗呼婆婆塚。故老又傳爲廉頗塚。頗，戰國趙將。又壽州八公山亦有廉頗塚。」李宜春《嘉靖潁州志·輿勝·墳墓》：「鄎丘，在州東五里，俗呼爲婆娑［婆］塚。」

〔四〕《正德潁州志·陵墓》：「破丘，在州西一百六十五里乳香臺下流。古名貨丘，蓋丘之四傍，地稍高而平，賈人聚此交易。元初，黃河分派入潁，決齧堤岸，丘亦衝陷半之。土人呼破丘。別無考。」李宜春《嘉靖潁州志·輿勝·墳墓》：「破丘，在州西一百六十里。」

〔五〕《正德潁州志·陵墓》：「宣家塚，在州南九十里平輿廢縣東。凡三四塚相連，如山如阜。故老傳：宣氏前代頗盛，今子孫雖微弱，猶居塚南。」李宜春《嘉靖潁州志·輿勝·墳墓》：「宣家塚，在州南九十里。」

〔六〕《正德潁州志·陵墓》：「添子塚，在州西一百五十里沈丘河北。塚在小汝河交流雙溝水中。雨多水泛，常没頂；水落，出其半。正統中，有盜掘塚，得玉環、玉簪、金銀、器玩。取之，合室病死。所遺一二人，復以所掘一二納塚中，封之如故，遂亡去。今塚破碎水中，然無復敢掘伐者。雖磚石散露，亦自常存。疑古列國之君陵墓，土俗浪呼，今更爲添子云。」李宜春《嘉靖潁州志·輿勝·墳墓》：「添子塚，在州西一百五十里。」

伍奢塚。東二里，東嶽廟後。一在北鄉母豬港。〔一〕

畢卓墓。西二百一十里。〔二〕

吕将軍墓。南一百里。洪武初，從征有功，戰殁。諭葬。〔三〕

安御史大夫然墓。西關外。洪武中諭葬。〔四〕

李尚書敏墓。西一百四十里瓦店。洪武中諭葬。〔五〕

張光禄泌墓。西一百里楊橋。永樂初諭葬。〔六〕

韓参政璽墓。城東棗園。〔七〕

〔一〕《正德潁州志·陵墓》：「伍奢塚，一在州城東嶽廟後。嘗有伐而竊磚石者，輒災，遂復送寘故處。相傳埋劒塚中。傍有水池，間年出一怪魚。冒而觸之，則殺人。以是，塚雖陷露，無敢犯者。一在北鄉母猪港南，去古城六十里。土人惟呼爲子胥墓。蓋子胥以父命奔吴，後相吴，入楚而鞭平王之屍。故其名顯而遠傳。」李宜春《嘉靖潁州志·輿勝·墳墓》：「伍奢塚，在州東二里東岳廟後。一在北鄉母猪巷〔港〕。」

〔二〕《正德潁州志·陵墓》：「畢卓墓，在州西二百一十里鮦陽城。」李宜春《嘉靖潁州志·輿勝·墳墓》：「畢卓墓，在州西二百一十里。」

〔三〕《正德潁州志·陵墓》：「吕將軍墓，在州南一百里安舟崗西。洪武初，從征有功，戰殁，賜葬。」李宜春《嘉靖潁州志·輿勝·墳墓》：「吕將軍墓，在州南一百里。洪武初，從征有功，戰殁，諭葬。」

〔四〕《正德潁州志·陵墓》：「安然墓，在南城西關外。洪武中賜葬。」李宜春《嘉靖潁州志·輿勝·墳墓》：「安御史大夫然墓，在州西關外。洪武中諭葬。」

〔五〕《大明一統志·中都·陵墓》：「李敏墓，在潁州西瓦店。敏官尚書，洪武中敕葬。」《正德潁州志·陵墓》：「李敏墓，州西一百四十里瓦店。洪武中賜葬。」李宜春《嘉靖潁州志·輿勝·墳墓》：「李尚書敏墓，在州西一百四十里瓦店，洪武中諭葬。」

〔六〕《正德潁州志·陵墓》：「張泌墓，在州西一百里楊橋。永樂中賜葬。」李宜春《嘉靖潁州志·輿勝·墳墓》：「張光禄泌墓，在州西一百里楊橋，永樂中諭葬。」

〔七〕李宜春《嘉靖潁州志·輿勝·墳墓》：「韓参政璽墓，在州城東棗園。」

郭參議昇墓。東七里鋪右。〔一〕

李僉事葵墓。東七里崗。〔二〕

儲僉事珊墓。西湖境東南。珊爲人温厚有德，判官景蒙聞而敬慕之，爲大書碑刻表其墓曰：「嗚呼！有明安樂先生儲公之墓。」〔三〕

潁上

丘陵。西五十里。〔四〕

鐵丘。西北五十里潁陽鄉。即段靈君墓。〔五〕

同丘。南四十里，在淮潤鄉。〔六〕

管仲墓。北關外。俗呼管仲墩。〔七〕

〔一〕李宜春《嘉靖潁州志·輿勝·墳墓》：「郭參政昇墓，在州東七里鋪右。」

〔二〕李宜春《嘉靖潁州志·輿勝·墳墓》：「李僉事葵墓，在州東七里岡。」

〔三〕李宜春《嘉靖潁州志·輿勝·墳墓》：「儲僉事珊墓，在州西湖東南。嘉靖中判官吕景蒙表其墓曰：『嗚呼！有明安樂先生儲公之墓。』」

〔四〕李宜春《嘉靖潁州志·輿勝·墳墓》：「丘陵，在潁上縣西五十里。」《順治潁上縣志·輿圖·山川》：「丘陵，縣西五十里馬步壠。」

〔五〕李宜春《嘉靖潁州志·輿勝·墳墓》：「鐵丘，在潁上縣西北五十里潁陽鄉，即段靈君墓。」《順治潁上縣志·輿圖·山川》：「鐵丘，縣西北五十里潁陽鄉。」

〔六〕李宜春《嘉靖潁州志·輿勝·墳墓》：「同丘，在潁上縣南四十里，在淮潤鄉。」《順治潁上縣志·輿圖·山川》：「同丘，縣南四十里，淮潤鄉。」

〔七〕李宜春《嘉靖潁州志·輿勝·墳墓》：「管仲墓，在潁上縣北關外。俗呼管仲墩。」《順治潁上縣志·輿圖·古蹟》：「管仲墓，即管仲墩，北關大寺後。兵憲楊公芳立石，晉江知縣王公三陽建亭祠前，東海屠公隆碑文在焉。」

甘羅墓。東五十里正陽鄉。〔一〕

柔應夫人墓。西南五十里，乃張龍公夫人也。〔二〕

周總管墓。元黄州路總管。殘碑斷碣猶存。〔三〕

楸塚。東北三十里。〔四〕

太和

運丘。東北三十里。〔五〕

彭丘。北三十里。〔六〕

〔一〕李宜春《嘉靖潁州志·輿勝·墳墓》：「甘羅墓，在潁上縣東五十里正陽鄉。」《順治潁上縣志·輿圖·古蹟》：「甘羅墓，甘羅葬此，城東五十里潁河北岸。順德何公豸立石記之。」

〔二〕李宜春《嘉靖潁州志·輿勝·墳墓》：「柔應夫人墓，在潁上縣西南五十里，係張龍公夫人。」《順治潁上縣志·輿圖·古蹟》：「柔應夫人墓，西南五十里關洲，乃張龍公夫人石氏也。公與九子皆化龍去，惟遺夫人孤塚在此。」

〔三〕李宜春《嘉靖潁州志·輿勝·墳墓》：「周總管墓，元黄州路總管，殘碑斷碣猶存。」《順治潁上縣志·輿圖·古蹟》：「周總管墓，元黄州路總管家此。」

〔四〕李宜春《嘉靖潁州志·輿勝·墳墓》：「楸塚，在潁上縣東北三十里。」《順治潁上縣志·輿圖·古蹟》：「楸塚，縣東北三十里。相傳唐時王墓，未知是否。」

〔五〕李宜春《嘉靖潁州志·輿勝·墳墓》：「運丘，在太和縣東北三十里。」《萬曆太和縣志·輿勝·古蹟》：「運丘，在縣東北三十五里，突起茨河之中，其形若龜逐流而上。建寺於背，名運丘寺。河水周流，環繞臺鞍，若玉玦然，亦上方之勝概也。」

〔六〕李宜春《嘉靖潁州志·輿勝·墳墓》：「彭丘，在太和縣北三十里。」《萬曆太和縣志·輿勝·古蹟》：「彭丘，在縣北三十里，茨河之陽。高三丈許，林木蓊翳。世傳爲彭祖之墓。」

倪丘。北六十里。〔一〕

望高塚。東北五里。〔二〕

回心塚。北三里。〔三〕

王尚書質墓。東門外。正統中諭葬。〔四〕

紀檢討鏞墓。北倪丘集迤南一里。〔五〕

〔一〕李宜春《嘉靖潁州志·輿勝·墳墓》：「倪丘，在太和縣北六十里。」《萬曆太和縣志·輿勝·古蹟》：「倪丘，在縣北六十里。半壁如削，西枕茨河中，迥然突起數仞許，河水衝没其半，時呼爲半坡古堆。世傳爲漢倪寬之墓。隆慶四年（一五七〇），潁州太守王公之士以倪公當秦火之餘，帶經而鋤，表章遺經，有功道統，欲建祠祀之，不果。萬曆二年（一五七四），知縣劉公岕乃建祠於丘上，以崇祀之，耆民張璽董成其事焉。」

〔二〕李宜春《嘉靖潁州志·輿勝·墳墓》：「望高塚，在太和縣東北五里。」《萬曆太和縣志·輿勝·古蹟》：「望高塚，在縣東北五里。」

〔三〕李宜春《嘉靖潁州志·輿勝·墳墓》：「回心塚，在太和縣北三里。」《萬曆太和縣志·輿勝·古蹟》：「回心塚，在縣北三里。劉錡順昌之捷，兀朮太子敗績而北，駐此以收散兵。平日自恃之强，至此乃有悔心矣。故時人因呼其塚爲回心云。」

〔四〕李宜春《嘉靖潁州志·輿勝·墳墓》：「王尚書質墓，在太和縣東門外，正統中諭葬。」《萬曆太和縣志·輿勝·古蹟》：「王司寇墓，在崇文門外。尚書王公質墓也。正統九年（一四四四）諭葬，遣行人方瀞諭祭，文曰：『卿以儒術發身，敬慎廉勤，才猷偉著，由耳目之官出掌方面，嘉譽昇聞。進佐地官，益修厥職，方隆委任，遽聞訃音。眷惟賢能，良所悼念，特命有司營葬，用表始終之義。卿其有知，服兹諭祭。』」

〔五〕李宜春《嘉靖潁州志·輿勝·墳墓》：「紀檢討鏞墓，在太和縣北倪丘集迤南一里。」《萬曆太和縣志·輿勝·古蹟》未載。

州

張龍公。在迎薰門外。[一]宋蘇軾《碑陰》[二]：

右《張龍公碑》，趙耕撰。云：「君諱路斯，潁上百社人也。隋初明經登第，景隆中爲宣城令。夫人關州石氏，生九子。公罷令歸，每夕出，自戌至丑歸，常體冷且濕。石氏異而詢之，公曰：『吾龍也。蓼人鄭祥遠亦龍也，騎白牛據吾池，自謂鄭公池。吾屢與戰，未勝。明日取决，可令吾子挾弓矢射之。繫鬣以青綃者鄭也，絳綃者吾也。』子遂射中青綃，鄭怒東北去，投合肥西山死，今龍穴山是也。由是公與九子俱復爲龍，亦可謂怪哉！」

余嘗以事至百社村，過其祠下，見其林樹陰蔚，池水窈然，誠異物之所託。歲時禱雨，屢獲其應，汝陰人尤以爲神也。

軾《祈雨謝送文》[三]：

具官某謹以清酌庶羞之奠，敢昭告於昭靈侯張公之神。赫赫龍公，甚武且仁。赴民之急，如謀其身。有不應祈，惟汝不虔。我自洗濯，

[一]《正德潁州志・祠廟》：「龍王廟，在南城外郭。神本潁人，居百社村，張姓，諱路斯，隋進士，令宣城，罷歸。嘗告其妻子曰：『吾龍也。』後與九子俱化爲龍。立祠百社，歲時請禱，獲應。移廟南郭，歷年滋久，誠怠而神昇矣，故廟猶存。」李宜春《嘉靖潁州志・祀典》：「張龍公祠，在迎薰門外。唐布衣趙耕《記》……」

[二]《蘇軾文集》無此文，實見於歐陽修《集古録・張龍公碑（乾寧元年）》。

[三]見《蘇軾文集》，題爲《送張龍公祝文》。全文爲：「維元祐六年，歲次辛未，十一月乙酉朔，十日甲午，龍圖閣學士左朝奉郎知潁州軍州事兼管内勸農使輕車都尉賜紫金魚袋蘇軾，謹以清酌庶羞之奠，敢昭告於昭靈侯張公之神。赫赫龍公，甚武且仁。赴民之急，如謀其身。有不應祈，惟汝不虔。我自洗濯，齋居陳誠。旱我之罪，勿移於民。公顧聽之，如與我言。玉質金相，其重千鈞。惠然肯來，期者四人。眷此行宮，爲留浹辰。再雨一雪，既洽且均。何以報之？榜銘皆新。昭公之德，於億萬年。惟師道、迨，復餞公還。咨爾庶邦，益敬事神。尚饗。」

齋居陳誠。旱我之罪，勿移於民。公顧聽之，如與我言。玉質金相，其重千鈞。惠然肯來，其［期］者四人。眷此行宫，爲留浹辰。再雨一雪，既洽且均。何以報之？榜銘皆新。昭公之德，於億萬年。惟師道、迨，復餞公還。咨爾庶邦，益敬事神。尚饗！

歐陽修《祈雨祭文》〔一〕：

具官某謹以清酌庶羞之奠，致祭於張龍公之神曰：刺史不能爲政而使民失所，其咎安歸！而又頑傲愚冥，無誠慤忠信之心可以動於物者。是皆無以進説於神，雖有請，宜不聽也。然而明天子閔閔憂勞於上，而生民嗷嗷困苦於下，公私並乏，道路流亡。於此之时，以一日之雨，救一方之旱，用力至少，其功至多。此非人力之所能爲，而神力之所甚易。苟以此説神，其有不動於心者乎？幸勿以刺史不堪而止也。刺史有職守，不獲躬走祠下，謹遣管界巡檢田甫，布兹懇迫。尚饗！

東嶽。在東二里，相讓臺上。〔二〕

太和

趙公。在縣東北，爲知縣趙夔立。〔三〕

〔一〕見《歐陽修全集》，題曰《祈雨祭張龍公文（潁州）》。全文爲：「維年月日，具官修謹以清酌庶羞之奠，致祭於張龍公之神曰：刺史不能爲政而使民失所，其咎安歸！而又頑傲愚冥，無誠慤忠信之心可以動於物者。是皆無以進説於神，雖其有請，宜不聽也。然而明天子閔閔憂勞於上，而生民嗷嗷困苦於下，公私並乏，道路流亡。於此之时，以一日之雨，救一方之旱，用力至少，其功至多。此非人力之所能爲，而神力之所甚易。苟以此説神，其有不動於心者乎？幸勿以刺史不堪而止也。刺史有職守，不獲躬走祠下，謹遣管界巡檢田甫，布兹懇迫。尚饗！」

〔二〕《正德潁州志·祠廟》：「東嶽行祠，在南城東門外二里，祠基故楚莊王所築，世傳：相讓臺是也。」李宜春《嘉靖潁州志·學校·祠》：「東嶽行祠，在州東二里，相讓臺上。」

〔三〕李宜春《嘉靖潁州志·學校·祀典》：「遺愛祠，在邑治東北。正德間民立，祀知縣趙夔。嘉靖甲午（一五三四），知縣林壇卒於官，民即其祠并祀焉。丁未（一五四七），知州李宜春與知縣胡寧重修。」據此可知「遺愛祠」之前身當爲「趙公祠」。

廟十

州

關王。一在衛東，一在東關門口。〔一〕

雙廟。在北關白龍菴之左。〔二〕

潁上

張龍公。在東十里熊氏臺側。〔三〕

太和

東嶽。在東北三百步。〔四〕

〔一〕李宜春《嘉靖潁州志·學校》：「社學（州），在城一，廢。丁未（一五四七），知州李宜春改衛東關王廟爲之。在鄉三。」李宜春《嘉靖潁州志·祀典》：「關王廟，在東關門口。」

〔二〕李宜春《嘉靖潁州志·祀典》：「雙廟，在北八十里。」

〔三〕《正德潁州志·祠廟》：「龍王廟，在南城外郭。神本潁人，居百社村，張姓，諱路斯，隋進士，令宣城，罷歸。嘗告其妻子曰：『吾龍也。』後與九子俱化爲龍。立祠百社，歲時請禱，獲應。移廟南郭，歷年滋久，誠怠而神昇矣，故廟猶存。」李宜春《嘉靖潁州志·學校·祀典》：「張龍公廟，在縣東十里焦氏臺側。」《順治潁上縣志·風俗·壇廟》：「張龍王廟，在縣東十里焦氏臺。唐景龍中，立廟祀之。宋乾寧中，蔡州大旱，刺史司超迎公，禱焉有感，建祠。景德中，建〔諫〕議大夫張秉奉詔益新祠宇。熙寧中，司封郎中張徽奏乞爵，封公爲昭靈侯，柔應夫人石氏。元祐六年（一〇九一）秋，大旱。郡守龍圖閣學士蘇軾迎公脱〔蜕〕骨於郡之西，立行祠，與吏民祈禱，應如影響，立石碑紀焉。元末廢於兵。明洪武三年（一三七〇），邑人仍於故址建廟。弘治七年（一四九四），爲釐正祀典事，每歲春秋仲月上旬日，縣官率僚屬致祭。」

〔四〕李宜春《嘉靖潁州志·祀典·太和》：「東嶽廟，在邑治東北三百步。」《萬曆太和縣志·輿勝·寺宇》未載。

關王。在北一里。〔一〕

雙廟。在北八十里。〔二〕

蔡家。在西北四十里。〔三〕

光武。在西北六十里。〔四〕

彭丘。在東北三十里。〔五〕

寺十有九

州

資福。在南城。〔六〕

〔一〕李宜春《嘉靖潁州志·祀典·太和》：「關王廟，在邑治北一里。」《萬曆太和縣志·輿勝·寺宇》：「關王廟，有四所：一在縣治北，一在縣治西，一在舊縣，一在界首集。」

〔二〕李宜春《嘉靖潁州志·祀典·太和》：「雙廟，在北八十里。」《萬曆太和縣志·輿勝·寺宇》未載。

〔三〕李宜春《嘉靖潁州志·祀典·太和》未載。《萬曆太和縣志·輿勝·寺宇》：「蔡家廟，在縣西北三十里。縣之民蔡成省，世傳爲蔡伯喈之後，嘗掘地得物，有『蔡伯喈』三字。」

〔四〕李宜春《嘉靖潁州志·祀典·太和》：「光武廟，在西北六十里。」《萬曆太和縣志·輿勝·寺宇》：「光武廟，在縣西北七十里。漢光武嘗起兵於此。今地尚有土堆坑坎，高下相雜，□舊址也，□營之廟，後因□□祀焉。」

〔五〕李宜春《嘉靖潁州志·祀典·太和》：「彭丘廟，在東北三十里。」《萬曆太和縣志·輿勝·寺宇》未載。

〔六〕《正德潁州志·寺觀》：「資福寺，在南城南門内大街西（外行内古）衖内，僧正司在焉。每歲萬壽節，履端、長至，俱於寺習儀。」李宜春《嘉靖潁州志·傳疑·寺觀》：「資福寺，在州南城。」

善現。在東五十五里。舊名北照。太祖高皇帝起兵駐驛於此。洪武二十五年（一三九二）建。〔一〕

艾亭。在南鄉古艾亭臺之上。〔二〕

香臺。在沈丘乳香臺之上。〔三〕

白龍菴。在雙廟之右。〔四〕

觀音臺。西田村集西。〔五〕

潁上

龍興。在通津門内。〔六〕綦毋潛《詩》〔七〕：

〔一〕《正德潁州志·寺觀》：「善現寺，在州東五十五里，舊名北照寺。太祖高皇帝起兵駐驛於此。洪武二十五年（一三九二）建寺，三十五年（一四〇二）被亂兵焚毀。永樂初重修，更題宿緣寺。」李宜春《嘉靖潁州志·傳疑·寺觀》：「善現寺，在州東五十五里。舊名北照。我太祖起兵駐驛於此。」

〔二〕《正德潁州志·寺觀》：「艾亭寺，在南鄉古艾亭墓臺上。寺西北有泉，流出溉田。」李宜春《嘉靖潁州志·傳疑·寺觀》：「艾亭寺，在州南鄉古艾亭臺之上。」

〔三〕《正德潁州志·寺觀》：「香臺寺，在沈丘乳香臺之上。臺四面皆潁水繞流，至冬則南向地出。」李宜春《嘉靖潁州志·傳疑·寺觀》：「香臺寺，在州沈丘乳香臺上。」

〔四〕《正德潁州志·寺觀》：「白龍菴，在北關。成化中僧濟拳募修白龍溝橋。買地橋南，闢衢通道，以便行旅。築菴橋畔，以卓錫焉。菴前立有建橋碑。」李宜春《嘉靖潁州志·傳疑·寺觀》：「白龍菴，在州北關。」

〔五〕《正德潁州志·寺觀》：「觀音臺，在西鄉田村集預備倉之西。」李宜春《嘉靖潁州志·傳疑·寺觀》：「觀音臺，在州西田村集。」

〔六〕李宜春《嘉靖潁州志·傳疑·寺觀》：「龍興寺，在潁上縣通津門内。」《順治潁上縣志·風俗·寺觀》：「龍興寺。舊在東門内，元末兵廢，改爲潁上縣倉。明洪武六年（一三七三），僧得津、了成創於北關。天順庚辰（一四六〇），江西賈僧釋郎休重修。此僧不分寒暑，著一衲頭，人咸以『衲頭和尚』稱之。舊寺無禪林，天啟年間，知州高天祐獨立創建藏經閣五間，更置齋僧願田軍地二所。今因寇變地荒，止餘熟地數十畝。照軍册納差不缺。募衆建東西廊樓二座，共十間。又募修已廢方丈五間，傍立署縣事通判唐公時生位，以爲禪堂護法。」

〔七〕綦毋潛此詩題爲《宿龍興寺》。

香刹夜忘歸，松清占殿扉。燈明方丈室，珠繫比丘衣。白日傳心浄，青蓮喻法微。天花落不盡，處處鳥銜飛。

宿緣。在南五十里。即漕口鎮古南照寺。〔一〕

新興。在西南五十里。〔二〕

清涼。在西南三十五里同丘。〔三〕

竹城。在西北五十里。〔四〕

靈臺。在西南五十里。〔五〕

古城。在北二十里。〔六〕

水月。在西正陽鎮。〔七〕州同知潘〔八〕《潁詩》：

〔一〕李宜春《嘉靖潁州志·傳疑·寺觀》：「宿緣寺，在潁上縣南五十里漕口鎮，即古南照寺。」《順治潁上縣志·風俗·寺觀》：「宿緣寺，西南五十里，即漕口鎮古南照寺也。洪武十五年（一三八二），敕太監梁丙進重建，賜欽録一通，鋼［銅］鐘一口，鼓一面，寺田一千頃。明末屢經寇躪，寺宇盡廢，寺田荒蕪。」

〔二〕李宜春《嘉靖潁州志·傳疑·寺觀》：「新興寺，在潁上縣西南五十里。」《順治潁上縣志·風俗·寺觀》：「新興寺，縣西南四十里。」

〔三〕李宜春《嘉靖潁州志·傳疑·寺觀》：「清涼寺，在潁上縣西南三十五里同丘。」《順治潁上縣志·風俗·寺觀》：「清涼寺，西南四十里同丘村。」

〔四〕李宜春《嘉靖潁州志·傳疑·寺觀》：「竹城寺，在潁上縣西北五十里。」《順治潁上縣志·風俗·寺觀》：「竹城寺。西北五十里，江子口西岸。」

〔五〕李宜春《嘉靖潁州志·傳疑·寺觀》：「靈臺寺，在潁上縣西南五十里。」《順治潁上縣志·風俗·寺觀》：「靈臺寺，西南五十里淮潤鄉。」

〔六〕李宜春《嘉靖潁州志·傳疑·寺觀》：「古城寺，在潁上縣北二十里。」《順治潁上縣志·風俗·寺觀》：「古城寺，縣北三十里，四圍，城址中建其寺。」

〔七〕李宜春《嘉靖潁州志·傳疑·寺觀》：「水月寺，在潁上縣西正陽鎮。」《順治潁上縣志·風俗·寺觀》：「水月寺，在西正陽鎮。」

〔八〕州同知潘，即潘仁，潁州同知。見前《職官表》。

古剎臨流活，盈眸景最佳。銀鋪江上鷺，墨潑樹頭鴉。屋角留殘照，鍾聲送落霞。山僧延客久，次第煮香茶。

知縣允莊〔一〕《詩》：

一水縈迴萬柳圍，等閒下馬輒忘歸。拓開世外一世界，點出化中萬化機。竹塢暗藏春淡蕩，風花撩亂影離披。拈來寫作詩中話，喚醒閭閻俗眼知。

太和

興國。在東二百步。〔二〕

運丘。在東北三十里。〔三〕

天宫。在東三十里。〔四〕

龍泉。在北七十里。〔五〕

三塔。在東三十里。〔六〕

〔一〕允莊，即歐允莊，潁上知縣。見前《職官表》。

〔二〕李宜春《嘉靖潁州志·傳疑·寺觀》：「興國寺，在太和縣東二百步。」《萬曆太和縣志·輿勝·寺宇》：「興國寺，在縣東門内。景泰甲戌年（一四五四）建，時掘地得斷碣，有『興國』二字，因以名寺。有《碑記》，見《藝文》。今祝聖旨，集於此。」

〔三〕李宜春《嘉靖潁州志·傳疑·寺觀》：「運丘寺，在太和縣東北三十里。」《萬曆太和縣志·輿勝·寺宇》：「運丘寺，在縣東四十里。」

〔四〕李宜春《嘉靖潁州志·傳疑·寺觀》：「天宫寺，在太和縣東三十里。」《萬曆太和縣志·輿勝·寺宇》：「天宫寺，在縣（東）三十里。」

〔五〕李宜春《嘉靖潁州志·傳疑·寺觀》：「龍泉寺，在太和縣北七十里。」《萬曆太和縣志·輿勝·寺宇》：「龍泉寺，在縣西北六十里。」

〔六〕李宜春《嘉靖潁州志·傳疑·寺觀》：「三塔寺，在太和縣東三十里。」《萬曆太和縣志·輿勝·寺宇》：「三塔寺，在縣東三十五里。」

觀二

州

迎祥。在南城西北隅。〔一〕

潁上

東華。在十字街西北。〔二〕李太白《送別友人詩》〔三〕：

斗酒渭城邊，壚頭醉不眠。梨花千樹雪，楊葉萬條煙。惜別傾壺醑，臨分贈馬鞭。看君潁上去，新月到應圓。

蘇軾《泛潁詩》〔四〕：

〔一〕《正德潁州志·寺觀》：「迎祥觀，在南城西北隅，道正司在焉。」李宜春《嘉靖潁州志·傳疑·寺觀》：「迎祥觀，在州南城西北隅。」

〔二〕李宜春《嘉靖潁州志·傳疑·寺觀》：「東華觀，在潁上縣十字街西北。」《順治潁上縣志·風俗·寺觀》：「東華觀，在城十字街西。《舊志》：元癸丑年（一三一三），道士李清安創建，兵廢。洪武十年（一三七七），住持朱守真重建。永樂八年（一四一〇），楊得宜修葺。弘治十五年（一五〇二），住持姚永珊建山門五間，朝元大閣五門［間］。正德十六年（一五二一），監生李經、李倫建祖師大殿五間，以鑄鐵像真武。萬曆十年（一五八二），會首郭希倫、張登、張秩、謝盤，住持沈太高重修，三十八年（一六一〇）新建兩廊十間，西已頽弊。舊供玉皇上帝於朝元閣東楹三寶之左，無中正專祀。崇禎八年（一六三五），邑人知州高天祐獨立創建玉皇閣三間，高其臺以配前閣，而供帝像於其上。住持憂清徹又募衆創建東西樓六間，其山門、殿宇重葺。又於順治十一年（一六五四）信生卜世重葺卷棚五間，其格柵、聖像、供器俱飭一新。」

〔三〕見《李太白全集》，題爲《送別》。一作岑参詩。

〔四〕見《蘇軾詩集》，題爲《泛潁》。

我性喜臨水，得潁意甚奇。到官十日來，九日河之湄。吏民笑相語，使君老而痴。使君實不痴，流水有令姿。繞廓〔一〕十餘里，不駛亦不遲。上流直而清，下流曲而漪。畫船俯明鏡，笑問汝爲誰？忽然生鱗甲，亂我鬚與眉。散爲百東坡，頃刻復在兹。此豈水薄相，與我相娱嬉。聲色與臭味，顛倒眩小兒。等是兒戲物，水中少磷淄。趙陳兩歐陽，同參天人師。觀妙各有得，共賦泛潁詩。

歐陽修《伏日贈徐焦二生詩》〔二〕：

徐生純明白玉璞，焦子皎潔寒泉冰。清光瑩爾互輝映，當暑自可消炎蒸。平湖緑波漲渺渺，高樹古木陰層層。嗟哉我豈不樂此，心雖欲往身未能。俸優食飽力不用，官閒日永睡莫興。不思高飛慕鴻鵠，反此愁卧償蚊蠅。三年永陽子所見，山林自放樂可勝。清泉白石對斟酌，巖花野鳥爲交朋。崎嶇磵谷窮上下，追逐猿狖争超騰。酒美賓佳足自負，飲酣氣横猶驕矜。奈何乖離纔幾日，蒼頭〔三〕非舊白髮增。彊歡徒勞歌且舞，勉飲寧及合與升。行揩眼眵旋看物，坐見樓閣先愁登。頭輕目明脚力健，羨子志氣將飄凌。衹今心意已如此，終竟事業知何稱。少壯及時宜努力，老大無堪還可憎。

修《祭王深甫文》〔四〕：

歎〔五〕吾深甫！孝弟〔六〕行於鄉黨，信義施於友朋。貧與賤不爲之恥，富與貴不爲之榮。雖得於内者無待於外物，而不可掩者蓋由其至誠。故方身窮於陋巷，而名已重於朝廷。若夫利害不動其心，富貴不更其守。處於衆而不隨，臨於得而不苟。惟吾知子於初，世徒信子

〔一〕「廓」字，《蘇軾詩集》所録文本作「郡」。

〔二〕見《歐陽修全集》，題爲《伏日贈徐焦二生》，題後注曰：「一本作《徐焦二子伏日游西湖余以病不能往因以贈之》。」

〔三〕「頭」字，《歐陽修全集》所録文本作「顔」。

〔四〕見《歐陽修全集》，題爲《祭王深甫文》。

〔五〕「歎」字，《歐陽修全集》所録文本作「嗟」。

〔六〕「弟」字，《歐陽修全集》所録文本作「悌」。

於久。念昔居潁，我壯而子方少年；今我老矣，來歸而送子於泉。古人所居，必有是邦之友，況如子者，豈止一邦之賢。舉觴永訣，夫復何言！

修《與王深甫論世譜帖》〔一〕：

修啟。惠借《顔氏譜》，得見一二，大幸前世常多喪亂，而士大夫之世譜未嘗絶也。自五代迄今，家家亡之，由士不自重，禮俗苟簡之使然。雖使人人自求其家，猶不可得，況一人之力，兼考於繆亂亡失之餘，能如所示者，非深甫之好學深思莫能也。《顔譜》且留，愚有未達，須因見過得請。《集古録》未始委僮奴，昨日大熱，艱於檢尋，今送，不次。修再拜。

修《與焦殿丞千之啟》〔二〕：

某啟。自相别，無日不奉思。急足辱書，深所〔三〕慰。然聞不遂解名，在於俗情，豈不怏怏。若足下素所相待，與某所以奉待者，豈在一得失之間？但以科場文字，不得專意經術，而某亦有人事。今足下三數年間，且可棄去科場文字，而僕亦端居無〔四〕事。惟於此時，可以講訓素所聞未舉者，過此，恐彼此難得工夫也。足下爲人明果，以此思之，亮可決然北首。深恨閒居無人，既不能專遣人去奉招，當正初南歸，亦不爲久别計，但仰首傾望也。某於哀苦中奉思諸君子，此又不可言。已時〔五〕寒，多愛。

〔一〕見《歐陽修全集》，題爲《與王深甫論世譜帖》。

〔二〕見《歐陽修全集》，題爲《與焦殿丞（皇祐五年）》。

〔三〕「所」字後，《歐陽修全集》所録文本有「浣」字。

〔四〕「無」字後，《歐陽修全集》所録文本有「一」字。

〔五〕「已」字後，《歐陽修全集》所録文本無「時」字。

修《與趙康靖公書》〔一〕：

焦千之秀才久相從，篤行之士也。昨來科場，偶不曾入。其人專心學古，不習治生，妻子寄食婦家，遑遑無所之。往時聞鄆學可居，所資差厚，可以託食，而焦君以郡守貴侯，難以屈躓。今遇賢主人，思欲往託。竊計高明必嘗聞此，但恐鄆學難居，今已有人爾。若見今無人，則焦君不止自託，其於教導必有補益，亦資爲政之一端也。更在高明詳擇可否，俟有寵報，決其去就也。謹於遞中布此意。

梅聖俞《早至潁上詩》〔二〕：

夜發曉未止，獨行淮水西。明知寒草露，暗濕驄馬〔三〕蹄。半滅竹林火，數聞茅屋鷄。秋天畏殘暑，不爲月光迷。

聖俞《潁水詩》〔四〕：

潁水苦流瀑，淺平秋與冬。崖〔五〕深開地勢，底碧瀉〔六〕天容。道枉隨灣去，村遥盡日逢。迷魚是潭曲，寧見窟蛟龍。

〔一〕見《歐陽修全集》，題爲《與趙康靖公（嘉祐四年）》，全文爲：「某頓首啟。初夏已熱，不審動止何似？鄆去京師不爲遠，而叔平在外，宜日走訊問候興居，而動輒逾時，雖云人事區區，實亦可責也。某昨衰病屢陳，蒙恩許解府事，雖江西之請未獲素心，而疲憊得以少休，豈勝感幸。卜居城南，粗亦自便。自在府中數月，以几案之勞，凭損左臂，積氣留滯，疼痛不可忍，命醫理之，迄今未愈。夫府孰不爲之？獨衰病者如此爾。東平風物甚佳，爲政之暇，想多清趣。更冀爲朝自重，以俟嚴召。遞中謹奉此。有懇，如别幅。焦千之秀才久相從，篤行之士也。昨來科場，偶不曾入。其人專心學古，不習治生，妻子寄食婦家，遑遑無所之。往時聞鄆學可居，所資差厚，可以託食，而焦君以郡守貴侯，難以屈迹。今遇賢主人，思欲往託。竊計高明必亦聞此，但恐鄆學難居，今已有人爾。若見今無人，則焦君不止自託，其於教導必有補益，亦資爲政之一端也。更在高明詳擇可否，俟有寵報，決其去就也。謹於遞中布此懇。」

〔二〕見梅堯臣《宛陵集》，題爲《早至潁上縣》。

〔三〕「驄馬」二字，《宛陵集》所録文本作「瘦驄」。

〔四〕見梅堯臣《宛陵集》，題爲《潁水》。

〔五〕「崖」字，《宛陵集》所録文本作「岸」。

〔六〕「瀉」字，《宛陵集》所録文本作「寫」。

鄠杜王九思《因賊圍潁上速主帥發救兵歌》〔一〕：

銀鞍綉甲劍在腰，馬鳴十里風蕭蕭。羽旗猶轉杏花塢，鐵騎先過楊柳橋。將軍妙手逞輕捷，一箭飛落雙皂鵰。道傍觀者衆如堵，奔走流汗喜欲舞。老大〔二〕歎息忽不樂，暮年今見持戈斧。七日賊圍潁上縣，一縣萬民命如線。聞説提兵李僉事，日夜登城奮孤戰。城中婦子愁戚戚〔三〕，恨不人人生羽翼。晨炊走汲井水渴〔四〕，暮號聲繞春雲黑。步兵間道單身出，簡書馬上飛來急。豈謂轅門坐風雨，不念愁城卧荊棘。叢侍郎，馬都督，請君早發元戎纛。浄掃煙塵四千里，我亦西歸杜陵曲。

論曰：人之良心隨處發見，於故蹟而感懷，於生民而知苦，於墟墓而哀，於宗廟而欽，亦理之自然者。故於故蹟也，鄉村鎮集也，陵墓之與祠廟也，並志之《輿地》，所以興起其生於斯、游於斯者之善心，非直備觀覽而已也。

《輿地志》終

〔一〕見王九思《渼陂集》，題爲《催官軍赴潁上歌》。
〔二〕「大」字，《渼陂集》所録文本作「父」。
〔三〕「戚戚」二字，《渼陂集》所録文本作「唧唧」。
〔四〕「渴」字，《渼陂集》所録文本作「竭」。

潁州志卷之七

志三・建置

封建者，唐虞三代之良法也。至秦，始裂都會而制郡邑，廢侯衛而立守宰，雖百世之後亦因之，夫何天道之難公，而人欲之易私也？雖然，匪城弗守，匪治弗治，而能因而使之大小相維，體統不紊，亦存乎人而已矣，又何致治之不古若邪？爰志《建置》。

潁州城

南城，即古胡子國舊址。漢唐而下，修葺拡拓之功，舊史未載，固不可得而考矣。今城北阻河，其東、西、南方勢皆平曠，無有大山巨川。國朝洪武初，州連二城。南城上［土］垣，北城磚垣。九年（一三七六），指揮李勝循北城故址修葺，高一丈八尺，周四里二步。正德甲戌（一五一四），兵備孫磐復葺之。南城計爲磚垣，其所燒採磚石既具，工作方興，磐因被論去官。丙子（一五一六），兵備曾大顯繼終其事，城高一丈八尺，周循舊址。自此，南北城相連爲磚垣云。設門五，東曰宜陽；西曰宜秋，曰小西門；今塞。南曰迎薰；咸有月城一門。北曰承恩，其月城則

二門焉，東曰達淮，西曰通汴，咸有樓。[一]

潁上縣

故有土城。國初，千户孫繼達循故址修葺，磚垣，高二丈餘，周三里九十二步。門四，東曰通津，西曰潁陽，南曰壽春，北曰禾稔，咸有樓。[二]

[一]《正德潁州志・城池》：「南土城一座，高一丈五尺。上有磚甃雉堞，周圍五里四十四步。古有四門，今北向連亘磚城，惟東、西、南三面有門。外亦有月城環護，南從左東右西，左各置偏門，以達正門。城外隍池，深與廣侔。有橋跨隍，以濟往來，惟東差小耳。（考《一統志》，州城西北二里，有胡子國城。以今地里計之，州城西北絶無城基，且逼近西胡［湖］矣。按《春秋》，魯定公十五年二月辛丑，楚滅胡。其後楚靈王自淮河開通商渠，直抵城下，則當時城宜有分封矣。更秦入漢，不二百年，建置治所，豈應遽捨見在之城，而改築於東南之二里哉？此其南城爲胡子國城，無疑也。）北磚城一座，高一丈八尺，周圍僅四里。北臨潁水，就河爲隍池。門近河十步許，外爲月城。開二偏門，以達正門。其南、西多連南城，東面無門，建角樓曰金鷄樓。俗傳：開此門，城中蜈蚣長七八寸，殺人。洪武九年，潁川衛指揮僉事李勝督修東、西隍池與南城隍池，通潁。河水落，則池中引城西南之水入河；河水泛，則逆灌池。中間有横流，自小西門外土城下水關，湧注南城，浸淫低街軍營民舍，或間墊溺，而北城無虞，意築城時封土高故也。」李宜春《嘉靖潁州志・州考・潁州》：「潁州，古豫州域，心房之分野也……城周九里四十步，高一丈八尺。南即胡子國舊址，北阻河。洪武初，州連二城，南土垣，北磚垣。九年，指揮李勝遵北城修葺。正德甲戌，兵備孫公磐復葺之，又計南城爲磚垣，因被事去。至丙子，曾公大顯成之。門四，各置樓於上。東，宜陽；西，宜秋，小西門，塞；南，迎薰；北，承恩；咸有月城。其北又分達淮、通汴爲二門。嘉靖壬寅（一五四二），蘇公志皋復開塹河，引潁水爲城之護。丙午（一五四六）、丁未（一五四七）歲，許公天倫築頽振壞，樓垣險固，表表然雄據一方矣。」

[二]李宜春《嘉靖潁州志・州考・潁上縣》：「舊土城，洪武初，千户孫繼達葺爲磚垣，高二丈，周三里九十二步。門四，咸有樓，東曰通津，西曰潁陽，南曰壽春，北曰禾稔。」《順治潁上縣志・建置・城池》：「縣治舊有土城，元末兵廢。明初設守禦所，千户孫繼達始築磚垣。週一千一百四十二丈，計三里餘。雉堞一千八百六十七，高二丈五尺。城址闊一丈六尺。扁四門，東曰通津，南曰壽春，西曰潁陽，北曰禾稔。南、北、西三面有池，袤一千六百步，東面臨河。正德七年（一五一二），流賊環攻十日不下。後愈加修。嘉靖二十年（一五四一），兵憲蘇公志皋大濬其濠。萬曆七年（一五七九），知縣屠公隆備築東門堤固城。事詳《碑文》。濠水東南通河，河卑隍高，水易盡洩。舊建橋築堰蓄洩，時有崩涸，城無可恃。崇禎九年（一六三六）以後，知縣廖公維義預備固守，重築堤堰。城東南、西北造敵樓二座，縣後城上建靖氛樓一座，鄉官高天祐獨造東北敵臺一座，賴以擊賊存城。順治八年（一六五一），東南城垣盡被大水沖圮。知縣鮑公弘仁自備磚灰，堅修城堞二百二十九丈。順治十二年（一六五五），堤橋傾壞，宛平翟公令潁，重修橋址，復建泰山廟，鎮鎖水口，完固城垣。」

太和縣

故有城，甃以磚石，高一丈七尺，周四里七十八步。門四，東曰順化，西曰太平，南曰添保，北曰大義，咸有樓。〔一〕

巡按察院行臺

在州學之東，分司之西。有門有儀，門有堂。題曰澄清。有後堂，有亭。〔二〕題曰時雨。正德壬申（一五一二）夏，都御史蘭州彭澤提兵勦流寇，駐潁，兵備孫磐爲作亭避暑。時方旱，亭成即雨，因名焉，亦以其兵如時雨云。户部左侍郎常郡邵寶《銘》〔三〕，有序：

今年春二月，都御史彭公奉命勦河南流賊。越四月，賊平，復命移師殪東賊之逋於南者。公至潁州，飭戎僉憲孫君伯堅即察院以館，公

〔一〕李宜春《嘉靖潁州志·州考·太和縣》：「舊有土城，正德甲戌，知縣趙夔甃以磚石，高二丈三尺，週四里七十八步。門四，咸有樓，東曰順化，西曰太平，南曰添［天］保，北曰大義。」《萬曆太和縣志·建置·城池》：「太和故有城，週廣四里七十八步，設五門，城下環以池牆，惟土填委薄。正德七年（一五一二），培築差厚。九年甲戌（一五一四），甃砌磚石，高二丈二尺，厚七尺，週一千八百七十九步，雉堞一千六百八十有七，祇開四門，以便守禦。東曰順化，西曰太平，南曰天保，北曰大義。城下樹枳棘雜木。嘉靖二十一年（一五四二），四圍城池濬深，復沿兩堤環植楊柳。四門之外，隔以釣橋。隆慶五年（一五七一），於城東南之隅崇文街之衝復闢一門。萬曆元年（一五七三），復於城上建樓。」

〔二〕《正德潁州志·公署》：「察院，舊在州治東偏，狹小不稱。成化十一年（一四七五），知州張夢輔改建南城大東門内街北，儒學之左。正堂，左右俱有夾室。後堂，在正堂後，左右卧房。東西吏房，在正堂左右廊。庫房，在後堂東廊。厨房，在後堂西廊。浴堂、淨室，在後堂左右墻下。儀門，在正堂南。大門，在儀門南。左右角門，在儀門左右。」李宜春《嘉靖潁州志·建置·察院行臺》：「察院行臺，在州學之東，兵備道之西。中澄清堂，左右翼以輿隸房。堂後爲退廳，廳後有亭曰時雨堂。前爲儀門，爲大門。」

〔三〕邵寶《榮春堂集》題作《時雨亭銘》。

榜之曰都臺。維時大暑，遂門其寢之北壁，除地爲庭，且亭焉。公坐以籌，體舒神暢。伯堅請名，公名之曰時雨。蓋謂師出天王，其神速如此。伯堅以公命使來請銘。

初，公祖命將行，予方在朝，數與餞燕，嘗擬功成之日爲詩頌之，今而果然。吾聞古之能師者，惟貞以吉，惟威以濟，惟全以勝，惟豫以立，而濟之以機，成之以斷。公，通儒也，知用是道，爲王師將克成厥功，且不自居，而歸之於上，亭名時雨，不亦宜乎？伯堅素著風裁，於是師與〔一〕有勞焉。銘曰：

有鎮斯川，宿我重兵。有屹斯臺，有翼斯亭。孰亭臺中，而時雨是名？吁嗟偉哉！彭公中丞。中丞有文，中丞有武。鉞秉節持，自天子所。拯我人斯，殲彼豺虎。中原既汛，遂指南土。民則太和，式歌且舞。維此舞歌，中丞之功。中丞曰吁！帝載天工。公贊神算，桓桓我師。譬彼大旱，雨來孔時。人亦有言，王師時雨。公維雨師，既雨既處。侃侃憲臣，從公於征。迺後迺先，駕風鞭霆。有榜孔昭，上對天日。大田既膏，嘉穀既實。江漢滔滔，河汴湯湯。以蘇以潤，雨流孔長。公以雨來，斯焉戾止。時雨時暘，其自今始。人視亭隻，如棠斯陰。公像弗留，尚留公心。

按察分司

在東門之西，察院之東，爲門，爲儀門，爲堂。儀門之内爲東西廂，堂之後爲軒，爲後堂。軒東爲卷房，又東有内外東西廂，其外街之東爲激揚坊。〔二〕

〔一〕「與」字，邵寶《榮春堂集》所録文本無。

〔二〕《正德潁州志·坊郭》作：「激揚坊，在南城察院東。」李宜春《嘉靖潁州志·建置·坊》作：「激揚坊，在州兵備道東。」

爲蓮池，爲射圃於池之南，爲小亭於池上。軒西爲書屋。後堂之北爲門，爲垣。四周爲宅，爲東西耳房，爲書房於宅之東。

撫按行臺二

潁上

一，在縣治東。洪武十八年（一三八五），縣丞堯［克］耕建。〔一〕

太和

一，在縣治東。永樂元年（一四〇三），知縣簡建。正統十一年（一四四六），知縣處仁修。〔二〕

其制俱與州所建略同。

〔一〕《成化中都志·公宇·潁上縣》：「察院，在縣治東，洪武八年（一三七五）建。」李宜春《嘉靖潁州志·建置·潁上》：「察院行臺，在縣治東，縣丞孔克耕建，知縣李時儀修，嘉靖丁未（一五四七）知縣李檀重修。都憲馬炳然《渡淮河書察院壁詩》：『行盡淮河又汴河，一年滄海任風波。萍蹤自歎秋無定，鐵面深慚□□磨。□歲光陰詩酒少，半生辛苦簿書多。乾□□□東山約，道路無窮奈尔何？』少卿張泰次韻：『□□獨自泝潁河，西風一葉泛清波。匣中劍氣□□角，鏡裏霜花曉正磨。萬里雲山鄉思杳，百年宦海旅愁多。急流勇退□□□，未报君恩奈若何？』」《順治潁上縣志·建置·公署》：「察院，在縣治東。」

〔二〕《成化中都志·公宇·太和縣》：「察院，在縣治東，永樂元年（一四〇三）建。」李宜春《嘉靖潁州志·建置·太和》：「察院行臺，在縣治東，知縣侯簡建，張處仁修，嘉靖丁未知縣胡寧重修。提學御史莆田陳琳《寓察院和張天瑞詩》：『絃誦聲聞古潁濱，星軺端不厭轔轔。太和有象還今日，大治無形愧若人。風舞柳烟春意滿，露懸竹月夜光新。迴欄徙倚頻看鏡，猶是勛名未老身。』管馬御史聶豹《喜雨和韻》：『時雨冥冥洽潁濱，塵驅聊暫息轔轔。潤蘇枯槁還生意，歡動郊原慶野人。何處尚鳴松鶴急，嫩涼時度竹風新。才疏匡濟願年足，一枕簷聲愜病身。』巡按御史張惟恕《過太和秋原》：『柿葉紅兮豆葉黃，田家炊熟喚牛郎。牛郎飽後驅牛去，一任長歌卧白楊。』《又》：『豆葉黃兮柿葉紅，社頭白髮見村翁。村翁倚仗看禾黍，病眼猶能數落鴻。』《又》：『棠葉翻兮柳葉疏，西風潁水野雲孤。孤雲萬里懸孤興，繫馬長亭日欲晡。』《又》：『柳葉疏兮棠葉翻，雞豚桑柘滿秋原。秋原老稚迎相告，長夜荒村不閉門。』」

府行署三

州

在歐文忠公祠内。其制詳見《祠下》。

潁上

在縣西。〔一〕

太和

在儒學西。〔二〕

其制俱與行臺同而差小。

州治

設於北城之西。洪武元年（一三六八），同知李天［添］祐即元舊基建。中爲牧愛堂，堂之東爲吏目廳。西爲庫，貯貢税、糧課、罰贖諸金幣。爲儀仗庫。牧愛之後爲洞達軒，軒後爲燕思堂，堂後爲知州宅。牧愛之東迤南爲同知宅。庫西爲判官宅，吏目之宅近其廳。廳之南，西面爲吏户禮房，承發司庫之南；東面爲兵刑工房、馬政科馬廐，其南爲獄。牧愛之前中爲戒石銘亭，又前爲儀門。儀門之東爲土神祠，祠南爲吏廨。儀門又前爲門，門外有坊二，東曰承流，西

〔一〕李宜春《嘉靖潁州志・建置・潁上》：「府公館，在縣治西，知縣王輔建。丁□□□□□□。」《順治潁上縣志・建置・公署》：「公館，在縣治西，今廢。」

〔二〕李宜春《嘉靖潁州志・建置・太和》：「府館，在學西，知縣胡寧修。」

曰宣化。設官：知州一人，同知一人，判官一人。同知、判官，添注無定員。吏目一人，吏司八人，典十有五人。〔一〕

漢

縣令，秦官，掌治其縣。萬户以上爲令，秩千石至六百石。丞、尉秩四百石至二百石。斗食、佐史之職爲少吏，百石以下。十里一亭，亭有長。十亭一鄉，鄉有三老、有秩、嗇夫、游徼。三老掌教化。嗇夫職聽訟、收賦。游徼長巡禁盜賊。〔二〕

東漢

萬户以上爲令，掌治民，顯善勸義，禁奸罰惡，理訟平賊，恤民時務，秋冬集課。上計於所屬郡國。有丞置[署]文典，知倉獄。有尉，主盜賊。有掾史，縣各置諸曹掾史。諸曹略如郡員，五官爲遷掾，監鄉伍部，春夏爲勸農，秋冬爲制度員。〔三〕

〔一〕《成化中都志·公宇·潁州》：「(州)治，在北城内西北隅。洪武元年，州同知李添祐即元舊基創建。」《南畿志·鳳陽府·公館（潁州）》：「潁州治，在北城内西北隅。洪武元年州同知李添祐即元舊基創建。」李宜春《嘉靖潁州志·建置·州治》：「州治，在北城西。洪武元年，同知李天[添]祐即元舊址建焉。知州劉琳、黄嘉愛、黄九霄、范金相繼修葺。嘉靖丙午（一五四六），知州李宜春漸次改建，規制略備。中近民堂，東吏目廳，西爲庫，爲儀仗庫。堂後爲景行堂，景行之後，知州宅在焉。近民之前爲露臺，覆以船亭左右翼，以六曹、架閣庫、承發司、馬科以次而附。當馳道中有戒石銘亭，亭東爲同知宅。同知李偉、吴人忠修建。進爲吏廨西間焉。判官宅在庫之西，吏目宅又在廳之東。前爲儀門，兩旁爲角門，角左右爲長廊，左爲神祠，右爲獄，退爲女獄。又前爲大門，東西列旌善、申明二亭，通衢則列以承流、宣化二坊，各置門以防護云。」

〔二〕《漢書·百官公卿表上》：「縣令、長，皆秦官，掌治其縣。萬户以上爲令，秩千石至六百石。減萬户爲長，秩五百石至三百石。皆有丞、尉，秩四百石至二百石，是爲長吏。百石以下有斗食、佐史之秩，是爲少吏。大率十里一亭，亭有長。十亭一鄉，鄉有三老、有秩、嗇夫、游徼。三老掌教化。嗇夫職聽訟，收賦税。游徼徼循禁盜賊。」

〔三〕《後漢書·百官志五》：「屬官，每縣、邑、道，大者置令一人，千石；其次置長，四百石；小者置長，三百石；侯國之相，秩次亦如之。本注曰：皆掌治民，顯善勸義，禁奸罰惡，理訟平賊，恤民時務，秋冬集課，上計於所屬郡國……丞各一人。尉大縣二人，小縣一人。本注曰：丞署文書，典知倉獄。尉主盜賊……各署諸曹掾史。本注曰：曹略如郡員，五官爲廷掾，監鄉五部，春夏爲勸農掾，秋冬爲制度掾。」

晉

晉郡守皆加將軍，無者爲恥。〔一〕一吏員治中、別駕、郡從。《通考》：「秦置郡丞，漢因之。條州大小，爲設吏員治中、別駕、諸郡從事，秩六百石。晉因之，而省郡丞。」〔二〕

六朝魏

州長曰刺史，郡長曰守。

南宋

郡置太守，秩二千石；丞一，秩六百石；縣令一，秩六百石。

南齊

太守。

隋

開皇三年（五八三），罷天下郡，以州統縣，長史、司馬。〔三〕馬端修［臨］云：「隋改別駕、治中爲長史、司馬，蓋隋以州爲郡，故州府之職参爲郡官。大業二年（六〇六），又改州爲郡，郡置太守、贊務、通守、丞。」〔四〕《志》

〔一〕《通典·職官·郡太守》：「晉郡守皆加將軍，無者爲恥。」

〔二〕《文獻通考·職官考·郡丞》：「秦置郡丞以佐守，在邊爲長史，掌兵馬。漢因之。于定國條州大小，爲設吏員治中、別駕、諸郡從事，秩六百石。晉因之，而省郡丞……」

〔三〕《隋書·百官志》：「（開皇三年四月）罷郡，以州統縣，改別駕、贊務，以爲長史、司馬。」《通典·職官·郡太守》：「至開皇三年，罷天下諸郡，以州統縣。」

〔四〕《文獻通考·職官考·郡丞》：「至隋改別駕、治中爲長史、司馬，蓋隋以州爲郡，無復軍府，故州府之職参爲郡官，故有長史、司馬。煬帝罷之，而置通守，又置郡贊治，後又改爲丞，位在通守下。至唐而郡丞廢矣。」

云：煬帝置郡太守，罷長史、司馬，置贊務一人以貳之。又加置通守，又改郡贊務爲丞。〔一〕

唐

上州：刺史一人，從三品，職同牧尹；别駕一人，從四品下。武德元年（六一八），改太守曰刺史，加使持節，丞曰别駕。高帝即位，改别駕皆爲長史。上元二年（六七五），改諸州復置别駕，以諸王子爲之。永隆元年（六八〇）省，永淳元年（六八二）復置。景雲二年（七一一），始參庶姓。天寶元年（七四二），改刺史曰太守。八載（七四九），諸郡廢别駕。長史一人，從五品上；司馬一人，從五品下；録事參軍一人，從七品上；録事一〔二〕人，從九品下；司功參軍一人、司倉參軍一人、司户參軍一〔二〕人、司口〔田〕參軍一人、司兵參軍一人、司法參軍一〔二〕人、司士參軍一人，皆從七品下；參軍事一〔四〕人，從八品下；市令一人，從九品上；丞一人，從九品下；文學一人，從八品下；醫學博士一人，從九品下。〔二〕

上縣：令一人，從六品上；丞一人，從八品下；主簿一人，正九品下；尉一〔二〕人，從九品上。縣令掌導風化、察冤滯、聽獄訟。凡民田收受〔授〕，縣令給之。每歲季冬，行鄉飲酒禮。籍帖〔帳〕、傳驛、倉庫、盜賊、隄道，雖有專官，皆通

〔一〕《隋書·百官志》：「（隋煬帝）罷州置郡，郡置太守。上郡從三品，中郡正四品，下郡從四品。京兆、河南則俱爲尹，並正三品。罷長史、司馬，置贊務一人以貳之……諸郡各加置通守一人，位次太守，京兆、河南，則謂之内史。又改郡贊務爲丞，位在通守下，縣尉爲縣正。」

〔二〕《新唐書·百官·外官》：「上州，刺史一人，從三品，職同牧尹；别駕一人，從四品下。（武德元年，改太守曰刺史，加使持節，丞曰别駕。十年，改雍州别駕皆爲長史。上元二年，改諸州復置别駕，以諸王子爲之。永隆元年省，永淳元年復置。景雲二年，始參用庶姓。天寶元年，改刺史曰太守。八載，諸郡廢别駕，下郡置長史一員。上元二年，諸州復置别駕。德宗時，復省。元和、長慶之際，兩河用兵，裨將有功者補東宮王府官，久次當進及受代居京師者，常數十人，訴宰相以求官；文宗世，宰相韋處厚建議，復置兩輔、六雄、十望、十緊州别駕。）長史一人，從五品上；司馬一人，從五品下；録事參軍事一人，從七品上；録事二人，從九品下；司功參軍事一人、司倉參軍事一人、司户參軍事二人、司田參軍事一人、司兵參軍事一人、司法參軍事二人、司士參軍事一人，皆從七品下；參軍事四人，從八品下；市令一人，從九品上；丞一人，從九品下；文學一人，從八品下；醫學博士一人，從九品下。」

知。縣丞爲之貳，縣尉分判衆曹，收率課調。武德九［元］年（六一八），改書佐曰縣尉，改曰正。諸縣置主簿，以流外爲之。[一]

五代

天寶元年（七四二），改刺史爲郡太守。自是州郡刺史更相爲名，其實一也。故五代仍刺史之號云。[二]

宋

舊防禦使，從五品，禄百石；副，從八品，禄七十石。後改爲團練使，從五品；副，從八品。元豐二年（一〇七九），以順昌軍爲潁州節度使，正二品，禄一百五十石。潁州刺史、知州，從五品；通判，從六品。政和六年（一一一六），改爲順昌府。牧，從二品；尹，從三品；少尹，從六品；司録，正七品；文學，從九品；助教，從九品。通判，從六品；縣令，從八品；丞，從八品；主簿，正九品；尉，正九品。[三]

元

下州：達魯花赤、知州，並從五品；同知，正七品；判官，正八品，兼捕盜賊之事。吏目一員。[四]

皇明

知州，從五品；同知，從六品；判官，從七品；吏目，從九品。合屬官如其制。

〔一〕《新唐書·百官·外官》：「上縣：令一人，從六品上；丞一人，從八品下；主簿一人，正九品下；尉二人，從九品上……縣令掌導風化、察冤滯、聽獄訟。凡民田收授，縣令給之。每歲季冬，行鄉飲酒禮。籍帳、傳驛、倉庫、盜賊、隄道，雖有專官，皆通知。縣丞爲之貳，縣尉分判衆曹，收率課調。（武德元年，改書佐曰縣尉，尋改曰正。諸縣置主簿，以流外爲之。）」

〔二〕《職官分紀·總州牧》：「天寶元年，改刺史曰太守。」

〔三〕《宋史·地理志·順昌府》：「順昌府：上，汝陰郡，舊防禦，後爲團練。開寶六年（九七三），復爲防禦。元豐二年，陞順昌軍節度。舊潁州，政和六年，改爲府。」

〔四〕《元史·百官七》：「下州，達魯花赤、知州並從五品，同知正七品，判官正八品，兼捕盜賊之事……下州，吏目一員或二員。」

儒學

在察院之西。詳見《學校志》，後同。

廣積倉

在鐘鼓樓之南，凡爲厫者四十楹，有門，有廳，有倉官宅。設官：大使一人，副使一人；吏：攢典一人。〔一〕

税課局

今革。〔二〕

潁川水驛

在北城外之東、潁河之南，有門，有亭，有驛丞宅。設官：驛丞一人；吏：典一人。傍爲館，有門，有儀門，有堂，有後堂。有東、西序，以待使客。〔三〕

〔一〕《正德潁州志·貢賦》："廣積倉，按《元志》：粮儲倉在水次，即今北城内西北隅。宣德中，以地狹，徙建南城故汝陰縣治，即今所也。"李宜春《嘉靖潁州志·建置·州》："廣積倉，在鼓樓之南，凡爲厫四十楹，嘉靖丙午（一五四六）知州李宜春修。"

〔二〕《成化中都志·公宇·潁州》："税課局，在北關。"《南畿志·鳳陽府·潁州（公館）》："税課局，在北關。"《正德潁州志·貢賦》："廢税課局，在北城北門外。天順中以課額不多，故裁省。今爲社學基。"李宜春《嘉靖潁州志·建置·州》："税課局，今革。"

〔三〕《成化中都志·公宇·潁州》："潁川驛，在東關外，潁水之濱。"《南畿志·鳳陽府·潁州（公館）》："潁川驛，在東關外。"《正德潁州志·郵驛》："潁川驛，舊驛在三里灣，洪武中河水淪决，徙今所。因循弊陋，且面北，過使厭寓。成化己亥（一四七九），同知劉節悉撤而新之，面南，在公館右。"李宜春《嘉靖潁州志·建置·州》："潁川驛，在北城外之東，成化己亥同知劉節建。"

遞運所

即驛西之館。今革。〔一〕

陰陽學

在驛之西、北門之左，有門，有亭。設官：典術一人。舊爲税課局。〔二〕

醫學

闕。設官：典科一人。〔三〕

〔一〕《成化中都志·公宇·潁州》：「遞運所，在東關。」《正德潁州志·郵驛》：「遞運所，舊在三里灣，洪武中河患，徙北關；（洪武）二十年（一三八七），又徙東關教場後；景泰中，徙潁川驛後園，卑污，東向；成化己亥，同知劉節改造於公館之左。」李宜春《嘉靖潁州志·建置·州》：「遞運所，今革。」

〔二〕《正德潁州志·學校》：「陰陽學，在北城城隍廟東小巷北。」李宜春《嘉靖潁州志·建置·州》：「陰陽學，在州前。」

〔三〕《成化中都志·公宇·潁州》：「醫學、陰陽學，俱在北城内。」《南畿志·鳳陽府·潁州（公館）》：「陰陽學、醫學，俱在北城内。」《正德潁州志·學校》：「醫學，在北城小南門内，時雍街西。地東西六丈五尺，南北四丈五尺。」李宜春《嘉靖潁州志·建置·州》：「醫學，《舊志》載：在北城小南門内，時雍街西地。東西六丈五尺，南北四丈五尺。」

僧正司

在資福寺。設官：僧正一人。〔一〕

道正司

在迎祥觀。設官：道正一人。〔二〕

沈丘鎮巡檢司

在州西一百二十里，有衙門。設官：巡檢一人，司吏一人。〔三〕

預備倉七

一在廣積倉内，凡爲厫者三十有二楹。

〔一〕《成化中都志·公宇·潁州》：「僧正司，在資福寺。」《正德潁州志·寺觀》：「資福寺，在南城南門内大街西（外行内古）衕内，僧正司在焉。」李宜春《嘉靖潁州志·建置·州》：「僧正司，在資福寺。」

〔二〕《成化中都志·公宇·潁州》：「道正司，在迎祥觀。」《南畿志·鳳陽府·潁州（公館）》：「僧正司、道正司，俱見《方外志》。」《正德潁州志·寺觀》：「迎祥觀，在南城西北隅，道正司在焉。」李宜春《嘉靖潁州志·建置·州》：「道正司，在迎祥觀。」

〔三〕《成化中都志·公宇·潁州》：「沈丘巡檢司，在州西一百二十里沈丘縣東。」《正德潁州志·關梁》：「沈丘鎮，在州西一百二十里，廢沈丘縣東。鎮離州遠，故置巡檢司，以察奸細。巡檢司正廳，在鎮中，面北。吏房，在正廳前，左厢。監牢，在正廳前，右厢。大門，在正廳前。巡檢宅，在正聽後。」李宜春《嘉靖潁州志·建置·州》：「沈丘鎮巡檢司，在州西一百二十里。」

一在留陵。東鄉。

一在栗頭。

一在沈丘。

一在田村。俱西鄉。

一在七旗。南鄉。

一在横橋。北鄉。鄉外六倉，今皆廢，獨存遺址。〔一〕

申明亭

在州治前之西。〔二〕

〔一〕《南畿志·鳳陽府·潁州（公館）》：「預備倉，東、西、南、北四鄉各一所，沈丘鄉二所。」《正德潁州志·貢賦》：「預備荒政六倉。按，宋、元《志》不載前代救荒、儲蓄之所。我朝宣德中，官於五鄉置倉，僅應故事，或曠野，或窪坡，隨修隨廢。成化十四年（一四七八），同知劉節措置財用，或置民地，或移官地，在高爽者聽重新創建。每倉厫二座，官廳一所，廚庖一所，大門一座。舊皆覆草，今悉以陶瓦；舊壁以土坯，今悉以磚石。且必置於居民稠集處，使不致如往者陳村之溺死於渡航，王市凍斃於塔下，初欲濟之，而反禍之。後之救荒者幸念此心，而時葺之，吾民有望也。留陵倉，在東鄉留陵驛中。右廊作二厫，係新遷移。栗頭倉，在西鄉舊基上，去城六十里。七旗倉，在南鄉舊基上，去城七十里。横橋倉，在北鄉横橋舊鋪上，去城六十里。新遷移以就高明。沈丘倉，在州西一百二十里沈丘巡檢司。下占沈亭基，淪入沈丘一圖民人常明家，勸置官倉。田村倉，在州西一百二十里。新買民田地起倉，蓋因相去各倉皆五六十里，民饑請給，往返俟候，故增置也。」李宜春《嘉靖潁州志·建置·州》：「預備倉，在廣積倉內，凡三十二厫，嘉靖丁未知州李宜春修。新建廳三楹，外大門一座，周以垣墉。其在東鄉曰留陵，其在西鄉曰栗頭，曰沈丘，曰田村，其在南鄉曰七旗，其在北鄉曰横橋。今已俱廢，遺址尚存。」

〔二〕《正德潁州志·廓附·申明亭》：「申明亭，在北城，州治前一所，東關一所。」

旌善亭

在州治前之東。以上二亭俱北面，並對州門。〔一〕

養濟院

在分司之後，周爲室，中爲亭，外爲門。〔二〕

架閣庫

在州治之内。架案牘、册籍。〔三〕

養賢倉

在州學内。歲貯學糧。〔四〕

〔一〕《正德潁州志·廨附·旌善亭》：「旌善亭，在北城州治前，申明亭東。」

〔二〕《正德潁州志·廨附·養濟院》：「養濟院，在東城東南隅。」李宜春《嘉靖潁州志·建置·州》：「養濟院，在兵備道後。嘉靖丁未（一五四七），知州李宜春修。」

〔三〕李宜春《嘉靖潁州志·建置·州治》：「近民之前爲露臺，覆以船亭左右翼，以六曹、架閣庫、承發司、馬科以次而附。」

〔四〕李宜春《嘉靖潁州志·學校·州》：「養賢倉，在學内。」

潁上縣治

在十字街東，中爲堂，曰節愛；後爲堂，曰思過。中貫爲軒堂，東爲黄册庫，西爲儀仗庫。堂之東序爲吏、户、禮房，鋪長附之；西序爲兵、刑、工房，馬科附之。中爲戒石銘亭，亭前爲儀門，門東爲土神祠，西爲獄房。又前爲門，上爲譙樓。知縣時儀建。門之前有坊一，曰開誠布公。思過堂後爲知縣宅，幕廳東爲主簿宅。今廢。儀門左爲典史宅，吏廨在堂之右。設官：知縣一人，主簿一人，今革。典史一人；吏：司八人，典九人。〔一〕

儒學

在縣倉之西，察院之東。詳載《學校志》。

〔一〕李宜春《嘉靖潁州志·建置·潁上縣》：「潁上縣治，在十字街東。洪武初知縣陳勝始建，縣丞孔克耕、知縣李時儀、廖自顯相繼修葺。嘉靖丙午（一五四六）知縣李檀重葺。中節愛堂，東黄册庫，西儀仗庫。其吏、户、禮房在東序，鋪長附之。兵、刑、工在西序，馬科附之。後爲堂曰思過，又後爲知縣宅。典史宅在堂之左，吏廨又在堂之右。堂前爲戒石銘亭，進爲儀門，兩旁爲角門。左神祠，右獄舍。又進爲大門，上爲譙樓門，之前又爲開誠布公坊。旌善、申明二亭則東西列焉。」《順治潁上縣志·建置·公署》：「縣治，元在城十字街西，兵廢。洪武元年（一三六八），千户孫繼達改爲所治。二年（一三六九），知縣陳勝來宰，乃經營於十字街東，草創。十七年（一三八四），縣丞孔克耕始高大之。正堂名節愛，今改親民堂，後爲思過廳。廳衙後爲縣宅，爲四［時］雨亭。堂東爲黄册庫，西爲儀仗庫，兩腋爲六房，後爲吏廨。甬道中爲戒石亭，今改爲坊。堂東南爲典史宅，前爲儀門，東爲寅賓館，又東爲土地祠，西爲獄，前爲大門譙樓。」

縣倉

在通津門内。古龍興寺基。洪武十八年（一三八五），縣丞克耕立。設官：大使一人；吏：攢典一人。〔一〕

稅課局

在北關大街之北。弘治八年（一四九五）革。〔二〕

甘城驛

在城外東北隅。爲甘茂故地。有館，有門，有驛丞宅。設官：驛丞一人；吏：典一人。〔三〕少卿張泰詩：

〔一〕李宜春《嘉靖潁州志・建置・潁上縣》：「縣倉，在通津門裏，古龍興寺基。縣丞孔克耕建。」《順治潁上縣志・建置・公署》：「潁上縣倉，在儒學左，古龍興寺基。洪武十八年，縣丞孔克耕創立。」

〔二〕李宜春《嘉靖潁州志・建置・潁上縣》：「稅課局，在北關大街北。弘治八年革。」《順治潁上縣志・建置・公署》：「稅課局，在縣關東三步兩橋。後革廢，今有放鑽鈔關臺基址尚存。」

〔三〕《成化中都志・公宇・潁上縣》：「甘城驛，在北關。原係潁上驛千户所軍夫遞送，洪武六年（一三七三）改名屬本縣。」《南畿志・鳳陽府・潁上（公館）》：「甘城驛，在北關外。」李宜春《嘉靖潁州志・建置・潁上縣》：「甘城驛，在城外東北隅，爲甘茂故宅，驛丞陳莊建。少卿張泰《詩》：『偶過甘城問驛名，居人傳説古今情。當時吕氏爲秦相，曾薦甘羅列上卿。此地尚遺三畝宅，東郊猶有一荒塋。丈夫未可輕年少，宣父猶能畏後生。』」《順治潁上縣志・建置・公署》：「甘城驛，在北關。南至大街，北至小街，東大街。按四丈八尺。嘉靖二十年（一五四一）革，後改爲甘城書院，今廢。」

偶過甘城問驛名，居人傳説古今情。當時吕氏爲秦相，曾薦甘羅列上卿。此地尚遺三畝宅，東郊猶有一荒塋。丈夫未可輕年少，宣父猶能畏後生。

江口驛

在西北五十五里。弘治八年革。〔一〕

遞運所

在城外東北隅。弘治八年革。〔二〕

陰陽學

在禾稔門東。設官：訓術一人。〔三〕

〔一〕《成化中都志·公宇·潁上縣》：「江口驛，在縣西北五十里，江子口東岸。」李宜春《嘉靖潁州志·建置·潁上縣》：「江口驛，在西北五十五里。弘治八年革。」《順治潁上縣志·建置·公署》：「江口驛，弘治八年革。」

〔二〕《成化中都志·公宇·潁上縣》：「遞運所，在城北關，臨沙河。」李宜春《嘉靖潁州志·建置·潁上縣》：「遞運所，在城外東北隅，弘治八年革。」《順治潁上縣志·建置·公署》：「遞運所，在河頭街。」

〔三〕《成化中都志·公宇·潁上縣》：「陰陽學，在北關外。」李宜春《嘉靖潁州志·建置·潁上縣》：「陰陽學。在禾稔門東。」《順治潁上縣志·建置·公署》：「陰陽學，洪武初年，在禾稔門東隙地。今遷縣前。」

醫學

在城外東北隅。設官：訓科一人。〔一〕

僧會司

在龍興寺。設官：僧會一人。〔二〕

道會司

在東華觀。設官：道會一人。〔三〕

預備倉

在縣倉後。〔四〕

〔一〕《成化中都志·公宇·潁上縣》：「醫學，在州［北］關外一里。」《南畿志·鳳陽府·潁上（公館）》：「陰陽學、醫學，俱在北關外。」李宜春《嘉靖潁州志·建置·潁上縣》：「醫學，在城外東北隅。」《順治潁上縣志·建置·公署》：「醫學，縣治前。今廢。」

〔二〕《成化中都志·公宇·潁上縣》：「僧會司，在龍興寺。」李宜春《嘉靖潁州志·建置·潁上縣》：「僧會司，在龍興寺。」《順治潁上縣志·建置·公署》：「僧會司，古龍興寺在通津門内，毀於兵。明初，遷於城外北關大街。洪武二十六年（一三九三），設僧會司，僧會義隆鼎新重建。」

〔三〕李宜春《嘉靖潁州志·建置·潁上縣》：「道會司，在東華觀。」

〔四〕《南畿志·鳳陽府·潁上（公館）》：「預備倉，舊在禾稔門内，今遷縣倉後。」李宜春《嘉靖潁州志·建置·潁上縣》：「預備倉，在縣倉後，正德丙子（一五一六）知縣歐允莊遷建，嘉靖丁未知縣李檀修。」《順治潁上縣志·建置·公署》：「預備倉，在禾稔門迤西。正德十一年（一五一六），知縣歐允莊遷於潁上縣倉後。」

旌善亭

在譙樓之東。〔一〕

申明亭

在譙樓之西，又一設於北關小街口。〔二〕

養濟院

在潁陽門内。中有堂，有舍，外有門。〔三〕

架閣庫

在縣之内。架如州。

〔一〕李宜春《嘉靖潁州志·建置·潁上縣》：「潁上縣治……堂前爲戒石銘亭，進爲儀門，兩旁爲角門。左神祠，右獄舍。又進爲大門，上爲譙樓門，之前又爲開誠布公坊。旌善、申明二亭則東西列焉。」《順治潁上縣志·建置·公署》：「旌善亭，在縣治東，旌善以示勸。」

〔二〕《順治潁上縣志·建置·公署》：「申明亭，在縣前醫學左，紀惡以示戒。俱洪武十八年（一三八五）縣丞孔克耕創建，今廢。」

〔三〕《南畿志·鳳陽府·潁上（公館）》：「養濟院，在潁陽門内。」《順治潁上縣志·建置·公署》：「養濟院，守禦所西。」

學倉

在儒學内。貯如州學。

太和縣治

在縣之中。中爲堂，堂後爲知縣宅。東南爲縣丞宅，東北爲主簿宅。今廢，官俱裁革。堂東爲幕廳，廳東爲典史宅，又東爲吏廨。堂兩翼曰庫口、架閣庫。堂之東、西序曰六房，前曰戒石銘亭，曰儀門。儀門東曰土神祠，西曰獄，又前曰門，門上爲譙樓。設官：知縣一人，縣丞一人，主簿一人，丞、簿俱革。典史一人；吏：司八人，典九人。〔一〕

儒學

在城南府行署之東。詳見《學校志》。

〔一〕《成化中都志·公宇·太和縣》：「治在宣化坊，洪武二年（一三六九），知縣高士進因元舊基創建。」《南畿志·鳳陽府·太和（公館）》：「太和縣治，在宣化坊。洪武三年（一三七〇），知縣高士進即元舊基創建。」李宜春《嘉靖潁州志·建置·太和縣》：「太和縣治，在城中央。中爲堂，堂東爲庫，又爲典史廳，西爲架閣庫。其東序則列以吏、户、禮房，西序則列以兵、刑、工房。堂後爲知縣宅，典史宅在廳之東，詣吏廨又在其東。堂前爲戒石銘亭，進爲儀門，兩旁爲角門，左神祠，右獄舍。又進爲大門，上爲譙樓，東西則列以旌善亭、申明亭。又分左右爲德化坊、宣政坊。嘉靖丁未（一五四七）知縣胡寧重修。」《萬曆太和縣志·建置·縣治》：「太和爲邑，沿革不一，故縣治因時變遷。元大德八年（一三〇四），始建今地。國朝洪武五年（一三七二），乃加修拓。中爲正堂。堂之東爲典史幕廳，又東爲永寧庫，庫之前爲永寧門。堂之西爲儀仗庫。堂之前爲露臺，中爲馳道，左列吏、户、禮房併承發司，右列兵、刑、工房併司馬科。知縣宅在正堂之北，宅之東有樂民臺。堂之迤東而南爲縣丞宅，又東爲主簿宅。各吏廨在縣丞、典史宅之後。馳道之南立戒石亭，亭之前爲儀門，東西爲角門。」

存留倉

在縣治東。〔一〕

税課局

在縣西北一里。今革。〔二〕

界溝遞運所

在縣西七十里。今革。〔三〕

陰陽學

在縣西一里。設官：訓術一人。〔四〕

〔一〕李宜春《嘉靖潁州志·建置·太和縣》：「存留倉，在縣治東。」《萬曆太和縣志·建置·縣治》：「（縣治）東角門之前爲存留仓，爲兩厫。」

〔二〕《成化中都志·公宇·太和縣》：「税課局，在縣治西北一里。」《南畿志·鳳陽府·太和（公館）》：「税課局，在縣治西北一里。」李宜春《嘉靖潁州志·建置·太和縣》：「税課局，在縣西北一里。革。」《順治太和縣志·建置·縣治》：「税課局，在縣西北。洪武十六年（一三八三），大使周仁淵建。今廢。」

〔三〕《成化中都志·公宇·太和縣》：「界溝遞運所，在縣西七十里。」李宜春《嘉靖潁州志·建置·太和縣》：「界溝遞運所，今革。」《萬曆太和縣志·建置·縣治》：「界溝遞運所，在縣西七十里，原有正堂三間，東西厢房共六間，官宅三間，洪武四年（一三七一）大使周原建，原設□船五十一隻，今廢。」

〔四〕《成化中都志·公宇·太和縣》：「陰陽學，在縣治西。」《南畿志·鳳陽府·太和（公館）》：「陰陽學，在縣治西。」李宜春《嘉靖潁州志·建置·太和縣》：「陰陽學、醫學，俱在縣西一里。」《萬曆太和縣志·建置·縣治》：「陰陽學，洪武十八年（一三八五），訓術孟□□建。」

醫學

在縣西一里。設官：訓科一人。〔一〕

北原和巡檢司

在縣北八十里，有衙門。設官：巡檢一人，司吏一人。〔二〕

僧會司

在興國寺。設官：僧會一人。〔三〕

道會司

在城隍廟。設官：道會一人。〔四〕

〔一〕《成化中都志·公宇·太和縣》：「醫學，在縣治南。」《南畿志·鳳陽府·太和（公館）》：「醫學，在縣治南。」《萬曆太和縣志·建置·縣治》：「醫學，在縣治西南。洪武十八年，訓科馬榮建。」

〔二〕《成化中都志·公宇·太和縣》：「北原和巡檢司，在縣北八十里。」《南畿志·鳳陽府·太和（公館）》：「北原和巡檢司。在縣北八十里。」李宜春《嘉靖潁州志·建置·太和縣》：「北原和巡檢司，今革。」《順治太和縣志·建置·縣治》：「北原和巡檢司，縣北八十里，今廢。」

〔三〕李宜春《嘉靖潁州志·建置·太和縣》：「僧會司，在興國寺。」

〔四〕李宜春《嘉靖潁州志·建置·太和縣》：「道會司，在城隍廟。」

預備倉

在縣治東。正統八年（一四四三），典史俊建。[一]

旌善亭

在譙樓東。[二]

申明亭

在譙樓西。[三]

養濟院

在縣治西南，中有堂，有舍，外有門。[四]

〔一〕《南畿志·鳳陽府·太和（公館）》：「預備倉，凡二所。」李宜春《嘉靖潁州志·建置·太和縣》：「預備倉，在縣治東。」

〔二〕李宜春《嘉靖潁州志·建置·太和縣治》：「堂前爲戒石銘亭，進爲儀門，兩旁爲角門。左神祠，右獄舍。又進爲大門，上爲譙樓，東西則列以旌善亭、申明亭。」《萬曆太和縣志·建置·縣治》：「（縣治）大門之东爲章善亭。」

〔三〕《萬曆太和縣志·建置·縣治》：「（縣治大門之）西爲癉惡亭、聖諭亭、申明亭。」

〔四〕《南畿志·鳳陽府·太和（公館）》：「養濟院，在縣治西。」李宜春《嘉靖潁州志·建置·太和縣》：「養濟院，在縣治西南，知縣胡寧修。」

學倉

在儒學東北。貯如州學。

馬廠十有三

州

陳村。東四十五里。〔一〕

茨河。西二十里。〔二〕

定鄉。西一百里。〔三〕

阜陽。西一百七十里。〔四〕

關厢。西南五里。〔五〕

功立。南九十里。〔六〕

〔一〕李宜春《嘉靖潁州志·建置·馬廠》：「陳村廠，在州東四十五里。」

〔二〕李宜春《嘉靖潁州志·建置·馬廠》：「茨河廠，在州西二十里。」

〔三〕李宜春《嘉靖潁州志·建置·馬廠》：「定鄉廠，在州西一百里。」

〔四〕李宜春《嘉靖潁州志·建置·馬廠》：「阜陽廠，在州西一百七十里。」

〔五〕李宜春《嘉靖潁州志·建置·馬廠》：「關厢廠，在州西南五里。」

〔六〕李宜春《嘉靖潁州志·建置·馬廠》：「功立廠，在州南九十里。」

中村崗。南九十里。〔一〕

王市。北九十里。〔二〕

潁上

在城。禾稔門外一里。〔三〕

陽臺。北河東一十五里。〔四〕

太和

東厰。南原和，三十里。〔五〕

西厰。北原和，六十五里。〔六〕

歪家林。六十里。〔七〕

〔一〕李宜春《嘉靖潁州志·建置·馬厰》：「中村岡厰，在州南九十里。」

〔二〕李宜春《嘉靖潁州志·建置·馬厰》：「王市厰，在州北九十里。」

〔三〕李宜春《嘉靖潁州志·建置·馬厰》：「在城厰，在潁上縣禾稔門外一里。」

〔四〕李宜春《嘉靖潁州志·建置·馬厰》：「陽臺厰，在潁上縣北河東一十五里。」

〔五〕李宜春《嘉靖潁州志·建置·馬厰》：「東厰，在太和縣南原和，三十里。」

〔六〕李宜春《嘉靖潁州志·建置·馬厰》：「西厰，在太和縣北原和，六十五里。」

〔七〕李宜春《嘉靖潁州志·建置·馬厰》：「歪家林厰，在太和縣六十里。」

鋪四十有一〔一〕

州

總。東門外。〔二〕

七里。七里。〔三〕

十八里。十八里。〔四〕

兔兒崗。三十里。〔五〕

穆家莊。四十里。〔六〕

〔一〕《南畿志·鳳陽府·潁州（城社）》：「遞鋪二十：州前、孟家莊、穆家莊、十八里、兔兒岡、雙塔、夷陵、三十里河、栗頭、楊橋、沈丘、釜陽、鮦陽城、伍名、横橋、白魚港、王莊、茨河口、石羊、乾溝。」《南畿志·鳳陽府·潁上（城社）》：「遞鋪十有一：由縣前總鋪而東達壽州界鋪五，曰十八里、鄭家岡、黄岡、賽澗、西正陽；西達潁州界鋪五，曰蓮花池、西十八里、黄溝、團湖、丘陵。」《南畿志·鳳陽府·太和（城社）》：「遞鋪十有六：縣前、望城、雙廟、舊縣、十里溝、稅子、倉溝、七里、茨河、港溝、雙浮圖、淝河、界溝、倪丘、八里、桑家店。」《正德潁州志·鋪舍》：「舊皆破落。成化十一年（一四七五）通修。每鋪郵亭一座，寢房一座，東西厢房各一座，門樓一座，惟夷陵添設官廳一座，以備過使駐節焉。」

〔二〕《正德潁州志·鋪舍》：「總鋪，在南城東門外，射圃亭北。」李宜春《嘉靖潁州志·建置·鋪》：「總鋪，在州東關。」

〔三〕《正德潁州志·鋪舍》：「（總鋪）七里至東路孟莊鋪。」當即此鋪。李宜春《嘉靖潁州志·建置·鋪》：「七里鋪，在州東七里。」

〔四〕《正德潁州志·鋪舍》：「（孟莊鋪）十里至十八里鋪。」李宜春《嘉靖潁州志·建置·鋪》：「十八里鋪，在州東十八里。」

〔五〕《正德潁州志·鋪舍》：「（十八里鋪）十里至東兔兒崗鋪。」李宜春《嘉靖潁州志·建置·鋪》：「兔兒岡鋪，在州東三十里。」

〔六〕《正德潁州志·鋪舍》未載。李宜春《嘉靖潁州志·建置·鋪》：「穆家莊鋪，在州東四十里。」

雙塔。五十里。〔一〕

夷陵。六十里。俱東往潁上路。〔二〕

王莊。十里。〔三〕

茨河。二十里。〔四〕

石羊。三十里。〔五〕

乾溝。四十五里。俱西往太和路。〔六〕

仵明。三十里。〔七〕

横橋。四十里。〔八〕

〔一〕《正德潁州志·鋪舍》：「（兔兒崗鋪）十里至東雙塔鋪。」李宜春《嘉靖潁州志·建置·鋪》：「雙塔鋪，在州東五十里。」

〔二〕《正德潁州志·鋪舍》：「（雙塔鋪）十里至東夷陵鋪。」李宜春《嘉靖潁州志·建置·鋪》：「夷陵鋪，在州東六十里，接潁上縣丘陵鋪。」

〔三〕《正德潁州志·鋪舍》：「西路：十五里至王莊鋪。」李宜春《嘉靖潁州志·建置·鋪》：「王莊鋪，在州西十里。」

〔四〕《正德潁州志·鋪舍》：「（王莊鋪）八里至西茨河鋪。」李宜春《嘉靖潁州志·建置·鋪》：「茨河鋪，在州西二十里。」

〔五〕《正德潁州志·鋪舍》：「（茨河鋪）七里至西石羊鋪。」李宜春《嘉靖潁州志·建置·鋪》：「石羊鋪，在州西三十里。」

〔六〕《正德潁州志·鋪舍》：「（石羊鋪）十二里至乾溝鋪。北五里，太和地。」李宜春《嘉靖潁州志·建置·鋪》：「乾溝鋪，在州西四十五里，接太和縣雙廟鋪。」

〔七〕《正德潁州志·鋪舍（廢郵亭）》：「伍〔仵〕明鋪，在州北三十里溝西，有贍鋪地十畝。」李宜春《嘉靖潁州志·建置·鋪》：「仵明鋪，在州東北三十里。」

〔八〕《正德潁州志·鋪舍（廢郵亭）》：「横橋鋪，在州北六十里溝東。今置預備倉。」李宜春《嘉靖潁州志·建置·鋪》：「横橋鋪，在州東北四十里。」

白漁港。五十里。俱東北往蒙城路。〔一〕

潁上

總。壽春門外。〔二〕

十八里。十八里。〔三〕

鄭家崗。四十里。〔四〕

黃崗。五十里。〔五〕

賽澗。六十里。〔六〕

西正陽。七十里。俱東往壽川［州］路。〔七〕

〔一〕《正德潁州志·鋪舍（廢郵亭）》：「白魚港鋪，在州北九十里，母猪港之北，今基存。宣德中遷，失故地。」李宜春《嘉靖潁州志·建置·鋪》：「白漁港鋪，在州東北五十里，往蒙城路。」

〔二〕李宜春《嘉靖潁州志·建置·鋪》：「總鋪，在潁上縣壽春門外。」《順治潁上縣志·建置·鋪舍》：「東西二路，總計一十。縣總鋪，西關。今廢。」

〔三〕李宜春《嘉靖潁州志·建置·鋪》：「十八里鋪，在潁上縣東十八里。」《順治潁上縣志·建置·鋪舍》：「東十八里鋪，去縣十八里。」

〔四〕李宜春《嘉靖潁州志·建置·鋪》：「鄭家岡鋪，在潁上縣東四十里。」《順治潁上縣志·建置·鋪舍》：「鄭家崗鋪，去縣四十里。」

〔五〕李宜春《嘉靖潁州志·建置·鋪》：「黃岡鋪，在潁上縣東五十里。」《順治潁上縣志·建置·鋪舍》：「黃崗鋪，去縣五十里。」

〔六〕李宜春《嘉靖潁州志·建置·鋪》：「賽澗鋪，在潁上縣東六十里。」《順治潁上縣志·建置·鋪舍》：「賽澗鋪，去縣六十里。」

〔七〕李宜春《嘉靖潁州志·建置·鋪》：「西正陽鋪，在潁上縣東七十里，往壽州路。」《順治潁上縣志·建置·鋪舍》：「西正陽鋪，去縣七十里，過［通］壽州。」

蓮花池。八里。〔一〕

十八里。十八里。〔二〕

黄溝。三十五里。〔三〕

團湖。四十里。〔四〕

丘陵。五十里。俱西往潁州路。〔五〕

太和

總。縣治西。〔六〕

望城。八里。〔七〕

雙廟。十八里。俱東往潁州路。〔八〕

〔一〕李宜春《嘉靖潁州志·建置·鋪》：「蓮花池鋪，在潁上縣西八里。」《順治潁上縣志·建置·鋪舍》：「西蓮花鋪，去縣八里。」

〔二〕李宜春《嘉靖潁州志·建置·鋪》：「十八里鋪，在潁上縣西十八里。」《順治潁上縣志·建置·鋪舍》：「（西）十八里鋪，去縣十八里。」

〔三〕李宜春《嘉靖潁州志·建置·鋪》：「黄溝鋪，在潁上縣西三十五里。」《順治潁上縣志·建置·鋪舍》：「黄溝鋪，去縣三十五里。」

〔四〕李宜春《嘉靖潁州志·建置·鋪》：「團湖鋪，在潁上縣西四十里。」《順治潁上縣志·建置·鋪舍》：「團湖鋪，去縣四十里。」

〔五〕李宜春《嘉靖潁州志·建置·鋪》：「丘陵鋪，在潁上縣西五十里。」《順治潁上縣志·建置·鋪舍》：「丘陵鋪，去縣五十里，西通潁州。」

〔六〕李宜春《嘉靖潁州志·建置·鋪》：「太和總鋪，在太和縣治西。」《萬曆太和縣志·建置·鋪舍》：「在城總鋪，在公館迤西。鋪司一名，遞年工食銀七兩三錢；鋪兵六名，每年各工食銀五兩四錢。餘鋪鋪司一名，鋪兵祇四名，遞年工食俱□□□糧。」

〔七〕李宜春《嘉靖潁州志·建置·鋪》：「望城鋪，在太和縣東八里。」《萬曆太和縣志·建置·鋪舍》：「望城鋪，在縣東南八里。」

〔八〕李宜春《嘉靖潁州志·建置·鋪》：「雙廟鋪，在太和縣東十八里。」《萬曆太和縣志·建置·鋪舍》：「雙廟鋪，在縣東南一十五里。」

舊縣。十里。〔一〕
十里溝。二十里。〔二〕
税子。三十里。〔三〕
倉溝。四十里。〔四〕
七里。五十里。〔五〕
界溝。六十里。俱西北往沈丘路。〔六〕
茨河。十里。〔七〕
港溝。三十五里。俱東北往蒙城路。〔八〕
十八里。十八里。〔九〕

〔一〕李宜春《嘉靖潁州志·建置·鋪》：「舊縣鋪，在太和縣西北十里。」《萬曆太和縣志·建置·鋪舍》：「舊縣鋪，在縣西北八里。」
〔二〕李宜春《嘉靖潁州志·建置·鋪》：「十里溝鋪，在太和縣西北二十里。」《萬曆太和縣志·建置·鋪舍》：「十里溝鋪，在縣西北三十五里。」
〔三〕李宜春《嘉靖潁州志·建置·鋪》：「税子鋪，在太和縣西北三十里。」《萬曆太和縣志·建置·鋪舍》：「税子鋪，在縣西北一十五里。」
〔四〕李宜春《嘉靖潁州志·建置·鋪》：「倉溝鋪，太和縣西北四十里。」《萬曆太和縣志·建置·鋪舍》：「蒼〔倉〕溝鋪，在縣西北五十里。」
〔五〕李宜春《嘉靖潁州志·建置·鋪》：「七里鋪，在太和縣西北五十里。」《萬曆太和縣志·建置·鋪舍》未載。
〔六〕李宜春《嘉靖潁州志·建置·鋪》：「界溝鋪，在太和縣西北六十里，往沈丘路。」《萬曆太和縣志·建置·鋪舍》未載。
〔七〕李宜春《嘉靖潁州志·建置·鋪》：「茨河鋪，在太和縣東北十里。」《萬曆太和縣志·建置·鋪舍》：「茨河鋪，在縣東三十五里。」
〔八〕李宜春《嘉靖潁州志·建置·鋪》：「港溝鋪，在太和縣東北，往蒙城路。」《萬曆太和縣志·建置·鋪舍》：「港溝鋪，在縣北五十里。」
〔九〕李宜春《嘉靖潁州志·建置·鋪》：「十八里鋪，在太和縣北十八里。」《萬曆太和縣志·建置·鋪舍》：「北十八里鋪，在縣北十八里。」

雙浮屠。三十里。〔一〕

倪丘。六十里。〔二〕

桑家店。七十里。〔三〕

淝河。九十里。俱北往亳州路。〔四〕

坊六十有四

州

承流。在州東。〔五〕

宣化。在州西。〔六〕

起敬。在城隍廟巷口。〔七〕

〔一〕李宜春《嘉靖潁州志·建置·鋪》：「雙浮屠鋪，在太和縣北三十里。」《萬曆太和縣志·建置·鋪舍》：「雙浮屠鋪，在縣北三十里。」

〔二〕李宜春《嘉靖潁州志·建置·鋪》：「倪丘鋪，在太和縣北六十里。」《萬曆太和縣志·建置·鋪舍》：「倪丘鋪，在縣北六十里。」

〔三〕李宜春《嘉靖潁州志·建置·鋪》：「桑家店鋪，在太和縣北七十里。」《萬曆太和縣志·建置·鋪舍》：「桑家鋪，在縣北八十五里。」

〔四〕李宜春《嘉靖潁州志·建置·鋪》：「淝河鋪，在太和縣北，往亳州路。」《萬曆太和縣志·建置·鋪舍》：「淝河鋪，在縣北九十里。」

〔五〕《正德潁州志·坊郭》：「承流坊，在北城承流街西。」李宜春《嘉靖潁州志·建置·州治》：「……又前爲大門，東西列旌善、申明二亭，通衢則列以承流、宣化二坊。」

〔六〕《正德潁州志·坊郭》：「宣化坊，在北城承流街東。」

〔七〕《正德潁州志·坊郭》：「起敬坊，在北城城隍廟巷口。」李宜春《嘉靖潁州志·建置·坊》：「起敬坊，在州城隍廟巷口。」

激揚。在臬司東。〔一〕

儒林。在儒學西。〔二〕

進士三。俱在南北中衢，一爲郭昇，一爲李葵，一爲儲珊立。〔三〕

文英。在北城，爲葉春。〔四〕

攀鱗。在北城，爲張嵩。〔五〕

登雲。在南城，爲吕慶。〔六〕以上至文英，今俱廢。

世科。在北關，爲韓祥。〔七〕

〔一〕《正德潁州志·坊郭》：「激揚坊，在南城察院東。」李宜春《嘉靖潁州志·建置·坊》：「激揚坊，在州兵備道東。」

〔二〕《正德潁州志·坊郭》未載。李宜春《嘉靖潁州志·建置·坊》：「儒林坊，在州儒學西。」

〔三〕《正德潁州志·坊郭》：「進士坊，在北城時雍街，爲進士郭昇立……進士坊，在南城小十字街，爲進士李葵立……進士坊，在南城大街，弘治壬戌年（一五〇二）都指揮王爵、鞏開麟爲進士儲（珊立）。」李宜春《嘉靖潁州志·建置·坊》：「進士坊，在州南城小十字街，爲李葵立……進士坊……進士坊，在州北城時雍街，爲郭昇立。」

〔四〕《正德潁州志·坊郭》：「文英坊，在北城，爲舉人葉春立。今廢。」李宜春《嘉靖潁州志·建置·坊》：「文英坊，在州北城，爲舉人葉春立。今廢。」

〔五〕《正德潁州志·坊郭》：「攀鱗坊，在北城土主巷，爲舉人張嵩立。今廢。」李宜春《嘉靖潁州志·建置·坊》：「攀鱗坊，在州北城土主巷，爲舉人張嵩立。今廢。」

〔六〕《正德潁州志·坊郭》：「登雲坊，在南城，爲舉人吕慶立。今廢。」李宜春《嘉靖潁州志·建置·坊》：「登雲坊，在州南城，爲舉人吕慶立。今廢。」

〔七〕《正德潁州志·坊郭》：「世科坊，在北關，爲舉人韓祥立。」李宜春《嘉靖潁州志·建置·坊》：「世科坊，在州北關，爲舉人韓璽、孫韓祥立。」

奎光。在南城。〔一〕

繡衣。在南城。俱爲李葵。〔二〕

冲霄。在南城，爲張冲。〔三〕

雄飛。在南城，爲張守亨。〔四〕

登科。在南城。〔五〕

豸繡。在南城。俱爲儲珊。〔六〕

鳳鳴。在南城，爲胡洲。〔七〕

〔一〕《正德潁州志·坊郭》：「奎光坊，在南城，爲舉人李葵立。」李宜春《嘉靖潁州志·建置·坊》：「奎光坊，在州南城。」

〔二〕《正德潁州志·坊郭》：「繡衣坊，在南城大街，爲御史李葵立。」李宜春《嘉靖潁州志·建置·坊》：「繡衣坊，在州南城。（與奎光坊）俱爲李葵立。」

〔三〕《正德潁州志·坊郭》：「冲霄坊，在南城大街，爲經元張冲立。」李宜春《嘉靖潁州志·建置·坊》：「冲霄坊，在州南城大街，爲經魁張冲立。」

〔四〕《正德潁州志·坊郭》：「雄飛坊，在南城大街，爲舉人張守亨立。」李宜春《嘉靖潁州志·建置·坊》：「雄飛坊，在州南城大街，爲舉人張守亨立。」

〔五〕《正德潁州志·坊郭》未載。李宜春《嘉靖潁州志·建置·坊》：「登科坊……俱在州南城大街，爲儲珊立。」

〔六〕《正德潁州志·坊郭》：「豸繡坊，在南城大街，正德辛未年（一五一一）御史趙時中爲御史儲珊立。」李宜春《嘉靖潁州志·建置·坊》：「……豸繡坊，俱在州南城大街，爲儲珊立。」

〔七〕《正德潁州志·坊郭》：「鳳鳴坊，住［在］南城大十字街，弘治庚戌年（一四九〇）知州劉讓爲舉人儲珊立。」李宜春《嘉靖潁州志·建置·坊》：「鳳鳴坊，在州南城大十字街，爲舉人胡洲立。」當非同一坊。

飛黃。在北城，爲張葵。〔一〕

三忠。在東關祠前，判官景蒙爲元狀元李黼、兄冕、從子秉昭。

六貞。在東關祠前，景蒙爲漢范滂母、皇明陳海妻李、李深妻劉、周雨妻韓、時銓妻李、魏隆妻張六氏。

潁上

修文。縣治西。〔二〕

閲武。守禦所東。〔三〕

鳳池。儒學西。〔四〕

興賢。儒學東。〔五〕

澄清。察院前。〔六〕

施仁。養濟院前。〔七〕

〔一〕李宜春《嘉靖潁州志·建置·坊》：「飛黄坊，在州北城，爲舉人張葵立。」

〔二〕李宜春《嘉靖潁州志·建置·坊》：「修文坊，在潁上縣治西。」《順治潁上縣志·建置·坊》：「修文坊，縣西。」

〔三〕李宜春《嘉靖潁州志·建置·坊》：「閲武坊，在潁上守禦所東。（與修文坊）俱廢。」《順治潁上縣志·建置·坊》：「閲武坊，守禦所東。」

〔四〕李宜春《嘉靖潁州志·建置·坊》：「鳳池坊，在潁上縣學西。」《順治潁上縣志·建置·坊》：「鳳池坊，儒學西。」

〔五〕李宜春《嘉靖潁州志·建置·坊》：「興賢坊，在潁上縣學東。」《順治潁上縣志·建置·坊》：「興賢坊，儒學東。」

〔六〕李宜春《嘉靖潁州志·建置·坊》未載。《順治潁上縣志·建置·坊》：「澄清坊，察院前。今改貞、肅二坊。」

〔七〕李宜春《嘉靖潁州志·建置·坊》：「施仁坊，在潁上縣養濟院前。」《順治潁上縣志·建置·坊》：「施仁坊，養濟院前。」

鯤化。爲盛能立。〔一〕

蠅賀。爲卜謙。〔二〕

三秀。爲楊誠。〔三〕

奪錦。爲謝鵬。〔四〕

冠英。爲韓雄。〔五〕

丹鳳。爲賀［費］錦。〔六〕

進士。三，一爲李芳，一爲盛能，一爲黄廣。〔七〕

〔一〕李宜春《嘉靖潁州志·建置·坊》：「鯤化坊，在潁上縣北關，爲舉人盛能立。」《順治潁上縣志·建置·坊》：「鯤化坊，北關，爲舉人盛能立。」

〔二〕李宜春《嘉靖潁州志·建置·坊》：「蠅賀坊，在潁上縣北關，爲舉人卜謙立。」《順治潁上縣志·建置·坊》：「蠅賀坊，北關，爲舉人卜謙立。」

〔三〕李宜春《嘉靖潁州志·建置·坊》：「三秀坊，在潁上縣北關，爲舉人楊誠立。」《順治潁上縣志·建置·坊》：「四秀坊，爲舉人楊誠、李芳、卜謙、林英立。」

〔四〕李宜春《嘉靖潁州志·建置·坊》：「奪錦坊，在潁上縣北關，爲舉人謝鵬立。」《順治潁上縣志·建置·坊》：「奪錦坊，在北關，爲舉人謝鵬立。」

〔五〕李宜春《嘉靖潁州志·建置·坊》：「冠英坊，在潁上縣河頭街，爲舉人韓雄立。」《順治潁上縣志·建置·坊》：「冠英坊，在北關，爲舉人韓雄立。」

〔六〕李宜春《嘉靖潁州志·建置·坊》：「丹鳳坊，在潁上縣河頭街，爲舉人費謹立。」《順治潁上縣志·建置·坊》：「丹鳳坊，在北關，爲舉人費謹立。」

〔七〕李宜春《嘉靖潁州志·建置·坊》：「進士坊，在潁上縣北關，爲李芳立。進士坊，在潁上縣黄溝鋪，爲盛能立……進士坊，在潁上縣東關，爲黄廣立。」《順治潁上縣志·建置·坊》：「進士坊三，一在黄溝鋪，爲盛能立；一北關，爲李芳立；一東關，爲黄廣立。」

鳴陽。爲黄廣。〔一〕

貞節。爲梅節婦。〔二〕以上俱廢。

步蟾。爲林英。〔三〕

登科。爲王相。〔四〕

接武。爲王翊。〔五〕

攀龍。爲王確。〔六〕

孝行。爲王翊。〔七〕

通濟。街之東向。〔八〕

〔一〕李宜春《嘉靖潁州志・建置・坊》：「鳴陽坊，在潁上縣東關，爲舉人黄廣立。」《順治潁上縣志・建置・坊》：「鳴陽坊，爲黄廣立。」

〔二〕李宜春《嘉靖潁州志・建置・坊》：「貞節坊，在潁上縣北關，爲節婦梅氏立。已上俱廢。」《順治潁上縣志・建置・坊》：「貞節坊，在北關，爲梅節婦劉氏立。」

〔三〕李宜春《嘉靖潁州志・建置・坊》：「步蟾坊，在潁上縣河頭大街，爲舉人林英立。」《順治潁上縣志・建置・坊》：「步蟾坊，在北關，爲舉人林英立。」

〔四〕李宜春《嘉靖潁州志・建置・坊》：「登科坊，在潁上縣北關，爲舉人王相立。」《順治潁上縣志・建置・坊》：「登科坊，在北關，爲舉人王相立。」

〔五〕李宜春《嘉靖潁州志・建置・坊》：「接武坊，在潁上縣北關，爲舉人王翊立。」《順治潁上縣志・建置・坊》：「接武坊，在北關，爲舉人王翊立。」

〔六〕李宜春《嘉靖潁州志・建置・坊》：「攀龍坊，在潁上縣河頭街，爲舉人王確立。」《順治潁上縣志・建置・坊》：「攀龍坊，北關，爲舉人王確立。」

〔七〕李宜春《嘉靖潁州志・建置・坊》：「孝行坊，在潁上縣北關，爲王翊立。」《順治潁上縣志・建置・坊》：「孝行坊，在潁北關，爲孝子王翊立。」

〔八〕李宜春《嘉靖潁州志・建置・坊》：「通濟坊，在潁上縣十字街東。」《順治潁上縣志・建置・坊》未載。

納清。街之西向。〔一〕
萃陽。街之南向。〔二〕
拱辰。街之北向。〔三〕
淮汴會津。通津門外。〔四〕
開誠布公。縣治之前。〔五〕

太和

德化。縣治南。〔六〕
宣政。縣治北。〔七〕
興賢。儒學東。〔八〕

〔一〕李宜春《嘉靖潁州志・建置・坊》：「納清坊，在潁上縣十字街西。」《順治潁上縣志・建置・坊》未載。

〔二〕李宜春《嘉靖潁州志・建置・坊》：「萃陽坊，在潁上縣十字街南。」《順治潁上縣志・建置・坊》未載。

〔三〕李宜春《嘉靖潁州志・建置・坊》：「拱辰坊，在潁上縣十字街北。」《順治潁上縣志・建置・坊》未載。

〔四〕李宜春《嘉靖潁州志・建置・坊》：「淮汴會津坊，在潁上縣通津門外。已上俱知縣廖自顯建。」《順治潁上縣志・建置・坊》未載。

〔五〕李宜春《嘉靖潁州志・建置・潁上縣治》：「……又進爲大門，上爲譙樓門，之前又爲開誠布公坊。」

〔六〕李宜春《嘉靖潁州志・建置・太和縣治》：「……又進爲大門，上爲譙樓，東西則列以旌善亭、申明亭。又分左右爲德化坊、宣政坊。」《萬曆太和縣志・建置・坊廂》：「德化坊，在縣治南，知縣穆寧建。今俱廢。」

〔七〕《萬曆太和縣志・建置・坊廂》：「宣政坊，在縣治左，洪武十二年（一三七九）知縣穆寧建。」

〔八〕李宜春《嘉靖潁州志・建置・坊》：「興賢坊，在太和縣儒學東。」《萬曆太和縣志・建置・坊廂》：「興賢坊，在儒學南街東。」

育秀。儒學西。〔一〕

青雲路。儒學前。〔二〕

攀桂。爲王質立。〔三〕

登雲。二，一爲齊敬，一爲張禎［禎］。〔四〕

折桂。爲徐良。〔五〕

步雲。爲張綸。〔六〕以上至攀桂俱廢。

大司寇。爲尚書王質。〔七〕

〔一〕李宜春《嘉靖潁州志·建置·坊》：「育秀坊，在太和縣儒學西。」《萬曆太和縣志·建置·坊廂》：「育秀坊，在儒學南街西。」

〔二〕李宜春《嘉靖潁州志·建置·坊》：「青雲路坊，在太和縣儒學前。」《萬曆太和縣志·建置·坊廂》未載。

〔三〕李宜春《嘉靖潁州志·建置·坊》：「攀桂坊，太和縣，爲王質立。」《萬曆太和縣志·建置·坊廂》未載。

〔四〕李宜春《嘉靖潁州志·建置·坊》：「登雲坊二，太和縣，爲齊敬、張禎立。」《萬曆太和縣志·建置·坊廂》：「登雲坊，在縣北關王廟前，爲舉人齊敬立。」

〔五〕李宜春《嘉靖潁州志·建置·坊》：「折桂坊，太和縣，爲徐良立。」《萬曆太和縣志·建置·坊廂》：「折桂坊，在縣治西，大十字街南，爲舉人徐良立。」

〔六〕李宜春《嘉靖潁州志·建置·坊》：「步雲坊，太和縣，爲張綸立。已上俱廢。」《萬曆太和縣志·建置·坊廂》：「步雲坊，在縣治東十字街迤北，爲舉人張倫立。」

〔七〕李宜春《嘉靖潁州志·建置·坊》：「大司寇坊，太和縣，爲尚書王質立。」《萬曆太和縣志·建置·坊廂》：「大司寇坊，在縣東居仁街，爲尚書王質立。」

翰林。爲檢討紀鏞。〔一〕

南畿出色。爲孫崇德。〔二〕

攀桂。爲王章。〔三〕

橋三十有八

州

南關。迎薰門外。〔四〕

西關。宜秋門外。〔五〕

白龍溝。承恩門外，跨西湖水。〔六〕

〔一〕李宜春《嘉靖潁州志·建置·坊》：「翰林坊，太和縣，爲檢討紀鏞立。」《萬曆太和縣志·建置·坊廂》：「翰林坊，在縣西遵義街，爲檢討紀鏞立。」

〔二〕李宜春《嘉靖潁州志·建置·坊》：「南畿出色坊，太和縣，爲舉人孫崇德立。」《萬曆太和縣志·建置·坊廂》：「南畿出色坊，在縣治南門崇禮街，爲舉人孫崇德立。」

〔三〕李宜春《嘉靖潁州志·建置·坊》：「攀桂坊，太和縣，爲舉人王章立。」《萬曆太和縣志·建置·坊廂》：「攀桂坊，在縣治西十字街迤北，爲舉人王章立。」

〔四〕《正德潁州志·關梁》：「南關橋，在南城門外，跨城南隍池。路通城南官道。」李宜春《嘉靖潁州志·建置·橋》：「南關橋，在州迎薰門外。」

〔五〕《正德潁州志·關梁》：「西關橋，在南城西門外，跨城西隍池。通州西官道。」李宜春《嘉靖潁州志·建置·橋》：「西關橋，在州宜秋門外。」

〔六〕《正德潁州志·關梁》：「白龍溝橋，在北城西北隅，跨西湖，下流白龍溝。成化中，僧濟拳募修，有《記》立石。」李宜春《嘉靖潁州志·建置·橋》：「白龍溝橋，在州承恩門外，跨西湖中。同知劉節有記。」

夷陵。東六十二里。〔一〕

站溝。東六十里。〔二〕

板。東南七十里。〔三〕

磚。南四十里。〔四〕

七星。南五十里。〔五〕

七旗。南七十五里。〔六〕

功立。南一百里。〔七〕

〔一〕《正德潁州志·關梁》：「夷陵橋，在州東六十二里板橋東。坡水下流大澗，路通官道。」李宜春《嘉靖潁州志·建置·橋》：「夷陵橋，在州東六十二里。」

〔二〕《正德潁州志·關梁》：「站溝橋，在州東六十里，跨陳村下流。土人架梁，以便行旅。通舊馬驛官道。」李宜春《嘉靖潁州志·建置·橋》：「站溝橋，在州東六十里。」

〔三〕《正德潁州志·關梁》：「板橋，在州東南七十里，跨潤河。土人架木梁，便南北行旅。」李宜春《嘉靖潁州志·建置·橋》：「板橋，在州東南七十里。」

〔四〕《正德潁州志·關梁》：「磚橋，在州南四十里，跨潤河。前代建，以便南北行旅。橋北，小店、客户二十餘家。」李宜春《嘉靖潁州志·建置·橋》：「磚橋，在州南四十里。」

〔五〕《正德潁州志·關梁》：「七星橋，在州南五十里，跨潤河。水中生石七拳，如北斗。土人架梁石上，通衢。」李宜春《嘉靖潁州志·建置·橋》：「七星橋，在州南五十里，水中生七石如北斗，土人架梁於上。」

〔六〕《正德潁州志·關梁》：「七旗橋，在州南七旗崗北，跨谷河。土人建，以通官倉。」李宜春《嘉靖潁州志·建置·橋》：「七旗橋，在州南七十五里。」

〔七〕《正德潁州志·關梁》：「功立橋，在州南一百里，跨谷河。土人建，以便商旅。橋南有集。」李宜春《嘉靖潁州志·建置·橋》：「功立橋，在州南一百里。」

通惠。西南一百里。〔一〕

楊宅。西南一百一十里。〔二〕

油店。西南一百四十里。〔三〕

楊。西九十里。〔四〕

驛口。西一百里。〔五〕

永濟。西四十五里，黎瑀等建。〔六〕

潁上

通津。東門外。〔七〕

〔一〕《正德潁州志·關梁》未載。李宜春《嘉靖潁州志·建置·橋》：「通惠橋，在州西南一百里。」

〔二〕《正德潁州志·關梁》：「楊宅橋，在州西南一百一十里，跨谷河。前代建有碑石，剥落。」李宜春《嘉靖潁州志·建置·橋》：「楊宅橋，在州西南一百一十里。」

〔三〕《正德潁州志·關梁》：「油店橋，在州西南一百四十里，跨谷河。唐劉大師經過，改名迎仙橋。」李宜春《嘉靖潁州志·建置·橋》：「油店橋，在州西南一百四十里。」

〔四〕《正德潁州志·關梁》：「楊橋，在州西九十里，跨延河口，路通沈丘之官道。」李宜春《嘉靖潁州志·建置·橋》：「楊橋，在州西九十里。」

〔五〕《正德潁州志·關梁》：「驛口橋，在州西一百里古馬驛前，通汝寧官道。又云：建橋時一虎守料，故又名一虎橋。」李宜春《嘉靖潁州志·建置·橋》：「驛口橋，在州西一百里。」

〔六〕《正德潁州志·關梁》未載。李宜春《嘉靖潁州志·建置·橋》：「永濟橋，在州西十五里。」

〔七〕李宜春《嘉靖潁州志·建置·橋》：「通津橋，在潁上縣東門外。教諭張雲龍《記》……」《順治潁上縣志·建置·橋梁》：「通津橋，縣東門外。」

通潁。潁陽門外。〔一〕

濟涉。北關大街。〔二〕

通霍。壽春門外。〔三〕

黄岡。縣東。〔四〕

大石。東南四十里。〔五〕

蓮花。西八里。〔六〕

謝家。北四十五里。〔七〕

林家。東北五十里。〔八〕

長林。在王愛溝，通京師路。〔九〕

〔一〕李宜春《嘉靖潁州志·建置·橋》：「通潁橋，在潁上縣潁陽門外。」《順治潁上縣志·建置·橋梁》：「通潁橋，西門。」

〔二〕李宜春《嘉靖潁州志·建置·橋》：「濟涉橋，在潁上縣北關大街。」《順治潁上縣志·建置·橋梁》：「濟涉橋，北關隍口。」

〔三〕李宜春《嘉靖潁州志·建置·橋》：「通霍橋，在潁上縣壽春門外。」《順治潁上縣志·建置·橋梁》：「通霍橋，南門。」

〔四〕李宜春《嘉靖潁州志·建置·橋》：「黄岡橋，在潁上縣東南。」《順治潁上縣志·建置·橋梁》：「黄崗橋，監生李經建。」

〔五〕李宜春《嘉靖潁州志·建置·橋》：「大石橋，在潁上縣東南四十里。」《順治潁上縣志·建置·橋梁》：「大石橋，東南四十里。」

〔六〕李宜春《嘉靖潁州志·建置·橋》：「蓮花橋，在潁上縣西八里。」《順治潁上縣志·建置·橋梁》：「蓮花橋，張丞才建。」

〔七〕李宜春《嘉靖潁州志·建置·橋》：「謝家橋，在潁上縣北四十五里。」《順治潁上縣志·建置·橋梁》：「謝家橋，縣北四十五里，通京。」

〔八〕李宜春《嘉靖潁州志·建置·橋》：「林家橋，在潁上縣東北五十里。」《順治潁上縣志·建置·橋梁》：「林家橋，縣東北五十里，謝磐建。」

〔九〕李宜春《嘉靖潁州志·建置·橋》：「長林橋，在潁上縣（王愛）溝，通溝［京］。」《順治潁上縣志·建置·橋梁》：「長林橋，在王愛溝，通北京路。」

太和

磚。西一十二里。〔一〕

利涉。西北一十五里。先名批灘溜橋，爲邑省祭張世雄等所建。兵備李石疊改今名，州學正胡袞記。〔二〕

雙浮屠。西北三十里。〔三〕

李忠。西北四十里。〔四〕

張道人。西北五十里。〔五〕

轂河。西北八十里。〔六〕

張貴。北三十里。〔七〕

〔一〕李宜春《嘉靖潁州志·建置·橋》：「磚橋，在太和縣西一十二里。」《萬曆太和縣志·輿勝·橋梁》：「磚橋，在縣西一十里。景泰三年（一四五二），知縣范衷造。」

〔二〕李宜春《嘉靖潁州志·建置·橋》：「利涉橋，在太和縣西北一十五里，學正胡袞有《記》。」《萬曆太和縣志·輿勝·橋梁》：「坯灘溜橋，在縣北十五里。正統十一年（一四四六），省祭張聶造，兵憲李公改名利涉橋。有《記》，見《藝文》。」

〔三〕李宜春《嘉靖潁州志·建置·橋》：「雙浮屠橋，在太和縣西北三十里。」《萬曆太和縣志·輿勝·橋梁》：「雙浮屠橋，在縣北三十里。景泰四年（一四五三），知縣范衷造。」

〔四〕李宜春《嘉靖潁州志·建置·橋》：「李忠橋，在太和縣北四十里。」《萬曆太和縣志·輿勝·橋梁》：「李忠橋，在縣北四十里。」

〔五〕李宜春《嘉靖潁州志·建置·橋》：「張道人橋，在太和縣西北五十里。」《萬曆太和縣志·輿勝·橋梁》：「張道人橋，在縣東北十里。」

〔六〕李宜春《嘉靖潁州志·建置·橋》：「轂河橋，在太和縣西北八十里。」《萬曆太和縣志·輿勝·橋梁》：「轂河橋，在縣西北八十里。正統五年（一四四〇），鄉民張英造。」

〔七〕李宜春《嘉靖潁州志·建置·橋》：「張貴橋，在太和縣北三十里。」《萬曆太和縣志·輿勝·橋梁》：「張貴橋，在縣東北三十里，范文林等重修。有《碑記》，見《藝文》。」

倪丘。北六十里。〔一〕

板。北八十里。〔二〕

麗道人。東北十五里。〔三〕

史家。東北二十五里。〔四〕

白廟。東北二十里。〔五〕

樓二十有三閣一亭一臺二

樓

州

宜陽。即東門樓。

〔一〕李宜春《嘉靖潁州志·建置·橋》：「倪丘橋，在太和縣北六十里。」《萬曆太和縣志·輿勝·橋梁》：「倪丘橋，在縣北七十里。正統十一年（一四四六）兵憲李公造。」

〔二〕李宜春《嘉靖潁州志·建置·橋》：「板橋，在太和縣北八十里。」《萬曆太和縣志·輿勝·橋梁》：「板橋，在縣北七十五里。」

〔三〕李宜春《嘉靖潁州志·建置·橋》：「麗道人橋，在太和縣東北十五里。」《萬曆太和縣志·輿勝·橋梁》未載。

〔四〕李宜春《嘉靖潁州志·建置·橋》：「史家橋，在太和縣東北二十五里。」《萬曆太和縣志·輿勝·橋梁》：「史家橋。在縣東北二十五里。景泰三年（一四五二）知縣范衷造。」

〔五〕李宜春《嘉靖潁州志·建置·橋》：「白廟橋，在太和縣東北二十里。」《萬曆太和縣志·輿勝·橋梁》：「白廟橋，在縣東北二十里。庠生劉一貴、省祭王泰同造。有《碑記》，見《藝文》。」

迎熏。即南門樓。

宜秋。即西門樓。

承恩。即北門樓。〔一〕

譙樓。在中衢，以樓分南北城。〔二〕

望霍。東南角樓。〔三〕

克敵。西南角樓。〔四〕

凱歌。西北角樓。〔五〕

向蒙。東北角樓。〔六〕

迎暉。東月城樓。

丹冗。南月城樓。以上六樓舊無名，蒙爲之定。

達淮。北月城東樓。

〔一〕李宜春《嘉靖潁州志·州考·潁州》：「……門四，各置樓於上。東，宜陽；西，宜秋，小西門，塞；南，迎薰；北，承恩；咸有月城。」

〔二〕李宜春《嘉靖潁州志·兵防·樓》：「譙樓，在中衢，以樓分南北城。」

〔三〕李宜春《嘉靖潁州志·兵防·樓》：「望霍樓，在城上東南角。」

〔四〕李宜春《嘉靖潁州志·兵防·樓》：「克敵樓，在城上西南角。」

〔五〕李宜春《嘉靖潁州志·兵防·樓》：「凱歌樓，在城上西北角。」

〔六〕李宜春《嘉靖潁州志·兵防·樓》：「向蒙樓，在城上東北角。」

通汴。北月城西樓。〔一〕

潁上

觀潁。即東門樓。〔二〕

望淮。即南門樓。〔三〕

通汴。即西門樓。〔四〕

朝宗。即北門樓。〔五〕

譙樓。在縣前。

太和

順化。即東門樓。

添保。即南門樓。

太平。即西門樓。

〔一〕李宜春《嘉靖潁州志·州考·潁州》：「……其北又分達淮、通汴爲二門。」

〔二〕《順治潁上縣志·建置·樓》：「觀潁樓，即城東門樓。」

〔三〕《順治潁上縣志·建置·樓》：「望淮樓，城南門。」

〔四〕《順治潁上縣志·建置·樓》：「通汴樓，城西門。」

〔五〕《順治潁上縣志·建置·樓》：「朝宗樓，城北門。」

大義。即北門樓。〔一〕

譙樓。在縣前。

閣

潁上

朝元。在東華觀後。〔二〕

亭

太和

遺愛。在縣治南二里。亭有碑，爲知縣許選立。〔三〕

〔一〕李宜春《嘉靖潁州志·州考·太和縣》：「……舊有土城，正德甲戌（一五一四）知縣趙夔甃以磚石，高二丈三尺，周四里七十八步。門四，咸有樓，東曰順化，西曰太平，南曰添〔天〕保，北曰大義。」《萬曆太和縣志·建置·城池》：「太和故有城，周廣四里七十八步……正德甲戌，甃砌磚石，高二丈二尺，厚七尺，周一千八百七十九步，雉堞一千六百八十有七。祇開四門，以便守禦，東曰順化，西曰太平，南曰天保，北曰大義。」

〔二〕《順治潁上縣志·風俗·寺觀》：「東華觀，在城十字街西。《舊志》：元癸丑年（一三一三），道士李清安創建，兵廢……弘治十五年（一五〇二），住持姚永珊建山門五間，朝元大閣五門。」

〔三〕李宜春《嘉靖潁州志·宦業》：「許選，福建漳浦人。嘉靖初由貢士知太和縣，多有惠政。歷三載，陞岳州通判。民作遺愛亭，題曰愛民父母。」

臺

潁上

靈臺。在縣西南潤河側。兩臺對峙，蒼然鬱秀。〔一〕

陽臺。在縣北潁水東。〔二〕

論曰：郡邑有城池也，高城深池，其執貴守；有治署也，大小百司，其職貴修；有倉廩也，而倉廩貴實；有刑獄也，而刑獄貴清。學校貴乎能興，煢獨貴乎能恤，關市貴乎能察，商賈貴乎能通，如此則吏治修舉而地方安則。夫今之建置，初何損於古之封建，而今之守令，又何愧於古之諸侯哉！

《建置志》終

〔一〕《成化中都志·宮室堂亭樓閣臺榭·潁上縣》：「靈臺，在縣西南四十五里。」《南畿志·鳳陽府·潁州（古蹟）》：「靈臺，在縣西南四十五里。」李宜春《嘉靖潁州志·輿勝·古蹟》：「靈臺，在潁上縣北二十里。有前令使臺，相距五里許，莫知所始。上層寺在焉。」《順治潁上縣志·輿圖·山川》：「靈臺，在縣西南五十里淮潤之間，兩臺相連，上建以寺，風景鬱秀。」

〔二〕《順治潁上縣志·輿圖·山川》：「陽臺，在縣東北十五里，近湖。舊有寺建其上，今廢。」

潁州志卷之八

志四·食貨

自古食貨必志，如《禹賦》九等别土田〔一〕，《洪範》八政先食貨〔二〕，《周官》太府掌九賦九貢之法〔三〕，而《大學》之土與財用則又本於有人焉〔四〕，皆所以裕民生、重國本之道也。凡吾民牧，欲使生之者不窮，用之者不歉，惟在慎德以先之耳。爰志《食貨》。

唐

豫州。土惟壤，下土墳壚。壚，疏也。田中上。田第四。〔五〕

〔一〕《尚書·禹貢》：「禹别九州，隨山濬川，任土作貢。禹敷土，隨山刊木，奠高山大川。」

〔二〕《尚書·洪範》：「八政：一曰食，二曰貨，三曰祀，四曰司空，五曰司徒，六曰司寇，七曰賓，八曰師。」

〔三〕《周禮·天官冢宰》：「大府掌九貢、九賦、九功之貳，以受其貨賄之人，頒其貨於受藏之府，頒其賄於受用之府。」

〔四〕《禮記·大學》：「《詩》云：『殷之未喪師，克配上帝；儀監於殷，峻命不易。』道得衆則得國，失衆則失國。是故君子先慎乎德。有德此有人，有人此有土，有土此有財，有財此有用。」

〔五〕《尚書·禹貢》：「荆、河惟豫州。伊、洛、瀍、澗既入於河，滎波既豬，導菏澤，被孟豬。厥土惟壤，下土墳壚。厥田惟中上，厥賦錯上中。」注：「田第四，賦第二，又雜出第一。」

虞

闕。

夏

豫州。厥田惟中上，厥賦錯上中。厥貢：漆、枲、絺、紵，厥篚纖纊，錫貢磬錯。〔一〕

商

闕。

周

河南曰豫州。其利林、漆、絲、枲。〔二〕

漢

闕。

晉

汝陰郡。户八千五百。〔三〕

〔一〕《尚書・禹貢》：「（豫州）厥田惟中上，厥賦錯上中。厥貢漆、枲、絺、紵，厥篚纖纊，錫貢磬錯。」

〔二〕《周禮・職方氏》：「河南曰豫州，其山鎮曰華山，其澤藪曰圃田，其川熒雒，其浸波溠，其利林漆絲枲，其民二男三女，其畜宜六擾，其穀宜五種。」

〔三〕《晉書・地理志》：「汝陰郡：魏置郡，後廢。泰始二年（二六六）復置。統縣八，户八千五百。」李宜春《嘉靖潁州志・賦産・編户》：「晉：户八千五百。」

南宋

西汝陰郡。户二千七百四十九，口一萬四千三百三十五。〔一〕

隋

汝陰郡。户六萬五千九百二十六。〔二〕

唐

信州。武德四年置。六年更汝陰郡。户三萬七百七十，口二十萬二千八百九十。貢絁、綿、糟白魚。〔三〕

宋

潁州。後陞順昌府。户七萬八千一百七十四，口一十六萬六百二十八。募民耕潁州陂塘荒地凡千五百頃。貢紬、絁、綿。〔四〕

〔一〕《宋書·州郡志》："汝陰太守：晉武帝分汝南立，成帝咸康二年（三三六），省併新蔡，後復立。領縣四。户二千七百四十九，口一萬四千三百三十五。"李宜春《嘉靖潁州志·賦産·編户》："南宋：户二千七百四十九，口一萬四千三百三十五。"

〔二〕《隋書·地理志》："汝陰郡：舊置潁州。統縣五。户六萬五千九百二十六。"李宜春《嘉靖潁州志·賦産·編户》："隋：户六萬五千九百二十六。"

〔三〕《新唐書·地理志》："潁州：汝陰郡，上。本信州，武德四年（六二一）置，六年（六二三）更名。土貢：絁、綿、糟白魚。户三萬七百七，口二十萬二千八百九十。"李宜春《嘉靖潁州志·賦産·編户》："唐：十户三萬七百七，口二十萬二千八百九十。"

〔四〕《宋史·地理志》："順昌府：上，汝陰郡，舊防禦，後爲團練。開寶六年（九七三），復爲防禦。元豐二年（一〇七九），陞順昌軍節度。舊潁州，政和六年（一一一六），改爲府。崇寧户七萬八千一百七十四，口一十六萬六百二十八。貢紬、絁、綿。"李宜春《嘉靖潁州志·賦産·編户》："宋：户七萬八千一百七十四，口一十六萬六百二十八。"

金

潁州、陳、蔡隸滄監［鹽］司，以山東東西路各計口承課。[一]

元

闕。

明

潁州。潁上、太和附。

高皇帝朝

辛酉（一三八一）：

州。户一千七百。口。闕。田地。闕。[二]

潁上。闕。[三]

太和。闕。[四]

〔一〕《金史·食貨志》：「（泰和）五年（一二〇五）六月，以山東、滄州兩鹽司侵課，遣户部員外郎石鉉按視之，還言令兩司分辦爲便。詔以周昂分河北東西路、大名府、恩州、南京、睢、陳、蔡、許、潁州隸滄鹽司，以山東東西路、開、濮州、歸德府、曹、單、亳、壽、泗州隸山東鹽司，各計口承課。」

〔二〕《正德潁州志·版圖》：「洪武十四年辛酉，人户一千七百户，分置十四里。」李宜春《嘉靖潁州志·賦産·編户（潁州）》：「嘉靖二十一年（一五四二），户九千七百五十二，口一十三萬八千二百五十五……視洪武辛酉，户增八千五十二。」

〔三〕李宜春《嘉靖潁州志·賦産·編户（潁上縣）》：「嘉靖二十一年（一五四二），户二千八百有八，口一萬八千三百四十一……視洪武辛酉，户增一千九百二十七，口增一萬三千三十。」據此推算，洪武辛酉，潁上縣有户八百八十一，口五千三百一十一。

〔四〕《萬曆太和縣志·食貨·户口》：「洪武初年：户貳百壹拾壹，口伍千貳百玖拾玖。」

辛未（一三九一）：

州。户。如前。〔一〕

潁上。户八百八十一。口五千三百七十一。田地五百六十六頃八十八畝。

太和。闕。

文皇帝朝

癸未（一四〇三）：

州。户一千五百五十。口。闕。田地。闕。〔二〕

潁上。户。闕。口。闕。田地。如前。〔三〕

太和。闕。

壬辰（一四一二）：

州。户一千六百二十三。口。闕。田地。闕。〔四〕

潁上。户一千五百七十三。口五千一百二十四。田地。闕。

〔一〕《正德潁州志·版圖》：「洪武二十四年辛未，一如舊額。」

〔二〕《正德潁州志·版圖》：「永樂元年癸未，人户一千五百五十户。」李宜春《嘉靖潁州志·賦産·編户（潁州）》：「嘉靖二十一年（一五四二），户九千七百五十二，口一十三萬八千二百五十五……視永樂癸未，户增八千二百有二。」

〔三〕李宜春《嘉靖潁州志·賦産·編户（潁上縣）》：「嘉靖二十一年（一五四二），户二千八百有八，口一萬八千三百四十一……視永樂癸未，户增一千二百八十五，口增一萬三千二百一十七。」據此推算，永樂癸未，潁上縣有户一千五百二十三，口五千一百二十四。

〔四〕《正德潁州志·版圖》：「永樂十年壬辰，人户一千六百二十三户。」

太和。闕。

壬寅（一四二二）：

州。户一千六百三十八。口。闕。田地。闕。〔一〕

潁上。闕。

太和。闕。

章皇帝朝

壬子（一四三二）：

州。户一千六百八十。口。闕。田地。闕。〔二〕

潁上。闕。

太和。闕。

睿皇帝朝

壬戌（一四四二）：

州。户二千一十八。口。闕。田地。闕。〔三〕

〔一〕《正德潁州志·版圖》：「永樂二十年壬寅，人户一千六百三十八户。」

〔二〕《正德潁州志·版圖》：「宣德七年壬子，人户一千六百八十户。」李宜春《嘉靖潁州志·賦産·編户（潁州）》：「嘉靖二十一年（一五四二），户九千七百五十二，口一十三萬八千二百五十五……視宣德壬子，户增八千七十二。」

〔三〕《正德潁州志·版圖》：「正統七年壬戌，人户二千一十八户。土居主户一千六百八十户，流移客户三百三十八户。」李宜春《嘉靖潁州志·賦産·編户（潁州）》：「嘉靖二十一年（一五四二），户九千七百五十二，口一十三萬八千二百五十五……視正統壬戌，户增七千七百三十四。」

潁上。闕。

太和。闕。

景皇帝朝

壬申（一四五二）：

州。户二千九百。口。闕。田地。闕。〔一〕

潁上。户一千六百九十三。口一萬三千九十七。田地。闕。〔二〕

太和。闕。

睿皇帝朝

天順壬午（一四六二）：

州。户四千六百三十八。口。闕。田地。闕。〔三〕

潁上。闕。

太和。闕。

〔一〕《正德潁州志·版圖》：「景泰三年壬申，人户二千九百户。土居主户一千七百户，流移客户一千二百户。」李宜春《嘉靖潁州志·賦産·編户（潁州）》：「嘉靖二十一年（一五四二），户九千七百五十二，口一十三萬八千二百五十五……視景泰壬申，户增六千八百五十二。」

〔二〕李宜春《嘉靖潁州志·賦産·編户（潁上縣）》：「嘉靖二十一年（一五四二），户二千八百有八，口一萬八千三百四十一……視景泰壬申，户增一千一百一十五，口增四千九百四十四。」

〔三〕《正德潁州志·版圖》：「天順六年壬午，人户四千六百三十八户。土居主户二千四百七十八户，流移客户二千一百六十户。」李宜春《嘉靖潁州志·賦産·編户（潁州）》：「嘉靖二十一年（一五四二），户九千七百五十二，口一十三萬八千二百五十五……視天順壬午，户增五千一百一十四。」

純皇帝朝

壬辰（一四七二）：

州。户六千一百八十二。口。闕。田地。闕。〔一〕

潁上。闕。

太和。闕。

壬寅（一四八二）：

州。户八千九百。口。闕。田地。闕。〔二〕

潁上。户一千九百八十五。口一萬四千七百四。田地。闕。〔三〕

太和：闕。

敬皇帝朝

壬子（一四九二）：

闕。

〔一〕《正德潁州志·版圖》：「成化八年壬辰，人户六千一百八十二户。土居主户二千五百三十二户，流移客户三千六百五十户。」李宜春《嘉靖潁州志·賦産·編户（潁州）》：「嘉靖二十一年（一五四二），户九千七百五十二，口一十三萬八千二百五十五……視成化壬辰，户增三千五百七十。」

〔二〕《正德潁州志·版圖》：「成化十八年壬寅，人户八千九百户。土居主户二千五百四十四户，流移客户六千三百五十六户。」

〔三〕李宜春《嘉靖潁州志·賦産·編户（潁上縣）》：「嘉靖二十一年（一五四二），户二千八百有八，口一萬八千三百四十一……視成化壬寅，户增八百二十三，口增三千六百三十八。」

壬戌（一五〇二）：

闕。

毅皇帝朝

壬申（一五一二）：

州。户八千九百。口六萬六千一百七十九。田地二千八百五十三頃九十五畝。〔一〕

潁上。户二千六百一十三。口一萬五千六百二。田地七百六十三頃九十畝。〔二〕

太和：闕。

今上皇帝朝

壬午（一五二二）：

州。户九千七百五十二。口一十一萬三千七百一十六。田地。如前。〔三〕

潁上。户二千八百八。口一萬八千三百四十一。田地七百六十六頃九十七畝。

〔一〕李宜春《嘉靖潁州志·賦産·編户（潁州）》：「嘉靖二十一年（一五四二），户九千七百五十二，口一十三萬八千二百五十五……視正德壬申，户增八百五十二，口增七萬二千七十一。」

〔二〕李宜春《嘉靖潁州志·賦産·編户（潁上縣）》：「嘉靖二十一年（一五四二），户二千八百有八，口一萬八千三百四十一。視正德壬申，户增一百九十五，口增二千七百三十九。」

〔三〕李宜春《嘉靖潁州志·賦産·編户（潁州）》：「嘉靖二十一年（一五四二），户九千七百五十二，口一十三萬八千二百五十五……視元年，口增二萬四千五百三十四。」

太和。户。闕。口。闕。田地一千一百六十四頃四十五畝二分。〔一〕

壬辰（一五三二）：

州。户九千五百五十。口九萬九千七十八。田地。如前。〔二〕

潁上、太和。並闕。〔三〕

賦

洪武

州。闕。

潁上。夏税小麥一千五百三十一石七斗二升九合六勺；秋糧粳米一千一百七十六石七斗八合五勺八抄二撮；馬草二千二百八十四包六斤七兩六錢四分。

太和。闕。

〔一〕李宜春《嘉靖潁州志・賦産・編户（太和縣）》：「嘉靖二十一年（一五四二），户四千五百有九，口五萬六千九百九十五。視十一年（一五三二），口增六千四百六十一。」據此推算，嘉靖十一年，太和縣有口五萬五百三十四。

〔二〕李宜春《嘉靖潁州志・賦産・編户（潁州）》：「嘉靖二十一年（一五四二），户九千七百五十二，口一十三萬八千二百五十五。視十一年，户增二百有二，口增三萬九千一百七十二。」

〔三〕李宜春《嘉靖潁州志・賦産・編户（太和縣）》：「嘉靖二十一年（一五四二），户四千五百有九，口五萬六千九百九十五。視十一年（一五三二），口增六千四百六十一。」據此推算，嘉靖十一年，太和縣有口五萬五百三十四。《萬曆太和縣志・食貨・户口》：「嘉靖年間：户肆千貳百伍拾柒：民户叁千捌百柒拾，軍户叁百貳拾伍，匠户壹拾壹，力士户壹拾肆，官户貳拾，校尉户玖。口伍萬肆千柒百捌拾貳：民口肆萬貳千捌百壹拾肆，軍口壹萬陸百柒拾貳，匠口陸百貳拾玖，力士口貳百陸拾柒，官口貳百叁拾壹，校尉口壹百陸拾玖。」

永樂

元年（一四〇三）：

州。夏税小麥四千一百二十石五升七合六勺；秋糧粳、粟米三千一百一十二石二斗五升八合八勺四抄三撮；馬草六千二百二十四包五斤四兩。

潁上、太和。並闕。

十年（一四一二）：

州。如前。

潁上。夏税小麥一千五百三十一石七斗二升九合六勺；秋糧粳米一千一百七十六石七斗八合五勺八抄三撮；馬草二千二百八十四包六斤七兩六錢四分。

太和。闕。

二十年（一四二二）：

州、潁上。俱如前。〔一〕

太和。闕。

宣德

七年（一四三二）：

州。夏税小麥四千二百三十石五斗七升五合；秋糧粳、粟米三千一百八十石六斗一升八勺；馬草六千七百四十

〔一〕《正德潁州志·貢賦·賦》：「永樂二十年壬寅：夏税小麥四千一百二十石五升七合六勺；秋糧粳、粟米三千一百一十二石二斗五升八合八勺四抄三撮；馬草六千二百二十四包五斤四兩。」

包五斤十一兩。〔一〕

潁上、太和。並闕。

正統

七年（一四四二）：

州。夏税小麥四千三百一十五石二斗五升三合八勺；秋糧粳、粟米三千二百六十五石五斗一升八勺；馬草六千九百五十四包二斤十二兩。〔二〕

潁上、太和。並闕。

景泰

三年（一四五二）：

州。夏税小麥四千七百四十四石一斗七升九合九勺；秋糧粳粟米三千四百一十一石六斗五合八勺；馬草七千七百九十七包八兩五錢。〔三〕

潁上、太和。並闕。

〔一〕《正德潁州志·貢賦·賦》：「宣德七年壬子：夏税小麥四千二百三十石五斗七升五合；秋糧粳、粟米三千一百八十石六斗一升八勺；馬草六千七百四十包五斤十一兩。」

〔二〕《正德潁州志·貢賦·賦》：「正統七年壬戌：夏税小麥四千三百一十五石二斗五升三合八勺；秋糧粳、粟米三千二百六十五石五斗一升八勺；馬草六千九百五十四包二斤十二兩。」

〔三〕《正德潁州志·貢賦·賦》：「景泰三年壬申：夏税小麥四千七百四十四石一斗七升九合九勺；秋糧粳、粟米三千四百一十一石六斗五合八勺；馬草七千七百九十七包八兩五錢。」

天順

六年（一四六二）：

州。夏税小麥五千三百一十二石七升五合一勺；秋糧粳、粟米四千一百二石二斗三升三合五勺；馬草八千九百二十三包三斤八兩。〔一〕

潁上、太和。並闕。

成化

八年（一四七二）：

州。夏税小麥五千五百四十七石一斗六升一合九勺；秋糧粳、粟米四千三百三十二石六斗五合八勺；馬草九千一百六十七包一斤九兩。〔二〕

潁上、太和。並闕。

十八年（一四八二）：

州。夏税小麥五千七百二十石八斗三升七合；秋糧糙、粳米三百一十二石一斗七升三合；粟米四千三百一十一石二升一合；馬草九千二百五十二包三斤八兩。〔三〕

〔一〕《正德潁州志·貢賦·賦》：「天順六年壬午：夏税小麥五千三百一十二石七升五合一勺；秋粮粳、粟米四千一百二石二斗三升三合五勺；馬草八千九百二十三包三斤八兩。」

〔二〕《正德潁州志·貢賦·賦》：「成化八年壬辰：夏税小麥五千五百四十七石一斗六升一合九勺；秋粮粳、粟米四千三百三十二石六斗五合八勺；馬草九千一百六十七包一斤九兩。」

〔三〕《正德潁州志·貢賦·賦》：「成化十八年壬寅：夏税小麥五千七百二十石八斗三升七合；秋粮糙、粳米三百一十二石一斗七升三合，粟米四千二百一十一石二升一合；馬草九千二百五十二包三斤八兩。」

潁上、太和。並闕。

弘治

五年（一四九二）：

闕。

十五年（一五〇二）：

闕。

正德

七年（一五一二）：

州。夏稅小麥五千七百二十石八斗三升八合一勺；秋糧糙、粳米三百一十二石一斗七升三合九勺；粟米四千二百一十一石二升一合四勺；馬草九千二百五十二包三斤八兩。

潁上。夏稅小麥一千八百八十石五斗一升二合三勺；秋糧粳米一千二百六石二斗四升六合五勺；馬草二千四百包有奇。

太和。闕。

嘉靖

元年（一五二二）：

州。如前。〔一〕

〔一〕李宜春《嘉靖潁州志·賦產·田賦》：「嘉靖元年……夏稅小麥五千三百九十六石八斗一升五合八勺；秋糧四千三百八十石五斗八升一合一勺；馬草九千二百五十二包三斤八兩。」

潁上。夏税。如前。秋糧粳米一千二百三十九石六斗一升七合。馬草。如前。〔一〕

太和。夏税小麥二千三百九十八石五斗二升一合；秋糧粟米二千四百三石三斗一升六合二勺；馬草四千四百七十二包四斤七兩二錢。〔二〕

十一年（一五三二）：

具如前。

貢 景泰以前無考

天順

六年（一四六二）：

州。絲折絹四十五匹零二丈七寸。〔三〕帶毛硝熟貉皮一十五張；退毛硝熟羊皮五十二張；退毛硝熟獐皮一十五張；

〔一〕李宜春《嘉靖潁州志·賦産·田賦（潁上縣）》：「嘉靖元年，開墾三頃六畝九分六毫。二十一年（一五四二），實在七百六十六頃九十七畝四分三釐二毫。夏税小麥一千八百八十石六斗一升一合七勺；秋糧一千二百三十九石六斗一升二合七勺；馬草二千四百包有奇。」據此數據可知，嘉靖元年至嘉靖二十一年（一五四二），潁上縣賦不變。

〔二〕李宜春《嘉靖潁州志·賦産·田賦》：「太和縣：嘉靖元年，官民田地一千一百六十四頃四十五畝二分。二十一年，實在二千二百一十頃三十六畝三釐。夏税小麥二千三百九十八石五斗二升一合二勺五抄；秋糧粟米二千四百三石三斗一升六合二勺；馬草四千四百七十二包四斤七兩二錢。」據此數據可知，嘉靖元年至嘉靖二十一年，太和縣賦不變。

〔三〕《正德潁州志·賦貢·貢》：「天順六年壬午：桑絲折絹四十五匹零二丈七寸。」

退毛硝熟牛犢皮一張；黃草根四十六斤；胖襖、褲、鞋一十四副。〔一〕

潁上。絲一十七斤一十五兩二錢五分，折絹十四匹零一丈八寸七分五釐。硝熟羊皮三十張；帶毛貉皮一十七張；紅綠胖襖、褲、鞋九副；黃蠟二百八十一斤；牛觔三百斤。〔二〕

太和。絲三十九斤一十二兩六錢，折絹三十一匹零二丈四尺九寸。帶毛硝熟貉皮一十二張；退毛硝熟羊皮二十二張；山羊皮一十二張；獐皮六張；牛犢皮四張；黃草根一十七斤。〔三〕

成化

八年（一四七二）：

州。絲折絹六十四匹零七尺八寸。餘。如前。〔四〕

〔一〕李宜春《嘉靖潁州志·賦産·田賦》：「嘉靖元年（一五二二），開墾地六頃六十二畝五分。二十一年（一五四二），實在二千七百一十一頃五十一畝二分六釐一毫……桑絲折絹六十四匹二丈六尺九寸一分。歲辦帶毛硝熟貉皮一十五張，退毛硝熟羊皮五十二張，退毛硝熟獐皮一十五張，退毛硝熟牛犢皮一張，黃草根四十六斤，胖襖、褲、鞋十四副。」據此可推知，自天順六年（一四六二）至嘉靖二十一年，潁州貢中除桑絲折絹外，其他貢額不變。

〔二〕李宜春《嘉靖潁州志·賦産·田賦（潁上縣）》：「嘉靖元年，開墾三頃六畝九分六毫。二十一年，實在七百六十六頃九十七畝四分三釐二毫……桑絲折絹一十四匹一丈八寸七分五釐。歲辦硝熟羊皮三十張，帶毛貉子皮一十七張，紅綠胖襖、褲、鞋九副，黃蠟二百八十一斤，牛觔三百斤。」據此可推知，自天順六年至嘉靖二十一年，潁上縣貢額不變。

〔三〕李宜春《嘉靖潁州志·賦産·田賦（太和縣）》：「嘉靖元年，官民田地一千一百六十四頃四十五畝二分。二十一年，實在二千二百一十頃三十六畝三釐……桑絲折絹三十一匹二丈四尺九寸。歲辦帶毛硝熟貉皮一十二張，退毛硝熟羊皮二十二張，山羊皮一十二張，獐皮六張，牛犢皮四張，黃草根一十七斤。」據此可推知，自天順六年至嘉靖二十一年，太和縣貢額不變。

〔四〕《正德潁州志·賦貢·貢》：「成化八年壬辰：桑絲折絹六十四匹零七尺八寸；帶毛硝熟貉皮一十五張；退毛硝熟羊皮五十二張；退毛硝熟獐皮一十五張；退毛硝熟牛犢皮一張；黃草根四十六斤。」

潁上、太和。俱如前。

十八年（一四八二）：

州。絲折絹七十二匹零一丈二寸。餘。如前。〔五〕

潁上、太和。俱如前。

弘治

五年（一四九二）、十五年（一五〇二）、正德七年（一五一二）：

俱如前。

嘉靖

元年（一五二二）：

州：絲折絹六十匹零二丈六尺九寸一分。〔六〕餘。如前。

潁上、太和：俱如前。

十一年（一五三二）：

俱如前。

〔五〕《正德潁州志·賦貢·貢》：「成化十八年壬寅：桑絲折絹七十二匹零一丈二寸；歲辨〔辦〕各色皮張共八十三張：帶毛硝熟貉皮一十五張，退毛硝熟羊皮五十二張，退毛硝熟獐皮一十五張，退毛硝熟牛犢皮一張；黄草根四十六斤。」

〔六〕李宜春《嘉靖潁州志·賦産·田賦》：「（嘉靖）二十一年（一五四二），實在二千七百一十一頃五十一畝二分六釐一毫……桑絲折絹六十匹二丈六尺九寸一分。」據此可推知，自嘉靖元年至嘉靖二十一年，潁州該項貢額不變。

課景泰以前無考

天順

六年（一四六二）：

州。食鹽鈔一十二萬六千八百一十八貫；諸色課鈔二千五百一十錠四貫二百八十文；税課局鈔一千八百二十錠一貫八百四十文。〔一〕

潁上。酒課鈔一百二十二錠三貫二百文；醋課鈔二錠四貫五百六十文；油課鈔七錠一貫九百六十文；船課鈔一百二十一錠三貫二百四十文；房屋賃鈔四十二錠九百九十文；没官果價鈔三錠一貫一百八十文；地基租鈔八百五十文；守禦千户所船課鈔六錠二貫六文。本縣催辦。税課局商税鈔九百九十一錠一貫四百四十文。〔二〕

太和。闕。

成化

八年（一四七二）：

州。食鹽鈔一十五萬八千五十二貫；商税課鈔五千二十三錠三貫九百文；門攤課鈔一百六十八錠一百二十文；

〔一〕《正德潁州志·貢賦·課》：「天順六年壬午：官民户口二萬一千一百八十五；食鹽鈔一十二萬六千八百一十八貫；諸色課鈔二千五百一十錠四貫二百八十文；税課局鈔一千八百二十錠一貫八百四十文。」

〔二〕李宜春《嘉靖潁州志·賦産·編户（潁上縣）》：「嘉靖二十一年（一五四二）……酒課鈔一百二十二錠三貫二百文；醋課鈔二錠四貫五百六十文；油課鈔七錠一貫九百六十文；船課鈔一百二十一錠三貫二百四十文；房屋賃鈔四十二錠九百九十文；没官果價鈔三錠一貫一百八十文；地基租鈔八百五十文；守禦千户所船課鈔六錠二貫六文；税課局商税鈔九百九十一錠一貫四百四十文。」據此可推知，自天順六年（一四六二）至嘉靖二十一年，潁上縣課税額不變。

草場租銀二十三兩三錢六分。〔一〕
潁上。如前。
太和。闕。
十八年（一四八二）：
州、潁上。俱如前。
太和。闕。
弘治
五年（一四九二）：
州、潁上。俱如前。
太和。闕。
十五年（一五〇二）：
州、潁上。俱如前。
太和。闕。
正德
七年（一五一二）：
如前。

〔一〕《正德潁州志·貢賦·課》：「成化八年壬辰：官民户口二萬六千八百一十八；食鹽鈔一十五萬八千五十二貫；商税課鈔五千二十三錠三貫九百文；門攤課鈔一百六十八錠一百二十文。」

嘉靖

元年（一五二二）：如前。

十一年（一五三二）：

州、潁上：俱如前。

太和：課程鈔六百五十四錠六百六十文。〔一〕

庸調

州

銀差。歲九百五十有二兩五錢。〔二〕

本府柴薪皂隸二人，留守司斷事三人，州十有二人。人銀十有二兩，遇閏各增一兩。〔三〕

府經歷司馬夫十人，州四十人。人銀四兩。〔四〕

〔一〕李宜春《嘉靖潁州志·賦産·編户（太和縣）》：「嘉靖二十一年（一五四二）……課程鈔六百五十四錠六百六十文。」據此可推知，自嘉靖十一年至嘉靖二十一年，太和縣課程鈔額不變。

〔二〕李宜春《嘉靖潁州志·賦産·徭役》：「銀差歲三千四百八兩六錢四釐五毫八系五忽。」

〔三〕李宜春《嘉靖潁州志·賦産·徭役》：「留守司斷事祗候三名，每名連閏銀一十三兩。」

〔四〕李宜春《嘉靖潁州志·賦産·徭役》：「經歷馬夫一十名，每名銀四兩。州馬夫四十名，每名銀四兩。」

府進表長路夫。銀十有二兩。〔一〕

府學歲貢銀。每歲十兩。〔二〕

州學歲貢銀。每貢三十兩。〔三〕

府學齋夫十人，州學八人。人銀十有二兩。〔四〕

州學膳夫十人。人銀八兩。〔五〕

鳳陽縣學一人。銀十兩。〔六〕

先師廟祭二。每祭銀十有八兩。〔七〕

山川壇祭二。每祭銀四兩五錢。〔八〕

社稷壇祭二。每祭銀二兩五錢。〔九〕

〔一〕李宜春《嘉靖潁州志·賦産·徭役》：「進表長路夫，銀一十六兩。」

〔二〕李宜春《嘉靖潁州志·賦産·徭役》：「府學歲貢盤纏，銀一十二兩五錢。」

〔三〕李宜春《嘉靖潁州志·賦産·徭役》：「州學歲貢盤纏，銀五十兩。」

〔四〕李宜春《嘉靖潁州志·賦産·徭役》：「府學齋夫一十名，每名連閏銀一十三兩。州學齋夫八名，每名連閏銀一十三兩。」

〔五〕李宜春《嘉靖潁州志·賦産·徭役》：「膳夫一十二名，每名連閏銀一十兩八錢三分三釐。」

〔六〕李宜春《嘉靖潁州志·賦産·徭役》：「鳳陽縣學膳夫二名，每名連閏銀一十兩八錢三分三釐。」

〔七〕李宜春《嘉靖潁州志·賦産·徭役》：「先師廟二祭，每祭銀一十八兩。」

〔八〕李宜春《嘉靖潁州志·賦産·徭役》：「山川壇二祭，祭銀四兩五錢。」

〔九〕李宜春《嘉靖潁州志·賦産·徭役》：「社稷壇二祭，每祭銀二兩五錢。」

厲壇祭三。每祭銀四兩五錢。〔一〕

鄉飲二。每飲銀七兩五錢。〔二〕

存恤布花。銀十有二兩。〔三〕

泗州橋夫。銀四十兩。

力差，歲四百四十八人。雇役銀三千九百四十有二兩。〔四〕

察院門子二人。人銀三兩。〔五〕

兵備道四人。人銀六兩。〔六〕

快手二十人。人銀八兩。〔七〕

本府庫子二人。人銀十有二兩。〔八〕

〔一〕李宜春《嘉靖潁州志·賦産·徭役》：「厲壇三祭，每祭銀三兩三錢三分。」

〔二〕李宜春《嘉靖潁州志·賦産·徭役》：「鄉飲二次，每次銀七兩五錢。」

〔三〕李宜春《嘉靖潁州志·賦産·徭役》：「孤貧布花，銀一十二兩。」

〔四〕李宜春《嘉靖潁州志·賦産·徭役》：「力差歲一百五十六名，共折銀八百八十六兩。」

〔五〕李宜春《嘉靖潁州志·賦産·徭役》：「察院門子一名，銀三兩。」

〔六〕李宜春《嘉靖潁州志·賦産·徭役》：「兵備道門子四名，每名銀六兩。」

〔七〕李宜春《嘉靖潁州志·賦産·徭役》：「快手二十名，每名銀八兩。」

〔八〕李宜春《嘉靖潁州志·賦産·徭役》：「府堂庫子二名，每名銀一十兩。」

門子二人，皁隸五人。人銀十兩。〔一〕

本州庫子二人。人銀八兩。〔二〕

門子三人。人銀六兩。〔三〕

皁隸十有二人，禁子七人。人銀八兩。〔四〕

儒學庫子二人，門子四人，斗級一人，廟夫二人，啟聖祠夫一人。人銀十兩。〔五〕

西湖書院門子一人。銀三兩。

山川壇門子一人，社稷壇一人，厲壇一人。人銀一兩。

廣積倉斗級六人，預備倉二人。人銀八兩。〔六〕

潁川驛館夫四人，水夫四十人。人銀十兩。〔七〕

公館門子一人。銀三兩。

〔一〕李宜春《嘉靖潁州志·賦産·徭役》：「皁隸四名。每名銀八兩。」

〔二〕李宜春《嘉靖潁州志·賦産·徭役》：「州庫子二名。每名銀八兩。」

〔三〕李宜春《嘉靖潁州志·賦産·徭役》：「門子二名，每名銀六兩。」

〔四〕李宜春《嘉靖潁州志·賦産·徭役》：「皁隸一十二名，每名銀八兩。禁子七名，每名銀八兩。」

〔五〕李宜春《嘉靖潁州志·賦産·徭役》：「州學庫子二名，每名銀八兩。斗級一名，銀八兩。門子四名，每名銀八兩。廟夫一名，銀八兩。府館門子一名，銀二兩。」

〔六〕李宜春《嘉靖潁州志·賦産·徭役》：「廣積倉斗級二名，每名銀四兩。預備倉斗級二名，每名銀四兩。」

〔七〕李宜春《嘉靖潁州志·賦産·徭役》：「潁川驛力差館夫四名，每名連閏折銀三十二兩五錢。」

沈丘鎮巡檢司弓兵二十人。人銀六兩。〔一〕

各鋪司兵六十有七人。總一人銀五兩，餘俱四兩。〔二〕

濠梁驛上馬夫二人。人銀四十有二兩。

館夫六人。人銀十兩。

紅心驛中馬夫二人。人銀三十有八兩。

池河驛館夫三人，水夫一百有八人，安山驛水夫四十有九人，魯橋驛水夫十有八人，開河驛水夫二十有四人，荊門驛水夫十有二人，楊村驛水夫八人，大店驛館夫三人。人銀十兩。〔三〕

潁上

銀差。歲三百八十有五兩五錢。〔四〕

本縣柴薪皂隸五人。人銀十有二兩，遇閏各增一兩。

馬夫二十人。人銀四兩。〔五〕

〔一〕李宜春《嘉靖潁州志·賦産·徭役》：「沈丘巡檢司弓兵一十八名，每名銀四兩。」

〔二〕李宜春《嘉靖潁州志·賦産·徭役》：「鋪司兵六十一名，總鋪司銀五兩，其餘司兵銀四兩。」

〔三〕李宜春《嘉靖潁州志·賦産·徭役》：「濠梁驛館夫七名，每名連閏銀一十兩八錢三分三釐。又力差館夫二名，每名連閏折銀三十二兩五錢。池河驛力差館夫四名，每名連閏折銀三十二兩五錢。大店驛力差館夫四名，每名連閏折銀三十二兩五錢。」

〔四〕李宜春《嘉靖潁州志·徭役·潁上縣》：「銀差歲三百八十有五兩五錢。」

〔五〕李宜春《嘉靖潁州志·徭役·潁上縣》：「馬夫二十名，每名銀四兩。」

儒學齋夫四人。人銀十有二兩。〔一〕

府學膳夫一人，縣學六人。人銀十兩。〔二〕

本學歲貢銀。每貢二十有五兩。〔三〕

先師廟祭二，山川壇祭二，社稷壇祭二，厲壇祭三。每祭銀如州。〔四〕

鄉飲二。每飲銀五兩。〔五〕

存恤布花。銀五兩。〔六〕

泗州橋夫。銀二十有四兩。〔七〕

力差。歲一百六十有七人。雇役銀一千二百五十有一兩。〔八〕

〔一〕李宜春《嘉靖潁州志·徭役·潁上縣》：「齋夫四名，每名連閏銀一十三兩。」

〔二〕李宜春《嘉靖潁州志·徭役·潁上縣》：「府學膳夫一名，連閏銀一十兩八錢三分三釐。縣學膳夫六名，每名連閏銀一十兩八錢三分三釐。」

〔三〕李宜春《嘉靖潁州志·徭役·潁上縣》：「歲貢盤纏，銀二十五兩。」

〔四〕李宜春《嘉靖潁州志·徭役·潁上縣》：「先師廟二祭，每祭銀一十八兩。山川壇二祭，每祭銀四兩五錢。社稷壇二祭，每祭銀二兩五錢。厲壇三祭，每祭銀三兩三錢三分。」

〔五〕李宜春《嘉靖潁州志·徭役·潁上縣》：「鄉飲二次，每次銀五兩。」

〔六〕李宜春《嘉靖潁州志·徭役·潁上縣》：「存恤布花，銀五兩。」

〔七〕李宜春《嘉靖潁州志·徭役·潁上縣》：「泗州橋夫，銀二十四兩。」

〔八〕李宜春《嘉靖潁州志·徭役·潁上縣》：「力差歲九十有八名，共折銀五百六十一兩。」

察院門子二人，府館一人，縣二人。人銀四兩。〔一〕

本縣庫子一人，皂隸十人。人銀六兩。〔二〕

禁子四人，儒學庫子一人，門子三人，斗級一人，廟夫二人，啟聖祠夫一人。人銀十兩。〔三〕

山川壇門子一人，社稷壇一人，厲壇一人。人銀一兩。〔四〕

縣倉斗級四人，預備倉二人。人銀六兩。〔五〕

甘城驛水夫六十人。人銀十兩。

巡攔二人。人銀三兩。〔六〕

各鋪司兵五十有六人。人銀五兩。〔七〕

濠梁驛館夫二人，睢陽驛一人，池河驛扛夫四人，泗水驛水夫五人。人銀十兩。〔八〕

〔一〕李宜春《嘉靖潁州志·徭役·潁上縣》：「察院門子二名，每名銀四兩。府館門子一名，每名銀四兩。縣門子二名，每名銀四兩。」

〔二〕李宜春《嘉靖潁州志·徭役·潁上縣》：「縣庫子一名，每名銀六兩。皂隸十名，每名銀六兩。」

〔三〕李宜春《嘉靖潁州志·徭役·潁上縣》：「禁子四名，每名銀十兩。學庫子一名，銀十兩。門子三名，每名銀一十兩。斗級一名，銀一十兩。廟夫二名，每名銀一十兩。啟聖祠夫一名，銀一十兩。」

〔四〕李宜春《嘉靖潁州志·徭役·潁上縣》：「山川壇門子一名，銀一兩。社稷壇門子一名，銀一兩。厲壇門子一名，銀一兩。」

〔五〕李宜春《嘉靖潁州志·徭役·潁上縣》：「倉斗級四名，每名銀六兩。預備倉斗級二名，每名銀六兩。」

〔六〕李宜春《嘉靖潁州志·徭役·潁上縣》：「巡攔二名，每名銀三兩。」

〔七〕李宜春《嘉靖潁州志·徭役·潁上縣》：「鋪司兵五十六名，每名銀五兩。」

〔八〕李宜春《嘉靖潁州志·徭役·潁上縣》：「濠梁驛館夫二名，每名銀一十兩。睢陽驛館夫一名，銀一十兩。」

太和

銀差。歲四百九十有二兩五錢。〔一〕

留守司司獄柴薪皂隸一人，縣五人。人銀十有一兩，遇閏各增一兩。〔二〕

本府通判馬夫十人，照磨十人，縣二十人。人銀四兩。〔三〕

儒學齋夫四人。人銀十有二兩。〔四〕

府學膳夫一人，縣學六人。人銀十兩。〔五〕

本學歲貢銀。每貢四十兩。〔六〕

先師廟祭二，山川壇祭二，社稷壇祭二，厲壇祭三。每祭銀如州。〔七〕

鄉飲二。每飲銀如潁上。〔八〕

〔一〕李宜春《嘉靖潁州志·徭役·太和縣》：「銀差歲一千七百有三兩七錢三分五釐七系六忽二微。」

〔二〕李宜春《嘉靖潁州志·徭役·太和縣》：「留守司司獄祇候一名，連閏銀一十三兩。縣祇候五名，每名連閏銀一十三兩。」

〔三〕李宜春《嘉靖潁州志·徭役·太和縣》：「管糧通判馬夫十名，每名銀四兩。照磨馬夫十名，每名銀四兩。縣馬夫二十名，每名銀四兩。」

〔四〕李宜春《嘉靖潁州志·徭役·太和縣》：「縣學齋夫六名，每名連閏銀一十三兩。」

〔五〕李宜春《嘉靖潁州志·徭役·太和縣》：「府學膳夫三名，每名連閏銀十兩八錢三分三釐。縣學膳夫八名，每名連閏銀十兩八錢三分三釐。」

〔六〕李宜春《嘉靖潁州志·徭役·太和縣》：「歲貢盤纏，銀二十五兩。」

〔七〕李宜春《嘉靖潁州志·徭役·太和縣》：「先師廟並山川社稷厲壇祭祀，共銀五十二兩。」

〔八〕李宜春《嘉靖潁州志·徭役·太和縣》：「鄉飲二次，每次銀三兩。」

存恤布花。銀如潁上。〔一〕

泗州橋夫。銀二十有四兩。

力差。歲一百七十人。雇役銀一千二十有二兩。〔二〕

察院門子二人，府館二人。人銀三兩。〔三〕

南京太僕寺皂隸一人，府知事六人，門子二人。人銀十兩。〔四〕

本縣庫子二人，門子二人，皂隸十有二人，禁子五人。人銀八兩。〔五〕

儒學庫子二人，門子三人。府學廟夫一人，縣學二人，啟聖祠夫一人。人銀十兩。〔六〕

山川壇門子一人，社稷壇一人，厲壇一人。人銀一兩。

縣倉斗級一人，預備倉二人。人銀八兩。〔七〕

〔一〕李宜春《嘉靖潁州志·徭役·太和縣》：「孤貧布花，銀五兩。」

〔二〕李宜春《嘉靖潁州志·徭役·太和縣》：「力差，歲一百二十四名，共折銀一千五百九十一兩二錢六分三釐。」

〔三〕李宜春《嘉靖潁州志·徭役·太和縣》：「察院門子二名，每名銀四兩。」

〔四〕李宜春《嘉靖潁州志·徭役·太和縣》：「太僕寺皂隸一名，銀一十兩……府堂皂隸六名，每名銀八兩。門子一名，銀八兩。知事門子一名，銀八兩。」

〔五〕李宜春《嘉靖潁州志·徭役·太和縣》：「公館門子一名，銀三兩。縣皂隸十二名，每名銀七兩。門子二名，每名銀六兩。庫子二名，每名銀八兩。禁子五名，每名銀八兩。」

〔六〕李宜春《嘉靖潁州志·徭役·太和縣》：「縣學廟夫一名，銀三兩。門子三名，每名銀六兩。庫子一名，銀八兩。」

〔七〕李宜春《嘉靖潁州志·徭役·太和縣》：「倉斗級一名，銀六兩。預備倉斗級一名，銀六兩。」

巡攔二人。人銀五兩。〔一〕

北原和巡檢司弓兵二十人。人銀六兩。

各鋪司兵八十有一人。總一人銀五兩，餘俱四兩。〔二〕

濠梁驛館夫五人，安淮驛一人，夾溝驛二人，泗水驛水夫十人。人銀十兩。〔三〕

孳牧

洪武六年（一三七三），滁州設太僕寺。凡民，每家養馬一匹，歲納一駒。二十三年（一三九〇），始定五家共養馬一匹，歲納一駒。若缺一駒，納鈔七百貫。惟養牛者，每家養母牛一隻，納犢一隻。初牧養馬牛，軍民俱屬監群〔四〕提調。二十八年（一三九五），革去監群〔五〕，撥屬有司。永樂六年（一四〇八），始添設管馬官，州則州判，縣則主簿。近亦裁革，佐二官帶管，而總之於太僕寺。每五丁養牝馬一匹，三丁養牡馬一匹，二年納孳生駒一匹。弘治五年（一四九二），奏例每十丁養牡馬一匹，十五丁養牝馬一匹，每十丁養牛一隻。〔六〕

〔一〕李宜春《嘉靖潁州志・徭役・太和縣》：「巡攔二名，每名銀四兩。」

〔二〕李宜春《嘉靖潁州志・徭役・太和縣》：「鋪司兵八十一名，總鋪司銀五兩，其餘司兵銀四兩。」

〔三〕李宜春《嘉靖潁州志・徭役・太和縣》：「濠梁驛館夫五名，每名連閏銀一十兩八錢三分三釐。又力差館夫一名，每名連閏銀三十二兩五錢。夾溝驛力差館夫四名，每名連閏銀三十二兩五錢。安淮驛館夫一名，銀十兩八錢三分三釐。泗水驛協濟水夫十名，每名銀一十兩。」

〔四〕「群」字，李宜春《嘉靖潁州志・孳牧》作「郡」。

〔五〕同上注。

〔六〕李宜春《嘉靖潁州志・孳牧》直接鈔録此文，惟文中兩處「群」字，皆作「郡」。

州

原額種兒騍馬七百五十有九，兒馬一百五十匹，騍馬六百有九匹，犍母牛一百五十有一隻，犍牛三十有八隻，母牛一百一十有三隻。〔一〕

潁上

兒馬六十匹，騍馬二百四十匹，犍母牛三十有八隻。〔二〕

太和

兒馬九十匹，騍馬三百六十匹，犍牛一十隻，母牛五十有九隻。〔三〕

物産

五穀

粳稻：有秈，有黑，有烏芒，有西天旱，有山黄，有火旱，有紅芒，有望水白，有挨天黄，有青芒，有龍骨旱，有七十日，有飛上倉。糯稻：有虎皮，有馬鬃，有紅皮，有鯽魚。〔四〕

〔一〕李宜春《嘉靖潁州志·孳牧·州》：「兒馬一百五十匹，課馬六百有九匹，犍牛三十有八隻，母牛一百一十有三隻。」

〔二〕李宜春《嘉靖潁州志·孳牧·潁上縣》：「兒馬六十匹，課馬二百四十匹，犍母牛三十有八隻。」

〔三〕李宜春《嘉靖潁州志·孳牧·太和縣》：「兒馬九十匹，課馬三百六十匹，犍牛一十隻，母牛五十九隻。」

〔四〕《正德潁州志·土産·五穀部》：「鮮稻，黑稻，烏芒，獐牙鮮，西天旱，山黄稻，火旱稻，紅芒稻，望水白，挨天黄，虎皮糯，飛上倉，紅皮糯，鯽魚糯，龍骨旱，青芒稻，七十日稻。」李宜春《嘉靖潁州志·土産·五穀》：「秈稻，黑稻，烏芒稻，西天旱稻，山黄稻，火旱稻，紅芒稻，望水白稻，挨天黄稻，青芒稻，龍骨旱稻，七十日稻，飛上倉稻，虎皮稻，馬鬃稻，紅皮稻，鯽魚稻。」

麥：多大，多小，多火，多蕎。有春。〔一〕

黍：多黄，多大黄。有黑。〔二〕

粟：有龍爪，有寒，有紅，有兔蹄，有青，有糙。〔三〕

秫：多米，多狼尾，多珍珠，多黑燋壳，多紅燋壳，多鳩眼。有金苗。〔四〕

豆：多大小黄，多菉，多滿場白，多大小黑，多青。有滾籠珠，有茶褐，有黎小，有紅小，有白小，有紅江，有白江，有六月，有大豌，有小豌，有白豌，有蠶，有羊眼，有刀，有土。〔五〕

六畜

多馬，多騾，多驢，多水牛，多黄牛，多山羊，多綿羊，多豕，多犬，多貓，多鵝，多鴨，多鷄。六畜，馬牛羊雞犬豕也。〔六〕

〔一〕《正德潁州志・土産・五穀部》：「大麥，小麥，火麥，蕎麥，春麥。」李宜春《嘉靖潁州志・土産・五穀》：「大麥，小麥，火麥，蕎麥，春麥。」

〔二〕《正德潁州志・土産・五穀部》：「黑黍，黄黍，大黄黍。」李宜春《嘉靖潁州志・土産・五穀》：「黄黍，大黄黍，黑黍。」

〔三〕《正德潁州志・土産・五穀部》：「龍瓜穀，寒穀，青穀，糙穀。」李宜春《嘉靖潁州志・土産・五穀》：「龍爪粟，寒粟，紅粟，兔蹄粟，青粟，糙粟。」

〔四〕《正德潁州志・土産・五穀部》：「薥秫，狼尾秫，珍珠秫，黑壳秫，鳩眼秫，金苗秫。」李宜春《嘉靖潁州志・土産・五穀》：「米秫，狼尾秫，珍珠秫，黑燋壳秫，紅燋壳秫，鳩眼秫，金苗秫。」

〔五〕《正德潁州志・土産・五穀部》：「大小黄豆，滿場白，茶褐豆，菉豆，大小黑豆，黎小豆，紅小豆，白小豆，紅江豆，白江豆，六月豆，大豌豆，小豌豆，蠶豆，羊眼豆，花豆，鴨蛋青小豆，刀豆，土豆。」李宜春《嘉靖潁州志・土産・五穀》：「大小黄豆，菉豆，滿場白豆，大小黑豆，青豆，滾龍珠豆，茶褐豆，黎小豆，紅小豆，白小豆，紅江豆，白江豆，六月豆，大豌豆，小豌豆，蠶豆，白豌豆，羊眼豆，刀豆，土豆。」

〔六〕《正德潁州志・土産・毛部》：「鹿，獐，狼，虎，貛，貉，貍，狐，兔，馬，騾，驢，獺，山羊，綿羊，刺猬，水牛，黄牛。」李宜春《嘉靖潁州志・土産・六畜》：「馬，騾，驢，水牛，黄牛，山羊，綿羊，豕，犬，貓，鷄，鵝，鴨。」

菜

多葱，多蒜，多韮，多白，多芥，多薺，多生，多灰，多馬齒莧，多菠，多芫荽，多萵苣，多茄，多白蘿蔔，多水蘿蔔，多胡蘿蔔，多冬瓜，多菜瓜，多苦瓜，多西瓜，多王瓜，多絲瓜，多葫蘆，多瓠子。有赤根，有芹，有蔓菁，有白莧，有紅莧，有雞頭，有苦蕒，有白花，有茼蒿，有甜，有莙薘，有蒲笋，有茭白，有藕。〔一〕

果

多桃，夏、秋、冬熟，惟秋熟者佳。多柿子，多杏，多李，多棗。有櫻桃，有核桃，有栗子，有銀杏，有石榴，有李梅，有沙果，有櫇櫇，有軟棗，有梨，有葡萄，有花紅，有蓮子，有菱角，有芡，有無花果。〔二〕

花

多鳳仙，數種。多地棠，二種。多木槿，多罌粟，多玉簪，多紅花，多菊，有數種。多六月菊，多剪春羅，多夜落錦，多金盞，多萱草，多刺蘪，多珍珠，多蜀葵，多葵，數種。多馬蘭。有牡丹，有薔薇，有芍藥，有雞冠，有石竹，

〔一〕《正德潁州志·土產·菜部》：「大小葱，蒜，韮，白菜，蘿蔔，赤根菜，青菜，芹菜，灰菜，生菜，芥菜，薺菜，馬齒莧，蔓菁菜，白莧，紅莧，苦苿菜，蓬蒿，鷄頭菜，茄子，芫荽，冬瓜，菜瓜，苦瓜，西瓜，薖蘧菜，均薘，胡蘿蔔，王瓜，甜瓜，葫蘆，瓠子，絲瓜，芋蕖，蒲笋，茭白，藕絲。」李宜春《嘉靖潁州志·土產·菜類》：「葱，蒜，韮菜，白菜，芥菜，薺菜，生菜，灰菜，馬齒莧菜，菠菜，芫荽菜，萵苣，茄，白蘿蔔，水蘿蔔，胡蘿蔔，冬瓜，菜瓜，苦瓜，西瓜，王瓜，絲瓜，葫蘆，瓠子，赤根菜，芹菜，蔓菁菜，白莧菜，紅莧菜，雞頭菜，苦蕒菜，白花菜，茼蒿菜，甜菜，莙薘菜，蒲笋，茭白，藕。」

〔二〕《正德潁州志·土產·果部》：「桃，（夏秋冬有熟，惟秋熟者佳。）櫻桃，（味酸。）核桃，（仁瘦。）栗子，（少實而小。）柿子，（數種，大者八兩。）銀杏，（少實。）石榴，（子小，微酸。）杏子，（小而微酸。）李，（數種，紫色者。）李梅，（實少。）沙果，（小而味淡。）梨子，（剥接者味佳，無楂。）棗，（核大肉薄。）軟棗，（顆小。）葡萄，木瓜，（太硬。）賴葡萄，（臭。）桑葚子，梧桐，（少結。）花紅，（顆小味淡。）蓮子，菱角，（小而刺。）藕，（有楂。）茨菰，（小而味澁。）芡，無花果。」李宜春《嘉靖潁州志·土產·果類》：「桃，柿，杏，李，棗，櫻桃，核桃，栗，銀杏，石榴，李梅，沙果，櫇櫇，梨，軟棗，葡萄，花紅，芡，蓮子，菱角，無花果。」

數種。有芙蓉，有月繼，有山丹，有捲丹，有龍鬚，有紫羅，有千葉榴，有千葉桃。〔一〕

藥

多何首烏，多生地黄，多紫蘇，多薄荷，多馬鞭草，多香附子，多蒔蘿，多黑牽牛，多枸杞子，多茴香，多杏仁，多透骨草，多枳殼，多茱萸，多車前草，多桃仁。有櫻〔罌〕粟殼，有荆芥，有苦參，有破故紙，有地骨皮，有天南星，有大黄，有半夏，有覆盆子，有芍藥，有白扁豆，有桑白皮，有郁李，有黑扁豆，有蒼耳草，有木瓜，有地榆，有化骨草，有枳實，有土椒，有麥門冬，有楮實，有菖蒲，有瓜蔞，有槐子，有芫花，有艾，有蟬脱，有柏子仁，有地丁，有茅香，有桔梗，有草烏。〔二〕

草

多蒲，多紅花，多茅子，多荸薺，多糝子，多芙苗，多刺刺，多茅芽。有稗子，有芭蕉，有苜蓿，有雞爪，有

〔一〕《正德潁州志·土産·花部》：「牡丹，薔薇，芍藥，鷄冠，石竹花，鳳仙，木槿，芙蕖，月桂，山丹，紅花，甘菊，萱花，龍鬚，千葉桃，刺蘼，紅綿花，（間産。）青綿花，（間産。）千葉榴，川草花，山茶花，百種菊，四種葵。」李宜春《嘉靖潁州志·土産·花類》：「鳳仙花，地棠木槿花，菊，罌粟花，玉簪花，紅花，六月菊，剪春羅，夜落錦，金盞花，萱草，海棠，雞冠花，刺蘼花，紫薇花，珍珠，蜀葵花，葵花，馬蘭花，牡丹花，薔薇花，芍藥，石竹花，芙蓉花，桂花，山丹花，捲丹花，龍鬚花，紫羅花，千葉榴花，千葉桃花。」

〔二〕《正德潁州志·土産·藥部》：「何首烏，櫻〔罌〕粟殼，生地黄，荆芥，苦參，紫蘇，破故芷，地骨皮，天南星，大黄，半夏，薄荷，覆盆子，馬鞭草，香附子，川芎，芍藥，蒔蘿，白扁豆，黑扁豆，桑白皮，芫花，郁李，茴香，黑牽牛，枸杞子，蒼耳草，杏仁，木瓜，地榆，化骨草，透骨草，枳實，枳殼，茱萸，土椒，車前草，桃仁，秫梗，麥門冬。」李宜春《嘉靖潁州志·土産·藥類》：「何首烏，生地黄，紫蘇，薄荷，馬鞭草，香附子，蒔蘿，黑牽牛，枸杞子，茴香，杏仁，透骨草，枳殼，茱萸，車前子，桃仁，櫻〔罌〕粟殼，荆芥，苦參，破故紙，地骨皮，天南星，大黄，半夏，覆盆子，芍藥，白扁豆，桑白皮，郁李，黑扁豆，蒼耳草，木瓜，地榆，化骨草，枳實，土椒，麥門冬，楮實，菖蒲，瓜蔞，槐子，芫花，艾，蟬脱，柏子仁，地丁，茅香，桔梗，草烏。」

白蓬，有牛尾蒿，有藹蘭，有麥蘭，有靛。〔一〕

竹

有笙，有紫，有斑，有水，有苦，有小。〔二〕

木

多柏，多槐，多榆，多桑，多柳，多楮，多椿，多白楊，多水荊，多棠棣。有松，有柘，有桐，有櫟，有楸，有青楊，有紫荊，有苦練，有冬青。〔三〕

羽

多鴿，多鵪鶉，多雀，多鳩，多鴉，多告田，多紫燕。有天鵝，有鴈，有水鷄，有水鴨，有鷗，有鶴，有鸛，有鵰，有鷺，有鴟梟，有青鶄，有鵚鶖，有鸕鷀，有蒼鷹，有鷂，有鶻，有鶚，有魚鷹，有浮鵝，有鵻鶉，有鶺鴒，

〔一〕《正德潁州志·土産·草部》：「蒲，（根可食。）嬌瓜草，（生食。）茅子草，（根可食。）稗子草，（實可食。）芭蕉，（可食。）苜蓿，（苗可食。）葶薺草，（頭可食。）糝子草，（實可食。）芙苗草，（根可食。）鷄爪草，（根可食。）刺刺草，（可食。）茅芽草，（可食。）白蓬草，（嫩可食。）牛尾蒿，藹蘭草，麥蘭草，水葫蘆草。」李宜春《嘉靖潁州志·土産·草類》：「蒲草，紅花草，茅草，葶薺草，糝草，芙苗，刺刺，茅芽，稗草，芭蕉，苜蓿，雞瓜草，白蓬草，牛尾蒿，藹蘭，麥蘭，靛草。」

〔二〕《正德潁州志·土産·竹部》：「笙竹，紫竹，斑竹，水竹，苦竹，小竹。」李宜春《嘉靖潁州志·土産·竹類》：「笙竹，紫竹，斑竹，水竹，苦竹，小竹。」

〔三〕《正德潁州志·土産·木部》：「柏，槐，榆，松，桑，柳，柘，楮，椿，桐，櫟，棣，楸，青楊，白楊，紫荊，水荊，苦練，冬青，皂角樹，棠梨。」李宜春《嘉靖潁州志·土産·木類》：「柘，槐，榆，桑，柳，楮，椿，白楊，水荊，棠棣，松，柏，桐，櫟，楸，青楊，紫荊，苦練，冬青。」

有鵜，俗呼爲水拖車。有鴛鴦，有江四兩，有鶯，有江燕，有鵲，有銅嘴，有斲木，有鳲鴿，有錦鷄。〔一〕

毛

多兔。有狸，有狐，有獺，有刺蝟。〔二〕

鱗

多鯉，多鰱，多鯖，多鯽，多馬郎。有□鯩，有鯿，有魴，有鱖，有鯇，有鱅，有白，有妖，有祭刀，有鮎，有鰍，有鱔，有鰻，有鯶，有鮬，有鰽，有鱧。〔三〕

介

多黿，多鼉，多蚌。有白眼黿，有鼈，有蟹，有蝸牛，有螺，有鰕。〔四〕

〔一〕《正德潁州志·土産·羽部》：「天鵝，鴈，鴿，鵓鴞，水鷄，水鴨，鷗，鶴，鸛，鴇，鴨，鷺，鴟梟，青鵲，鵝，鴨，鷄，雀，鶺鴒，鸕鷀，倉鷹，鷂，鶻，鷂，魚鷹，浮鵝，鷦鷯，鳩，烏鴉，鵪鴒，鵜，（俗呼爲水拖車。）鴛鴦，江四兩，鶯，紫燕，江燕，鵲，銅嘴，斲木，布穀，鳲鴿，白鵲，錦鷄，雉雞，紅鶴，翡翠。告田。」李宜春《嘉靖潁州志·土産·羽類》：「鴿，鵓鴞，雀，鳩，鴉，告田，紫燕，鴈，天鵝，水鷄，水鴨，鷗，鶴，鸛，鴨，鷺，鴟梟，青鵲，鶺鴒，鸕鷀，蒼鷹，鷂，鶻，鷂，魚鷹，浮鵝，鷦鷯，鵪鴒，鵜，鴛鴦，江四兩，鶯，江燕，鵲，銅嘴鳥，斲木鳥，鳲鴿，錦雞。」

〔二〕《正德潁州志·土産·毛部》：「鹿，獐，狼，虎，貛，貉，狸，狐，兔，馬，騾，驢，獺，山羊，綿羊，刺猬，水牛，黄牛。」李宜春《嘉靖潁州志·土産·毛部》：「兔，狸，狐，獺，刺猬。」

〔三〕《正德潁州志·土産·鱗部》：「黄鯩，黄魴，鱘，鱖，鯇，青鯉，金鯉，黑鯉，鰱，鱅，鯖，白魚，（小而味美。）妖魚，祭刀，鯽，鮎，鰍，馬郎，河豚，比目，鱔，鰻，鱡。」李宜春《嘉靖潁州志·土産·鱗類》：「鯉魚，鰱魚，鯖魚，鯽魚，馬郎魚，黄鯩魚，鯿魚，魴魚，鱖魚，鯇魚，鱅魚，白魚，妖魚，祭刀魚，鮎魚，鰍魚，鱔魚，鰻魚，鯶魚，鮬魚，鰽魚，鱧魚。」

〔四〕《正德潁州志·土産·甲部》：「黿，白眼黿，（有毒，食之殺人。）鼈，蟹，蛤蚌，（大者七八寸徑，舊傳産珍珠。）蝸牛，鼉，螺，鰕。」李宜春《嘉靖潁州志·土産·介類》：「黿，鼉，蚌，白眼黿，蝸牛，鼈，蟹，螺，鰕。」

虫

多蜜蜂，多黄蜂，多蜘蛛，多蝦蟆，多促織，多蚯蚓，多蜻蜓，多蜈蚣，多蝎，多蠶。有烏蜂，有螟蛉，有蚰蜒，有蟋蟀，有蝶，有蟬，有蛇，有蜉蝣，有螳螂，有蛸蜎，有蛜蝛，有刀螂，有蝎虎，有蠟虫。〔一〕

論曰：國以民爲本，民以食爲命，以貨爲資，而食非田不給，貨非地不足，然必有民而後可以耕田，有田而後可以賦民，有貨而後可以立市，而食貨者又爲生民之本也！我國家取民之制，曰賦，曰貢，曰課，曰銀差與力差而已。其所謂賦，即前代租稅之法。所謂貢，即九貢之法。而課則止於商稅、門攤、食鹽諸色之當課焉。若今之力差，即庸法也；今之銀差，即調法也。斯二者，在唐以丁論，而今制則兼丁、糧、事、産耳。其取於民者，有定法，有定額，上司不得已加派，其間亦隨時增損，未嘗病民也。奈何民僞日滋，官政日弊，吏緣爲奸，能使敷役者不覺差貧賣富，受役者得以避重就輕，政陸宣公所謂「此乃時弊，非法之弊也」〔二〕。如潁之新增四里者，皆各鄉殷實有力，舊家用是脱漏户口，名曰單丁，飛跪税糧，稱曰無力，而舊里排甲，十空過半，賦役不均如此，生民安得不窮且困哉！推厥所原，蓋由前政劉知州鳳鳴、宋同知相於嘉靖壬午（一五二二）攢造之時，不恤民隱，貪饕賄賂，徒駕虚名於一時，而遺實禍於百姓，惡足爲民之父母！漢魯恭曰：「愛民者必有天報。」〔三〕若害民如此，寧能免其天殃乎？

〔一〕《正德潁州志·土産·蟲部》：「蠶，蜜蜂，黄蜂，烏蜂，螟蛉，蝦蟆，蚰蜒，促織，蟋蟀，蝶，蟬，蛙，蜉蝣，蜈蚣，（長七八寸，能殺人。）螳螂，蛸蛸［蜎］，蛜蝛，刀郎，蝎，蝎虎。」李宜春《嘉靖潁州志·土産·蟲類》：「蜜蜂，黄蜂，蜘蛛，蝦蟆，促織，蚯蚓，蜻蜓，蜈蚣，蝎，蠶，烏蜂，螟蛉，蚰蜒，蟋蟀，蝶，蟬，蛇，蜉蝣，螳螂，蛸蜎，蛜蝛，刀螂，蝎虎，蠟虫。」

〔二〕《新唐書·食貨志》載陸贄上疏：「兵興，供億不常，誅求隳制，此時弊，非法弊也。」

〔三〕《後漢書·魯恭傳》載魯恭上疏：「天愛其所生，猶父母愛其子，一物有不得其所者，則天氣爲之舛錯，況於人乎！故愛人者必有天報。」

予以審編驛傳，問理刑名，就中補偏救弊，略爲調停，斯亦末矣。必於大造之年，當正本澄源，仍以新增人户填實空乏舊圖，然後賦役可均，詞訟可息。其責端有望於後之君子云。

衮論曰：《洪範》八政，一曰食，二曰貨。食以養生，貨以給用，二者民生所甚急也。《志》所載貢税、糧料、絲課、徭産，民所輸以供公上者，分也。視所輸贏縮，以知民力之登耗，以存寬恤愛養之心，仁人之政也。夫潁地廣而民稀，故食常有餘，然農家不知糞其田，種入土而望收，又無溝洫以蓄水潦，故潁之豐歉，天時七八，人力近一二耳！夫積貯，生民之大命也。而潁俗不然，豐則賤賣，歉則貴糴，故豐歉兩受其病，俗使然也！變其俗而舉其偏弊，任善政者可不加之意哉！

《食貨志》終

潁州志卷之九

志五・溝洫

溝洫，所以时畜洩，備潦旱，利莫大焉。故禹，聖君也，猶盡力乎溝洫；〔一〕子產，賢相也，必使田有封洫。〔二〕而胡安定之教授蘇、湖，其治事之齋，亦必以水利爲先焉。〔三〕今之有司，多置而不講，是失輕重之宜矣。爰志《溝洫》。

溝三十有一

州

白龍溝。在城外西北隅。水自西湖東南流，繞故學宮之北。東帶郡厲壇，出龍溝橋，入潁河。〔四〕

〔一〕《論語・泰伯》：「子曰：禹吾無閒然矣！菲飲食而致孝乎鬼神，惡衣服而致美乎黻冕，卑宮室而盡力乎溝洫。禹，吾無閒然矣！」

〔二〕《左傳・襄公三十年》：「子產使都鄙有章，上下有服，田有封洫，廬井有伍。」

〔三〕《宋史・選舉志》：「安定胡瑗設教蘇湖間二十餘年，世方尚詞賦，湖學獨立經義、治事齋，以敦實學。」元戴良《送丁山長序》：「安定教湖學時，嘗置經義、治事二齋，以淑其人士。如治民、治兵、水利、算數之類，亦皆在所當習。是則安定之爲教也，似不止經義、詞賦二者而已耳！」

〔四〕《正德潁州志・山川・溝》：「白龍溝，在城外西北隅。水自西湖東南流，繞故學宮之北。東帶郡厲壇，出龍溝橋，入潁河。相傳：隋開皇間，郡人有張龍公者，嘗與龍鬥於西湖，出入此溝，故名。」李宜春《嘉靖潁州志・溝洫・溝》：「白龍溝，在州城外西北隅。水自西湖東南流，繞故學宮之北，出龍溝橋，入潁河。」

清溝。在州南鄉百里外。溝爲清陂塘設。塘西一溝，上通汝河。前代置牐汝濱，水涸則啟閘取水，足則閉之。塘東二溝，並馳而東六十里，至紅林。南面一溝，爲民田水利；北面一溝，爲軍屯水利。今制皆廢。〔一〕

金溝。在北鄉岳厢西，距州一百二十里。積畎澮之水，通入茨河。〔二〕

紫壩溝。在北鄉龍德寺坡南，引坡水灌母猪港。其西又與皂溝通，水入淝河。〔三〕

小桥溝。在州北九十里，淝河迤西。坡水積會，泛溢如河。北引車轍溝之水，並入淝河。溝西南即三汊溝，亦通於淝河。〔四〕

伍名溝。在州北三十里。溝以伍子胥宅近，故得名。相傳：伍奢爲楚相日，開此溝以洩潦水，以利其家。至今北鄉西半猶賴此溝，得免水患。自母猪港南，直流七十里，無少曲折。至入舊黄河處，地勢益低，自上注下幾數仞，聲如擂鼓，故又名響鼓溝云。〔五〕

〔一〕《正德潁州志·山川·溝》：「清溝，在州南鄉百里外，溝爲清陂塘設。塘西一溝，上通汝河。前代置閘汝濱，塘水涸，則啟閘取汝水以自益，足則閉之。塘東二溝，並馳而東六十里，至紅林。南面一溝，民家水利。北面一溝，軍屯水利。蓋自洪武以來，自相分受。宋時蘇東坡守潁，亦嘗濬溝。」李宜春《嘉靖潁州志·溝洫·溝》：「清溝，在州南鄉百里，溝爲清陂塘設。塘西一溝，上通汝河。前代置閘汝濱，水涸，則啟閘取水，足則閉之。塘東二溝，並馳而東，六十里至紅林。南面一溝，爲民田水利。北面一溝，爲軍屯水利。」

〔二〕《正德潁州志·山川·溝》：「金溝，在北鄉岳厢西，距州一百二十餘里。積畎澮之水，通入茨河。舊傳溝産金，訪知壤土之地，非沙非石，金無由生。疑晉時隗炤所居，相近也。」李宜春《嘉靖潁州志·溝洫·溝》：「金溝，在州北鄉岳厢西，距州一百二十里。積畎澮之水，通入茨河。」

〔三〕《正德潁州志·山川·溝》：「紫壩溝，在北鄉龍德寺坡南，引坡水灌母猪港。其西又與皂溝通，水入淝河。」李宜春《嘉靖潁州志·溝洫·溝》：「紫壩溝，在州北鄉龍德寺南，引坡水灌母猪港。其西又與皂溝通，入淝河。」

〔四〕《正德潁州志·山川·溝》：「小橋溝，在州北九十里。淝河以西坡水積會，泛濫如河。北引車轍溝之水，並入淝河。溝之西南又有三汊溝，亦通淝河。」李宜春《嘉靖潁州志·溝洫·溝》：「小橋溝，在州北九十里，淝河迤西。坡水積會，泛溢如河。北引車轍溝之水，並入淝河。溝西南即三汊溝，亦通於淝河。」

〔五〕《正德潁州志·山川·溝》：「伍名溝，在州北三十里。溝以伍子胥宅近，故得名。相傳：伍奢爲楚相日，開此溝以洩潦水，以利其家。至今北鄉西半猶賴此溝，得減水患。自母猪港南，直流七十里，無少曲折。至入舊黄河處，地勢益低，自上注下幾數仞，聲如擂鼓，故又名響鼓溝云。」李宜春《嘉靖潁州志·溝洫·溝》：「伍名溝，在州北三十里，溝近伍子胥宅。相傳：伍奢爲楚相日，開此溝以洩潦水。至今北鄉西半猶賴此溝，得免水患。自母猪港南直流七十里，至入舊黄河處，地勢益低，自上注下幾數仞，聲如擂鼓，故又名響鼓溝。」

蔡村溝。在州西三十里。引柳河以南坡水，通入潁河。隔河有劉寅溝，引義塘東南之水，亦通潁河。〔一〕

雙溝。在州西鄉小汝河北。首自沈丘河八里灣而東，雙溝並馳一百餘里，尾達柳河，中間過小汝河、黃溝、其字溝。溝南有黃溝、陳家溝、狼溝、大蟲溝、皂溝，水俱入潁河。〔二〕

汴家溝。在沈丘小汝河南。積流至欒莊坡，水北流，破丘之水入潁河。〔三〕

九里溝。在沈丘之東。水自范家湖出，過定鄉，經董家莊，繞徐家塚，入潁河。〔四〕

版腸溝。在州西南一百四十里。積清陂塘北之水，通之谷河。近東十里外，又有葦溝，積土陂以西水，亦通谷河。〔五〕

五汊溝。在州西南一百六十里艾亭北。有泉流入老堰灣，會汝河，兩岸溉田二十餘頃云。〔六〕

〔一〕《正德潁州志·山川·溝》：「蔡村溝，在州西三十里。引柳河以南坡水，通入潁河。隔河有劉寅溝，引義塘東南之水，亦通潁河。」李宜春《嘉靖潁州志·溝洫·溝》：「蔡村溝，在州西三十里，引柳河水通入潁河。隔河有劉寅溝，引義塘東南之水，亦通潁河。」

〔二〕《正德潁州志·山川·溝》：「雙溝，在州西鄉，小汝河北。首自沈丘河北八里灣而東，雙溝並馳一百餘里，尾達柳河。中間過小汝河、黃溝、其字溝，凡十餘道，交錯經緯，而東流自若，意者地道自然之勢。溝南有黃溝、陳家溝、狼溝、大蟲溝、皂溝，水俱入潁河。」李宜春《嘉靖潁州志·溝洫·溝》：「雙溝，在州西鄉小汝河北，首自沈丘河八里灣而東，雙溝並馳百餘里達柳河，中過小汝河、黃溝、其字溝，溝南有黃溝、陳家溝、狼溝、大蟲溝、皂溝，俱入潁河。」

〔三〕《正德潁州志·山川·溝》：「汴家溝，在沈丘小汝河南。積流至欒莊坡，水北流，破丘之水入潁河。」李宜春《嘉靖潁州志·溝洫·溝》：「汴家溝，在州沈丘小汝河南。積流至欒莊坡，北流破丘，入潁河。」

〔四〕《正德潁州志·山川·溝》：「九里溝，在沈丘之東。水自范家湖出，過定香，經董家莊，繞徐家塚，入潁。」李宜春《嘉靖潁州志·溝洫·溝》：「九里溝，在州沈丘東。自范家湖出，過定鄉，經董家莊，繞徐家塚，入潁河。」

〔五〕《正德潁州志·山川·溝》：「版腸溝，在州西南百四十里。積清陂塘北之水，通之谷河。近東十里外又有葦溝，積土陂以西水，亦通谷河。」李宜春《嘉靖潁州志·溝洫·溝》:「版腸溝，在州西南一百四十里。積清陂塘北之水，通之谷河。近東十里外，又有葦溝，積土陂以西水，亦通谷河。」

〔六〕《正德潁州志·山川·溝》：「五汊溝，在州西南一百六十里，艾亭小寺西。寺北有泉混混，四時不竭，東南流入老堰灣，會汝河，兩岸溉田二十餘頃云。」李宜春《嘉靖潁州志·溝洫·溝》：「五汊溝，在州西南一百六十里艾亭北。有泉流入老堰灣，會汝（河），溉田二十餘頃。」

海家溝。在州南七十里。東流爲桃子河，又東與採芹溝合，過分水廟，南流入谷河，北流入大潤河。〔一〕

龍封溝。在州東三十五里。引張家湖水，南入潁河。〔二〕

站溝。在州東五十里楊灣村，水入潁河。〔三〕

乾溝。在州西北四十五里。舊傳：楚平王狩於州來，次於潁尾，次於乾溪，即其地。俗呼乾溝。〔四〕

潁上

大溝。在縣北附廓二里，控沙河西岸。〔五〕

王愛溝。在縣北十里甘羅鄉。陽臺、長林湖水皆注於此溝。西出沙河，居民王愛世居溝側，故名。〔六〕

〔一〕《正德潁州志·山川·溝》：「海家溝，在州南七十里。東流爲桃子河，又東與採芹溝合，過分水廟，南流入谷河，北流入大潤河。」李宜春《嘉靖潁州志·溝洫·溝》：「海家溝，在州南七十里。東流爲桃子河，又東與採芹溝合，過分水廟，南流入谷河，北流入大潤河。」

〔二〕《正德潁州志·山川·溝》：「龍封溝，在州東三十五里。引張家湖水，南入潁。土人傳云：張龍公與龍鬬於是。張公語其妻曰：『吾龍也，繫鬣以絳綃。』故東向又有紅絲澗，亦張家湖水出。」李宜春《嘉靖潁州志·溝洫·溝》：「龍封溝，在州東三十五里。引張家湖水，南入潁河。」

〔三〕《正德潁州志·山川·溝》：「站溝，在州東五十里楊灣村。水自陳村湖東流十餘里，古馬站之東，大橋跨溝，水流橋外。北折不三里，入潁河。」李宜春《嘉靖潁州志·溝洫·溝》：「站溝，在州東五十里楊灣村，水入潁河。」

〔四〕《正德潁州志·山川·溝》：「乾溝，在州西北四十五里。按《左傳·魯昭公十二年》：楚平王狩於州來，次於潁尾，次於乾溪，駐於城父南地。今考地理，張村鋪北，古城父地也。乾溪，在張村南七十里，俗呼乾溝。」李宜春《嘉靖潁州志·溝洫·溝》：「乾溝，在州西北四十五里。舊傳：楚平王狩於州來，次於乾溪。俗呼乾溝。」

〔五〕李宜春《嘉靖潁州志·溝洫·溝》：「大溝，在潁上縣北附廓二里，控沙河西岸。」《順治潁上縣志·輿圖·溝洫》：「大溝，在縣西附廓二里許，枕沙河西岸。」

〔六〕李宜春《嘉靖潁州志·溝洫·溝》：「王愛溝，在潁上縣北十里甘羅鄉。陽臺、長林湖水皆注此，西出沙河。」《順治潁上縣志·輿圖·溝洫》：「王愛溝，縣北十里甘羅鄉。陽臺、長林湖水皆注於此溝，西出沙河。居民王愛世居溝側，故名。」

茅城溝。在縣東北二十里甘羅鄉。受田間衆流之水，合而成溝，東流復折而南，注長林湖。〔一〕

柳溝。水自潁州南東流，入縣境之西。經淮潤鄉柳河村柳谷谿，又東南流至廟臺入淮。有東、西名，實一水也。〔二〕

黄溝。其源未詳。自州流經縣西北三十里淮潤鄉，又東入潁水。〔三〕

十字溝。本黄溝支流之水，末流過柳河。〔四〕

灰溝。在縣東四十里甘羅鄉。〔五〕

涿溝。在縣東南六十里正陽鄉。上流接灰溝，下流達沙河。〔六〕

金溝。在縣東北六十里。出渦河，入於淮。〔七〕

〔一〕李宜春《嘉靖潁州志·溝洫·溝》：「茅城溝，在潁上縣東北二十里甘羅鄉。受田間衆流之水，合而成溝，東流復折而南，注長林湖。」《順治潁上縣志·輿圖·溝洫》：「茅城溝，縣東北。□□□□羅受田間□流之水合而成溝。東流復折而南，注長林湖。」

〔二〕李宜春《嘉靖潁州志·溝洫·溝》：「柳溝，在潁上縣西郭外。自潁州南流而東入縣境，經淮潤鄉柳河村柳谷谿，又東南流至廟臺，入淮水。」《順治潁上縣志·輿圖·溝洫》：「西柳溝、東柳溝，水自潁州南東流入縣境之西。經淮潤鄉柳河谷谿，又東南流至廟臺，實一水也。」

〔三〕李宜春《嘉靖潁州志·溝洫·溝》：「黄溝，在潁上縣西北三十里淮潤鄉，又東入潁水。」《順治潁上縣志·輿圖·溝洫》：「黄溝，其源未詳。自州流經縣治西北三十里淮潤鄉，又東入潁水。」

〔四〕李宜春《嘉靖潁州志·溝洫·溝》：「十字溝，在潁上縣西北三十里。本黄溝支流之水，末流過柳河。」《順治潁上縣志·輿圖·溝洫》：「十字溝，本黄溝支流之水，末流過柳溝。」

〔五〕李宜春《嘉靖潁州志·溝洫·溝》：「灰溝，在潁上縣東四十里甘羅鄉。」《順治潁上縣志·輿圖·溝洫》：「灰溝，縣東四十里甘羅鄉。」

〔六〕李宜春《嘉靖潁州志·溝洫·溝》：「涿溝，在潁上縣東南六十里正陽鄉，接灰溝，達沙河。」《順治潁上縣志·輿圖·溝洫》：「涿溝，縣東南六十里正陽鄉。上流接灰溝，下流達沙河。」

〔七〕李宜春《嘉靖潁州志·溝洫·溝》：「金溝，在潁上縣東北六十里。出渦河，入於淮。」《順治潁上縣志·輿圖·溝洫》：「金溝，縣東北界六十里。出渦口，入於淮。」

秋家溝。在縣東南七十里正陽鄉。秋僉事家於此。〔一〕

太和

五道溝。在縣西南八里，通沙河。〔二〕

斤溝。在縣北六十里。〔三〕

吴漕溝。在縣東北八十里，通淝河。〔四〕

大潤溝。在縣東北五十里，通淝河。〔五〕

流鴈溝。在縣西北二十里。〔六〕

〔一〕李宜春《嘉靖潁州志·溝洫·溝》：「秋家溝，在潁上縣東南七十里正陽鄉。秋僉事家於此。」《順治潁上縣志·輿圖·溝洫》：「秋家溝，縣東南七十里正陽鄉。秋僉事家於此。」

〔二〕李宜春《嘉靖潁州志·溝洫·溝》：「五道溝，在太和縣西南八里，通沙河。」《萬曆太和縣志·輿勝·溝洫》：「五道溝，在縣西南五里。其溝五道，皆沙河之支流也，俱復歸沙河。」

〔三〕李宜春《嘉靖潁州志·溝洫·溝》：「斤溝，在太和縣北六十里。」《萬曆太和縣志·輿勝·溝洫》：「斤溝，在縣北六十里。水道形如斤字，因名。斤溝通於茨河。」

〔四〕李宜春《嘉靖潁州志·溝洫·溝》：「吴漕溝，在太和縣東北八十里，通淝河。」《萬曆太和縣志·輿勝·溝洫》：「吴漕溝，在縣東北八十里。其水北通明河，轉入淝河，南通於宋塘河。」

〔五〕李宜春《嘉靖潁州志·溝洫·溝》：「大潤溝，在太和縣東北五十里，通淝河。」《萬曆太和縣志·輿勝·溝洫》：「大潤溝，在縣東北五十里，通於淝河。」

〔六〕李宜春《嘉靖潁州志·溝洫·溝》：「流鴈溝，在太和縣西北二十里。」《萬曆太和縣志·輿勝·溝洫》：「流鴈溝，在縣西北二十里。北通八丈河，南通坯灘溜口，入於淮河。」

灣十有四

州

八里灣。在州西一百七十里潁河北岸。今皆樹藝。〔一〕

龍項灣。在州西南一百七十里汝水之旁。〔二〕

牛角灣。在州西南一百五十里汝水東。南流對灣，曲折如牛角云。〔三〕

老堰灣。在州南一百六十里龍項灣東。汝水落，則灣中皆膏腴。土民築堰，壅五汊溝泉水以溉灣田。〔四〕

鯉魚灣。在州南一百四十里汝水旁。一小洲如魚，故名。〔五〕

〔一〕《正德潁州志·山川·灣》：「八里灣，在州西一百七十里，潁河北岸。黃河決齧，北入二三里。今亦樹藝，水多則滂也。」李宜春《嘉靖潁州志·溝洫·灣》：「八里灣，在州西一百七十里潁河北岸。」

〔二〕《正德潁州志·山川·灣》：「龍項灣，在州西南一百七十里。汝水漲，灣之曲折處俱墊溺矣。」李宜春《嘉靖潁州志·溝洫·灣》：「龍項灣，在州西南一百七十里汝水之旁。」

〔三〕《正德潁州志·山川·灣》：「牛角灣，在州西南一百五十里。汝水出永安故縣，東折而南流十餘里，又東不能二三里，又北折至對灣前後，乃復東下。汝水泛，則通灣侵淫矣。」李宜春《嘉靖潁州志·溝洫·灣》：「牛角灣，在州西南一百五十里汝水東。南流對灣，曲如牛角。」

〔四〕《正德潁州志·山川·灣》：「老堰灣，在州南一百六十里龍項灣東。汝水落，則灣中皆膏腴。土民築堰，壅五汊溝泉水以溉灣田，爲利甚博。汝漲，則淹浸無遺。」李宜春《嘉靖潁州志·溝洫·灣》：「老堰灣，在州南一百六十里龍項灣東。土民築堰，壅五汊溝泉水以溉灣田。」

〔五〕《正德潁州志·山川·灣》：「鯉魚灣，在州南一百四十里。汝泛岸，低處一小洲水中如魚，故名。」李宜春《嘉靖潁州志·溝洫·灣》：「鯉魚灣，在州南一百四十里汝水旁。一小洲如魚，故名。」

崇灣。在州南七十里，谷河、淮河之内。〔一〕

宣灣。在州南一百里，淮河、谷河之旁。〔二〕

水臺灣。在州南一百里。淮水至此倍寬，故平王築臺於此。〔三〕

鑾流灣。在州北一百七十里，潁河之北岸。〔四〕

潁上

長灣。在縣北十二里，甘羅鄉。〔五〕

索家灣。在縣東八里，甘羅鄉。〔六〕

陳預灣。在縣東南二十五里，正陽鄉。〔七〕

〔一〕《正德潁州志·山川·灣》：「崇灣，在州南七十里。谷河環其北，淮水横其南，决齧渺茫。秋夏水多，民無望矣。」李宜春《嘉靖潁州志·溝洫·灣》：「崇灣，在州南七十里，谷河、淮河之内。」

〔二〕《正德潁州志·山川·灣》：「宣灣，在州南一百里。淮水衝匯遏逼，谷河之水不能舒流，泓停低壤。淮泛則逆流於灣，民患亦甚。」李宜春《嘉靖潁州志·溝洫·灣》：「宣灣，在州南一百里，淮河、谷河之旁。」

〔三〕《正德潁州志·山川·灣》：「水臺灣，在州南一百里。淮至此，河寬倍上流，故平王築臺於此，以觀競渡之戲。」李宜春《嘉靖潁州志·溝洫·灣》：「水臺灣，在州南一百里。故楚平王築臺處，爲淮水所注。」

〔四〕《正德潁州志·山川·灣》：「鑾流灣，在州北一百一十里。淝河水泛，則低岸悉淹成湖。故雨水稍多，灣偏受患。」李宜春《嘉靖潁州志·溝洫·灣》：「鑾流灣，在州北一百七十里潁河北岸。」

〔五〕李宜春《嘉靖潁州志·溝洫·灣》：「長灣，在潁上縣北十二里，甘羅鄉。」《順治潁上縣志·輿圖·溝洫（灣）》：「長灣，縣北十二里，甘羅鄉。」

〔六〕李宜春《嘉靖潁州志·溝洫·灣》：「索家灣，在潁上縣東八里，甘羅鄉。」《順治潁上縣志·輿圖·溝洫（灣）》：「索家灣，縣東八里，甘羅鄉。」

〔七〕李宜春《嘉靖潁州志·溝洫·灣》：「陳預灣，在潁上縣東南二十五里，正陽鄉。」《順治潁上縣志·輿圖·溝洫（灣）》：「陳預灣，縣東四十五里，正陽鄉。」

思［留］犢灣。在縣東三十五里，正陽鄉沙河側。《舊志》謂時苗留犢處，然犢已留於壽春，若牛母過此而思其犢，理或有之，因更曰思犢。〔一〕

朱四灣。在縣東四十五里，正陽鄉。〔二〕

湖三十有一

州

西湖。在州西北三里外。袤十餘里，廣二里，景象甚佳。宋晏殊、歐陽修、蘇軾相繼爲守，皆嘗宴賞於此，題詠甚富。湖南有西湖書院，其址並湖爲軍、民田所侵多矣。嘉靖乙未（一五三五），兵備宗樞呈請撫按衙門案行判官景蒙查復湖地十頃有餘。周圍計一十有六里，而書院、祠宇爲之一新云。〔三〕

〔一〕李宜春《嘉靖潁州志·溝洫·灣》：「留犢灣，在潁上縣東三十五里，正陽鄉沙河側。時苗留犢處。」《順治潁上縣志·輿圖·溝洫（灣）》：「留犢灣，縣東二十五里，正陽鄉沙河側。時苗留犢處。」

〔二〕李宜春《嘉靖潁州志·溝洫·灣》：「朱四灣，在潁上縣東四十五里，正陽鄉。」《順治潁上縣志·輿圖·溝洫（灣）》：「朱四灣，縣東四十五里，正陽鄉。」

〔三〕《成化中都志·山川·潁州》：「西湖，在城西二里，袤十里，廣二里餘。清風徐來，碧波浩蕩，蓮芰蘋蓼，魚躍禽鳴，美景不一。歐陽文忠公樂潁州風土，嘗築室湖上。《王直方詩話》云：『杭有西湖，而潁亦有西湖，皆爲游賞之勝。』蘇東坡連守二州，其初得潁也。有潁人在坐云：『內翰祇銷游西湖中，便可以了郡事。』蓋言訟簡也。秦少游因作一絶獻之。後東坡到潁，有謝執政啟云：『入忝兩禁，每玷北扉之容；出典二邦，輒爲西湖之長。』《侯鯖録》云：『歐公自楊移汝陰。』有詩云：『都將二十四橋月，換得西湖十頃秋。』後東坡自汝移楊，作詩云：『二十四橋亦何有，換此十頃玻璃風。』用歐公語也。東坡《新開西湖詩》注云：『予以潁人苦飢，奏乞留黄河夫萬人，修境內溝洫，詔從之。因以餘力，浚治此湖。』」《南畿志·鳳陽府·潁州（山川）》：「西湖，在城西二里，歐陽永叔嘗築室湖上。」《正德潁州志·山川·湖》：「西湖，在州西北二里外。湖長十里，廣三里。相傳古時水深莫測，廣袤相齊。胡金之後，黄河衝蕩，湮湖之半，然而四時佳景尚在。前代名賢達士，往往泛舟游玩於是。湖南有歐陽文忠公書院基。」李宜春《嘉靖潁州志·溝洫·湖》：「西湖，在州西北三里。宋知潁州歐陽修因田禾亢旱，以百萬餘人築塞白龍溝，注水西湖，灌溉腴田；又建書院，作六一堂，移而家焉。至蘇軾與趙德麟因而開治。後湖爲軍民多侵塞爲田，水亦易涸。嘉靖乙未，兵備李公宗樞委判官呂景蒙查復湖地十有餘頃，周圍計一十六里。丁未（一五四七），兵備許公天倫委知州李宜春查復硬界一十一畝。」

許渾《潁州從事西湖亭燕餞》詩〔一〕：

西湖清燕〔二〕不知回，一曲離歌酒一杯。城帶夕陽聞鼓角，寺臨秋水見樓臺。蘭堂客散蟬猶噪，桂檝人稀鳥自來。獨想征車過鞏洛，此中霜菊繞潭開。

晏殊《詩》：

前村過雨蓬麻亂，遠水粘天鸛鶴飛。

歐陽修《初至潁州西湖寄淮南轉運吕度支發運許主客》詩〔三〕：

平湖十頃碧琉璃，四面清陰乍合時。柳絮已將春去遠，海棠應恨我來遲。啼禽似與游人語，明月閑撑野艇隨。每到最佳堪樂處，却思君共把芳巵。

又《初夏》詩〔四〕：

積雨新晴漲碧溪，偶尋行處獨依依。緑陰黄鳥春歸後，紅蘤青苔人蹟稀。萍匝汀洲魚自躍，日長欄檻燕交飛。林僧不用相迎送，吾欲臺頭坐釣磯。

東張家湖。在州東三十里潁水北岸。方廣六七里，魚、鱉、鳬、鴨、蓮、芡之利甚多。舊傳：張龍公與鄭祥遠戰勝化龍而去，其宅遂陷爲

〔一〕此詩，見於許渾《丁卯詩集》。「燕」字，《丁卯詩集》所録文本作「宴」。

〔二〕「燕」字，《丁卯詩集》所録文本作「宴」。

〔三〕此詩見於《歐陽修全集》，題作《初至潁州西湖種瑞蓮黄楊寄淮南轉運吕度支發運許主客》。

〔四〕此詩見於《歐陽修全集》，題作《初夏西湖》。

湖，故西有龍封溝。〔一〕

南張家湖。在州西南一百七十里龍項灣。周不滿四里，民多利之。〔二〕

界溝湖。在州西一百四十里。本黄河水道，淤隔成湖，長三十餘里。湖之南三里又一小湖，亦長二三里。成化中，同知劉節嘗督民開兩渠洩水，成腴田。〔三〕

鄭家湖。在州西一百五十里，舒陽河南。方廣僅五里。相傳鄭祥遠據此湖，故名。〔四〕

〔一〕《成化中都志・山川・潁州》：「東張家湖，在州東三十里，潁水北岸，方六七里。相傳：湖乃古寢丘城。隋初，郡人張路斯家於此，後化龍，城陷爲湖。故土人呼張家湖。」《正德潁州志・山川・湖》：「東張家湖，在州東三十里，潁水北岸，方廣六七里。水族、禽、鳥、蓮、芡之利，居民有之。相傳：湖乃古寢丘城。至隋初，郡人張路斯家於是，以明經登第。景隆中爲宣城令，罷官歸，每夕出。後語其妻曰：『吾龍也，蓼人鄭祥遠亦龍。吾與戰。』明日，其子助而勝。後與九子皆化龍，而城遂陷爲湖，土人呼張家湖。故西有龍封溝、紅絲澗云。詳見歐公《跋〈集古録〉》云。」李宜春《嘉靖潁州志・溝洫・湖》：「東張家湖，在州東二十里潁水北岸。方廣六七里，魚鼈鳧鴨蓮芡之利甚多。舊傳張龍公化龍而去，其宅遂陷爲湖，故西有龍封溝。」

〔二〕《成化中都志・山川・潁州》：「南張家湖，在州西南一百七十里龍項灣。」《正德潁州志・山川・湖》：「南張家湖，在州西南一百七十里龍項灣。周不滿四里，民多利之。」李宜春《嘉靖潁州志・溝洫・湖》：「南張家湖，在州西南一百七十里龍項灣。周不能五里，物産與東張家湖等，居民利之。」

〔三〕《成化中都志・山川・潁州》：「界溝湖，在州西一百四十里。本黄河水道，淤隔成湖，長三十餘里。」《正德潁州志・山川・湖》：「界溝湖，在州西一百四十里。本黄河水道，淤隔成湖，長三十餘里。湖之南三里又一小湖，亦長二三里。成化中，同知劉節嘗督民兩開渠洩水，各夷高湮下，多成腴田。」李宜春《嘉靖潁州志・溝洫・湖》：「界溝湖，在州西一百四十里。本黄河水道淤塞隔成湖，長三十餘里。湖之南三里又一小湖，亦長二三里。成化中，同知劉節嘗督民開兩渠洩水，成腴田。」

〔四〕《成化中都志・山川・潁州》：「鄭家湖，在州西一百五十里，輪楊〔舒陽〕河南。廣四五里，四時不竭。相傳蓼人鄭祥遠嘗據此池，後化龍。故名。」《正德潁州志・山川・湖》：「鄭家湖，在州西一百五十里，舒陽河南。方廣僅五里，四時不竭。相傳：隋時，蓼人鄭祥遠，乃龍也，嘗據此池。後人呼爲鄭家湖云。」李宜春《嘉靖潁州志・溝洫・湖》：「鄭家湖，在州西一百五十里舒陽河南。方廣僅五里。相傳鄭祥遠據此湖，故名。」

白楊湖。在州西一百二十里，亦黄河水道，淤隔成湖。潦水至，則界溝湖之水會於此。〔一〕

陶中湖。在州西一百一十五里，柳河西。周廣十里，潤溉土田，居民利之。〔二〕

鴨兒湖。在州北三十里，茨河東。今地平水少，民皆樹藝。〔三〕

范家湖。在州西一百二十里。今爲沃壤，民皆樹藝。〔四〕

六百丈湖。在州南一百里，淮河北。民資水灌田。〔五〕

鏡兒湖。在州南九十里，谷河之南。其形如鏡。〔六〕

〔一〕《成化中都志·山川·潁州》：「白楊湖，在州西一百二十里，黄河水道淤隔成湖，水潦與界溝通。」《正德潁州志·山川·湖》：「白楊湖，在州西一百二十里，亦黄河水道淤隔成湖。潦水泛，則界溝湖之水自溝引而東，入白楊湖，今湮其半。土見處皆可耕稼，下者水族繁盛。」李宜春《嘉靖潁州志·溝洫·湖》：「白楊湖，在州西一百二十里。亦黄河水道淤隔成湖，潦則會界溝湖之水。」

〔二〕《正德潁州志·山川·湖》：「陶中湖，在州西一百一十五里，柳河西。周不十里，潤溉土田，居民利之。」李宜春《嘉靖潁州志·溝洫·湖》：「陶中湖，在州西一百一十五里，柳河西。周廣十里，潤溉土田，居民利之。」

〔三〕《正德潁州志·山川·湖》：「鴨兒湖，在北鄉茨河東，去城三十里。先時黄河橫流，地之下皆湖。此中南北二十里，鷗、鴈、鳧、鴨，聚育如雲。河徙水退，今皆樹藝矣。」李宜春《嘉靖潁州志·溝洫·湖》：「鴨兒湖，在州北三十里，茨河東。今地平水少，民皆樹藝。」

〔四〕《正德潁州志·山川·湖》：「范家湖，在州西一百二十里。前時河水所被，今爲沃壤。雨二日，則復成湖，涸可立待。」李宜春《嘉靖潁州志·溝洫·湖》：「范家湖，在州西一百二十里。今爲沃壤，民皆樹藝。」

〔五〕《成化中都志·山川·潁州》：「六百丈湖，在州南一百二十里，淮河北。」《正德潁州志·山川·湖》：「六百丈湖。在州南一百里，淮河北。四面腴田，居民資湖種樹、粳稻。」李宜春《嘉靖潁州志·溝洫·湖》：「六百丈湖，在州南一百里，淮河北。民資水灌田。」

〔六〕《正德潁州志·山川·湖》：「鏡兒湖，在州南九十里，谷河之南。圓如一鏡，天宇澄澈，湖光逼人。」李宜春《嘉靖潁州志·溝洫·湖》：「鏡兒湖，在州南九十里，谷河之南。其形如鏡。」

雙塚湖。在州西南一百里。〔一〕

姑嫂湖。在州南八十里崇灣中。〔二〕

潁上

丁家湖。在縣東二十五里，甘羅鄉。今漸湮塞。〔三〕

團湖。在縣西五十里，淮潤鄉。〔四〕

白馬湖。在縣南四十里，正陽鄉。水中有洲，上建白馬寺，故名。〔五〕

陽臺東西湖。在縣北二十里，甘羅鄉。二水合流，經臺下南馳至三汊溝，達王愛溝，出沙河。物産頗多，民獲利焉。〔六〕

〔一〕《正德潁州志・山川・湖》：「雙塚湖，在州西南五里。」所載與此湖地理懸殊，當非一湖。李宜春《嘉靖潁州志・溝洫・湖》：「雙塚湖，在州西南一百里。」

〔二〕《正德潁州志・山川・湖》：「姑嫂湖，在州南鄉八十里崇灣中。畜［蓄］水以溉灣田，至張家灣瀰漫。」李宜春《嘉靖潁州志・溝洫・湖》：「姑嫂湖，在州南八十里崇灣中。」

〔三〕李宜春《嘉靖潁州志・溝洫・湖（潁上）》：「丁家湖，在潁上縣東二十五里，甘羅鄉。水出沙河。」《順治潁上縣志・輿圖・溝洫（湖）》：「丁家湖，縣東三十五里，甘羅鄉。昔多蒲葦，今亦湮塞。水出沙河。」

〔四〕李宜春《嘉靖潁州志・溝洫・湖（潁上）》：「團湖，在潁上縣西五十里，淮潤鄉。」《順治潁上縣志・輿圖・溝洫（湖）》：「團湖，縣西五十里，淮潤鄉。急遞鋪亦因湖取名。」

〔五〕李宜春《嘉靖潁州志・溝洫・湖（潁上）》：「白馬湖，在潁上縣南四十里，正陽鄉。水中有洲，建白馬寺，故名。」《順治潁上縣志・輿圖・溝洫（湖）》：「白馬湖，縣四十里，正陽鄉。水中有洲，上建白馬寺。」

〔六〕《南畿志・鳳陽府・潁上（山川）》：「陽臺東西二湖，二水合流，經臺下，出沙河。物産頗多，民獲利焉。」李宜春《嘉靖潁州志・溝洫・湖（潁上）》：「陽臺東西湖，在潁上縣北二十里，甘羅鄉。二水合流，經臺下南馳至三汊溝，達王愛溝，出沙河。物産頗多，民獲利焉。」《順治潁上縣志・輿圖・溝洫（湖）》：「陽臺東湖、西湖，縣北十五里，甘羅鄉。二水合流，經臺下南馳至三汊溝，達王愛溝，出沙河。物産頗多，民獲利焉。」

長林湖。在縣東北十里，甘羅鄉。上通茅城溝，下接王愛溝，水出沙河。〔一〕

澗頭湖。在縣西北三十里，淮潤鄉。水注黃溝，東流入於沙河。〔二〕

江家湖。在縣西北二十里，淮潤鄉。水通黃溝，東入沙河。〔三〕

鹽站湖。在縣南十里，正陽鄉。多利。〔四〕

第三湖。在縣西南四十里，淮潤鄉。〔五〕

白塔湖。在縣東三十里，甘羅鄉。水通灰溝、涿溝，西出沙河。今塞。〔六〕

〔一〕李宜春《嘉靖潁州志·溝洫·湖（潁上）》：「長林湖，在潁上縣東北十里，甘羅鄉。上通茅城溝，下接王愛溝，水出沙河。」《順治潁上縣志·輿圖·溝洫（湖）》：「長林湖，縣東北十里許，甘羅鄉。上通茅城溝，下接王愛溝，水出沙河。」

〔二〕李宜春《嘉靖潁州志·溝洫·湖（潁上）》：「澗頭湖，在潁上縣西北三十里，淮潤鄉。水注黃溝，入於沙河。」《順治潁上縣志·輿圖·溝洫（澗）》：「澗頭澗，在縣北二十五里。」疑在其近處。

〔三〕李宜春《嘉靖潁州志·溝洫·湖（潁上）》：「江家湖，在潁上縣西北二十里，淮潤鄉。水通黃溝，東入沙河。」《順治潁上縣志·輿圖·溝洫（湖）》：「江家湖，縣西北二十里，淮潤鄉。水通黃溝，東入沙河。」

〔四〕李宜春《嘉靖潁州志·溝洫·湖（潁上）》：「鹽站湖，在潁上縣南十里，正陽鄉。」《順治潁上縣志·輿圖·溝洫（湖）》：「鹽站湖，縣南十里，正陽鄉。附於湖者多得利。」

〔五〕李宜春《嘉靖潁州志·溝洫·湖（潁上）》：「第三湖，在潁上縣西南四十里，淮潤鄉。」《順治潁上縣志·輿圖·溝洫（湖）》：「第三湖，縣西南四十里，淮潤鄉。」

〔六〕李宜春《嘉靖潁州志·溝洫·湖（潁上）》：「白塔湖，在潁上縣東三十里，甘羅鄉。通灰溝、涿溝，西出沙河。」《順治潁上縣志·輿圖·溝洫》：「白塔湖，縣東北三十里，甘羅鄉。水通灰溝，達涿溝，西入沙河。今塞。」

太和

周家窪湖。在縣北三里。〔一〕

聶家湖。在縣西北二十五里。〔二〕

竇仲湖。在縣南三里。〔三〕

七里澗湖。在縣東八里。〔四〕

白洋湖。在縣西十五里。〔五〕

鴨兒湖。在縣西二十里。〔六〕

陶種湖。在縣西四十里。〔七〕

〔一〕李宜春《嘉靖潁州志·溝洫·湖（太和）》：「周家窪湖，在太和縣北三里。」《萬曆太和縣志·輿勝·溝洫》：「周家窪湖，在縣北二里許。由七里澗而入茨河。」

〔二〕李宜春《嘉靖潁州志·溝洫·湖（太和）》：「聶家湖，在太和縣西北二十五里。」《萬曆太和縣志·輿勝·溝洫》：「上聶家湖，在縣西北四十五里。由流鴈溝而北，洩於八丈河。中聶家湖，在縣西北四十里。由流鴈溝南洩於沙河，即今之蔡家廟湖也。下聶家湖，在縣西北二十里。由稅子鋪口洩於沙河，即今之柳林湖也。」

〔三〕李宜春《嘉靖潁州志·溝洫·湖（太和）》：「竇仲湖，在太和縣南三里。」《萬曆太和縣志·輿勝·溝洫》：「竇仲湖，在縣南三里，洩於沙河。」

〔四〕李宜春《嘉靖潁州志·溝洫·湖（太和）》：「七里澗湖，在太和縣東八里。」《萬曆太和縣志·輿勝·溝洫》：「七里澗湖，在縣東八里。東洩於茨河。」

〔五〕李宜春《嘉靖潁州志·溝洫·湖（太和）》：「白洋湖，在太和縣西十五里。」《萬曆太和縣志·輿勝·溝洫》：「東白洋湖，在縣西十五里，東通沙河。西白洋湖，在東白洋湖之右，通於柳河。」

〔六〕李宜春《嘉靖潁州志·溝洫·湖（太和）》：「鴨兒湖，在太和縣西二十里。」《萬曆太和縣志·輿勝·溝洫》：「鴨兒湖，在縣西二十里。」

〔七〕李宜春《嘉靖潁州志·溝洫·湖（太和）》：「陶種湖，在太和縣西四十里。」《萬曆太和縣志·輿勝·溝洫》：「陶種湖，在縣西四十里。」

澗七

潁上

烏龍澗。在縣西北四十里，潁陽鄉。〔一〕

賽澗。在縣東六十里，正陽鄉。〔二〕

花水澗。在縣東南三十五里，正陽鄉。〔三〕

姬家澗。在縣西北四十里，潁陽鄉。〔四〕

翻車澗。在縣西南六十里，漕口鎮。〔五〕

馬蝗澗。在縣東南五十里，正陽鄉。〔六〕

〔一〕李宜春《嘉靖潁州志·溝洫·澗》：「烏龍澗，在潁上縣西北四十里，潁陽鄉。」《順治潁上縣志·輿圖·溝洫（澗）》：「烏龍澗，縣西北四十里，潁陽鄉。」

〔二〕李宜春《嘉靖潁州志·溝洫·澗》：「賽澗，在潁上縣東六十里，正陽鄉。」《順治潁上縣志·輿圖·溝洫（澗）》：「賽澗，縣東南六十里，正陽鄉。」

〔三〕李宜春《嘉靖潁州志·溝洫·澗》：「花水澗，在潁上縣東南三十五里，正陽鄉。」《順治潁上縣志·輿圖·溝洫（澗）》：「花水澗，縣東〔三十五〕里，正陽鄉。」

〔四〕李宜春《嘉靖潁州志·溝洫·澗》：「姬家澗，在潁上縣西北四十里，潁陽鄉。」《順治潁上縣志·輿圖·溝洫（澗）》：「姬家澗，縣西南四十里，潁陽鄉。」

〔五〕李宜春《嘉靖潁州志·溝洫·澗》：「翻車澗，在潁上縣西南六十里，漕口鎮。」《順治潁上縣志·輿圖·溝洫（澗）》：「翻車澗，縣西南六十里，漕口鎮，達清河。」

〔六〕李宜春《嘉靖潁州志·溝洫·澗》：「馬蝗澗，在潁上縣東南五十里，正陽鄉。」《順治潁上縣志·輿圖·溝洫（澗）》：「馬蝗澗，縣東南五十里，正陽鄉。」

雙澗。在縣北三十里，潁陽鄉。一水分二派，故名。〔一〕

塘四

州

椒陂塘。在州南六十里，廣十餘頃。唐刺史柳寶積教民置陂潤河，引水入塘，溉田萬頃。〔二〕歐陽修《憶焦陂歌》〔三〕：

焦陂荷花照水光，未到十里聞花香。焦陂八月新酒熟，秋水魚肥膾如玉。清河兩岸柳鳴蟬，直到焦陂不下船。笑向漁翁酒家保，金龜可解不須錢。明日君恩許歸去，白頭酣詠太平年。

清陂塘。在州西南一百六十里。〔四〕

安舟塘。在州南一百里。延袤六七里，環繞安舟崗，民便於溉田。成化中塘壞，同知劉節修復。〔五〕

〔一〕李宜春《嘉靖潁州志·溝洫·澗》：「雙澗，在潁上縣北三十里，潁陽鄉。一水分二派，故名。」《順治潁上縣志·輿圖·溝洫（澗）》：「雙澗，縣治正北三十里，潁陽鄉。一水分二派，故名。」

〔二〕《正德潁州志·山川·塘》：「椒陂塘，在州南六十里。廣十餘頃，溉田萬畝。唐刺史柳寶積教民置陂潤河，引水入塘，灌溉倍之。」李宜春《嘉靖潁州志·溝洫·塘》：「焦陂塘，在州南六十里，廣十餘頃。唐刺史柳寶積教民置陂潤河，引水入塘，溉田萬頃。」

〔三〕此詩見於《歐陽修全集》，題作《憶焦陂》。

〔四〕《正德潁州志·山川·塘》：「清陂塘，在州西南一百六十里。塘自西至東二十里，南北可七八里。往時民樂其利。宋蘇東坡守潁，亦嘗修之，變故廢弛。洪武中，重修塞責。其後分下流之水，軍民矛盾，而塘日湮爲田，上源毁失汝濱之閘，下流争決走水之溝。於今六十餘年，無事於公家，其利專於一二豪强矣。塘不詳築自何代，今無力以成民功，可愧也。」李宜春《嘉靖潁州志·溝洫·塘》：「清陂塘，在州西南一百六十里。」

〔五〕《成化中都志·山川·潁州》：「安舟塘，在州南一百里。延袤幾六七里，環繞安舟岡東北。」《正德潁州志·山川·塘》：「安舟塘，在州南一百里。延袤幾六七里，環繞安舟崗。東北轉挽以溉土田，民利甚博。成化丁酉（一四七七），塘少懷［壞］，同知劉節給餉督民築之。」李宜春《嘉靖潁州志·溝洫·塘》：「安舟塘，在州南一百里。延袤六七里，繞安舟崗，便於溉田，成化中同知劉節修復。」

潁上

周家塘。在縣西十二里，周總管家於此，故名。南注八里河。〔一〕

堰一

州

温家堰。在州南七十里。土人築堰以蓄土陂下流之水，溉黄丘店田。〔二〕

陂三

州

盆陂。在州南鄉楊宅橋西。前人置陂障谷水，溉河北田。水滿陂如盆，故名。〔三〕

〔一〕李宜春《嘉靖潁州志·溝洫·塘》：「周家塘，在潁上縣西十二里。周□□總管家於此，南注八里河。」《順治潁上縣志·輿圖·溝洫（塘）》：「周家塘，在縣西北十二里。元周總管家於此，故名。」

〔二〕《正德潁州志·山川·堰》：「温家堰，在州南七十里。土民築堰以畜〔蓄〕土陂下流之水，溉黄丘店西之田。」李宜春《嘉靖潁州志·溝洫·堰》：「温家堰，在州南七十里。土人築堰以蓄土陂下流之水，溉黄丘店田。」

〔三〕《成化中都志·山川·潁州》：「盆陂，在南鄉楊宅橋西。置陂障谷水，溉田。水滿陂，望之如盆。」《正德潁州志·山川·陂》：「盆陂，在州南鄉楊宅橋西。前人置陂障谷水，溉河北田。水滿，陂如盆，故名。」李宜春《嘉靖潁州志·溝洫·陂》：「盆陂，在州南鄉楊宅橋西。前人置陂障谷水，溉河北田。水滿陂如盆，故名。」

雙陂。在州南八十里。相傳：前人自谷河障水以溉黄丘村南之田。今引水溝道尚在，而陂失去所矣。〔一〕

土陂。在州南九十里。土民築陂障老軍屯、栗林諸水，以灌黄花坡［陂］西之田。〔二〕

論曰：古之遂、溝、洫、澮，皆所以通水於川也。遂從溝横，洫從澮横，遂入溝，溝入洫，洫入澮，澮注川。溝必因水勢，防必因地勢。周之公天下之法，固如此。自秦廢井田，開阡陌，而溝洫之制大壞。萬世而下，井田之制雖不可行，而溝洫之制則不可廢。如潁之田土，皆平原曠野，率多洿下，不能皆近河灣，必隨地有溝，以達於河。然後所謂湖、塘、陂、堰者，於天時無雨，則可由溝以畜，而田可施灌溉之功；所謂河、灣、潤者，於天時有雨，則可由溝以洩，而地可無淹没之苦，生民斯享收成之利矣。今四鄉之溝，爲勢家湮塞者多，故一遇淫潦，爲害尤甚。予以諸司批呈，會同郡守黄君，方圖隨時制宜，因舊爲新，務使合乎人情，宜於土俗，一則求不失前人之遺制，一則求有益今人之常産。文移一出，而民稱便者過半，且各自期以今冬完工焉。由是而驗，夫子「惠而不費，勞而不怨」之言誠不我欺，而行之果有其效也。鄧艾所治水渠數道，其蹟俱存。詳見《晉書》。

《溝洫志》終

〔一〕《成化中都志·山川·潁州》：「雙陂，在南鄉四圖，去城七十里。蓄水以溉黄花陂西之田。」《正德潁州志·山川·湖》：「雙陂，在州南八十里。相傳：前人自谷河障水，以溉黄丘村南之田。今引水溝道尚在，失陂所在。」李宜春《嘉靖潁州志·溝洫·陂》：「雙陂，在州南八十里。相傳：前人自谷河障水以溉黄丘村南之田。今引水溝道尚在，而陂失去矣。」

〔二〕《正德潁州志·山川·湖》：「土陂，在州南九十里。土民築陂障老軍屯、栗林坡諸水，以溉黄花坡西之田。」李宜春《嘉靖潁州志·溝洫·陂》：「土陂，在州南九十里。土民築陂障老軍屯、栗林諸水，以灌黄花坡西田。」

潁州志卷之十

志六・禮樂

禮樂有本有文。循復性情，禮樂之本也；儀文器數，禮樂之文也。聖人制禮以節民性，作樂以和民情，因其文而使反之，以復其本也。有志於教化斯民者，毋曰「如其禮樂，以俟君子」云[一]。爰志《禮樂》。

西漢

高帝令天下立靈星祠，祠后稷，而謂之靈星者，以后稷又配食星也。[二]

東漢

郡、縣置社稷，令長侍祠，牲用羊豕。郡邑常以乙未日祀先農於乙地，以丙戌日祀風伯於戌地，以己丑日祀雨師於丑地，牲用羊豕。立春之日，皆青幡幘，迎春於東郭外。令一童男帽青巾，衣青衣，先在東郭外野中。迎

〔一〕《論語・先進》載冉求言志：「方六七十，如五六十，求也爲之，比及三年，可使足民。如其禮樂，以俟君子。」

〔二〕《後漢書・祭祀志》：「漢興八年（前一九九），有言周興而邑立后稷之祀，於是高帝令天下立靈星祠。言祠后稷而謂之靈星者，以后稷又配食星也。」

春至者，自野中出，則迎者拜之而還，弗祭。三時不迎。〔一〕明帝永平二年（五九），郡、縣行鄉飲禮於學校。〔二〕

隋

州縣學則春秋仲月釋奠，每年於學一行鄉飲酒禮。〔三〕

唐

五禮，一曰吉禮。小祀：州縣之社稷、釋奠。〔四〕貞觀四年（六三〇），詔州、縣皆作孔子廟。十一年（六三七），詔孔子爲宣父。州縣之釋奠，亦以博士祭，牲用少牢，而無樂。〔五〕（開元）二十八年（七四〇），詔春秋二仲，州、

〔一〕《後漢書·祭祀志》：「縣邑常以乙未日祠先農於乙地，以丙戌日祠風伯於戌地，以己丑日祠雨師於丑地，用羊豕。立春之日，皆青幡幘，迎春於東郭外。令一童男冒青巾，衣青衣，先在東郭外野中。迎春至者，自野中出，則迎春拜之而還，弗祭。三時不迎。」

〔二〕《後漢書·禮儀志》：「明帝永平二年（五九）三月，上始帥群臣躬養三老、五更於辟雍。行大射之禮。郡、縣、道行鄉飲酒於學校，皆祀聖師周公、孔子，牲以犬。」

〔三〕《隋書·禮儀志》：「（大同七年）隋制，國子寺，每歲以四仲月上丁，釋奠於先聖先師。年別一行鄉飲酒禮。州郡學則春秋仲月釋奠。州郡縣亦每年於學一行鄉飲酒禮。」

〔四〕《新唐書·禮樂志》：「五禮，一曰吉禮。大祀：天、地、宗廟、五帝及追尊之帝、后。中祀：社、稷、日、月、星、辰、岳、鎮、海、瀆、帝社、先蠶、七祀、文宣、武成王及古帝王、贈太子。小祀：司中、司命、司人、司禄、風伯、雨師、靈星、山林、川澤、司寒、馬祖、先牧、馬社、馬步，州縣之社稷、釋奠。」

〔五〕《新唐書·禮樂志》：「（貞觀）四年（六三〇），詔州、縣學皆作孔子廟。十一年（六三七），詔尊孔子爲宣父，作廟於兖州，給户二十以奉之……二十一年（六四七），詔左丘明、卜子夏、公羊高、穀梁赤、伏勝、高堂生、戴聖、毛萇、孔安國、劉向、鄭衆、賈逵、杜子春、馬融、盧植、鄭康成、服虔、何休、王肅、王弼、杜預、范甯二十二人皆以配享。而尼父廟學官自祭之，祝曰：『博士某昭告於先聖。』州、縣之釋奠，亦以博士祭。」

縣之祭以上丁。〔一〕籩豆皆八、簋二、簠二、俎三。〔二〕鄉飲酒禮以刺史爲主人，先召鄉致仕有德者謀之，賢者爲賓，其次爲介，又其次爲衆賓。其儀詳本《志》。〔三〕季冬之月，正齒位則以縣令爲主人，鄉之老人年六十以上有德望一人爲賓，次一人爲介，又其次爲三賓，又其次爲衆賓。其儀亦詳本《志》。〔四〕

宋

真宗大中祥符中，詔太常禮院定州縣釋奠器數：先聖、先師每坐酒尊一、籩豆八、簋二、簠二、俎三、罍一、洗一、篚一，尊皆加勺、冪，各置於坫［坫］，巾共二，燭二，爵共四，坫［坫］。有從祀之處，各籩二、豆二、簋一、簠一、俎一、爵一。〔五〕州縣以春秋二仲上丁釋奠。社稷春秋二祭，刺史初獻，上佐亞獻，博士終獻。牲用少牢，禮行三獻，致齋三日。其禮器數：正配坐尊各二、籩豆各八、簠簋各二、俎三。從祀籩、豆各二，簠、簋、俎各一。

〔一〕《新唐書·禮樂志》：「（開元）二十八年（七四〇），詔春秋二仲上丁，以三公攝事，若會大祀，則用中丁，州、縣之祭，上丁。」

〔二〕《新唐書·禮樂志》：「州縣祭社，稷、先聖，釋奠於先師，籩豆皆八、簋二、簠二、俎三。」

〔三〕《新唐書·禮樂志》：「州貢明經、秀才、進士身孝悌旌表門閭者，行鄉飲酒之禮，皆刺史爲主人。先召鄉致仕有德者謀之，賢者爲賓，其次爲介，又其次爲衆賓，與之行禮，而賓舉之。」

〔四〕《新唐書·禮樂志》：「季冬之月正齒位，則縣令爲主人，鄉之老人年六十以上有德望者一人爲賓，次一人爲介，又其次爲三賓，又其次爲衆賓。」

〔五〕《宋史·禮志》：「（大中祥符）二年（一〇〇九）五月乙卯，詔追封十哲爲公，七十二弟子爲侯，先儒爲伯或贈官……詔太常禮院定州縣釋奠器數：先聖、先師每坐酒尊二、籩豆八、簋二、簠二、俎三、罍一、洗一、篚一，尊皆加勺、冪，各置於坫，巾共二，燭二，爵共四，坫。有從祀之處，諸坐各籩二、豆二、簋一、簠一、俎一、燭一、爵一。」

州縣社主用石，形如鐘，長二尺五寸，方一尺，剡其上，培其半，祭用常服。〔一〕紹興元年（一一三一），以春秋二仲及臘前祭。〔二〕

皇明

文廟

在學前，中爲大成殿〔三〕，兩翼爲東西廡，同知縮重修。前爲露臺，爲戟門。門之前爲泮池，爲橋。又其前爲櫺星門。知州同蓁重修。〔四〕嘉靖辛卯（一五三一），更殿曰先師廟，門曰廟門，迺易封號，撤像，而題以木主，制也。神庫，在東廡北。神厨、宰牲所，俱在泮池西。〔五〕

〔一〕《宋史·禮志》：「社稷，自京師至州縣，皆有其祀。歲以春秋二仲月及臘日祭太社、太稷。州縣則春秋二祭，刺史、縣令初獻，上佐、縣丞亞獻，州博士、縣簿尉終獻。如有故，以次官攝，若長吏職官或少，即許通攝，或别差官代之。牲用少牢，禮行三獻，致齋三日。其禮器數：正配坐尊各二，籩、豆各八，簠、簋各二，俎三。從祀籩、豆各二，簠、簋、俎各一。太社壇廣五丈，高五尺，五色土爲之。稷壇在西，如其制。社以石爲主，形如鐘，長五尺，方二尺，剡其上，培其半。」

〔二〕《宋史·禮志》：「紹興元年（一一三一），以春秋二仲及臘前祭太社、太稷於天慶觀，又望祭於臨安天寧觀。」

〔三〕《正德潁州志·學校》：「大成殿，在學址正中。」

〔四〕李宜春《嘉靖潁州志·学校》：「（明倫）堂之南爲先師廟，翼以東西兩廡。前爲戟門三楹，左名宦祠，右鄉賢祠。前泮池，跨以負梁。池右爲神厨，爲宰牲所。神庫迺在東廡之北，又前爲櫺星門。知州朱同蓁重修。」

〔五〕李宜春《嘉靖潁州志·學校》：「先師廟，嘉靖辛卯，奉詔去封號，撤聖像，而易以牌位，題曰至聖先師孔子。其配哲兩廡，俱以先賢先儒。春秋以仲丁日致祭。」

潁上先師廟在學前。〔一〕

太和亦在學前。〔二〕

其廟，其廡，其戟門，其泮池，其櫺星門，其庫，其厨，並如州。

洪武禮制，以春秋二仲月上丁日釋奠。

啟聖公祠

在廟東。嘉靖辛卯奉制建，祀叔梁紇，題稱啟聖公孔氏神位，以顔無繇、曾點、孔鯉、孟孫氏配，俱稱先賢某氏。以程珦、朱松、蔡元定從祀，俱稱先儒。〔三〕

潁上祠，亦在廟東。〔四〕

〔一〕李宜春《嘉靖潁州志·學校》：「潁上縣儒學……（明倫堂）堂南爲先師廟，夾以東西兩廡。又東南數武爲啟聖祠，前爲戟門，東供膳厨，西宰牲所，前泮池。又前爲欞星門，欞星之東爲儒學門，名宦、鄉賢在其西。」《順治潁上縣志·學校》：「先師殿五楹，嘉靖中奉詔去封號、埋像，易以神牌，覆以木龕，左右四配。又左右十哲列焉。」

〔二〕李宜春《嘉靖潁州志·學校》：「太和縣儒學，洪武五年（一三七二），知縣馬良就邑治東南創建。正統九年（一四四四），知縣張處仁重建。中爲明倫堂，左志道齋，右據德齋。堂北爲啟聖祠，祠北爲敬一亭，教諭宅又在其後。東訓導宅，西饌堂。東南爲先師廟，夾以東西兩廡。前爲戟門，爲泮池，又前爲櫺星門，櫺星之左爲儒學門。」《萬曆太和縣志·學校》：「先師廟，在明倫堂之南，（洪武五年知縣馬良始建。）前爲露臺，翼以東西兩廡。」

〔三〕李宜春《嘉靖潁州志·學校》：「啟聖祠，嘉靖辛卯，同知張綰奉詔建，祀叔梁紇，題曰啟聖公孔氏。以顔無繇、曾點、孔鯉、孟孫氏配，題先賢某氏。以程珦、朱松、蔡元定從祀，題先儒某氏。春秋丁日先祭。」

〔四〕《順治潁上縣志·學校》：「啟聖祠，堂東北。嘉靖辛卯創建，祀先賢顔無繇、曾點、孔鯉、孟孫氏，配享先儒程珦、朱松、蔡元定從祀。萬曆二十三年（一五九五），入周甫成從祀。」

太和，在明倫堂後。〔一〕

州縣並中爲祠，前爲門，東西爲序。按《爾雅》：以序爲墻，今多以爲廂房，誤也。

禮部條格以春秋二仲月上丁日學官致祭禮，行先廟一奠，制也。祭器：籩四十四，連蓋；豆四十四，連蓋；簠八，連蓋；簋八，連蓋；登五，連蓋；鉶十二，連蓋；酒樽一，大香爐一，俱銅。嘉靖壬辰（一五三二），同知縉置。先師廟香爐，正案一，四配十哲各二，東西廡、啟聖祠五，名宦、鄉賢祠二，籩、豆各二十，連蓋，俱銅。嘉靖丙申（一五三一）判官蒙置。〔二〕

社稷壇

在州西郭。〔三〕

潁上者，在縣西郭。〔四〕

〔一〕李宜春《嘉靖潁州志·學校·太和》：「太和縣儒學，洪武五年，知縣馬良就邑治東南創建……中爲明倫堂，左志道齋，右據德齋。堂北爲啟聖祠，祠北爲敬一亭，教諭宅又在其後。」

〔二〕李宜春《嘉靖潁州志·學校》：「先師廟，嘉靖辛卯奉詔去封號，撤聖像，而易以牌位，題曰至聖先師孔子。其配哲兩廡，俱以先賢先儒。春秋以仲丁日致祭。壬辰，同知張縉置銅人、香爐，並祭器、籩豆各四十四，簠簋各八，登五，鉶十二，酒樽一，各連蓋。丙申，判官呂景蒙置芷案香爐一，四配十哲，東西廡各二。」

〔三〕《正德潁州志·祠廟》：「社稷壇，在南城西門關外一里，洪武初建，正壇面北。」李宜春《嘉靖潁州志·祀典·州》：「社稷壇，在南城西門關外一里，祀五土五穀之神。以春秋二仲上戊日祭。」

〔四〕《順治潁上縣志·風俗·壇廟》：「社稷壇，在潁陽門外西一里。洪武十八年（一三八五），縣丞孔克耕建。成化十七年（一四八一）。知縣李公時儀重修。」

太和，在縣北郭。〔一〕

禮制，以春秋二仲月上戊日致祭。

風雲雷雨山川壇

在州南郭。〔二〕潁上、太和者，亦在南郭。〔三〕禮制，以春秋二仲月上巳日致祭。二壇之在郡邑，俱中有壇，其門，其庫，其厨，其齋所，俱頽毁，惟存垣樹而已。有司以事神爲重，恐不應如此之褻也。

城隍廟

在州北城西南隅，有堂，有退室，有東西廊房，有重門，大街之口有起敬坊。〔四〕

潁上者，在縣潁陽門裏。〔五〕

〔一〕《萬曆太和縣志·建置·壇壝》：「社稷壇，在北門外。」

〔二〕《正德潁州志·祠廟》：「山川壇，在南城南門外二里，洪武初建，正壇面南。」李宜春《嘉靖潁州志·祀典·州》：「風雲雷雨、山川壇，在南城南門外二里。祀風雲雷雨、境内山川、潁州城隍。春秋二仲上巳日祭。二壇之在郡邑，俱中有壇。」

〔三〕《順治潁上縣志·風俗·壇廟》：「風雲雷雨山川壇，在壽春門外南二里。孔克耕建，萬曆五年（一五七七）知縣屠公隆重修。」《萬曆太和縣志·建置·壇壝》：「風雲雷雨山川壇，在崇文門外。」

〔四〕《正德潁州志·祠廟》：「城隍廟，在北城内西南隅，洪武初建，面南。按《舊志》云：『廟在南城，封靈佑侯，有誥命。』」李宜春《嘉靖潁州志·祀典·州》：「城隍廟，在州北城西南隅，有堂，有退室，有東西廊房，有重門。大街之口，有起敬坊。」

〔五〕《順治潁上縣志·風俗·壇廟》：「城隍廟，在潁陽門内。洪武十八年（一三八五），孔克耕建。永樂六年（一四〇八），知縣鄧公謙（修）。」

太和，在縣之南。〔一〕

其堂室、廊門，並如州。月朔望，州縣官繼文廟行香，各往參焉。

郡厲壇

在州郭西北隅。〔二〕

潁上者，在縣北郭。〔三〕

太和，亦在縣北郭。〔四〕

禮制，歲以清明日、七月望、十月朔，請城隍之神，出主其祭。榜無祀鬼神而分祭之。

名宦祠

在文廟戟門之東。今據《傳》考定，合祀漢宋登，唐柳實積，五代王祚，宋柳植、晏殊、邵亢、王代恕、蔡齊、

〔一〕《萬曆太和縣志·建置·壇壝》模糊難辨。《順治太和縣志·建置·壇壝》：「城隍廟，有羽士王大慶，號埜林，王司寇之裔。幼出家，遇至人，授以訣，運氣却疾。布政王天徹聞而敬禮之。尚書張臬送歸太和，有贈詩，見《藝文志》。年百歲，人以仙目之。」

〔二〕《正德潁州志·祠廟》：「郡厲壇，在北城外西北隅白龍溝北。正統中，知州孫景明改移此，面南。」李宜春《嘉靖潁州志·祀典·州》：「郡厲壇，在北城西北隅白龍溝北。正統中，知州孫景明置，歲以清明日、七月望、十月朔祀無祀鬼神，請城隍神以主其祭。」

〔三〕《順治潁上縣志·風俗·壇廟》：「邑厲壇，在禾稔門外北一里。孔克耕建。萬曆五年（一五七七），知縣屠公隆重修。」

〔四〕《萬曆太和縣志·建置·壇壝》：「邑厲壇，在北門外，社稷壇之背。」

歐陽修、吕公著、張洞、蘇頌、蘇軾、曾肇、燕肅、豐稷、陳規、汪若海，皇明張賢、劉珮、張愛。〔一〕

潁上名宦祠，亦在文廟之東。今考定合祀漢劉伯麟，宋劉涣、王涣之，皇明鄭祺、李時儀、張澄。〔二〕

太和名宦祠，亦在文廟之東。今考定合祀皇明袁伯儀、陳名、張處仁、趙夔。〔三〕

郡邑於春秋丁日行釋奠後致祭。

鄉賢祠

在文廟之西。今據《傳》考定，合祀漢何比干、郭憲、陳蕃、范滂，宋張綸、王臻、焦千之、王回，元李黼、張紹祖，皇明安然、張泌。〔四〕

潁上鄉賢祠，亦在文廟之西。今考定合祀元章克讓，皇明章順舉、卜謙、李芳。〔五〕名宦、鄉賢以得聖人爲之依歸，皆有

〔一〕李宜春《嘉靖潁州志·學校》：「名宦祠，祀漢汝陰令宋登，唐刺史柳實積，五代刺史王祚，宋知潁州柳植、晏殊、蔡齊、歐陽修、吕公著、蘇頌、蘇軾、曾肇、燕肅、豐稷，團練推官邵亢，司法參軍王代恕，推官張洞，知順昌府陳元規，通判汪若海，明知州張賢、張愛，學正劉珮。」

〔二〕李宜春《嘉靖潁州志·學校·潁上》：「名宦祀漢令劉修，北齊令樊子蓋，宋令劉涣、王涣之，明知縣鄭祺、李時儀、張澄。」《順治潁上縣志·學校》：「名宦祠，戟門東，祀漢劉伯麟，北齊樊子蓋，宋劉涣、王涣之、萬適，明車誠、王皞、孔克耕、鄭文康、鄭祺、李時儀、張登〔澄〕、林汝明、李天衢。」

〔三〕李宜春《嘉靖潁州志·學校·太和》：「名宦祠在廟之東，中祀明知縣陳名、張處仁、趙夔，縣丞袁伯儀。」《萬曆太和縣志·建置·學校》：「先師廟在明倫堂之南，前爲露臺，翼以東西兩廡。前爲儀門，東爲名宦祠，西爲鄉賢祠。」

〔四〕李宜春《嘉靖潁州志·學校》：「鄉賢祠，祀漢決曹掾何比干、光禄勳郭憲、太尉陳蕃、光禄勳主事范滂，宋制置副史張綸、御史丞王臻、知州焦千之、知縣王回，元總管李黼、教授張紹組，明御史大夫安然、光禄卿張泌、參議郭昇、知縣張守寧。二祠丁畢致祭，俱嘉靖甲午知州朱同蓁建。」

〔五〕李宜春《嘉靖潁州志·學校·潁上》：「鄉賢祀元繁昌令章克讓，明左奉政史章順舉，給事中卜謙、李芳。」《順治潁上縣志·學校·學制》：「鄉賢祠，戟門西。祀周管仲，列國甘茂，秦甘羅，唐張路斯，明章順舉、卜謙、李芳、李秉、盛云、黃廣。」

功德於民者，故祀之學宫。潁上於兵備李公天衢，當仍舊特祠祭之，不當收入名宦之列。若管仲，乃功利之徒，且生於孔子之先；甘氏祖孫又皆口舌之輩，門墻之下，恐非立腳之地，使其有知，而亦不肯俛首，甘心於禮法之場也；故並怪誕張路斯黜之。

郡邑於春秋丁日繼名宦祠致祭。

太和鄉賢祠，亦在文廟之西。今考定合祀皇明王質、紀鏞。〔一〕

歐陽文忠公祠

在南城西。中爲堂，東爲書屋，西爲前後宅二重，宅後爲厨，後重並厨爲判官景蒙添，注寓此添造者。祠前爲廳，即府行署。廳前爲東西耳房，又前爲門。祀宋知州事歐陽修、蘇軾、吕公著。今三賢，俱奉祀於名宦祠，又並晏元獻公，設木主於西湖書院祠内，〔二〕且歐公近復從祀廟庭。禮煩則亂，此堂當改祀宋忠臣劉琦［錡］，配以陳規、汪若海。〔三〕大學士楊榮《記》〔四〕：

〔一〕李宜春《嘉靖潁州志·學校·太和》：「鄉賢在廟之西，中祀尚書王質，長史紀鏞。」《順治太和縣志·建置·學校》：「先師廟在明倫堂之南……前爲戟儀門，東爲名宦祠，西爲鄉賢祠。」

〔二〕李宜春《嘉靖潁州志·學校·西湖祠》：「西湖祠，祀宋晏元獻公、歐陽文忠公、吕正獻公、蘇文忠公，以知是郡武相接，名相映。潁至今稱賢守，必曰四公，故四公之並祀宜。」

〔三〕《正德潁州志·祠廟》：「歐陽祠，在南城學宫之西。按《元志》，祠在西湖書院東，變故以來，湮没無稽。正統中提學御史彭勖建於今所，歲久又圮。成化九年，同知劉節買地學東，建祠落成，因移徙察院，祠適丁後堂基。遂仍遷建故址，雖静幽可佳，第狹隘不可以充拓也。」《正德潁州志·古蹟·碑碣》：「歐陽祠碑，正統中置，在學宫西祠堂内。大學士楊榮撰文。」李宜春《嘉靖潁州志·祀典》：「仰高祠，在南城，西即歐陽公祠。判官吕景蒙以公祀名宦，並祀西湖。近復從祀廟庭，改祀宋太尉劉錡，順昌府知府陳元規、通判汪若海，扁曰『報功』。己亥，兵憲林公雲同易其扁爲『仰高祠』。今諸生講業於中。」

〔四〕此文見於楊榮《文敏集》，題爲《歐陽文忠公祠堂重創記》。

甚矣！文章足〔一〕洗陋習而歸諸古，著當時而傳後世者，不恒有也。宋歐陽公之文足以當之，宜乎！後之人讀其文而思其人，〔二〕而崇其祀也。公，吉之永豐人，嘗出守潁，樂其風土，有終焉之志。既而歷事三朝，出入二府，思潁之念不忘。晚而得請，自以爲慶幸。則公之於潁，蓋惓惓也。神靈精爽，固在於是矣。公舊祠在潁城北〔三〕，淪於河，祀故久廢。正統丁巳（一四三七）春，監察御史彭昉〔四〕董學事至潁，念公爲文章宗工〔五〕，而祠〔六〕宇圮没，無以聳學者高山仰止之思，乃捐貲倡，州守、僚屬出俸〔七〕餘市材，創祠於城南儒學西。中爲堂三間，門爲屋一間，繚以周垣。工訖，郡之守、佐率師生朔望謁拜。春秋次丁祀以特牲。父老咸曰：「公嘗福惠潁人，祀不爲過也。」學正雷塏走書京師〔八〕，請記於予。

於戲！文章關天地之運，盛衰絶〔九〕續，固不偶然。周秦以前，無容論矣。漢自賈、董、馬、班諸子以來七百餘年，而唐有韓子又二百餘年，而宋有歐陽子。其文推韓子以達於孔孟，一洗唐末五季之陋，當時學者翕然宗之。及今幾〔一〇〕四百年，而讀其文者，如仰麗天之星斗，莫

〔一〕「足」字，《文敏集》所録文本作「之」。
〔二〕「人」字後，《文敏集》所録文本有「思其人」三字。
〔三〕「北」字，《文敏集》所録文本作「比」。
〔四〕「昉」字，《文敏集》所録文本作「勖」。
〔五〕「工」字，《文敏集》所録文本作「主」。
〔六〕「祠」字，《文敏集》所録文本作「祀」。
〔七〕「俸」字，《文敏集》所録文本作「禄」。
〔八〕「走書京師」四字，《文敏集》所録文本無。
〔九〕「絶」字，《文敏集》所録文本作「斷」。
〔一〇〕「幾」字，《文敏集》所録文本無。

不爲之起敬。雖通祀於天下學宫不爲過，矧嘗居於潁，其遺風餘澤猶有在者乎？是不可以不祀也。彭君倡之，郡僚屬和之，俾公之神有所依，後學有所仰，可謂知所務也。他〔一〕日潁之士出，能知通經〔二〕學古爲高，救時行道爲賢，則無負諸君興廢舉墜之深意矣。姑爲之記以俟。

判官景蒙《詩》：

我來借此作行窩，地望尊崇半畝多。文讓大家能步驟，學求歸宿費編摩。心安自覺吾居廣，道廢其如天命何？清潁民風舊佳麗，有舟祇可濟沈痾。

其祠改曰「報功」，其堂扁曰「全勝」。

三忠祠

在東關衝直街面西。景蒙會同知州九霄，因女神淫祠改爲之。中爲正氣堂，前爲仰高亭，左右爲序。又前爲門，門之兩翼有房，外爲三忠坊。祀元忠臣李黼、兄冕，配從子秉昭。〔三〕學正衮《記》〔四〕：

〔一〕「他」字，《文敏集》所録文本作「它」。

〔二〕「經」字，《文敏集》所録文本作「今」。

〔三〕李宜春《嘉靖潁州志·祀典》：「三忠祠，在東關衝直街中……相城東數百步外舊有淫祠，不知其所祀，乃謀諸郡守莆陽黄公九霄、同知蒲縣賀君朝聘、節判略陽劉君芳，於是悉撤而新之。有寢有門，爲左右序，復爲仰高亭於中。凡若干間，扁曰『三忠祠』，以祀公兄弟，而配以秉昭。門之外爲三忠坊。」

〔四〕此文又見於張鈁《康熙潁州志·藝文》，題爲《三忠祠記》。

古之君子，必〔一〕崇奬節義之臣，非直美其名也〔二〕，前輩名節必俟後人表之而後〔三〕彰，所以存天理，立人道，樹世教，勵風俗，以是爲有國之大閑也。是故善爲政者，必首先務是焉，非直爲美其名也。〔四〕贈行中書省左丞、上護軍、隴西郡李文忠公〔五〕諱黼，字子威〔六〕。父守中，元〔七〕工部尚書，潁人也〔八〕。以明經廷試魁多士，授翰林修撰，歷監察御史、禮部侍郎，調江州路總管。適元季兵起河南，盡〔九〕徐、蔡、蕲、黄間，而九江居下流，實江東西襟〔一〇〕喉之地。公則繕城守器備〔一一〕，募丁壯分守要害，而上攻守之計於江西行省，不報，則椎牛享士，激忠義以作其氣。明年爲至正壬辰（一三五二），正月乙未，賊〔一二〕壽輝遣其〔一三〕丁普郎等陷武昌，乘勝破瑞昌，公與黄梅簿也孫帖木兒瀝酒誓擊賊，

〔一〕「必」字，《康熙潁州志》所録文本作「多樂」二字。

〔二〕「也」字後，《康熙潁州志》所録文本有「蓋」字。

〔三〕「後」字，《康熙潁州志》所録文本作「斯」。

〔四〕「是故善爲政者，必首先務是焉，非直爲美其名也」諸句，《康熙潁州志》所録文本無，然後有「元」字。

〔五〕「李文忠公」四字，《康熙潁州志》所録文本作「公李忠文者」。

〔六〕「威」字後，《康熙潁州志》所録文本有「潁人也」三字。

〔七〕「元」字，《康熙潁州志》所録文本作「官至」。

〔八〕「潁人也」三字，《康熙潁州志》所録文本作「公」。

〔九〕「盡」字後，《康熙潁州志》所録文本有「據」字。

〔一〇〕「襟」字，《康熙潁州志》所録文本作「咽」。

〔一一〕「器備」二字，《康熙潁州志》所録文本作「備器械」。

〔一二〕「賊」字後，《康熙潁州志》所録文本有「徐」字。

〔一三〕「其」字後，《康熙潁州志》所録文本有「黨」字。

言〔一〕脱口而賊游兵已入境矣。公倉卒設險，動中機會〔二〕，賊水陸繼進，皆敗之。二月甲申，賊薄城〔三〕，分省平章政事禿堅不花自北門出走，公引兵登陴，賊已焚西門，張努［弩］射之。轉攻東門，急往救，而賊已入城。於是〔四〕猶巷戰〔五〕，揮劍叱之曰：「殺我！無殺百姓！」與從子秉昭俱罵賊遇害。兄冕，秉昭父也，居潁，亦率衆拒賊，被執不屈而死。

方元之季，所在兵起，元臣子奉身鼠竄，或擁兵顧望，甚而盗竊名器者，蓋不知其幾矣！公以孤城孱旅，執馘扶傷，無日不戰，至於力屈而死，公之心何心〔六〕？豈有以異於人邪〔七〕？在公猶可曰食人之食，守人之土也。秉昭未有分禄，而慷慨殺身，以成其是，是亦不已烈乎哉〔八〕？秉昭與公共事，猶曰忠義激之云〔九〕耳，冕居〔一〇〕潁，地異勢隔，而竟亦不辱，是可見正氣之所鍾〔一一〕，父子兄弟講籌之素矣〔一二〕！故君子謂

〔一〕「言」字後，《康熙潁州志》所録文本有「甫」字。

〔二〕「會」字，《康熙潁州志》所録文本作「宜」。

〔三〕「薄城」二字，《康熙潁州志》所録文本作「攻城急」。

〔四〕「於是」二字，《康熙潁州志》所録文本作「至是公」。

〔五〕「戰」字後，《康熙潁州志》所録文本有「既而」二字。

〔六〕「心」字後，《康熙潁州志》所録文本有「也」字。

〔七〕「豈有以異於人邪」句，《康熙潁州志》所録文本無。

〔八〕「是亦不已烈乎哉」句，《康熙潁州志》所録文本無。

〔九〕「云」字，《康熙潁州志》所録文本無。

〔一〇〕「居」字後，《康熙潁州志》所録文本有「於」字。

〔一一〕「之所鍾」三字，《康熙潁州志》所録文本作「鍾於一門」。

〔一二〕「父子兄弟講籌之素矣」句，《康熙潁州志》所録文本作「父子兄弟講求有素矣」。

元之必亡，雖公固不能保其存，然公既業爲之臣，則分有死而已。自公之没，迄於〔一〕今近〔二〕百七十年，穎人能言公之事者，已不能詳，况於冕若秉昭？宜其或遺之矣。

嘉靖歲癸巳（一五三三），象郡修飭吕先生以南京山東道監察御史來判穎州事。既至，以興學教化〔三〕爲己任，懼忠義之風愈久而泯也。相城東數百步外，舊有淫祠，不知其所祀。乃謀諸郡守莆陽黄公九霄、同知蒲縣賀君朝聘、節判略陽劉君芳，於是悉撤而新之。有寢有門，爲左右序，復爲仰高亭於中。凡若干間，扁〔四〕曰「三忠祠」，以祀公兄弟，而配以秉昭。門之外爲三忠坊，所謂樹之風聲，以崇正祀，勵臣節也。

功始丙申（一五三六）七月七日，逮十月念〔五〕日訖事，於是〔六〕舉祀而妥神焉，爰命袞爲之記。顧袞何人，而敢妄爲之説哉！既辭再三，不獲已，則疏其始末，以告穎人士，使居則集義以養氣，臨政則守義以愛民。忘其勢，不利於所誘；忘人之勢，而不怵於所畏。如是，則浩然之氣沛乎塞諸天地。利害事變，曷足以攖吾之鋒？於三忠，不有光乎哉！是則修飭先生所以建祠之意。袞也，敢不拜手以書！〔七〕

六貞祠

在東關衙直街，面東。景蒙會同知州九霄，因玄壇淫祠改爲之。中爲貞烈堂，爲左右廂。前爲門，門外爲六貞坊。

〔一〕「没迄於」三字，《康熙穎州志》所録文本作「殁迄」。

〔二〕「近」字，《康熙穎州志》所録文本無。

〔三〕「興學教化」四字，《康熙穎州志》作「敷教興學」。

〔四〕「扁」字，《康熙穎州志》所録文本作「榜」。

〔五〕「念」字，《康熙穎州志》所録文本作「二十」。

〔六〕「於是」二字，《康熙穎州志》所録文本作「乃」。

〔七〕「哉」字至文末共二二字，《康熙穎州志》所録文本皆無。

祀漢烈婦范滂母，皇明節婦李氏，陳海妻。劉氏，李深妻。韓氏，周雨妻。李氏，時銓妻。烈婦張氏，魏隆妻。〔一〕學正袞《記》〔二〕：

天下之理一也，於臣爲忠，於婦爲貞。婦之天，所事也，視臣；故忠與貞也，均曰節焉。夫節，止所止也，消攸止斯，固節矣。〔三〕考於潁，得貞婦六焉。其一曰范母〔四〕，子孟博也。孟博慨然澄清，甘死如飴，而母能勉之以正，臨決數語，凜然不以考壽易令名，可謂知所擇矣，夫是之謂貞。次時銓妻李氏，方銓之没〔五〕，李年二十四。四越月而生孤用，則紡績以撫。用既長而娶，則〔六〕生鯨，而〔七〕用夫婦又相繼逝矣。七十二年，艱難百狀，卒撫鯨以永時祀，是貞也。次周雨妻韓氏，年十七歸雨，歸二年而雨卒。韓守志五十九年如一日，雖父母不能奪，是貞也。次張恭女，年十七，適魏隆。甫四月，而逆七犯潁，在虜劇罵，不辱而死，是貞也。夫四貞者，貞也。次曰劉氏，舍餘李深妻也。其寡之年視韓，其志與〔八〕其壽視時李氏〔九〕加三齡焉。雖未亡，而墓木拱矣，是亦貞也。於是〔一〇〕有陳州之陳海妻李氏，潁州

〔一〕李宜春《嘉靖潁州志·祀典》：「貞烈祠，在東關衡直街中，祀范滂母、王嘉會妻楊氏、王伯萬二婦俱楊氏、周雨妻韓氏、時銓妻李氏、魏隆妻張氏。」由此可推知「貞烈祠」即「六貞祠」。

〔二〕此文又見於《康熙潁州志·藝文》，題爲《六貞祠記》。

〔三〕「婦之天……固節矣」數句，《康熙潁州志》所録文本作「忠固臣之節，而貞乃婦之道也。」

〔四〕「母」字後，《康熙潁州志》所録文本有「其」字。

〔五〕「没」字，《康熙潁州志》所録文本作「殁」。

〔六〕「則」字，《康熙潁州志》所録文本無。

〔七〕「而」字，《康熙潁州志》所録文本作「乃」。

〔八〕「與」字，《康熙潁州志》所録文本無。

〔九〕「其壽視時李氏」六字，《康熙潁州志》所録文本作「視時李氏其壽」。

〔一〇〕「是」字後，《康熙潁州志》所録文本有「又」字。

人〔一〕也。夫卒，辛勤事病姑，以孝稱，教子以禄養終焉。雖没〔二〕於陳州，而自出則潁也。夫《春秋》，魯史也。宋共姬、紀伯姬之賢，大書不一，書内女也，因以著教焉，然則李之宜傳於潁無疑矣。

夫節義在天地間，如水行流〔三〕地，未嘗一日息也〔四〕。潁六貞，據今日所見聞，乃得其五，遡元而上，僅一人而已。豈貞烈之婦不必聞於時，或雖聞而無爲之傳者，世久人湮，與其聲而俱泯邪〔五〕？嗣今不傳，則六貞者，將久而泯泯如所云，亦未可知也。修飭先生既祠三忠，妥神有日矣。三忠之〔六〕南數十步有祠，不載祀典，則撤之而加新焉。其制視三忠，其工費可相仿，其扁若〔七〕坊曰六貞，《春秋》之教也。祠成，郡人士咸喜風教之振，忠貞之氣將益昌矣，争礱石於祠，俾袞爲之記。袞既與有風教責，敢不詳志以示勸哉？

是役也，協謀則郡守莆陽黄公九霄，其贊成之則同知賀君朝聘，州判劉君芳，而吏目張邦俊，訓導韋孚、鄭堂亦與有事焉，故書。〔八〕

坊前有井，蒙題曰「清洌」。

〔一〕「州人」二字，《康熙潁州志》所録文本作「産」。
〔二〕「没」字，《康熙潁州志》所録文本作「歿」。
〔三〕「行流」二字，《康熙潁州志》所録文本作「流行」。
〔四〕「也」字，《康熙潁州志》所録文本無。
〔五〕「邪」字，《康熙潁州志》所録文本作「耶」。
〔六〕「之」字，《康熙潁州志》所録文本作「祠」。
〔七〕「其扁若」三字，《康熙潁州志》所録文本作「題其」。
〔八〕「是」字至文末共四九字，《康熙潁州志》所録文本皆無。

劉大尉

拜三忠、六貞，繼丁戊致祭。其祭物、祭品之豐與潔在有司，而禮儀則放諸家禮之祭禮。大約每祠羊一，豕一，果十，疏十，酒如其神之數。

旗纛廟

在衛後。〔一〕

潁上者，在守禦所後。〔二〕

咸有堂，有東西序，有門。歲以霜降日衛所官致祭。〔三〕

〔一〕《正德潁州志·祠廟》：「旗纛廟，在北城時雍街東，潁川衛所祀。」李宜春《嘉靖潁州志·兵衛·潁川衛》：「潁川衛，在州治後，洪武初置。中爲堂，東爲經歷司，西爲鎮撫司，翼左右爲六曹堂。後爲退廳，夾兩厢爲庫房。又後爲旗纛廟，霜降致祭。」

〔二〕《順治潁上縣志·風俗·壇廟》：「旗纛廟，洪武四年（一三七一），千户孫繼達建於所後。永樂二年（一四〇四），正千户姚焕、副千户郭勝重修。」

〔三〕《明會典·群祀·旗纛》：「洪武元年（一三六八），詔定親征遣將諸禮儀。以爲古者天子親征，則類於上帝，造於祖，宜於社，禡於所征之地，祭所過山川。若遣將出師，亦告於廟社，禡祭旗纛，而後行。於是諸儒議上，具載大明集禮中。今牙旗六纛，藏之内府。其廟在山川壇，每歲仲秋祭山川日，遣官祭於旗纛廟。霜降日，又祭於教場。至歲暮享太廟日，又祭於承天門外。俱旗手衛指揮行禮。」

馬神祠

在州郭西南。[一]

太和，在縣西南。[二]

咸有堂，有東西序，有門。俱以春秋上庚日致祭。

三相祠

在潁上北關大街東，面河。判官景蒙與知縣時習因晏公祠改爲之。有堂，有東西序，有門。祀春秋管仲，列國甘茂，秦甘羅。以春秋上庚日致祭。[三]

李公生祠

在潁上察院之西，縣之東。有堂，有東西序，有門。祀皇明忠臣李天衢。歲三月擇日縣官率師生里老致祭，如儀。[四]永嘉王賢《記》，具載《縣志》，其略見傳。知縣允莊《詩》：

〔一〕《正德潁州志·祠廟》：「馬神廟，在南關西南五里馬廠内，孳牧奉祀。」李宜春《嘉靖潁州志·祀典·馬神祠》：「馬神祠，在州廓西南，春秋上庚日祭。」《順治太和縣志·建置·壇廟》：「馬神廟，西門，地廣七畝五分。」

〔二〕《萬曆太和縣志·建置·壇壝》模糊難辨。

〔三〕李宜春《嘉靖潁州志·祀典》：「三相祠，在北關大街東。判官吕景蒙同知縣姜時習改晏公祠以祀管仲、甘茂、甘羅。」

〔四〕李宜春《嘉靖潁州志·祀典》：「李兵憲生祠，祭酒王瓚《記》……」《順治潁上縣志·風俗·寺宇》：「三公祠，正德七年（一五一二），劇賊寇潁上，僉監李公天衢捍禦有功，士民立李公生祠於縣左，附春秋特羊之祭。詳見《碑記》。」

蕞爾孤城被困時，公持高論破群疑。身先士卒冒矢石，坐擁旌旄忘飽饑。意外經營資餉食，巧中撑柱免瀕危。我來側耳剪蕘頌，多似南雍祭酒碑。

鄉飲酒禮

州縣俱以孟春望日、孟冬朔日行，其□數、禮文詳見《會典》。〔一〕

〔一〕《明會典·鄉飲酒禮》：「洪武初，詔中書省詳定鄉飲酒禮條式，使民歲時燕會，習禮讀律，期於申明　朝廷之法，敦叙長幼之節，遂爲定制云。洪武五年定，在内應天府及直隸府州縣，每歲孟春正月、孟冬十月，有司與學官率士大夫之老者行於學校。在外行省所屬府州縣，亦皆取法於京師。其民間里社，以百家爲一會，糧長或里長主之。百人内以年最長者爲正賓，餘以齒序坐。每季行之於里中……十六年，頒行圖式。各處府州縣，每歲正月十五日、十月初一日於儒學行鄉飲酒禮。酒肴於官錢約量支辦，務要豐儉得宜。除賓僎外，衆賓序齒列坐。其僚屬則序爵。前一日，執事者於儒學之講堂，依圖陳設坐次，司正率執事習禮。至日黎明，執事者宰牲具饌，主席及僚屬司正先詣學，遣人速賓僎以下。比至，執事者先報曰賓至，主席率僚屬出迎於庠門之外以入。主居東，賓居西，三讓三揖而後升堂。東西相向立，贊兩拜，賓坐。執事又報曰僎至，主席又率僚屬出迎，揖讓升堂。拜坐如前儀。賓僎介至，既就位，執事者唱司正揚觶，執事者引司正由西階陞詣堂中，北向立。執事者唱，賓僎以下皆立，唱揖，司正揖，賓僎以下皆報揖。執事者以觶酌酒授司正司正舉酒曰：『恭惟朝廷，率由舊章，敦崇禮教，舉行鄉飲，非爲飲食。凡我長幼，各相勸勉，爲臣盡忠，爲子盡孝，長幼有序，兄友弟恭。内睦宗族，外和鄉里，無或廢墜，以忝所生。』讀畢，執事者唱司正飲酒。飲畢，以觶授執事。執事者唱揖，司正揖，賓僎以下皆報揖，司正復位。賓僎以下皆坐。唱讀律令。執事者舉律令案於堂之中，引禮引讀律令者詣案前北向立，唱賓僎以下皆拱立，行揖禮如揚觶儀，然後讀律令。有過之人俱赴正席立聽。讀畢復位。執事者唱供饌案，執事者舉饌案至賓前，次僎，次介，次主，三賓以下，各以次舉訖。執事者唱獻賓，主起席，北面立，執事斟酒以授主，主受爵，詣賓前置於席，稍退，贊兩拜。賓答拜訖。執事者又斟酒以授主，主受爵，詣僎前置於席，交拜如前儀。畢，主退復位。執事者唱賓酬酒，賓起，僎從之。執事者斟酒授賓，賓受酒，詣主前置於席，稍退，贊兩拜。賓僎主交拜訖，各就位坐。執事者分左右立。介、三賓、終賓以下，以次斟酒於席訖，執事者唱飲酒，或三行，或五行。供湯。又唱斟酒，飲酒。供湯三品畢，執事者唱徹饌。候徹饌案訖，唱賓僎以下皆行禮，僎主僚屬居東，賓介三賓衆賓居西，贊兩拜訖。唱送賓，以次下堂分東西行，仍三揖出庠門而退。」

鄉射禮

射器惟瑟係舊物。其楅一，鹿巾一，豐一，鼓二，銅鐘一，石磬一，琴一，笙三，和一，布侯一，乏一，旌一，弓十，決十，遂十，矢六十四，扑四，籌八十，篚一，解一，罇一，酒壺一，勺一，水罍一，洗盆一，斯禁一。侯架、鼓架、鐘架、磬架、琴桌、瑟架、篚罍架。其罇、解、勺、酒壺、水盆俱錫。嘉靖丙申（一五三六），判官景蒙置。〔一〕

衮論曰：按歐陽子曰：「聖人之於仁義深矣。其爲教也，寬而不迂，緩而不迫，欲民漸習而自趨之，至於久而安以成俗也。」〔二〕是故禮樂之爲教也深，其爲效也遠。先王之制，不可得見矣，《志》所載秩祀、鄉飲、鄉射之禮，先王之遺也。若曰郡縣歲時故事而已，則化民成俗之意，復何賴哉！

《禮樂志》終

〔一〕《順治潁州志・典禮・鄉射禮》：「鄉射禮，按《吕志》射器惟瑟係舊物。其楅一，鹿巾一，豐一，鼓二，銅鐘一，石磬一，琴一，笙三，和一，布侯一，乏一，旌一，弓十，決十，遂十，矢六十四，扑四，籌八十，篚一，解一，罇一，酒壺一，勺一，罍一，洗盆一，斯禁一，各全架。嘉靖丙申，判官景蒙置。」

〔二〕《新五代史・雜傳》范延光傳後有論：「嗚呼，甚哉，人性之慎於習也！故聖人於仁義深矣，其爲教也，勤而不怠，緩而不迫，欲民漸習而自趨之，至於久而安以成俗也。」

潁州志卷之十一

志七・學校

古學校之教，所以化民成俗，以成其德[一]，非若今之口耳詞章也。然教化莫先於禮樂，故孔門之教顔子，以克復爲訓；[二]而舜之教胄子，乃命夔以典樂云。[三]爰志《學校》。

州學

按宋仁宗景祐四年丁丑（一〇三七）詔，非藩鎮不得立學。[四]時蔡齊以樞副出知潁州，奏潁雖非藩鎮，而故名郡，宜立學。從之。[五]肇基西湖境上，歷三百四十年。洪武丙辰（一三七六）淪於河，徙南城内通衢北，草創未

〔一〕《禮記・學記》：「發慮憲，求善良，足以謏聞，不足以動衆；就賢體遠，足以動衆，未足以化民。君子如欲化民成俗，其必由學乎！」

〔二〕《論語・顔淵》：「顔淵問仁。子曰：『克己復禮爲仁。一日克己復禮，天下歸仁焉。爲仁由己，而由人乎哉？』」

〔三〕《尚書・舜典》：「帝曰：『夔！命汝典樂，教胄子，直而温，寬而栗，剛而無虐，簡而無傲。』」

〔四〕《宋史・職官志・教授》：「景祐四年詔藩鎮始立學，他州勿聽。」

〔五〕按：詔藩鎮立學雖在景祐四年，但當時已是十二月。至蔡齊請潁州立學並獲得許可，已是次年，即景祐五年、寶元元年（一〇三八）二月。《九朝編年備要》卷十：「（景祐四年）冬十二月……詔非藩鎮勿立學。既而知潁州蔡齊乞立學，特詔從之。」《續資治通鑑長編》卷一百二十一：「（寶元元年二月）己酉，許潁州立學。潁非藩鎮也，於近詔不當立學。知州蔡齊有請，特從之。」

備。[一]提學廬陵彭公屬知州事，王希初修建。未幾，王去而富陽孫景名繼之，功始告成。建安蘇鎰《記》。[二]成化己丑（一四六九），中丞滕公昭、御史陳公燮屬知州李溥重建。淳安商輅《記》[三]：

儒學之設，崇正道也。道莫備於孔子，孔子之道，萬世帝王常行之道，正道也。儒學，求道之地也。學有廟有廡，所以嚴祀事。孔子，身斯道者也；自餘七十二子，羽翼斯道者也；下逮漢唐宋元諸儒，闡是道者也。祀之，使人知所敬仰，知所取法也。有堂有齋，所以處師生。師知有是道，將推以淑諸人者也；生嚮慕是道，研窮經史，探索賾[四]隱，汲汲於求知求行者也。是道也，體之於身而身修，行之於家而家齊，推之於國而國治，達之於天下而天下平，所謂正道者然也。非若老與佛之道虛無寂滅，有害於人之身心，無益於人之國家也。然而老與佛之宫遍布海内，棟宇傑特，金碧煒煜，而吾儒之學堂、齋廟無顧，使之弗葺弗飾，曷以居師生，尊聖賢，爲講學求道之本乎？此誠有司之急務也。

潁，中州善地，儒學之設非一朝夕。迺洪武丁巳（一三七七），由州之西湖圯岸，遷南城街東，殿堂齋廡，既建而新之然。正統壬戌（一四四二），提學御史彭勗、知州王希初輩復葺而新之。歷歲滋久，旁風上雨，新者復毁，勢使之然。成化己丑，巡撫副都御史滕、南京監察御史陳燮按部詣學，慨然以修廢爲任，遂相與措置白金若干，屬知州李溥[五]，委耆民邢忠等市材鳩工，卜日就事。自殿宇、兩廡、神厨、戟門、欞星門、堂齋、廨舍，悉撤而新之，飾以丹漆，固以垣墉，内外森嚴，瞻者起敬。學正張賢等謂：「吾道增輝，不可無述。」因具始末，

〔一〕《正德潁州志·古蹟》：「廢儒學址，在州城外西北隅。基肇自宋，景祐四年丁丑（一〇三七），州守蔡齊請建學潁郡，特詔從之。當其時，潁陰風淳俗美，故西湖游賞之勝聞天下。建學近西湖，豈所以紓學者之懷抱，而興其鳶飛魚躍之心？不然何近捨胡城，而遠置於外郭哉？計宋景祐丁丑至洪武丙辰，實三百四十年，而後遷今纔一百一十年，而故址荒蕪淪落兼并，可勝歎哉！」

〔二〕此文見於《正德潁州志·文章》，題爲《重修儒學記》，建安蘇鎰撰。

〔三〕此文見於《正德潁州志·文章》，題爲《重修儒學記》，淳安商輅撰。又見於李宜春《嘉靖潁州志·學校·州學》下附録。

〔四〕「賾」字，原誤作「頣」。李宜春《嘉靖潁州志》所録文本作「賾」，是。

〔五〕「溥」字，原誤作「博」。《正德潁州志》、李宜春《嘉靖潁州志》所録文本作「溥」。

走書徵記。

惟學校，風化之本，凡君臣之義，父子之親，夫婦之別，長幼之序，朋友之信，其道皆係於此。苟學校不立，則正道不明，人將貿貿焉莫知所之，有弗流於異端之教者鮮矣！我朝自太祖高皇帝肇修人紀，遐陬僻壤，靡不建學，矧潁爲龍飛之地，畿甸之近乎？自今來游之士仰瞻聖賢，俯稽載籍，求之日用之間，驗之踐履之際，使知必正道，行必正道。以之孝親、忠君、臨民、即政，無一而非正道。如是，則於朝廷設學育才之意，有司修建作興之功，庶爲無負也已。是役也，憲臣倡之，知州成之，佐文學贊之，人弗勞而事易集者，守[一]提調之功也。知州長垣人，甲戌進士，歷宰大邑，遷今官。其政蹟之善，尤足稱述云。

先師廟。詳見《禮樂志》。

啟聖祠。見《禮樂志》。

敬一亭。在尊經閣後，内樹御製《敬一》碑，東西分樹御注《五箴》碑。俱同知綰奉詔建。[二]

名宦祠。

鄉賢祠。二祠見《禮樂志》。知州同蓁建。

學署，在南城東門内。前爲門，中爲儀門廟，北爲明倫堂[三]。堂左爲進學齋[四]，爲成德齋[五]，右爲育材

[一]「守」字，《正德潁州志》所録文本作「知州」。

[二] 李宜春《嘉靖潁州志·學校》：「敬一亭，中樹御製《敬一箴》，御注《視》《聽》《言》《動》《心》五箴。壬辰（一五三〇）同知張綰建，丁未（一五四七）知州李宜春修。」

[三]《正德潁州志·學校》：「明倫堂，在正殿（大成殿）後。」

[四]《正德潁州志·學校》：「進學齋，在（明倫）堂西廊西北。」

[五]《正德潁州志·學校》：「成德齋，在（明倫）堂東廊東北。」

［才］齋〔一〕，爲會饌所〔二〕。堂北爲尊經閣。正德壬申（一五一二），兵備磐建。嘉靖乙未（一五三五），兵備宗樞重飾。〔三〕閣貯御製書：《孝順事實》一卷，《爲善陰隲》一卷，《五倫書》六十二卷。經：《易經大全》十二本，《書經大全》十本，《詩經大全》，缺。官書遺失，典守與交代者不能辭其責矣。《春秋大全》十八本，《禮記大全》十八本，《四書大全》二十本。史：《史記》三十本，《前漢書》三十二本，《後漢書》二十八本，《三國志》二十本，《晉書》四十本，《宋書》四十本，《元魏書》四十本，《南齊書》十四本，《北齊書》十本，《梁書》十二本，《後周書》十二本，《陳書》八本，《隋書》二十四本，《南書》二十本，《北史》三十本，《唐書》六十本，《五代史》十本，《宋史》一百二十本，《遼史》十六本，《金史》三十四本，《元史》五十本。史書爲巡倉御史李俣動支本院官銀置。子、集。俱缺。射器。數見《禮樂志》，俱貯於閣。《潁州志》板連簽計三百有四面。《五禮古圖》板二十七面。《經史志》板厨三。俱判官景蒙置。〔四〕

〔一〕《正德潁州志·學校》：「育才齋，在成德齋南。」

〔二〕《正德潁州志·學校》：「會饌堂，在進學齋南。」

〔三〕《正德潁州志·學校》：「尊經堂，在正堂（明倫堂）後，藏官書所。」李宜春《嘉靖潁州志·學校》：「尊經閣，正德壬申，兵備孫公磐建，嘉靖乙未，李公宗樞修。」

〔四〕李宜春《嘉靖潁州志·學校》：「尊經閣，正德壬申，兵備孫公磐建。嘉靖乙未，李公宗樞修。丁未，知州李宜春重修。中貯御制《孝順事實》《爲善陰隲》《五倫書》各一部，《四書》《易》《書》《春秋》《禮記》大全各一部，今多缺壞。李宜春新置《四書》《五經》大全各一部。巡倉御史李公俣置《史記》《前漢書》《後漢書》《三國志》《晉書》《宋書》《元魏書》《南齊書》《北齊書》《梁書》《後周書》《陳書》《隋書》《南書》《北史》《唐書》《五代史》《宋史》《遼史》《金史》《元史》各一部，共六百五十本。提學御史馮公天馭置《文獻通考》一部。判官吕景蒙置《五禮古圖》板，並三木匱。又置射器、楅鹿、中豐銅鐘、石磬、琴和布侯、乏旌、篚、觶、尊、酒壺、勺、水罍、洗盆、斯禁各一，鼓二，笙三，扑四，弓、決遂各十，矢六十四，籌八十，其樽、觶、勺、壺、水盆，俱錫，並諸架俱藏於閣。」

閣下爲齋宿所。學正宅一，在閣右。[一]訓導宅三，一在會饌所南，一在儀門東，一在啟聖祠北。[二]號房，爲規矩準繩四聯，每聯九間，在閣左。俱頹圮無存。其規矩號二聯，判官景蒙重建。[三]設師生，學正一人，訓導三人，司吏一人；生員廩膳三十人，增廣三十人，附學不限，惟其人，今八十有四人。

潁上學

在東門内，縣治東。洪武四年（一三七一），知縣誠自壽春門外街西改遷於此。洪武十八年（一三八五），縣丞克耕重修。成化十年（一四七四），巡按御史劉忠、督儲御史鄭節會出官帑，建櫺星門、泮宮坊二座，增修號房一聯，繚以周垣，廟學爲之一新。[四]祭酒王輿記。[五]嗣是，知縣時儀與琦相繼修葺焉。

先師廟。詳見《禮樂志》。

〔一〕《正德潁州志·學校》：「學正宅，在明倫堂右。」

〔二〕《正德潁州志·學校》：「訓導宅，一所在學倉後，二所在謁廟門東。」

〔三〕《正德潁州志·學校》：「號房三聯，共三十三間。」

〔四〕李宜春《嘉靖潁州志·學校·潁上》：「潁上縣儒學，洪武四年，知縣車誠因舊址遭元季兵燹，始就邑東創建。十八年，縣丞孔克耕葺之。成化十年，督儲御史鄭公節行縣，度軍儲倉隙地以開拓焉。會巡按劉公忠至，迺動公帑建櫺星門、泮宮坊，增以號房，繚以垣墉。」《順治潁上縣志·學校》：「潁上縣儒學，元統二年（一三三四），縣尹劉居敬建，肇基壽春門外，毁於兵燹。洪武四年，知縣車公遷於縣治東。十八年，縣丞孔克耕重修。成化十年，御史鄭公節因其湫隘，度學東隙地拓之。御史劉公忠佐以官帑羨緡。嗣是，知縣李公時儀、曹公琦、魏公頌、廖公自顯相繼修葺，不至湮墜。事詳《碑記》中。隆慶元年（一五六七），知縣郁公言概移上南數十丈，雖甚盛舉哉，而人文不逮嘉隆以前矣。堪輿家每每言之，當事者屢議改修，每憚工費而止。近頹廢更甚。宛平翟公乃慎加意學宮，捐資肇舉，學博錢公訥鋭意倡修，司訓姚公熙臣力贊其事，克日興工，風氣維新。千秋曠舉，其在茲乎！」

〔五〕李宜春《嘉靖潁州志·學校·潁上》、《順治潁上縣志·文翰》附有祭酒王輿《重修學記》。

啟聖祠。見《禮樂志》。

敬一亭。在戟門之前，泮池之北。有礙神道，當移於東隙地内，樹碑如州學。〔一〕

名宦祠。

鄉賢祠。二祠見《禮樂志》。知縣頌建。

學署。前爲門，中爲儀門，廟北爲明倫堂〔二〕。堂左爲進德齋〔三〕，右爲修業齋〔四〕。堂後爲尊經閣〔五〕。上貯御製書：《孝順事實》一部，《爲善陰隲》一卷，《五倫書》一部。經：《易經大全》一部，《書經大全》一部，《詩經大全》一部，《春秋大全》一部，《禮記大全》一部，《四書大全》一部，《性理大全》一部，《佛曲》一部。史、子、集。俱缺。〔六〕射器：楅一，鹿巾一，豐一，銅鐘一，石磬一。判官景蒙置，俱貯於閣，餘行縣查州數自置。

〔一〕《順治潁上縣志·學校》：「敬一亭，文昌閣前，内樹御製《敬一》碑，暨程范《五箴》。舊在啟聖祠後。萬曆二十四年（一五九六），知縣何公豸遷此，毀於火。」

〔二〕《順治潁上縣志·學校》：「明倫堂五楹，中懸御製石壁卧碑，左右列題名。」

〔三〕《順治潁上縣志·學校》：「進德齋三楹，堂左腋。」

〔四〕《順治潁上縣志·學校》：「修業齋三楹，堂右腋。」

〔五〕《順治潁上縣志·學校》：「文昌閣，即尊經閣，舊建二樓三楹。蜀涪張公重修，添建卷棚，肖文昌像，鑄鼎，附春秋丁祭。」

〔六〕《順治潁上縣志·學校·貯書》：「《明倫大典》《御製女訓》《爲善陰隲》《孝順事實》《五倫書》《四書大全》《易經大全》《書經大全》《詩經大全》《春秋》《禮記》《性理大全》《文獻通考》《佛曲》《綱目》《山堂考索》。」

閣之東爲會饌堂，西爲教諭宅〔一〕。西齋後爲訓導宅二〔二〕。設師生，教諭一人，訓導二人，司吏一人〔三〕，生員廩膳二十人〔四〕，增廣二十人〔五〕，附學亦不限，惟其人，今四十人。

太和學

在縣治東南。洪武五年（一三七二），知縣良建。正統九年（一四四四），知縣處仁重建。尚書魏驥記。〔六〕

先師廟。詳見《禮樂志》。

啟聖祠。見《禮樂志》。

敬一亭。在啟聖祠後，内樹碑。如潁上學。〔七〕

〔一〕《順治潁上縣志·學校》：「教諭廨一所，（明）倫堂後，今廢。」

〔二〕《順治潁上縣志·學校》：「訓導廨二所，（教）諭廨東西。東廨圮壞。萬曆三十四年（一六〇六），訓導靳尚材遷修業齋後。」

〔三〕《順治潁上縣志·學校·本學生員》：「司吏一名，今廢。闕。」

〔四〕《順治潁上縣志·學校·本學生員》：「廩膳，二十名。每年歲廩銀十二兩，膳銀四兩。」

〔五〕《順治潁上縣志·學校·本學生員》：「增廣，二十名。附學，原無定數，明季總計二百餘名。」

〔六〕李宜春《嘉靖潁州志·學校·太和》：「太和縣儒學，洪武五年，知縣馬良就邑治東南創建。正統九年，知縣張處仁重建。」《萬曆太和縣志·學校》：「國朝定鼎之初，首詔天下郡縣皆立儒學，學必立廟以崇祀先師孔子。太和儒學，洪武五年始建，中爲明倫堂，（知縣馬良建，正統十一年知縣張處仁修。有《碑記》，見《藝文》。）」

〔七〕李宜春《嘉靖潁州志·學校·太和》：「堂北爲啟聖祠，祠北爲敬一亭。」《萬曆太和縣志·學校》：「前爲露臺，東爲進德齋，西爲修業齋。堂之北爲敬一亭。嘉靖十年（一五三一），知縣林壇奉制鼎建。樹立御製《敬一箴》及《視》《聽》《言》《動》《心》箴六碑於中。」

名宦祠。〔一〕

鄉賢祠。二祠見《禮樂志》，景蒙與知縣士顔即迴廊改爲之。

學署。廟後爲明倫堂。〔二〕堂東爲志道齋，西爲據德齋。〔三〕堂後爲教諭宅。〔四〕東爲訓導宅，爲饌堂。〔五〕有書厨。貯書如潁上。其射器數如潁上者，亦判官景蒙置，餘行縣自置。其前東爲徑門，又前爲學門。設師生，教諭一人，訓導二人，司吏一人，生員廪膳二十人，增廣二十人，附學亦不限，惟其人，今四十有七人。

鄉序

在州譙樓東。中爲觀德廳，爲後廳，爲左右腋厢。廳前爲露臺，中爲射圃坊，又前爲門扁，曰鄉序。〔六〕鄉序爲兵備李石疊先生創，先爲小教場，後欲改爲書院，未果。嘉靖丙申（一五三六），督學聞人北江先生巡歷鳳陽，詢及州之射圃，以原在總鋪後挾隘，因就此改爲鄉序，而以射圃附焉。

〔一〕《萬曆太和縣志·學校》：「先師廟在明倫堂之南，（洪武五年知縣馬良始建。）前爲露臺，翼以東西兩廡，前爲儀門，東爲名宦祠，西爲鄉賢祠。」

〔二〕李宜春《嘉靖潁州志·學校·太和》：「中爲明倫堂。」《萬曆太和縣志·學校》：「明倫堂，知縣馬良建。正統十一年（一四四六），知縣張處仁修。有碑記，見《藝文》。」

〔三〕李宜春《嘉靖潁州志·學校·太和》：「左志道齋，右進德齋。」《萬曆太和縣志·學校》：「（明倫堂）前爲露臺，東爲進德齋，西爲修業齋。」

〔四〕李宜春《嘉靖潁州志·學校·太和》：「（明倫）堂北爲啟聖祠，祠北爲敬一亭，教諭宅又在其後。」《萬曆太和縣志·學校》：「教諭宅在儒學□之内，青雲路之東。」

〔五〕李宜春《嘉靖潁州志·學校·太和》：「東訓導宅，西饌堂。」《萬曆太和縣志·學校》：「二訓導宅在明倫堂東西。」

〔六〕李宜春《嘉靖潁州志·學校·鄉序》：「鄉序，在州譙樓東。嘉靖乙未（一五三五），兵憲李公宗樞創。先爲小教場，後欲改爲書院。至丙申，督學襄人公銓立爲鄉序，而射圃附焉。中觀德廳，腋以左右兩厢。後爲堂，前爲露臺，中爲射圃坊，又前爲門，扁曰鄉序。」

潁上射圃，在學西北。〔一〕
太和，在學東南。〔二〕
俱有射亭，有門。

社學

州五。在城一，在鄉四。〔三〕
潁上二。俱在城。〔四〕
太和一。在城。〔五〕

西湖書院

在州西湖南。中爲四賢堂。中設晏元獻公、歐文忠公、蘇文忠公、吕正獻公木主。爲露臺，露臺之東爲碑亭。前爲門，又

〔一〕李宜春《嘉靖潁州志·學校·潁上》：「敬一亭，在泮池之北，西隙地爲文會亭。西北爲射圃，中有觀德亭。」
〔二〕李宜春《嘉靖潁州志·學校·太和》：「鄉賢，在（先師）廟之西，養賢倉在其東北，射圃在其東南。」
〔三〕李宜春《嘉靖潁州志·學校·社學》：「州，在城一，已廢。丁未（一五四七），知州李宜春改街東關王廟爲之。在鄉三。」
〔四〕李宜春《嘉靖潁州志·學校·社學》：「潁上縣學，縣前、東北關各一所，預備倉東西二所，正陽鎮、江口鎮、南照鎮各一所。」
〔五〕李宜春《嘉靖潁州志·學校·社學》：「太和縣，在城一所。」

前爲西湖書院坊，後爲梧月柳風堂。東西直爲廂，最後面湖，爲勝絶亭，爲垣墻四周。〔一〕嘉靖乙未（一五三五），兵備石疊李先生案行判官景蒙，動支原追西湖地銀及三里集新募淫祠木料銀錢建造。其規模弘敞，錢糧尚不能敷，繼而五山陳先生、文谷孔先生、茶川茅先生俱爲措處，於是始獲完工。判官景蒙《記》〔二〕：

書院者何？君子用以興賢也，然則學校非乎？曰：學校，制也〔三〕，賢士之關也。君子之化莫先於此，然則又何事乎書院也？曰：論古也。不遵今而反古可與？曰：非也。夫〔四〕學校，〔五〕在三代已有之。而書院之設，則〔六〕自宋始。其復書院，固將導其機也，所以爲今也〔七〕。其

〔一〕《大明一統志·中都·書院》：「西湖書院，在潁州西湖之濱。歐陽修守潁，樂其風土。晚年終老於此，遂築書院。本朝洪武間淪於河。」《正德潁州志·宫室》：「西湖書院，宋皇祐元年（一〇四九），歐陽公以上騎都尉、開國伯、知制誥自揚州移知潁州，二月丙子至郡。愛其風土，有西湖之勝，將卜居焉。迺建書院於湖南，化訓州人。熙寧辛亥（一〇七一），致政歸潁，作六一堂於書院之旁。明年壬子（一〇七二），趙康靖自南京单騎訪公潁陰。時吕正獻守郡，於書院旁又建會老堂。距今四百餘年，其野田荒草，人人知爲歐公遺蹟也。」李宜春《嘉靖潁州志·學校》：「西湖書院，宋知潁州歐陽文忠公建。嘉靖乙未，兵憲李公宗樞即舊址重建。陳公洙、孔公天胤及茅同知宰、吕判官景蒙成之，兵憲顧公翀、許公天倫又相繼修葺。中四賢堂，祀文忠並晏元獻、吕正獻、蘇文忠，夾以東西廂。堂後面湖爲絶勝亭，前爲仰高堂，又前爲西湖書院坊。」

〔二〕此文又見於《康熙潁州志·藝文》，題爲《重建西湖書院記》。

〔三〕「制也」二字，《康熙潁州志》所録文本無。

〔四〕自「論」字至「夫」字，《康熙潁州志》所録文本無。

〔五〕「校」字後，《康熙潁州志》所録文本有「之制」。

〔六〕「則」字，《康熙潁州志》所録文本無。

〔七〕「所以爲今也」句，《康熙潁州志》所録文本無。

機維何？曰：人心之有思而〔一〕慕之者〔二〕，良心也。良心之發，而賢之不多見焉〔三〕，患無以導之耳。是故〔四〕張而導之，斯勃然矣。然則潁人之所思者，獨歐陽文忠已乎！曰：文忠之出守也在兹，其退老也在兹。是故〔五〕言行教化之孚於民日〔六〕深，而〔七〕人之所以〔八〕感而思之，雖久不忘，宜也。夫思也者，希賢之機也，因而啟之，則作聖有餘地矣，賢其已乎？故夫西湖書院者，其潁人之赤幟矣乎！〔九〕此〔一〇〕所以不可不復也。

復之何如？曰復西湖，則築隄防，環木樹〔一一〕，置佃丁，額水利，歲〔一二〕值以備書院之費。復書院，則中爲四賢祠。前爲門，又前

〔一〕「而」字，《康熙潁州志》所録文本無。
〔二〕「之者」二字，《康熙潁州志》所録文本無。
〔三〕「而賢之不多見焉」句，《康熙潁州志》所録文本無。
〔四〕「是故」二字，《康熙潁州志》所録文本無。
〔五〕「是故」二字，《康熙潁州志》所録文本無。
〔六〕「日」字，《康熙潁州志》所録文本作「最」。
〔七〕「而」字，《康熙潁州志》所録文本無。
〔八〕「所以」二字，《康熙潁州志》所録文本無。
〔九〕自「夫思」二字至「乎」字，《康熙潁州志》所録文本無。
〔一〇〕「此」字後，《康熙潁州志》所録文本有「西湖書院之」五字。
〔一一〕「木樹」二字，《康熙潁州志》所録文本作「樹木」。
〔一二〕「歲」字後，《康熙潁州志》所録文本有「取」。

爲西湖書院〔一〕坊，後爲梧月柳風堂，最後爲勝絶亭。東西直爲厢，周爲垣，爲湖水〔二〕。如垣，爲直道，駕湖爲歲門〔三〕，予一人以司院事，則湖也，院也〔四〕。雖未敢昔者之盛，而昔賢之踪蹟，其亦可象也已。是故象立而思致，思致而行成，故聖人所以通神明之德，以類萬物之情者，凡以得於象也。〔五〕然祀止於四〔六〕賢者何？曰：報功也。西湖在古，荒穢不治。〔七〕元獻出守，於是〔八〕植柳建亭，而〔九〕西湖之名始著。文忠踵之，建書院於旁，卒以忘歸。〔一〇〕正獻繼〔一一〕之，又〔一二〕爲之〔一三〕建堂於〔一四〕滸。東坡又繼之〔一五〕，播之聲律，傳

〔一〕「西湖書院」四字，《康熙潁州志》所録文本無。

〔二〕「爲湖水」三字，《康熙潁州志》所録文本無。

〔三〕「歲門」二字，《康熙潁州志》所録文本作「步」。

〔四〕自「予一」二字至「院也」二字，《康熙潁州志》所録文本無。

〔五〕自「是」字至「也」字，《康熙潁州志》所録文本無。

〔六〕「然祀止於四」五字，《康熙潁州志》所録文本作「其兼祀晏吕蘇三」。

〔七〕「西湖在古，荒穢不治」二句，所録文本《康熙潁州志》所録文本無。

〔八〕「於是」二字，《康熙潁州志》所録文本無。

〔九〕「而」字，《康熙潁州志》所録文本無。

〔一〇〕自「文」字至「歸」字三句，《康熙潁州志》所録文本作「所以開文忠之先也」。

〔一一〕「繼」字，《康熙潁州志》所録文本作「踵」。

〔一二〕「又」字，《康熙潁州志》所録文本無。

〔一三〕「之」字，《康熙潁州志》所録文本無。

〔一四〕「於」字後，《康熙潁州志》所録文本有「湖之」二字。

〔一五〕「東坡又繼之」句，《康熙潁州志》所録文本作「端明則又」。

之搢〔一〕紳。於是〔二〕西湖之盛，洋洋乎於〔三〕天下古今者〔四〕之耳目矣，〔五〕祀之〔六〕不亦宜乎？

夫是也。自宋距今幾五百年淪没，勢利掘溝堙塹，已成平地。一旦復而有之，其爲道也，何曰私勝？故多慮，是以上下各私其私，而勝地日泯。蓋不知天理之在人心，萬古一日。昔之壞而泯之者，欲蔽之也，爲之去其蔽焉，則明明，則通通，斯公而溥矣。〔七〕況有賢〔八〕監司石疊先生〔九〕李公宗樞爲主於上〔一〇〕，又有賢士［土］著都統使王公臣樂從於下。〔一一〕繼石疊〔一二〕而相〔一三〕成之者，則有五山先生〔一四〕陳公

〔一〕「搢」字，《康熙潁州志》所録文本作「縉」。

〔二〕「於是」二字，《康熙潁州志》所録文本作「而」。

〔三〕「於」字，《康熙潁州志》所録文本作「在」。

〔四〕「古今者」三字，《康熙潁州志》作「人」。

〔五〕「矣」字後，《康熙潁州志》所録文本有「皆所以繼文忠之後也」句。

〔六〕「祀之」二字，《康熙潁州志》所録文本作「並祀」。

〔七〕自「夫是」二字至「矣」字諸句，《康熙潁州志》所録文本無。

〔八〕「況有賢」三字，《康熙潁州志》所録文本作「夫書院之重建」。

〔九〕「石疊先生」四字，《康熙潁州志》所録文本無。

〔一〇〕「爲主於上」二字，《康熙潁州志》所録文本作「創始於前」。

〔一一〕自「又」字至「下」字句，《康熙潁州志》所録文本無。

〔一二〕「繼石疊」三字，《康熙潁州志》所録文本作「從」。

〔一三〕「相」字，《康熙潁州志》所録文本無。

〔一四〕「五山先生」四字，《康熙潁州志》所録文本無。

洙、文谷先生〔一〕孔公天胤及吾寅友茶川先生〔二〕茅公宰也。

是故懽忻交通，不勞餘力，此予所以得終其事也。然則得無勞民傷財矣乎？曰：説以使民，民忘其勞，故君子患民之不説耳，何勞之有？〔三〕若夫〔四〕木石之屬，則易諸地值，葺〔五〕諸淫祠；其工食之費〔六〕，則又得助〔七〕於妖巫之積。故予承諸公之謀〔八〕也，視履考祥〔九〕，獲三助焉。夫〔一〇〕妖巫〔一一〕罔利以害民，雖則妖巫之害〔一二〕，實鬼神敺之以備此費耳〔一三〕，是有驗〔一四〕於天之助〔一五〕也；斯湖之廢，已累歲

〔一〕「文谷先生」四字，《康熙潁州志》所録文本無。

〔二〕「茶川先生」四字，《康熙潁州志》所録文本無。

〔三〕自「是故」二字至「有」字諸句，《康熙潁州志》所録文本無。

〔四〕「若夫」二字，《康熙潁州志》所録文本作「其」。

〔五〕「值葺」二字，《康熙潁州志》所録文本作「直撤」。

〔六〕「費」字，《康熙潁州志》所録文本作「資」。

〔七〕「助」字，《康熙潁州志》所録文本作「取」。

〔八〕「謀」字後，《康熙潁州志》所録文本有「而終厥事」。

〔九〕「視履考祥」四字，《康熙潁州志》所録文本作「總觀斯舉」。

〔一〇〕「夫」字，《康熙潁州志》所録文本作「蓋」。

〔一一〕「巫」字後，《康熙潁州志》所録文本有「雖」。

〔一二〕「雖則妖巫之害」句，《康熙潁州志》所録文本無。

〔一三〕「費耳」二字，《康熙潁州志》所録文本作「用」。

〔一四〕「驗」字，《康熙潁州志》所録文本作「助」。

〔一五〕「之助」二字，《康熙潁州志》所録文本無。

年，〔一〕忽爾〔二〕平地生蓮，是有驗〔三〕於地之助〔四〕也；上下相呼〔五〕，如水之就下，莫有禦者，〔六〕是有驗〔七〕於人之助〔八〕也。夫天地人三者懸絶，迺感召於一時，如此雖欲不爲，不可得已。〔九〕

嗚呼！潁地其將昌乎！淳厚清麗之風可復見矣〔一〇〕乎！游於斯，息於斯者，其思所以昌潁風民矣乎！若但流連光景，以取夫一時之樂，則作者之志荒矣。其如書院何哉！〔一一〕

是役也。始於乙未之秋，告成於丁酉之夏，因碑以識歲月，而並紀其由，所以昭復建之意也。〔一二〕

〔一〕「斯湖之廢，已累歲年」二句，《康熙潁州志》所録文本作「湖廢歲久」。

〔二〕「爾」字，《康熙潁州志》所録文本無。

〔三〕「驗」字，《康熙潁州志》所録文本作「助」。

〔四〕「之助」二字，《康熙潁州志》所録文本無。

〔五〕「相呼」二字，《康熙潁州志》所録文本作「同心」。

〔六〕「如水之就下，莫有禦者」二句，《康熙潁州志》所録文本作「先後繼軌，歡欣鼓舞，樂覩成功」。

〔七〕「驗」字，《康熙潁州志》所録文本作「助」。

〔八〕「之助」二字，《康熙潁州志》所録文本無。

〔九〕自「夫」字至「已」字四句，《康熙潁州志》所録文本無。

〔一〇〕「矣」字，《康熙潁州志》所録文本無。

〔一一〕「其如書院何哉」句，《康熙潁州志》所録文本無。

〔一二〕「所以昭復建之意也」句，《康熙潁州志》所録文本無。

論曰：昔舜之命官以教胄子也，必屬之典樂之夔，何也？蓋古之教者，惟長善救失，以成其德，不在乎口耳詞章也。故其爲教也，和平易直，感人也深。加以格致誠正之學，此天德之所由成，而王政之所由立也。後世寖失本旨，其所以爲教爲學，與其所以取人者，一惟浮詞是尚，而不稽諸實德，故有才無德之人得以自售，無怪乎治道之不古若也。

《學校志》終

潁州志卷之十二

志八·兵衛

自古爲治大綱，曰文與武。〔一〕故有文事者必有武備。〔二〕有文無武，則威不立，而國勢弱。〔三〕此有國家者，所以必以武備與文教並行，正欲遏禍亂於未形，衛治安於長久也。〔四〕爰志《兵衛》。

周制：小國一軍。〔五〕

〔一〕《大學衍義補·嚴武備·總論威武之道》：「韓琦言於仁宗曰：『今獻策陳邊事者，不過欲朝廷選擇將帥……未有本固而枝葉不盛者也。』」丘濬按：「爲治之大綱曰文與武，文事修而武事不備，猶天之有陽而無陰，地之有柔而無剛，人之有仁而無義也。」

〔二〕《史記·孔子世家》：「孔子攝相事，曰：『臣聞有文事者必有武備，有武事者必有文備。』」

〔三〕《大學衍義補·嚴武備·總論威武之道》：「襄公二十七年，宋左師請賞，公與之邑，子罕曰：『凡諸侯小國，晉楚所以兵威之……而子求去之，不亦誣乎？』」丘濬按：「國有六典而不可無兵，猶天有五材而不可以無金也。蓋立國有文必有武，施治有賞必有罰，徒有文而無武則威不立而國勢弱，有賞而無罰則法不行而人心縱。」

〔四〕《大學衍義補·嚴武備·總論威武之道》：「韓琦言於仁宗曰：『今獻策陳邊事者，不過欲朝廷選擇將帥……未有本固而枝葉不盛者也。』」丘濬按：「爲治之大綱曰文與武……然武之爲用，不以用之爲功而以不用爲大故，武之爲文以止戈爲義也，是以國家常以武備與文教並行，先事而爲之備，無事而爲之防，所以遏禍亂於將萌、衛治安於長久，不待乎臨事而始爲之、有事而後備之也，不然，則無及矣。」

〔五〕《周禮·夏官》：「凡制軍，萬有二千五百人爲軍，王六軍，大國三軍，次國二軍，小國一軍。」

秦始皇并天下，列爲三十六郡，郡置材官。〔一〕

漢興，踵秦置材官於郡國。〔二〕

晉詔悉去州郡兵，大郡置武吏百人，小郡五十人。〔三〕

唐貞觀十年（六三六），更諸府總曰折衝府。河南置府六十二。凡府三等，兵千二百人爲上。〔四〕潁隸河南。至德元載（七五六），隸淮西道。〔五〕乾元三〔二〕年（七五九），隸陳鄭節度。〔六〕上元元〔二〕年（七六一），隸淮南西道。〔七〕寶應元年（七六二），隸河南節度。〔八〕大曆四年（七六九），隸澤潞節度。〔九〕十一年（七七六），隸永平軍。〔一〇〕

〔一〕《史記·秦本紀》：「秦王政立二十六年初，并天下爲三十六郡，號爲始皇帝。」《文獻通考·兵考一》：「秦始皇既并天下，分爲三十六郡，郡置材官，聚天下兵器於咸陽。」

〔二〕《漢書·刑法志》：「天下既定，踵秦而置材官於郡國，京師有南北軍之屯。」《文獻通考·兵考二》：「漢興，踵秦而置材官於郡國。」

〔三〕《晉書·山濤傳》：「吴平之後，帝詔天下罷軍役，示海内大安，州郡悉去兵，大郡置武吏百人，小郡五十人。」

〔四〕《新唐書·兵志》：「太宗貞觀十年，更號統軍爲折衝都尉，别將爲果毅都尉，諸府總曰折衝府。凡天下十道……凡府三等：兵千二百人爲上，千人爲中，八百人爲下。」《文獻通考·兵考八》：「太宗貞觀十年，更號統軍爲折衝都尉，别將爲果毅都尉，諸府總曰折衝府。凡天下十道，關中置府一百七十三，河南置府六十二……凡府三等，兵千二百人爲上，千人爲中，八百人爲下。」

〔五〕《新唐書·方鎮表二》：「至德元載……置淮南西道節度使，領義陽、弋陽、潁川、滎陽、汝南五郡，治潁川郡。」

〔六〕《新唐書·方鎮表二》：「乾元二年……置鄭陳節度使，領鄭、陳、亳、潁四州，治鄭州，尋增領申、光、壽三州，未幾，以三州隸淮西。」

〔七〕《新唐書·方鎮表二》：「上元二年（七六一）……廢鄭陳節度，以鄭、陳、亳、潁四州隸淮西。」

〔八〕《新唐書·方鎮表二》：「寶應元年……復置河南節度使，治汴州，領州八：汴、宋、曹、徐、潁、兖、鄆、濮。」

〔九〕《新唐書·方鎮表二》：「（大曆）四年……河南節度增領泗州，以潁州隸澤潞節度。」

〔一〇〕《新唐書·方鎮表二》：「（大曆）十一年……廢河南節度使，曹、兖、鄆、濮、徐五州隸淄青節度，宋、潁、泗三州隸永平軍節度，汴州隸淮西節度。」

建武［中］二年（七八一），置宣武。[一]至是，則劉玄佐、李萬榮、陸長源、劉全諒、韓弘世專其兵。至憲宗元和四年（八〇九），弘以汴、宋、潁、亳四州歸於有司。[二]至僖宗中和三年（八八三），以朱全忠爲宣武節度[三]，潁兵非復唐有矣。

宋制諸州之鎮兵，以分給役使，曰廂兵；選於户籍或應募，使之團結訓練，以爲在所防守，則曰鄉兵。[四]建隆以來之制，忠順軍。[五]熙寧以後，屬京西路，改號曰勁武，凡四十五指揮，潁軍淮寧［寧淮］、忠順。[六]建炎以後，寧淮軍屬淮南。[七]

元典兵之官，視兵數多寡，爲爵秩崇卑，長萬夫者爲萬户，長千夫者爲千户，長百夫者爲百户。[八]曰兵制，曰

〔一〕《新唐書·方鎮表二》："建中二年……永平節度增領鄭州，析宋、亳、潁别置節度使，以泗州隸淮南。是年以鄭州隸河陽三城節度，既而復舊。置宋亳潁節度使，治宋州，尋號宣武軍節度使。"

〔二〕《新唐書·憲宗本紀》："（元和）十四年（八一九）正月丙午，田弘正及李師道站於陽谷……七月戊寅，韓弘以汴、宋、亳、潁四州歸於有司，弘朝於京師。"

〔三〕《舊五代史·梁書·太祖紀一》："（中和）三年三月，僖宗制授帝宣武軍節度使，依前充河中行營副招討使，仍令候收復京闕，即得赴鎮。"

〔四〕《宋史·兵一》："宋之兵制，大概有三：天子之衛兵，以守京師，備征戍，曰禁軍；諸州之鎮兵，以分給役使，曰廂軍；選於户籍或應募，使之團結訓練，以爲在所防守，則曰鄉兵。"

〔五〕《宋史·兵三》："建隆以來之制……忠順。（潁、壽。）"

〔六〕《宋史·兵三》："熙寧之後之制……京西路，騎軍之額，自騎射而下六；步軍之額，自奉化而下二十有五，並改號曰勁武。凡四十五指揮，一萬五千一百五十人……寧淮、忠順。（潁。）"

〔七〕《宋史·兵三》："建炎後廂兵……寧淮。（中興，在淮南。）"

〔八〕《元史·兵一》："考之國初，典兵之官，視兵數多寡，爲爵秩崇卑，長萬夫者爲萬户，千夫者爲千户，百夫者爲百户。"

宿衛，曰鎮戍，而馬政附焉。至元十一年（一二七四），潁州屯田總管李珣，近爲僉軍事，乞依徐、邳州屯田例，每三丁内，一丁防城，二丁納糧，可僉丁壯七百餘人，並元撥保甲兵壯，令珣通領，鎮守潁州，代見屯納合監戰軍馬別用。〔一〕世祖中統二十二年（一二八一），改江淮、江西元帥招討司爲上中下三萬户府。蒙古、漢人、新附諸軍相參，作三十七翼。下萬户潁州寓焉。〔二〕

皇明。洪武初置潁川衛，屬河南都司，隸中軍都督府，附北城西州之後。領經歷司一，鎮撫司一。〔三〕千户所五，曰左，曰右，曰中，曰前，曰後。百户所五十，置官無定員，今存者指揮使五人，同知五人，僉事十有二人，經歷一人，知事一人。千户正八人，副二十有三人。鎮撫衛三人，所二人，餘三人缺。百户四十有五人，試百户七人。吏令史二人，典五人，鎮撫司一人。千户所各司一人，百户所軍吏五十人。總旗一百人，小旗五百人。軍原額五千人。見在旗軍一千九十五人，事故一千九百一十二人。

指揮使

王威。直隸合肥人。宣德六年（一四三一）任。鎮。成化二年（一四六六）任。二十一年（一四八五）納粟陞都指揮僉事。爵。弘治八

〔一〕《元史·兵一》：「（至元）十一年正月，初立軍官以功陞散官格……六月，潁州屯田總管李珣言：『近爲簽軍事，乞依徐、邳州屯田例，每三丁内，一丁防城，二丁納糧，可簽丁壯七百餘人，並元撥保甲丁壯，令珣通領，鎮守潁州，代見屯納合監戰軍馬別用。』」

〔二〕《元史·世祖本紀》：「（世祖）二十二年春正月戊寅，以命相詔天下……詔改江淮、江西元帥招討司爲上中下三萬户府，蒙古、漢人、新附諸軍相參，作三十七翼……下萬户：常州、鎮江、潁州、廬州、亳州、安慶、江陰水軍、益都新軍、湖州、淮安、壽春、揚州、泰州、弩手、保甲、處州、上都新軍、黄州、安豐、松江、鎮江水軍、建康二十二翼。」

〔三〕李宜春《嘉靖潁州志·兵防》：「潁川衛在州治後，洪武初置。中爲堂，東爲經歷司，西爲鎮撫司，翼左右爲六曹堂。後爲退廳，夾兩厢爲庫房。又後爲旗纛廟，（霜降致祭。）廟左爲預備倉，堂之前爲儀門，東西爲角門，左右則五所列焉。又前爲大門，屬河南都司，隸中軍都督府。」

年（一四九五）任。正德三年（一五〇八）納粟陞都指揮僉事。**臣**。正德十四年（一五一九）任。嘉靖元年（一五二二）推舉大同備禦，以都指揮體統行事。八年（一五二九），恩授都指揮僉事。**嘉愛**。嘉靖十六年（一五三七）任。〔一〕

張永。直隸徐州人。洪熙元年（一四二五）任。**信**。宣德十年（一四三五）任。**政**。正統十年（一四四五）任。**勝**。成化九年（一四七三）任，以軍功陞都指揮僉事。**泰**。正德十二年（一五一七）任。**傑**。嘉靖十二年（一五三三）任。〔二〕

鞏信。山東嶧縣人。永樂十四年（一四一六）任指揮僉事。**瑛**。宣德六年（一四三一）任。**芳**。正統十四年（一四四九）任。天順二年（一四五八），以軍功陞指揮使。**固**。成化九年（一四七三）任。二十一年（一四八五）納粟（陞）都指揮僉事。**臣**。弘治七年（一四九四），推舉汝寧守備。正德十二年（一五一七），兵部推陞河南都司軍政掌印。**世**。嘉靖二年（一五二三）任。〔三〕

梁文。直隸興州人。弘治十四年（一五〇一）任指揮同知。死於陣。**安國**。正德七年（一五一二），以父功授指揮使。**棟**。嘉靖五年（一五二六）任。〔四〕

王欽。直隸遵化人。嘉靖八年（一五二九）任。〔五〕

〔一〕李宜春《嘉靖潁州志·兵防》：「王嘉愛，直隸廬州人。初，王威宣德六年以都指揮諒子授潁川，世襲指揮使。鎮襲，以納粟進都指揮僉事。爵襲，又納粟如之。臣替職，推舉陞河南都指揮僉事。嘉愛以嘉靖十六年替原職，今以罪免。」

〔二〕李宜春《嘉靖潁州志·兵防》：「張傑，直隸徐州人。初，張永以靖難功調潁川，世襲指揮使。子信替，無嗣，以姪永襲，傳勝，以功陞河南都指揮僉事，尋以罪免。泰替原職。傑，泰孫也，嘉靖十二年因父亡承襲，見管城操。」

〔三〕李宜春《嘉靖潁州志·兵防》：「鞏世，兗州府嶧縣人。初，鞏信永樂十八年（一四二〇）以功調潁川，世襲指揮僉事。傳瑛，再傳方，天順二年以功陞世襲指揮使。固替，以納粟進都指揮僉事。臣襲，又納粟如之，後以殺潁上寇功，銓注河南都司掌印，世襲原職，嘉靖二十年（一五四一）陞武簽書，尋陞都指揮僉事，未任，卒。子夢圭。」

〔四〕李宜春《嘉靖潁州志·兵防》：「梁棟，順天府興州人。初，祖梁文以蔭襲宣武衛指揮同知。弘治十四年，因與王府結親，改調潁川，正德壬申（一五一二）授潁上，陣亡，贈指揮使。子安國襲指揮使。棟嘉靖五年仍世襲，卒。子大任。」

〔五〕李宜春《嘉靖潁州志·兵防》：「王欽，薊州遵化人。以祖功襲授羽林前衛帶俸指揮使。嘉靖七年（一五二八），欽潁川世襲，實授指揮使。」

同知

李端。山東莒州人。正統二年（一四三七）任。銘。景泰元年（一四五〇）任。淳。成化十八年（一四八二）任。二十一年（一四八五）納粟都指揮僉事。鶴。正德十五年（一五二〇）任。[一]

陳貴。湖廣江夏人。宣德七年（一四三二）任。廣。正統六年（一四四一）任。彪。成化六年（一四七〇）任。勇。弘治五年（一四九二）任。勳。正德七年（一五一二）任。[二]

檀成。直隸欒亭人。洪熙元年（一四二五）任指揮僉事。原。宣德五年（一四三〇）任。錦。正統八年（一四四三）任。成化六年（一四七〇），以軍功陞指揮同知。濟。弘治元年（一四八八）任。臣。正德十四年（一五一九）任。[三]

寧端。直隸通州人。宣德十年（一四三五）任。鉞。成化十年（一四七四）任。滢。弘治十七年（一五〇四）任。楚。嘉靖四年（一五二五）任。希武。嘉靖十二年（一五三三）任。[四]

〔一〕李宜春《嘉靖潁州志·兵防》：「李柱，山東莒州人。初，李端以河南都指揮瑾子，宣德十年（一四三五）襲授潁川指揮同知。戰雞兒嶺，陣亡。銘襲，傳淳，以納粟進河南都指揮僉事。後領敕宣府春班備禦，殺達賊有功，欽賜表裏。傳鶴，無嗣。柱以端曾孫，嘉靖二十一年（一五四二）承襲，見掌印屯局。」

〔二〕李宜春《嘉靖潁州志·兵防》：「陳厚，湖廣江夏人。初，陳貴宣德六年（一四三一）累功授潁川，世襲指揮同知。廣、彪、勳相繼應襲。勳以老疾，厚嘉靖十年（一五三一）替職，見佐貳管局兼巡捕。」

〔三〕李宜春《嘉靖潁州志·兵防》：「檀輅，淶州欒亭人。初，檀成，洪武元年（一三六八）累功調潁川指揮僉事，傳原。再傳錦，以功陞世襲指揮同知。濟與臣相繼而代。輅嘉靖二十二年（一五四三）又代，見佐貳管屯。」

〔四〕李宜春《嘉靖潁州志·兵防》：「寧希武，直隸通州人。初，寧端承襲，有功，宣德十年調潁川，世襲指揮同知。委替之。鉞替，以納粟進河南都指揮僉事。滢襲原職。楚替，卒。希武嘉靖十二年承襲。」

高仕斌。直隸太湖人。宣德七年（一四三二）任。永。正統三年（一四三八）任。輔。成化三年（一四六七）任。鸞。弘治十三年（一五〇〇）任。[一]

僉事

田成。直隸清苑人。宣德六年（一四三一）任左所千户。雲。正統六年（一四四一）任。天順元年（一四五七），以年任陞署指揮同知。寬。成化二十年（一四八四）任。朝佐。正德元年（一五〇六）任。耕。嘉靖十年（一五三一）任。[二]

李讓。直隸定遠人。洪武三十五年（一四〇二）任。鑾俊。永樂八年（一四一〇）任。錦。宣德二年（一四二七）任。鎮。正統十四年（一四四九）任。秀。天順二年（一四五八）任。瓚。弘治八年（一四九五）任。龍。正德五年（一五一〇）任。[三]

亓恩。山東陽信人。洪熙元年（一四二五）任。曰任。宣德六年（一四三一）任。恭。天順三年（一四五九）任。麟。弘治六年（一四九三）任。鯨。正德十二年（一五一七）任。[四]

段成。直隸祁縣人。洪熙元年（一四二五）任。能。正統二年（一四三七）任。祥。天順三年（一四五九）任。綉。弘治八年

[一]《順治潁州志·軍衛·衛官·指揮同知》：「高世斌，太湖人。永、輔、鸞。」

[二] 李宜春《嘉靖潁州志·兵防》：「田耕，直隸清苑人。初，田雲蔭授潁川副千户，以功陞世襲指揮僉事。寬襲，遇詔陞同知。朝佐替之，仍署同知。耕嘉靖十年替，授僉事。守備儀真等處，兼備倭，以都指揮行事，尋以賢能保薦，陞任福建都指揮僉事。」

[三] 李宜春《嘉靖潁州志·兵防》未載。《順治潁州志·軍衛·衛官（指揮僉事）》：「李讓，定遠人。俊。錦。鎮。琇。瓚。瀛。龍。應科。尚年。」

[四] 李宜春《嘉靖潁州志·兵防》：「亓洲，山東陽信人。初，亓恩洪熙元年以鎮南衛指揮僉事，有功，調潁川。昇替職，陣亡。恭始授世襲。麟替，以納粟進河南都指揮僉事。鯨襲，卒。子洲嘉靖二十年（一五四一）襲，卒，無嗣。弟渭。」

（一四九五）任。榮。嘉靖七年（一五二八）任。〔一〕

楊簡。江西泰和人。洪武三十五年（一四〇二）任百户。寧。正統元年（一四三六）任。安。正統四年（一四三九）任。天順元年（一四五七）以軍功陞指揮僉事。鳳。成化十五年（一四七九）任。彪。弘治十一年（一四九八）任。〔二〕

王輔。直隸懷寧人。天順元年（一四五七）任。雄。成化十九年（一四八三）任。錦。正德七年（一五一二）任。承恩。嘉靖四年（一五二五）任。〔三〕

白仲禮。直隸獻縣人。洪熙元年（一四二五）任。信。宣德二年（一四二七）任。剛。正統八年（一四四三）任。雄。成化元年（一四六五）任。玉。弘治九年（一四九六）任。鑾。正德七年（一五一二）任。〔四〕

邢進。山後興州人。永樂二十三年（一四二五）任。端。宣德六年（一四三一）任。山。天順七年（一四六三）任。鸞。成化二十年（一四八四）任。蘭。嘉靖四年（一五二五）任。〔五〕

〔一〕李宜春《嘉靖潁州志·兵防》：「段傑，直隸祁縣人。初，段成累以功授龍虎衛指揮僉事，洪熙元年調潁川。傳能，陣亡。傳祥。傳綉。傳榮，爲妝過屯帳，問擬爲民。傑，嘉靖十六年（一五三七）承襲，照例革降正千户，見管印。」

〔二〕李宜春《嘉靖潁州志·兵防》：「楊彪，江西太和人。初，楊簡以蔭授潁川左衛百户。傳寧。再傳安，以殺達賊功，累陞世襲指揮僉事。傳鳳。傳彪，正德九年（一五一四）卒，無嗣。弟鎮。」

〔三〕李宜春《嘉靖潁州志·兵防》：「王承恩，安慶懷寧人。初，王輔以祖功襲羽林衛指揮僉事，天順六年（一四六二）調潁川。傳雄。傳錦。傳承恩，嘉靖四年承襲。」

〔四〕李宜春《嘉靖潁州志·兵防》：「白鑾，河間獻縣人。初，白士能以戰功累陞沂州衛指揮僉事，洪熙元年調潁川。傳信。傳剛。傳雄。傳玉。正德八年（一五一三）鑾永襲。」

〔五〕「永樂二十三年」恐誤，因該年號僅用到二十二年。李宜春《嘉靖潁州志·兵防》：「邢蘭，山後興州人。初，邢進以功授揚州衛指揮僉事，洪熙元年（一四二五）調潁川，世襲。傳端。傳珊。傳鑾。傳蘭，嘉靖三年（一五二四）卒。子。」

朱安。山東范縣人。宣德七年（一四三二）任。勳。天順七年（一四六三）任。鼎。成化十二年（一四七六）任。玉。成化二十年（一四八四）任。繼宗。正德十六年（一五二一）任。魁。優給。〔一〕

武閉。交趾峽山人。宣德三年（一四二八）任。英。正統三年（一四三八）任。義。正統六年（一四四一）任。清。天順七年（一四六三）任。鎮。弘治十八年（一五〇五）任。功。正德五年（一五一〇）任。韜。嘉靖七年（一五二八）任。世爵。嘉靖十五年（一五三六）任。〔二〕

蘇昇。直隸威縣人。嘉靖八年（一五二九）任。〔三〕

葛忠。山東曹縣人。洪熙元年（一四二五）任千户。真。正統元年（一四三六）任，以軍功陞指揮僉事。鎮。成化十一年（一四七五）任。臣。正德七年（一五一二）任。〔四〕

經歷

王瓚。〔五〕

〔一〕李宜春《嘉靖潁州志·兵防》：「朱魁，東昌范縣人。初，朱安以蔭襲杭州右衛指揮僉事，宣德六年（一四三一）調潁川，世襲。傳勳。傳鼎。傳玉。傳繼宗。傳魁，嘉靖十五年（一五三六）承襲，見管領北京春班操備。」

〔二〕李宜春《嘉靖潁州志·兵防》：「武世爵，交阯〔趾〕峽山人。初，武閉永樂時率衆降，宣德七年（一四三二）除潁川世襲指揮僉事。傳英。傳義。傳清。傳鎮。傳功。傳韜。傳世爵，嘉靖十年（一五三一）承襲。」

〔三〕李宜春《嘉靖潁州志·兵防》：「蘇昇，直隸威縣人。昇襲祖職，授西安左衛指揮僉事，嘉靖七年（一五二八）調潁川衛。」

〔四〕李宜春《嘉靖潁州志·兵防》：「葛臣，山東曹縣人。初，葛興洪熙元年以功由府軍後衛調潁川前所副千户。傳信。傳真，景泰間以殺達賊功陞僉事。傳振。傳臣，正德七年承襲。」

〔五〕李宜春《嘉靖潁州志·兵防》：「經歷八人：王瓚……」

楊芳。〔一〕

曹紳。〔二〕

柳延。〔三〕

汪遠。〔四〕

何淵。〔五〕

陳廷禎。湖廣麻城人。嘉靖十二年（一五三三）任。〔六〕

知事

王禧。〔七〕

劉璽。〔八〕

〔一〕李宜春《嘉靖潁州志・兵防》：「經歷八人：……楊芳……」

〔二〕李宜春《嘉靖潁州志・兵防》：「經歷八人：……曹紳……」

〔三〕李宜春《嘉靖潁州志・兵防》：「經歷八人：……柳延……」

〔四〕李宜春《嘉靖潁州志・兵防》：「經歷八人：……汪遠……」

〔五〕李宜春《嘉靖潁州志・兵防》：「經歷八人：……何淵……」

〔六〕李宜春《嘉靖潁州志・兵防》：「經歷八人：……陳廷禎，湖廣麻城人。嘉靖十二年任……」

〔七〕李宜春《嘉靖潁州志・兵防》：「知事二人：王禧……」

〔八〕李宜春《嘉靖潁州志・兵防》：「知事二人：……劉璽。」

衛鎮撫

鹿通。河南林縣人。洪熙元年（一四二五）任。讓。宣德六年（一四三一）任。壽。天順六年（一四六二）任。寧。成化十年（一四七四）任。鈺。弘治十六年（一五〇三）任。自齡。優給。〔一〕

劉英。河南永城人。宣德八年（一四三三）任。瑜。天順二年（一四五八）任。漢。成化四年（一四六八）任。二十一年（一四八五）納粟指揮僉事。臣。弘治十五年（一五〇二）任。一徵。嘉靖十一年（一五三二）任。〔二〕

朱英。直隸壽州人。正統二年（一四三七）任。昱。正統七年（一四四二）任。鐸。成化二十年（一四八四）任。清。正德九年（一五一四）任。江。嘉靖十五年（一五三六）任。〔三〕

千戶正

丘瓛。直隸鹽城人。成化八年（一四七二）任。鐸。弘治七年（一四九四）任。〔四〕

謝弘。直隸巢縣人。洪武二十六年（一三九三）任。祥。洪武三十三年（一四〇〇）任。茂。正統元年（一四三六）任。錦。成化七年

〔一〕李宜春《嘉靖潁州志·兵防·衛鎮撫》：「鹿鈺，河南林縣人。初，鹿通洪熙元年以功由大河副千户調潁川署印鎮撫副千户。傳讓。傳壽。傳寧。傳鈺，弘治十六年承襲。子自齡。」

〔二〕李宜春《嘉靖潁州志·兵防·衛鎮撫》：「劉一徵，河南永城人。初，劉英宣德八年以蔭授河南衛後所副千户，改選潁川，世襲鎮撫。傳瑜。傳翰，以納粟進指揮僉事。臣襲原職。傳一徵，嘉靖十一年承襲。」

〔三〕李宜春《嘉靖潁州志·兵防·左所正千户》：「朱江，直隸壽州人。初，朱英以蔭授莊浪衛鎮撫，正統元年（一四三六）調潁川。傳昱。傳鐸，以納粟進指揮僉事。清襲原職。傳江，嘉靖十五年襲，見掌印理刑。」

〔四〕李宜春《嘉靖潁州志·兵防·左所正千户》：「丘鐸，直隸鹽城人。初，丘瓛成化八年以蔭襲寧夏前所正千户，調潁川。傳鐸，弘治七年替職。」

（一四七一）任。恩。弘治十六年（一五〇三）任。〔一〕

徐安。山東堂邑人。宣德七年（一四三二）任。斌。天順元年（一四五七）任。政。成化十八年（一四八二）任。弼。正德八年（一五一三）任。〔二〕

朱寶。直隷宛平人。宣德七年（一四三二）任。廣。正統元年（一四三六）任。通。天順五年（一四六一）任。輔。弘治十六年（一五〇三）任。臣。正德十年（一五一五）任。〔三〕

王順。河南偃師人。洪武二十六年（一三九三）任百户，陞正千户。福。永樂七年（一四〇九）任。海。宣德元年（一四二六）任。昇。正統五年（一四四〇）任。璽。景泰五年（一四五四）任。潁。成化十六年（一四八〇）任。詔。正德六年（一五一一）任。〔四〕

張福成。直隷遷安人。洪熙元年（一四二五）任。春。正統元年（一四三六）任。斌。天順元年（一四五七）任。文。成化八年（一四七二）任。二十一年（一四八五）納粟（陞）指揮僉事。秀。弘治十六年（一五〇三）任。璽。嘉靖九年（一五三〇）任。〔五〕

〔一〕李宜春《嘉靖潁州志·兵防·左所正千户》：「謝恩，直隷巢縣人。初，謝弘洪武二十六年以蔭除潁川左所正千户。傳祥。傳茂。傳錦。傳恩，弘治十六年替職。」

〔二〕李宜春《嘉靖潁州志·兵防·左所正千户》：「徐弼，山東堂邑人。初，徐安宣德六年（一四三一）以蔭襲朔州前所正千户，調潁川。傳斌。傳政。傳弼，正德七年（一五一二）替職。」

〔三〕李宜春《嘉靖潁州志·兵防·右所正千户》：「朱臣，直隷宛平人。初，朱寶襲羽林前衛中所副千户，宣德六年（一四三一）調潁川。傳廣，以殺達賊功，陞正千户。傳通。傳輔。傳臣，卒。」

〔四〕李宜春《嘉靖潁州志·兵防·右所正千户》：「王詔，河南偃師人。初，王順洪武間以功累陞潁川正千户。傳福。傳海。傳昇。傳璽。傳潁。傳詔，正德六年承襲，見掌印。」

〔五〕李宜春《嘉靖潁州志·兵防·中所正千户》：「張希岳，直隷遷安人。初，張山累以功授永平衛正千户，洪熙元年調潁川衛。傳春。傳斌。傳玟，成化間以納粟進指揮僉事。傳岳，嘉靖八年（一五二九）承襲。」

王政。直隸蒙城人。洪熙元年（一四二五）任。淮。宣德六年（一四三一）任。璽。景泰三年（一四五二）任。鎮。成化二十年（一四八四）任。臣。正德十三年（一五一八）任。〔一〕

顧真。直隸山陽人。宣德八年（一四三三）任。堅。正統十年（一四四五）任。德。成化十年（一四七四）任。二十一年（一四八五）納粟（陞）指揮僉事。惟忠。弘治十六年（一五〇三）任。〔二〕

副

經諒。直隸合肥人。洪武三十五年（一四〇二）任。昊。正統四年（一四三九）任。綸。天順二年（一四五八）任。濟。成化十四年（一四七八）任。邦。正德五年（一五一〇）任。〔三〕

張禮。山東膠州人。正統五年（一四四〇）任。能。天順三年（一四五九）任。幹。弘治十四年（一五〇一）任。宸。正德十二年（一五一七）任。承恩。優給。〔四〕

〔一〕李宜春《嘉靖潁州志·兵防·前所正千户》："王臣，直隸蒙城人。初，王茂襲府軍衛鎮撫，以功授潁川正千户。傳淮。傳璽。傳鎮。傳臣，正德十三年承襲。"

〔二〕李宜春《嘉靖潁州志·兵防·後所正千户》："顧惟忠，直隸山陽人。初，顧真襲金吾右衛，永樂九年（一四一一）調潁川。傳堅。傳德，以納粟進指揮僉事。傳惟忠，仍襲原職，罪免而卒。子學詩，庠生。孫新。"

〔三〕李宜春《嘉靖潁州志·兵防·左所副千户》："經邦，直隸合肥人。初，經諒洪武三十五年以蔭除潁川左所副千户。傳昊，陣亡。傳綸。傳昇。傳濟。傳邦，正德五年承襲，卒。"

〔四〕李宜春《嘉靖潁州志·兵防·左所副千户》："張宸，山東膠州人。初，張禮襲甘州前衛左所副千户，正統四年（一四三九）爲邊務調潁川左所千户。傳幹。傳宸，正德十一年（一五一六）替職，卒。子承恩。"

王浩。河南夏邑人。正德元年（一五〇六）任。〔一〕

高貴。直隸興化人。洪熙元年（一四二五）任。敬。天順六年（一四六二）任。昇。成化二年（一四六六）任。〔二〕

丁勝。直隸桃源人。洪武二十八年（一三九五）任。瑄。永樂元年（一四〇三）任。麟。永樂十七年（一四一九）任。亮。宣德元年（一四二六）任。洪。景泰三年（一四五二）任。幹。天順七年（一四六三）任。鵬。弘治十七年（一五〇四）任。威。嘉靖十年（一五三一）任。〔三〕

正［王］順。直隸滁州人。洪武三十五年（一四〇二）任。瑄。正統四年（一四三九）任。禎。成化四年（一四六八）任。葵。弘治三年（一四九〇）任。道。弘治十八年（一五〇五）任。〔四〕

錢真。直隸清河人。宣德七年（一四三二）任。銘。正統十三年（一四四八）任。江。成化十八年（一四八二）任。湧。嘉靖九年（一五三〇）任。〔五〕

王政。河南光山人。洪武二十一年（一三八八）任百户。美。洪武二十五年（一三九二）任。海。永樂元年（一四〇三）任，以軍功陞副

〔一〕李宜春《嘉靖潁州志·兵防》未載。《順治潁州志·軍衛·衛官（副千户）》：「王浩，夏邑人。」

〔二〕李宜春《嘉靖潁州志·兵防·左所副千户》：「高昇，直隸興化人。初，高貴洪熙元年以功調潁川左所副千户。傳敬。傳昇，卒。孫。」

〔三〕李宜春《嘉靖潁州志·兵防·右所副千户》：「丁威，直隸桃源人。初，丁勝洪武二十八年累功陞潁川副千户。傳瑄。傳麟，陣亡。傳諒。傳洪。傳幹。傳鵬。傳威，嘉靖十年承襲。」

〔四〕「王順」字，原誤作「正順」。李宜春《嘉靖潁州志·兵防·右所副千户》：「王道，直隸滁州人。初，王順洪武三十五年以功年深調潁川副千户。傳瑄，授百户，以殺達賊功，陞世襲副千户。傳禎。傳葵。傳道，卒。子嘉言。」

〔五〕李宜春《嘉靖潁州志·兵防·中所副千户》：「錢勇，直隸清河人。初，錢真宣德六年（一四三一）以功調潁川副千户。傳名。傳江。傳勇，正德十六年（一五二一）替職。」

千户。錦。榮。嘉靖八年（一五二九）任。〔一〕

張安。浙江仁和人。永樂十二年（一四一四）任。貴。宣德四年（一四二九）任。興。宣德七年（一四三二）任。威。正統十一年（一四四六）任。鵬。成化十年（一四七四）任。昺。正德六年（一五一一）任。〔二〕

鄒忠。直隸盱眙人。宣德元年（一四二六）任。珉。正統十二年（一四四七）任。虎。成化六年（一四七〇）任。英。正德六年（一五一一）任。奎。嘉靖七年（一五二八）任。〔三〕

舒泰。直隸桃源人。成化十五年（一四七九）任。祥。〔四〕

楊聚。直隸大興人。宣德二年（一四二七）任。山。宣德七年（一四三二）任。寬。景泰四年（一四五三）任。斌。成化十二年（一四七六）任。潮。正德十四年（一五一九）任。〔五〕

郭安。山東章丘人。洪熙元年（一四二五）任。斌。宣德三年（一四二八）任。興。景泰二年（一四五一）任。鎮。成化七年

〔一〕李宜春《嘉靖潁州志·兵防·中所副千户》：「王榮，河南光山人。初，王政洪武二十年（一三八七）以功調潁川百户。傳英。傳海。傳錦，景泰二年（一四五一）以功陞副千户。傳清。傳榮，嘉靖八年承襲。」

〔二〕李宜春《嘉靖潁州志·兵防·中所副千户》：「張昺，浙江杭州人。初，張安襲虎賁左衛副千户，永樂十二年調潁川。傳興。傳威。傳鵬。傳昺，正德五年（一五一〇）承襲。」

〔三〕李宜春《嘉靖潁州志·兵防·中所副千户》：「鄒奎，直隸盱眙人。初，鄒忠襲壯浪衛副千户，正統元年（一四三六）調潁川。傳珉。傳虎。傳英。傳奎，卒。子思憲。」

〔四〕李宜春《嘉靖潁州志·兵防·中所副千户》：「舒祥，直隸桃源人。初，舒泰襲義勇後衛副千户，成化十五年調潁川。傳祥，弘治十六年（一五〇三）承襲。」

〔五〕李宜春《嘉靖潁州志·兵防·前所副千户》：「楊潮，直隸大興人。初，楊聚襲鎮江衛，宣德二年調潁川。傳寬。傳斌。傳潮，正德十三年（一五一八）替職。」

（一四七一）任。鳳。正德十五年（一五二〇）任。〔一〕

陶英。直隸壽州人。洪武二十五年（一三九二）任百户。旺。景泰三年（一四五二）任。勳。成化五年（一四六九）任，以軍功陞副千户。繼。正德五年（一五一〇）任。〔二〕

劉雄。直隸大興人。成化十五年（一四七九）任。勳。弘治十八年（一五〇五）任。〔三〕

劉成。山東郯城人。正統十四年（一四四九）任。玘。成化八年（一四七二）任。隆。成化二十三年（一四八七）任。〔四〕

王敬。河南汲縣人。宣德九年（一四三四）任。凱。景泰二年（一四五一）任。欽。成化十五年（一四七九）任。綬。正德七年（一五一二）任。〔五〕

劉希文。直隸固安人。洪熙元年（一四二五）任。麒。宣德二年（一四二七）任。智。宣德九年（一四三四）任。林。正統五年（一四四〇）任。昇。景泰三年（一四五二）任。輗。成化二十□年任。孜。嘉靖六年（一五二七）任。〔六〕

〔一〕李宜春《嘉靖潁州志·兵防·前所副千户》：「郭鳳，山東章丘人。初，郭安以功授安吉衛，洪熙元年調潁川。傳斌。傳興。傳鎮。傳鳳，正德十五年承襲。」

〔二〕李宜春《嘉靖潁州志·兵防·前所百户》：「陶恩，直隸壽州人。初，陶英襲泗州衛，洪武二十五年調潁川百户。傳旺。傳勳，以殺賊功，陞副千户。傳繼，仍襲。傳恩，嘉靖十九年（一五四〇）承襲，例革，實授百户。」

〔三〕李宜春《嘉靖潁州志·兵防·前所副千户》：「劉勳，直隸大興人。初，劉雄□龍驤衛，成化十五年調潁川。傳勳，弘治十八年替職。」

〔四〕李宜春《嘉靖潁州志·兵防·前所副千户》：「劉昇，山東郯縣人。初，劉成正統十四年以殺賊功，累陞潁川署副千户；景泰二年（一四五一）以功實授百户，仍署副千户；天順元年（一四五七）詔與實授。傳玘。傳隆，以罪謫戍。子昇，嘉靖十八年（一五三九）承襲。」

〔五〕李宜春《嘉靖潁州志·兵防·後所副千户》：「王功，河南汲縣人。初，王敬襲天成衛，宣德九年調潁川。傳凱。傳欽。傳綬。傳功，嘉靖二十四年（一五四五）承襲，見管前所佐貳事。」

〔六〕李宜春《嘉靖潁州志·兵防·後所副千户》：「劉孜，直隸固安人。初，劉希文以功授涼州衛，洪熙元年調潁川。傳麒。傳智。傳林。傳昇。傳輗。傳孜，嘉靖六年替職。」

錢貴。直隸定遠人。洪武二十二年（一三八九）任所鎮撫。勝。洪武三十一年（一三九八）任。英。正統四年（一四三九）任。榮。正統十一年（一四四六）任，以軍年任副千户。昇。成化十三年（一四七七）任。山。正德十五年（一五二〇）任。定。優給。〔一〕

霸居政。直隸樂亭人。宣德二年（一四二七）任。昇。宣德七年（一四三二）任。璁。正統八年（一四四三）任。寬。正統十年（一四四五）優給。忠。天順二年（一四五八）任。廣。成化三年（一四六七）任。盛。弘治五年（一四九二）任。〔二〕

孫義。山東滕縣人。正統四年（一四三九）任。茂。景泰七年（一四五六）任。鉞。弘治二年（一四八九）任。棠。正德十五年（一五二〇）任。〔三〕

朱才。直隸崑山人。洪武三十五年（一四〇二）任。榮。宣德四年（一四二九）任百户，以軍功陞副千户。顯。成化元年（一四六五）任。端。成化十四年（一四七八）任。福。弘治二年（一四八九）任。朝。嘉靖十一年（一五三二）任。〔四〕

張琰。河南延津人。景泰元年（一四五〇）任。遜。成化元年（一四六五）任。經。成化二十三年（一四八七）任。勇。正德十二年（一五一七）任。勳。嘉靖十五年（一五三六）任。〔五〕

〔一〕李宜春《嘉靖潁州志·兵防·後所副千户》：「錢山，直隸定遠人。初，錢貴洪武二十二年以功除潁川後所鎮撫。傳勝。傳英。傳榮，以殺賊功，陞副千户。傳昇。傳山，卒。子定。」

〔二〕李宜春《嘉靖潁州志·兵防·後所副千户》：「霸威，直隸樂亭人。初，霸居政以功授宣武衛副千户，宣德二年調潁川後所。傳昇。傳璁。傳忠。傳廣。傳盛，卒。子贏。」

〔三〕李宜春《嘉靖潁州志·兵防·後所副千户》：「孫棠，山東滕縣人。初，孫義以祖茂功調潁川後所。傳鉞。傳棠，卒，無嗣。弟杲。」

〔四〕李宜春《嘉靖潁州志·兵防·後所副千户》：「朱朝，直隸崑山人。初，朱才襲羽林左衛百户，洪武三十五年調潁川，陣亡。傳榮，以殺賊功，陞副千户。傳顯。傳端，陣亡。傳福。傳朝，嘉靖九年（一五三〇）承襲。」

〔五〕李宜春《嘉靖潁州志·兵防·後所副千户》：「張勳，河南延津人。初，張琰景泰間以功歷陞潁川實授百户，署副千户，天順元年（一四五七）以守門功陞實授。傳遜。傳經。傳勇。傳勳，嘉靖十五年承襲。」

所鎮撫

張幹。湖廣澧州人。洪武二十八年（一三九五）任。禮。永樂元年（一四〇三）任。雄。宣德六年（一四三一）任。瑾。正統十二年（一四四七）任。斌。弘治八年（一四九五）任。節。正德十四年（一五一九）任。朋。嘉靖八年（一五二九）任。〔一〕

檀勝。直隸欒亭人。景泰元年（一四五〇）任。顯。景泰三年（一四五二）任。雄。成化二十三年（一四八七）任。〔二〕

百户

宋榮。直隸巢縣人。洪武三十五年（一四〇二）任。良。正統四年（一四三九）任。鎮。成化二十年（一四八四）任。葵。嘉靖元年（一五二二）任。〔三〕

唐滿。直隸虹縣人。洪武二十五年（一三九二）任。勝。永樂元年（一四〇三）任。信。永樂六年（一四〇八）任。鈺。正統六年（一四四一）任。麟。天順七年（一四六三）任。佐。正德十六年（一五二一）任。〔四〕

孫珏。河南上蔡人。洪武二十五年（一三九二）任。恭。洪武三十五年（一四〇二）任。斌。正統八年（一四四三）任。縉。成化

〔一〕李宜春《嘉靖潁州志·兵防·所鎮撫》：「張朋，湖廣澧州人。初，張幹洪武二十八年襲除潁川左所鎮撫。傳禮。傳雄。傳瑾。傳斌。傳節。傳朋，嘉靖九年（一五三〇）承襲。」

〔二〕李宜春《嘉靖潁州志·兵防·所鎮撫》：「檀雄，直隸欒亭人。初，檀勝景泰元年以殺達賊功授潁川右所鎮撫。傳昱。傳雄，卒。子葵。」

〔三〕李宜春《嘉靖潁州志·兵防·左所百户》：「宋葵，直隸巢縣人。初，宋榮洪武三十年（一三九七）以蔭調潁川百户。傳良。傳儉。傳葵，嘉靖六年（一五二七）承襲。」

〔四〕李宜春《嘉靖潁州志·兵防·左所百户》：「唐佐，直隸虹縣人。初，唐滿洪武二十五年以總旗年深，除授潁川世襲百户。傳信。傳鈺，陣亡。傳麟。傳佐，正德十五年（一五二〇）承襲，見掌印。」

二十三年（一四八七）任。隆。嘉靖六年（一五二七）任。鯨。嘉靖八年（一五二九）任。〔一〕

魏忠。直隸合肥人。正統四年（一四三九）任。湧。天順四年（一四六〇）任。欽。弘治六年（一四九三）任。臣。正德十五年（一五二〇）任。國。嘉靖十一年（一五三二）任。〔二〕

朱興。直隸桐城人。洪武二十四年（一三九一）任。亮。洪武三十年（一三九七）任。福。永樂四年（一四〇六）任。源。宣德十年（一四三五）任。珍。景泰六年（一四五五）任。永。成化十年（一四七四）任。紀。正德九年（一五一四）任。恩。嘉靖八年（一五二九）任。〔三〕

劉慶。湖廣武崗人。洪武二十八年（一三九五）任。濬。宣德六年（一四三一）任。琥。成化六年（一四七〇）任。寧。正德九年（一五一四）任。〔四〕

史恕。山西潞城人。天順五年（一四六一）任。庠。成化八年（一四七二）任。翰。弘治七年（一四九四）任。〔五〕

〔一〕李宜春《嘉靖潁州志·兵防·左所百户》：「孫鯨，河南上蔡人。初，孫珏洪武二十五年以總旗年深，除授潁川世襲百户。傳恭。傳斌。傳縉。傳隆。傳鯨，嘉靖八年承襲。」

〔二〕李宜春《嘉靖潁州志·兵防·左所百户》：「魏國，直隸合肥人。初，魏忠襲甘州前衛後所百户，正統四年調潁川左所。傳湧。傳欽。傳臣。傳國，嘉靖十年（一五三一）承襲。」

〔三〕李宜春《嘉靖潁州志·兵防·左所百户》：「朱恩，直隸桐城人。初，朱興洪武二十六年（一三九三）累以功調潁川百户。傳亮，爲事被刑。傳福。傳源，陣亡。傳珍。傳永。傳紀。傳恩，嘉靖八年替職。」

〔四〕李宜春《嘉靖潁州志·兵防·左所百户》：「劉寧，湖廣武岡人。初，劉慶洪武二十七年（一三九四）以祖功除潁川百户。傳濬。傳琥。傳寧，正德九年承襲。」

〔五〕李宜春《嘉靖潁州志·兵防·左所百户》：「史幹，山西潞城人。初，史恕景泰二年（一四五一）以功陞潁川百户。傳庠。傳幹，弘治七年替職。」

蘇貴。直隸通州人。洪武二十三年（一三九〇）任。讓。永樂十二年（一四一四）任。清。成化二年（一四六六）任。〔一〕

王資。直隸臨淮人。洪武二十三年（一三九〇）任。璉。宣德六年（一四三一）任。隆。成化十七年（一四八一）任。〔二〕

杜銓。直隸高郵人。洪武二十五年（一三九二）任。貴。宣德四年（一四二九）任。雄。天順八年（一四六四）任。〔三〕

卞通。直隸懷遠人。洪武二十九年（一三九六）任。逵。宣德五年（一四三〇）任。昇。天順四年（一四六〇）任。洪。成化五年（一四六九）任。臣。正德八年（一五一三）任。〔四〕

曹興。直隸泗州人。永樂五年（一四〇七）任。敏。景泰七年（一四五六）任。威。天順七年（一四六三）任。鵬。弘治八年（一四九五）任。恩。嘉靖五年（一五二六）任。〔五〕

崔深。直隸欒亭人。宣德六年（一四三一）任。榮。正統九年（一四四四）任。顯。天順二年（一四五八）任。浩。天順八年（一四六四）任。〔六〕

〔一〕李宜春《嘉靖潁州志·兵防·左所百户》：「蘇清，直隸通州人。初，蘇貴洪武二十三年以蔭除潁川衛左所百户。傳讓，陣亡。傳清，正德二年（一五〇七）告老。子卒。孫臣。」

〔二〕李宜春《嘉靖潁州志·兵防·左所百户》：「王隆，直隸臨淮人。初，王資洪武三十年（一三九七）授潁川百户。傳璉，天順三年（一四五九）始授世襲。傳隆，卒。子卒。子又卒。孫檠。」

〔三〕李宜春《嘉靖潁州志·兵防》、《順治潁州志·軍衛》、《康熙潁州志·軍衛》俱未載。

〔四〕李宜春《嘉靖潁州志·兵防·右所百户》：「卞臣，直隸懷遠人。初，卞通洪武十九年（一三八六）襲平海衛後所百户，奉令旨除潁川右所，世襲百户。傳逵。傳昇。傳洪。傳臣，卒。子壽。」

〔五〕李宜春《嘉靖潁州志·兵防·右所百户》：「曹恩，直隸泗州人。初，曹敖襲金吾後衛百户，永樂五年調潁川前所，宣德六年（一四三一）改右所，尋調延安衛前所。傳敏，天順元年（一四五七）赦回。傳威。傳鵬。傳恩，嘉靖五年承襲。」

〔六〕李宜春《嘉靖潁州志·兵防·右所百户》：「崔灝，直隸欒亭人。初，崔深以功授宣武衛中所百户，宣德六年調潁川。傳榮。傳顯。傳灝，卒。姪進。」

張善。直隸歙縣人。永樂元年（一四〇三）任。敏。宣德九年（一四三四）任。澤。景泰元年（一四五〇）任。表。〔一〕

胡勝。浙江鄞縣人。永樂五年（一四〇七）任。雋。景泰四年（一四五三）任。珊。成化元年（一四六五）任。剛。弘治二年（一四八九）任。堂。正德十五年（一五二〇）任。〔二〕

方瑛。直隸合肥人。天順元年（一四五七）任。鎮。成化元年（一四六五）任。雄。弘治十五年（一五〇二）任。學。正德十三年（一五一八）任。〔三〕

張禮。河南濟源人。正統元年（一四三六）任。鎮。景泰二年（一四五一）任。茂。成化十七年（一四八一）任。〔四〕

戚成。直隸宿州人。永樂元年（一四〇三）任。熊。宣德六年（一四三一）任。融。成化五年（一四六九）任。鏜。正德七年（一五一二）任。〔五〕

〔一〕李宜春《嘉靖潁州志・兵防・右所百户》：「張表，直隸歙縣人。初，張善襲廬州衛中所百户，永樂元年調潁川右所。傳敏。傳澤。傳表，卒。弟朝。」

〔二〕李宜春《嘉靖潁州志・兵防・右所百户》：「胡堂，浙江鄞縣人。初，胡勝襲遼東後衛後所百户，永樂五年調潁川。傳雋。傳珊。傳綱。傳堂，正德十五年替職。」

〔三〕李宜春《嘉靖潁州志・兵防・右所百户》：「方學，直隸合肥人。初，方瑛襲威遠衛前所百户，天順元年調潁川。傳鎮。傳雄。傳學，正德十三年承襲，見管印。」

〔四〕李宜春《嘉靖潁州志・兵防・右所百户》：「張瑁，河南濟源人。初，張禮襲寬河衛中所帶俸百户，正統元年調潁川前所。傳鎮，景泰年間改右所。傳璽。傳瑁，卒。子湧。」

〔五〕李宜春《嘉靖潁州志・兵防・右所百户》：「戚堂，直隸宿州人。初，戚成襲金吾前衛中所百户，永樂元年調潁川左所。傳雄，改右所。傳顒。傳堂，卒。子臣。」

吴瑄。江西玉山人。嘉靖八年（一五二九）任。〔一〕

王端。浙江西安人。永樂元年（一四〇三）任。璞。正統七年（一四四二）任。昇。成化五年（一四六九）任。鉞。正德三年（一五〇八）任。洲。嘉靖十一年（一五三二）任。〔二〕

韓進。直隸定遠人。洪武三十四年（一四〇一）任。輔。宣德八年（一四三三）任。綱。成化十六年（一四八〇）任。鏞。正德二年（一五〇七）任。〔三〕

羅鳴。直隸邳州人。洪武二十六年（一三九三）任。雲。洪武三十一年（一三九八）任。山。永樂四年（一四〇六）任。亨。正統十三年（一四四八）任。錦。景泰三年（一四五二）任。洪。成化四年（一四六八）任。昇。弘治十三年（一五〇〇）任。勳。嘉靖十一年（一五三二）任。〔四〕

劉廣。山西盂縣人。洪武三十二年（一三九九）任。海。景泰元年（一四五〇）任。林。成化五年（一四六九）任。鎮。成化二十七年（一四九一）任。江。正德十六年（一五二一）任。〔五〕

〔一〕李宜春《嘉靖潁州志·兵防·右所百户》：「吴宣，江西玉山人。初襲彭城衛右所百户，嘉靖七年（一五二八）奉詔除潁川右所，八年任。」

〔二〕李宜春《嘉靖潁州志·兵防·中所百户》：「王洲，浙江西安人。初，王端襲信陽衛百户，永樂元年調潁川，後因事謫戍。傳瑾，襲原職。傳昇。傳鉞。傳洲，嘉靖十一年承襲。」

〔三〕李宜春《嘉靖潁州志·兵防·中所百户》：「韓堂，直隸定遠人。初，韓進襲武平衛百户，永樂十三年（一四一五）調潁川。傳輔。傳綱。傳堂，卒。子應龍。」

〔四〕李宜春《嘉靖潁州志·兵防·中所百户》：「羅勳，直隸邳州人。初，羅鳴以功授羽林衛，洪武二十四年（一三九一）調潁川。傳雲。傳山。傳亨。傳錦。傳洪，成化十七年（一四八一）以殺賊功，陞副千户。傳昇，仍襲千户。傳勳，遇例實授百户，卒。弟照。」

〔五〕成化無二十七年，當爲弘治四年。李宜春《嘉靖潁州志·兵防·中所百户》：「劉江，山西盂縣人。初，劉廣永樂十年（一四一二）調潁川，陣亡。傳海。傳林。傳鎮，後以罪免。傳江，卒。子繼宗。」

阮强。交趾太平人。宣德七年（一四三二）任。恪。正統六年（一四四一）任。貴。成化十五年（一四七九）任。綱。弘治十五年（一五〇二）任。熤。嘉靖八年（一五二九）任。[一]

劉成。直隸合肥人。洪武二十九年（一三九六）任。全。景泰元年（一四五〇）任。榮。成化五年（一四六九）任。漢。成化十八年（一四八二）任。一夔。優給。[二]

田友才。河南沂州人。洪武三十五年（一四〇二）任。英。宣德六年（一四三一）任。盛。景泰元年（一四五〇）任。玉。成化二十三年（一四八七）任。爵。嘉靖七年（一五二八）任。[三]

葉福。直隸如皋人。洪武二十六年（一三九三）任。茂。洪武三十二年（一三九九）任。清。永樂十九年（一四二一）任。文。景泰元年（一四五〇）任。太。弘治十六年（一五〇三）任。端。正德十三年（一五一八）任。[四]

張伯川。直隸潁上人。洪武二十六年（一三九三）任。斌。洪武三十年（一三九七）任。得。洪武三十年任。雄。永樂七年（一四〇九）任。鎮。景泰三年（一四五二）任。浩。成化十五年（一四七九）任。漢。弘治十三年（一五〇〇）任。[五]

〔一〕李宜春《嘉靖潁州志·兵防·中所百户》：「阮熤，交趾太平人。初，阮强率衆歸附，宣德七年調潁川。傳恪。傳貴。傳綱。傳熤，嘉靖八年承襲，見管印。」

〔二〕李宜春《嘉靖潁州志·兵防·中所百户》：「劉一夔，直隸合肥人。初，劉成襲五開衛，洪武二十九年調潁川，陣亡。傳泉。傳榮。傳漢。傳一夔，嘉靖二十年（一五四一）承襲。」

〔三〕李宜春《嘉靖潁州志·兵防·中所百户》：「田爵，河南沂州人。初，田友才洪武三十五年除潁川。傳英。傳盛。傳玉。傳爵，卒。子鯨。」

〔四〕李宜春《嘉靖潁州志·兵防·中所百户》：「葉端，直隸如皋人。初，葉福以功授羽林衛，洪武二十五年（一三九二）調潁川。傳茂。傳清。傳文。傳泰。傳端，正德十三年承襲。」

〔五〕李宜春《嘉靖潁州志·兵防·前所百户》：「張漢，直隸潁上人。初，張伯川以功授羽林衛，洪武二十六年調潁川。傳斌。傳得。傳雄。傳振。傳浩。傳漢，卒。子臣。」

江清。湖廣光化人。宣德七年（一四三二）任。諒。宣德八年（一四三三）任。通。景泰元年（一四五〇）任。岳。成化十一年（一四七五）任。潮。弘治九年（一四九六）任。鎮。嘉靖六年（一五二七）任。〔一〕

苗望。直隸山陽人。洪武二十九年（一三九六）任。成。洪武三十四年（一四〇一）任。勝。宣德三年（一四二八）任。威。正統元年（一四三六）任。〔二〕

孫瓛。直隸儀真人。成化三年（一四六七）任。勳。正德元年（一五〇六）任。功。正德六年（一五一一）任。爵。嘉靖十四年（一五三五）任。〔三〕

秦禄。浙江西安人。洪武二十五年（一三九二）任。善。正統八年（一四四三）任。琮。景泰六年（一四五五）任。茂。天順二年（一四五八）任。武。弘治四年（一四九一）任。〔四〕

丘遜。直隸揚州人。洪武二十年（一三八七）任。振。永樂十四年（一四一六）任。璽。景泰元年（一四五〇）任。岳。成化十四年（一四七八）任。章。成化二十三年（一四八七）任。相。弘治十四年（一五〇一）任。功。嘉靖三年（一五二四）任。〔五〕

〔一〕李宜春《嘉靖潁州志・兵防・前所百户》：「江鎮，湖廣光化人。初，江清以功授兆州衛，宣德七年調潁川，陣亡。傳諒。傳通。傳岳。傳潮。傳鎮，嘉靖六年替職。」

〔二〕李宜春《嘉靖潁州志・兵防・前所百户》：「苗威，直隸山陽人。初，苗旺以功授金吾衛，洪武二十九年調潁川。傳茂。傳勝。傳廣。傳威，以罪免。孫洪。」

〔三〕李宜春《嘉靖潁州志・兵防・前所百户》：「孫爵，直隸儀真人。初，孫瓛襲信陽衛，成化三年調潁川。傳勳。傳功。傳爵，嘉靖十三年（一五三四）承襲。」

〔四〕李宜春《嘉靖潁州志・兵防・前所百户》：「秦炌，浙江西安人。初，秦善襲西安護衛，洪武三十一年（一三九八）調潁川。傳信。傳琮。傳瑁。傳炌，嘉靖十八年（一五三九）承襲。」

〔五〕李宜春《嘉靖潁州志・兵防・前所百户》：「丘恭，直隸江都人。初，丘遜洪武二十年以父發功除潁川，陣亡。傳振。傳璽。傳岳。傳章，以罪革職。傳相，襲原職。傳恭，嘉靖二年（一五二三）承襲。」

雲興。直隸合肥人。洪武十六年（一三八三）任。震。洪武三十年（一三九七）任。萱。洪武三十五年（一四〇二）任。昇。永樂二十二年（一四二四）任。崇。景泰七年（一四五六）任。彪。成化二十二年（一四八六）任。〔一〕

劉廣。山後遼陽人。正統四年（一四三九）任。釗。天順元年（一四五七）任。溏。正德十六年（一五二一）任。〔二〕

張成。湖廣安六人。洪武二十五年（一三九二）任。能。洪武二十九年（一三九六）任。智。洪武三十四年（一四〇一）任。壽。永樂十三年（一四一五）任。順。正統十一年（一四四六）任。茂。天順二年（一四五八）任。奉。成化二年（一四六六）任。輔。正德五年（一五一〇）任。〔三〕

張亨。山東堂邑人。永樂十一年（一四一三）任。泰。景泰二年（一四五一）任。瑄。成化十三年（一四七七）任。翀。弘治十八年（一五〇五）任。禎。正德七年（一五一二）任。禮。嘉靖八年（一五二九）任。〔四〕

張榮。河南夏邑人。洪武二十六年（一三九三）任。文。洪武三十三年（一四〇〇）任。麟。宣德六年（一四三一）任。鳳。景泰三年（一四五二）任。崑。弘治元年（一四八八）任。繼武。正德十年（一五一五）任。〔五〕

〔一〕李宜春《嘉靖潁州志·兵防·前所百户》：「雲彪，直隸合肥人。初，雲興襲杭州衛，洪武二十年（一三八七）調潁川。傳震。傳萱。傳昇。傳崇。傳彪，卒。子濟。」

〔二〕李宜春《嘉靖潁州志·兵防·前所百户》：「劉溏，山後遼陽人。初，劉廣襲潞州衛，正統四年調潁川。傳釗。傳溏，正德十六年替職。」

〔三〕李宜春《嘉靖潁州志·兵防·後所百户》：「張輔，湖廣安六人。初，張成洪武二十五年以總旗年深，除潁川百户。傳能。傳智。傳壽。傳順。傳茂。傳奉。傳輔，正德五年承襲。」

〔四〕李宜春《嘉靖潁州志·兵防·後所百户》：「張禮，山東堂邑人。初，張亨永樂十一年以父蔭除潁川百户。傳泰。傳瑄。傳翀。傳禎。傳禮，嘉靖八年承襲。」

〔五〕李宜春《嘉靖潁州志·兵防·後所百户》：「張繼武，河南夏邑人。初，張榮洪武二十六年以功授潁川百户。傳文。傳賢。傳鳳。傳崑。傳繼武，正德十年替職。」

嚴敬。直隸太興人。正統四年（一四三九）任。銘。正統十三年（一四四八）任。洪。成化七年（一四七一）任。相。正德五年（一五一〇）任。〔一〕

王敬。河南祥符人。洪武二十六年（一三九三）任。用。永樂九年（一四一一）任。榮。宣德四年（一四二九）任。濟。景泰三年（一四五二）任。希。正德元年（一五〇六）任。〔二〕

劉聚。直隸豐縣人。正統四年（一四三九）任。深。正統十五年（一四五〇）任。鑒。成化二十一年（一四八五）任。璽。正德十五年（一五二〇）任。廷臣。嘉靖四年（一五二五）任。〔三〕

汪霖。湖廣黔陽人。正統元年（一四三六）任。海。成化六年（一四七〇）任。洪。正德元年（一五〇六）任。〔四〕

劉和。直隸舒城人。永樂元年（一四〇三）任。惠。永樂二十二年（一四二四）任。憲。正統十一年（一四四六）任。瓛。成化元年（一四六五）任。鎮。弘治三年（一四九〇）任。儒。嘉靖四年（一五二五）任。〔五〕

〔一〕李宜春《嘉靖潁州志·兵防·後所百户》：「嚴相，直隸泰興人。初，嚴敬襲密雲衛百（户），正統四年調潁川。傳銘。傳洪。傳相，卒。子爵。」

〔二〕李宜春《嘉靖潁州志·兵防·後所百户》：「王鯨，河南祥符人。初，王敬洪武二十五年（一三九二）以功歷陞潁川後所百户。傳用，陣亡。傳榮。傳濟。傳希。傳鯨，嘉靖二十年（一五四一）承襲。」

〔三〕李宜春《嘉靖潁州志·兵防·後所百户》：「劉廷臣，直隸豐縣人。初，劉聚以功陞甘肅前所百户，正統四年調潁川後所。傳深。傳鑒。傳璽。傳廷臣，卒。子爵。」

〔四〕李宜春《嘉靖潁州志·兵防·後所百户》：「汪洪，湖廣黔陽人。初，汪霖襲莊浪左所百户，正統元年調潁川後所。傳海。傳洪。子卒。孫洋。」

〔五〕李宜春《嘉靖潁州志·兵防·後所百户》：「劉儒，直隸舒城人。劉和洪武二十五年（一三九二）蔭襲除潁川後所百户。傳惠。傳顯。傳瓛。傳鎮。傳儒，卒。子乾。」

試百户

胡伯川。河南洛陽人。正統二年（一四三七）任。瑛。正統十三年（一四四八）任。清。天順四年（一四六〇）任。政。嘉靖六年（一五二七）任。〔一〕

范俊。河南延津人。成化元年（一四六五）任。雄。成化十六年（一四八〇）任。鈺。嘉靖二年（一五二三）任。〔二〕

吴瑛。山東恩縣人。景泰元年（一四五〇）任。政。成化十六年（一四八〇）任。魁。正德十三年（一五一八）任。〔三〕

馮亮。直隸昌平人。景泰三年（一四五二）任。斌。成化八年（一四七二）任。英。正德八年（一五一三）任。〔四〕

陸俊。直隸鳳陽人。洪武三十五年（一四〇二）任。洪。天順四年（一四六〇）任。綬。弘治十八年（一五〇五）任。璽。正德十四年（一五一九）任。〔五〕

吴寬。河南封丘人。景泰元年（一四五〇）任。貞。成化三年（一四六七）任。通。正德三年（一五〇八）任。臣。嘉靖八年

〔一〕李宜春《嘉靖潁州志·兵防·左所試百户》：「胡政，河南洛陽人。初，胡原蔭襲甘州左衛左所試百户，正統二年因疾改調潁川。傳瑛。傳清，天順間遇詔，實授百户。傳政，嘉靖七年（一五二八）承襲。子朝。」

〔二〕李宜春《嘉靖潁州志·兵防·右所試百户》：「范鈺，河南延津人。初，范俊天順間告補本所。傳雄。傳鈺，卒。子世臣。」

〔三〕李宜春《嘉靖潁州志·兵防·中所試百户》：「吴魁，山東恩縣人。初，吴瑛景泰元年以殺賊功授潁川試百户，尋殺賊，陞實授，後不爲例。傳政。傳魁，正德十三年承襲。」

〔四〕李宜春《嘉靖潁州志·兵防·中所試百户》：「馮英，直隸昌平人。初，馮亮景泰三年以功授潁川試百户，尋陞實授，後不爲例。傳斌。傳英，正德八年承襲。」

〔五〕李宜春《嘉靖潁州志·兵防·前所試百户》：「陸璽，直隸鳳陽人。初，陸俊洪武三十五年以總旗年深，除潁川前所實授百户。傳洪，例革，权充總旗，以殺賊功陞試百户，遇例實授。傳綬。傳璽，正德十四年承襲。」

（一五二九）任。〔一〕

耿阿魯土乂兒。卜魯［魚］兒海子達人。宣德七年（一四三二）任。貴。正統二年（一四三七）任。鑒。弘治七年（一四九四）任。鸞。弘治十八年（一五〇五）任。文。正德十四年（一五一九）任。〔二〕

潁上守禦千户所

屬如衛，亦隸中軍都督府，在東華觀西。領吏目廳一，鎮撫司一，百户所十。置官亦無定員，今存者千户正三人，副六人，百户十有三人，鎮撫二人，司吏一人。百户所軍吏十人，總旗二十人，小旗一百人，軍原額一千人。〔三〕

千户正

姚焕。直隸金壇人。洪武二十八年（一三九五）任。旭。永樂四年（一四〇六）任。璽。正統四年（一四三九）任。鑒。正統十二年

〔一〕李宜春《嘉靖潁州志·兵防·後所百户》：「吴臣，河南封丘人。初，吴寬景泰元年以功陞潁川後所百户。傳貞。傳通。傳臣，嘉靖七年（一五二八）承襲。」

〔二〕李宜春《嘉靖潁州志·兵防·後所試百户》：「耿文，卜魚兒海子達人。初，阿魯土乂兒洪武間歸附，宣德七年以招諭功，陞潁川試百户。傳貴，補後所，遇詔實授。傳鑒。傳鸞。傳文，正德十四年承襲。」

〔三〕李宜春《嘉靖潁州志·兵防·潁上》：「潁上守禦千户所在東華觀西。洪武初，千户孫繼達即縣治改建，十四年（一三八一）千户周忠重建。中宣武堂，東吏目廳，又東爲儀仗庫；西鎮撫廳，又西爲軍器庫；堂後爲退廳，廳後爲旗纛廟；堂前爲儀門，右爲獄，又前爲大門，屬河南都司，隸中軍都督府。」

（一四四七）任。洪。成化九年（一四七三）任。繼宗。弘治十三年（一五〇〇）任。鶴齡。正德十二年（一五一七）任。〔一〕

高英。直隸山後興州人。宣德六年（一四三一）任。顯。正統九年（一四四四）任。清。天順二年（一四五八）任。明。弘治十七年（一五〇四）任。爵。正德十二年（一五一七）任。〔二〕

宗鐸。山東陽信人。正德元年（一五〇六）任。延齡。嘉靖六年（一五二七）任。〔三〕

副

李和。直隸江都人。洪武五年（一三七二）任。麒。永樂十一年（一四一三）任。麟。宣德二年（一四二七）任。欽。成化十六年（一四八〇）任。銘。成化二十三年（一四八七）任。鉞。弘治十一年（一四九八）任。朝陽。〔四〕

郭勝。直隸唐縣人。洪武二十五年（一三九二）任。能。宣德四年（一四二九）任。欽。成化元年（一四六五）任。朝。正德二年

〔一〕李宜春《嘉靖潁州志·兵防·潁上·正千户》：「姚鶴齡，直隸金壇人。初，姚煥洪武二十八年任。傳旭。傳璽。傳鑒。傳洪。傳繼宗。傳鶴齡，正德十二年承襲。」《順治潁上縣志·武備·軍官·正千户》：「姚涣，原籍金壇縣人。洪武二十八年任。旭。璽。鑒。洪。繼宗。鶴齡，官恩命進階。殿邦。復泰。今革。」

〔二〕李宜春《嘉靖潁州志·兵防·潁上·正千户》：「高壽，直隸興州人。初，高英宣德六年任。傳顯。傳清。傳明。傳爵。傳壽，嘉靖二十二年襲。」《順治潁上縣志·武備·軍官·正千户》：「高英，原籍冀州人。宣德六年任。顯。清。明。爵。壽。學武。學易。如嶺。必選。必進。如華。今革。」

〔三〕李宜春《嘉靖潁州志·兵防·潁上·正千户》：「宗延齡，山東陽信人。初，宗鐸正德元年任。傳延齡，嘉靖六年承襲。」《順治潁上縣志·武備·軍官·正千户》：「宗鐸，原籍武定州人。正德元年任。延齡。永錫。今革。」

〔四〕李宜春《嘉靖潁州志·兵防·潁上·副千户》：「李承武，直隸江都人。初，李和洪武五年任。傳麒。傳麟。傳欽。傳銘。傳鉞。傳朝陽。傳承武，嘉靖二十四年（一五四五）承襲。」《順治潁上縣志·武備·軍官·副千户》：「李和，原籍江都人。洪武二十五年任。麒。麟。旺。政。銘。鉞。朝陽。承武。應魁，皇太子恩進階。夢弼。叢華，以孝蒙獎。今革。」

（一五〇七）任。〔一〕

周興。湖廣新化人。宣德二年（一四二七）任。通。宣德二年任。玉。成化十年（一四七四）任。倫。弘治十八年（一五〇五）任。〔二〕

王貴。山東青州人。宣德四年（一四二九）任。全。宣德十年（一四三五）任。斌。天順六年（一四六二）任。欽。成化十九年（一四八三）任。應爵。正德十四年（一五一九）任。〔三〕

金政。山東單縣人。宣德二年（一四二七）任。旺。宣德十年（一四三五）任。成。景泰四年（一四五三）任。福。成化三年（一四六七）任。璋。弘治元年（一四八八）任。堂。嘉靖元年（一五二二）任。〔四〕

張續。山東昌邑人。洪武二十七年（一三九四）任百户。景。宣德七年（一四三二）任。忠。景泰二年（一四五一）任。勇。成化十六年（一四八〇）任。堂。正德四年（一五一〇）任，以軍功陞副千户。〔五〕

〔一〕李宜春《嘉靖潁州志·兵防·潁上·副千户》：「郭朝，直隸唐縣人。初，郭勝洪武二十五年任。傳能。傳欽。傳朝，正德二年承襲。」《順治潁上縣志·武備·軍官·副千户》：「郭勝，原籍唐山人。洪武三十五年（一四〇二）任。能。欽。朝。希儀。之柱。家將。今革。」

〔二〕李宜春《嘉靖潁州志·兵防·潁上·副千户》：「周濟，湖廣新化人。初，周興宣德二年任。傳通。傳玉。傳倫。傳濟，嘉靖十四年（一五三五）承襲。」《順治潁上縣志·武備·軍官·副千户》：「周興，原籍新化人。宣德二年到任。通。玉。倫。清。源。官。易武。易信。今革。」

〔三〕李宜春《嘉靖潁州志·兵防·潁上·副千户》：「王應爵，山東青州人。初，王貴宣德四年任。傳全。傳斌。傳欽。傳應爵，正德十四年承襲。」《順治潁上縣志·武備·軍官·副千户》：「王貴，原籍安丘人。宣德四年到任。泉。斌。欽。應爵。崇禮。祖庚。九錫。今革。」

〔四〕李宜春《嘉靖潁州志·兵防·潁上·副千户》：「金堂，山東單縣人。初，金政宣德二年任。傳旺。傳成。傳福。傳璋。傳堂，嘉靖元年承襲。」《順治潁上縣志·武備·軍官·副千户》：「金政，原籍單縣人。宣德七年（一四三二）到任。旺。成。福。璋。堂。印。世忠。[邦]瑞。鴻烈。今革。」

〔五〕李宜春《嘉靖潁州志·兵防·潁上·百户》：「張勛，山東昌邑人。初，張續洪武二十七年任。傳景。傳忠。傳勇。傳堂，以功陞副千户。傳勛，嘉靖十八年（一五三九）承襲。」《順治潁上縣志·武備·軍官·百户》：「張續，原籍昌邑人，洪武二十七年到任。璟。忠。勇。鏜。（勛。）啟蒙，副千。大胤。名將。名哲。今革。」

所鎮撫

張敵。直隸和州人。洪武二十一年（一三八八）任。慶。永樂四年（一四〇六）任。俊。宣德六年（一四三一）任。雄。天順五年（一四六一）任。瑄。弘治十四年（一五〇一）任。[一]

丘貴。河南固始人。正統四年（一四三九）任。清。景泰六年（一四五五）任。柰。弘治十一年（一四九八）任。[二]

百户

楊春。直隸合肥人。洪武十一年（一三七八）任。敬。洪武二十七年（一三九四）任。傑。宣德六年（一四三一）任。雄。正統十二年（一四四七）任。海。成化四年（一四六八）任。鎮。成化二十年（一四八四）任。欽。正德十年（一五一五）任。[三]

馬福。直隸常熟人。洪武十五年（一三八二）任。文。洪武三十四年（一四〇一）任。良。宣德五年（一四三〇）任。賢。正統十二年（一四四七）任。英。成化二十一年（一四八五）任。相。弘治十三年（一五〇〇）任。承武。[四]

〔一〕李宜春《嘉靖潁州志·兵防·潁上·所鎮撫》：「張恩，直隸和州人。初，張敵洪武二十一年任。傳慶。傳俊。傳雄。傳瑄。傳恩，嘉靖十三年（一五三四）承襲。」《順治潁上縣志·武備·軍官·副千户》：「張恩，原籍□□。世重。云鳳。光前。今革。」

〔二〕李宜春《嘉靖潁州志·兵防·潁上·所鎮撫》：「丘柰，河南固始人。初，丘貴正統四年任。傳清。傳柰，弘治十一年承襲。」

〔三〕李宜春《嘉靖潁州志·兵防·潁上·百户》：「楊繼武，直隸合肥人。初，楊春洪武十一年任。傳敬。傳傑。傳雄。傳海。傳鎮。傳欽。傳繼武，嘉靖十八年（一五三九）承襲。」《順治潁上縣志·武備·軍官·副千户》：「楊繼武。百户，以倭功陞副千户，後納指揮僉。自顯。國勛。今革。」

〔四〕李宜春《嘉靖潁州志·兵防·潁上·百户》：「馬騰霄，直隸常熟人。初，馬福洪武十五年任。傳文。傳良。傳賢。傳英。傳相。傳承武。傳騰霄，嘉靖十八年（一五三九）承襲。」《順治潁上縣志·武備·軍官·百户》：「馬福，原籍常熟人。洪武十五年到任。文，征交趾陣亡。良。賢。鍈。相，加級副千户，戰流賊陣亡。承武。勝宵，係借職。伯魁，三中武舉。九一，納副千户。勇。今革。」

謝貴。浙江樂清人。洪武二十七年（一三九四）任。**義**。永樂二十年（一四二二）任。**清**。成化元年（一四六五）任。**釗**。成化二十三年（一四八七）任。**恩**。弘治十八年（一五〇五）任。〔一〕

蘇斌。直隸望江人。永樂元年（一四〇三）任。**誠**。景泰三年（一四五二）任。**英**。成化七年（一四七一）任。**俸**。弘治十三年（一五〇〇）任。**民**。正德十二年（一五一七）任。〔二〕

余謙。直隸桐城人。永樂五年（一四〇七）任。**海**。正統四年（一四三九）任。**隆**。成化六年（一四七〇）任。**左**。弘治十五年（一五〇二）任。**恭**。〔三〕

張鑒。湖廣景陵人。永樂六年（一四〇八）任。**璽**。正統元年（一四三六）任。**武**。成化十二年（一四七六）任。**傑**。正德元年（一五〇六）任。**岱**。〔四〕

徐勝宗。廣西臨桂人。永樂六年（一四〇八）任。**彪**。正統四年（一四三九）任。**朋**。天順七年（一四六三）任。**太**。弘治七年

〔一〕李宜春《嘉靖潁州志·兵防·潁上·百户》：「謝廷訓，浙江樂清人。初，謝貴洪武二十七年任。傳義。傳清。傳釗。傳恩。傳賢。傳廷訓，嘉靖二十六年（一五四七）承襲。」《順治潁上縣志·武備·軍官·百户》：「謝仲得，原籍温州府樂清人。洪武二十二年（一三八九）到任。名友。貴。義。清。釗。恩。賢。廷訓。彭壽。維揚。今革。」

〔二〕李宜春《嘉靖潁州志·兵防·潁上·百户》：「蘇希厚，直隸望江人。初，蘇斌永樂元年任。傳誠。傳英。傳俸。傳民。傳希厚，嘉靖二十三年（一五四四）承襲。」《順治潁上縣志·武備·軍官·百户》：「蘇斌，原籍望江人。永樂元年任。誠。英。俸。民。希厚。良卿。良相，納級副千户。今革。」

〔三〕李宜春《嘉靖潁州志·兵防·潁上·百户》：「余恭，直隸桐城人。初，余謙永樂五年任。傳海。傳隆。傳左。傳恭。」

〔四〕李宜春《嘉靖潁州志·兵防·潁上·百户》：「張岱，湖廣景陵人。初，張鑒永樂六年任。傳璽。傳武。傳傑。傳岱。」《順治潁上縣志·武備·軍官·百户》：「張鑒，原籍沔陽人。永樂二年（一四〇四）任。璽。武。傑。岱。習。光祖。今革。」

（一四九四）任。〔一〕

顧清。直隸崑山人。宣德六年（一四三一）任。**勇**。正統十二年（一四四七）任。**通**。成化十二年（一四七六）任。**寧**。正德三年（一五〇八）任。〔二〕

韓廣。山西稷山人。成化十年（一四七四）任。**相**。弘治二年（一四八九）任。**堂**。弘治十六年（一五〇三）任。〔三〕

孫榮。直隸霸州人。正統三年（一四三八）任。**顯**。天順元年（一四五七）任。**權**。弘治十八年（一五〇五）任。〔四〕

魏真。山東陽信人。正統三年（一四三八）任。**勝**。成化五年（一四六九）任。**璋**。弘治十四年（一五〇一）任。**臣**。正德十四年（一五一九）任。〔五〕

聶蘭。山東章丘人。正統四年（一四三九）任。**良**。景泰六年（一四五五）任。**瓚**。成化二十一年（一四八五）任。〔六〕

〔一〕李宜春《嘉靖潁州志・兵防・潁上・百户》：「徐思，廣西臨桂人。初，勝宗永樂六年任。傳彪。傳朋。傳太。傳臣。傳思，嘉靖十七年（一五三八）承襲。」《順治潁上縣志・武備・軍官・百户》：「徐勝宗，原籍林［臨］桂人。永樂六年任。彪。朋。太。朝祖。進忠。今革。」

〔二〕李宜春《嘉靖潁州志・兵防・潁上・百户》：「顧守義，直隸崑山人。初，顧清宣德六年任。傳勇。傳通。傳寧。傳守義，嘉靖十年（一五三一）承襲。」《順治潁上縣志・武備・軍官・百户》：「顧清，原籍崑山人。宣德六年任。勇。通。寧。守義，倭功陞正千户。今革。」

〔三〕李宜春《嘉靖潁州志・兵防・潁上・百户》：「韓珍，山西稷山人。初，韓廣成化十年任。傳相。傳堂。傳珍，嘉靖十九年（一五四〇）承襲。」《順治潁上縣志・武備・軍官・百户》：「韓廣，原籍平陽府稷山人。成化十年到任。相。鏜。珍。化潮，副千。幹國，正千。柱國。今革。」

〔四〕李宜春《嘉靖潁州志・兵防・潁上・百户》：「孫權，直隸霸州人。初，孫榮正統三年任。傳顯。傳權，弘治十八年承襲。」

〔五〕李宜春《嘉靖潁州志・兵防・潁上・百户》：「魏臣，山東陽信人。初，魏真正統三年任。傳勝。傳璋。傳臣，正德十四年承襲。」《順治潁上縣志・武備・軍官・百户》：「魏真，原籍山東濟南府陽信人。正統三年到任。勝。璋。臣。爵。安國。承勛。今革。」

〔六〕李宜春《嘉靖潁州志・兵防・潁上・百户》：「聶經，山東章丘人。初，聶蘭正統四年任。傳良。傳瓚。傳經，嘉靖十八年（一五三九）承襲。」《順治潁上縣志・武備・軍官・百户》：「聶蘭，原籍章丘人。正統六年（一四四一）任。良。瓚。經。今革。」

劉鐸。直隸灤州人。嘉靖元年（一五二二）任。〔一〕

衛

屯田地四千四百八十頃，屯卒四千四百八十人。夏税小麥二萬二千四百石，秋糧粟米四千四百八十石。〔二〕

潁上所

屯田八百頃，夏税小麥二千四百石，秋糧粟米二千四百石。〔三〕

戍京

衛

春班旗軍三百三十有三人。秋班五百八十有八人。〔四〕

〔一〕李宜春《嘉靖潁州志·兵防·潁上·百户》：「劉武，直隸灤州人。初，劉鐸嘉靖元年（一五二二）任。傳武，二十一年（一五四二）承襲。」《順治潁上縣志·武備·軍官·百户》：「劉鐸，原籍灤州人。嘉靖三年（一五二四）任。武。天爵。今革。」

〔二〕《成化中都志·屯田》：「潁川衛下屯旗軍舍餘四千四百八十名，共種地四千四百八十頃。夏子粒小麥二萬二千四百石，秋糧粟米四千四百八十石。」李宜春《嘉靖潁州志·兵防》：「屯田：潁川衛田地四千四百八十頃，屯卒四千四百八十名。夏税小麥二萬二千四百石，秋粮粟米四千四百八十石。」

〔三〕《成化中都志·屯田》：「潁上守禦千户所下屯旗軍舍餘八百名，地八百頃。夏子粒小麥二千四百石，秋糧粟米二千四百石。」李宜春《嘉靖潁州志·兵防》：「潁上守禦千户所田地八百頃，屯卒八百名。夏税小麥二千四百石，秋粮粟米二千四百石。」

〔四〕李宜春《嘉靖潁州志·兵防·衛》：「旗軍五千六百名：北京，春班三百三十三名，見一百四十七名，餘逃故。秋班五百八十八名，見三百一十八名，餘逃故。」

所

通二百人。[一]

戍大同

衛

春班旗軍一千四十人。秋班一千四十六人。[二]

所

通四百人。[三]

城操

衛

餘丁二千一百一十人。見在一千三百八十八人，事故七百二十二人。[四]

〔一〕李宜春《嘉靖潁州志·兵防·所》：「旗軍：北京，春班、秋班共二百名。」

〔二〕李宜春《嘉靖潁州志·兵防·衛》：「大同，春班一千四十名，見四百一十九名，餘逃故。秋班一千四十八名，見三百二十六名，餘逃故。」

〔三〕李宜春《嘉靖潁州志·兵防·所》：「大同，春班、秋班共四百名。」

〔四〕李宜春《嘉靖潁州志·兵防·衛》：「城操，軍舍餘丁二千一百零八名，見一千五百六十一名，餘事故。」

所

軍舍餘丁七百人。〔一〕

歲運

衛

漕舟二十隻，旗軍二百人。此乃成化間額外代鳳陽中等衛運糧者，延今爲例。〔二〕

所

五十人。〔三〕

民兵

州

四百人。

潁上

一百四十三人。

〔一〕李宜春《嘉靖潁州志·兵防·所》：「城操，軍舍餘丁七百名。」

〔二〕李宜春《嘉靖潁州志·兵防·衛》：「歲運，漕舟三十隻，旗軍二百人，成化間額外代鳳陽中等衛。」

〔三〕李宜春《嘉靖潁州志·兵防·所》：「歲運，五十名。」

太和

一百八十人。〔一〕

巡檢司

州

沈丘鎮。〔二〕

太和

北原和鎮司，置弓兵二十人。

演武場

衛

一，在東廓。〔三〕

〔一〕李宜春《嘉靖潁州志·兵防·民壯》：「州四百人，潁上縣一百四十三人，太和縣一百八十人。十年一編木，巡捕官編成隊伍，以時操練，遇警調用。」

〔二〕李宜春《嘉靖潁州志·徭役》：「沈丘巡檢司弓兵一十八名，每名銀四兩。」

〔三〕李宜春《嘉靖潁州志·兵防·衛》：「演武場，在東廓。」

潁上所

一，在南廓東。〔一〕

太和

一，在南廓東。

器仗

衛軍器局

在衛治西。工七十四人，五年考選。軍政指揮一人掌之。每歲所造軍器四十副。〔二〕

所

在所治西。闕。〔三〕

刑法。附。

〔一〕李宜春《嘉靖潁州志·兵防·潁上所》：「演武場，在南廓東。」《順治潁上縣志·武備·所治》：「演武場，壽春門外。」

〔二〕李宜春《嘉靖潁州志·兵防·衛》：「軍器局，在衛治西。工七十四人，每歲造盔八十頂，甲八十副，腰刀八十把，斬馬刀二十把，弓八十張，絃一百六十條，箭二千四百枝，撒袋八十副，長牌四十面。」

〔三〕李宜春《嘉靖潁州志·兵防·所》：「軍器局，在所治西。」《順治潁上縣志·武備·所治》：「軍器局所治，東至城隍廟，西至巷，南至大街，北至陳滋。」

州縣咸有獄，獄咸有卒。有笞，小荆條。〔一〕有杖，大荆條。〔二〕有訊，亦荆杖。〔三〕今止用竹片。有枷〔四〕，有杻〔五〕，有縲，今鐵索。〔六〕有鐐〔七〕。

凡民之罰，輕者笞，笞刑五。〔八〕稍重者杖，杖刑五。〔九〕重者徒，徒刑五。〔一〇〕又重者流，流刑三。〔一一〕至死者，死刑二。〔一二〕其罪杖以下羈候，徒以上繫於獄而讞於臺。巡撫都察院爲都臺，巡按察院爲御史臺，按察分司爲外臺。

〔一〕《明會典·刑部·獄具》：「笞：大頭徑二分七釐，小頭徑一分七釐，長三尺五寸，以小荆條爲之，須削去節目用。官降較板，如法較勘，毋令觔膠諸物裝釘。應決者用小頭，臀受。」

〔二〕《明會典·刑部·獄具》：「杖：大頭徑三分二釐，小頭徑二分二釐，長三尺五寸，以大荆條爲之，亦須削去節目用。官降較板，如法較勘，毋令觔膠諸物裝釘。應決者用小頭，臀受。」

〔三〕《明會典·刑部·獄具》：「訊杖：大頭徑四分五釐，小頭徑三分五釐，長三尺五寸，以荆杖爲之。其犯重罪，贓證明白，不服招承，明立文案，依法拷訊，臀退分受。」

〔四〕《明會典·刑部·獄具》：「枷：長五尺五寸，頭闊一尺五寸，以乾木爲之。死罪重二十五斤，徒、流重二十斤，杖罪重一十五斤，長短輕重刻志其上。」

〔五〕《明會典·刑部·獄具》：「杻：長一尺六寸，厚一寸，以乾木爲之。男子犯死罪者用杻，犯流罪以下及婦人犯死罪者不用。」

〔六〕《明會典·刑部·獄具》：「鐵索：長一丈，以鐵爲之，犯輕罪人用。」

〔七〕《明會典·刑部·獄具》：「鐐：連環共重三斤，以鐵爲之，犯徒罪者帶鐐工作。」

〔八〕《明會典·律例·五刑》：「笞刑五：一十；二十；三十；四十；五十。」

〔九〕《明會典·律例·五刑》：「杖刑五：六十；七十；八十；九十；一百。」

〔一〇〕《明會典·律例·五刑》：「徒刑五：一年杖六十；一年半杖七十；二年杖八十；二年半杖九十；三年杖一百。」

〔一一〕《明會典·律例·五刑》：「流刑三：二千里杖一百；二千五百里杖一百；三千里杖一百。」

〔一二〕《明會典·律例·五刑》：「死刑二：絞；斬。」

州縣長受民之訟，聽理焉多，則分於佐貳；州下於縣，縣亦分於佐貳。其有赴愬於臺府州者，州及縣鞫而擬之；縣請讞於州，州及縣並請於府與臺。

凡訟，自州縣而府，而按察分司，而御史臺、都御史臺。輕者掌於府州縣，重者達於臺。笞者、杖者，府及州縣得自議。徒者、流者、死者，必請於臺而後如擬。

潁爲畿省，軍民雜處之地，故訟多田宅，有公式，多户役，多婚姻，有倉庫，多盗賊，尤多人命，多鬬毆，有受贓，有詐僞，有犯姦，多訴訟。

每歲，巡按御史審録，或天子遣刑部郎中一人會審如制。凡囚罪至死，轉詳於朝。報允者，巡按御史每歲冬審決於州之東市。〔二〕潁州僻遠，多吊淮揚審決。

潁川衛有訟者附於州，重者州會衛問之，而亦聽詳於臺。鎮撫司訊繫並如州，而聽斷於州與衛。

論曰：禮樂、刑政，其致一也。必有禮樂以爲刑政之本，而後刑以弼教，則民知所避，而日遷於善。故皋陶明於五刑，以弼五教，刑期於無刑者，其以是夫！用是知吾人之禮樂教養，始則不可以無刑，而終不可以有刑也。

予昔巡按上江，嘗爲之論曰：南畿，其腹心也；畿内之郡，其臟腑也；九江，其咽喉；川、廣、淮、浙，其四肢也。軍兵，其元氣；而百姓，其血脈也。人必元氣盛而後血脈調和，氣血周流於一身，然後咽喉通，而臟腑、腹心斯無病矣。故今制，凡天下之無衛所者，則有民壯以足之，猶元氣充滿於一身然，其精神何等强壯，若一處不爲設備，一時不爲隄防，猶元氣不足，腠理必虚，邪氣得以乘之而入，血脈由之不和，咽喉因而閉塞，五臟六腑不通，

〔一〕《明會典·吏部·事故》：「洪武九年（一三七六），令諸司正佐首領雜職官犯公私罪，應笞者贖，應徒流杖者紀録。每歲一考，歲終，布政司呈中書省，監察御史、按察司呈御史臺。俱送吏部紀録。」

心腹豈能無恙？此盜之所由起，而民所由不安也。故必武備修舉，然後民有所恃。若待有事而後備之，亦已晚矣！奈何承平既久，民僞日滋，肆爲盜賊，殘害良善，譬諸邪疾在於肺腑，一日不去，則一日不安。故善治者必調中益氣以勝之，而疾自除。此武備之有益於民，有益於國家，猶元氣之有補於血脈，有補於人身也如此。節文。

《兵衛志》終

潁州志卷之十三

傳一・命使

河南按察分司。弘治四年（一四九一），潁州知州劉讓以潁、壽爲南北之衝，州衛犬牙相制，乃奏請添設兵備。初命憲臣史公俊、申［孫］公磐住劄壽州。十年（一四九七），移鎮本州，自閻公始。

命使，非潁之專官也，法不應書。其爲傳，治在潁也，是故前代非治在潁者不書。

閻璽　王純　席書　李天衢　孫磐　曾大顯　李鉞　郭震　袁經

伍希周　周允中　史道　張綱　李宗樞　陳洙　孔天胤

閻璽。字廷璽，山西壽陽人。進士。任河南按察司僉事，奉敕提督廬、鳳、淮、揚四府，安慶二十八衛所屯田兼理刑。弘治十年（一四九七）至。後陞副使，仍鎮潁，共一十二年，致仕。〔一〕

〔一〕閻璽，字廷璽，山西壽陽人。成化二十年（一四八四）進士，仕至河南兵備副使。李宜春《嘉靖潁州志・秩官・兵備》：「閻璽，字廷璽，山西壽陽人。成化甲辰（一四八四）進士。弘治十年以僉事任。後陞副使。其鎮潁一十二年。」《萬曆太原府志・人物・國朝》：「閻璽，壽陽人。年十八登成化進士，授户部主持，兼理鈔。關税羨歲以萬計，秋毫不取。陞河南潁［潁］川兵備副使，以守正忤逆瑾，卒爲所陷，免官歸。瑾誅，兩臺交薦，不起。」《光緒壽陽縣志・選舉・進士（明）》：「閻璽，成化甲辰科。詳《文苑》。入太原府《鄉賢志》。」《光緒壽陽縣志・人物・文苑（明）》：「閻璽，性凝重。幼讀書，輒能默會其意。爲文不事雕琢，而矩度秩然。成化甲午（一四七四）登賢書，益肆力於學。甲辰登進士，與王虎、谷裔、白巖、王晉溪諸人齊名。授户部主事，兼理鈔關南税，羨餘秋毫不取。陞河南潁州兵備副使。守正不阿，爲奄瑾所陷，免官，杜門不出。瑾誅，甄拔淹滯，言者交章薦之，不赴。以疾卒於家，士論惜之。祀鄉賢祠。」

王純。浙江慈谿人。進士，任副使。正德三年（一五〇八）至，未久，奉例裁革取回。[一]

席書。字同文，四川遂寧人。進士，任僉事，復奉敕提督如前。正德六年（一五一一）未至，丁憂。仕至禮部尚書。[二]

李天衢。字行之，山西樂平人。弘治丙辰（一四九六）進士。由刑部員外郎陞僉事。正德六年（一五一一）至。七年（一五一二）三月，流賊擁衆寇潁上，君適按歷南旋，兼程而進，甫入城，賊至。當是時，承平既久，民不習兵，比境震讋，君喻以利害，争前效力。雖賊勢猖獗，百方攻城，而應機立辦，舉無遺策。彼賊挽鉅車，蔽濠橫騖，則亟沸飛礮攢碎之；賊樹長梯臨城，翼以騰入，則亟運鈎戟鑣戗撇仆之；賊負木板載草人以劖劚城址，則膏油灌薪，鐵籠盛炬，散擲焚之。而矛銃矢石掀擊無時，警邏嚴整，群力齊奮，人百其勇。又伺隙設奇，躡而襲之，前後斬首三百五十級。屬援兵垂至，賊聞宵遁。先是，村落闤闠之民有奔入城者，有逃匿山谷者，室廬之焚燬，少壯之被掠，亦多矣，至是皆纍纍來復，君皆勞徠存恤，俾獲寧宇，群情胥慶，若更生焉。未幾狼山賊平，而君且以外艱歸，民

[一] 王純（？——一五一九），字希文，浙江慈谿人。弘治六年（一四九三）進士，仕至宣府巡撫。李宜春《嘉靖潁州志·秩官·兵備》：「王純，浙江慈谿人，弘治癸丑（一四九三）進士。正德三年以副使任。尋奉例革兵備道，回河南省。」《雍正慈谿縣志·選舉·進士（明）》：「（弘治六年癸丑）王純，都御史。」《雍正慈谿縣志·人物·名臣（明）》：「王純，字希文。弘治六年進士，授大理評事，歷寺正，陞江西僉事。時逆瑾憾純無所結納，罰米幾千石，間關稱貸於邊。陞大理寺少卿。山東歸善王犯法，奉詔往鞫。同事者欲張大其事，純執不可，惟坐首惡數人，稱上意。擢巡撫宣府，密邇京師，視諸鎮最爲要衝，至則請壯赤城之兵，增龍門之戍。上皆嘉納之。在邊多斬獲功，嘗一賜寳香，再賜豸服，三賜麒麟服，實異數也。挺拔勁直，出於天畀，後卒於家。訃聞，上悼惜之，特遣官諭祭。」

[二] 席書（一四六一——一五二七），字文同，四川遂寧人。弘治三年（一四九〇）进士，仕至禮部尚書。《明史》有傳。李宜春《嘉靖潁州志·秩官·兵備》：「席書，字文同，四川遂寧人。弘治戊戌（一四九〇）進士，正德六年以僉事。未任，丁内艱歸。後官至禮部尚書。」

念弗克釋，爲立生祠奉之。出祭酒永嘉王瓚《記》。〔一〕

孫磐。字伯堅，山東掖縣人。進士，任僉事。正德七年（一五一二）至。公以潁城舊帷土基不堪，備禦區處磚石，計工營造，會以言官論劾，未就而去。〔二〕

曾大顯。湖廣麻城人。進士，任僉事，正德九年（一五一四）至。公乘孫公營造之基，重加措置，期年而城完，會以丁憂去。〔三〕

〔一〕李天衢，字行之，山西樂平（今山西昔陽）人。弘治九年（一四九六）進士，仕至陝西參議。李宜春《嘉靖潁州志·秩官·兵備》：「李天衢，山西樂平人。正德六年由刑部員外任僉事。見《宦業》。」李宜春《嘉靖潁州志·宦業（明）》：「李天衢，字行之，山西樂平人。弘治丙辰（一四九六）進士。由刑部員外陞兵備僉事。正德七年，流賊擁衆寇潁上，公適按歷南旋，兼程而進，甫入城，賊至。雖勢甚猖獗，百方攻城，而應機立辦，舉無遺策。又伺隙設奇，斬首三百餘級，屬援兵垂至，賊聞宵遁，潁上圍解。尋以外艱歸，民立生祠思［祀］之。其事具載王祭酒《碑》中。」《順治潁上縣志·秩官·明》：「李天衢。字行之，山西樂平人。登弘治丙辰進士。任潁道僉事。正德七年三月，劇賊楊虎餘黨賈敏兒擁衆至本縣城下。公適按歷南旋，幾被圍，倉皇入城。嚴號令，禦侮有方，親冒矢石，爲士卒先，設奇斬賊首十級。賊度其不可克，至旬日遁去。潁民德之，爲立生祠。事詳王公瓚《碑記》。今祀名宦。」《民國昔陽縣志·秩官·宦蹟》：「李天衢，岱子。宏［弘］治丙辰進士，授刑部主事，陞員外郎。劉瑾用事，亦弗賂，無罪被逮。出守陳州，逆賊入境，城幾陷，防備多方，得安。歷官河南按察司僉事，陝西布政司參議。歸，囊篋如洗。」

〔二〕孫磐（？——一五一二），字伯堅，遼寧遼陽人。弘治九年（一四九六）進士，仕至吏部主事。《明史》有傳。李宜春《嘉靖潁州志·秩官·兵備》：「孫磐，遼東儀州人，正德七年（一五一二）起落職任僉事。見《宦業》。」李宜春《嘉靖潁州志·宦業（明）》：「孫磐，字伯堅，遼東儀州人。弘治丙辰（一四九六）進士。以吏部主事忤逆瑾，落職。瑾誅，起爲兵備僉事。獨持風力，捕擊豪奸，嚴二氏之禁，杜健訟之端，至街衢絶唾罵聲，凜凜然莫敢犯以法者。創文忠書院，囿名士而課之勤。計南城土垣不堪備禦，召工營建，不數日，輿磚石者畢集城下。會忤朝貴人，論以他事而去。」

〔三〕曾大顯，字世榮，湖廣麻城人。弘治十五年（一五〇二）進士。仕至參議。李宜春《嘉靖潁州志·秩官·兵備》：「曾大顯，湖廣麻城人。弘治壬戌（一五〇二）進士。正德九年以僉事任。乘孫公營造之基，重加措置，期年而城完。尋以憂去。」《民國麻城縣志·選舉·科貢表（明進士）》：「（弘治十五年壬戌）曾大顯，參議。」《民國麻城縣志·名賢（明）》：「曾大顯，字世榮。宏［弘］治壬戌進士，累官禮科給事中。忤劉瑾，謫江西布政使司照磨，晉參議。所至有風裁，以疾乞歸。」《光緒慈谿縣志·職官·（明）縣令》：「曾大顯，湖廣麻城人。宏［弘］治壬戌進士，見《題名碑録》。正德四年（一五〇九）任。按周旋《正德志跋》，字世榮。按《天啟志》，正德五年（一五一〇），曾大顯重建縣署廊房，則五年已在任。《嘉靖府志》繫於六年，誤。」

李鉞。山西高平人。貢士。任僉事，正德十三年（一五一八）至。歷三年，力請得允，進階副使，致仕。[一]

郭震。山西蒲州人。進士。任僉事，正德十五年（一五二〇）至。公致治之暇，留心經史，嘗進生徒教誨。濱行，猶亹亹不倦。古有遺愛，公得之矣。陞苑馬寺少卿。[二]

袁經。山東清縣人。進士。任僉事，嘉靖二年（一五二三）至。尋致仕。[三]

伍希周。江西安福人。進士。任僉事，嘉靖三年（一五二四）至。時與當道不合，棄官而去。[四]

周允中。字宗堯，山東金鄉人。貢士。任僉事，嘉靖四年（一五二五）至。會以丁憂去。[五]

史道。字克弘，直隸涿州人。進士。任僉事，嘉靖五年（一五二六）至。六年（一五二七），革淮、揚二府提

〔一〕李宜春《嘉靖潁州志・秩官・兵備》：「李鉞，山西高平人。貢士。正德十三年（一五一八）以僉事任。歷二年（一五二〇），力請致仕，進陞按察司副使。」《雍正河南通志・職官・各府通判（開封府）》：「李鉞，山西人。弘治十八年（一五〇五）任。」

〔二〕李宜春《嘉靖潁州志・秩官・兵備》：「郭震，山西蒲州人。正德十五年任僉事。見《宦業》。」李宜春《嘉靖潁州志・宦業（明）》：「郭震，山西蒲州人。正德戊辰（一五〇八）進士。十五年以僉事任。政暇留心經史，嘗進諸生講解。陞苑馬寺少卿。濱行，猶亹亹靡倦，有古遺愛風焉。」《雍正山西通志・人物・蒲州府（明）》：「郭震，蒲州人。正德戊辰進士。授大理寺評事，累官河南僉事。時流賊騷徐豫間，震防禦保障，屢著奇謀，潁人立生祠祀之。終遼東苑馬少卿。」

〔三〕李宜春《嘉靖潁州志・秩官・兵備》：「袁經，河間青縣人。弘治乙丑（一五〇五）進士。嘉靖二年任僉事。尋致仕。」《民國青縣志・科名表・舉人（明）》：「（弘治甲子）袁經。」《民國青縣志・科名表・進士（明）》：「（弘治乙丑）袁經。」

〔四〕李宜春《嘉靖潁州志・秩官・兵備》：「伍希周，江西安福人，正德甲戌（一五一四）進士。嘉靖三年以僉事任。時當道喜干謁，公以往來廢務，不事進趨，與不合，棄去。」《乾隆安福縣志・選舉・進士》：「（正德九年甲戌科唐臯榜）伍希周，福建僉事。」

〔五〕李宜春《嘉靖潁州志・秩官・兵備》：「周允中，字宗堯，山東金鄉人。貢士。嘉靖四年以僉事任，尋以憂去。」《同治金鄉縣志・選舉・舉人（明）》：「（正德二年，一五〇七）周允中，陝西參議。」

督，陞光禄寺少卿。〔一〕

張綱。字美中，江西吉水人。進士。任僉事，嘉靖七年（一五二八）至，陞參議。〔二〕

李宗樞。字子西，陝西富平人。進士。任僉事，嘉靖十一年（一五三二）至。陞河南布政司參議。〔三〕

陳洙。字道源，浙江上虞人。進士。任僉事。嘉靖十五年（一五三六）春至，夏五月以丁外艱去。〔四〕

〔一〕史道（一四八五——一五五四），字克弘，號鹿野，直隸涿州（今屬河北）人。正德十二年（一五一七）進士，仕至兵部尚書。李宜春《嘉靖潁州志·秩官·兵備》：「史道，字克弘，直隸涿州人。正德丁丑（一五一七）進士，嘉靖丙戌（一五二六）任兵備僉事，陞光禄寺少卿。」《民國涿縣志·選舉職官·貢士（明）》：「史道，正德癸酉科解元。見《進士》。」《民國涿縣志·選舉職官·進士（明）》：「史道，正德甲戌（一五一四）進士。官兵部尚書。」

〔二〕李宜春《嘉靖潁州志·秩官·兵備》：「張綱，字美中，江西吉水人。嘉靖癸未（一五二三）進士。七年，任僉事，陞參議。」《乾隆吉水縣志·宦業·明》：「張炯［綱］，字美中，田心人。嘉靖進士，備兵潁州、襄陽。興屯田，殲巨寇，兩地皆立遺愛碑。擢都御史，巡撫河南，按紅蓮妖獄，釋其脅從，裁冗費，甦民困。嗜愛書，每至夜分。嘗曰：『生靈繫吾一念，敢自佚乎？』尋卒。墓在廬陵坊廓鄉。」

〔三〕李宗樞（一四九七——一五四四），字子西，號石疊，陝西富平人。嘉靖二年（一五二三）進士，仕至督察院右僉都御史。《明史》有傳。李宜春《嘉靖潁州志·秩官·兵備》：「李宗樞，陝西富平人，嘉靖十一年任僉事。見《宦業》。」李宜春《嘉靖潁州志·宦業（明）》：「李宗樞，字子西，陝西富平人。嘉靖癸未（一五二三）進士，十年（一五三一）任兵備僉事。練戎馬，清獄訟，復西湖十頃，弗避豪宗，建書院以祀晏、歐、吕、蘇四公，有補風化。陞河南布政司參議。」《光緒富平縣志·人物志下·科目表（舉人）》：「李宗樞，（正德）十一年丙辰科。見《進士》。」《光緒富平縣志·人物志下·科目表（進士）》：「（嘉靖）李宗樞，二年癸未姚淶榜，河南巡撫。載《人物》。」《光緒富平縣志·人物志·名臣》：「李宗樞，字子西，號石疊。恕第三子。正德癸未進士，授諸城令。政尚嚴飭，境内肅然。旋以治積拜御史，劾都御史汪鋐不法狀，既而攬轡上谷，言邊機十事，又陳安攘大計，風裁凛然。歷官河南臬藩，皆有聲。會河汾寇警，冢宰科道交章，薦其才可大任。晉巡撫，扼要害，禁奢侈，晝便宜，中州安堵。會病卒，不竟其施。宗樞性慧才敏，有幹濟略，又工詩，善章草。所著有《石疊集》。」

〔四〕李宜春《嘉靖潁州志·秩官·兵備》：「陳洙，字道源，浙江上虞人。嘉靖己丑（一五二九）進士。十五年春任僉事，夏五月，丁外艱去。」《光緒上虞縣志·人物（明）》：「陳洙，字道源，號五山。嘉靖己丑進士，初選即授南臺御史。由臺中出爲江西按察司僉事，赫著風聲。旋歷藩臬，遂拜開府，巡撫應天、江西等處。未幾，晉陟南京兵部右侍郎。蓋一歲而三遷，可謂宦達矣！適倭寇薄留都，遣將禦，弗克，科道交章論大司馬張時徹，波及洙，與張偕罷。是時，洙尚未任，罷非其罪也。洙内精密，而外寬和，以非任落職，仕宦猶幅尺，非人力與！居鄉雍雍有禮，憙接賢士大夫，至其篤與昆弟，視猶子如子，逮其支庶，亦必卵翼而周護之，親親之恩，有足多焉。」

孔天胤。字汝錫，山西汾州人。進士及第，以王親改授陝西按察司提學僉事，調祁州知州，復任今職，嘉靖十五年（一五三六）季冬至。〔一〕

論曰：命使，一方之重寄也。而全淮二鎮之勢，在徐爲左臂，在潁爲右臂，皆所以禦敵人之衝也。任斯責者，豈但督理刑名而已也，必日閑輿衛，使其風聲氣勢既足以讋服人心於未然，而其設機應變又足以折禦勍敵於已至。如李公之於潁上，保全民命，增重國威，然後爲無負斯寄耳。公之攄忠禦寇，殆與宋劉大尉之敗金人之勳先後同光，公亦蓋世勳名者與！若夫郭公之遺愛，伍公之棄官，時尚參見迎送。公以往來廢事，不能自盡，在當道不免有責備者，故因不合而去。雖非所宜，斯亦有足稱者。其餘諸公，固多表表在鎮，若其修城濬池，養威畜鋭，刑清政舉，節用裕民者，皆其職分之所當爲也。然而不遇磐錯，固無以别利鈍，故亦不敢多褒云。

《命使傳》終

〔一〕孔天胤（一五〇四——？），字汝錫，號文谷，山西汾州人。嘉靖十一年（一五三二）進士，仕至河南左布政使。李宜春《嘉靖潁州志·秩官·兵備》：「孔天胤，山西汾州人。嘉靖十五年任僉事。見《宦業》。」李宜春《嘉靖潁州志·宦業（明）》：「孔天胤，字汝錫，山西汾州人。嘉靖壬辰（一五三二）進士及第，以王親改授陝西提學僉事，調知祁州。十五年，起兵備僉事。以文章飭政事，以道學倡士風，故民安其業，士樂其教。陞河南布政司參議。」《雍正山西通志·科目·明》：「（嘉靖十年辛卯科鄉試）孔天孕〔胤〕，汾陽人。進士。」「（嘉靖十一年壬辰科林大欽榜）孔天孕〔胤〕。汾陽人。榜眼。河南布政使。」《雍正山西通志·人物·汾州府（明）》：「孔天孕〔胤〕，字汝錫，汾陽縣人。嘉靖壬辰，賜榜眼及第。例官翰林，以宗親外補陝西按察司僉事提督學政，降祁州知州，遷河南按察司僉事，備兵潁州。復以布政司參議提督浙江學政，歷陝西按察使右布政使，遷河南左布政使，謝政歸。天孕好讀書，詩文高古。晚年寄興山水園林間，與王明甫、吕仲和、裴庸甫諸人相倡和。所著《文谷集》若干卷，行於世。」《乾隆汾州府志·科目·明》：「（嘉靖）十一年壬辰進士：孔天胤，汾州人，榜眼。河南布政使。」

潁州志卷之十四

傳二·名宦

名宧，即職官也。其爲傳賢也。賢者於法得書，故詳。

虞延　宋登　張超　柳寶積　王祚　司超　畢士安　穆修　呂夷簡

柳植　晏殊　邵亢　楊察　程琳　王代恕　蔡齊　歐陽修　呂公著

張洞　李垂　蘇頌　蘇軾　江楫　曾肇　王旭　范祖述　燕肅

陸佃　豐稷　呂希績　呂希純　張叔夜　汪若海　陳規　歸暘

李添祐　王敬　方玉　游兆　孫景名　李悦　張賢　劉珮　張愛

劉伯鱗潁上　劉渙　王渙之　車誠　王皡　孔克耕　鄭文廉

鄭祺　李時儀　張澄　林汝明　袁伯儀太和　陳名　張處仁　趙夔

東漢

虞延。字子大，陳留人。建武初，仕執金吾府，除細陽令。每歲時伏臘，輒遣徒繫，各使歸家，並感其恩，應

期而還。有囚於家被病，自載詣獄。既至而死者，延率吏掾史，殯於門外，百姓感悅之。〔一〕

宋登。字叔陽，京兆長安人。爲汝陰令，爲政明能，號稱神父。後卒於家，汝陰人配社祀之。〔二〕

南宋

張超。爲汝陰太守。明帝泰始三年（四六七），魏鄭義、元石攻汝陰，超城守，石等率精鋭攻之，不克。〔三〕

〔一〕虞延（？——七一），字子大，陳留東昏（今河南蘭考）人。東漢明帝時仕至司徒，因楚王劉英謀反牽連，自殺。《漢書·虞延傳》：「虞延，字子大，陳留東昏人也……建武初，仕執金吾府，除細陽令。每至歲時伏臘，輒休遣徒繫，各使歸家，並感其恩德，應期而還。有囚於家被病，自載詣獄，既至而死，延率掾吏，殯於門外，百姓感悦之。」《南畿志·鳳陽府·宦蹟（漢）》：「虞延，建武初爲細陽令。每歲時伏臘，輒休遣囚徒，各使歸家，皆感其恩，應期而還。」《大明一統志·中都·潁州（名宦）》：「虞延，建武初細陽令。每歲時伏臘，輒休遣徒繫，各使歸家。莫不感其恩德，應期而還。」《成化中都志·名宦·潁州（漢）》：「虞延，建武初爲細陽令。每歲時伏臘，輒休遣囚徒，各使歸家。並感其恩，如期而還。拜公車令，遷司徒。細陽，漢縣，在州西四十里。」《正德潁州志·名宦（漢）》：「虞延，建武初爲細陽令。每歲時伏臘，輒休遣徒繫，各使歸家。莫不感其恩德，應期而還。」

〔二〕《後漢書·宋登傳》：「宋登，字叔陽，京兆長安人也。父由，爲太尉。登少傳《歐陽尚書》，教授數千人。爲汝陰令，政爲明能，號稱神父。遷趙相，入爲尚書僕射。順帝以登明識禮樂，使持節臨太學，奏定典律，轉拜侍中。數上封事，抑退權臣，由是出爲潁川太守。市無二價，道不拾遺。病免，卒於家。汝陰人配社祠之。」《南畿志·鳳陽府·宦蹟（漢）》：「宋登。」《大明一統志·中都·潁州（名宦）》：「宋登。汝陰令。爲政明能，號稱神父。後卒於家。汝陰人配社祠之。」《成化中都志·名宦·潁州（漢）》：「宋登，字叔陽，京兆長安人也。汝陰令，政爲明能，號曰神父。嘗入爲尚書僕射。順帝以登明識禮樂，使持節臨太學，奏定典律，轉拜侍中。數上封事，抑退權臣，由是出爲潁川太守。市無二價，道不拾遺。病免，卒於家，汝陰人配社祀之。」《正德潁州志·名宦（漢）》：「宋登，汝陰縣令。爲政明能，號稱神父。後卒於家。汝陰人配社祠之。」

〔三〕張超，字景遠，曾爲汝陰太守。本書《職官》部分誤爲二人。《宋書·明帝紀》：「（泰始三年二月）索虜寇汝陰，太守張景遠擊破之。」《魏書·鄭義傳》：「明年春，又引軍東討汝陰。劉彧汝陰太守張超城守不下，石率精鋭攻之，不克，遂退至陳項，議欲還軍長社，待秋擊之。」李宜春《嘉靖潁州志·宦業（南宋）》：「張超，爲汝陰太守。泰始三年，魏鄭義、元石攻汝陰，超城守，石等率精鋭攻之，不克。」

唐

柳寶積。永徽中潁州刺史。修椒陂塘，引潤水溉田二百頃，爲民永利。出唐《地里［理］志》。〔一〕

五代

王祚。并州祁人。漢華州刺史，改鎮潁州。均部内税租，補實流徙，以出舊籍。州境有通商渠，距淮三百里，歲久湮塞，祚疏導，遂通舟楫。郡無水患。子溥相宋。出《宋史・溥傳》。〔二〕

司超。大名元城人。漢祖在大［太］原，超往依之。爲宋、宿、亳三州游奕指揮使。改宿州西固鎮守禦都指揮

〔一〕《新唐書・地理志・潁州》：「潁州汝陰郡……貞觀元年（六二七）省清丘、潁陽，皆入汝陰。南三十五里有椒陂塘，引潤水溉田二百頃，永徽中刺史柳寶積修。」《南畿志・鳳陽府・宦蹟（唐）》：「柳寶積。永徽中爲潁州刺史。修焦陂塘，引潤水溉田二百頃，民利之。」《大明一統志・中都・潁州（名宦）》：「柳寶積，永徽中潁州刺史。修椒陂塘，引潤水溉田二百頃，民利之。」《正德潁州志・名宦（唐）》：「柳寶積，徽中刺史潁州，威惠並行，下民畏愛。修椒陂塘，引潤河水溉田二百頃，民甚利之。」

〔二〕《宋史・王溥傳》：「王溥，字齊物，并州祁人……顯德初，置華州節度，以祚爲刺史。未幾，改鎮潁州。均部内租税，補實流徙，以出舊籍。州境舊有通商渠，距淮三百里，歲久湮塞，祚疏導之，遂通舟楫，郡無水患。」《南畿志・鳳陽府・宦蹟（五代）》：「王祚，漢潁州刺史。均部内税租，補實流徙，疏導通商渠，以利舟楫。郡無水患。」《大明一統志・中都・潁州（名宦）》：「王祚，漢潁州刺史。均部内税租，補實流徙，及疏導通商渠湮塞，以通舟楫。郡無水患。」《成化中都志・名宦・潁州（五代）》：「王祚，漢潁州刺史。均部内税租，補實流徙，疏導湮塞，以通舟楫。郡無水患。仕周，爲潁州團練使。子溥，爲宋宰相。祚有賓客，溥常朝服侍立，客坐不安席。祚曰：『豚犬，不足爲起。』」《正德潁州志・名宦（五代）》：「王祚，漢潁州刺史。均部内租税，補實流徙。及疏導通商渠之湮塞，以通舟楫。郡無水患。」

使，移屯潁州下蔡鎮。屢與淮人戰，有功。出《宋史》本傳。〔一〕

宋

畢士安。知潁。有治政，以嚴正見稱。《舊志》。〔二〕

穆修。字伯長，鄆州人。嗜學，不事章句。真宗朝補潁州文學參軍。修性剛介，好論時詆勢，於人寡交。張知白守亳，召爲亳豪士作《佛廟記》，記成，不書士名。士以白金五百遺修爲壽，且求載名於記。修設金庭下，趣裝去郡。士謝之，絶不受，且曰：「吾寧糊口爲旅人，決不以匪人污吾文也。」宰相欲識修，且將用爲學官，修不往見。母死，自負襯［櫬］以葬，日誦《孝經》《喪記》，不飯浮屠爲佛事。自五代文敝，國初，柳開始爲古文。其後，楊億、劉筠尚聲偶之辭，天下學者靡然從之。修於是時獨以古文稱，蘇舜欽兄弟多從之游。修雖窮死，然一時士大夫

〔一〕司超（九〇四——九七四），大名元城（今河北大名）人。歷漢、周二朝，入宋後任蔡州、絳州、鄭州、蘄州防禦使。《宋史》本傳：「司超，大名元城人。初事邢帥安叔千。漢祖在太原，超往依之，隸帳下爲小校。漢祖將渡河，遣超先領勁騎，由晉、絳趨河陽。及入汴，以超爲鄆州必敵指揮使。時京東諸州寇盜充斥，以超爲宋、宿、亳三州游奕巡檢使。改宿州西固鎮守禦都指揮使，移屯潁州下蔡鎮。屢與淮人戰，有功。」《南畿志·鳳陽府·宦蹟（五代）》：「司超，大名元城人。侍周，爲宿州守禦都指揮使。移屯潁州下蔡鎮。屢與南唐戰，有功。」《大明一統志·中都·潁州（名宦）》：「司超，周時爲宋、宿、亳二［三］州游奕巡檢使。改宿州、固鎮守禦都指揮使，移屯潁州下蔡鎮。屢與淮人戰，有功。」《正德潁州志·名宦（五代）》：「司超，周初爲守禦都指揮使，屯下蔡。劉仁贍守壽州，防備益嚴。超移屯潁州，屢與淮人戰，有功。」

〔二〕畢士安（九三八——一〇〇五），字仁叟，代州雲中（今山西大同）人。乾德進士，仕至同平章事。《宋史》本傳：「畢士安，字仁叟，代州雲中人……（淳化）三年（九九二），與蘇易簡同知貢舉，加主客郎中，以疾請外，改右諫議大夫，知潁州。」《南畿志·鳳陽府·宦蹟（宋）》：「畢士安，代州人，知潁州。以嚴正見稱。後爲名相。」《大明一統志·中都·潁州（名宦）》：「畢士安，知潁州。有治政，以嚴正見稱。」《成化中都志·名宦·潁州（宋）》：「畢士安，字仁叟，代州人。知潁州，以嚴正見稱。後相真宗，雖貴，奉養無異平素。不殖産爲子孫計，天下稱其清，卒謚文簡。」《正德潁州志·名宦（宋）》：「畢士安，知潁州。有治政，以嚴正見稱。」

稱能文者，必曰穆參軍。〔一〕

呂夷簡。字坦夫，先世菜［萊］州人，徙壽州。呂文穆公致政，居洛。真宗祀汾陰，過洛，幸其第，問曰：「卿諸子孰可用？」公對曰：「臣諸子皆不足用，有姪夷簡任潁州推官，宰相才也。」夷簡由是見知，遂至大用。〔二〕

柳植。字子春，真州人。少貧，自奮爲學，從祖開頗器之。舉進士甲科。累官諫議大夫、御史中丞。以疾辭，

〔一〕穆修（九七九——一〇三二），字伯長，鄆州汶陽（今山東泰安）人。曾任泰州司理參軍，潁州、蔡州文學參軍。《宋史》本傳：「穆修，字伯長，鄆州人。幼嗜學，不事章句。真宗東封，詔舉齊、魯經行之士，修預選，賜進士出身，調泰州司理參軍……修性剛介，好論斥時病，詆誚權貴，人欲與交結，往往拒之。張知白守亳，亳有豪士作佛廟成，知白使人召修作記，記成，不書士名。士以白金五百遺修爲壽，且求載名於記，修投金庭下，俶裝去郡。士謝之，終不受，且曰：『吾寧糊口爲旅人，終不以匪人汚吾文也。』宰相欲識修，且將用爲學官，修終不往見。母死，自負櫬以葬，日誦《孝經》《喪記》，不飯浮屠爲佛事。自五代文敝，國初，柳開始爲古文。其後，楊億、劉筠尚聲偶之辭，天下學者靡然從之；修於是時獨以古文稱，蘇舜欽兄弟多從之游。修雖窮死，然一時士大夫稱能文者必曰穆參軍。」《成化中都志·名宦·潁州（宋）》：「穆修，字伯長，鄆州汶陽人。真宗東封賜進士，累官潁州文學參軍。」《南畿志·鳳陽府·宦蹟（宋）》：「穆修，鄆州人。潁州文學參軍。」李宜春《嘉靖潁州志·宦業（宋）》：「穆修，字伯長，鄆州人。幼嗜學，不事章句。真宗朝補潁州文學參軍。修性剛介，好論斥時病，詆誚權貴，於人寡交。張知白守亳，召爲亳豪士作《佛廟記》，記成，不書士名。士以金五百遺修爲壽，且求載名於記，修投金庭下，俶裝去郡。士謝之，絕不受，且曰：『吾寧糊口爲旅人，決不以匪人汚吾文也。』宰相欲識修，且將欲爲學官，修不往見。母死，自負櫬以葬，日誦《孝經》《喪記》。自五代文敝，國初柳開始爲古文，其後楊億、劉筠尚聲偶之辭，天下學者靡然從之。修於是時獨以古文稱。」

〔二〕呂夷簡（九七八——一〇四四），字坦夫，壽州（今屬安徽）人。咸平進士，仕至同中書門下平章事。卒贈太師，謚文靖。追封申國公、許國公。《宋史·呂蒙正傳》：「蒙正至洛，有園亭花木，日與親舊宴會，子孫環列，迭奉壽觴，怡然自得。大中祥符而後，上朝永熙陵，封泰山，祠后土，過洛，兩幸其第，錫賚有加。上謂蒙正曰：『卿諸子孰可用？』對曰：『諸子皆不足用。有姪夷簡，任潁州推官，宰相才也。』夷簡由是見知於上。」《宋史》本傳：「呂夷簡，字坦夫，先世萊州人。祖龜祥知壽州，子孫遂爲壽州人。夷簡進士及第，補絳州軍事推官。」《成化中都志·名宦·潁州（宋）》：「呂夷簡，字坦夫。呂文穆公致政，居洛。真宗祀汾陰，過洛，幸其宅，問曰：『卿諸子孰可用？』公對曰：『臣諸子皆豚犬不足用，有姪夷簡任潁州推官，宰相才也。』帝記其語，遂至大用。」李宜春《嘉靖潁州志·宦業（宋）》：「呂夷簡，《近志》：潁州推官。呂文穆公致政，居洛。真宗祀汾陰，過洛，幸其第，問曰：『卿諸子孰可用？』公對曰：『臣諸子皆不足用，有姪夷簡任潁州推官，宰相才也。』夷簡由是見知。具見《呂蒙正傳》。按《宋史》本傳：『以進士及第，補絳州推官。』《舊志》亦不載。」

改侍讀學士，知鄧州。遷給事中、移潁中。出本傳。公明愛民，客寓瀟然。雖蔬菜亦不妄採，家無長物，時稱其廉。《舊志》。〔一〕

晏殊。字同叔，撫州臨川人。相仁宗，罷爲工部尚書，知潁州。以政事聞於一時。自少篤學，公餘手不釋卷。時邵亢爲推官，公諉以事。徙知河南府，兼西京留守。卒贈司徒兼侍中，謚元獻。〔二〕

邵亢。字興宗，丹陽人。幼聰廢［發］過人，方十歲，日誦書五千言。賦詩豪縱，鄉先生見者皆驚偉之。再試開封，當第一，以賦失韻弗取。范仲淹舉亢茂才異等，除建康軍節度推官。或言亢對策字少，不應式，宰相張士遜

〔一〕柳植，字子春，真州（今江蘇儀徵）人。登進士，仕至吏部侍郎。《宋史》本傳：「柳植，字子春，真州人。少貧，自奮爲學……舉進士甲科，爲大理評事，通判滁州。遷著作郎、直集賢院、知秀州。除三司度支判官，出知宣州。擢修起居注、知制誥。求知蘇州，徙杭州，累遷尚書工部員外、郎中。召還，爲翰林學士，遷諫議大夫、御史中丞。既而以疾辭，改侍讀學士、知鄧州。遷給事中、移潁州……歷知壽、亳、蔡、揚四州，分司西京，遂致仕。累遷吏部侍郎，卒。植平居畏慎，寡言笑。所至官舍，蔬果不輒採，家無長物，時稱其廉。」《南畿志·鳳陽府·宦蹟（宋）》：「柳植，真州人。舉進士，歷知壽、亳州。平居畏慎，所至官舍，蔬果不輒採，家無長物，時稱其廉。」《大明一統志·中都·名宦（宋）》：「柳植，知潁州，後又歷知壽、亳州。所至官舍，蔬果亦不妄採，家無長物，時稱其廉。」《成化中都志·名宦·潁州（宋）》：「柳植，知潁州，又歷知壽、亳州。所至官舍，蔬果亦不妄採，家無長物，時稱其廉。」《正德潁州志·名宦（宋）》：「柳植，知潁州。公明愛民，客寓淡然。雖蔬果亦不妄採，家無長物，時稱其廉。」李宜春《嘉靖潁州志·宦業（宋）》：「柳植。字子春，真州人。舉進士甲科，累官諫議大夫、御史中丞。以疾辭，改侍讀學士、知鄧州。遷給事中、移潁中。公明惠愛，客寓瀟然。雖蔬菜亦不妄採，家無長物，時稱其廉。」

〔二〕晏殊（九九一——一〇五五），字同叔，撫州臨川（今屬江西）人。十四歲以神童入試，賜同進士出身，授秘書省正字，仕至集賢殿學士、同平章事。卒贈司空兼侍中，謚元獻。著有《元獻遺文》《珠玉詞》等。《宋史》本傳：「晏殊，字同叔，撫州臨川人……降工部尚書，知潁州。」《南畿志·鳳陽府·宦蹟（宋）》：「晏殊，臨川人。罷相，知潁州，以政事聞於一時。公餘手不釋卷。」《大明一統志·中都·潁州（名宦）》：「晏殊，知潁州，以政事聞於一時。公餘手不釋卷。時邵亢爲推官，殊諉之以事。」《成化中都志·名宦·潁州（宋）》：「晏殊，字同叔，撫州臨川人。相仁宗，罷爲工部尚書，知潁州。以政事聞於一時。少篤學，公餘手不釋卷。時邵亢爲推官，公諉之以事。徙知河南府，兼西京留守。卒贈司空兼侍中，謚元獻。」《正德潁州志·名宦（宋）》：「晏殊，罷使相，知潁州。以政事聞於一時。公餘手不釋卷。時邵亢爲推官，殊諉之以事。」李宜春《嘉靖潁州志·宦業》：「晏殊，字同叔，撫州臨川人。相仁宗，罷爲工部尚書，知潁州。以政事聞於時，公餘手不釋卷。時邵亢爲推官，悉諉之以事。卒謚元獻。」

與之姻家，故得預選，遂報罷。而士遜子實娶他邵，士遜既不能直，亢亦不自言。元昊反，獻《兵説》十篇，召試秘閣，授潁州團練推官。時晏元獻爲守，一以事諉之。民税舊輸陳、蔡，轉運使又欲覆折緡錢，且多取之。亢言：「民之移輸，勞費已甚，方仍歲水旱，又從而加取，無乃不可乎？」遂止。累官樞密副使，引疾知越州，歷鄭、鄆、亳三州。卒贈吏部尚書，謚安簡。本傳。事至立決，人憚而服。《舊志》。〔一〕

楊察。字隱甫，其先晉人，再遷廬州合肥。景祐元年（一〇三四）舉進士甲科。除將作監丞、通判宿州。遷秘書省著作郎、直集賢院，出知潁、壽二州。本傳。遇事明決，人不敢以非理干。《舊志》《中都志》。〔二〕

〔一〕邵亢（一〇一一——一〇七一），字興宗，丹陽（今屬江蘇）人。以茂才異等仕被召，後至樞密副使。《宋史》本傳：「邵亢，字興宗，丹陽人。幼聰發過人，方十歲，日誦書五千言。賦詩豪縱，鄉先生見者皆驚偉之。再試開封，當第一，以賦失韻弗取。范仲淹舉亢茂才異等，時布衣被召者十四人，試崇政殿，獨亢策入等，除建康軍節度推官。或言所對策字少，不應式，宰相張士遜與之姻家，故得預選，遂報罷。而士遜子實娶他邵，與亢同姓耳。士遜既不能與直，亢亦不自言……趙元昊叛……因獻《兵説》十篇。召試秘閣，授潁州團練推官。晏殊爲守，一以事諉之。民税舊輸陳、蔡，轉運使又欲覆折緡錢，且多取之。亢言：『民之移輸，勞費已甚。方仍歲水旱，又從而加取，無乃不可乎？』遂止。」《成化中都志・名宦・潁州（宋）》：「邵亢，字興宗，潤州丹陽人。爲潁州團練推官。有才略，事至立決，人憚服之。神宗朝，遷龍圖閣直學士，累官樞密副使。卒謚安簡。」《南畿志・鳳陽府・宦蹟》：「邵亢，丹陽人。爲潁州團練推官。轉運使欲加取民税，亢言不可，遂止。」李宜春《嘉靖潁州志・宦業（宋）》：「邵亢，字興宗，丹陽人。范仲淹舉亢茂才異等，除建康節度推官。元昊反，獻《兵説》十篇。召試秘閣，授潁州團練推官。時晏殊爲守，一以事委之。民税舊輸陳、蔡，轉運使又欲覆折緡錢，且多取之。亢言：『民之移輸，勞費已甚。方仍歲水旱，又從而加取，無乃不可乎？』遂止。事至立決，人憚而服。累官樞密副使，卒贈吏部尚書，謚安簡。」

〔二〕楊察（一〇一一——一〇五六），字隱甫，合肥（今屬安徽）人。景祐元年進士，仕至户部侍郎。《宋史》本傳：「楊察，字隱甫。其先晉人，從唐僖宗入蜀，家於成都。至其祖鈞，始從孟昶歸朝。鈞生居簡，仕真宗時，至尚書都官員外郎，嘗官廬州，遂爲合肥人。居簡生察，景祐元年，舉進士甲科，除將作監丞、通判宿州。遷秘書省著作郎、直集賢院，出知潁、壽二州，入爲開封府推官，判三司鹽鐵、度支勾院，修起居注，歷江南東路轉運使。」《成化中都志・名宦・潁州（宋）》：「楊察。康定中知潁州。遇事明決，人不敢以非禮干。」《南畿志・鳳陽府・宦蹟》：「楊察。景祐中通判宿州，後歷知潁、壽二州。遇事明決，勤於吏職。」《正德潁州志・名宦（宋）》：「楊察。康定中知潁州。遇事明決，勤於吏職，人不敢以非禮干。」李宜春《嘉靖潁州志・宦業（宋）》：「楊察。字隱甫，合肥人。景祐元年，舉進士甲科，除將作監丞、通判宿州。遷秘書省著作郎、直集賢院，出知潁、壽二州。遇事明決，勤於吏職。」

程琳。景祐中以吏部侍郎參知政事。剛直無所回避，小人僥倖，中以事。貶光禄卿，知潁州。累官鎮安軍節度使、檢校大師，同中書門下平章事、廣平郡公。卒贈中書令兼尚書令、定國公，謚文簡。〔一〕

王代恕。開封咸平人。爲潁州司法參軍。州民欒氏爲盜，會赦，出入閭里，操弓矢爲害。有朱氏募客二人謀殺之，法當死。公曰：「爲法所以輔善而禁惡，今殺良民爲惡盜報讐，豈法意邪？」乃狀列之，朱氏得減死。公有八子，皆歷顯宦，第七子拱辰右諫議大夫、御史中丞。累贈公兵部尚書員外郎。〔二〕

蔡齊。字子思，其先洛陽人，徙蔡［萊］州。舉進士第一。以吏部侍郎知潁州事。請立學校，政以惠成，後

〔一〕程琳（九八八——一〇五六），字天球，永寧軍博野（今河北蠡县）人。大中祥符四年（一〇一一）舉服勤辭學科，仕至同中書門下平章事、判大名府，兼北京留守。《宋史》本傳：「程琳，字天球，永寧軍博野人……已而吏以贓敗，御史按劾得狀，降光禄卿、知潁州。」《成化中都志·名宦·潁州（宋）》：「程琳，景祐中以吏部侍郎參知政事。剛直無所回避，小人僥倖多不得志，中以事，貶光禄卿，知潁州。累官鎮安軍節度使、檢校太師、同中書門下平章事、廣平郡公。卒贈中書令兼尚書令、定國公，謚文簡。」李宜春《嘉靖潁州志·秩官（宋）》：「程琳，景祐中任。博野縣人。」

〔二〕王代恕，開封咸平（今河南通許）人。王拱辰父。初任萊州萊陽主簿，仕至吴江、句容知縣。歐陽修《江寧府句容縣令贈尚書兵部員外郎王公墓誌銘（代恕）》：「王氏世家開封陳留之通許鎮，咸平中，分通許爲咸平縣，故王氏今爲開封咸平人……改潁州司法參軍，州民藥氏爲盜，會赦，出入里閭，操弓矢，爲民害。有朱氏者，募客二人謀殺之，法當死。公曰：『爲法所以輔善而禁惡也，今殺良民爲惡盜報仇，豈法意邪？』乃狀列之，朱氏得減死。改華州司法，遷蘇州之吴江、江寧之句容二縣令……」《成化中都志·名宦·潁州（宋）》：「王代恕，開封咸平人，爲潁州司法參軍。州民藥氏爲盜，會赦，出入閭里，操弓矢爲民害。有朱氏者募客二人謀殺之，法當死。公曰：『爲法所以輔善而禁惡也，今殺良民爲惡盜報讐，豈法意耶？』乃狀列之，朱氏得減死。公有子八人，皆歷顯宦，第七子拱辰右建議［諫］大夫、御史中丞。累贈公兵部尚書員外郎。」《南畿志·鳳陽府·宦蹟（宋）》：「王代恕，開封人。爲潁州司法參軍。州民藥氏爲盜，會赦，出入閭里，操弓矢爲民害。有朱氏者募客二人謀殺之，法當死。代恕曰：『法所以輔善禁惡也，今殺良民爲惡盜報讐，豈法意邪？』乃狀列之，朱氏得減死。」李宜春《嘉靖潁州志·宦業（宋）》：「王代恕，開封咸平人，爲潁州司法參軍。民欒［藥］氏爲盜，會赦，出入閭里，操弓矢爲害。有朱氏募客二人謀殺之，法當死。公曰：『爲法所以輔善而禁惡，今殺良民爲惡盜報仇，豈法意邪？』乃狀列之，朱氏得減死。」

卒於官。故吏朱寀至潁，吏民見寀泣，指公所嘗更歷施爲曰：「此蔡使君之蹟也。」其感民有如此者。贈兵部尚書，謚文忠。〔一〕

歐陽修。字永叔，廬陵人。皇祐元年（一〇四九）知潁州，嘗因災傷，奏免黄河夫萬餘人。築塞白龍溝，注水西湖，灌溉腴田，以爲民利。仍建書院教民子弟，由是潁人咸知向學。嘉祐五年（一〇六〇）拜樞密副使。累遷推忠協謀同德佐理功臣，特進行尚書左丞、參知政事、上柱國、樂安郡開國公。治平四年（一〇六七）罷，以觀文殿學士、刑部尚書知亳州。改賜推誠、保德崇仁翊戴功臣。熙寧元年（一〇六八），轉兵部尚書知青州，充京東東路安撫使。是歲築第於潁。三年（一〇七〇），知蔡州。四年（一〇七一），以觀文殿學士、太子少師致仕歸，卒於潁。謚文忠。元豐三年（一〇八〇），贈太尉。八年（一〇八五），贈太師，追封康國公。紹聖三年（一〇九一），追封兗國公。崇寧三年（一一〇四），追封秦國公。政和二［三］年（一一一三），追封楚

〔一〕蔡齊（九八八——一〇三九），字子思，萊州膠水（今山東平度）人。大中祥符八年（一〇一五）進士，仕至參知政事。謚文忠。《宋史》本傳：「蔡齊，字子思，其先洛陽人也……舉進士第一。儀狀俊偉，舉止端重，真宗見之，顧宰相寇準曰：『得人矣。』尋出知潁州，卒，年五十二，贈兵部尚書，謚曰文忠。潁人見其故吏朱寀會喪，猶號泣思之。」《成化中都志·名宦·潁州（宋）》：「蔡齊，字子思，其先洛陽人，徙萊州。舉進士第一，真宗覽其文，曰：『宰相器也。』累官給事中，參知政事，罷爲吏部侍郎知潁州。卒於官。故吏朱寀至潁，吏民見寀泣，指公所嘗更歷施爲曰：『此蔡使君之迹也。』其仁恩如此。贈兵部尚書，謚文忠。」《南畿志·鳳陽府·宦蹟（宋）》：「蔡齊，萊州人。罷參政，知潁，卒於官。故吏朱寀會喪，潁人見之泣，指齊所嘗更歷施爲曰：『此蔡使君之蹟也。』」李宜春《嘉靖潁州志·宦業（宋）》：「蔡齊，字子思，其先洛陽人，徙蔡［萊］州。舉進士第一。儀狀俊偉，舉止端重，真宗見之，顧寇準曰：『得人矣。』後以户部侍郎出知潁州，請立學校，政以惠成，卒於官。潁人見其故吏朱寀會喪，猶號泣思之，指公所嘗更歷施爲曰：『此蔡使君蹟也。』其仁恩如此。贈兵部尚書，謚文忠。」

國公。[一]

吕公著。字晦叔，文靖公子。中進士第。神宗朝拜御史中丞，論事與王安石不合，以翰林侍讀學士知潁州。後相哲宗，拜司空、同平章事。卒贈太師，封申國公，謚正獻。先嘗通判潁州，郡守歐陽修與爲講學之友。人愛

[一] 歐陽修（一〇〇七——一〇七二），字永叔，號六一居士，廬陵（今江西吉安）人。天聖八年（一〇三〇）進士，官至參知政事、觀文殿學士、太子少師。卒謚文忠，贈太尉、太師，追封康國公、兗國公、秦國公等。著有《詩本義》《新唐書》《新五代史》《集古録》《文忠集》《六一詞》等。《宋史》有傳。《成化中都志·人才傳·潁州（宋）》：「歐陽修，字永叔，吉州永豐人。皇祐五年知潁州，樂西湖之勝，將卜居焉。熙寧元年，築第於潁，致仕後居潁，號六一居士，終於潁濱。有文集傳於世，蘇軾《序公集》曰：『歐陽子論大道，似韓愈論事，似陸贄記事，似司馬遷詩賦，似李白，此非予言天下之言也。』詳見《名宦類》。子棐，字叔弼，能以文章世其家，修卒始仕，入元祐黨籍，罷居潁。」《成化中都志·名宦·潁州（宋）》：「歐陽修，皇祐元年知潁州。嘗因災傷，奏免黄河夫萬餘人。修陂水，通西湖，民德其利。嘉祐五年，拜樞密副使。累遷推忠協謀同德佐理功臣，特進行尚書左丞、參知政事、上柱國、樂安郡開國公。治平四年罷，以觀文殿學士、刑部尚書知亳州。改賜推誠、保德崇仁翊戴功臣。熙寧元年轉兵部尚書，知青州，充京東東路安撫使。是歲，築第於潁。三年改知蔡州，四年以觀文殿學士、太子少師致仕歸，卒於潁。謚文忠。元豐三年贈太尉，八年贈太師，追封康國公。紹聖三年，追封兗國公。崇寧三年，追封秦國公。政和三年，追封楚國公。」《正德潁州志·名宦（宋）》：「歐陽修，知潁州。公恕坦易，明不至察，寬不至縱。因災傷，奏免黄河夫萬餘人。築陂堰以通西湖，引湖水以灌溉民田。建書院以教民之子弟，由是潁人始大興於學。」《正德潁州志·流寓（宋）》：「歐陽修，廬陵人。宋仁宗朝出守潁州。愛其風土淳厚，因卜家焉。治潁甫再越寒暑，移留守南京。又明年皇祐壬辰（一〇五二）三月戊子，丁母憂，歸潁守喪。五年癸巳，護母喪歸葬吉水之瀧岡。是冬復至潁。蓋公生於綿，長於隨，雖世家於吉，而未嘗一日居之。及登仕版，以官爲家，而公故居吉水瀧岡又僻在深山瘴癘中，故凡墳墓，託之宗族。暨主守之人以其居址爲西陽宫，召道士住持，置祠堂其中，歲時道士奉祠。今爲四百年，公之子孫流落不可知。族屬之在吉者尚繁，而瀧岡之派亦未有聞；西陽宫尚在，而道士之奉祠猶自若也。潁州國初猶有歐陽氏，士人傳爲公後人螟子，以武功授百户，今調陝西西安衛云。」李宜春《嘉靖潁州志·宦業（宋）》：「歐陽修，字永叔，廬陵人。皇祐元年，以龍圖閣直學士知制誥徙知潁州。嘗因災傷，奏免黄河夫萬餘人。築塞白龍溝，注水西湖，灌溉腴田，以爲民利。仍建書院，教民子弟，由是潁人咸知向學。因愛其風土淳厚，將卜家焉。嘉祐五年拜樞密副使，治平四年罷，以觀文殿學士、刑部尚書知亳州。熙寧元年轉兵部尚書，知青州，充京東東路安撫使。是歲，築第於潁。三年改知蔡州，四年以觀文殿學士、太子少師致仕歸，卒於潁。謚文忠，累封楚國公。其詳載在《宋史》。」

戴之。〔一〕

張洞。字仲通，開封祥符人。仁宗時舉進士，再調潁州推官。民有劉甲者，强弟柳使鞭其婦，既而投杖，夫婦相持而泣。甲怒，逼柳使再鞭之，婦以無罪死。吏當夫極法，知州歐陽修欲從之。洞曰：「律以教令者爲首，夫爲從，且非其意，不當死。」衆不聽，洞即稱疾不出。不得已讞於朝，果如洞言。修甚重之。〔二〕

李垂。字舜工，聊城人。咸平中登進士第。自湖州録事參軍召爲崇文校勘，累遷著作郎、館閣校理。累修起居注。丁謂執政，垂未嘗往謁。或問其故，垂曰：謂爲宰相，不以公道副天下望，而恃權怙勢。觀其所爲，必

〔一〕吕公著（一〇一八——一〇八九），字晦叔，壽州（今安徽鳳臺）人。蔭補入仕後登進士第，仕至司空、同平章事。著有《五州録》《吕氏孝經要語》《吕正獻集》等。《宋史》有傳。《大明一統志·中都·名宦（宋）》：「吕公著，通判潁州。郡守歐陽修與爲講學之友。後知是州，民愛戴之。子希純，亦嘗知是州。」《大明一統志·中都·人物（宋）》：「吕公著，夷簡子。幼嗜學，至忘寢食。夷簡器異之，曰：『他日必爲公輔。』寓居洛陽，舉進士，累官御史中丞。元祐初，拜尚書右僕射，兼中書侍郎，與司馬光同心輔政。後進司空。卒贈申國公，謚正獻。」《成化中都志·名宦·潁州（宋）》：「吕公著，字晦叔，靖公子。中進士第，神宗朝拜御史中丞，論事與王安石不協，帝語執政，吕公著嘗言『韓琦將興晉陽之甲，以除君側之惡』，安石因傳致其罪，以翰林侍讀學士知潁州。後相哲宗，拜司空，同平章軍國事。卒贈太師，封申國公，謚正獻。公先嘗通判潁州，郡守歐陽修與爲講學之友。後知州，人愛戴之。『興晉陽之甲』，乃孫覺之言，帝誤以爲公著也。」《正德潁州志·名宦（宋）》：「吕公著，通判潁州，郡守歐陽公與爲講學之友。後知是州，民愛戴之。皇祐中拜相。」李宜春《嘉靖潁州志·宦業（宋）》：「吕公著，字晦叔，文靖公子。中進士第。神宗朝拜御史中丞，論事與王安石不合，誣以惡語，以翰林侍讀學士知潁州。先嘗通判潁州，郡守歐陽修與爲講學之友。及知是州，人愛戴之。」

〔二〕張洞（一〇一九——一〇六七），字仲通，開封祥符人。以布衣上書獻策得官，後舉進士。仕至權三司度支判官、江西轉運使、河南轉運使。《宋史》本傳：「張洞，字仲通，開封祥符人……仁宗太息，思聞中外之謀。洞以布衣求上方略，召試舍人院，擢試將作監主簿。尋舉進士中第，調漣水軍判官，遭親喪去，再調潁州推官。民劉甲者，强弟柳使鞭其婦，既而投杖，夫婦相持而泣。甲怒，逼柳使再鞭之，婦以無罪死。吏當夫極法，知州歐陽修欲從之。洞曰：『律以教令者爲首，夫爲從，且非其意，不當死。』衆不聽，洞即稱疾不出，不得已讞於朝，果如洞言，修甚重之。」李宜春《嘉靖潁州志·宦業（宋）》：「張洞，字仲通，開封祥符人。仁宗時舉進士，再調潁州推官。民有劉甲者，强弟柳使鞭其婦，既而投杖，夫婦相持泣。甲怒，逼柳使再鞭之，婦以無罪死。吏當夫極法，知州歐陽修欲從之。洞曰：『律以令者爲首，夫爲從，且非其意，不當死。』衆不聽洞，既稱疾不出，不得已讞於朝，果如洞言。修甚重之。」

游朱崖，吾不欲在其黨中。謂聞而惡之。貶知亳州，遷潁、晉、絳三州。明道中還朝，不附執政，出知均州卒。本傳。〔三〕

蘇頌。字子容，泉州南安人。父紳葬潤州丹陽，因徙居之。第進士。歷宿州觀察推官，知江寧縣，調南京留守推官，召館閣校勘同知太常禮院，遷賢校理，編定書籍。其知江寧也，定民户籍，民不敢隱。剗剔夙蠹，簡而易行，諸令視以爲法。及調南京，留守歐陽修委以政，曰：「子容處事精審，一經閱覽，則修不復省矣。」時杜衍老居睢陽，見頌深器之，曰：「如君真所謂不可得而親疏者。」遂自小官以至爲侍從。宰相所以設施出處，悉以語頌，曰：「以子相知，且知子異日必爲此官，老夫非以自矜也。」富弼嘗稱頌爲古君子。及與韓琦爲相，同表其廉退，以知潁州。同知趙至忠，本邊徼降者，所至與守競。頌待之以禮，且盡誠意。至忠感泣，曰：「身雖夷人，然見義則服，平生誠服者，惟公與韓魏公耳。」仁宗崩，建山陵，有司以不時難得之物厲諸郡。頌曰：「遺詔務從儉約，豈有土不産而可强賦乎？」量其有無，事亦隨集。英宗即位，召提點開封府界諸縣鎮公事，屢遷屢出。紹聖四年（一〇九七），拜太子少師致仕。巋然不爲群邪所汙，世稱其

〔三〕李垂（九六五——一〇三三），字舜工，聊城（今屬山東）人。咸平年間進士，仕至著作郎、館閣校理。《宋史》本傳：「李垂，字舜工，聊城人。咸平中，登進士第，上《兵制》、《將制書》。自湖州録事參軍召爲崇文校勘，累遷著作郎、館閣校理。上《導河形勝書》三卷，欲復九河故道，時論重之。又累修起居注。丁謂執政，垂未嘗往謁。或問其故，垂曰：『謂爲宰相，不以公道副天下望，而恃權怙勢。觀其所爲，必游朱崖，吾不欲在其黨中。』謂聞而惡之，罷知亳州，遷潁、晉、絳三州。」李宜春《嘉靖潁州志·宦業（宋）》：「李垂，字舜工，聊城人。咸平中登進士第，遷館閣校理。上《導河形勝書》三卷，欲復九河故道，時論重之。皇祐中爲丁謂所惡，罷知亳州，遷潁、晉、絳三州。」

明哲保身云。〔一〕

蘇軾。字子瞻，眉州人。元祐六年（一〇九一），以龍圖閣學士出知潁州。是冬久雪，潁饑，公奏發義廩積穀數千石，並賣作院炭數萬秤，酒務柴數十萬秤，以濟饑寒。先是，開封諸縣多水患，吏不究本末，決其陂澤，注之惠民河，河不能勝，致陳亦多水。又將鑿鄧艾溝與潁河並，且鑿黄堆，欲注之於淮。軾始至潁，遣吏以水平準之，淮之漲水高於新溝幾一丈，若鑿黄堆，淮水顧流潁地爲患。軾言於朝，從之。郡有宿賊尹遇等爲一方患，公召汝陰尉李直方曰：「君能擒此，當力言於朝，乞行優賞。不獲，且罪。」直方有母

〔一〕蘇頌（一〇二〇——一一〇一），字子容，泉州同安（今福建厦門）人。慶曆二年（一〇四二）進士，仕至尚書右僕射兼中書侍郎。蘇頌是天文學家、科學家、藥學家。著有《圖經本草》《新儀象法要》《蘇魏公文集》。《宋史》有傳。《南畿志·鳳陽府·宦蹟（宋）》：「蘇頌，泉州人。歷知亳、濠二州。亳有豪婦被罪當杖，以病未決。每旬檢之，未愈。濉薄鄧元孚謂頌子曰：『尊公高明，豈可爲一婦所詒。但論醫者如法檢，彼自不誣矣。』頌子白之。頌曰：『萬事付公義，何容心焉？若言語輕重，則人有觀望，或致有悔。』既而婦死，元孚大慚，服曰：『我輩狹小，豈測公之用心也哉。』」《大明一統志·中都·潁州（名宦）》：「蘇頌，知潁州。通判趙至忠本邊徼降者。所至與守競。頌待之以禮，且盡誠意。至忠感泣曰：『身雖夷人，然見義則服。平生説服者，惟公與韓魏公耳。』後又歷知亳、濠二州。」《大明一統志·泉州府·人物（宋）》：「蘇頌，紳子。徙居丹陽。舉進士，累官右僕射、兼中書門下侍郎。以太子少師致仕，卒贈司空。頌器局宏遠，於書無所不通。爲相，務在奉行故事，使百官遵職，杜絶僥倖之源。深戒疆埸之臣要功生事。晚年巍然獨立，爲時雅德君子云。」《成化中都志·名宦·潁州（宋）》：「蘇頌，字子容，泉州人，徙潤州。中進士第，爲集賢校理。不幹榮利，力求外，以便親養，遂除知潁州。宰相富弼遺書曰：『若吾子出處，可謂真古君子矣。』通判趙至忠本邊徼降者，所至與守競。頌待之以禮，且盡誠意。至忠感泣曰：『身雖夷人，然見義則服。平生誠服者，惟公與韓魏公耳。』後又歷知亳、濠二州。歷事四朝，後相哲宗。紹聖中致仕。獨巍然不爲群邪所汙。」《正德潁州志·名宦（宋）》：「蘇頌，知潁州。時通判趙至忠本邊徼降者，所至與守兢。頌待之以禮，具盡誠意。至忠感泣，曰：『身雖夷人，然見義則服。平生誠服者，惟公與韓魏公耳。』潁自五季後，版籍、賦輿、法制失實。頌每因治訟，旁問里鄰，丁産多寡，悉得其詳。一日，召鄉老更定户籍。民有自占不實者，頌曰：『汝家尚有某丁某産，何不自言？』相顧而驚，無敢隱者。一郡以爲神明。」李宜春《嘉靖潁州志·宦業（宋）》：「蘇頌，泉州南安人，徙居丹陽。第進士，歷宿州觀察推官。富弼嘗稱頌爲古君子。及與韓琦爲相，同表其廉退，以知潁州。通判趙至忠本邊徼降者，所至與守競，頌待之以禮，且盡誠意。至忠感激曰：『身雖夷人，然見義則服，平生誠服者，惟公與韓魏公耳。』仁宗崩，建山陵，有司以不時難得之物屬諸郡。頌曰：『遺詔務從儉約，豈有土不産而可强賦乎？』量其有無，事亦隨集。」

且老，與母訣而後行。緝知盜所，分捕其黨與，手戟刺遇，獲之。公奏移合賞官，不報。又請以己之年勞當改朝散爲直方賞，不從。其後吏部爲軾當遷，以符會其考，又不報。七年（一〇九二），改知揚州。累官兵部尚書、端明侍讀學士，知定州。謫嶺南，建中靖國元年（一一〇一）召還，復朝奉郎。卒累贈太師，謚文忠。出本傳。〔一〕

〔一〕蘇軾（一〇三七——一一〇一），字子瞻，號東坡居士，眉州眉山（今屬四川）人。嘉祐二年（一〇五七）進士，仕至禮部尚書。著名文學家、書法家、畫家。著有《東坡七集》《東坡易傳》等。《宋史》有傳。《南畿志・鳳陽府・宦蹟（宋）》：「蘇軾，眉州人。以龍圖學士出知潁州。先是，治水吏不究本末。將至，遣吏以水平準之，淮之漲水高於新溝幾一丈，若鑿黄堆，淮水顧流潁地爲患。軾言於朝，從之。郡有宿賊尹遇等，捕不獲，軾召汝陰尉李直方，慰遣緝捕，獲遇及其黨。」《大明一統志・中都・潁州（名宦）》：「蘇軾。知潁州，嘗乞賞汝陰尉李直方捕賊功，不報。會郊恩當轉官，即奏移以賞之。」《大明一統志・眉州・人物（宋）》：「蘇軾，洵長子。弱冠，博通經史。爲文渾涵光芒，雄視百世。舉制科，累官至翰林學士、兵部尚書。初，軾貶黄州，築室東坡，號東坡居士。卒謚文忠。軾器識閎偉，議論卓犖，挺挺大節，群臣無出其右。所著有《易書傳》《論語説》《東坡集》《奏議内外制》數百卷。子三：邁、迨、過，俱善爲文。孫符，禮部尚書。」《成化中都志・名宦・潁州（宋）》：「蘇軾，字子瞻，眉州人。元祐六年，以龍圖閣學士知潁州。其冬久雪，人饑，先生奏發義廩積穀數千石，並賣作院炭數萬秤，酒務柴數十萬秤，以濟饑寒。又奏乞罷黄河夫萬人，開本州溝瀆，從之。七年，改知揚州。累官兵部尚書、端明侍讀學士，知定州。謫嶺南，建中靖國元年召還，復朝奉郎。卒，累贈太師，謚文忠。」《正德潁州志・名宦（宋）》：「蘇軾，知潁州。豪爽不羈。凡可以利民者，推誠爲之。修清波塘，開清溝以引汝水，溉民田六十餘里。游賞賦詠甚多。」李宜春《嘉靖潁州志・宦業（宋）》：「蘇軾，字子瞻，眉州人。元祐六年，以龍圖閣學士出知潁州。是冬久雪，潁饑，公奏發義廩積穀數千石，並賣作院炭數萬秤，酒務柴數十萬秤，以濟饑寒。先是，開封諸縣多水患，吏不究本末，決其陂澤注之惠民河，河不能勝，致陳亦多水。又將鑿鄧艾溝與潁河并，且鑿黄堆欲注之於淮。軾始至潁，遣吏以水平準之，淮之漲水高於新溝幾一丈，若鑿黄堆，淮水顧流潁地爲患。軾言於朝，從之。郡有宿賊尹遇等，數劫殺人，又殺捕盜吏。公召汝陰尉李直方曰：『君能擒此，當力言於朝，乞行優賞；不獲，亦以不職奏免君矣。』直方有母且老，與母訣而後行。迺緝知盜所，分捕其黨與，手戟刺遇，獲之。公奏移合賞，不報。又請以已之年勞，當改朝散階，爲直方賞，不從。其後吏部爲軾當還，以符會其考，軾謂已許直方，又不報。累官兵部尚書端明殿侍讀學士，卒，謚文忠。」

江楫。慶曆初，潁州團練推官。有稱於時，遷大理寺丞。〔一〕

曾肇。字子開，南豐人。元祐四年（一〇八九），由給事中左遷寶文閣待制知潁州。浚清河，興學勸農，時稱良守。更十一州，所至有聲。入爲中書舍人，遷翰林學士。卒謚文昭。龜山楊先生曰：「曾子開不以顔色假借人，慎重得大臣體，於今可以庶幾前輩風流，惟此一人耳。」〔二〕

王旭。字仲名［明］，大名莘人。父祐［祜］，見本傳。旭嚴於治内，恕以接物，尤篤友義。以蔭補大［太］祝。嘗知緱氏，改雍丘，遷殿中丞。由判國子監出知潁州，荒政修舉。〔三〕

〔一〕江楫，字公齊，衢州開化（今屬浙江）人。景祐元年（一〇三四）進士，仕至職方員外郎。歐陽修有《潁州推官江楫可大理寺丞制》一文。《雍正開化縣志·選舉·宋進士》：「江鎬，大中祥符五年（一〇一二）徐爽榜。」「江楫，景祐元年張唐卿榜。鎬子。」《雍正開化縣志·人物·事功》：「江鎬，字從周。進士及第，守三州，以惠愛稱。子楫而下，五世登科。楫字公齊，終職方員外郎。汝言，字應之。淵，字聖潛，厲操不群，令餘杭。年四十九即謝事歸。」《成化中都志·名宦·潁州（宋）》：「江楫，慶曆初潁州團練推官。有稱於時，遷大理寺丞。」李宜春《嘉靖潁州志·秩官》：「江楫，慶曆初爲團練推官，有稱於時。」

〔二〕曾肇（一〇四七——一一〇七），字子開，號曲阜先生，建昌南豐（今屬江西）人。治平四年（一〇六七）進士，仕至翰林學士。曾鞏弟。著有《曲阜集》《西掖集》等。《宋史·曾鞏傳》有附傳。《成化中都志·名宦·潁州（宋）》：「曾肇，字子開，南豐人。元祐四年，由給事中左遷寶文閣待制知潁州。浚清河，興學勸農，時稱良守。更十一州，所至有聲。入爲中書舍人，遷翰林學士。卒謚文昭。《新志》云『仁宗朝知潁』，誤也。龜山楊時曰：『曾子開不以顔色假借人，慎重得大臣體，於今可以庶幾，前輩風流惟此一人耳。』」《南畿志·鳳陽府·宦蹟》：「曾肇，知潁州。興學勸農，時稱良守。」李宜春《嘉靖潁州志·宦業（宋）》：「曾肇，字子開，南豐人。元祐四年，由給事中左遷寶文閣待制，知潁州。浚清河，興學勸農，時稱良守。更十一州，所至有聲。入爲中書舍人，遷翰林學士。卒謚文忠。」

〔三〕王旭，字仲明，王祜幼子，王旦弟。大名莘（今山東莘縣）人。仕至應天知府。《宋史·王祜傳》附傳：「旭字仲明。嚴於治内，恕以接物，尤篤友誼……王矩嘗薦旭材堪治劇，真宗召旦謂曰：『前代弟兄同居要地者多矣，朝廷任才，豈以卿故屈之邪？』命授京府推官，旦固辭，改判南曹。由判國子監出知潁州，荒政修舉。大中祥符間，旦既薨，歇歷中外，卓有政績，由兵部郎中出知應天府。」《大明一統志·東昌府·人物（宋）》：「王旭，祜季子。嚴於治内，恕以接物。以蔭知緱氏、雍邱縣，三遷至殿中丞。自兄旦居宰府，以嫌不任職。及旦卒，颺歷中外，卓有政績，後以兵部郎中知應天府。子質，舉進士，歷官天章閣待制，知陝州。」《成化中都志·名宦·潁州（宋）》：「王旭，王旦弟。累遷殿中丞，卓有政績，以兵部郎中知應天府。」《正德潁州志·名宦（宋）》：「王旭，使相王旦弟。知潁州，卓有政績。」李宜春《嘉靖潁州志·宦業（宋）》：「王旭，字仲名［明］，大名莘人。以父蔭補太祝，遷殿中丞。由判國子監出知潁州，荒政修舉。其歇歷中外，卓有政績。」

范祖述。百禄子也。監潁州酒税，攝獄掾，閲獄，活兩死囚，人以爲神。〔一〕

燕肅。青州人。舉進士。累官龍圖閣直學士。嘗知潁州，有善政。知審刑院，冤獄盡釋。〔二〕

陸佃。字農師，越州山陰人。哲宗初，以龍圖閣待制知潁州。佃以歐陽修守潁有遺愛，爲建祠宇。後執政，每欲參用元祐人才，尤惡奔競。卒年六十一，追復資政殿學士。〔三〕

豐稷。字相之，明州鄞人。登第。哲宗時，以集賢學士知潁州。徽宗時，遷御史中丞，徙工部尚書兼侍讀、權禮部尚書。以元祐黨貶知遠州。卒謚清敏。《宋史》論曰：「稷劾蔡京，論司馬光、吕公著當配享廟庭，蓋亦名侍

〔一〕范祖述，成都華陽（今四川雙流）人。范鎮兄鍇孫，百禄子。累官朝議大夫。《宋史·范鎮傳》附傳：「（百禄）子祖述，監潁州酒税，攝獄掾，閲具獄，活兩死囚，州人以爲神。」李宜春《嘉靖潁州志·宦業（宋）》：「范祖述，百禄子，治平中任。監潁州酒税，攝獄掾，閲獄，活兩死囚。人以爲神。」

〔二〕燕肅（九六一——一〇四〇），字穆之，青州益都（今屬山東）人。真宗大中祥符間進士，仕至禮部侍郎。攻詩善畫，又精通天文物理，曾製作指南車、記里鼓、蓮花漏等，著有《海潮論》《春山圖》等。《宋史》本傳：「燕肅，字穆之，青州益都人……進龍圖閣直學士、知潁州，徙鄧州。官至禮部侍郎致仕，卒。肅喜爲詩，其多至數千篇。性精巧，能畫，入妙品，圖山水罨布濃淡，意象微遠，尤善爲古木折竹。嘗造指南、記里鼓二車及欹器以獻，又上《蓮花漏法》。」《南畿志·鳳陽府·宦蹟（宋）》：「燕肅，知潁州。精於刻漏，時刻不差。猶有善政。」《大明一統志·中都·潁州（名宦）》：「燕肅，知潁州。精於刻漏，時刻不差。有善政。臨去，吏民莫不攀戀。」《大明一統志·青州府·人物（宋）》：「燕肅，青州人。舉進士，累官龍圖閣直學士。歷知數州，皆有善政。知審刑院，冤獄盡釋。肅性巧，嘗造指南、記里鼓二車及欹器、蓮花漏，人服其精。子度，第進士，累官諫議大夫，知潭州。孫瑛，官至户部尚書。」《成化中都志·名宦·潁州（宋）》：「燕肅，青州人，舉進士，累官龍圖閣直學士。嘗知潁州，有善政。知審刑院，冤獄盡釋。肅性巧，嘗造指南、記里鼓二車及欹器、蓮花漏，人服其精。」《正德潁州志·名宦（宋）》：「燕肅，知潁州。精於刻漏，時刻不差。尤有善政。臨去，吏民莫不攀戀。」李宜春《嘉靖潁州志·宦業（宋）》：「燕肅，字穆之，益都人。舉進士。累官龍圖閣直學士，知潁州，有善政。知審刑院，冤獄盡釋。性巧，嘗造指南、記里鼓二車及欹器、蓮花刻漏，人服其精。」

〔三〕陸佃（一〇四二——一一〇二），字農師，號陶山，越州山陰（今浙江紹興）人。熙寧三年（一〇七〇）進士，仕至尚書右丞。卒贈太師，追封楚國公。著有《陶山集》。《宋史》本傳：「陸佃，字農師，越州山陰人……鄭雍論其穿鑿附會，改龍圖閣待制、知潁州。」李宜春《嘉靖潁州志·秩官（宋）》：「陸佃，字農師，山陰人。哲宗初以龍圖閣待制知潁州。佃以歐陽修守潁有遺愛，爲建祠宇。後執政，每欲參用元祐人才，尤惡奔競。」

從也。」[一]

吕希績。字紀嘗[常]，公著次子。有堅操。由少府少監權發遣潁州。《中都志》載其誥詞。[二]

吕希純。字子進，公著第三子。嘗知潁州，推廣父政，教化大行。其後位至宰輔，而父子、兄弟俱以賢用。故君子稱爲世濟其美云。[三]

[一] 豐稷（一〇三三——一一〇七），字相之，明州鄞縣（今浙江寧波）人。嘉祐四年（一〇五九）進士，官至禮部尚書。《宋史》本傳：「豐稷，字相之，明州鄞人……以集賢院學士知潁州、江寧府，拜吏部侍郎，又出知河南府，加龍圖閣待制……稷盡言守正，帝待之厚，將處之尚書左丞，而積忤貴近，不得留，竟以樞密直學士守越。蔡京得政，修故怨，貶海州團練副使、道州別駕，安置台州。除名徙建州，稍復朝請郎。卒，年七十五。建炎中，追復學士，謚曰清敏。」《成化中都志·名宦·潁州（宋）》：「豐稷，舉進士，爲蒙城縣，擢監察御史裏行。哲宗朝以集賢院學士知潁州，徽宗時遷御史中丞，徙工部尚書兼侍讀，權禮部尚書，以元祐黨累貶遠州。《言行録》云：『後提舉明道宫，卒謚清敏。』《寧波志》云：『提舉亳州太清宫，稷以聖賢之學，直諒之節。進與時忤，卒老謫所，悲夫！』」《南畿志·鳳陽府·宦蹟》：「豐稷，鄞人。爲蒙城簿，每事據正，以誠意贊其官長，未嘗立異。後又知潁州。」李宜春《嘉靖潁州志·宦業（宋）》：「豐稷，字相之，明州鄞人。哲宗時以集賢學士知潁州，後以元祐黨貶知遠州。卒謚清敏。《宋史論》：『稷劾蔡京，論司馬光、吕公著當配享廟庭，蓋亦名侍從也。』」

[二] 吕希績（一〇四二——一〇九九），字紀常，壽州（今安徽鳳臺）人。吕公著次子。元豐七年（一〇八四）進士，仕至淮南路轉運副使知壽州，又知濮州。《東都事略·吕公著傳》有附傳。《宋文鑒》載王震《朝奉大夫少府少監吕希績可權發遣潁州》一文。《成化中都志·名宦·潁州（宋）》：「吕希績，字紀常，公著次子。有堅操，由少府少監權發遣潁州。誥詞曰：『今之郡守，及唐刺史，郎官出入之資也。爾以選擇入省，故出得善州。夫愷悌之政，非文深吏所能成也。惟爾懋哉，務稱吾意。』遷淮南運副。」按：此處所引誥文，即出自《宋文鑑》所載王震之文。李宜春《嘉靖潁州志·秩官（宋）》：「吕希績，公著次子，字紀常。有堅操。由少府少監權遣潁州。誥詞曰：『今之郡守，乃唐刺史，郎官出入之資也。尔以選擇入省，故出得善州。夫愷悌之政，非文深吏所能成也，惟尔懋哉，務稱吾意。』」《順治潁州志·宦業（宋）》：「吕希績。公著次子，字紀常。有堅操。由少府少監權遣潁州，誥詞曰：『今之郡守，乃唐刺史。郎官，出入之資也。爾以選擇入省，故出得善州。夫愷悌之政，非文深吏所能成也。惟爾懋哉，務稱吾意。』」

[三] 吕希純，字子進。吕公著第三子，吕希績三弟。《宋史·吕公著傳》附其傳。《成化中都志·名宦·潁州》：「吕希純。字子進，公著第三子。嘗知潁州，推廣父政，教化大行。」《正德潁州志·名宦（宋）》：「吕希純，公著子。知潁州，推廣父政，風化大行。」李宜春《嘉靖潁州志·宦業（宋）》：「吕希純，字子進，公著第三子。嘗知潁州，推廣父政，教化大行。其後位至宰輔，而父子、兄弟俱以賢用，故君子稱世濟其美。然皆陷於崇寧黨禍，何君子之不幸歟！」

張叔夜。字嵇仲，登［鄧］國公耆孫。其先開封人，徙永豐。嘗倅潁州。拜簽書樞密院事。從二帝北狩，時惟飲湯，不食粟。至白溝，御者曰：「過界河矣。」乃矍然起，仰天大呼，遂不復語。明日，卒。訃聞，高宗贈觀文殿大學士、醴泉觀使，謚忠文。〔一〕

汪若海。字東叟，歙人。未弱冠，游京師，入大［太］學。靖康元年（一一二六），金人侵擾，朝廷下詔求知兵者，若海應詔，未三刻而文成，擢高第。時已割河北地。其年冬，再犯京師，若海言：「河北，國家重地，當用河北以攬天下之權，不可怯懦以自守，閉關養敵，坐受其斃。」屬康王起兵相州，乃上書樞密曹輔，請立王爲大元帥，擁撫河北，以掎金人之後，則京城之圍自解。輔大喜，即以其書進欽宗，用爲參謀，遣如康王所。宰相何㮚執異議，以道梗爲辭，不果遣。京城失守，及二帝北行，袖書抗粘罕，請存趙氏。縋而出，謁康王於濟州，謂神器久虛，異姓僭竊，宜亟即位，以圖中興。一日三被顧問，補修職郎，充帳前差使。高宗既即位，推恩改承奉郎。以上雖非治潁事，而大勢關宋存亡，故特詳之。自是更歷中外，所至有聲。紹興九年（一一三九），遷承議郎、通判順昌府。金人奄至，大［太］尉劉錡甫至，衆不滿三萬，議遣人丐援於朝，無敢往者。若海毅然請行，具述錡明方略，善用兵，以偏師濟之，必有成功，朝廷從之，金兵果敗去。辟淮北宣撫司主管機宜文字。以勞兩轉至朝散郎、通判洪州，未上，丁內艱。判信州。秩滿，遷知道州，陛辭得對，上曰：「久不見卿，卿向安在？」授直秘閣，知江州。丁父憂。時方經略中原，朝廷議起若海，而若海死矣。若海豁達高亮，深沈有度，恥爲世俗章句學，爲文操紙筆立就，蹈厲

〔一〕張叔夜（一〇六五——一一二七），字稽仲，河南開封人。以恩蔭入仕，仕至禮部侍郎。張叔夜是鎮壓宋江義軍的主要人物。北宋滅亡，徽宗、欽宗被金人押解北上，張叔夜隨行，途中自殺。《宋史》有傳。《成化中都志·名宦·潁州（宋）》：「張叔夜，字嵇［稽］仲，鄧國公耆孫，其先開封人，徙永豐。嘗倅潁州，後拜簽書樞密院事。從徽、欽北狩，惟時飲湯，不食粟。至白溝，御者曰：『過界河矣。』乃矍然起，仰天大呼，遂不復語。明日卒。訃聞，高宗贈觀文殿大學士、醴泉觀使。謚忠文。」李宜春《嘉靖潁州志·傳疑》：「張叔夜，《近志》：『嘗倅潁州。』按《宋史》本傳，未嘗出倅。」

風發。高宗嘗以片紙書若海名諭張浚曰：「似此人材，卿宜收拾。」會浚去國，不果召。〔一〕

陳規。安丘人。中明法科。紹興十年（一一四〇），知順昌府，葺城壁，招流亡，立保伍。會劉錡領兵赴東京留守過郡境，規出迎，坐未定，傳金人已入京城，即告錡城中有粟數萬斛，勉同爲死守計。相與登城區畫，分命諸將守四門，且明斥候，募土人鄉導間諜。布設粗畢，金游騎已薄城矣。既至，金龍虎大王者提重兵踵至，規躬環甲胄，與騎巡城督戰，用神臂弓射之，稍引退，復以步兵邀擊，溺於河者甚衆。規曰：「敵志屢挫，必思出奇困我，不若潛兵斫營，使彼晝夜不得休，可養吾鋭也。」錡然之，果劫中其砦，殲其兵甚衆。金人告急於兀朮，規大饗將士，酒半問曰：「兀朮擁精兵且至，策將安出？」諸將或謂今已累捷，宜乘勢全師而歸。規曰：「朝廷養兵十五年，正欲爲緩急用，況屢挫其鋒，軍聲稍振。規已分一死，進亦死，退亦死，不如進爲忠也。」錡叱諸將曰：「府公文人，猶誓死守，況汝曹邪？兼金營近三十里，兀朮來援，我軍一動，金人追及，老幼先亂，必至狼狽，不獨廢前功，致兩淮侵擾，江浙震驚。平生報君，反成誤國，不如背成［城］一戰，死中求生可也。」已而兀朮至，親循城，責諸酋

〔一〕汪若海（一一〇一——一一六一），字東叟，歙（今安徽歙县）人。汪叔詹子。仕至江州知州。《宋史》有傳。《南畿志·鳳陽府·宦蹟（宋）》：「汪若海，歙人。紹興中，通判順昌府。金人奄至。太尉劉錡衆不滿三萬，遣人丐援於朝，無敢往者。若海毅然請行，具述錡明方略，善用兵，以偏師濟之，必有成功。朝廷從之，金兵果敗去。」《大明一統志·中都·名宦（潁州）》：「汪若海，紹興中，通判順昌府。金人奄至。劉錡衆不滿三萬，遣人丐援於朝，無敢往者。若海毅然請行。朝廷從之，金兵果敗去。」《成化中都志·名宦·潁州（宋）》：「汪若海，紹興中，通判順昌府。金人犯順昌。劉錡衆不滿二萬，遣人求援於朝，無敢往者。若海毅然請行。朝廷以錡爲樞密副都承旨、沿淮制置使，使禦虜，金兵敗去。仍命若海通判順昌。」《正德潁州志·名宦（宋）》：「汪若海，紹興中通判順昌府。金人奄至。劉錡兵不滿一萬，遣人丐援於朝，無敢往。若海毅然請行，朝廷從之。援未至，金已敗去。三君皆可謂見危受命者。」李宜春《嘉靖潁州志·宦業（宋）》：「汪若海，字東叟，歙人。未弱冠，入太學。靖康元年，金人侵擾，朝廷下詔求知兵者，若海應詔，未三刻而文成，擢高第。紹興九年，遷承議郎、通判順昌府。金人奄至，太尉劉錡甫至，衆不滿三萬，議遣人丐援於朝，無敢往者。若海毅然請行，具述錡明方略，善用兵，以偏師濟之，必有成功，朝廷從之，金兵果敗去。若海豁達高亮，深沈有度，恥爲世俗章句學，爲文操紙筆立就，蹈厲風發。高宗嘗以片紙書若海名諭張浚曰：『似此人才，卿宜收拾。』會浚去國，不果召。」

用兵之失，衆跪曰：「南兵非昔比。」兀朮下令晨飯府庭，且折箭爲誓，并兵十餘萬攻城，自將鐵浮屠軍三千游擊。規與錡行城，勉激諸將，流矢及衣無懼色，軍殊死鬭。時方劇暑，規謂錡毋多出軍，第更隊易器，以逸制勞，蔑不勝矣。每清晨輒堅壁不出，伺金兵暴烈日中，至未申，氣力疲，則城中兵争奮，斬獲無算，兀朮宵遁。錡奏功，詔褒諭之，遷樞密直學士。規至順昌，即廣糴粟麥會倉廩。會計議司移粟赴河上，規請以金帛代輸，至是得其用，成錡功者，以規足食故也。〔一〕

〔一〕陳規（一〇七二—一一四一），字元則，密州安丘（今屬山東）人。中明法科。仕至知順昌府。卒贈右正議大夫，追封忠利侯，後加封智敏。著有《德安守城録》《宋史》有傳。《南畿志·鳳陽府·宦蹟（宋）》：「陳規，安丘人。知順昌府，廣糴粟麥以實倉廩。金兀朮攻城，規與錡行城，勉激諸將。時方劇暑，規謂錡毋多出軍，第更隊易器，以逸制勞。伺金兵疲，則城中兵争奮，斬獲無算。兀朮宵遁。」《成化中都志·名宦·潁州（宋）》：「陳規，安丘人。中明法科，爲人端毅寡言，以忠義自許。紹興十年，知順昌府，得報虜錡入東京，規以報示新除東京副留守劉錡。錡曰：『吾軍遠來，力不可支，事急矣。城中有糧，則能與君共守。』規曰：『有米數萬斛。』錡曰：『可矣。』規亦力留錡共守，遂斂兵入城，爲捍禦計，人心稍安。虜退，改知廬州。」《正德潁州志·名宦（宋）》：「陳規，順昌太守。紹興中，諜報金虜陷東京。適東京副留守劉錡至，規留之，各以忠義致勉。錡雖兵少，慷慨自任。規轉給餉饋，卒敗兀朮，城以無虞。」李宜春《嘉靖潁州志·宦業（宋）》：「陳規，字元則，安丘人。中明法科。紹興十年，改知順昌府，葺城壁，招流亡，立保伍。會劉錡領兵赴東京留守過郡境，規出迎，坐未定，傳金人已入京城，即告錡城中有粟數萬斛，勉同爲死守計。相與登城區畫，分命諸將守四門，且明斥候，募土人鄉導間諜。布設粗畢，金游騎已薄城矣。既至，金龍虎大王提重兵踵至，規躬擐甲冑，與錡巡城督戰，用神臂弓射之，稍引退，復以步兵邀擊，溺於河者甚衆。規曰：『敵志屢挫，必思出奇困我，不若潛兵斫營，使彼晝夜不得休，可養吾鋭也。』錡然之，果劫中其砦，殲其兵甚衆。金人告急於兀朮。規大享將士，酒半問曰：『兀朮擁精兵且至，策將安出？』諸將或謂今已累捷，宜乘勢全師而歸。規曰：『朝廷養兵十五年，正欲爲緩急之用，況屢挫其鋒，軍聲稍振。規已分一死，進亦死，退亦死，不如進爲忠也。』錡叱諸將曰：『府公文人猶誓死守，況汝曹耶！兼金營近三十里，兀朮來援，我軍一動，金人追及，老幼先亂，必至狼狽，不獨廢前功，致兩淮侵擾，江浙震驚。平生報君，反成誤國，不如背城一戰，死中求生可也。』已而兀朮至，親循城，責諸酋用兵之失，衆跪曰：『南兵非昔比。』兀朮下令晨飯府庭，且折箭爲誓，並兵十餘萬攻城，自將鐵浮屠軍三千游擊。規與錡行城，勉激諸將，流矢及衣無懼色，軍殊死鬥。時方劇暑，規謂錡毋多出軍，第更隊易器，以逸制勞，蔑不勝矣。每清晨輒堅壁不出，伺金兵暴烈日中，至未申，氣力疲，則城中兵争奮，斬獲無算，兀朮宵遁。錡奏功，詔褒諭之，遷樞密直學士。規至順昌，即廣糴粟麥會倉廩。會計議司移粟赴河上，規請以金帛代輸，至是得其用，成錡功者，以規足食故也。」

元

歸暘。字彦温，汴梁人。至順元年（一三三〇）舉進士第，授同知潁州事。鉏奸擊强，人不敢以年少易之。山東鹽司遣奏差至潁，恃勢爲不法，暘執以下獄。時州縣奉鹽司甚謹，頤指氣使，輒奔走之，暘獨不爲屈。又嘗奏添置潁水縣於南鄉。累官刑部尚書、集賢學……〔一〕

皇明

李添祐。〔二〕

〔一〕「學」字後，原書相關頁缺失。歸暘（一三〇五——一三六七），字彦温，汴梁（今河南開封）人。至順元年舉進士第。官至刑部尚書官。《元史》有傳。《南畿志·鳳陽府·宦蹟（元）》：「歸暘，至順間，同知潁州事。鉏奸擊强，人不敢以年少易之。」《大明一統志·中都·名宦（潁州）》：「歸暘，至順初同知潁州事。鉏奸擊强，人不敢以年少易之。」《成化中都志·名宦·潁州（元）》：「歸暘，汴梁人。至順初舉進士，同知潁州事。鉏奸擊强，人不敢以年少易之。累官刑部尚書、集賢學士，兼國子祭酒。」《正德潁州志·名宦（元）》：「歸暘，至順初，同知潁州事。鉏奸擊强，人不敢以年少易之。嘗奏添置潁水縣於南鄉。」李宜春《嘉靖潁州志·宦業（元）》：「歸暘，字彦温，汴梁人。至順元年舉進士第，授同知潁州事，鉏奸擊强，人不敢以年少易之。山東鹽司遣奏差至潁，恃勢爲不法，暘執以下獄。時州縣奉鹽司甚謹，頤指氣使，輒奔走之，暘獨不爲屈。又嘗奏添置潁水縣於南鄉。」

〔二〕「李添祐」條，原書相關頁缺失。「添」字，疑當作「天」；「祐」字，一作「佑」。《成化中都志·名宦·潁州》：「李添祐，洪武元年（一三六八）同知州事。時兵亂之後，百事草創。添祐隨宜經理，招撫流亡，遺民歸復。」《南畿志·鳳陽府·宦蹟》：「李添祐，洪武元年同知潁州事。時兵亂之後，百事草創，添祐隨宜經理，招撫流亡，遺民復歸。」《正德潁州志·名宦（明）》：「李添祐，洪武元年同知州事。時初經喪亂，百事草創，添祐招撫流亡，救養顛沛，遺民稍稍歸復。」李宜春《嘉靖潁州志·宦業》：「李添祐，洪武元年同知州事。時兵亂之後，百爾草創，添祐隨宜經理，招撫流亡，遺民歸復。」《江南通志·職官·潁州（元）》：「李天祐，洪武元年同知州事。兵燹之後，庶務草創，天祐隨宜經理，招撫流移，民始復業。（《潁州志》）」《大清一統志·潁州府·名宦》：「（明）李天祐，洪武初爲潁州同知。時百事草創，天祐隨宜經理，招撫流亡，民皆復業。」《乾隆雲南通志·選舉·進士（元）》：「（至正）庚子（一三六〇）科李天祐，昆明人，都事。」《光緒昆明縣志·選舉·列朝進士（元）》：「至正己亥（一三五九）科魏元禮榜李天祐，仕終嵩明州判。《儒學題名》作庚子科，官都事。」疑即其人。

王敬。〔一〕

方玉。〔二〕

游兆。〔三〕

孫景名。〔四〕

李悦。〔五〕

〔一〕「王敬」條，原書相關頁缺失。《成化中都志·名宦·潁州》：「王敬，洪武三年（一三七〇）知州。撫安招集避兵之民，復安生業。」《正德潁州志·名宦（明）》：「王敬，洪武三年知州事。避亂之民困窘萬狀，敬能撫安招集之。」李宜春《嘉靖潁州志·宦業》：「王敬，洪武三年知州事。撫安招集避兵之民，卒復生業。」王敬永樂間知雷州府先是府多囚繫敬至悉爲剖決數日之間一獄盡空府境被潮水民多溺死敬設法賙其家多賴全濟。

〔二〕「方玉」條，原書相關頁缺失。《成化中都志·名宦·潁州》：「方玉，合肥人。洪武六年（一三七三）知州。有才幹，凡遷移公宇，多其規度。」《正德潁州志·名宦（明）》：「方玉，合肥人。洪武六年知潁州，有才幹。凡遷移治所，多其規度。」李宜春《嘉靖潁州志·宦業》：「方玉，合肥人。洪武六年任。有才幹，凡遷置公宇，多其規度。」《康熙四川通志·名宦（明）》：「方玉，瀘州人。洪武間知成都府。性儉約，一介不取。蒞政嚴明，士民懷畏。」

〔三〕「游兆」條，原書相關頁缺失。《正德潁州志·名宦（明）》：「游兆，福建人。洪武二十五年（一三九二）潁州判官。勤能愛民，修築清波［陂］塘，民利之。」李宜春《嘉靖潁州志·秩官·判官》：「游兆，福建人。洪武二十五年任。見《宦業》。」李宜春《嘉靖潁州志·宦業》：「游兆，福建人。洪武七年（一三七四）任判官。勤能愛民，修築清陂塘，民永賴之。」《乾隆福建通志·選舉·明薦辟》：「（建寧縣）游兆，欽州府判官。以上俱以孝廉舉。」

〔四〕「孫景名」條，原書相關頁缺失。「名」字，一作「明」。《成化中都志·名宦·潁州（國朝）》：「孫景名，浙江富陽縣人。由進士，任監察御史，改歷揚州、臨江二府推官。正統六年（一四四一）陞知州。修理學校、壇壝、養濟院，爲政有聲。」《正德潁州志·名宦·明》：「孫景明，富陽人。由進士，監察御史左遷，再陞知潁州。興學校，嚴祀禮。是時黄河初徙，民物富庶。景明廉静牧民，得爲治體。」李宜春《嘉靖潁州志·宦業》：「孫景名，浙江富陽人。永樂戊戌（一四一八）進士，以御史左遷。正統六年，再陞知潁州。興學校，嚴祀禮，修養濟院。廉静牧民，甚有聲稱。」《光緒富陽縣志·選舉表·舉人（明）》：「（永樂）孫景明，洋漲里人。中十二年甲午浙江鄉試一百六十三名。」《光緒富陽縣志·選舉表·進士（明）》：「（永樂）登十六年戊戌李騏榜。」

〔五〕「李悦」條，原書相關頁缺失。李宜春《嘉靖潁州志·宦業》：「李悦，浙江永嘉人。正統六年（一四四一）任學正。以潁川衛隸河南都司，乃奏請在學軍生赴河南省鄉試，自是科不乏人。陞南昌府學教授。」《光緒永嘉縣志·選舉·舉人（明）》：「（景泰元年庚午）李悦。」

張賢。〔一〕

劉珮。……進湯昇堂畢，諸生各退就號，以次校業。暮復擊鐸，至二鼓罷。諸生無敢惰者。郡前輩仕宦以學識稱者，多出其門云。〔二〕

張愛。雲南人。弘治間知潁州。愛民禮士，公廉有威。民以事至州者，不費一錢而返。潁人至今思之，名曰「板張」。言其執法也。〔三〕

衮論曰：昔之稱良吏不過興利去害，勤於教養而已。由唐而上，若虞、宋仁明，柳修焦陂，五代王、司亦皆可稱。宋爲京輔近郡，名卿才大夫出入，於是爲盛。君子考傳而論其世可也，張忠文傳無倅潁事，而《中都志》載之，豈別有所考與？重其人而不削，亦以勸忠義也。表於范文正、邵康節，未至而書其官，亦此意也。穆參軍之文學，豈古狷者之流乎？近世張賢、劉珮，勤於教職而不書，則司教者益荒矣。

〔一〕「張賢」條，原書相關頁缺失。《正德潁州志·名宦（明）》：「張賢，浙江人。由舉人，任學正。教士多成，文風大振。」李宜春《嘉靖潁州志·宦業》：「張賢，浙江臨海人。成化四年（一四六八）任學正。嚴立課程，勤於講訓，士多所成就。」《康熙臨海縣志·選舉志·舉人（明）》：「（成化四年戊子科）張賢，字時用。任潁州學正，轉國子學録。」

〔二〕「劉珮」條，「進」字前，原書相關頁缺失。李宜春《嘉靖潁州志·宦業》：「劉珮，河南鄢陵人。成化十三年（一四七七）任學正。教規嚴整，以勤苦爲諸生先。每夜四鼓擊鐸昇堂畢，諸生各退就號，以次校業。暮復擊鐸，至二鼓罷。諸生無敢玩惰，其後徒衆尤盛知名也。」《康熙潁州志·名宦（明）》：「劉佩。鄢陵人。成化十三年任學正，教規嚴整。苦爲諸生先，每夜四鼓振鐸，諸生齊起，昇堂揖畢，各退就位，以次校業。暮復振鐸，至二鼓罷。諸生無敢惰。州中縉紳以學識稱者，多出其門。」

〔三〕李宜春《嘉靖潁州志·宦業》：「張愛，雲南人。弘治間知潁州。愛民禮士，廉正自守。民以事至州者，一訊立辦，不費一錢而返。潁人名曰『板張』。」《乾隆雲南通志·選舉·舉人》：「（成化甲午科中式四十五名）張愛，澂江人。知府。」

潁上

漢

劉伯麟。漢人。舉孝廉，除郎中，辟司徒掾，遷慎縣令，卒於官。有惠於民。其《墓銘》略曰：「忠孝正直，高明柔克。」可以見其爲人矣。〔四〕

宋

劉涣。字凝之，高安人。志尚高潔，精於史學。天聖進士及第，爲潁上令。持正不阿，忤上官，遂歸隱廬山。歐陽文忠公高其節，作《廬山高》以美之。號西澗居士。時陳舜俞謫居南康，拳二黄犢，並跨游山。舜俞作《騎牛歌》，李伯時畫爲圖，一時傳誦。蘇子由稱其冰清玉潔，剛廉不撓，凛乎非今世之士。山谷稱其中剛外和，忍窮如鐵石，其所不顧，萬夫不能回其首。右史張耒謂其文學似司馬遷、談，而遷、談無其風節；風節似疏廣、受，而廣、受無其文學。晦菴朱文公守南康，爲作《壯節亭記》，謂其「高懷勁節，可以激懦律貪」。立祠祀之。子恕以文學顯

〔四〕《成化中都志·名宦·潁上縣（漢）》：「劉伯麟，漢人。舉孝廉，除郎中，辟司徒掾，遷慎縣令，卒官。有惠於民。其《墓銘》曰：『忠孝正直，高明柔克。』慎，故城在潁上西北。」《正德潁州志·名宦·漢》：「劉伯麟，慎縣令。少罹艱苦，身服田畝。舉孝廉，除郎中，辟從事司徒掾。遷慎縣令，卒於官。有惠於民，其《墓銘》有曰：『忠孝正直，高明柔克。』又曰：『志激後昆，人皆有云。貴終譽兮，垂名著兮。』」李宜春《嘉靖潁州志·宦業·潁上》：「劉伯麟，舉孝廉。除郎中，辟司徒掾，遷慎縣令，卒於官。有惠於民。按，慎縣晉時始隸汝陰，而伯麟則漢令也。細陽又非屬邑，今故地在西北四十里。難以槩列，故別而存之焉爾。」《順治潁上縣志·秩官·歷官》：「（漢慎令）劉伯麟，見《宦業》。」《順治潁上縣志·秩官·宦業（漢）》：「劉伯麟，漢人。舉孝廉，除郎中，辟司徒掾，遷慎令。有恩於民。其《墓銘》曰：『忠孝正直，高明柔克。』今祀名宦。」

於世，爲秘書丞，與司馬公修《通鑑》。［一］

王渙之。字彦舟，浙江常山人。未冠擢高第，有司疑年未及銓格，特補武勝軍節度推官。方新置學官，以爲杭州教授，知潁上縣。元祐中爲太學博士，校對黄本秘書。通判衛州，入編修《兩國魯衛信録》。徽宗立，以日食求言。渙之對曰：「國家每下求言之詔，而下之報上，乃或不然，以指陳闕失爲訕上，以阿諛佞諂爲尊君，以論議趨時爲國是，以可否相濟爲邪説。志士仁人知言之無益也，不復有言。而小人肆爲詭譎可駭之論，苟容偷合。願陛下虚心公聽，言無迎逐，唯是之從；事無今古，惟是之從；人無同異，唯正是用。則人心悦，天意得矣。」官至寶文閣直學士。朝廷議北伐，渙之以疾提舉明道宫。卒年四十五。渙之性淡泊，恬於進，每云：「乘車常以顛墜處之，處

［一］《宋史·劉恕傳》：「劉恕，字道原，筠州人。父渙，字凝之，爲潁上令，以剛直不能事上官，棄去。家於廬山之陽，時年五十。歐陽修與渙，同年進士也，高其節，作《廬山高》詩以美之。渙居廬山三十餘年，環堵蕭然，饘粥以爲食，而游心塵垢之外，超然無戚戚意，以壽終。」《成化中都志·名宦·潁上縣（宋）》：「劉渙，字疑之，筠州高安人。志尚高潔，精詳史學。天聖中登進士第，由尚書屯田員外郎，爲潁上令。以剛直不能事上官，棄去，家於廬山之陽，號西磵先生。歐陽修同年高其節，嘗作《廬山高》詩以美之。蘇子由稱其冰清玉剛，廉潔不撓，凛凛乎非今世之士。渙作《騎牛歌》曰：『我騎牛，君莫笑。世間萬事從吾好。』時陳舜俞謫居山南，亦乘黄犢，相與往來。黄魯直《拜西磵畫像》詩云：『棄官清潁尾，買田落星灣。身在狐蒲中，名滿天地間。誰能四十年，保此清静退。往來澗谷中，神光射牛背。』子恕以文學顯於世，爲秘書丞，與司馬公修《通鑑》。」李宜春《嘉靖潁州志·秩官·潁上》：「劉渙，天聖中任潁上知縣。見《宦業》。」李宜春《嘉靖潁州志·宦業·潁上》：「劉渙，字凝之，高安人。天聖進士及第，爲潁上令。持正不阿，忤上官，遂歸隱廬山。歐陽文忠公高其節，作《廬山高》以美之。」《順治潁上縣志·秩官·宦業（宋）》：「劉渙，筠州高安人。志尚高潔，精詳史學。仁宗時登進士，由尚書屯田員外郎爲潁上令。持正不阿，忤上官，遂棄去，隱於廬山之陽，號西澗居士。時陳舜俞謫居山南，二公並乘黄犢，相往來於山水間，李龍眠繪圖，一時傳頌。渙作《騎牛歌》曰：『我騎牛，君莫笑。世間萬事從吾好。』同年歐陽修高其節，作《廬山高》詩以美之。蘇子由稱其冰清玉潔，剛廉不擾，凛乎非今世之士。黄魯直稱其中剛外和，忍窮鐵石，其所不顧，萬夫不能回其首。亦有《拜西澗先生畫像》詩。右史張耒謂其文學似司馬遷、談，而遷、談無其風節；風節似廣、受，而廣、受無其文學。晦菴朱公守南康，謂其高懷勁節，可以激懦律貪。今祀名宦。渙子恕，以文學顯於世。」

舟常以覆溺處之，仕宦常以不遇處之，則無事矣。其歸趣如此。〔一〕

論曰：孔、顔安於所遇，而涣之既仕，乃以不遇處之，其所養可知矣。觀其求言之對，莫非道義之發，豈特切中時弊，實爲萬世君天下者之藥石也。涣之其聖賢之徒與！

皇　明

車誠。〔二〕

〔一〕王涣之（一〇六〇——一一二四），字彦舟，常山人。元豐二年（一〇七九）進士，仕至吏部侍郎。《宋史》有傳。李宜春《嘉靖潁州志·宦業·潁上》：「王涣之，字彦舟，浙江常山人。未冠擢高第，有司疑年未及銓格，特補武勝軍節度推官。方新置學官，以爲杭州教授，知潁上縣。元祐中爲太學博士。徽宗立，以日食求言。涣之用大臣薦召對，因言：『求言非難，聽之難；聽之非難，察而用之難。今國家每下求言之詔，而下報上，乃或不然，以指陳闕失爲訕上，以阿諛佞諂爲尊君，以論議趨時爲國是，以可否相濟爲邪説。志士仁人知言之無益也，不復有言，而小人肆爲詭譎可駭之論，苟容偷合。願陛下虚心公廳，言無逆避，唯是之從；事無今古，唯當爲貴；人無同異，唯正是用。則人心悦，而天意得矣。』涣之性澹泊，恬於仕進，每云：『乘車常以顛墜處之，乘舟常以覆溺處之，仕宦常以不遇處之，則無事矣。』」《順治潁上縣志·秩官·宦業（宋）》：「王涣之，浙江常山人。未冠擢高第，有司疑年未及詮格，特補武勝軍節度推官。方新置學官，以爲杭州教授，知潁上縣。元祐中爲太學博士，校對黄本秘書。通判衛州，入編修《兩國魯衛信録》。徽宗立，以日食求言。涣之對曰：『國家每下求言之詔，而下之報上，乃或不然。以指陳闕失爲訕上，以阿諛佞諂爲尊君，以論議趨時爲國是，以可否相濟爲邪説。志士仁人知言之無益也，不復有言。而小人肆爲詭譎可駭之論，苟容偷合。願陛下虚心公廳，言無迎遜，唯是之從；事無今古，唯是之從；人無同異，唯正是用。則人心悦，天意得矣。』官至寶文閣直學士。朝廷議北伐，涣之以疾提學［舉］明道宫。卒年四十五。涣之性澹泊，恬於進，每云：『乘車常以顛墜處之，處舟常以覆溺處之，仕宦常以不遇處之，則無事矣。』其歸趣如此。今祀名宦。」

〔二〕「車誠」條，見卷前所列傳主姓名，然書中未有其傳。《成化中都志·名宦·潁上縣（國朝）》：「車誠，浙江餘姚縣人。洪武四年（一三七一）知縣。廉以律己，信以臨民。陞光州知州。」李宜春《嘉靖潁州志·秩官·知縣（潁上）》：「車誠，浙江餘姚人。（洪武）四年任。」李宜春《嘉靖潁州志·秩官·潁上》：「車誠，浙江餘姚人。四年任。見《宦業》。」李宜春《嘉靖潁州志·宦業》：「車誠，浙江餘姚人。洪武四年知潁上縣。廉謹誠信，教化大行。尋以績最，陞光州知州。」《順治潁上縣志·宦業（明）》：「車誠。浙江餘姚人。洪武四年知潁上縣。守職廉謹，以誠信治民，政化大行。尋以績最，擢知光州。今祀名宦。」《光緒餘姚縣志·選舉表·制科（明）》：「（洪武元年戊申）車城，有《傳》。」《光緒餘姚縣志·列傳（明）》：「車誠，字信夫。洪武初舉賢良方正。四年知潁上縣。奉職廉謹，以誠信治民，政化大行。遷知光州，益著名績。」

王皞。〔一〕

孔克耕。〔二〕

鄭文廉。〔三〕

鄭祺。江西貴溪縣人。應經明行修舉，景泰初知潁上。廉以律己，仁以禦下，行事不煩，民咸安堵，流遺聞風者争來復業焉。舊制編户一十三里，公增爲一十七里，賦斂遂舒。九年任滿天曹，因士民保留，進通判職，仍掌縣

〔一〕「王皞」條，見卷前所列傳主姓名，然書中未有其傳。《成化中都志·名宦·潁上縣（國朝）》：「王皞，常州武進縣人，洪武八年知縣。慈祥豈弟，以德化人。」李宜春《嘉靖潁州志·秩官·知縣（潁上）》：「王皞，武進人。」李宜春《嘉靖潁州志·秩官·潁上》：「王皞，武進人。見《宦業》。」李宜春《嘉靖潁州志·宦業·潁上》：「王皞，常州武進人。洪武八年（一三七五）知潁上縣事。慈祥愷悌，以德化民。潁至今傳誦不忘。」《順治潁上縣志·秩官·宦業（明）》：「王皞，常州府武進縣人，洪武八年知潁上縣。慈祥豈弟，以德化民，潁人傳誦，至今不忘。今祀名宦。」

〔二〕「孔克耕」條，見卷前所列傳主姓名，然書中未有其傳。《南畿志·鳳陽府·宦蹟》：「孔克耕，漢中人。洪武間任潁上縣丞。賦平政理，增修學宮，新縣治及各公署，民不知擾。」李宜春《嘉靖潁州志·秩官》：「孔克耕，漢中人。洪武十七年（一三八四）任。見《宦業》。」李宜春《嘉靖潁州志·宦業·潁上》：「孔克耕，陝西漢中人。洪武十七年任潁上縣丞。公勤才幹，政理賦平。修學宮，新縣治以及諸衙門，罔不完具，民不知擾。尋陞禮部員外郎。」《順治潁上縣志·秩官·宦業（明）》：「孔克耕，陝西漢中人，洪武十七年任潁上丞。公勤才幹，賦平政理，增修學宮，一新縣治，以及合屬衙門，罔不完具，民不知擾，尋擢禮部員外郎。今祀名宦。」

〔三〕「鄭文廉」條，見卷前所列傳主姓名，然書中未有其傳。「廉」字，一作「濂」。《成化中都志·名宦·潁上縣（國朝）》：「鄭文廉，浙江仙居縣人。正統元年（一四三六）知潁。存心公恕，廉能有威。」李宜春《嘉靖潁州志·宦業·潁上》：「鄭文濂，浙江仙居人。正統元年知潁上縣。存心公恕，廉能有威，邑人慕而誦之。」《順治潁上縣志·秩官·宦業（明）》：「鄭文濂，浙江仙居人。正統元年知潁上。存心公恕，廉能有威，邑人景慕，世頌不已。今祀名宦。」《光緒仙居縣志·選舉·貢生（明）》：「（宣德）鄭文廉，《顧志》在永樂。潁上縣知縣。祀潁上名宦。」

事三年。政績具於《遺愛碑》。〔一〕

李時儀。字端夫，福建長樂人。國子生。成化十五年（一四七九）知潁上。省刑薄斂，立法惟一，純朴不餙，貴勢不阿，邑人目爲版李。編户增爲一十九里。時儀以禮去任，信宿而行。士民留靴懸於譙樓，以寓去思之意。其善政，民至於今頌之。〔二〕

論曰：吏果良矣，民自不能忘，中口之碑，人人能誦，世世能傳也。二公繫屬民心，其所以立碑、留靴者，出於中誠，亦不是過。近世亦有本無實績，乃假其所親信而僞爲之，以欺世盗名者，多見其未出郭門而遺笑已滿郡邑矣，何其愚之甚也。善乎！韓魏公之詩云：「須臾慰滿三農望，斂却神功寂若無。」彼之小小補其罅隙之爲者，視此寧不爲之愧心，寧不爲之汗顔？

張澄。字憲夫，河南洛陽人。舉貢士，弘治十八年（一五〇五）知潁上。興利除害，吏民畏服。巡按御史聞公

〔一〕李宜春《嘉靖潁州志・秩官・知縣（潁上）》：「鄭祺，江西貴溪人。景泰初任。」李宜春《嘉靖潁州志・宦業・潁上》：「鄭祺，字彦禧，江西貴溪人。應經明行修舉，景泰初知潁上縣。廉明仁恕，事不煩而民安，流遺争附，因增編户十三里爲十七。九年（一四四四）滿考，士民保留，進通判職，仍掌縣三年。其《遺愛碑》載《潁上縣志》。」《順治潁上縣志・秩官・宦業（明）》：「鄭祺，字彦禧，江西貴溪人。應經明行修舉，景泰初知潁上。廉以律己，仁以禦下，行事不煩，民咸安堵，流移聞風，争來復業焉。舊制編户一十三里，公增爲十七里，賦斂遂舒。九年任滿天曹，因士民保留，進通判職，仍掌縣事。三年政績，詳《遺愛碑》中。今祀名宦。」

〔二〕李宜春《嘉靖潁州志・秩官・知縣（潁上）》：「李時儀，福建長樂人。成化十五年（一四七九）任。」李宜春《嘉靖潁州志・宦業・潁上》：「李時儀，字端夫，福建長樂人。成化十五年知潁上縣。省刑薄斂，立法惟一，不阿貴勢，邑人目爲版李。編户增爲一十九里。以禮致仕，信宿而行，士民留靴，寓去思云。」《順治潁上縣志・秩官・宦業（明）》：「李時儀，字瑞［端］夫，福建長樂人。由監生，成化十五年知潁上縣。省刑薄斂，立法惟一，純樸不飾，貴介不阿，邑人目爲版李。編户增爲一十九里，自公始。以禮去任，信宿而行。士民留靴懸於譙樓，以寓去思之意，頌其善政，至今不絶。今祀名宦。」

旌其才堪治繁，調盱眙。未幾，遷户部主事。〔一〕

林汝明。福建莆田人。舉貢士，弘治三年（一四九〇）任儒學教論。學行修飭，師範端嚴，威儀爾雅，有古君子之風。〔二〕

太和

皇明

袁伯儀。湖廣辰州人。洪武間任太和丞。廉明而仁惠，政勣著聞，召入爲監察御史。〔三〕

陳名。江西餘干縣人，國子生也。宣德八年（一四三三）來知本縣。性嚴毅，且勤能，有惠於太和。太和之民

〔一〕李宜春《嘉靖潁州志・宦業・潁上》：「張澄，字憲夫，河南洛陽人。弘治十八年，由貢士知潁上。興利除害，吏民畏服。巡按御史薦其才堪治繁，調盱眙。尋遷户部主事。」《順治潁上縣志・秩官・宦業（明）》：「張澄，字憲夫，河南洛陽人。由舉人，弘治十八年知潁上。興利除害，吏畏民懷。巡按御史間公旌其才治繁，調盱眙。未幾，遷户部主事。今祀名宦。」

〔二〕李宜春《嘉靖潁州志・宦業・潁上》：「林汝明，福建莆田人。弘治三年任潁上縣學教論。學行修飭，師範端嚴，有古君子風度。士薰而化者多焉。」《順治潁上縣志・秩官・宦業（明）》：「林汝明，福建莆田人。弘治二年由舉人任儒學教論。學行修飭，師範端嚴，威儀爾雅，有古君子之風。今祀名宦。」《乾隆福建通志・選舉・明舉人》：「（成化二十二年林，榜丙午興化府）林汝明，儒士中式。潁上教論。」《光緒莆田縣志・選舉・鄉舉（明）》：「（成化二十二年丙午）林汝明，字明鑒。正從弟。儒士，楨［潁］上教論。」

〔三〕《成化中都志・名宦・太和縣（國朝）》：「袁伯儀，湖廣辰州府人。洪武間任本縣縣丞。律己清廉，政績著聞。陞監察御史。」《南畿志・鳳陽府・宦蹟》：「袁伯儀，辰州人。洪武間任太和縣丞，清廉有政績。」李宜春《嘉靖潁州志・宦業・太和》：「袁伯儀，湖廣辰州人。洪武間任太和縣丞。廉明仁惠，政績著聞。召入爲監察御史。」《萬曆太和縣志・歷官志・縣丞題名（皇明）》：「袁伯儀，湖廣人。由監生洪武初年任。陞監察御史。見《名宦》。」《萬曆太和縣志・歷官志・遺愛（皇明）》：「袁伯儀，湖廣辰州人。洪武年間任太和縣丞。廉明仁惠，政績著聞，召入爲監察御史。《名宦》。」

至今懷之。[一]

張處仁。湖廣攸縣人。國子生。正統九年（一四四四）來爲太和知縣。政尚寬平，事多克濟，故當時民心愛戴，至於今思慕之。[二]

趙夔。遼東錦州人。舉貢士，來知縣事。政尚寬平，以愛民爲主，有古循良風。承流賊後，修建城池，甃以磚石，永爲保障，民至於今德之。有遺愛祠，在縣東。[三]

論曰：潁之守令，得人惟宋爲盛。蓋宋懲五季藩鎮之弊，凡朝臣領外寄者，上而牧守監司，下而倅宰管庫，必帶省曹、寺監、宮僚之名，通以奉使目之，此内外輕重之任所以均也。潁爲宋畿近地，故凡外寄者，率多宰執、臺閣之才，雖有筮仕其間，亦皆賢達名流。是以當時上下相安，風俗清麗，而諸賢借重於潁，始終完節者多，固不可以吏治論，亦不可以循良稱也。由五代而上，南渡而下，仁莫如延，明莫如登。令如伯麟、如皥、如克耕、如祺、

〔一〕李宜春《嘉靖潁州志·宦業·太和》：「陳名，江西餘干人。宣德八年由國子生知太和縣。勤於訟牘，威惠並行，吏民畏愛之。」《萬曆太和縣志·歷官志·知縣題名（皇明）》：「陳名，江西餘干人。由監生宣德八年任。見《名宦》。」《萬曆太和縣志·歷官志·遺愛（皇明）》：「陳名，江西餘干人。宣德八年由監生知太和縣。操守廉謹，有幹濟才，威惠並行，吏民畏愛之。《名宦》。」

〔二〕李宜春《嘉靖潁州志·宦業·太和》：「張處仁，湖廣攸縣人。正統九年由國子生知太和縣。政平事集，一時稱治。」《萬曆太和縣志·歷官志·知縣題名（皇明）》：「張處仁，湖廣攸縣人。由監生正統九年任。詳見《名宦》。」《萬曆太和縣志·歷官志·遺愛（皇明）》：「張處仁，湖廣攸縣人。正統九年由國子生知太和縣事。政尚寬平，事多克濟，一時稱治焉。見《名宦》。」

〔三〕李宜春《嘉靖潁州志·宦業·太和》：「趙夔，遼東錦州人。正德間由貢士知太和縣。政尚寬平，有古循良風。承流賊後，甃磚石爲城，永爲保障。民立遺愛祠祀之。」《萬曆太和縣志·歷官志·知縣題名（皇明）》：「趙夔，遼東錦州人。由舉人正德八年任。修造城池，有功民社，後立祠祀之。詳見《遺愛》。」《萬曆太和縣志·歷官志·遺愛（皇明）》：「趙夔，遼東綿［錦］州人。正德間以貢士知太和縣。政尚寬平，有古循良風。承流賊後，修建城池，甃以磚石，永爲保障。民立遺愛祠祀之。」《欽定盛京通志·選舉·舉人（明）》：「趙夔，廣寧衛人。官泰和知縣。」

如處仁、如夔之惠，如誠、如文廉、如伯誠之廉。剛毅如暘、如愛之爲守，如時儀、如名之爲令，而守如賨積、如祚、如玉、如景名；判如兆，令如澄之興利舉廢而安集，如添祐之爲貳，如敬之爲守，皆其吏之良者也。其忠義，若張超之於南宋，若司超之於後周，若叔夜、若若海、若規之於南渡，豈多見哉！其教若賢、若珮、若汝明之於我朝，亦足稱矣。故當時民被其澤，士服其教，而國家之安危，生民之命脈賴之，是之謂有功，是之謂不朽。噫！後之視今，亦猶今之視昔。昔之循吏，史失其傳者，不可得而考矣，而今之世，非昔之遠，廣詢博採之間，夫何循良之少，而能與酷之多邪？豈循良布滿郡邑，而泯其名於無邪？凡爲吾牧者，當思所以自勵矣。

先據《潁上志》，以《名宦》列名於首，若車君誠、王君皞、孔君克耕、鄭君文廉，與著論並收録矣。及《列傳》考訂，不甚卓異，故於傳不列云耳。

《名宦傳》終

潁州志卷之十五

傳三·鄉賢

《傳》稱「鄉先生没而祀於社」〔一〕，爲有益於教也。潁固多奇士，姑列其可稱者，論著於《傳》云。

何比干　郭憲　張黼〔黼〕　戴憑　陳蕃　范滂　許劭　許靖
吕範　董紹　尹拙　舒元　張綸　王臻　王回　王向　常秩
焦千之　傅瑾　李黼　張紹祖　安然　李敏　張泌　韓璽
郭昇　管仲潁上　**章克讓　章順舉　卜謙　李芳　王質**太和　**紀鏞**

漢

何比干。字少卿，汝陰人。學《尚書》於晁錯，經明行修，兼通法律。爲汝陰縣獄吏決曹掾，平活數千人。武帝時爲廷尉正，時張湯持法深，而比干務存仁恕，所濟活者以千數。後遷丹陽都，獄無冤囚，淮汝號曰「何公」。按《何氏家傳》云：征和三年（前九〇），忽有老嫗至門，謂比干曰：「君先出自后稷，佐堯至晉，有陰德，及

〔一〕韓愈《送楊少尹序》：「古之所謂鄉先生没而可祭於社者，其在斯人歟！」

公之身，又鞠獄平恕。今天賜策，以廣公之子孫。」因出懷中符策，凡九百九十枚，以授比干。曰：「子孫佩印符者，當如此算。」嫗忽不見。比干九子，本始元年（前七三），自汝徙居平陵，累世榮盛，皆符嫗言。出《東漢書·何敞傳》注。[一]

郭憲。字子横，汝南宋人也。《續漢志》：汝南郡有宋公國，周名鄟丘，漢改爲新鄟，去潁州八里。少師事東海王仲子。王莽爲大司馬，召仲子，欲往。憲曰：「禮有來學，無往教之義。今君賤道畏貴，竊所不取。」及莽篡位，拜憲郎中，賜以衣服。憲受衣焚之，逃於東海之濱。光武即位，求天下有道之人，乃徵憲，拜博士，遷光禄勳。屢直諫不稱意，

[一] 何比干，字少卿，汝陰人。西漢武帝時仕至廷尉正。《後漢書·何敞傳》：「何敞，字文高，扶風平陵人也。其先家於汝陰。六世祖比干，學《尚書》於朝［晁］錯……」其後注引《何氏家傳》曰：「（六世）祖父比干，字少卿，經明行修，兼通法律。爲汝陰縣獄吏決曹掾，平活數千人。後爲丹陽都尉，獄無冤囚，淮汝號曰『何公』。征和三年三月辛亥，天大陰雨，比干在家，日中夢貴客車騎滿門，覺以語妻。語未已，而門有老嫗可八十餘，頭白，求寄避雨，雨甚而衣履不霑漬。雨止，送至門，乃謂比干曰：『公有陰德，今天錫君策，以廣公之子孫。』因出懷中符策，狀如簡，長九寸，凡九百九十枚，以授比干，子孫佩印綬者當如此算。比干年五十八，有六男，又生三子。本始元年，自汝陰徙平陵，代爲名族。」《成化中都志·人才傳·潁州（漢）》：「何比干，字少卿，汝陰人。學《尚書》於晁錯，經明行修，兼通法律。爲汝陰縣獄吏決曹掾，平活數千人。武帝時爲廷尉正，時張湯持法深，而比干務仁恕，所濟活者以千數。後爲丹陽都尉，獄無冤囚，淮汝號曰『何公』。《何氏家傳》云：征和三年，忽有老嫗至門，謂比干曰：『君先出自后稷，佐堯至晉，有陰德，及公之身，又鞠獄平恕。今天賜策，以廣公之子孫。』因出懷中符策，凡九百九十枚，以授比干。曰：『子孫佩印符者，當如此算。』嫗忽不見。比干九子，本始元年，自汝徙家平陵，累世榮盛，皆符嫗言。出《東漢書·何敞傳》，注若幾於怪誕，然史所載，姑録之。」《成化中都志·名宦·潁州（漢）》：「何比干，汝陰縣決曹掾。平活數千人，時號何公。詳見《人才類》。」《正德潁州志·名宦·漢》：「何比干，汝陰縣決曹掾。平活數千人，號『何公』。」李宜春《嘉靖潁州志·循吏·漢》：「何比干，字少卿，汝陰人。學《尚書》於晁錯，經明行修，兼通法律。爲汝陰縣獄吏決曹掾，平活數千人。武帝時爲廷尉正，時張湯持法深，而比干務存仁恕，所濟活者以千數。後遷丹陽都尉，獄無冤囚，淮汝號曰『何公』。」

帝曰：「嘗聞曰『關東觥觥郭子横』，竟不虚也。」憲遂以疾辭，卒於家。〔一〕

張酺。字孟侯，汝南細陽人。趙王張敖之後也。細陽，漢縣，在州北四十里。少從祖父克〔充〕受《尚書》，能傳其業，勤力不怠。顯宗開四姓小侯學，酺以《尚書》教授，數以論難當意，除爲郎，賜車馬衣服，令入授皇太子侍講。率有匡正之辭。累官至司徒。曾孫濟，字元江，好儒學，光和中至司空，病卒，贈車騎將軍、關内侯。封子根爲蔡陽鄉侯。濟弟喜，初平中爲司空。〔二〕

〔一〕郭憲，字子横，汝南宋（今安徽太和）人。東漢初仕至光禄勳。《後漢書》本傳：「郭憲，字子横，汝南宋人也。少師事東海王仲子。時王莽爲大司馬，召仲子，仲子欲往。憲諫曰：『禮有來學，無有往教之義。今君賤道畏貴，竊所不取。』仲子曰：『王公至重，不敢違之。』憲曰：『今正臨講業，且當訖事。』仲子從之，日晏乃往。莽問：『君來何遲？』仲子具以憲言對，莽陰奇之。及後篡位，拜憲郎中，賜以衣服。憲受衣焚之，逃於東海之濱。莽深忿恚，討逐不知所在。」《成化中都志·人才傳·潁州（漢）》：「郭憲，字子横，汝南宋人。（宋，漢新郪縣也。東漢爲宋國，故城去潁州八里。）憲少師事東海王仲子。王莽爲大司馬，召仲子，欲往。憲曰：『禮有來學，無往教之義。今君賤道畏貴，竊所不取。』及莽篡位，拜憲郎中，賜以衣服。憲受衣焚之，逃於東海之濱。光武即位，求天下有道之人，乃拜憲博士。遷光禄勳。屢直諫，帝曰：『嘗聞曰「關東觥觥郭子横」，竟不虚也。』」《南畿志·鳳陽府·人物》：「郭憲，汝南宋人。少師事東海王仲子，王莽爲大司馬，召仲子，欲往，憲曰：『君賤道畏貴，竊所不取。』及莽篡位，拜憲郎中，賜以衣服，憲焚之而逃。光武即位，求天下有道之人，乃拜憲博士，遷光禄勳。屢直諫，帝曰：『嘗聞「關東觥觥郭子横」，竟不虚也。』」李宜春《嘉靖潁州志·氣節·東漢》：「郭憲，字子横，郪人也。少師事東海王仲子。時王莽爲大司馬，召仲子，仲子欲往。憲曰：『禮有來學，無往教之義。今君賤道畏貴，竊所不取。』仲子曰：『王公至重，不敢違之。』憲曰：『今正臨講業，且當訖事。』仲子從之，日晏乃往。莽問：『君來何遲？』仲子具以憲言對，莽陰奇之。及莽篡位，拜憲郎中，賜以衣服。憲受衣焚之，逃於東海之濱。光武即位，求天下有道之人，乃徵憲拜博士。再遷，爲光禄勳。從駕南郊。憲在位，忽面向東北，含酒三潠。執法奏爲不敬。詔問其故。憲對曰：『齊國失火，故以此厭之。』後齊果上火災，與郊同日。八年，車駕西征隗囂，憲諫曰：『天下初定，車駕未可以動。』憲乃當車拔佩刀以斷車靷。帝不從，遂上隴。其後潁川兵起，乃回駕而還。帝歎曰：『恨不用郭子横之言。』時匈奴數犯塞，帝患之，乃召百僚廷議。憲以爲天下疲弊，不宜動衆。諫争不合，乃伏地稱眩瞀，不復言。帝令兩郎扶下殿，憲亦不拜。帝曰：『常聞「關東觥觥郭子横」，竟不虚也。』憲遂以病辭退，卒於家。」

〔二〕張酺（？——一〇四），字孟侯，汝南細陽（今安徽太和）人。趙王張敖之後。少從祖父張充習《尚書》，後師事名儒桓榮，曾教授四姓小侯《尚書》。仕至司徒。《後漢書》本傳：「張酺，字孟侯，汝南細陽人，趙王張敖之後也。敖子壽，封細陽之池陽鄉，後廢，因家焉。酺少從祖父充受《尚書》，能傳其業。又事太常桓榮。勤力不怠，聚徒以百數。永平九年（前六六），顯宗爲四姓小侯開學於南宫，置《五經》師。酺以《尚（轉下頁注

戴憑。字次仲，汝南平輿人也。習《京氏易》。年十六，郡舉明經，徵試博士，拜郎中。遷侍中，兼領虎賁中郎將。正旦朝賀，百僚畢集，帝令群臣能説經者更相難詰，義有不通，輒奪其席以益通者，憑遂重坐五十餘席。故京師語曰：「解經不窮戴侍中。」卒於官，詔賜東園梓器，錢二十萬。〔一〕

接上頁注〔二〕）書》教授，數講於御前。」《成化中都志·人才傳·潁州（漢）》：「張酺，字孟侯，細陽人。（細陽，漢縣，在州北四十里。）顯宗開四姓小侯學，酺以《尚書》教授。論難當上意，除爲郎，令入授皇太子經侍講。率有勁正之詞。累官至司徒。曾孫濟，字元江，好儒學，光和中爲司空。」《正德潁州志·人物·漢》：「張黼〔酺〕，細陽人，自少立學不怠。顯宗開四姓小侯學，黼〔酺〕以《尚書》教授。論難當上意，除爲郎，令入授皇太子經侍講，率有勁正之詞。累官至司徒。」李宜春《嘉靖潁州志·經術·漢》：「張酺，字孟侯，細陽人，趙王敖後也。少從祖父充受《尚書》，能傳其業。又事太常桓榮，勤力不怠。顯宗爲四姓小侯開學於南宫，置五經師。酺以《尚書》教授，數以論難當意，除爲郎，賜車馬衣服，令入授皇太子。酺爲人質直，守經義，每侍講，率有匡正之辭。累遷至司徒，以嚴見憚。曾孫濟，字元江，好儒學，光和中官至司空。卒贈車騎將軍、關内侯。封子根爲蔡陽鄉侯。濟弟喜，初平中爲司空。」

〔一〕《後漢書》本傳：「戴憑，字次仲，汝南平輿人也。習《京氏易》。年十六，郡舉明經，徵試博士，拜郎中。時詔公卿大會，群臣皆就席，憑獨立。光武問其意。憑對曰：『博士説經皆不如臣，而坐居臣上，是以不得就席。』帝即召上殿，令與諸儒難説，憑多所解釋。帝善之，拜爲侍中，數進見問得失。帝謂憑曰：『侍中當匡補國政，勿有隱情。』憑對曰：『陛下嚴。』帝曰：『朕何用嚴？』憑曰：『伏見前太尉西曹掾蔣遵，清亮忠孝，學通古今，陛下納膚受之訴，遂致禁錮，世以是爲嚴。』帝怒曰：『汝南子欲復黨乎？』憑出，自繫廷尉，有詔敕出。後復引見，憑謝曰：『臣無謇諤之節，而有狂瞽之言，不能以尸伏諫，偷生苟活，誠慚聖朝。』帝即敕尚書解遵禁錮，拜憑虎賁中郎將，以侍中兼領之。正旦朝賀，百僚畢會，帝令群臣能説經者更相難詰，義有不通，輒奪其席以益通者，憑遂重坐五十餘席。故京師爲之語曰：『解經不窮戴侍中。』在職十八年，卒於官，詔賜東園梓器，錢二十萬。」《成化中都志·人才傳·潁州（漢）》：「戴憑，字次仲，汝南平輿人。（平輿，漢縣，古沈國，唐改沈丘，故城在州西鄉。）憑習《京氏易》，年十六舉明經，徵試博士，拜郎中。遷侍中，兼領虎賁中郎將。正旦朝賀，百僚畢集，帝令群臣能説經者更相難詰，義有不通，輒奪其席以益通者。憑遂重坐五十餘席。故京師語曰：『解經不窮戴侍中。』卒於官，詔賜東園梓器，錢二十萬。」李宜春《嘉靖潁州志·經術·漢》：「戴憑，字次仲，平輿人也。習《京氏易》。年十六，郡舉明經，徵試博士，拜郎中。時詔公卿大會，群臣皆就席，憑獨立。光武問其意。對曰：『博士説經皆不如臣，而坐居臣上，是以不得就席。』帝即召上殿，令與諸儒難説，憑多所解釋。帝善之，拜爲侍中，數進見問得失。帝謂憑曰：『侍中當匡補國政，勿有隱情。』憑對曰：『陛下嚴。』帝曰：『朕何用嚴？』憑曰：『伏見前太尉西曹掾蔣遵，清亮忠孝，學通古今，陛下納膚受之訴，遂致禁錮，世以是爲嚴。』帝怒曰：『汝南子欲復黨乎？』憑出，自繫廷尉，有詔敕出。後復引見，憑謝曰：『臣無謇諤之節，而有狂瞽之言，不能以尸伏諫，偷生苟活，誠慚聖朝。』帝即敕尚書解遵禁錮，拜憑虎賁中郎將，以侍中兼領之。正旦朝賀，百僚畢會，帝令群臣能説經者更相難詰，義有不通，輒奪其席以益通者，憑遂重坐五十餘席。故京師爲之語曰：『解經不窮戴侍中。』在職十八年，卒於官，詔賜東園梓器，錢二十萬。」

陳蕃。字仲舉，平輿人也。平輿，漢縣，古沈國，故城在州西鄉。年十五，嘗閑處一室，而庭宇蕪穢。父友同郡薛勤謂之曰：「孺子何不灑掃以待賓客？」蕃曰：「大丈夫處世，當掃除天下，安事一室乎！」勤知有清世之志，甚奇之。郡舉孝廉，除郎中。遭母憂，去官。太尉李固表薦議郎，遷樂安太守。有清勣，累遷尚書僕射。延熹八年（一六五），爲太尉李膺等以黨事下獄，蕃上疏極諫，桓帝諱其言切，託以辟召非人，策免之。永康元年（一六七），帝崩，竇太后臨朝，以蕃爲太傅，録尚書事。與大將竇武同心盡力，徵用名賢，共參政事。天下之士，莫不延頸想望太平。後與武謀誅嬖倖，事泄遇害。〔一〕

〔一〕陳蕃（？——一六八），字仲舉，汝南平輿人（今屬河南）。東漢名臣，與竇武、劉淑合稱「三君」。仕至太尉。《後漢書》本傳：「陳蕃，字仲舉，汝南平輿人也。祖河東太守。蕃年十五，嘗閑處一室，而庭宇蕪穢。父友同郡薛勤來候之，謂蕃曰：『孺子何不洒埽以待賓客？』蕃曰：『大丈夫處世，當埽除天下，安事一室乎！』勤知其有清世志，甚奇之。初仕郡，舉孝廉，除郎中。遭母憂，棄官行喪。服闋，刺史周景辟別駕從事，以諫争不合，投傳而去。後公府辟舉方正，皆不就。太尉李固表薦，徵拜議郎，再遷爲樂安太守……」《成化中都志·人才傳·潁州（漢）》：「陳蕃，字仲舉，平輿人也。年十五，嘗閑處一室，而庭宇蕪穢。父友同郡薛勤謂之曰：『孺子何不灑掃以待賓客？』蕃曰：『大丈夫處世，當掃除天下，安事一室乎！』勤知其有清世之志，甚奇之。郡舉孝廉，除郎中。遭母憂，去官。太尉李固表薦議郎，遷樂安太守。有清績，累遷尚書僕射。延熹八年，爲太尉李膺等以黨事下獄，蕃上疏極諫，桓帝諱其言切，託以辟召非人，策免之。永康元年，帝崩，竇太后臨朝，以蕃爲太傅，録尚書事。與大將竇武同心盡力，徵用名賢，共參政事。天下之士，莫不延頸想望太平。後與武謀誅嬖倖，事洩遇害。愚謂：遇不世出之主，而後可與成不世之功。建寧之際，上昏下嬖，加以竇武優游不斷，非撥亂之才。藩不審時量力，橫挑豺虎，以冀非常之功，卒之駢首就戮。悲夫！蓋蕃志大而識闇，其及也宜哉。《易》曰：『智小而謀大，鮮不及矣。』」李宜春《嘉靖潁州志·名臣·東漢》：「陳蕃，字仲舉，平輿人。年十五，嘗閑處一室，而庭宇蕪穢。父友同郡薛勤來候之，謂蕃曰：『孺子何不洒掃以待賓客？』蕃曰：『大丈夫處世，當掃除天下，安事一室乎！』勤知其有清世志，甚奇之。初仕郡，舉孝廉，除郎中。遭母憂，棄官行喪。服闋，太尉李固表薦，徵拜議郎，再遷爲樂安太守。時李膺爲青州刺史，名有威政，屬城聞風，皆自引去，蕃獨以清績留。大將軍梁冀威震天下，時遣書詣蕃，有所請託，不得通，使者詐求謁。蕃怒，笞殺之。坐左轉修武令，稍遷尚書。時零陵、桂陽山賊爲害，公卿議遣討之，又詔下州郡，一切皆得舉孝廉、茂才。蕃上疏駁之，忤左右，故出爲豫章太守。性方峻，不接賓客，士民亦畏其高。徵爲尚書令，送者不出郭門。遷大鴻臚。會白馬令李雲抗疏諫，桓帝怒，當伏重誅。蕃上書救雲，坐免歸田里。復徵拜議郎，數日遷光禄勳。時封賞踰制，内寵猥盛，蕃上疏極諫。帝頗納其言，爲出宫女五百餘人，但賜儁爵關内侯，萬世南鄉侯。自蕃爲光禄勳，與五官中郎將黃琬共典選舉，不偏權富，而爲勢家郎所譖訴，坐免歸。頃之，徵爲尚書僕射、太中大夫，代楊秉爲太尉。李膺等以黨事下獄考實，蕃因上疏極諫曰：『臣聞賢明之君，委心輔佐；亡國之主，諱聞直辭。故湯武雖聖，而興於伊、呂；桀、紂（轉下頁注

范滂。字孟博，汝南細陽人也。少厲清節，爲州里所服，舉孝廉、光禄四行。時冀州饑荒，盗起，以滂爲清詔使。登車攬轡，慨然有澄清天下之志。及州境，守令臧汙者，望風解印綬去。遷光禄勳主事。滂執公儀詣光禄勳陳蕃，蕃不止之，滂棄官去。復爲太尉黄瓊所辟。後詔三府掾屬舉謠言，滂奏刺史、二千石二十餘人。尚書責滂所劾猥多，疑有私故。滂曰：「臣聞農夫去草，嘉穀必茂；忠臣除姦，王道以清。臣言有貳，甘受顯戮。」吏不能詰。滂覩時方艱，知意不行，因投劾去。太守宗資聞其名，請署功曹，委任政事。後以鈎黨坐繫獄。吏謂：「入獄皆祭皋陶。」滂曰：「陶，古之名臣。知滂無罪，將理之於帝；如其有罪，祭之何益！」桓帝使中常侍王甫以次辨詰，滂對曰：「仲尼之言：『見善如不及，見惡如探湯。』故使善善同其清，惡惡同其汙，謂王政之所願聞，不悟更以爲黨。」甫爲之改容。後事得釋，南歸。建寧二年（一六九），大誅黨人，詔下急捕滂等。督郵吴導至縣，抱詔書，閉傳舍，伏牀而泣。滂聞之，曰：「必爲我也。」即自詣獄。母曰：「汝今得與李、杜齊名，死亦何恨？既有令名，復求壽考，可兼得乎？」滂跪受教。

接上頁注〔一〕迷惑，亡在失人。由此言之，君爲元首，臣爲股肱，同體相須，共成美惡者也。伏見前司隸校尉李膺、太僕杜密、太尉掾范滂等，正身無玷，死心社稷。以忠忤旨，横加考案，或禁錮閉隔，或死徙非所。杜塞天下之口，聾盲一世之人，與秦焚書坑儒，何以爲異？昔武王克殷，表閭封墓，今陛下臨政，先誅忠賢。遇善何薄？待惡何優？夫讒人似實，巧言如簧，使聽之者惑，視之者昏。夫吉凶之效，存乎識善；成敗之機，在於察言。人君者，攝天地之政，秉四海之維，舉動不可以違聖法，進退不可以離道規。謬言出口，則亂及八方，何況髡無罪於獄，殺無辜於市乎！昔禹巡狩蒼梧，見市殺人，下車而哭之曰：「萬方有罪，在予一人！」故其興也勃焉。又青、徐炎旱，五穀損傷，民物流遷，茹菽不足。而宫女積於房掖，國用盡於羅紈，外戚私門，貪財受賂，所謂「禄去公室，政在大夫」。昔春秋之末，周德衰微，數十年間無復灾眚者，天所棄也。天之於漢，悢悢無已。故殷勤示變，以悟陛下。除妖去孽，寔在修德。臣位列臺司，憂深責重，不敢尸禄惜生，坐觀成敗。如蒙採録，使身首分裂，異門而出，所不恨也。』帝諱其言切，託以蕃辟召非其人，遂策免之。永康元年，帝崩。竇太后臨朝，以蕃爲太傅，録尚書事。與大將竇武，同心盡力，徵用名賢，共參政事。天下之士，莫不延頸想望太平。而帝乳母趙嬈，與中常侍曹節、王甫等共交構，諂事太后。蕃常疾之，上疏曰：『臣聞言不直而行不正，則爲欺乎天而負乎人。危言極意，則群凶側目，禍不旋踵。鈞此二者，臣寧得禍，不敢欺天也。今京華囂囂，道路諠譁，言侯覽、曹節、公乘昕、王甫、鄭颯等與趙夫人諸女尚書並亂天下。附從者陞進，忤逆者中傷。方今一朝群臣，如河中木耳，汎汎東西，耽禄畏害。陛下前始攝位，順天行誅，蘇康、管霸并伏其辜。是時天地清明，人鬼歡喜，奈何數月復縱左右？元惡大姦，莫此之甚。今不急誅，必生變亂，傾危社稷，其禍難量。願出臣章宣示左右，并令天下諸姦知臣疾之。』太后不納，朝廷聞者莫不震恐。蕃因與竇武謀誅之，事泄，曹節等矯詔誅蕃等，時年七十餘。」

顧謂其子曰：「吾欲使汝爲惡，則惡不可爲；使汝爲善，則我不爲惡。」行路聞之，莫不流涕。時年三十三。〔一〕

〔一〕范滂（一三七——一六九），字孟博，汝南細陽（今安徽太和）人。少厲清節，舉孝廉。與劉表、陳翔等並稱「江夏八俊」。靈帝初涉黨錮之獄，死獄中。仕至汝南太守。《後漢書》有傳。《成化中都志·人才傳·潁州（漢）》：「范滂，字孟博，謝承《書》曰：『汝南細陽人。』少厲清節，爲州里所服，舉孝廉、光禄四行。時冀州飢荒，盜起，以滂爲清詔使。登車攬轡，慨然有澄清天下之志。及州境，守令臧汙者，望風解印綬去。遷光禄勳主事。滂執公儀詣光禄勳陳蕃，蕃不止之，滂棄官去。復爲太尉黄瓊所辟。後詔三府掾屬舉謠言，滂奏刺史、二千石二十餘人。尚書責滂所劾猥多，疑有私故。滂曰：『臣聞農夫去草，嘉穀必茂；忠臣除姦，王道以清。臣言有貳，甘受顯戮。』吏不能詰。滂覩時方艱，知意不行，因投劾去。太守宗資聞其名，請署功曹，委任政事。後以鉤黨坐繫獄。獄吏謂：『入獄皆祭皋陶。』滂曰：『皋陶，古之直臣。知滂無罪，將理之於帝；如其有罪，祭之何益！』桓帝使中常侍王甫以次辨詰，滂對曰：『仲尼之言：「見善如不及，見惡如探湯。」故使善善同其清，惡惡同其汙，謂王政之所願聞，不悟更以爲黨。』甫爲之改容。後事得釋，南歸。建寧二年，大誅黨人，詔下急捕滂等。督郵吴導至縣，抱詔書，閉傳舍，伏牀而泣。滂聞之曰：『必爲我也。』即自詣獄。母曰：『汝今得與李、杜齊名，死亦何恨？既有令名，復求壽考，可兼得乎？』滂跪受教。顧謂其子曰：『吾欲使汝爲惡，則惡不可爲，使汝爲善，則我不爲惡。』行路聞之，莫不流涕。時年三十三。范曄《書》曰：『汝南征羌人。』未詳孰是。」《正德潁州志·人物·漢》：「范滂，細陽人。少厲清節，舉孝廉、光禄四行。時冀州飢荒，盜起，滂爲清詔使。登車攬轡，慨然有澄清天下之志。及至州境，守令望風解印綬去。後以鉤黨坐繫，得釋，復見收。母曰：『汝今得與李、杜齊名，死亦何恨？』滂跪受教，再拜而辭。聞者流涕。」李宜春《嘉靖潁州志·氣節·東漢》：「范滂。字孟博，細陽人也。少厲清節，爲州里所服，舉孝廉、光禄四行。時冀州飢荒，盜起，以滂爲清詔使，案察之。登車攬轡，慨然有澄清天下之志。及至州境，守令臧汙者，望風解印綬去。其所舉奏，莫不厭塞衆議。遷光禄勳主事。滂執公儀詣光禄陳蕃，蕃不止之，滂棄官去。郭林宗聞而讓蕃曰：『若范孟博者，豈宜以公禮格之？今成其去就之名，得無自取不優之議也？』蕃乃謝焉。復爲太尉黄瓊所辟。後詔三府掾屬舉謠言，滂奏刺史、二千石權豪之黨二十餘人。尚書責滂所劾猥多，疑有私故。滂曰：『臣聞農夫去草，嘉穀必茂；忠臣除姦，王道以清。若臣言有貳，甘受顯戮。』吏不能詰。滂覩時方艱，知意不行，因投劾去。太守宗資聞其名，請署功曹，委任政事。後以鉤黨坐繫獄。獄吏謂：『入獄皆祭皋陶。』滂曰：『皋陶賢者，古之直臣。知滂無罪，將理之於帝；如其有罪，祭之何益！』獄吏將加掠考，滂以同囚多嬰病，乃請先就格，遂與同郡袁忠爭受楚毒。桓帝使中常侍王甫以次辨詰，滂等皆三木囊頭，暴於階下。滂獨對曰：『臣聞仲尼之言：「見善如不及，見惡如探湯。」故使善善同其清，惡惡同其汙，謂王政之所願聞，不悟更以爲黨。』甫曰：『卿更相拔舉，迭爲脣齒，有不合者，見則排斥，其意如何？』滂乃慷慨仰天曰：『古之循善，自求多福；今之循善，身陷大戮。身死之日，願埋滂於首陽山側，上不負皇天，下不愧夷、齊。』甫愍然爲之改容。後事釋，南歸。始發京師，汝南、南陽士大夫迎之者數千兩。同囚鄉人殷陶、黄穆，亦免俱歸，并衛侍於滂，應對賓客。滂顧謂陶等曰：『今子相隨，是重吾禍也。』遂遁還鄉里。初，滂等繫獄，尚書霍諝理之。及得免，到京師，往候諝而不爲謝。或有讓滂者，對曰：『昔叔向嬰罪，祁奚救之，未聞羊舌有謝恩之辭，祁老有自伐之色。』竟無所言。建寧二年，遂大誅黨人，詔下急捕滂等。督郵吴導至縣，抱詔書，閉傳舍，伏牀而泣。滂聞之，曰：『必爲我也。』自詣獄。縣令郭揖大驚，出解印綬，引與俱亡。曰：『天下大矣，子何爲在此？』滂曰：『滂死則禍塞，何敢以累君，又令老母流離乎！』跪與母訣。復顧其子曰：『吾欲使汝爲惡，則惡不可爲；使汝爲善，則我不爲惡。』行路聞之，莫不流涕。時年三十三。」

許劭。字子將，平輿人。少峻名節，好人倫，多所賞識。與從兄靖俱有重名，好共覈論鄉黨人物，每月輒更其品題，故汝南俗有月旦評焉。曹操嘗造求爲己目，劭鄙其爲人，不對，操脅之，不得已，曰：「君治世之能臣，亂世之奸雄也。」操喜而去。初爲郡功曹，府中聞許子將爲吏，莫不改操飭行。司空楊彪辟，舉方正、敦樸，徵，皆不就。或勸之仕，曰：「方今小人道長，王室將亂，吾欲避地淮海，以全老幼。」乃南到廣陵。刺史陶謙禮之甚厚。劭告其徒曰：「陶恭祖外慕虚名，内非真正。待吾雖厚，其勢必薄。」遂去之。後謙果捕諸寓士。劭竟卒於豫章。兄虔亦知名，汝南稱平輿淵有二龍焉。〔一〕

〔一〕許劭（一五〇——一九五），字子將，汝南平輿（今屬河南）人。仕至汝南功曹。《後漢書》本傳：「許劭，字子將，汝南平輿人也。少峻名節，好人倫，多所賞識。若樊子昭、和陽士者，並顯名於世。故天下言拔士者，咸稱許、郭。初爲郡功曹，太守徐璆甚敬之。府中聞子將爲吏，莫不改操飾行。同郡袁紹，公族豪俠，去濮陽令歸，車徒甚盛，將入郡界，乃謝遣賓客，曰：『吾輿服豈可使許子將見。』遂以單車歸家。劭嘗到潁川，多長者之游，唯不候陳寔。又陳蕃喪妻還葬，鄉人必［畢］至，而劭獨不往。或問其故，劭曰：『太丘道廣，廣則難周；仲舉性峻，峻則少通。故不造也。』其多所裁量若此。曹操微時，常卑辭厚禮，求爲己目。劭鄙其人而不肯對，操乃伺隙脅劭，劭不得已，曰：『君清平之姦賊，亂世之英雄。』操大悦而去。劭從祖敬，敬子訓，訓子相，並爲三公，相以能諂事宦官，故自致台司封侯，數遣請劭。劭惡其薄行，終不候之。劭邑人李逵，壯直有高氣，劭初善之，而後爲隙，又與從兄靖不睦，時議以此少之。初，劭與靖俱有高名，好共覈論鄉黨人物，每月輒更其品題，故汝南俗有『月旦評』焉。司空楊彪辟，舉方正、敦樸，徵，皆不就。或勸劭仕，對曰：『方今小人道長，王室將亂，吾欲避地淮海，以全老幼。』乃南到廣陵。徐州刺史陶謙禮之甚厚。劭不自安，告其徒曰：『陶恭祖外慕聲名，内非真正。待吾雖厚，其勢必薄。不如去之。』遂復投揚州刺史劉繇於曲阿。其後陶謙果捕諸寓士。及孫策平吴，劭與繇南奔豫章而卒，時年四十六。兄虔亦知名，汝南人稱平輿淵有二龍焉。」《成化中都志·人才傳·潁州（漢）》：「許劭，字子將，平輿人。少峻名節，好人倫，多所賞識。與從兄靖俱有重名，好共覈論鄉黨人物，每月輒更其品題，故汝南俗有月旦評焉。曹操微時嘗卑詞厚禮爲求己目。劭鄙其人，不肯對，操伺隙脅之，不得已，曰：『君清平之姦賊，亂世之英雄也。』操大悦而去。初爲郡功曹，府中聞子將爲吏，莫不改操飭行。後司空楊彪辟，舉方正、敦樸，徵，皆不就。或勸之仕，對曰：『方今小人道長，王室將亂，吾欲避地淮海，以全老幼。』乃南到廣陵。刺史陶謙禮之甚厚。劭告其徒曰：『陶恭祖外慕聲名，内非真正。待吾雖厚，其勢必薄。』遂去之。』後謙果捕諸寓士。劭竟卒於豫章。兄虔亦知名，汝南人稱平輿淵有二龍焉。噫！許子將之不就征辟，與料陶謙，可謂見幾而作，不俟終日者矣。與陳仲舉之自取滅亡異哉！蓋亦各行其志也。」李宜春《嘉靖潁州志·氣節·三國》：「許劭，字子將，平輿人。少峻名節，好人倫，多所賞識。與從兄靖俱有重名，好共覈論鄉黨人物，每月輒更其品題，故汝南俗有月旦評焉。曹操微時，常卑辭厚禮，求爲己目。劭鄙其人，不對，操乃爲隙脅劭，劭不得已，曰：『君清平之姦賊，亂世之奸雄。』操喜而去。初爲郡功曹，府中聞許子將爲吏，莫不改操飭行。司空楊彪辟，舉方正、敦樸，徵，皆不就。或勸之仕，曰：『方今小人道長，王室將亂，吾欲避地淮海，以全老幼。』乃南到廣陵。徐州刺史陶謙禮之甚厚。劭告其徒曰：『陶恭祖外慕虚名，内非真正。待吾雖厚，其勢必薄。不如去之。』遂復投揚州刺史劉繇於曲阿。後謙果捕諸寓士。及孫策平吴，劭與繇南奔豫章卒。兄虔亦知名，汝南稱平輿淵有二龍焉。」

三國

許靖。字文休。察孝廉，除尚書郎。董卓秉政，補御史中丞。後避難於吴，轉徙入蜀。袁徽與荀彧書曰：「許文休英才偉士，自流岩［宕］以來，與群士相隨，先人後己，與九族中外同其饑寒。其綱紀同類，仁恕惻隱，皆有效事。」漢先主克蜀，以爲太傅。靖雖年踰七十，愛樂人物，誘納後進，清談不倦。丞相諸葛亮嘗爲之拜。〔一〕

吕範。字子衡，細陽人。少爲縣吏，從孫策征討，跋涉辛苦，危難不避，策亦親戚待之，每與昇堂，宴飲於太妃前。從策攻破廬江，還東渡，到横江、當利，破張英於麋，下小丹陽、湖熟，領湖熟相。討破丹陽賊，還都督。嘗與策棊，從容謂策曰：「今將軍事業日大，士衆日盛，範在遠，聞綱紀猶有不整者，願暫領都督，佐將軍部分之。」策曰：「子衡，卿既士大夫，加手下已有大衆，立功於外，豈宜復屈小職，知軍中細碎事乎！」範曰：「不然。今捨本土而託將軍者，非爲妻子也。欲濟世務，猶同舟涉海，一事不牢，俱受其敗。此亦範計，非但將軍也。」策笑，無

〔一〕許靖（一五〇——二二二），字文休，汝南平輿（今屬河南）人。漢魏之際名士，與其從弟劭俱以品評人物聞名於世。漢末舉孝廉，任尚書郎。三國時，仕蜀，後官至司徒。善行草，《三國志》本傳後附其《與曹公書》文一篇。《三國志》本傳：「許靖，字文休，汝南平輿人。少與從弟劭俱知名，並有人倫臧否之稱，而私情不協……陳國袁徽以寄寓交州，徽與尚書令荀彧書曰：『許文休英才偉士，智略足以計事。自流宕已來，與群士相隨，每有患急，常先人後己，與九族中外同其飢寒。其紀綱同類，仁恕惻隱，皆有效事，不能復一二陳之耳。』……靖雖年逾七十，愛樂人物，誘納後進，清談不倦。丞相諸葛亮皆爲之拜。」《成化中都志·人才傳·潁州（三國）》：「許靖，字文休。察孝廉，除尚書郎。董卓秉政，補御史中丞。後避難於吴，轉徙入蜀。袁徽與荀彧書曰：『許文休英才偉士，自流宕以來，與群士相隨，每有緩急，常先人後己，與九族中外同其飢寒。其綱紀同類，仁恕惻隱，皆有效事。』漢先主克蜀，以靖爲太傅。靖雖年逾七十，愛樂人物，誘納後進，清談不倦。丞相諸葛亮嘗爲之拜。」李宜春《嘉靖潁州志·氣節·三國》：「許靖，字文休，平輿人。少與從弟劭俱知名，並有人倫臧否之稱，而私情不協。劭爲郡功曹，排擯靖不得齒叙，以馬磨自給。潁川劉翊爲汝南太守，乃舉靖計吏，察孝廉，除尚書郎。董卓秉政，補御史中丞，共謀議，進退天下之士。後避難於吴，轉徙入蜀。袁徽與荀彧書曰：『許文休英才偉士，自流宕以來，與群士相隨，先人後己，與九族中外同其飢寒。其綱紀同類，仁恕惻隱，皆有效事。』漢先主克蜀，以爲太傅。靖雖年踰七十，愛樂人物，誘納後進，清談不倦。丞相諸葛亮嘗爲之拜。」

以答。範出，便釋褠，著袴褶，執鞭，詣閤下啓事，自稱領都督，策乃授傳，委以衆事。由是軍中肅穆，威禁大行。從攻祖郎、太史慈。拜征虜中郎將，征江夏，還平鄱陽。策薨，奔喪。權復征江夏，與張昭留守。與周瑜拒曹操赤壁［壁］，拜裨將軍，領彭澤太守。權討關羽，守建業，權還，拜建威將軍，封宛陵侯。督徐盛、全琮、孫韶等，以舟師拒曹休、張遼、臧霸於洞口。遷前將軍，假節，改封南昌侯。軍還，拜揚州牧。性好威儀，州民如陸遜、全琮及貴公子，皆修敬虔肅，不敢輕脱。其居處服飾，於時奢靡，然勤事奉法，故權悦其忠，不怪其侈。〔一〕

〔一〕吕範（？——二二八），字子衡。汝南細陽（今安徽太和）人。三國時，東吴名將，累官至大司馬。《三國志》本傳：「吕範，字子衡，汝南細陽人也。少爲縣吏，有容觀姿貌。邑人劉氏，家富女美，範求之。女母嫌，欲勿與，劉氏曰：『觀吕子衡寧當久貧者邪？』遂與之婚。後避亂壽春，孫策見而異之，範遂自委昵，將私客百人歸策。時太妃在江都，策遣範迎之。徐州牧陶謙謂範爲袁氏覘候，諷縣掠考範，範親客健兒篡取以歸。時唯範與孫河常從策，跋涉辛苦，危難不避，策亦親戚待之，每與升堂，飲宴於太妃前。後從策攻破廬江，還俱東渡，到横江、當利，破張英、于麋，下小丹楊、湖孰，領湖孰相。策定秣陵、曲阿，收笮融、劉繇餘衆，增範兵二千，騎五十匹。後領宛陵令，討破丹楊賊，還吴，遷都督。是時下邳陳瑀自號吴郡太守，住海西，與彊族嚴白虎交通。策自將討虎，别遣範與徐逸攻瑀於海西，梟其大將陳牧。又從攻祖郎於陵陽，太史慈於勇里。七縣平定，拜征虜中郎將，征江夏，還平鄱陽。策薨，奔喪於吴。後權復征江夏，範與張昭留守。曹公至赤壁，與周瑜等俱拒破之，拜裨將軍，領彭澤太守，以彭澤、柴桑、歷陽爲奉邑。劉備詣京見權，範密請留備。後遷平南將軍，屯柴桑。權討關羽，過範館，謂曰：『昔早從卿言，無此勞也。今當上取之，卿爲我守建業。』權破羽還，都武昌，拜範建威將軍，封宛陵侯，領丹楊太守，治建業，督扶州以下至海，轉以溧陽、懷安、寧國爲奉邑。曹休、張遼、臧霸等來伐，範督徐盛、全琮、孫韶等，以舟師拒休等於洞口。遷前將軍，假節，改封南昌侯。時遭大風，船人覆溺，死者數千，還軍，拜揚州牧。性好威儀，州民如陸遜、全琮及貴公子，皆修敬虔肅，不敢輕脱。其居處服飾，於時奢靡，然勤事奉法，故權悦其忠，不怪其侈。初策使範典主財計，權時年少，私從有求，範必關白，不敢專許，當時以此見望。權守陽羡長，有所私用，策或料覆，功曹周谷輒爲傳著簿書，使無譴問。權臨時悦之，及後統事，以範忠誠，厚見信任，以谷能欺更簿書，不用也。黄武七年，範遷大司馬，印綬未下，疾卒。權素服舉哀，遣使者追贈印綬。及還都建業，權過範墓呼曰：『子衡！』言及流涕，祀以太牢。」後引《江表傳》曰：「策從容獨與範碁，範曰：『今將軍事業日大，士衆日盛，範在遠，聞綱紀猶有不整者，範願蹔領都督，佐將軍部分之。』策曰：『子衡，卿既士大夫，加手下已有大衆，立功於外，豈宜復屈小職，知軍中細碎事乎！』範曰：『不然。今捨本土而託將軍者，非爲妻子也，欲濟世務。猶同舟涉海，一事不牢，即俱受其敗。此亦範計，非但將軍也。』策笑，無以答。範出，便釋褠，著袴褶，執鞭，詣閤下啓事，自稱領都督，策乃授傳，委以衆事。由是軍中肅睦，威禁大行。」《成化中都志·人才傳·潁州（三國）》：「吕範，字子衡，細陽人。少爲縣吏，從孫策攻討有功，拜征虜中郎將。孫權攻關羽，命範守建業，曹休、張遼南侵，範督舟師拒之，軍還，拜揚州牧，終大司馬。」《南畿志·鳳陽府·人物》：「吕範，（轉下頁注）

北朝

董紹。字興遠，鮦陽人。少好學，有文義。起家四門博士，遷中書舍人。爲魏宣武所賞，除洛州刺史，頗得人情。後遷御史中丞。〔一〕

宋

尹拙。潁州汝陰人。性純謹，博通經史。顯德初，拜檢校右散騎常侍、國子祭酒、通判太常禮院事，與張昭同修唐應順、清泰及周祖《實録》，又與昭及田敏同詳定《經典釋文》。周世宗北征，命翰林學士作《祭白馬文》，學士不知所出，訪於拙，拙歷舉郡國祠白馬者以十數，當時服其該博。會丁憂，免。宋初改檢校工部尚書、太子詹事、

接上頁注〔一〕汝南細陽人。從孫策東渡，領宛陵令，討破丹陽賊，還都督。孫權征江夏，範與張紹留守，及征關羽，命範守建業，尋拜建威將軍，封宛陵侯。領丹陽太守，遷前將軍，改封南吕侯，拜揚州牧。初策使範典財計，權私有所求，範必關白。權以範忠誠，故厚見信。任子據爲安軍中郎將，數有功，累遷驃騎將軍。」李宜春《嘉靖潁州志·循吏·三國》：「吕範，字子衡，細陽人。少爲縣吏，從孫策征討，跋涉辛苦，危難不避，還都督。嘗從策棊，從容謂策曰：『今將軍事業日大，士衆日盛，範聞紀綱猶有不整者，願暫領都督部分之。』策曰：『子衡，卿既有大衆，立功於外，豈宜復屈小職，知軍中細碎事乎！』範曰：『不然。今捨本土而託將軍，非爲妻子也。欲濟世務，猶同舟涉海，一事不牢，俱受其敗。此亦範計，非但將軍也。』策笑，無以答。範出，便釋褠，著袴褶，執鞭，詣閤下啟事，自稱領都督，策以授傳，委以衆事。由是軍中肅穆，威禁大行。權征江夏，與周瑜拒曹操，拜裨將軍，領彭澤太守。權討關羽，守建業，還拜建威將軍，封宛陵侯。遷前將軍，假節，改封南昌侯。軍還，拜揚州牧。性好威儀，然勤事奉法，故權悦其忠，不怪其侈。」

〔一〕董紹，字興遠，新蔡鮦陽（今安徽臨泉）人。起家四門博士，仕至洛州刺史、梁州刺史。《魏書》本傳：「董紹，字興遠，新蔡鮦陽人也。少好學，頗有文義。起家四門博士，歷殿中侍御史、國子助教、積射將軍、兼中書舍人。辯於對問，爲世宗所賞。」《成化中都志·人才傳·潁州（北朝）》：「董紹，字興遠，鮦陽人。少好學，有文義。起家四門博士，遷中書舍人。爲魏宣武所賞，除洛州刺史，頗得人情。孝武西遷，除御史中丞。」李宜春《嘉靖潁州志·文苑·北朝》：「董紹，字興遠，鮦陽人。少好學，有文義。起家四門博士，遷中書舍人。爲魏宣武所賞，除洛州刺史，頗得人情。後遷御史中丞。」

判太府寺，遷秘書監、判大理寺。乾德六年（九六八）以本官致事，開寶四年（九七一）卒，年八十一。子季通，仕至國子博士。〔一〕

舒元。潁州沈丘人。少倜儻好學，通《左氏》、《穀梁》二傳。辨捷强記，治郡日，或奏其不親獄訟，事多冤滯。太祖面詰問之，凡所詰，元必具誦款占，指述曲直，太祖甚嘉歎之。子知白至作坊使，知雄補殿直，知崇安撫副使。知白子明〔昭〕遠，因對自陳，任大理寺丞，賜進士第，至太常博士。〔二〕

〔一〕尹拙（八九一——九七一），潁州汝陰（今安徽阜陽）人。梁貞明五年（九一九）舉三史。歷梁、唐、晉、漢、宋五朝，仕至工部尚書。《宋史》本傳：「尹拙，潁州汝陰人。梁貞明五年舉《三史》，調補下邑主簿，攝本鎮館驛巡官。後唐長興中，召爲著作佐郎、直史館，遷左拾遺，依前直史館，加朝散大夫……周廣順初，遷庫部郎中兼太常博士，仍充直學士。奉使荆南還，改兵部郎中。顯德初，拜檢校右散騎常侍、國子祭酒、通判太常禮院事，與張昭同修唐《應順》、《清泰》及《周祖實録》，又與昭及田敏同詳定《經典釋文》。丁憂，免。宋初，改檢校工部尚書、太子詹事、判太府寺，遷秘書監、判大理寺。乾德六年，告老，以本官致事。拙性純謹，博通經史。周世宗北征，命翰林學士爲文祭白馬祠，學士不知所出，遂訪於拙，拙歷舉郡國祠白馬者以十數，當時伏其該博。開寶四年卒，年八十一。子季通，至國子博士。」《大明一統志·中都·潁州（人物）》：「尹拙，潁州汝陰人。性純謹，博通經史。舉三史，官至國子祭酒、通判太常禮院。宋初改工部尚書、太子詹事、判大府寺，卒年八十一。子季通，有文學，以蔭補國子博士。」《成化中都志·人才傳·潁州（宋）》：「尹拙，汝陰人。性純謹，博通經史。舉三史，官至國子祭酒、判太常禮院。八十一。子季通，國子博士。」《正德潁州志·人物·宋》：「尹拙，汝陰人。性淳謹，博通經史。舉三史，官至國子祭酒、通判太常禮院。宋初改工部尚書、太子詹事、判太府寺，卒年八十一。五代士習，不重節義者。」李宜春《嘉靖潁州志·經術·宋》：「尹拙，汝陰人。性純謹，博通經史。顯德初，拜檢校右散騎常侍、國子祭酒、通判太常禮院事，與張昭同修唐《應順》、《清泰》及《周祖實録》，又與昭及田敏同詳定《經典釋文》。周世宗北征，命翰林學士作《祭白馬文》，學士不知所出，訪於拙。拙歷舉郡國祠白馬者以十數，當時服〔伏〕其該博。宋初改檢校工部尚書、太子詹事、判太府寺，遷秘書監、判大理寺。乾德六年致仕，開寶四年卒，年八十一。子季通，仕至國子博士。」

〔二〕舒元（九二三？——九七七），潁州沈丘（今安徽臨泉）人。通《春秋三傳》，周世宗時仕至蔡州防禦使、濠州防禦使。入宋，改沂州防禦使，終白波兵馬都監。《宋史》本傳：「舒元，潁州沈丘人。少倜儻好學，與道士楊訥講習於嵩陽，通《左氏》及《公》《穀》二傳……元辯捷强記，治郡日，或奏其不親獄訟，事多冤滯。太祖面詰問之，凡所詰，元必具誦款占，詣述曲直，太祖甚嘉歎之。子知白、知雄、知崇。知白至作坊使。知雄初補殿直，雷有終薦授供奉官、鄜延路駐泊都監，後辭疾居嵩山。知白嘗奏事太宗，語及之，即召出，授西京作坊副使、泉福都巡檢使。真宗初，懇請入道，歸嵩陽舊隱。復爲王嗣宗、李元則所薦，授供備庫使，歷知棣州、麟府鄜延鈐轄，又知虔州。復求入道，面賜紫冠服，（轉下頁注

張綸。字公信，潁州汝陰人。少倜儻任氣。舉進士不第，補三班奉職，遷右班殿直。從雷有終討王均於蜀，有降寇數百據險叛，使綸擊，綸馳報曰：「此窮寇，急之則生患，不如諭以向背。」有終用其説，賊果棄兵來降。遷益、彰［彭］、簡等州都巡檢使。所部卒縱酒掠居民，綸斬首惡數人，衆乃定。徙荆州［湖］提點刑獄，遷東頭供奉官、提點開封府界縣鎮公事。奉使靈夏還，會辰州溪峒彭氏蠻内寇，以知辰州。綸至，築蓬山驛路，賊不得通，乃遁去。徙知渭州。改内殿崇班、知鎮戎軍。奉使契丹，安撫使曹瑋表留之，不可。蠻復入寇，爲辰州、澧、鼎等州緣邊五溪十峒巡檢安撫使，諭蠻酋禍福，購還所掠民，遣官與盟，刻石於境上。久之，除江、淮制置發運副使。時鹽課大虧，力［乃］奏除通、泰、楚三州鹽户宿負，官助其器用，鹽入優與之直，由是歲增課數十萬石。復置鹽場於杭、秀、海三州，歲入課又百五十萬石。居二歲，增上供米八十萬。疏五渠，導大［太］湖入於海，復租米六十萬。開長蘆西河以避覆舟之患，又築漕河隄二百里於高郵北，旁錮鉅石爲十磋，以泄横流。泰州有捍海堰，延袤百五十里，久廢不治，歲患海濤冒民田。綸方議修復，論者難之，以爲濤患息而畜潦之患興矣。綸曰：「濤之患十九，而潦之患十一，獲多而忘少，豈不可邪？」表三請，願身自臨役。僉［命］兼權知泰州，卒成堰，復逋户二千六百，州民利之，爲立生祠。居淮南六年，屢遷，徙知潁州，卒。綸有材略，所至興利除害。爲人恕，喜施予，在江、淮，見漕卒凍餒道死者衆，歎曰：「此有司之過，非所以體上仁也。」推奉錢市絮襦千數，

接上頁注［一一］號崇玄大師。嘗獻《字母圖》，有詔褒獎。乾興元年，卒，年八十一。知崇累歷内職，至供備庫使。嘗爲廣州鈐轄、河北安撫副使，卒。知白子昭遠，大中祥符五年（一〇一二），任大理評事，因對自陳，改大理寺丞，賜進士第，至太常博士。」李宜春《嘉靖潁州志·經術·宋》：「舒元，沈丘人。少倜儻好學，通《左氏》《穀梁》二傳。辯捷强記，治郡日，或奏其不親獄訟，事多冤滯。太祖面詰問之，凡所詰，元必具誦款占，指述曲直，太祖甚嘉歎之。子知白官至作坊使，知雄補殿直，知崇安撫副使。知白子明［昭］遠，因對自陳，任大理寺丞，賜進士第，官至太常博士。」

衣其不能自存者。〔一〕

〔一〕張綸（九六二——一〇三六），字公信，潁州汝陰（今安徽阜陽）人。少倜儻任氣，舉進士不第。曾從雷有終討王均於蜀。仕至乾州刺史。《宋史》本傳：「張綸，字公信，潁州汝陰人。少倜儻任氣。舉進士不中，補三班奉職，遷右班殿直。從雷有終討王均於蜀，有降寇數百據險叛，使綸擊之，綸馳報曰：『此窮寇，急之則生患，不如諭以向背。』有終用其説，賊果棄兵來降。以功遷右侍禁、慶州兵馬監押，擢閤門祇候，益、彭、簡等州都巡檢使。所部卒縱酒掠居民，綸斬首惡數人，衆乃定。徙荆湖提點刑獄，遷東頭供奉官、提點開封府界縣鎮公事。奉使靈夏還，會辰州溪峒彭氏蠻内寇，以知辰州。綸至，築蓬山驛路，賊不得通，乃遁去。徙知渭州。改内殿崇班、知鎮戎軍。奉使契丹，安撫使曹瑋表留之，不可。蠻復入寇，爲辰州、澧、鼎等州緣邊五溪十峒巡檢安撫使，諭蠻酋禍福，購還所掠民，遣官與盟，刻石於境上。久之，除江、淮制置發運副使。時鹽課大虧，乃奏除通、泰、楚三州鹽户宿負，官助其器用，鹽入優與之直，由是歲增課數十萬石。復置鹽場於杭、秀、海三州，歲入課又百五十萬。居二歲，增上供米八十萬。疏五渠，導太湖入於海，復租米六十萬。開長蘆西河以避覆舟之患，又築漕河隄二百里於高郵北，旁錮鉅石爲十礎，以洩横流。泰州有捍海堰，延袤百五十里，久廢不治，歲患海濤冒民田。綸方議修復，論者難之，以爲濤患息而畜潦之患興矣。綸曰：『濤之患十九，而潦之患十一，獲多而亡少，豈不可邪？』表三請，願身自臨役。命兼權知泰州，卒成堰，復逋户二千六百，州民利之，爲立生祠。居淮南六年，累遷文思使、昭州刺史……徙知潁州，卒。綸有材略，所至興利除害。爲人恕，喜施予，在江、淮，見漕卒凍餒道死者衆，歎曰：「此有司之過，非所以體上仁也。」推奉錢市絮襦千數，衣其不能自存者。』」《南畿志·鳳陽府·人物（宋）》：「張綸，潁州汝陰人。太宗時，爲荆湖提點刑獄。歷知辰、渭州，遷江、淮發運副使，鹽課歲增。又疏五渠，導太湖入海，築漕河隄於高郵。權知泰州，修捍海堰，復逋户二千六百，民爲立生祠。後又知瀛、滄、潁州。綸有材略，所至興利除害，有循良之政。」《大明一統志·中都·潁州（人物）》：「張綸，潁州汝陰人。太宗時，擢荆湖提點刑獄。歷知辰、渭州，遷江、淮發運副使，權知泰州。復逋户二千六百，民爲立生祠。後又知瀛、滄、潁州。綸有才略，所至興利除害，有循良之政。」《成化中都志·人才傳·潁州（宋）》：「張綸，汝陰人。宋太宗時，擢荆湖提點刑獄。歷知辰、渭州，遷江、淮發運副使，權知泰州。復逋户二千六百，民爲立生祠。後又知瀛、滄、潁州。綸有材略，所至興利除害，有循良之政。」《正德潁州志·人物·宋》：「張綸，汝陰人。太宗時擢荆胡［湖］提點刑獄。歷知辰、渭二州，遷江、淮發運副使。權知泰州，復逋户六千二百，民爲立生祠。後又知府瀛、滄、潁州。綸有才略，所至興利除害，有循良之政。」李宜春《嘉靖潁州志·循吏·宋》：「張綸，字公信，汝陰人。太宗時擢荆湖提點刑獄，歷知辰、渭州，遷江、淮發運副使。時鹽課大虧，乃奏除通、泰、楚三州鹽户宿負，官助其器用，鹽入優與之直，由是歲增課數十萬石。復置鹽場於杭、秀、海三州，歲入課又百五十萬石。居二歲，增上供米八十萬。疏五渠，導太湖入於海，復租米六十萬。開長蘆西河以避覆舟之患，又築漕河隄二百里於高郵北，旁錮鉅石爲十礎，以洩横流。泰州有捍海堰，延袤百五十里，久廢不治，歲患海濤冒民田。綸方議復，論者難之，以爲濤患息而畜潦之患興矣。綸曰：『濤之患十九，而潦之患十一，獲多而亡少，豈不可邪？』表三請，願身自臨役。僉［命］權知泰州，卒成堰，復逋户二千六百，州民利之，爲立生祠。居淮南六年，屢遷，徙知潁州，卒。綸有材略，所至興利除害，有循良之政。爲人恕，喜施予，在江、淮，見漕卒凍餒道死者衆，歎曰：『此有司之過也，非所以體上仁也。』推俸錢市絮襦千數，衣其不能自存者。」

王臻。字及之，潁州汝陰人。始就學，能文辭。曾致堯知壽州，有詩［時］名，臻以文數十篇往見，致堯覽之，歎曰：「潁、汝固多奇士。」舉進士，屢遷監察御史。中使就營景靈宮、太極觀，臻佐助工費有勞，遷殿中侍御史，擢淮南轉運副使。時發運司建議濬淮南漕渠，廢諸堰，臻言：「揚州邵伯堰，實謝安爲之，人思其功，以比邵伯，不可廢也。濬渠亦無所益。」召爲三司度支判官，而發運司卒濬渠以通漕，臻坐前異議，降監察御史，知睦州。道復官，徙福州。鬪［閩］人欲報讐，或先食野葛，而後趨讎家求鬬，即死其處，以誣讎人。臻辨察鬬格狀，被誣者往往釋去，俗爲少變。又民間數以火訛相驚，悉捕首惡杖之，流海上，民乃定。累遷尚書工部郎中。姦人僞爲皇城司刺事卒，嚇良民以取財，臻購得其主名，黥竄三十餘人，都下肅然。以右諫議大夫藋［權］御史中丞，建言：「三司、開封府諸曹參軍及赤縣丞尉，率用貴游子弟，驕惰不習事。請易以孤寒登第、更仕宦書考無過者爲之。」又言：「在京百司吏人入官，請如《長社［定格］》，歸司三年。」皆可其奏。未幾，卒。臻性剛嚴善決事，所至有風蹟。〔一〕

〔一〕王臻，字及之，潁州汝陰（今安徽阜陽）人。登進士第，仕至右諫議大夫、權御史中丞。《宋史》本傳：「王臻，字及之，潁州汝陰人。始就學，能文辭。曾致堯知壽州，有時名，臻以文數十篇往見，致堯覽之，歎曰：『潁、汝固多奇士。』舉進士中第，爲大理評事，歷知舒城、會昌縣，通判徐、定二州，以殿中丞知兗州，特遷監察御史。中使就營景靈宮、太極觀，臻佐助工費有勞，遷殿中侍御史，擢淮南轉運副使。時發運司建議濬淮南漕渠，廢諸堰，臻言：『揚州召伯堰，實謝安爲之，人思其功，以比召伯，不可廢也。濬渠亦無所益。』召爲三司度支判官，而發運司卒濬渠以通漕，臻坐前異議，降監察御史、知睦州。道復官，徙福州。閩人欲報仇，或先食野葛，而後趨仇家求鬥，即死其處，以誣仇人。臻辨察格鬥狀，被誣者往往釋去，俗爲之少變。又民間數以火訛相驚，悉捕首惡杖之，流海上，民乃定。仁宗即位，遷提舉在京諸司庫務，歷三司户部、度支副使，擢龍圖閣待制、權知開封府，累遷尚書工部郎中。姦人僞爲皇城司刺事卒，嚇民以取財，臻購得其主名，黥竄三十餘人，都下肅然。以右諫議大夫權御史中丞，建言：『三司、開封府諸曹參軍及赤縣丞尉，率用貴游子弟，驕惰不習事。請易以孤寒登第、更仕宦書考無過者爲之。』又言：『在京百司吏人入官，請如《長定格》，歸司三年。』皆可其奏。未幾，卒。臻剛嚴善決事，所至有風迹。」《大明一統志·中都·潁州（人物）》：「王臻，潁州汝陰人。始就學，能文辭。中進士，爲大理評事，知舒城縣。累遷龍圖閣待制、權知開封府。以右諫議大夫權御史中丞，多所建明。臻剛嚴，善決事，所至有風蹟。子仲言，克紹家學，有《揮麈録》《玉照志》。」《成化中都志·人才傳·潁州（宋）》：「王臻，汝陰人。舉進士，爲大理評事，知舒城縣。累遷龍圖閣待制，權知開封府。以右諫議大夫權御史中丞，多所建明。臻剛嚴，善決事。子仲言，克紹家學，有《揮麈録》《玉照志》行於世。」《正德潁州志·人物·宋》：「王臻，汝陰人。始就學，能文辭。中進士，爲大理評事，（轉下頁注）

王回。字深父，福建候官人。父平言，試御史。出《宋史》本傳。其先本河南王氏，自光州之固始遷候官。父某宦潁州，卒葬汝陰，遂家焉。今爲潁州人。王荆公撰《墓誌》云。回敦行孝友，質直平恕，造次必稽古人。嘗舉進士中第，爲衛真簿，有所不合，稱病自免。作《告友》曰：「古之言天下達道，曰君臣也，父子也，夫婦也，兄弟也，朋友之交也。五者各以其義行而人倫立，五者義廢則人倫亦從而亡矣……聖人既没，而其義益廢，於今則亡矣。夫人有四肢，所以成身；一體不備，則謂之廢疾。而人倫缺焉，何以爲世？嗚呼！處今之時而望古之道，難矣。」出《宋史》本傳。吾友深父，書足以致其言，言足以遂其志。志欲以聖人之道为己任，蓋非至於命弗止也。故不爲小廉曲謹以投衆人耳目，而取捨、進退、去就，必度於仁義。世皆稱其學问文章行治，然真知其人者不多，而多見謂迂闊，不足趣時合變，是乃所以爲深父也。有勸之仕者，輒以養母辭。於是朝廷用薦者以爲忠武軍節度推官、知陳州南頓縣事，命下，而深父死矣。出王荆公撰《墓誌》。回在潁州與處士常秩友善，熙寧中，秩上其文集，補回子汾爲郊社齋郎。弟

接上頁注〔一二〕知舒城縣。累遷龍圖閣待制、權知開封府。以右諫議大夫權御史中丞，多所建明。臻剛嚴，善决事，所至有風蹟。」李宜春《嘉靖潁州志·名臣·宋》：「王臻，字及之，汝陰人。始就學，能文辭。曾致堯知壽州，有時名，臻以文數十篇往見，致堯歎曰：『汝、潁固多奇士。』臻舉進士，累遷监察御史。中使就營景靈宫、太極觀，臻佐助工費有勞，遷殿中侍御史，擢淮南轉運副使。時發運司建議濬淮南漕渠，廢諸堰，臻言：『揚州召伯堰，實謝安爲之，人思其功，以比召伯，不可廢也。濬渠亦無所益。』召爲三司度支判官，而發運司卒濬渠以通漕，臻坐前異議，降監察御史、知睦州。道復官，徙福州。閩人欲報仇，或先食野葛，而後趨仇家求鬥，即死其處，以誣仇人。臻辨察鬥格狀，被誣者往往釋去，俗爲少變。又民間數以火訛相驚，悉捕首惡杖之，流海上，民乃定。累遷尚書工部郎中。姦人僞爲皇城司刺事卒，嚇良民以取賕，臻購得其主名，黥竄三十餘人，都下肅然。以右諫議大夫權御史中丞，建言：『三司、開封府諸曹參軍及赤縣丞尉，率用貴游子弟，驕惰不習事。請易以孤寒登第、更仕宦書考無過者爲之。』又言：『在京百司吏人入官，請如《長定格》，歸司三年。』皆可其奏。未幾，卒。臻剛嚴善決事，所至有風蹟。」《隆慶儀真縣志·官師考上·宋（發運副使）》：「王臻，字及之，汝陰人。進士，祥符間任。剛嚴敢爲，時有建議。浚淮南漕渠廢諸堰者，臻言揚州召伯堰，創自謝安，人德之，故名。以召伯不可廢也。坐是，降知睦州。」

向。本傳。〔一〕

向。字子直。爲文長於序事，戲作《公議先生傳》，其徒任意請去，公議爲公默。仕止某縣主簿。〔二〕

常秩。字夷甫，汝陰人。舉進士不中，隱居里巷，以經術著稱。嘉祐、治平中，屢薦不起。神宗即位，三使往聘，辭。熙寧三年（一〇七〇），詔郡「以禮敦遣，毋聽秩辭」。明年（一〇七一）詣闕。帝曰：「先朝累命，何爲不起？」對曰：「先帝亮臣之愚，故得安閭巷。今陛下嚴詔趣迫，是以不敢不來。非有所決擇去就也。」帝悅，徐問之：「今何道免民於凍餒？」對曰：「法制不立，庶民食侯食，服侯服，此今日大患也。」辭歸，不許。累官寶文

〔一〕王回（一〇二三——一〇六五），字深父，福州候官（今福建福州）人。嘉祐二年（一〇五七）進士。曾任衛真縣主簿，稱病自免。後被授忠武軍節度推官、知南頓縣，命下而卒。《宋史》本傳：「王回，字深父，福州候官人。父平言，試御史。回敦行孝友，質直平恕，造次必稽古人所爲，而不爲小廉曲謹以求名譽。嘗舉進士中第，爲衛真簿，有所不合，稱病自免，作《告友》曰：『古之言天下達道者，曰君臣也，父子也，夫婦也，兄弟也，朋友也。五者各以其義行而人倫立，其義廢則人倫亦從而亡矣……聖人既没，而其義益廢，於今則亡矣。夫人有四肢，所以成身；一體不備，則謂之廢疾。而人倫缺焉，何以爲世？嗚呼，處今之時而望古之道，難矣。』……退居潁州，久之不肯仕，在廷多薦者。治平中，以爲忠武軍節度推官、知南頓縣，命下而卒。回在潁川，與處士常秩友善。熙寧中，秩上其文集，補回子汾爲郊社齋郎。」《大明一統志·福建布政司·人物（宋）》：「王回。候官人。父平言，事御史。回敦行孝友，造次必稽古人，而不爲小廉曲謹。舉進士，爲衛真縣簿，稱病自免。退居潁州，久之，薦爲忠武軍節度推官、知南頓縣，命下而卒。曾鞏序其《文集》。弟向，亦有文名。」《成化中都志·人才傳·潁州（宋）》：「王回，字深父。按王荆公所撰《墓誌》，其先固始人，遷候官。父宦潁州，卒葬汝陰，遂家焉。舉進士，補亳州衛真縣主簿。歲餘，自免歸。用薦爲節度推官、知陳州南頓縣事，書下而卒。深父經學粹深，造次必孔孟，以文學受知歐陽公與王荆公，猶相友善。及卒，二公爲文祭之。《潁州志》云『平輿人，歐陽公薦授丘作監主簿』，皆非也。當以志文爲正。」《南畿志·鳳陽府·流寓》：「王回，本候官人，父宦潁州，卒葬汝陰，遂家焉。舉進士，補衛真主簿。歲餘自免歸，用薦爲節度使推官，知南頓縣，命下而卒。回敦行孝友，質直平恕，造次必稽古人所爲，以文學受知歐陽公。與王荆公尤相友善。」《正德潁州志·人物·宋》：「王回，字深甫，平輿人。有行誼，以文學見知歐陽公，薦授將作監主簿。歐公嘗有書簡講論世譜、史傳，盛稱深父爲先輩，其爲人可想也。及卒，歐公有《祭文》，褒頌亦至矣。」李宜春《嘉靖潁州志·文苑·宋》：「王回，字深父，其先自固始徙候官。父平言，試御史，卒葬汝陰，遂家焉。敦行孝友，質直平恕，造次必稽古人，而不爲小廉曲謹以求名譽。嘗舉進士中第，爲衛真簿，有所不合，稱病自免。」

〔二〕王向，字子直。王回二弟。亦嘉祐二年進士，仕至峽州硤石縣主簿。《宋史·王向傳》附傳：「弟向。向，字子直，爲文長於序事，戲作《公默先生傳》……弟同，字容季。性純篤，亦善序事。皆早卒。仕止於縣主簿。」李宜春《嘉靖潁州志·文苑·宋》：「王向，字子直，回弟。爲文長於序事，戲作《公議先生傳》，其文具在《宋史》。弟冏［同］，字容季，性純篤，亦善序事。皆蚤卒。仕止於縣主簿。」

閣待制兼讀命。秩平居爲學求自得，王回，里中名士也，每見秩與語，輒欿然自以爲不及。歐陽修、胡宿、呂公著、王陶、沈遘、王安石皆稱薦之，翕然名重一時。初，秩既隱居不仕，世以爲必退者也。後安石爲相更法，天下以爲不便，秩在閭閻見所下令，獨以爲是，一召遂起。在朝廷任諫諍侍從，低首抑氣，無所建明，爲時譏笑云。〔一〕

〔一〕常秩（一〇一九——一〇七七），字夷甫，潁州汝陰（今安徽阜陽）人。仕至寶文閣待制。《宋史·常秩傳》：「常秩，字夷甫，潁州汝陰人。舉進士不中，屏居里巷，以經術著稱。嘉祐中，賜束帛，爲潁州教授，除國子直講，又以爲大理評事；治平中，授忠武軍節度推官、知長葛縣，皆不受。神宗即位，三使往聘，辭。熙寧三年，詔郡『以禮敦遣，毋聽秩辭』。明年，始詣闕，帝曰：『先朝累命，何爲不起？』對曰：『先帝亮臣之愚，故得安閭巷。今陛下嚴詔趣迫，是以不敢不來，非有所決擇去就也。』帝悅，徐問之：『今何道免民於凍餒？』對曰：『法制不立，庶民食侯食，服侯服，此今日大患也。臣才不適用，願得辭歸。』帝曰：『既來，安得不少留？異日不能用卿，乃當去耳。』即拜右正言、直集賢院、管幹國子監，俄兼直舍人院，遷天章閣侍講、同修起居注，仍使供諫職……秩平居爲學求自得。王回，里中名士也，每見秩與語，輒欿然自以爲不及。歐陽修、胡宿、呂公著、王陶、沈遘、王安石皆稱薦之，翕然名重一時。初，秩隱居，既不肯仕，世以爲必退者也。後安石爲相更法，天下沸騰，以爲不便，秩在閭閻，見所下令，獨以爲是，一召遂起。在朝廷任諫争，爲侍從，低首抑氣，無所建明，聞望日損，爲時譏笑。」《南畿志·鳳陽府·人物（宋）》：「常秩，汝陰人。以經術著稱。屢除官，不就。熙寧初，詔郡以禮敦遣，始詣闕。神宗問曰：『先朝累命，何爲不起？』對曰：『先帝亮臣之愚，故得安閭巷。今陛下嚴詔趣迫，不敢不來。』數求去，不許。累官寶文閣待制，兼侍讀。」《大明一統志·中都·潁州（人物）》：「常秩，潁州汝陰人。以經術著稱，士論歸重。熙寧初，詔郡以禮敦遣，始詣闕。神宗問曰：『先朝累命，何爲不起？』對曰：『先帝亮臣之愚，故得安閭巷。今陛下嚴詔趣迫，故不敢不來。』數求去，不許。累官至寶文閣待制，兼侍讀。」《成化中都志·人才傳·潁州（宋）》：「常秩，字夷甫，汝陰人。歐陽文忠公門人，以經術著稱，士論歸重。初隱居，熙寧初，詔郡以禮敦遣，詣闕。神宗問曰：『先朝累命，何爲不起？』對曰：『先帝亮臣之愚，故得安閭巷。陛下嚴詔趣迫，故不敢不來。』求去，不許。累官寶文閣侍〔待〕制，兼侍讀。文忠《書懷詩》云『況有西鄰隱君子，輕蓑短笠伴春鋤』，謂夷甫也。《涑〔澠〕水燕談》云：『潁上常夷甫，以行義薦朝廷。官之，不起。歐陽公晚年治第於潁，思歸未得，嘗有詩曰：笑殺汝陰常處士，十年騎馬聽朝鷄。公致政，而處士以待制起朝請，人改之曰：却笑汝陰常處士，幾年騎馬聽朝鷄。』」《正德潁州志·人物·宋》：「常秩，汝陰人。以經術著稱，士論歸重。呂正獻守潁，猶深知遇。後申公居相位，薦秩於朝，詔郡以禮敦遣，始詣闕。神宗問曰：『先朝累命，何爲不起？』對曰：『先帝亮臣之愚，故得安閭巷。今陛下嚴詔趣迫，故不敢不來。』數求去，不許。累官寶文閣待制兼侍讀，稍變其節。申公謂知人實難，以語程子，且略悔。程子曰：『然不可以是而懈好賢之心。』」李宜春《嘉靖潁州志·隱逸·宋》：「常秩，字夷甫，汝陰人。舉進士不中，隱居里巷，以經術著稱。嘉祐中，賜束帛，爲潁州教授，除國子直講，又以爲大理評事；治平中，授忠武軍節度推官、知長葛縣，皆不起。神宗即位，三使往聘，辭。熙寧三年，詔郡『以禮敦遣，毋聽秩辭』。明年，始詣闕。帝曰：『先朝累命，何爲不起？』對曰：『先帝亮臣之愚，故得安閭巷。今陛下嚴詔趣迫，是以不敢不來。』帝悅，徐問之：『今何道免民於凍餒？』對曰：『法制不立，庶民食侯食，服侯服，此今日大患也。』辭歸，不許。累官寶文閣待制兼侍讀。初，秩既隱居不仕，世以爲必退者也。後安石爲相更法，天下以爲不便。秩見所下令，獨以爲是，一召遂起。在朝廷任諫諍侍從，低首抑氣，無所建明，爲時譏笑云。」

焦千之。字伯强，先世汝陰焦陂人。黄巢亂，流寓六安南山數世。千之以文學受知歐陽文忠公，及寓公所。吕申公通判潁州，延之教諸子。諸生小有過失，先生端坐，召與相對終日，竟夕不與之語。諸生恐懼畏伏，先生方略降顔色。化導如此之篤，故門人皆知敬學而大有所成也。伯强好學，屢舉進士，至禮部輒罷去。熙寧中，舉遺逸，授秘書校理殿中丞，終無錫知州。後吕希純知潁，爲先生起第，城南鄉人呼爲焦館。〔一〕

傅瑾。字公竇，汝陰人。任蔡州助教。力學强記，尤邃字韻。奉先克孝，與鄰喜施。嘗教李端愿尚名節、養器業爲先。卒，有《字林補遺》十二卷、《音韻管見》三卷、《聞見録》十卷藏家。有端愿《墓序銘》。〔二〕

〔一〕焦千之（?——一〇八〇），字伯强，丹徒（今江蘇鎮江）人。仕至無錫知州。《京口耆舊傳》卷一：「焦千之，字伯强，丹徒人。嚴毅方正，歐陽公修敬待之。常館修家，累試不利，修以書勞之。其一勉之以孟子『不動心』之勇，二則勉之棄去科場文字，專意經術。趙康靖公焦千之之守鄆，修以書薦之云：『千之久相從，篤行之士，專心學古，不習治生。得招致鄆學，不止千之可以自託，其於教道必有補益，亦爲政之一端。』比修之守潁，吕公公著適通判州事，請於修，延之教子。公著去潁，復携以歸，修以詩送之，所謂『焦生獨立士，勢利不可恐。誰言一身窮，自待九鼎重。有能揭之行，可謂仁者勇。吕侯相家子，德義勝華寵。焦生得相隨，道合若膠鞏』者也。公著之子希哲爲長，時方十餘歲，承父母之訓，肅敬天成。千之不少假借，小有過差，即端坐，召與相對，終日竟夕不與之語，希哲恐懼畏服，千之方略降詞色。異時希哲德成行立，爲世耆儒，家傳推本，以爲由千之化導之篤。嘉祐六年（一〇六一），諸路舉行義之士赴京師，館於太學，試舍人院，賜出身者七人。徐州顔復爲首，千之次之，爲國子監直講。熙寧初，以蘇嘉對公試策論時政之失，千之與顔復等爲考官擢居上等，直講蘇液以白執政，千之與同列五人俱罷，以殿中丞爲樂清令。歐陽修貽書勉之云：『更當屈伸取捨，要於濟務。』蓋以千之剛方，不能善事上官故也。八年（一〇六三），知無錫縣。是歲大旱，運河涸，用單鍔言，車梁溪水灌運河，五日而通流，舟楫無滯。事見蘇文忠公軾《録奏單鍔吴中外水利書》。軾有《從千之求惠山泉詩》，正其作縣時也。」《大明一統志·鎮江府·人物（宋）》：「焦千之，丹徒人。歐陽修勉之，棄科舉學，而專意經術。吕公著嘗延之，教其子希哲。嚴毅方正，以師道自重。官終無錫知州。」《成化中都志·人才傳·潁州（宋）》：「焦千之，字伯强，先世汝陰焦陂人。黄巢亂，流寓六安南山數世。千之以文學受知歐陽文忠公，及寓公所。吕申公適通判潁州，延之教諸子。熙寧中，授秘書校理、殿中丞，終無錫知州。後希純知潁，爲先生起第城南。鄉人呼爲焦館。《新志》云『丹徒人』。」《正德潁州志·鄉賢·宋》：「焦千之，字伯强，上世汝陰椒陂人。黄巢亂，流六安南山中數世。宋興，焦氏欲復而未能。伯强隱身積德，以文學受知歐陽公，及寓公所。吕申公適通判潁州，延伯强教諸子。爲人嚴毅方正，諸生小有過差，先生端坐，召與相對終日，竟夕不與之語。諸生恐懼畏服，先生方略降辭色。熙寧中，徵授秘書省校理，遷殿中丞。其後希純知潁州，爲先生建第南城。鄉人呼焦館云。」

〔二〕李宜春《嘉靖潁州志·經術·明》：「傅瑾，字公竇，汝陰人。任蔡州助教。力學强記，尤邃字韻。奉先克孝，與鄰喜施。嘗教李端愿尚名節、養器業爲先。卒，有《字林補遺》十二卷、《音韻管見》三卷、《聞見録》十卷。」《萬姓統譜》卷九十五：「傅瑾，字公竇，汝陰人。任蔡州助教。力學强記，尤邃字韻。奉先克孝，與隣喜施。嘗教李端愿尚名節、養器識爲先。卒，有《字林補遺》十二卷、《音韻管見》三卷、《聞見録》十卷，藏家。有端愿墓序銘。」

元

李黼。詳見《死事傳》。

張紹祖。詳見《孝義傳》。

皇明

安然。洪武初爲起居注。歷任浙江、河南參政，陞山東布政使。洪武十一年（一三七八）陞御史大夫，官至四輔。每論事，嘗賜坐，多所禆益。以疾終，遣官諭祭，賜葬。〔一〕

李敏。洪武五年（一三七二）除工部尚書，七年（一三七四）除江西等處行中書省參知政事，九年

〔一〕安然（一三二四——一三八一），祥符（今河南開封）人，徙居潁州。仕至四輔官。卒，帝親製文祭之。《明實録·太祖實録》：「（洪武元年八月）丁未，以前河南參政安然爲浙江布政使……」又：「（洪武三年九月庚子）……召山東行省參政安然、浙江行省參政安慶爲工部尚書，廣西行省參政商暠爲吏部尚書，尋復以思德知嶽州府。」又：「（洪武五年三月）丙辰，以刑部尚書李文諒爲福建行省參政，工部尚書安然爲山東行省參政，工部侍郎黄肅爲本部尚書。」又：「（洪武十二年九月）甲辰，以御史臺右御史大夫丁玉爲左御史大夫，浙江布政使安然爲右御史大夫……」又：「（洪武十五年七月）乙亥，起前國子助教開濟試刑部尚書……濟字來學，洛陽人。元季嘗爲察罕帖木兒掌書記，入國朝爲河南府學訓導，擢國子助教，以病免。十四年（一三八一），四輔官安然薦其有治才，以母憂未終。至是，始徵入覲，故超擢之。」《明史》有傳。《大明一統志·中都·潁州（人物）》：「安然，潁州人。洪武初爲起居注，歷任浙江、河南布政司參政，尋陞山東布政使。未幾，召爲御史大夫，官至四輔。每論事，賜坐，多所禆益。」《成化中都志·人才傳·潁州（國朝）》：「安然，洪武初爲起居注。歷任浙江、河南參政，陞山東布政使。洪武十一年，陞御史大夫，官至四輔。每論事，嘗賜坐，多所禆益。以疾終，遣官諭祭安葬。」《正德潁州志·人物·本朝》：「安然，洪武初爲起居注。歷任浙江、河南布政司參政，尋陞山東布政使。未幾，詔爲御史大夫，官至四輔。每論事，賜坐，多所禆益。」李宜春《嘉靖潁州志·名臣·明》：「安然，潁州人。洪武初爲起居注。歷任浙江、河南參政，陞山東布政使。洪武十一年，陞御史大夫，官至四輔。每論事，嘗賜坐，多所禆益。以疾終，遣官諭祭，賜葬。」

（一三七六）復除工部尚書。欽賜浙江田莊，以疾卒於官，諭祭歸葬。〔一〕

張泌。由國子生洪武二十六年（一三九三）任兵科都給事中。遷光禄寺卿。永樂六年（一四〇八），卒於官，賜祭。泌容貌豐偉，識達大體。後吏部每奏除光禄卿，必思得人如泌。〔二〕

〔一〕李敏，潁州人。洪武朝仕至工部尚書、福建都轉運鹽使。《明實録·太祖實録》：「（洪武元年九月）己丑，以陸仲亨爲江西行省平章政事，故元河南行省都鎮撫李敏爲工部侍郎。」又：「（洪武八年二月）以工部尚書李敏爲江西行省參政。誥曰：『國家建行省以分鎮方面，凡兵民之政皆領焉，任重職要，非謀猷可以致。君才略可以澤民者，曷克稱之？前嘉議大夫、工部尚書李敏，今授中奉大夫、江西等處行中書省參知政事，爾尚務展才猷，益弘治體，使教化行而風俗美，事功集而民庶安，用副朕簡任之意。惟時懋哉！』」又：「（洪武九年十月）戊午，以浙江參政商暠、北平參政唐俊爲刑部尚書，江西參政李敏爲工部尚書，李仁爲户部侍郎。」又：「（洪武十五年五月）戊子，以户部尚書周斌爲刑部尚書，禮部尚書吕本爲兩浙都轉運鹽使，工部尚書李敏爲福建都轉運鹽使……」《成化中都志·人才傳·潁州（國朝）》：「李敏，洪武五年除工部尚書，七年除江西等處行中書省參知政事，九年復除工部尚書，欽賜浙江田莊。以疾卒於官，遣官諭祭歸葬。」《正德潁州志·人物·本朝》：「李敏，洪武初爲工部尚書，尋陞浙江行省參知政事。復轉工部尚書，賜以浙江田土。卒，遣官祭葬。」李宜春《嘉靖潁州志·名臣·明》：「李敏，潁州人。洪武五年，除工部尚書。七年，除江西等處行中書省參知政事。九年，復除工部尚書。欽賜浙江田莊，以疾卒於官，諭祭歸葬。」《大明一統志·撫州府·名宦（本朝）》：「李敏，洪武初爲撫州知府。守廉燭理，雖庶務煩劇，決之如流。」《雍正江西通志·秩官·明》：「李敏，潁州人，以工部尚書轉。已上俱行中書省參知政事。」《雍正江西通志·名宦·撫州府（明）》：「李敏，潁州人。洪武初任撫州知府。廉燭理，雖庶務繁劇，而決之如流。」

〔二〕張泌（？——一四一八），字淑清，潁州人。仕至光禄寺卿。《明實録·太祖實録》：「（洪武二十八年二月）甲戌，以……兵科給事中張泌爲光禄寺卿……」《明實録·太宗實録》：「永樂四年十二月丙戌朔，上視牲南郊。復張泌爲光禄寺卿。初，泌坐是謫役，至是宥之。」又：「（永樂十六年八月）丙申，光禄寺卿張泌卒。泌，鳳陽潁州人。洪武中由太學生授兵科給事中，和易謹厚，勤於職事。陞都給事中，再陞光禄寺卿。爲光禄二十餘年，於禦膳必躬視精潔，然後以進具；祭享必潔清，宴會必豐美。馭下以寬，處事以公，衆咸服之。嘗與井泉同發中宮陰事，上嘉之，特詔兩人有犯免死罪二次。至是卒，上悼惜之，遣官賜祭，命有司治喪具。泌容貌豐偉，識達大體。後吏部每奏除光禄官，上必問其人得如張泌否？同時有寺丞仲謙，山東黄縣人，才能不下於泌，侍皇太子監國，甚見信重。兩人相繼卒，自是任光禄者鮮能及之。」《大明一統志·中都·潁州（人物）》：「張泌，潁州人。洪武中，由太學生授兵科給事中。和易謹厚，勤於職事。陞都給事中，再陞光禄寺卿。爲光禄二十餘年，於御膳必躬視精潔，其祭享宴會必豐潔。馭下以寬，處事以公，衆咸服之。及卒，特賜祭葬。泌容貌豐偉，識達大體。後吏部每奏除光禄官，必思得人如泌。」《成化中都志·人才傳·潁州（國朝）》：「張泌，由監生，洪武二十六年任兵科都給事中。陞光禄寺卿。永樂六年，卒於官，賜祭。泌容貌豐偉，識達大體。後吏部每奏除光禄官，必思得人如泌。」《南畿志·鳳陽府·人物（國朝）》：「張泌，潁州人。洪武中，（轉下頁注）

韓璽。舉貢士，任工科給事中，侍從宣宗讀書，日承顧問。遷山東按察司僉事，轉副使。再轉廣東布政司左參政。璽自近侍至藩臬，始終以廉謹自持，政聲大著。［一］

接上頁注［一一］由大［太］學生授給事中。陞光禄寺卿。永樂六年，卒於官，賜祭。泌容貌豐偉，識達大體。後吏部每奏除光禄官，必思得人如泌。」《正德穎州志·人物·本朝》：「張泌，洪武中由太學生授兵科給事中。和易謹厚，勤於職事。陞都給事中，再陞光禄寺卿。爲光禄二十餘年，於御膳必躬視精潔。其祭享宴會必豐潔，馭下以寬，處事以公。衆咸服之。及卒，特賜祭葬。泌容貌豐偉，識達大體。後吏部每奏除光禄官，必思得人如泌。」李宜春《嘉靖穎州志·名臣·明》：「張泌，穎州人。洪武中，由太學生授兵科給事中。和易謹厚，勤於職事。陞都給事中，再陞光禄寺卿。爲光禄二十餘年，於御膳必躬視精潔，其祭享宴會必豐潔。馭下以寬，處事以公，衆咸服之。及卒，特賜祭葬。泌容貌豐偉，識大體。後吏部每奏除光禄官，必思得人如泌。」

［一］韓璽，穎州人。仕至廣東參政。《明實録·太宗實録》：「（永樂十二年十月）丙申，擢監生張磐、韓璽、卜謙、陳諒俱爲給事中……」又：「（永樂十八年四月）辛酉，陞……刑部主事洪順、工科給事中韓璽俱爲僉事。」《明實録·宣宗實録》：「（宣德二年十二月甲戌）釋山東按察使庾信、僉事韓璽、李涵復職。初，璽奏信、涵不應事，法司逮問，璽涉虚應徒信，等不奉行鈔法，應杖，上以其經赦，俱釋之。」又：「（宣德六年十月）庚申，陞……山東按察僉事韓璽爲本司副使……」《明實録·英宗實録》：「（正統三年二月）丙戌，山東按察司副使韓璽、巡按監察御史楊任敏、唐慎下獄。先是，按察司囚禁强盗五人越獄，英宗下詔停該管官員俸禄，責令期限捕。結果過限不獲，都御史陳智等逮捕韓璽等究問。皇上奏准。」又：「（正統三年五月甲辰）復山東按察司副使韓璽官，令專捕越獄囚；謫司獄陳忠等戍大同。初，璽等以越獄囚不獲，逮至京鞫之，蓋忠等得囚賂，詭以盛暑，懇璽釋其械，因因逸去。法司當璽贖徒復職，忠等贖死免官。上以忠等罪太輕，故有是命。」又：「（正統五年七月）庚申，釋山東按察司捕囚官副使韓璽等，令還視事，從僉事薛瑄奏請也。」《大明一統志·中都·穎州（人物）》：「韓璽，穎州人。永樂中，由大［太］學生授給事中，選春宮講讀，陞山東按察副使。宣德初召還，侍文華殿，備顧問。以忤權貴，遷廣東參政。考滿致仕，室如懸磬。（《南畿志》）《成化中都志·人才傳·穎州（國朝）》：「韓璽，由舉人，任工科給事中，侍從宣宗章皇帝講讀，日承顧問。陞山東按察司僉事，轉副使。再遷廣東布政司左參政。自進侍至藩臬，始終以廉謹自持，政聲大著。」《南畿志·鳳陽府·人物（國朝）》：「韓璽，穎州人。永樂中，由太學生授給事中，選春宮講讀，陞山東按察副使。宣德初召還，侍文華殿，備顧問。以忤權貴，遷廣東參政。滿考致仕，室如懸磬。」《正德穎州志·人物·本朝》：「韓璽，永樂中，由太學生授給事中，選侍皇太孫春宮講讀，尋陞山東按察副使。宣皇御極，思念舊人，召還。侍文華殿，備顧問。以忤權貴，遷廣東參政。滿考致仕。家居十五、六年，室如懸磬，安貧毓德。士林仰爲古君子。」李宜春《嘉靖穎州志·廉介·明》：「韓璽，穎州人。永樂中，由貢士授工科給事中，選侍皇太孫春宮講讀，日承顧問。遷山東按察司僉事，轉副使。宣廟御極，思念舊人，召還，侍文華殿。忤權貴，出爲廣東左參政。致仕而歸，室如懸磬。安貧樂道，咸稱爲古君子云。」明王直《抑菴文後集·贈副使周君序》：「正統六年（一四四一）秋八月，行在吏部言：山東按察副使韓璽以滿去，當有代其任者。」《雍正廣東通志·職官志·明（右參政）》：「韓璽，江南穎［潁］上人。進士。正統八年（一四四三）任。」《乾隆山東通志·職官志·提刑按察司》：「韓璽，南直穎州人。監生。」

郭昇。字騰霄。舉進士，任工部都水司主事。成化丁亥（一四六七），奉命蒞徐州洪治水。昇究心乃事，募工匠鑿去翻船石以百數，東西堤岸俱用方石疊砌，固以鐵錠，灌以秫灰，使平廣堅厚，爲牽輓之路。附堤掘井以濟輓夫，樹柳六百餘株，爲廕休之所。至今漕運便之。擢郎中，仍蒞洪事，尋陞陝西參議，未至，以疾卒於家，贈朝列大夫。洪上有郭公祠，有《碑記》二。[一]

〔一〕郭昇，字騰霄，潁州人。天順四年（一四六〇）進士，仕至陝西參議。《明實録·憲宗實録》：「（天順八年十二月）壬午，工部主事郭昇請修臨清縣新開上閘。從之。」《明實録·憲宗實録》：「（成化十年二月），工部言：管理河道郎中郭昇請更造輕便薦新官船，已行南京内外守備等官覆覈。亦如所議。從之。」《成化中都志·人才傳·潁州（國朝）》：「郭昇，由進士，任工部主事，轉郎中，陞陝西布政司參議，卒。」《南畿志·鳳陽府·進士科》：「（景泰庚辰）郭昇。潁州人。參政。」《正德潁州志·科貢·科（本朝）》：「郭昇，景泰七年丙子（一四五六）中河南布政司鄉試，天順四年登王一夔榜第三甲進士。仕至陝西參議。」李宜春《嘉靖潁州志·名臣·明》：「郭昇，字騰霄，潁州人。天順庚辰（一四六〇）進士，授工部都水主事。蒞山東河道，督造運粮淺船七百餘艘，改修南坂等閘，疏濬觀音觜等河。幹濟公勤，爲帥臺推重，屬管徐州。洪水勢極險，外洪大石百餘，人呼爲翻船石。每歲官民船遭損命者百數，且兩岸捧路低隘，遇涨即瀰漫，退則土去石出，不可步履。自永樂通漕以來，漲後輒鋪草萬束，運土平石，糜費日多，水至則功隳矣。昇鋭意經理，乃上修河疏，報可。於是募工鑿去翻船諸石，鋪平里、洪霸下數灣，東西洪岸並林路，各用方石疊砌，扣以鐵錠，灌以石灰，爲功甚巨，兩堤各植柳濬井，以蔭濟行人。三載，將受代，軍民咸具奏保留，轉本司員外郎，仍蒞洪事。又陳《便益河道疏》曰：『臣聞不暫勞者，無以永逸其民；不一費者，無以永亨其利。蓋因其所欲而勞之，其勞也不怨；除其所害而利之，其利也斯溥。但人之常情，泥於所聞者，以非所聞爲異談；安於故習者，以非所見者爲異事，故凡事多樂因循而憚改作也。臣以逸其民而享其利者言之。且真、揚直抵淮安一帶，河道三百餘里，有十六壩之阻隔，有四湖之險惡，江南百萬錢粮，萬國進貢方物，與往來官民船隻，無不經由是路。到壩之時，縱有大潮，未免盡空卸載，弓船車放；過湖之日，陡遇風起，浪勢如山，多致覆溺，此不利於往來者也。十六壩人夫之役，三百里堤岸之費，月用其勞，不勾一日之壞；萬費錢粮，而無一歲之利，此勞費於地方者也。自成化八年（一四七二），天道乾旱，河水消乏，淮安置壩，積水行船，南不通江，北不通淮，三百里之渠若□□。然臣嘗留心丈量，儀真、瓜州各壩，河底與下潮江面相高不過四尺，淮安河底與淮河水面相高亦不過四尺。若多起人夫，暫費錢粮，通行挑深八尺，上下通於江淮，於儀真、瓜州各置閘二座，置壩三座。夏間潮大，閘内放船；冬天水涸，仍行車壩。一則往來船隻免於盤阻涉險，省費無算。二則高郵、邵伯等湖瀦水洩去，而膏腴之田可出萬頃。』又將有益河渠可行數事者并上：一曰置閘通船，二曰開河便民，三曰開挑夾河以避風浪，四曰措辦樁木以甦民困，五曰專官職以管河道。欽陞本司郎中，專管沛縣直抵儀真、瓜州等處河道。又陳言利病八事：『一曰革蠹弊以清驛遞，二曰禁勾掯以絶奸弊，三曰審時宜以完廢弛，四曰改馬造船以便應付，五曰明賞罰以示勸懲，六曰許自首以圖新，七曰設坊保以禁盗，八曰添應捕以防盗。』歷河道十四餘年，隨在改造修築，具有成績，咸稱便焉。尋陞陝西參議，以疾卒於家，贈朝列大夫。然經濟之才，宏博之識，夷積年不測之險，爲永世無窮之利，侵以天年，其勳業當與周文襄争烈矣。所著有《奏議》，藏於家。」

哀論曰：君子之與人欲恕，其論人也欲周。恕，故無遺善；周，故不誣。以論其世也，功名之士，如吕、許於吴、蜀；王敬蕘於朱梁，各欲爲主，而詳略不同，所據異也。何比干，一獄掾，而所活千數人。一命之士，存心於愛物，其濟於人，豈必據高位哉？陳仲舉、范孟博慨然有志天下，而遭時不造，死非其所，君子傷之。郭子横觥觥直節，見稱於光武，與許楊俱避莽亂，而范曄《書》厠之方術，豈爲術所掩與？宋初，尹拙之博，優於李穀；丁罕之將，賢於欽祚。舒、張循良，及之風蹟，焦伯强、王深父兄弟皆鄉郡之重，常夷甫晚節浮沈，物議少貶。君子之立身，可不慎歟！

潁上

春秋

管仲。名夷吾，潁上人。少與鮑叔牙游，叔牙知其賢，薦於齊桓公，以爲相，有匡天下之功。仲嘗曰：「吾與鮑叔賈，分財利自多，鮑叔不以我爲貪，知我貧也。吾嘗與鮑叔謀事而更窮困，鮑叔不以我爲愚，知時有利不利也。吾嘗三仕三逐，鮑叔不以我爲不肖，知我不逢時也。吾嘗三戰三走，鮑叔不以我爲怯，知我有老母也。公子糾敗，吾幽囚受辱，鮑叔不以我爲恥，知我不修小節而恥功名不顯也。生我者父母，知我者鮑子也。」著《管子》八十六篇。〔一〕

〔一〕管仲（？——前六四五），姬姓，管氏，名夷吾，字仲，潁上（今屬安徽）人。春秋時期法家代表，著有《管子》六十八篇。《史記》有傳。《成化中都志·人才傳·潁上縣（春秋）》：「管仲，名夷吾，潁上人。少與鮑叔牙游，叔牙知其賢，薦於齊桓公，以爲相。孔子曰：『管仲相桓公，霸諸侯，一匡天下，民到於今受其賜。微管仲，吾其被髮左衽矣。』蓋許其有仁者之功。仲嘗曰：『吾與鮑叔賈，分財利自多，鮑叔不以我爲貪，知我貧也。吾嘗爲鮑叔謀事而更窮困，叔不以我爲愚，知時有利不利也。吾嘗三仕三逐，叔不以我爲不肖，知我不逢時也。吾嘗三戰三走，叔不以我爲怯，知我有老母也。公子糾敗，吾幽囚受辱，叔不以我爲恥，知我不修小節而恥功名不顯也。生我者母，知我者鮑子也。』

（轉下頁注）

元

章克讓。家甘羅鄉。元統間登進士，任繁昌令。明敏果斷，見事風生，繁民德之。謝事歸，教授鄉里子弟，垂老不倦。四壁［壁］蕭然，不以爲意。平生清介，可以激勵後人云。〔一〕

接上頁注〔一二〕著《管子》八十六篇。《新志》云：『河南潁陽人。』誤也。」《南畿志・鳳陽府・人物》：「管仲，潁上人。鮑叔牙薦於齊桓公，管仲既相齊，攘夷狄，尊周室，由是桓公稱霸，諸侯畏服。有《管子》六十八篇。」《正德潁州志・人物・春秋》：「管仲，字夷吴［吾］。與鮑叔牙爲友，薦於齊恒公，攘夷尊周，九合諸侯，一匡天下。孔子曰：『微管仲，吾其披髮左衽矣。』今水基東，土人猶呼管子鄉。」李宜春《嘉靖潁州志・名臣・春秋》：「管仲，字夷吾，潁上人。少與鮑叔游，鮑叔知其賢。因貧，嘗欺鮑叔，鮑叔終善遇之，不以爲言。已而鮑叔事齊公子小白，管仲事公子糾。及小白立爲桓公，公子糾死，管仲囚焉。鮑叔遂進管仲。管仲既用，任政於齊，齊桓公以霸，九合諸侯，一匡天下，管仲之謀也。管仲曰：『吾始困時，嘗與鮑叔賈，分財利多自與，鮑叔不以我爲貪，知我貧也。吾嘗爲鮑叔謀事而更窮困，鮑叔不以我爲愚，知時有利有不利也。吾嘗三仕三見逐於君，鮑叔不以我爲不肖，知我不遭時也。吾嘗三戰三北，鮑叔不以我爲怯，知我有老母也。公子糾敗，召忽死之，吾幽囚受辱，鮑叔不以我爲無耻，知我不羞小節而耻功名不顯於天下也。生我者父母，知我者鮑子也。』鮑叔既進管仲，以身下之。子孫世禄於齊，有封邑者十餘世，常爲名大夫。天下不多管仲之賢而多鮑叔能知人也。管仲既任政相齊，以區區之齊在海濱，通貨積財，富國强兵，與俗同好惡。故其稱曰：『倉廪實而知禮節，衣食足而知榮辱，上服度則六親固。四維不張，國乃滅亡。下令如流水之原，令順民心。』故論卑而易行。俗之所欲，因而予之；俗之所否，因而去之。其爲政也，善因禍而爲福，轉敗而爲功。貴輕重，慎權衡。桓公實怒少姬，南襲蔡，管仲因而伐楚，責包茅不入貢於周室。桓公實北征山戎，而管仲因而令燕修召公之政。於柯之會，桓公欲背曹沫之約，管仲因而信之，諸侯由是歸齊。故曰：『知與之爲取，政之寶也。』管仲富擬於公室，有三歸、反坫，齊人不以爲侈。管仲卒，齊國遵其政，常强諸侯。」《順治潁上縣志・人物・周》：「管仲，名夷吾。生春秋時，相齊桓公，尊周攘夷，孔子稱其功。子孫食禄於齊，有封邑者十餘世，嘗爲名大夫。著書八十六篇。事詳史遷傳。屠公隆有《管鮑記》，見《藝文》。今祀鄉賢祠。」

〔一〕李宜春《嘉靖潁州志・廉介・元》：「章克讓，潁上人。元統間登進士，任繁昌令。明敏果斷，見事風生，繁民德之。謝事歸，教授鄉里子弟，垂老不倦。四壁蕭然，不以爲意。平生清介，可以激厲［勵］後人。」《順治潁上縣志・人物・元》：「章克讓，元統間登進士，任繁昌令。明敏果斷，見事風生，繁民德之。謝事歸，教授鄉里子弟，垂老不倦。四壁蕭然，不以爲意。生平清操可風。」

皇明

章順舉。字元凱，甘羅鄉人。隱居陽臺村，容貌魁偉，博學多聞，與鄉人言，議論英發。洪武十八年（一三八五），有司以人才薦，詔許入朝。上奇之曰：「授爾方面，何如？」對曰：「臣總得大綱，轄得有司。」上悦，授以河南右布政使，尋陞廣西左布政使。所至有惠政焉。〔一〕

卜謙。字宗讓，附廓人。以《詩經》舉永樂辛卯（一四一一）貢士，游太學，適太宗文皇帝敕國子監選才識老成、語言利便者侍從春宫講讀，尋授工科給事中。永樂十五年（一四一七），扈從皇太孫南京監國，公朝夕近侍，獻可替否，常以古人自期待。十九年（一四二一），值内外艱，宣宗御極，思念舊臣，差行人李宣取回京，賜正五品織金衣二襲，仍給事牙牌，直文華殿，日承顧問。嘗陳十事：一曰崇師儒以育人才，二曰嚴威武以備邊境，三曰選賢能以資任用，四曰簡將帥以養鋭氣，五曰廣儲蓄以濟匱乏，六曰禁末技以廣農桑，七曰重風憲以防壅蔽，八曰汰僧道以崇正學，九曰厚俸禄以養廉恥，十曰旌功臣以勸武臣。上特嘉納。宣德十年（一四三五），陞陝西僉事，提督屯田水利。正統八年（一四四三），陞山東副使，整理河道，有功糧運。封章疏時事，見忤近倖，謫陝西布政司左參

〔一〕《明一統志·鳳陽府·人物》：「章順，潁上人。以隱士召用，歷官勤慎，累陞河南布政使，尋調廣西，有惠政。」《成化中都志·人才傳·潁上縣（國朝）》：「張［章］順舉。由隱士舉，任河南布政司右布政使，調廣西右布政使。」《南畿志·鳳陽府·人物》：「章順，一名順舉，潁上人。國初以隱士召用，歷河南廣西布政使，勤慎，有惠政。」李宜春《嘉靖潁州志·循吏·明》：「章順舉，字元凱，甘羅鄉人。隱居陽臺村，容貌魁偉，博學多聞，與鄉人言，議論英發。洪武十八年，有司以人才薦，詔許入朝。上奇之曰：『授尔方面，何如？』對曰：『臣總得大綱，轄得有司。』上悦，授以河南右布政使，尋陞廣西左布政使。歷官勤慎，所至有惠政焉。」《順治潁上縣志·人物·明》：「章順舉，字元凱，甘羅鄉人。隱居陽臺村。容貌魁偉，更博學多聞。洪武十八年，有司以人材薦於上，詔見，大奇之，曰：『授爾方面，何如？』對曰：『臣總得大綱，轄得有司。』上悦，授以河南右布政使。有奇績，尋陞廣西左布政使。吏畏其威，民懷其惠，乃稱之曰：『獠夷服之，而有東北之望；明君信之，而無西南之憂。』爲世名臣。《一統志》亦云有惠政。今祀鄉賢。」

議。民聞公復至，相顧而喜，迎者塞途。因足疾自陳，命下，即日起行。〔一〕

李芳。字彦芳，附廓人。幼潁〔穎〕悟，修然清臞。登進士，改翰林庶吉士，轉刑科給事中。立朝凜然，執法不撓。嘗陳前代理亂，朝政得失，育賢取士，選將練兵，足國裕民數事，上嘉納。疏時事，忤權倖，遂爲所扼，謫

〔一〕卜謙，字宗讓，潁上人。由監生入仕，至山東副使。《明實録・太宗實録》：「（永樂十二年十月）丙申，擢監生張磐、韓璽、卜謙、陳諒俱爲給事中……」《明實録・宣宗實録》：「（宣德八年八月）癸卯陞行在工科給事中卜謙爲陝西按察司僉事，仍於内府授小内使書……」《明實録・英宗實録》：「（正統四年六月）己丑，陝西按察司僉事卜謙奏：蘭州衛並蘭縣數月不雨，人民艱食。邇者明詔一下，瑞雲密佈，甘雨霈施。此皇上大德格天所致。上曰：『小人貢諛不足信。民之艱食，户部仍令所司賑濟之。』」又：「（正統八年八月丁亥）陞陝西僉事卜謙爲山東按察司副使，專理河道，以九載考稱故也。」又：「（正統十年十月戊申）降山東按察司副使卜謙爲布政司參議。先是，本司委謙同工部員外郎趙昱會覈獄詞，謙以專理河道，託病不行，爲昱所奏，下巡按御史鞫治，當贖罪還職。右都御史王文言謙推奸避事，難居風憲。謙訴枉。上曰：『謙既無贓私，其改授參議，俾圖自勵。若仍避難，必罪不宥。』」《成化中都志・科貢・鄉舉》：「（辛卯科永樂九年）卜謙，潁上人。」《成化中都志・人才傳・潁上縣（國朝）》：「卜謙，由舉人，任工科給事中，陞陝西按察司僉事，遷山東按察司副使。」《南畿志・鳳陽府・鄉舉科》：「（永樂辛卯）卜謙，潁上人。參議。」《南畿志・鳳陽府・人物》：「卜謙，潁上人。領永樂辛卯鄉薦，授工科給事中。嘗從皇太孫南京監國，忠於輔導。值内外艱，廬墓側六載。宣德間仍以給事中，直文華殿，嘗陳十事，見嘉納。陞陝西僉事。正統中陞山東副使。疏時事，忤近倖，謫陝西參議。民聞謙復至，相顧而喜迎者塞途。以足疾致仕。」李宜春《嘉靖潁州志・名臣・明》：「卜謙，字宗讓。其先桐鄉人，國初遷潁上附廓。少家貧，事親以孝聞，舉永樂辛卯鄉薦。游太學，適太宗文皇帝敕國子監選才識老成者侍春宫講讀，尋授工科給事中。十五年，扈從皇太孫南京監國，朝夕近侍，獻替可否，常以古人自期。十九年，值内外艱，扶柩歸窆桐鄉祖塋，以從先志，廬於其側。宣宗御極，思念舊臣，差行人李宣取回京，賜正五品織金衣二襲，仍給事牙牌，直文華殿，日承顧問。嘗陳十事：一曰崇師儒以育人才，二曰嚴威武以備邊境，三曰選賢能以資任用，四曰簡將帥以養鋭氣，五曰廣儲蓄以濟匱乏，六曰禁末技以廣農桑，七曰重風憲以防壅蔽，八曰汰僧道以崇正學，九曰厚俸禄以養廉恥，十曰旌功臣以勸武臣。上特嘉納。宣德十年，陞山西僉事，提督屯田水利。正統八年，陞山東副使，整理河道，有功糧運，上疏時事，忤近倖，謫陝西布政司左參議。民喜復至，迎者塞途。因足疾，自陳而歸。」《順治潁上縣志・人物・明》：「卜謙，字宗讓，桐鄉人。宋駙馬後。領鄉薦，游太學。太宗文皇帝敕國子監選才識老成、語言利便者，以侍春宫講讀，尋授工科給事中。永樂十五年，扈從皇太孫南京監國，公朝夕侍近，獻可替否，常以魏徵自期。待十九年，值内外艱，宣宗御極，思念舊臣，差行人李宣取回京，賜正五品織金衣二襲，仍給事中牙牌，直文華殿，日承顧問。嘗陳十事，上特嘉納。宣德十年，陞陝西僉事，尋陞山東副使。見忤近倖，謫陝西參議。民聞公復至，皆喜。因足疾自陳，有《别城隍》詩『一官到此幾經春，不愧蒼天不負民。神道有靈應鑒我，去時還是到時貧』之句。少時以孝聞，扶父母柩，結廬桐鄉祖塋。御史楊永作文以哀之。有《百孝經》歌於世。今祀鄉賢。」

海鹽丞。剛直不能事人，棄官家居，四十餘年而卒。宣宗嘗顧群臣而問曰：「李芳何在？」故京師爲之語曰：「永樂紀綱，宣德李芳。」〔一〕

太和

皇明

王質。本縣人。永樂中由鄉舉授南陽縣訓導，以才學卓異拜監察御史。清謹老成，薦陞四川參政，愈勵前志，

〔一〕李芳，字彦芳，潁上人。永樂十三年（一四一五）進士，仕至刑科給事中。《成化中都志·科貢·進士》：「（乙未科永樂十三年）李芳，潁上人。」《成化中都志·人才傳·潁上縣（國朝）》：「李芳。由進士、翰林庶吉士，授刑科給事中。」《南畿志·鳳陽府·進士科》：「（永樂乙未）李芳，潁上人。給事中，謫縣丞。」《南畿志·鳳陽府·人物》：「李芳，潁上人。登進士，選翰林庶吉士，轉刑科給事中。立朝凛然，執法不撓，嘗陳前代理亂，朝政得失，育賢取上，選將練兵，足國裕民數事，上嘉納。又疏時事，忤權倖，遂爲所扼，謫海鹽丞。棄官家居四十餘年，卒。」李宜春《嘉靖潁州志·氣節·明》：「李芳，字彦芳，潁上附廓人。永樂乙未進士，改翰林庶吉士，轉刑科給事中。陳前代理亂，朝政得失，育賢取士，選將練兵，足國裕民數事，上嘉納之。再疏時事，忤權倖，謫海鹽丞。剛直不能事人，棄官家居。宣廟嘗顧群臣問曰：『李芳何在？』故京師爲之語曰：『永樂紀綱，宣德李芳。』所著有《潁上八景詩》。《文地春風》：『宣尼道德與天同，過化春神妙聖躬。從古此村遺化雨，至今何地不春風？行來楚尾長淮北，曾寓甘城古潁東。村落依稀今又古，年年三月杏花紅。』《甘羅故址》：『當年獨負妙齡姿，佐呂爲卿十二時。一代衣冠今已矣，千年事業尚流遺。高名耿耿傳炎史，故址萋萋盡楚茨。日暮登臨眺望處，寒烟宿霧鎖荒基。』《白廟曉烟》：『勝蹟由来不記春，巍巍祠建古沙濱。曉烟缭繞籠霧宇，曙色連延接杳旻。祚國屢將甘澤沛，富民頻覩瑞禾臻。蒼生久賴爲霖濟，簫鼓年年展賽神。』《映林晚照》：『西下殘暉半有無，平林映帯錦幕糊。餘光閃閃歸鵶健，暝色霏霏去鶴孤。牧笛臨風聞隔隴，樵歌載月過平蕪。分明一段天然景，携酒黄昏看畫圖。』《賽澗流泉》：『賽澗幽深一水開，花繁竹密隩連隈。溶溶淡淡天光透，渺渺茫茫地脉來。浮出桃花籠淡月，漱穿石齒隱輕雷。何時解綬歸來日，卜地溪頭起釣臺。』《江口晴波》：『江天日麗斂浮雲，江水風恬颺翠紋。茶竈筆牀操一葉，月汀煙渚許平分。身心便欲成嘉遯，踪蹟須妨恐浪聞。醉後扣舷歌一曲，相親相近祇鷗群。』《蓮池夜月》：『西望蓮池十里寬，良宵載酒放船看。相邀太乙乘蓮葉，須讓嫦娥出廣寒。水鏡光澄先走兔，珮環聲細始驂鸞。仰瞻牛斗徘徊處，興正濃時夜未闌。』《同丘古木》：『辛木蕭蕭夕照中，路人遥指説龍宫。入雲祇許藤蘿寄，溜雨寧甘苔蘚封。覆地層陰籠野曠，參天黛色倚晴空。昔人化去無消息，夜夜長號萬古風。』」《順治潁上縣志·人物·明》：「李芳，字彦芳。少年穎悟，修然清臞。登進士，授翰林庶吉士，轉刑科給事中。執法不撓。常疏時事，忤權倖，謫海鹽丞。棄官家居，詩酒自娱。宣宗嘗顧群臣問曰：『李芳何在？』京師爲之語曰：『永樂紀綱，宣德李芳。』亦可謂名重朝廷矣。今祀鄉賢。」《光緒海鹽縣志·職官表·（明）縣丞》：「（宣德）李芳，潁上進士。」

出巡不食肉，人呼爲青菜王。歷遷山東右布政使，未幾，召爲户部右侍郎，尋陞刑部尚書，復轉户部，卒。〔一〕

紀鏞。本縣人。舉成化丁未（一四八七）進士，以學行推授翰林院檢討，遷衡府長史。時衡王未之國，多所輔

〔一〕王質（一三九二——一四四四），字夢瑾，太和人。永樂十二年（一四一四）舉人，仕至刑部尚書。詳見楊溥《刑部尚書王公墓表》、王直《刑部尚書王公墓誌銘》和李賢《青菜王記》。《成化中都志·科貢·鄉舉》：「（癸巳科永樂十一年）王質，太和人。」《成化中都志·人才傳·太和縣（國朝）》：「王質，添保鄉人。由舉人，任南陽縣訓導，選授監察御史，陞四川布政司右參政，轉山東布政使，陞户部右侍郎，尋陞刑部尚書，復改户部侍郎。卒賜祭葬。維正統九年歲次甲子（一四四四）十月丙午朔二十七日壬申，皇帝遣行人方瀰賜祭户部右侍郎王質曰：『卿以儒術發身，敬慎廉勤，才猷偉著。由耳目之官，出掌方面，嘉譽昇聞。進佐地官，益修厥職。方隆委任，遽聞訃音。眷惟賢能，良用悼念。特命有司營葬，用表始終之意。卿其有知，服兹諭祭。』」《南畿志·鳳陽府·鄉舉科》：「（永樂甲午）王質，太和人。户部尚書。」《南畿志·鳳陽府·人物》：「王質，太和人。永樂中，授南陽訓導。以才學卓異，拜監察御史。清謹老成，陞四川參政。出巡不食肉，人呼爲青菜王。累遷刑部尚書，轉户部。卒。」李宜春《嘉靖潁州志·名臣·明》：「王質，太和縣保鄉人。永樂中由鄉舉授南陽縣訓導，以才學卓異拜監察御史。清謹老成，薦陞四川參政，愈勵前志。出巡不食肉，人呼爲青菜王。歷遷山東右布政使，未幾，召爲户部右侍郎，尋陞刑部尚書，復轉户部。卒，賜葬祭。」《萬曆太和縣志·人物·鄉賢（皇明）》：「王質，字夢瑾，天保圖人。領永樂鄉薦。初分教南陽，歷雲南道、湖廣道監察御史。前後凡所彈劾，務存大體。嘗上疏陳十事，切裨大政，悉見采納。（略見《皇明通紀》）」《順治太和縣志·人物·鄉賢（明）》：「王質，字夢瑾，天保圖人。領永樂鄉薦，初分教南陽，歷雲南道、湖廣道監察御史。前後凡所彈劾，務存大體。嘗上疏陳十事，切裨大政，悉見采納。略見《明通紀》。時松門聚盜，奉命往察之，還奏祇罪其魁，餘悉宥之，境賴以寧。宣德十年（一四三五），陞四川參政，適土番爭地相讐殺，積歲不解。時上慮爲邊患，屢遣重臣撫之，不能平。公至，單車入其境，招酋長而開諭之，衆皆感泣，各歸侵地，約婚姻，永誓不亂。正統二年（一四三七），陞山東布政使。時濟南群虎傷人，公至，齋沐告神三日，捕虎十七，餘遂引去，不爲患。獄有淹繫重囚七人，有三人極稱冤，久莫能決，公立辯之，人稱神明。正統十年（一四四五），陞户部侍郎，尋轉刑部尚書，與督察院、大理寺同理刑，各擬議當罪，不事慘刻，衆咸服其長厚。公自爲師長，爲朝廷耳目，出居外藩，入居内輔，勞勣四朝，凡三十年，無纖毫過舉，惟欲人不失所。自奉無異布衣時，每食蔬食，始終不厭，時號爲青菜王，縉紳以爲美談。華蓋殿大學士李賢爲公作《青菜傳》。先是，以御史丁憂家居，按院聞其清苦，命有司厚致絹帛爲吊禮，公曰：『是吾鄉民膏脂也。』固不受。始終一節，卒之日，囊無長物。平生負正氣，和不阿，剛不刻，是非可否，灼然有見，未嘗以辭色臨人。自少凝重寡言笑，及長，學日博浹，夐出時輩。事母極孝，不忍離側。歷任必扶與俱，晨夕侍養，務得懽心。翰林院學士苗衷謂其清儉之德，充碩之學，忠以事君，孝以事親，爲士林之表表者。卒年五十三。詳見《名臣言行録》。」

益，以疾卒於京。[一]

論曰：《傳》稱：「善人，天地之紀。」[二]「君子，邦家之光。」[三]又曰：「不有君子，其能國乎？」[四]然則天下國家之重，端在於得人也。潁地川多山少，而若崗、若嶺、若其昂藏起伏者，不一而足，皆其靈與秀之藴而未發，發而未究者。去歲，柳泉馬公撫臨，謂潁爲活地，誠哉確論！故其鍾産英□，□文學，多功名，尤多節義。是故有文學如戴憑、尹拙其人，而人益尚文學；若文如李穀者，不足尚矣。有功名如管仲、何比干、張綸、王臻其人，而人益

〔一〕《成化中都志·科貢·鄉舉》：「（庚子科成化十六年）紀鏞，太和人。」《成化中都志·科貢·進士》：「（丁未科成化二十三年）紀鏞，太和人。」《成化中都志·人才傳·太和縣（國朝）》：「紀鏞，由進士，任翰林檢討。」吕景蒙《嘉靖潁州志·人物表·鄉貢（太和）》：「（成化庚子）紀鏞。」李宜春《嘉靖潁州志·經術·明（太和）》：「紀鏞，太和縣人。舉成化丁未進士，以學行推授翰林檢討，遷衡府長史。時衡王未之國，多所輔益，以疾卒於京。」《萬曆太和縣志·人物·鄉賢（皇明）》：「紀鏞，字大器，號大谿，大義圖人。敦行孝弟，精邃經術，善古文，尤長詩賦。領成化庚子（一四八〇）鄉薦，時年方冠，益篤於學。丁未登進士第，選入翰林吉士。時縉紳諸公每見其文，皆以爲不及，率推讓之。公恂恂謙抑，自視欿然。尋以學行推授檢討。凡製作文章，多出其筆，燁然明重於時。公豐儀俊偉，詞氣優容，且通達於國體，廷薦爲衡王傅。未幾，卒於京師，一時士大夫咸惜其德未盡施而才未盡用也。著作甚富，兩經劉六上堂之變，燔燬無遺。嘗贈別有詩云：『目斷南鴻望好音，忽驚車馬見來人。三千里外風霜苦，百萬人中骨肉親。對酒高歌宵似晝，聯牀清話臘如春。不堪送別心如割，立馬都門淚滿巾。』至今人見之，每恨不得讀其全集也。」《順治太和縣志·人物·鄉賢（明）》：「紀鏞，字大器，號大谿，大義圖人。敦行孝弟，精邃經術，善古文，尤長詩賦。領成化庚子鄉薦，時年方冠，益篤於學。丁未登進士第，選入翰林庶吉士。時縉紳諸公每見其文，皆以爲不及，率推讓之。公恂恂謙抑，自視欿然。尋以學行推授檢討。凡製作文章，多出其筆，燁然明重於時。公豐儀俊偉，詞氣優容，且通達於國體，廷薦爲衡王傅。未幾，卒於京師，一時士大夫咸惜其德未盡施而才未盡用也。著作甚富，兩經劉六上堂之變，燔燬無遺。嘗贈別，有詩云：『目斷南鴻望好音，忽驚車馬見來人。三千里外風霜苦，百萬人中骨肉親。對酒高歌宵似晝，聯牀清話臘如春。不堪送別心如割，立馬都門淚滿巾。』至今人見之，每恨不得讀其全集也。」

〔二〕《左傳·成公十五年》：「晉三郤害伯宗，譖而殺之，及欒弗忌。伯州犁奔楚。韓獻子曰：『郤氏其不免乎！善人，天地之紀也，而驟絶之，不亡何待？』」

〔三〕《詩經·小雅·南山有臺》：「南山有桑，北山有楊。樂只君子，邦家之光。」

〔四〕《左傳·文公十二年》：「襄仲曰：『不有君子，其能國乎？國無陋矣。』」

事功名；若名如甘氏祖孫者，不足事矣。有節義如郭憲、陳蕃、范滂、李黼其人，而人益重節義；若常秩之晚節不堅者，又惡足重哉！噫！諸君子遠矣，雖皆一善成名，殆亦麟之角，鳳之冠，世豈多見哉！況其精誠之在當時，足以昭日星而動天地，誠爲邦家之光，天地之紀也。而今而後，生於斯、學於斯者，要當信道如王回，篤敬如焦千之，正心修德以爲基本，然後措諸實用，使吾之文學、功名之與節義無往不宜，斯爲聖賢明體適用之學，斯不愧於鄉先生矣。按：舒元始事李守貞，爲之請師江南，以叛守貞敗，遂留江南，易姓，事李景。既歸世宗，再改事宋。蓋變□富貴之士爾，雖以才敏便捷見賞，未足多也。

《鄉賢傳》終

潁州志卷之十六

傳四・過賓

按：《國語》書單子「承王命以爲過賓於陳」[一]，然則過賓古有之矣！過賓，法不應書，而三人者有功於潁，不可以不書也。作《過賓傳》。

劉錡　洪皓　塔出

宋

劉錡。字信叔，德順軍人，瀘州［川］軍節度使仲武第九子也。美儀狀，善射，聲如洪鍾。高宗即位，録仲武後，錡得召見，奇之。紹興十年（一一四〇），金人歸三京，充東京副留守，節制軍馬。所部八字軍纔三萬七千人，將發，益殿司三千人，皆攜其拏［孥］，將駐於汴，家留順昌。錡自臨安沂［泝］江絶淮二千二百里。至渦口，方食，暴風拔坐帳，錡曰：「此賊兆也，主暴兵。」即下令兼程而進，未至。五月，抵順昌三百里，金人果敗盟來侵。錡與將佐捨舟陸行，先趨城中。庚寅，諜報金人入東京。知府事陳規見錡問計，錡曰：「城中有糧，則能與君共守。」規曰：「有米數萬斛。」錡曰：「可矣。」時所部選鋒、游奕兩軍及老稚錙重，相去尚遠，遣騎趣之，四鼓乃至。及

［一］《國語・周語中》：「今雖朝也不才，有分族於周，承王命以爲過賓於陳，而司事莫至，是蔑先王之官也。」

旦得報，金騎已入陣［陳］。錡與規議斂兵入城，爲守禦計，人心乃安。召諸將計事，皆曰：「不可敵也，請以精鋭爲殿，步騎遮老小順流還江南。」錡曰：「吾本赴官留司，今東京雖失，幸全軍至此，有城可守，奈何棄之？吾意已決，敢言去者斬！」惟部將許清號夜叉者奮曰：「太尉奉命副守汴京，軍士扶攜老幼而來，不如相與努力一戰，於死中求生也。」議與錡合。錡大喜，鑿舟沈之，示無去意。寘家寺中，積薪於門，戒守者曰：「脱有不利，即焚吾家，毋辱敵手也。」分命諸將守諸門，明斥堠，募土人爲間探。於是軍士皆奮，男子備戰守，婦人礪刀劍，争呼躍曰：「平時人欺我八字軍，今日當爲國家破賊立功。」時守備一無可恃，錡於城上躬自督厲，取僞齊所造癡車，以輪轅埋城上；又撤民户扉，周匝蔽之；城外有民居數千家，悉焚之。凡六日麄畢，而游騎已涉潁河至城下。壬寅，金人圍順昌，錡預於城下設伏，擒千户阿黑等二人，詰之，云：「韓將軍營白沙渦，距城三十里。」錡夜遣千餘人擊之，連戰，殺虜頗衆。既而三路都統葛王褎以兵三萬，與龍虎大王合兵薄城。錡令開諸門，金人疑不敢近。初，錡傳［傅］城築羊馬垣，穴垣爲門。至是，與清等蔽垣爲陣，金人縱矢，皆自垣端軼著於城，或止中垣上。錡用破敵弓翼以神臂、强弩，自城上或垣門射敵，無不中，敵稍却。復以步兵邀擊，溺河死者不可勝計，破其鐵騎數千。特授鼎州觀察使、樞密副都承旨、沿淮制置使。時順昌受圍已四日，金兵益盛，乃移砦於東村，距城二十里。錡遣驍將閻充募壯士五百人，夜斫其營。是夕，天欲雨，電光四起，見辮髮者輒殲之。金兵退十五里。錡復募百人往，或請銜枚，錡笑曰：「無以枚也。」命拆［折］竹爲嘂，如市井兒以爲戲者，人持一以爲號，直犯金營。電所燭則奮擊，電止則匿不動，敵衆大亂。百人者聞吹嘂聲即聚，金人益不能測，終夜自戰，積屍盈野，還軍老婆灣。兀朮在汴聞之，即索靴上馬，過淮寧留一宿，治戰具，備糗糧，不七日至順昌。錡聞兀朮至，會諸將於城上問策，或謂今已屢捷，宜乘此勢，具舟全軍而歸。錡曰：「朝廷養兵十五年，正爲緩急之用，況已挫賊鋒，軍聲稍振，雖衆寡不侔，然有進無退。且敵營甚邇，而兀朮又來，吾軍一動，彼躡其後，則前功俱廢。使敵侵軼兩淮，震驚江、浙，則平生報國之志，反成誤國之罪。」衆皆感動思奮，曰：「惟太尉命！」錡募得曹成等二人，諭之曰：「遣汝作間，事捷重賞。第如我言，敵必不汝殺。今置汝綽路騎中，汝遇敵則佯墜馬，爲敵所得。敵帥問我何如人，則曰：『太平邊帥子，喜聲伎，朝廷以兩國講好，使守東京圖逸樂耳。』」已而二人果遇敵被執，兀朮問之，對如前。兀朮喜曰：「此城易破耳。」即置鵝車砲具不用。翌日，錡登城，望見二人遠來，縋而上之，乃敵械成等歸，以文書一卷繫於械，錡懼惑軍心，立焚之。兀朮至城下，責諸將喪師，衆皆曰：「南朝用兵，非昔之比，元帥臨城自見。」錡遣耿訓以書約戰，兀朮怒曰：「劉錡何敢與我戰，以吾力破爾城，直用靴尖趯倒耳。」訓曰：「太尉非但請與太子戰，且謂太子不敢濟河，願獻浮橋五所，濟而大戰。」兀朮曰：「諾。」乃下令明日府治會食。遲明，錡果爲五浮橋於潁河上，敵由之以濟。錡遣人毒水上流及草中，戒軍士雖渴死，毋得飲於河；飲者，夷其族。敵用長勝軍嚴陣以待，諸酋各居一部。衆請先擊韓將軍，錡曰：「擊韓雖退，兀朮精兵尚不可當，法當先擊兀朮。兀朮一動，則餘無能爲矣。」時天大暑，敵遠來疲敝，錡士氣閒暇，敵晝夜不解甲，錡軍皆番休更食羊馬垣下。敵人馬饑渴，食水草者輒病，往往困乏。方晨氣清涼，錡按兵不動，逮未、申間，敵力疲氣索，忽遣數百人出西門接戰。俄以數千人出南門，戒令勿喊，但以鋭斧犯之。統制官趙撙、韓直身中數矢，戰不肯已，殊死戰，入其陣，刀斧亂下，敵大敗。是夕大雨，平地水深尺餘。乙卯，兀朮拔營北去，錡遣兵追之，死者萬數。方大戰時，兀朮被白袍，乘甲馬，以牙兵三千督戰，兵皆重鎧甲，號「鐵浮圖」；戴鐵兜牟，周匝綴長簷。三人爲五［伍］，貫以韋索，每進一步，即用拒馬擁之，人進一步，拒馬亦進，退不可卻。官軍以長標去其兜牟，大斧斷其臂，碎其首。敵又以鐵錡［騎］分左右翼，號「拐子馬」，皆女真爲之，號「長勝軍」，專以攻堅，戰酣然後用之。自用兵以來，所向無前；至是，亦爲錡軍所殺。戰自辰至申，敵敗，遽以拒馬木陣［障］，少休。城上鼓聲不絕，乃出飯羹，坐餉軍士如平時，敵披靡不敢近。食已，撤拒馬木，深入斫敵，又大破之。棄屍斃馬，血肉枕藉，車旗器械，積如山阜。兀朮平日所恃以爲强者，十損七八，至陳州，數諸將之罪，韓常以下皆鞭之，遂還汴。既而洪皓自金密奏：「順昌之捷，金人震恐喪魄，燕之重寶珍器，悉徙而北，意欲捐燕以南棄之。」捷聞，帝甚喜，授錡武泰軍節度使、侍衛馬軍都虞侯、知順昌府、沿淮制置使。故議者謂是時諸將協心，分路追討，則兀朮可擒，汴京可復；而王師亟還，自失幾會，良可惜也。〔一〕

洪皓。字光弼，番易人。少有奇節，慷慨有經略四方志。登政和五年（一一一五）進士。建炎三年（一一二九），以事請出滁陽路，自壽春由東京以行。至順昌，聞群盗李閻羅、小張俊者梗潁上道。皓與其黨遇，譬之曰：「自古無白頭賊。」其黨悔悟，皓使持書至賊巢，二渠魁聽命，領兵入宿衛。〔二〕

〔一〕劉錡（一〇九八——一一六二），字信叔，德順軍（今寧夏隆德）人。宋朝將領，曾於順昌（今安徽阜陽）大敗金兵。詳見《宋史》有傳。《成化中都志・名宦・潁州（宋）》：「劉錡，字信叔，秦州成紀人。紹興十年，由主管侍衛馬軍司爲東京副留守。奉旨隨軍，家口留屯順昌。中夏抵順昌，得報兀朮已入東京。錡謂衆曰：『錡本赴官留司，今東京既陷，幸全軍至此，有城池可守，機不可失，當同心力，以死報國。』即鑿舟沈之，示無去意。親督工治戰具，修壁壘，六日粗畢，而金之游騎已渡河，至城下矣。虜衆三萬餘攻城，錡擊却之。復夜劫其寨，殲之甚衆。虜馳詣東京告急，兀朮引兵來援，攻城凡十餘萬騎。所部不滿二萬，可出戰者僅五千人，皆殊死鬥。虜大敗，殺其衆五千，橫屍滿野。兀朮移寨城西，掘塹自衛。夜遣兵劫之，虜退走。以功授武泰軍節度使侍衛、親軍督虞侯，高宗賜御劄曰：『卿之偉績，朕所不忘。』尋以淮西制置使權知順昌府，以代陳規。洪皓時在燕山，密奏曰：『順昌之役，虜震懼喪魄，燕之寶貨悉取而北，意欲捐燕以南棄之。王師亟還，自失機會，可惜也。』錡累官太尉，卒謚武穆。」《南畿志・鳳陽府・宦蹟》：「劉錡，爲東京副留守，至順昌。諜報金人陷東京，錡斂兵入城，沈舟示無去意。金兵圍城，錡連擊破之。兀朮來援，又爲錡所敗。兀朮平日所恃以爲强者，什損七八，金人震恐喪魄。」

〔二〕洪皓（一〇八八——一一五五），字光弼，鄱陽（今江西波陽）人。南宋初出使金國，被扣十五年。獲釋後南歸，除徽猷閣直學士、提舉萬壽觀兼權直學士院。政和五年（一一一五）進士。《宋史》本傳：「洪皓，字光弼，番易人。少有奇節，慷慨有經略四方志。登政和五年進士第……皓遂請出滁陽路，自壽春由東京以行。至順昌，聞群盗李閻羅、小張俊者梗潁上道。皓與其黨遇，譬曉之曰：『自古無白頭賊。』其黨悔悟，皓使持書至賊巢，二渠魁聽命，領兵入宿衛。」李宜春《嘉靖潁州志・流寓・宋》：「洪皓，字光弼，番易人。少有奇節，慷慨有經略四方志。政和五年進士。建炎三年，以事請出滁陽路。自壽春由東京以行，至順昌，聞群盗李閻羅、小張俊者梗潁上道。皓與其黨遇，譬曉之曰：『自古無白頭賊。』其黨悔悟。皓使持書至賊巢，二渠魁聽命，領兵入宿衛。」

元

塔出。布兀剌子也。幼孤，長善騎射。至元元年（一二六四）入侍。十一年（一二七四），朝議：「淮上諸郡，宋之北藩，城堅兵精，攻之不可猝下。宜先渡江，翦其根本。」於是以塔出爲鎮國上將軍、淮西行省參知政事。宋夏貴帥舟師十萬圍正陽，決淮水灌城，幾陷，帝遣塔出往救之。道出潁州，遇宋兵攻潁，戍卒僅數百人，盛暑，塔出即發公庫弓矢，驅市人出戰。預度潁之北關攻易破，乃急徙民入城伏兵以待。是夜，宋人果焚北關，火光屬天，塔出率衆從暗中射之，矢下如雨，宋軍退走至沙河，大破之，死者不可勝計。明日，長驅直走正陽，後行省於江西，尋以疾卒。〔一〕

袞論曰：劉太尉之戰守豈惟潁？宋中興之大勢繫焉！洪忠宣化賊使入宿衛，蓋忠義有以感其良心也。塔出之拒宋，又以見夷夏盛衰之候，經世者所以深憂也歟！

《過賓傳》終

〔一〕塔出（一二四四——一二八〇），布兀剌子。至元元年入侍元世祖。仕至中書右丞。《元史》本傳：「塔出，布兀剌子也。幼孤，長善騎射。至元元年，入侍世祖……十一年，朝議：『淮上諸郡，宋之北藩，城堅兵精，攻之不可猝下，徒老我師。宜先渡江翦其根本，留兵淮甸絶其救援，則長江可乘虚而渡也。』於是以塔出爲鎮國上將軍、淮西行省參知政事，帥師攻安豐、廬、壽等州，俘生口萬餘來獻，賜蒲萄酒二壺，仍以曹州官園爲第宅，給城南閑田爲牧地。宋夏貴帥舟師十萬圍正陽，決淮水灌城，幾陷，帝遣塔出往救之。道出潁州，遇宋兵攻潁，戍卒僅數百人，盛暑，塔出即發公庫弓矢，驅市人出戰，預度潁之北關攻易破，乃急徙民入城伏兵以待。是夜，宋人果焚北關，火光屬天，塔出率衆從暗中射之，矢下如雨，宋軍退走至沙河，大破之，溺死者不可勝計。明日，長驅直走正陽，時方霖雨，突圍入城，遂堅壁不出。」

傳五・名將

天下危，用將，以匹夫而能應徵奮義，建立奇勳，如潁之三人者，雖古名將何以加？作《名將傳》。

丁罕　察罕帖木兒　擴廓帖木兒

宋

丁罕。潁州人。應募補衛士，屢遷都指揮使。從劉廷翰戰徐河，以奪橋功補本軍都虞候。淳化三年（九九二），出爲澤潞［州］團練使，知霸州。會河溢壞城壘，罕以私錢募築，民咸德之。五年（九九四），以容州觀察使領靈環路行營都部署，與李繼遷戰，斬首俘獲以數萬計。至道中，率兵從大將李繼隆出青崗峽，賊聞先遁，追十日程，不見而返。三年（九九七），拜密州觀察使、知威虜軍，徙具［貝］州。咸平二年（九九九），卒。子守德，能世其家。［一］

［一］丁罕（？——九九九），潁州人。仕至霸州、貝州知州。《宋史》本傳：「丁罕者，潁州人。應募補衛士，累遷指揮使。從劉廷翰戰徐河，以奪橋功遷本軍都虞候。累遷天武指揮使，領獎州團練使。淳化三年，出爲澤州團練使、知霸州。會河溢壞城壘，罕以私錢募築，民咸德之。五年，以容州觀察使領靈環路行營都部署，與李繼遷戰，斬首俘獲以數萬計。至道中，率兵從大將李繼隆出青岡峽，賊聞先遁，追十日程，不見而返。三年，真拜密州觀察使、知威虜軍，徙貝州。咸平二年，卒。子守德，能世其家。」《大明一統志・鳳陽府・武涉（宋）》：「丁罕，潁州人。以應募補衛士，累遷指揮使。淳化中爲澤州團練使、知霸州。河決，以私錢募築，民咸德之。後拜密州觀察使，徙貝州。」《成化中都志・人才傳・潁州（宋）》：「丁罕，潁州平輿人。以應募補衛士，屢遷指揮使。淳化中爲澤州團練使、知霸州。河決，以私錢募築，民咸德之。後拜密州觀察使，徙貝州。」《正德潁州志・人物・宋》：「丁罕，平輿人。應募補衛士，累遷指揮使。淳化中爲澤州團練使。知霸州，河決，以私錢募築，人咸德之。後拜密州觀察使，徙貝州。」李宜春《嘉靖潁州志・將略・宋》：「丁罕，潁州人。應募補衛士，屢遷都指揮使。從劉廷翰戰徐河，以奪橋功補本軍都虞候。淳化三年，出爲澤潞團練使、知霸州。會河溢壞城壘，罕以私錢募築，民咸德之。五年，以容州觀察使領靈環路行營都部署，與李繼遷戰，斬首俘獲以數萬計。至道中，率兵從大將李繼隆出青岡峽，賊聞先遁，追十日程，不見而還。三年，拜密州觀察使、知威虜軍，徙貝州。咸平二年，卒。子守德，能世其家。」

元

察罕帖木兒。沈丘人。時至正壬辰（一三五二），劉福通等兵起汝、潁，江淮諸郡皆殘破，朝廷徵兵致討，卒無成功。察罕帖木兒與羅山李思齊同奮義起兵，邑中子弟從者數百人，破賊事聞，詔以察罕帖木兒爲汝寧府達魯花赤，李思齊知府事。丁酉（一三五七），劉福通既以韓林兒稱宋帝，遣其將李武、崔德破商州，攻武關，直趨長安，分掠同、華諸州，三輔震恐。行臺治書侍御史王思誠以書求援，時察罕帖木兒新復陝州，得書大喜，遂提輕兵五千，與思齊倍道往援。遇賊，轉戰，殺獲無算，餘黨皆潰散。朝廷論功，以察罕帖木兒爲陝西行省左丞，李思齊爲四川左丞。比劉福通破汴梁，以韓林兒居之，察罕帖木兒乃大發秦晉，諸路並進，期會汴城下。首奪其外城，環城而壘，累誘賊出戰，輒以計敗之，賊懼不敢復出。察罕帖木兒諜知城中計窮食盡，乃督諸將分門而攻，至夜，將士鼓勇登城，斬關而入，劉福通以其主走安豐。捷聞，詔以察罕帖木兒爲河南平章兼同知行樞密院西臺中丞。察罕帖木兒既定河南，乃以兵分鎮關陝、荆襄、河洛，而屯兵大［太］行，營壘旌旗相望數千里。日訓練士卒，務農積穀，謀大舉以復山東。諜知山東群盗自相攻殺，而田豐亦降於賊。乃大會諸將，期分兵五道，水陸並進，而自率鐵騎渡孟津，踰覃懷，而東復冠州、東昌，遣其子擴廓帖木兒直擣東平。以田豐據山東久，軍民服之，乃爲書招之。豐及王士誠皆降，遂復東平、濟寧。時敵兵皆聚濟南，察罕帖木兒乃分奇兵，間道出敵復［後］，南略泰安，逼益都，北狗濟陽、章丘，中循瀕海郡邑。自將大軍進逼濟南，攻圍三月，乃下之。初，山東俱平，獨益孤城不下，察罕移兵圍之，大治攻具。田豐以察罕推誠待之，乃復與王士誠陰謀，誘察罕至豐營，刺殺察罕，叛入城。先是，有白氣如索，起危宿，貫大［太］微垣。太史奏山東當大水。帝曰：「不然，山東當失一良將。」即馳詔戒察罕勿輕舉，未至而已及難。詔贈河南行省左丞相，封潁川王，謚忠襄。命其子擴廓帖木兒爲平章政事，兼知山東、河南行

樞密院事，代總其兵。〔一〕

晏璧曰：當元氏之季，位顯官、享厚禄者何限？而攄忠效義，乃出於草澤之人，如察罕，誠偉然傑立丈夫也。李思齊雖同起義兵，而末變臣節，有愧察罕多矣！

擴廓帖木兒。察罕帖木兒之甥也，養以爲子。既領兵討賊，誓必復讐。而賊城守益固，乃穴地通道以入，拔其城，執賊首陳蹂［猱］頭等二百餘人獻闕下，而取田豐、王士誠之心以祭其父，餘黨皆就誅。遂遣兵取莒州，山東悉平。〔二〕

〔一〕察罕帖木兒（？——一三六二），字廷瑞，係出北庭。曾祖闊闊臺，元初隨大軍收河南。至祖乃蠻臺、父阿魯温，皆家河南，爲潁州沈丘人。察罕帖木兒幼篤學，嘗應進士舉，有時名。官至河南行省平章政事，追封潁川王。《元史》有傳。《成化中都志·人才傳·潁州（元）》：「察罕帖木兒，沈丘人。元末起義兵，殺賊有功，授汝寧府達魯花赤。」《正德潁州志·人物·元》：「察罕帖木兒，潁州沈丘人。本夷狄，家中華，至襲染風土。元末亂，壬辰冬起義兵，殺賊有功，詔授中順大夫、汝寧路達魯花赤。雖夷虜不足以繫中土人物，然其區區守義，未可以世類而遽外之。」李宜春《嘉靖潁州志·將略·元》：「察罕帖木兒，沈丘人。至正壬辰，劉福通等兵起汝、潁，江淮諸郡皆殘破之。帖木兒與李思齊奮義起兵，遂破之。事聞，詔以爲汝寧府達魯花赤。丁酉，劉福通遣李武、崔德破商州，攻武關，直驅長安，三輔震恐。行臺治書侍御史王思誠以書求援，帖木兒遂提輕兵五千，與思齊倍道往援，殺獲無筭。朝廷論功，以爲陝西行省左丞。比劉福通破汴梁，以韓林兒居之，帖木兒乃大發秦晉，諸路并進，斬關而入，劉福通以其主走安豐。捷聞，詔以爲河南平章兼同知，行樞密西臺中丞。既定河南，乃謀舉以復山東，遣其子擴廓帖木兒直搗東平。以田豐久據山東，乃作書招之，豐及思［士］誠皆降，遂復東平、濟寧。時敵兵皆聚濟南，乃分奇兵間道出敵復［後］，南略泰安，進逼濟南，攻圍三月，乃下。獨益孤城不下，移兵圍之，大治攻具。田豐以帖木兒推誠待之，乃與思［士］誠陰謀，誘帖木兒至其營，刺殺之，叛入城。先是，白氣如索，起危宿，貫太微垣。太史奏山東當大水。帝曰：『不然，山東當失一良將。』即馳詔戒帖木兒勿輕舉，未至而已及難。詔贈河南行省左丞相，封潁川王，謚忠襄。命其子擴廓帖木兒爲平章政事，兼知山東、河南行樞密院事，代總其兵。」

〔二〕擴廓帖木兒（？——一三七五），本姓王，字保保，潁州沈丘（今安徽臨泉）人。察罕帖木兒外甥，收爲養子。因鎮壓紅巾軍有功，順帝賜名擴廓帖木兒。仕至中書左丞相，加封河南王。《元史》本傳：「擴廓帖木兒既領兵柄，銜哀以討賊，攻城益急，而城守益固，乃穴地通道以入。十一月，拔其城，執其渠魁陳猱頭二百餘人獻闕下，而取田豐、王士誠之心以祭其父，餘黨皆就誅。即遣關保以兵取莒州，於是山東悉平。擴廓帖木兒本察罕帖木兒之甥，自幼養以爲子。當是時，東至淄、沂，西踰關陝，皆晏然無事。擴廓帖木兒乃駐兵於汴、洛。朝廷方倚之以爲安。」李宜春《嘉靖潁州志·將略·元》：「擴廓帖木兒，察罕甥也，養以爲子。憤父遇害，誓必復仇。賊守益孤城愈固，乃穴地通道以入，拔其城，執賊首陳蹂頭等二百餘人獻闕下，取田豐、王思［士］誠心以祭其父。餘黨皆就誅。遂遣兵取莒州，山東悉平。」

論曰：自古世禄之臣，勢利熏炙，使其平日因循顧望之心生，而臨事忠義敢爲之氣阻，故一遇變故，多怯少奮，卒無成功。至於戡定禍亂，乃在於匹夫之一奮激者，何也？蓋天理之在人心，無所固蔽，故於事變之至，其忠義自明，死生自決，此功之所以能成也。世之武臣，何不講之於素？思圖報稱，乃惟身家是顧，而反匹夫之不若哉？

《名將傳》終

潁州志卷之十七

傳六·死事

《春秋》重死節，法有特書，所以勵臣節、垂世教也。作《死事傳》。

元

李黼 附從子秉昭 兄冕

李黼。字子威，潁人也。元工部尚書守中之子。初補國學生。泰定四年（一三二七）丁卯，以明經廷試魁多士，授翰林修撰。歷官監察御史、禮部侍郎。已而廷議内外官通調，授黼江州路總管。至正十一年（一三五一）夏五月，盗起河南，北據徐、蔡，南陷蘄、黄，焚掠數千里，造船北岸，鋭意南攻。九江居下流，實江東、西襟喉之地，黼治城壕，修器械，募丁壯，分守要害，且上攻守之策於江西行省，請兵屯江北以扼賊衝，庶幾大江之險，賊不得共之，不報。黼歎曰：「吾不知死所矣。」乃獨椎牛享士，激忠義以作士氣，數日之間，紀綱奄立。十二年（一三五二）正月己未，賊壽輝遣其將丁普郎等渡江，陷武昌，威順王及省臣相繼遁去，舳艫蔽江而下，江西大震。賊乘勝破瑞昌，右丞孛羅帖木兒方軍於江，聞之，遁。黼雖孤立，辭氣愈奮厲。時黄梅縣主簿也孫帖木兒願出擊賊，黼大喜，向天瀝酒與之誓。言始脱口，賊游兵已至境，急檄諸鄉落聚木石於險處，遏賊歸路。倉卒無號，乃墨士卒面，統之出戰，黼身先士卒，大呼陷陣，也孫帖木兒繼進，賊大敗，逐北六十里。鄉丁依險阻，乘高下木石，横屍蔽路，殺獲二萬餘。

黼還，謂左右曰：「賊不利於陸，必由水道以舟薄我，苟失備禦，吾屬無噍類矣。」乃以長木數千，冒鐵錐於杪，暗植沿岸水中，逆刺賊舟，謂之七星椿。會西南風急，賊舟數千果揚帆順流鼓譟而至，舟遇椿不得動，進退無措。黼帥將士奮擊，發火翎箭射之，焚溺死者無算，餘舟散走。行省上黼功，請拜江西行省參政、行江州南康等路軍民都總管，便宜行事。已而賊勢更熾，西自荆湖，東至淮甸，守臣往往棄城遁，黼守孤城，提孱旅，斬馘扶傷，無日不戰，中外援絶。二月甲申，賊將薄城，分省平章政事禿堅不花自北門遁。黼引兵登陴，布戰具，賊已至甘棠湖，焚西門，乃張弩箭射之，賊趦趄未敢進，轉攻東門。賊已入，與之巷戰，知力不敵，揮劍叱賊曰：「殺我！毋殺百姓！」賊自巷背來，刺黼墮馬，黼與從子秉昭俱罵賊而死。郡民聞黼死，哭聲震天，相率具棺，葬於東門外。黼死踰月，參政之命始下，年五十五。黼兄冕居潁，亦死於賊。秉昭，冕季子也。事聞，贈黼攄本［忠］秉義效節功臣、資德大夫、淮南江北等處行中書省左丞、上護軍，追封隴西郡公，謚忠文。詔立廟江州，賜額曰崇烈。官其子秉方集賢待制。[一]

［一］李黼（一二九八——一三五二），字子威，潁州（今安徽阜陽）人。元泰定四年，明經科狀元，官至禮部侍郎。《元史》有傳。《成化中都志·人才傳·潁州（元）》：「李黼，字子威。父守中，仕元，爲工部尚書。黼以泰定四年（一三二七）廷試魁多士，授翰林修撰。歷官皆朝職。江南寇競起，黼出守江州，治城隍，修器械，募丁壯，分守要害，且上攻守之策於江西行省，請兵屯江北，以扼賊衝，不報。黼歎曰：『吾不知死所矣。』賊既陷武昌，舳艫蔽江而下，江西大震。右丞孛羅帖木兒在江上，聞風宵遁。黼孤立，賊猝至，黼自出戰，身先士卒，大呼陷陣。黄梅縣主簿也孫帖木兒繼之，賊大敗，逐北六十里，殺獲二萬餘。黼曰：『賊不利於陸，必由水攻。』乃設七星椿於沿岸水中。賊舟因風鼓譟而進，舟遇椿不得動，乃率將士奮擊，射以火箭，賊多焚溺死，又敗走。行省上黼功，詔以爲行省參政、江州南康等路軍民都總管，便宜行事。既而賊大至，諸路守臣皆棄城遁，黼守孤城，以無援而城陷，與之巷戰，知力不敵，揮劍叱賊曰：『殺我！毋殺百姓！』賊自巷背來，刺黼墮馬，與從子秉昭俱罵賊而死。黼死踰月，參政總管之命始下。事聞，詔贈攄忠秉義效節功臣、淮南江北等處行中書省左丞相、護軍，追封隴西郡公，謚忠文。立廟江州，賜額曰崇烈。官其子秉方集賢待制。黼兄冕居潁，亦死於賊。秉昭，冕之子也。丁鶴年詩云：『叔姪并歸忠義傳，江山不盡古今情。』」《正德潁州志·人物·元》：「李黼，守忠［中］子，冕弟，字子成［威］。泰定中以明經狀元及第，授翰林修譔。累官宣文閣監書博士，兼經筵官。數與勸講，每以聖賢心法爲言。至正壬午（一三四二）江南寇起，出守江州路總管。與賊徐壽輝水陸屢戰，皆敗之。以功遷江西行省參政。後徐壽輝結衆陷江州，黼率民巷戰。叱曰：『殺我，無殺百姓！』與從子秉昭皆罵賊而死。事聞，詔贈攄忠秉義効節功臣、行中書左丞相、護軍、隴西郡公，謚忠文。立廟江州，賜額崇列。官其子秉方爲集賢待制。」

李冕。守中子，修身飭行。至正辛卯（一三五一），潁人劉福通作亂，以紅巾爲號，流劫鄉市，燒潁郡縣。冕率衆拒之，不支被執，奮罵就死。子秉昭從叔黼，江州亦以捍賊死。忠萃於一門云。[一]

論曰：一門死事，從古爲難。觀李子威之兄弟、父子，守死善道，異地同然，子威則不愧於科名，乃兄父子則無忝於父祖弟叔矣。昔丁鶴年《於江州哭子威叔姪詩》[二]云：「叔姪並歸忠義傳，江山不盡古今情。」予於乃兄父子亦云。

袞論曰：潁俗質厚沈毅，勇於有爲，充之以問學，皆義士也。觀李氏一門之死，可以知父子兄弟講習之素矣。

《死事傳》終

傳七·孝義

孝義者，人道之本，正家之原。未有人無孝義，而能充之以至於極致者。孝義豈易得哉？作《孝義傳》。

[一] 李冕（？——一三五一），李守中子，李黼兄。在潁州抵抗紅巾軍，失敗被殺。《元史·李黼傳》附傳：「黼兄冕，居潁，亦死於賊。」《正德潁州志·人物·元》：「李冕，守忠［中］子，修身飾行。至正辛卯，潁人劉福通作亂，以紅巾爲號。流劫鄉市，燒潁水縣。冕率衆拒之，不支被執，奮罵就死。子秉昭從叔黼，江州亦以捍賊死。忠節萃於一門云。」李宜春《嘉靖潁州志·忠義·元》：「李冕，潁州人，工部尚書守忠［中］子。至正辛卯，州人劉福通作亂，以紅巾爲號，流劫鄉市。冕率衆拒之，不支被執，奮罵而死。子秉昭，從弟黼，在江州俱以捍賊死。」

[二] 《丁鶴年集》題作《過九江追悼李子威太守》。

張可象　張紹祖　王翊潁上　卜謙

宋

張可象。潁州人。七世同居。咸平中，詔加旌表，仍蠲其課調。事見《宋史·裘承詢傳》。〔一〕

元

張紹祖。字子讓，潁州人。讀書力學，以孝行聞於朝，特授河南路儒學教授。至正十五年（一三五五），奉父避兵山間，賊至，執其父將殺之，紹祖泣曰：「吾父耆德善人，不當害，請殺我以代父死。且若等非父母所生乎，何忍害人父也！」賊怒，以戈擊之，戈應手挫鈍，因感而相謂曰：「此真孝子，不可害。」乃釋之。〔二〕

〔一〕《宋史·裘承詢傳》：「潁州張可象、衛州張珪、滄州崔諒，七世同居。」李宜春《嘉靖潁州志·孝義·宋》：「張可象，潁州人。七世同居。咸平中，詔加旌表，仍蠲其課調。」

〔二〕《元史·張紹祖傳》：「張紹祖，字子讓，潁州人。讀書力學，以孝行聞於朝，特授河南路儒學教授。至正十五年，奉父避兵山間，賊至，執其父將殺之，紹祖泣曰：『吾父耆德善人，不當害，請殺我以代父死。且若等非父母所生乎，何忍害人父也！』賊怒，以戈擊之，戈應手挫鈍，因感而相謂曰：『此真孝子，不可害。』乃釋之。」《成化中都志·人才傳·潁州（元）》：「張紹祖，潁州人。讀書力行，以孝聞，特授河南路學教授。至正中，奉父避兵山間，賊至，將殺其父，紹祖泣曰：『吾父耆德善人，請殺我以代父。且汝等非父母所生乎，何忍害人之父！』賊怒，以戈擊之，戈應手挫鈍，因相謂曰：『此真孝子也，不可害。』乃釋之。」《南畿志·鳳陽府·人物》：「張紹組，潁州人。讀書力學，以孝行聞，授河南路教授。至正中，奉父避兵山間，賊至，將殺其父，紹祖泣曰：『吾父善人，請即殺我。』賊以戈擊之，戈隨挫。因相謂曰：『此真孝子也。』釋之。」《正德潁州志·人物·元》：「張紹組，本州人。讀書力學，以孝行聞。特授河南路學教授。至正中，奉父避兵山間。賊至，將殺其父。紹祖泣曰：『吾父，耆德善人。請殺我以代父。且若等非父母所生乎，何忍殺人父！』賊怒，以戈擊之。戈應手挫鈍，因相謂曰：『此真孝子，不可害。』乃釋之。」李宜春《嘉靖潁州志·孝義·元》：「張紹祖，字子讓，潁州人。讀書力學，以孝聞，特授河南路儒學教授。至正十五年，奉父避兵山間，賊至，執其父將殺之，紹祖泣曰：『吾父耆德善人，請殺我以代。且若等非父母所生乎，何忍害人之父！』賊怒，以戈擊之，戈應手挫鈍，因相謂曰：『此真孝子也。』乃釋之。」

潁上

皇明

王翊。天性孝友，好古樂善，爲邑庠弟子員。時成化二十年（一四八四），祖母徐氏壽九十而終，父元良哀毁過禮，相繼淪歿。翊徬徨若無所措，哭曰：「孤不才，缺於人事，以招天變。」喪具如禮，結廬墓側，負土成墳，朝夕匍匐哭奠，事之如生。植柏千株，森然鬱秀，栽蓮盈池，屢生並頭。知縣曹琦以聞，弘治五年（一四九二）旌表其門。〔一〕

卜謙。先世宋室貴戚，南渡，家於桐鄉。國初遷潁上，補邑庠弟子員。少家貧，事親以孝聞。方貴顯時，父母俱物故，哭曰：「禄養弗及，情事不伸，終天之恨也。」乃扶柩歸，窆桐鄉祖塋，遂廬於墓側，朝夕號泣，幾六載。朝廷遣使徵之，至則有司尚不聞其姓名。及墓所，公具衰絰如祖括時，僉曰：「君命當從吉。」乃籲天號哭，不得已而更衣。居官時，常思親，望白雲而泣。御史楊求作文以哀之。〔二〕

〔一〕《明史·孝義》載弘治間被旌表者，其一爲「潁上王翊」。《成化中都志·科貢·鄉舉》：「（壬子科弘治五年）王翊，潁上人。」李宜春《嘉靖潁州志·孝義·明》：「王翊，潁上人。爲弟子員。時祖母徐壽九十終，父元良哀毁過禮，相繼淪歿。翊徬徨若無所措，結廬墓側，負土成墳，朝夕哭奠，事之如生。林柏鬱秀，池出并頭蓮，人以爲孝感焉。弘治五年（一四九二），知縣曹琦上其事，詔旌其門。」《順治潁上縣志·人物·明》：「王翊，字用甫。領鄉薦，以孝聞。祖母徐氏壽九十而終，父元良哀毁過禮，相繼淪没。翊徬徨無措，自咎以招天變，結廬墓側，負土成墳，事之如生。植柏千株，森然鬱秀，栽蓮盈池，屢開并頭。知縣曹琦以聞。弘治五年，旌表其門。知奉新縣，有兄弟争産，累訶不息，以古人重天倫、敦友愛者諭之，遂感悟釋訟。嘗訓二子曰：『吾自常禄外，毫髮弗取。汝其體之。』人以長者稱。」

〔二〕其人已見前《鄉賢》。

衰論曰：君子之居家也，孝義而已矣。孝，故能事其親；義，故能睦其衆。孔子曰：「是亦爲政，奚其爲爲政？」[一]君子之修其身，能教於家，亦庶幾矣。

《孝義傳》終

[一]《論語·爲政》：「或謂孔子曰：『子奚不爲政？』子曰：『《書》云：孝乎惟孝，友於兄弟。施於有政。是亦爲政，奚其爲爲政？』」

潁州志卷之十八

傳八・遺逸

遺逸，非果於忘世之謂，乃不遇於世之謂也。古人窮則獨善其身，爲世逸民，視之奔趨利名場者，有間矣。作《遺逸傳》。

沈郢　廖扶　袁宏　王仲言

戰國

沈郢。沈丘人。故城在州西鄉。周文王第十一子聃季食邑於沈，後爲楚所滅。子孫以國爲氏，郢其裔也。有高行。秦徵爲相，不就。作沈亭於潁濱，游釣終身。〔一〕

〔一〕《元和姓纂・沈》：「周文王第十子聃食采於沈，因氏焉。今汝南平陽沈亭，即沈子國也。秦沈郢，郢十二代孫戎。」《成化中都志・人才傳・潁州（戰國）》：「沈郢，沈丘人。故城在州西鄉，周文王第十一子聃季封於沈，後爲楚所滅，子孫以國爲氏，郢其裔也。有高行，秦徵爲相，不就，作沈亭於潁濱，釣游終身。」《南畿志・鳳陽府・人物》：「沈郢，沈丘人。有高行，秦徵爲相，不就。作沈亭於潁濱，游釣終身。」《正德潁州志・人物・秦》：「沈郢，周文王第十子聃季食菜於沈，因氏。其後國滅，郢其裔也。有高行，秦徵爲丞相，不就。作沈亭於潁濱，以游釣終其身。」李宜春《嘉靖潁州志・隱逸・戰國》：「沈郢，沈丘人。周文王第十一子聃季食邑於沈，後爲楚所滅。子孫以國爲氏，郢其裔也。有高行。秦徵爲相，不就。作沈亭於潁濱，釣游終身焉。」

漢

廖扶。字文起，汝南平輿人也。習《韓詩》、《歐陽尚書》，教授常數百人。父爲北地太守，以法喪身。扶感而歎曰：「老子有言：『名與身孰親？』吾豈爲名乎！」遂絶志世外。專精經典，州郡公府辟召皆不應。就問灾異，亦無所對。扶逆知歲荒，乃聚穀數千斛，悉用給宗族姻親，及斂葬死亡不能自收者。常居先人冢側，未曾入城市。太守謁煥，先爲諸生，從扶學，後臨郡，未到，先遣吏修門人之禮，又欲擢扶子弟，固不肯，當時人因號爲北郭先生。年八十，終於家。二子，孟舉、偉舉，並知名。〔一〕

袁宏。父安，漢司徒官也。末季，諸袁跋扈，宏避汝陰居焉。苦身修飭，以講學爲業，暇日坐釣潁濱。朝廷累徵不至，時人賢之，名其處曰釣魚臺。釣魚臺在州東七十里。

〔一〕《後漢書·廖扶傳》：「廖扶，字文起，汝南平輿人也。習《韓詩》《歐陽尚書》，教授常數百人。父爲北地太守，永初中，坐羌没郡下獄死。扶感父以法喪身，憚爲吏。及服終而歎曰：『老子有言：「名與身孰親？」吾豈爲名乎！』遂絶志世外。專精經典，尤明天文、讖緯，風角、推步之術。州郡公府辟召皆不應。就問災異，亦無所對。扶逆知歲荒，乃聚穀數千斛，悉用給宗族姻親，又斂葬遭疫死亡不能自收者。常居先人冢側，未曾入城市。太守謁煥，先爲諸生，從扶學，後臨郡，未到，先遣吏修門人之禮，又欲擢扶子弟，固不肯，當時人因號爲北郭先生。年八十，終於家。」《成化中都志·人才傳·潁州（三國）》：「廖扶，字文起，平輿人。習《韓詩》《歐陽尚書》，教授常數百人。嘗曰：『老子有言：「名與身孰親？」吾豈爲名乎！』遂絶志世外。專精經典，尤明天文風角推步之術。州郡公府辟召皆不應。就問災異，亦無所對。逆知歲荒，積穀以給姻族，及斂葬疫死不能自收者。常居先人冢側，不入城府。人號北郭先生。年八十，終於家。二子，孟舉、偉舉，并知名。」李宜春《嘉靖潁州志·隱逸·漢》：「廖扶，字文起，平輿人也。習《韓詩》《歐陽尚書》，教授常數百人。父爲北地太守，以法喪身。扶感而歎曰：『老子有言：「名與身孰親？」吾豈爲名乎！』遂絶志世外。專精經典，州郡辟召皆不應。就問災異，亦無所對。扶逆知歲荒，乃聚穀數千斛，悉用給宗族親戚，及斂葬死亡不能自收者。常居先人冢側，未曾入城市。太守謁煥，先爲諸生，從扶學，後臨郡，未到，先遣吏修門人之禮，又欲擢扶子弟，固不肯，當時人因號爲北郭先生。年八十，終於家。二子，孟舉、偉舉，并知名。」

宋

王仲言。汝陰人。王臻子也。積學修德，不慕榮進，作範鄉人，克紹先業。有《揮麈録》《玉照志》行於世。〔一〕

袁論曰：古之君子，必崇奬恬退之士，非與其忘於世也。人之所以爲人，廉恥禮義而已，四者存，則教化行，風俗美。是故世道之維持，有賴於是焉。考於潁，得四人，曰沈郢，廖扶，袁宏，所謂避地、避言之士也；王仲言能世其父業，亦可嘉矣。

《遺逸傳》終

傳九·貞烈

婦人，從一而終者也。不幸而有變故其間，而能誓死不貳，殺身成仁，其女丈夫之至貞至烈者乎！作《貞烈傳》。

〔一〕此條有誤。王仲言，即王明清（一一二七——？），字仲言，潁州汝陰人。王銍次子，王廉清之弟。南宋史學家。《正德潁州志·人物·宋》：「王仲言，泰［銍］子。積學修德，不慕榮進。作範鄉人，克紹先業。有《揮麈録》《玉照志》行於時。」李宜春《嘉靖潁州志·隱逸·宋》：「王仲言，泰［銍］子。汝陰人。積學修德，不慕榮進，作範鄉人，克紹先業。所著有《揮麈録》《玉照志》，行於世。」詳見張明華、房厚信《王銍王明清家族研究》（黄山書社，二〇一四）。

范滂母　李氏　劉氏　韓氏　李氏　張氏　劉氏潁上

卜氏　許氏　王氏　吴濟女　胡璉女太和　**陳氏　李欽女**

漢

范滂母。細陽人。漢建寧中，大誅黨人，詔下，急捕滂。（滂）白母曰：「仲博孝敬，足以供養。滂從龍舒君歸黃泉，存亡各得其所。惟大人割不可忍之恩，勿增感戚。」母曰：「汝今得與李杜齊名，死亦何恨？既有令名，復求壽考，可兼得乎？」滂跪受教，再拜而辭。聞者無不流涕。〔一〕

皇明

李氏。潁州人。年十九，適陳州三廂里民陳海。相守十載，夫卒，氏存亡一心，服勞以代子職。姑患癱疾，嘗

〔一〕《後漢書·范滂傳》：「建寧二年（一六九），遂大誅黨人，詔下急捕滂等……滂白母曰：『仲博孝敬，足以供養，滂從龍舒君歸黃泉，存亡各得其所。惟大人割不可忍之恩，勿增感戚。』母曰：『汝今得與李、杜齊名，死亦何恨！既有令名，復求壽考，可兼得乎？』滂跪受教，再拜而辭。」《南畿志·鳳陽府·烈女》：「范母，細陽人。滂之母也。建寧中，大誅黨人，急捕滂，滂白母曰：『仲博孝敬，足以供養。滂從龍舒君歸黃泉，存亡各得其所。惟大人割不忍之恩，勿增感戚。』母曰：『汝今得與李杜齊名，死亦何恨？既有令名，復求壽考，可兼得乎？』滂跪受教，再拜而辭。聞者無不流涕。」《正德潁州志·烈女》：「范滂母，細陽人。漢建寧中，大誅黨人，詔下，急捕滂。白母曰：『仲博學敬，足以供養。滂從龍舒君歸黃泉，存亡各得其所。惟大人割不可忍之恩，勿增感戚。』母曰：『汝今得與李杜齊名，死亦何恨？既有令名，復求壽考，可兼得乎？』滂跪受教，再拜而辭。聞者無不流涕。」李宜春《嘉靖潁州志·貞節·漢》：「范母，滂之母也，龍舒侯相范顯妻。建寧中，大誅黨人，詔下，急捕滂，滂即自詣獄。母就與之訣，滂白母曰：『仲博孝敬，足以供養。滂從龍舒君歸黃泉，存亡各得其所。惟大人割不可忍之恩，勿增感戚。』母曰：『汝今得與李杜齊名，死亦何恨？既有令名，復求壽考，可兼得乎？』滂跪受教，再拜而辭。聞者莫不流涕。」《萬曆太和縣志·人物·節烈》：「范母，細陽人。范滂之母也。建寧二年，大誅黨人，詔下，急捕滂。滂白母曰：『仲博孝敬，足以供養。今從龍舒君歸黃泉，存亡各得其所。惟大人割不可忍之恩，勿增感戚。』母曰：『汝今得與李杜齊名，死亦何恨？既有令名，復求壽考，可兼得乎？』滂跪受教。聞者無不流涕。」

思蒲笋，步出二十五里，採於蓮池，每回驟雨時行，至氏而止。鄉人重之，以節孝舉官。州牧倪誥奏聞。教子楫登仕，得受禄養，壽七十有三，無疾而卒。孫籌好學，能書善畫，迺氏所積。詩云：「夫亡代職奉慈親，一寸蒲芽一寸金。驟雨每來施顯應，迴途將及不相侵。」見《陳州志》。〔一〕

潁川衛舍人李深妻劉氏。歸李二年而深卒，劉時年十九，杜門自誓，從一以終。李，武胄世族也，資産甲潁，號千頃李，環〔瓌〕麗奇美，充牣於室，况其年少，有緣是而謀娶之者，風傳於劉，怡然若不聞，慎守愈密，絶不與家事。自朔望登堂見公姑外，雖妯娌亦罕接焉，斂蹟閨闥，寂若無人。至年五十，外僕有以事進告者，雖暑，不完衣絶不許見聞。静貞專一，終始不渝，鄉鄰傳頌。嘉靖八年（一五二九）内，巡按秦御史聞其事，移文本州，以禮獎勵。其年七十有五矣。〔二〕

民人周雨妻韓氏。歸雨二年而雨卒，時韓年十九。父母憐而欲嫁之，韓即剪髪，誓不更嫁。居常語及嫁者，赧然爲慚，曰：「一婦二夫，行之醜也。」閉户自守，寂不出聲。蓋其恬静貞一，得於天性如此。歷年五十有九而終。〔三〕

時銓妻李氏。李年二十四而銓亡，已四月遺孕，生男時用，躬紡績以資撫育。及用長，爲聚〔娶〕，亦李氏。生孫時鯨，而時用夫婦相繼夭殁，李復撫育遺孫。遭家貧乏，更歷變故，艱難百端，而李氏處之恬如，惟盡吾勞瘁而已。嘉靖八年（一五二九）巡按秦御史、十二年（一五三三）巡按張御史俱行州，以禮獎勵焉。十三年

〔一〕見前《禮樂志·六貞祠》後附胡袞《六貞祠記》。

〔二〕見前《禮樂志·六貞祠》後附胡袞《六貞祠記》。

〔三〕李宜春《嘉靖潁州志·貞節·明》：「韓氏，潁州周雨妻。歸雨二年而雨卒，時年十九。父母憐而欲嫁之，即剪髪，誓不更適。居常語及嫁，輒赧然慚，曰：『一婦二夫，何醜如之?』五十九而終。」

（一五三四），享年七十有二而終。〔一〕

張恭女張氏。年十七，正德六年（一五一一）適民人魏隆。甫四月，而流賊劉七自湖湘歷潁，民各奔竄。張以竄被虜，携令上馬，刃逼數四。張氏不從，奮口劇罵，至以手披〔二〕賊，賊怒舉刃，張曰：「寧汝殺我，豈從汝賊！」由是，賊衆攢刺臧割而死。時潁人難中傳聞，交相歎惜焉。〔三〕

潁上

皇明

劉氏。諱寶，附廓一圖人梅春妻。年二十三，夫卒，生二子，長榮甫三歲，次富尚襁褓，晝夜號哭，曰：「得同游地下足矣。」父母哀其痛苦，慰以良言曰：「爾舅姑早逝，止遺汝夫。今若此，汝執此義，則二孤何所託邪？但存殘喘，則節孝可全。」諭之再四，遂誓死不貳志。雖官族，家甚蕭索，以紡績爲業，撫二子成立。榮舉翰林秀才，累官至光禄寺署正。以子貴，封劉爲孺人。富亦克家。嗚呼！孀居之婦，得榮養五十年，壽八十一而終。天道福善

〔一〕李宜春《嘉靖潁州志・貞節・明》：「李氏，潁州時銓妻。年二十四而銓亡，四月始生男用，躬紡織以資撫育。及用長，取婦李氏，生孫鯨，而用與婦又相繼以夭，復育遺孫。零丁孤苦，蓋有不堪其貧者矣。嘉靖己丑（一五二九）巡按秦公、甲午（一五三四）巡按張公，俱以幣獎焉。七十二而終。」

〔二〕「披」字，疑當作「批」。

〔三〕李宜春《嘉靖潁州志・貞節・明》：「張氏。潁州魏隆妻，年十七歸隆。四閱月，流賊劉七自湖湘歷潁境，聚屠邑，居民咸走匿。張被執，擁致上馬，脅以刃者數四。張奮口劇罵，至以手披賊求死，曰：『寧願殺我，豈從汝去！』賊怒，争攢刺臧割而去。」《順治潁州志・貞烈傳・明》：「張氏。張恭女，年十七適民人魏隆。甫（四月），正德七年，流賊劉七自湘歷潁，百姓奔竄。張被虜，携令上馬，刃逼數回。張氏不從，奮口劇罵，至以手披賊。賊怒，舉刃攢而死。」

之報，信不爽矣！有司以聞，弘治三年（一四九〇），旌其門曰貞節。〔一〕

卜氏。邑人卜鏞女也。幼而秀慧莊重，年十六妻附廓人名馴。方四年，而馴卒，躑躅欲求死者數四，公姑交相慰而解之。是後毀容飭身，以節自誓。子尚懷抱，家業凋零。勢家欲奪志，婦正言叱之，卒不敢犯。及子蚤卒，婦煢煢孤立，衣食多不給，而志節益勵。貧苦五十餘年，年七十三而終，葬具皆不如禮。聞之未有不痛悼者。〔二〕

許氏。附廓一圖人許鑾女，生員嚴禄妻。正德七年（一五一二）五月，爲流賊所執，義不受辱，遂投水死，年二十五。〔三〕

王氏。邑人韓欽妻。夫死，誓不他適，事姑以孝聞。正德七年，流賊適至，姑使之避，乃泣曰：「姑在上，我何忍偷生邪？」遂不離左右。未幾，爲賊脅之，罵曰：「我何人，肯汝從邪？」强之行里餘，投崖下水中，罵聲愈勵，

〔一〕李宜春《嘉靖潁州志・貞烈・明》：「劉氏，諱實，潁上梅春妻也。年二十三，春卒，生（二）子，榮甫三歲，富尚襁褓。晝夜號哭，曰：『同游地下足矣。』父母强慰諭曰：『爾舅姑早逝，止遺汝夫。汝若又死，如二孤何？』乃誓志存孤，以紡織爲業，撫榮舉翰林秀才，累官至光禄寺署正，貤封爲孺人。富亦克家。弘治三年，有司上其事，旌其門曰貞節，八十一而卒。」《順治潁上縣志・節孝・貞烈》：「劉氏，梅春妻。年二十三，生二子，長榮甫三歲，次富尚襁褓。夫卒，日夜號泣，曰：『得同游地下足矣。』父母慰曰：『爾舅姑逝矣，爾夫又逝矣。今若此，二孤何託？但存殘喘，則節孝全矣。』諭之再四，卒誓死不貳志，以紡績守二子成立。榮舉翰林秀才，累官至光禄寺署正。以子貴，授封孺人，壽八十一而卒。有司以聞，詔旌其門，扁曰『節重當今』。有坊，廢。」

〔二〕李宜春《嘉靖潁州志・貞烈・明》：「卜氏，潁上名馴妻，知縣卜鏞之女也。十六適馴，四年而馴卒，躑躅求死者數四。舅姑交慰解之，即毀容飭身。抱一子甫晬，勢家謀奪其志，輒叱去之。及子娶婦，又卒。雖衣食不充，而冰霜之操，不改顔色。時人難之。七十三而終。」《順治潁上縣志・節孝・貞烈》：「卜氏，鏞女也，幼秀慧而莊重。年十六適名馴。夫卒，毀容飭身，以節自誓。子尚懷抱，家業凋零。勢家欲奪志，婦正言叱之，卒不能奪。及子蚤卒，煢煢孤立，衣食多不給，而志節益堅。年七十三而終。」

〔三〕《南畿志・鳳陽府・烈女》：「嚴禄妻許氏，潁上人。正德壬申（一五一二）爲賊所執，義不受辱，投水死。時年二十五。」李宜春《嘉靖潁州志・貞烈・明》：「許氏，潁上庠士嚴禄妻。正德七年五月，爲流賊所執，義不受辱，遂投水死。時年二十五。」《順治潁上縣志・節孝・貞烈》：「許氏，鑾女也，生員嚴禄妻。正德七年，因流寇所執，義不受辱，瞯寇防稍懈，遂投水而死。」

賊知不可屈，遂刺殺之。死年二十有七。〔一〕

吴濟女。甘羅四圖人。年十三，（正德）七年，流賊屠其家，獨遺此女，執之，不肯行，哭且罵曰：「吾父母皆被汝害，留我欲何爲?」强之渡河，至中流，躍入水中而死，賊甚異之。〔二〕

太和

胡璉女。生員胡璉女也。（正德）七年，流賊陷太和，賊卒犯之，女不辱而死。賊率殺其卒，祭女以禮而去。〔三〕

陳氏。在城三圖民王昭妻。流賊陷縣城，陳被虜，不辱奮罵，投於河。賊怒，斷其屍。〔四〕

〔一〕《南畿志·鳳陽府·烈女》：「韓欽妻王氏，穎上人。夫死，誓不他適，事姑孝。正德間，流寇適至，姑使之避，王曰：『姑在，我何忍?』未幾被執，强之行里餘，投崖下水中，厲聲罵賊，賊刺殺之。時年二十七。」李宜春《嘉靖穎州志·貞烈·明》：「王氏，穎上韓欽妻。夫死，誓不他適，事姑以孝聞。正德七年，流賊適至，姑令避之，泣曰：『避矣，如姑何?』遂不忍去。賊果執之，脅之行里許，投厓下，賊刺殺之。時年二十七。」《順治穎上縣志·節孝·貞烈》：「王氏，韓欽妻。夫死，誓不他適，事姑孝。正德七年，寇至，姑使之避，泣曰：『姑在上，我何忍偷生?』不離左右。未幾，爲寇脅之，罵曰：『我何人，肯汝從耶?』强之行里餘，投水而死。」

〔二〕《南畿志·鳳陽府·烈女》：「吴幼女，穎上甘羅鄉人，吴濟女。年十三，賊屠其家，獨遺此女，執之，不肯行，哭且罵曰：『吾父母皆被汝害，留我何爲?』强之渡河，至中流，躍水中而死。」李宜春《嘉靖穎州志·貞烈·明》：「吴女，穎上縣吴濟女。正德七年，流賊屠其家，獨遺此女。執之，女不肯行，哭且罵曰：『吾父母皆被汝害，留我何爲?』渡河投水死，時年十三。」《順治穎上縣志·節孝·貞烈》：「吴烈女，吴濟女。正德七年，因寇屠其家，獨留此女。執之，不肯行，哭且罵曰：『我一家被害，留我何爲?』寧死不受污。女知前欲渡，以言紿之。至中流，躍入水而亡。」

〔三〕李宜春《嘉靖穎州志·貞烈·明》：「胡女，太和庠士胡璉女也。正德壬申（一五一二），流賊陷太和，賊卒犯之，不受辱死。賊乃殺其卒，祭女以去。」《萬曆太和縣志·人物·貞烈（皇明）》：「胡氏，生員李驥妻也，旗手衛經歷胡公璉之女。母訓素嚴，克閑内則。正德六年（一五一一），劉賊陷城，卒犯之，氏不辱死。賊乃殺其卒，以禮祭之。有司以事聞，旌其門曰貞烈。」

〔四〕李宜春《嘉靖穎州志·貞烈·明》：「陳氏，太和王昭妻。正德七年，流賊陷太和，陳被虜奮罵，投於河死。賊斷其屍。」《萬曆太和縣志·人物·貞烈（皇明）》：「陳氏，在城圖人王昭妻也。劉六、劉七陷城，陳氏被虜，迫之上馬，唾罵不從，奮其身而投於河，賊斷其屍。事聞旌表，勒石旌善亭。」

李欽女玉蓮。年十六歲，亦在虜中，駡不絶口。賊誘之百端，而辭勵，卒死於賊。事聞，與陳氏俱得旌表，勒石旌善亭。〔一〕

裒論曰：《易》曰：「恒其德，貞婦人吉，夫子凶。」〔二〕《春秋》於紀伯姬、宋共姬屢書而不厭，勵天下以婦道也。裒始至潁，尋討幽隱，得節婦四人，曰劉氏、韓氏、李氏、張恭女；考於傳，得范母；最後得一人於《陳州志》，曰李氏。潁上得五人，太和三人。是數婦者，或死以爲烈，或生以終志，其處不同，其爲貞一也。富貴之家，生於逸樂不能以禮自防者多矣。劉氏歸於宦族，不以富侈失守，是可尚已。韓、李、劉、卜俱貧素，無名聞以動其心，無富貴財賄以羈縻其欲，而卒云云，可見天理之在人心爲不泯也。一女子之賢，能以禮自守，尚能有聞於時，況於君子充之以學問，其自立不有可觀者乎？逆七之亂，張恭女不辱而死，潁上許氏、王氏、吴濟女，太和陳氏、胡璉女、李欽女亦然，是特異於明哲保身之子雲矣。或謂范母之傳以其子，貞烈之婦必託之賢者而後傳，則閭閻之下不足以自見，而世不及聞者多矣！

《貞烈傳》終

〔一〕李宜春《嘉靖潁州志·貞烈·明》：「李玉蓮，太和李欽女。年十六，亦在虜中，駡不絶口。賊好言誘之，詞色愈厲，卒死於賊。有司上其事，與陳氏俱得旌表，勒石旌善亭。」《萬曆太和縣志·人物·貞烈（皇明）》：「李玉蓮，李欽女也。正德辛未（一五一一）之變，劉賊陷太和，時玉年十六，爲賊所虜，憤駡不辱。誘之百端，而奮駡愈厲不絶口，遂被殺。事聞旌表，勒石旌善亭。」

〔二〕《周易·恒》：「六五：恒其德，貞婦人吉，夫子凶。」

潁州志卷之十九

傳十・僑寓

僑寓，謂高寄也，若植物之寄生然。寄生之物雖無根自榮，然造物者亦必於其靈與秀者寄之，而後斯有所託。古之賢人，隨所寓而安所處者，何以異此？使所寓無秉彝好德之人，則賢者亦不能以自寓矣。作《僑寓傳》。

劉模　段珂　歐陽修　劉攽　李之儀

北魏

劉模。信都人。守潁州，治政有聲，後家於潁。詳見《魏書》。〔一〕

〔一〕《魏書・高允傳》：「初，允所引劉模者，長樂信都人也。少時竊游河表，遂至河南，尋復潛歸。頗涉經籍，微有注疏之用。允領秘書、典著作，選爲校書郎。允撰修《國記》，與俱緝著。常令模持管籥，每日同入史閣，接膝對筵，屬述時事。允年已九十，目手稍衰，多遣模執筆而指授裁斷之，如此者五六歲。允所成篇卷，著論上下，模預有功焉。太和初，模遷中書博士，與李彪爲僚友，並相愛好。至於訓導國胄，甄明風範，遠不及彪也。出除潁州刺史。王肅之歸闕，路經懸瓠，羈旅窮悴，時人莫識。模獨給所須，弔待以禮。肅深感其意。及肅臨豫州，模猶在郡，微報復之，由是爲新蔡太守。在二郡積十年，寬猛相濟，頗有治稱。正始元年（五〇四），復出爲陳留太守。時年七十餘矣，而飾老隱年，昧禁自效。遂家於南潁川，不復歸其舊鄉矣。」李宜春《嘉靖潁州志・宦業・北魏》：「劉模，長樂信都人也。太和初，遷中書博士，出除潁州刺史。王肅之歸闕，路經懸瓠，羈旅窮悴。模獨給所須，弔待以禮，肅深感其意。及肅臨豫州，模猶在郡，微報復之，由是爲新蔡太守。在二郡積十年，寬猛相濟，頗有治稱。後家於潁。」

唐

段珂。汧陽人。秀實孫。僖宗時居潁州，黃巢圍潁，刺史欲以城降。珂募少年拒戰，衆裹糧請從，賊遂潰。拜州司馬。〔一〕

宋

歐陽修。字永叔。皇祐元年（一〇四九），以上騎都尉、開國伯、知制誥自揚州移知潁州。二月丙子至郡。愛其風土有西湖之勝，將卜居焉。迺建書院於湖南。熙寧辛亥（一〇七一）致政歸潁，作六一堂於書院之旁。明年壬子（一〇七二），趙康靖自南京單騎訪公於潁。時吕正獻守郡，於書院旁又建會老堂。距今四百餘年，故基雖蕪，人咸仰公之德不衰。

又傳曰：公自仁宗朝出知潁州，愛其風土淳厚，因卜家焉。治潁甫再越寒暑，移留守南京。又明年，皇祐壬辰（一〇五二）三月壬戌，丁母夫人憂，歸潁守喪。五年癸巳（一〇五三），護母喪，歸葬吉水之瀧岡。是冬，復至潁。蓋公生於綿，長於隨，雖世家於吉，而未嘗一日居之。及登仕版，以官爲家，而公故居瀧岡墳墓託宗族。暨主守之人又以其居址爲西陽宮，召道士住持，置祠堂其中，歲時道士奉祠。今四百餘年，公族屬之在吉者尚繁，而瀧岡之

〔一〕《新唐書·段秀實傳》：「珂，僖宗時居潁州，黃巢圍潁，刺史欲以城降。珂募少年拒戰，衆裹糧請從，賊遂潰。拜州司馬。」《成化中都志·名宦·潁州（唐）》：「段珂，汧陽人。秀實孫。僖宗時居潁州，黃巢圍潁，刺史欲以城降。珂募少年拒戰，衆裹粮請從，賊遂潰。拜州司馬。」《南畿志·鳳陽府·宦蹟》：「段珂，汧陽人。秀實孫也。寓居潁州。黃巢圍潁，刺史欲以城降。珂募少年拒戰，衆裹糧請從，賊遂潰。拜州司馬。」李宜春《嘉靖潁州志·忠義·唐》：「段珂，汧陽人，秀實孫。僖宗時居潁州，黃巢圍潁，刺史欲以城降。珂募少年拒戰，衆裹粮請從，賊遂潰。拜州司馬。」

派亦未有聞。西陽宫尚在，而道士之奉祠猶自若也。潁州國初猶有歐陽氏，土人傳爲後人螟子，以武功授百户，今調陝西西安衛云。[一]

劉攽。字貢父，臨江人。與兄敞同登科第。博學守道，累官屯田員外郎，充集賢校理。喪父，時歐陽文忠公守潁，攽往依之，相與賡詠。攽詩有曰：「羈鳥能擇木，游魚知赴淵」「卜居幸樂國，負郭依良田。」劉元城先生曰：「劉貢父好謔，然立身立朝極有可觀，故某喜與之交游也。」[二]

李之儀。趙州人。謫居潁州，籍有文名。後爲土著。[三]

論曰：古今寓賢，其德業相成、麗澤相資於人者多矣，未易枚舉。姑以其大者言之，若周、程、邵、張、朱、吕，爲世大儒。濂溪先生爲道州人，以宦游而寓南康；明道先生兄弟爲中山人，康節先生爲范陽人，俱以隨父祖而

〔一〕見前《名宦傳》。

〔二〕劉攽（一〇二三—一〇八九），字貢夫，號公非，臨江新喻（今江西新余）人。北宋史學家。慶曆六年（一〇四六）年登進士第，仕至中書舍人。《宋史》有傳。《成化中都志·人才傳·潁州（宋）》：「劉攽，字貢父，《古今紀要》作贛父，本臨江人。博學守道，累官屯田員外郎，充集賢校理。喪父，時歐陽文忠公守潁，攽往依之，與賡詠。攽詩有云：『羈鳥能擇木，游魚知赴淵』『卜居幸樂國，負郭依良田。』元城劉先生云：『劉貢父好謔，然立身立朝極有可觀，故某喜與之交游也。』」《正德潁州志·名宦·宋》：「劉攽，臨江人，宋仁宗朝通判廬州。辭學優贍，操履清慎。後歷官播遷無常，父喪犇葬，貧不自存。歐公守潁，攽往依之。相與賡詠，故攽有謝詩云。見後。」李宜春《嘉靖潁州志·流寓·宋》：「劉攽，字貢父，臨江人。與兄敞同登科第。博學守道，累官屯田員外郎，充集賢校理。喪父，時歐陽文忠公守潁，攽往依之，相與賡詠。攽詩有曰：『羈鳥能擇木，游魚知赴淵』『卜居幸樂國，負郭依良田。』」

〔三〕此條誤收。李之儀未曾到潁州，更未曾定居於此。李之儀（一〇四八？——一一二七？），字端叔，自號姑溪居士，滄州無棣（今屬山東）人。熙寧三年（一〇七〇）進士，仕至朝請大夫。晚年卜居當塗，卒年八十。著有《姑溪居士前集》《姑溪詞》及《姑溪題跋》。《宋史》有傳。《正德潁州志·名宦·宋》：「李之儀，真定趙州人。謫居潁州，籍有文名。後爲土著。」李宜春《嘉靖潁州志·流寓·宋》：「李之儀，趙州人。謫居潁州，籍有文名。後因家焉。」

寓洛陽；橫渠先生生於大梁，以從父宦游西蜀，因卜居於鳳翔之郿縣；晦菴先生生於新安，亦以從父宦游南閩，因占籍於建寧之崇安。當是時也，使江、陝之西無山川之勝，洛、閩之中非諸賢之多，五六大儒安能終止？而其地又安能增重而因爲道學之鄉歟！若夫東萊先生六世祖以前本壽春人，五世而下，乃世家洛陽，及其父祖隨高宗南渡，卜居婺州。東萊倡道於婺，而何、王、金、許四先生相繼並出，自是金華號小鄒魯，何其盛也！歐陽六一先生以文章高一世，其寓潁也，有劉貢父爲之依，有焦伯强爲之主，又以潁俗淳厚，故能卒老於此，使百世而下，人兩稱之，斯亦可尚也已。

衮論曰：按六一《思潁詩序》云：「愛其民淳訟簡而物産美，土厚水甘而風氣和。」故公卒老於潁，是可見前輩風致，而潁之舊俗亦可卜矣。劉貢父因公來寓，亦一良會；段珂因事見功，卒官於潁，可稱也已！

《僑寓傳》終

傳十一·方伎

孔子曰：「攻乎異端，斯害也已。」〔一〕方外仙釋之人，其爲教也，幻妄不經，誣民惑世，其流至於無父無君焉，故術不可不慎也。作《方伎傳》。

〔一〕《論語·爲政》：「子曰：『攻乎異端，斯害也已。』」

周義山　張路斯　劉大師　張古山

漢

周義山。字季道，汝陰人。丞相勃之後也。父秘，陳留刺史。義山年十六，讀書外，常以平旦日出時東向嗽咽服氣百數，經年，父問之，對曰：「義山中心好此日光長景之暉，是以服之。」是歲，陳留荒，多饑民，義山傾家財以濟之。有黄泰者，元鳳中寓陳留，著敗衣，賣芒履，義山見之，曰：「聞《仙經》云：仙人目方面光。」密奇之。使人買芒履，常以金帛著物中，陰以與之。泰後詣義山，延之静室，泰曰：「聞君好道，陰德流行，感於我，是以相詣。我，中嶽仙人蘇子玄也。」義山再拜，膝行而進，自陳少好長生，今靈啟神降，得接聖顔。乃請乞奇要，仙人遂授以長生之道。後義山爲紫陽真人，白日昇天。〔一〕

〔一〕詳見《雲笈七籤·紫陽真人周君内傳》。《成化中都志·道釋神仙異人·潁州》：「周義山，字季道，汝陰人。丞相勃之後也。父秘，陳留刺史。義山年十六，讀書外，常以平旦日出時東向嗽咽服氣百數，經年，父問之，對曰：『義山中心好此日光長景之暉，是以服之。』是歲，陳留荒，多飢民，義山傾家財以濟之。有黄泰者，元鳳中寓陳留，著敗衣，賣芒履，義山見之，曰：『聞《仙經》云仙人目方面光。』密奇之。使人買芒履，常以金帛著物中，陰以與之。泰後詣義山，延之静室，泰曰：『聞君好道，陰德流行，感於我，是以相謁。我，中嶽仙人蘇子玄也。』義山再拜，膝行而進，自陳少好長生，今靈啟神降，得接聖顔。乃請乞奇要，仙人遂授以長生之道。後義山爲紫陽真人，白日昇天。」《南畿志·鳳陽府·仙釋》：「周義山，漢汝陰人，丞相勃之後也。年十六，嘗以平旦日出時東向嗽咽服氣百數，父問之，對曰：『義山中心好此日光長景之暉，是以服之。』有黄泰者，寓陳留，著敗衣，賣芒履。義山延之静室，泰曰：『我中嶽仙人蘇子玄也。』遂授以長生之道。後義山爲紫陽真人，白日飛昇。」李宜春《嘉靖潁州志·方伎·漢》：「周義山，字季道，汝陰人。丞相勃後。從父秘刺史陳留時，年十六，讀書外，嘗凌晨向日嗽咽服氣百數，如是者經年。父怪而問之，對曰：『某好此日景長輝，是以服食之。』陳留大侵，又傾家財濟之。有黄泰者，元鳳中寓陳留，著敗衣，賣芒履，義山奇之，曰：『此目方面光，必仙人也。』使人買芒履，陰以金帛著物中與之。泰後詣義山，謝曰：『我中岳仙人蘇子玄也，聞君好道，陰德流行，是以相詣。』義山再拜而進，自陳少好長生，乞請奇要，仙人遂以授之。後爲紫陽真人，白日昇天。」

隋

張路斯。其先南陽人，家於潁上百社村。隋初，十六明經登第。爲宣城令，以才能稱。後罷歸，於縣治西南四十里淮潤鄉蜕骨化龍，其地名龍池。歐陽文忠公《集古録》跋尾云：「《張龍公碑》，唐布衣趙耕撰，云：『君諱路斯，潁上百社人也。隋初，明經登第。景隆中，爲宣城令。夫人關洲石氏，生九子。公罷令歸。每夕出，自戌至丑歸，常體冷且濕，石氏異而詢之，公曰：「吾龍也，蓼人鄭祥遠亦龍也。騎白牛據吾池，自謂鄭公池。吾屢與戰，未勝。明日取決，可令吾子挾弓矢射之，繫鬣以青綃者，鄭也。絳綃者，吾也。」子遂射中青綃。鄭怒，東北去，投合肥西山死，今龍穴山是也。由是公與九子俱復爲龍。』亦可謂怪矣。余嘗以事至百社村，過其祠下，見其林木陰鬱，池水窈然，誠異物之所託。歲時禱雨，屢應，汝陰人尤以爲神也。」〔一〕

〔一〕《南畿志·鳳陽府·方外（仙釋）》：「張路斯，潁上人。唐景龍［隆］中爲宣城令。夫人石氏，生九子。張罷令歸，每夕出，自戌至丑歸，常體冷且濕，石氏異而詢之，張曰：『吾龍也，蓼人鄭祥遠亦龍也。據吾池。吾屢與戰，未勝。明日取決，可令吾子挾弓矢射之，繫鬣以青綃者，鄭也。絳綃者，吾也。』九子如其言，遂射中青綃。鄭怒，投合肥西山死。由是張與九子俱化爲龍。」《大明一統志·中都·潁州（人物）》：「張路斯，潁上人。年十六，中隋明經第。仕唐，爲宣城令，以才能稱。」《成化中都志·孝行·潁上縣》：「張路斯，其先南陽人，家於潁上百社村。隋初，年十六，明經登第。爲宣城令，以才能稱。後罷歸，於縣治西南四十里淮潤鄉蜕骨化龍，其地名龍池。歐陽文忠公《集古録》跋尾云：『《張龍公碑》，唐布衣趙耕撰，云：「君諱路斯，潁上百社人也。隋初明經登第，景龍［隆］中爲宣城令。夫人關洲石氏，生九子。公罷令歸。每夕出，自戌至丑歸。常體冷且濕，石氏異而詢之。公曰：『吾龍也，蓼人鄭祥遠亦龍也。騎白牛據吾池，自謂鄭公池。吾屢與戰，未勝。明日取決，可令吾子挾弓矢射之，繫鬣以青綃者，鄭也。絳綃者，吾也。』子遂射中青綃。鄭怒，東北去，投合肥西山死，今龍穴山是也。由是公與九子俱復爲龍。」亦可謂怪矣。余嘗以事至百社村，過其祠下，見其林樹陰蔚，池水窈然，誠異物之所託。歲時禱雨，屢獲其應，汝陰人尤以爲神也。』」《正德潁州志·人物·隋》：「張路斯。潁上百社人。年十六，以明經登隋進士第。景隆中爲宣城令，以才能稱。罷歸，每夕出，自戌至丑歸，嘗體冷且濕，夫人石氏異而詢之。公曰：『吾龍也。蓼人鄭祥遠亦龍也，騎白牛據吾池。屢與戰，未勝。明日取決，可令吾子挾弓矢射之。繫鬣以青綃者，鄭也。絳綃者，吾也。』子遂射中青綃，鄭怒去。公與九子皆化爲龍。」李宜春《嘉靖潁州志·方伎·隋》：「張路斯。即張龍公。詳載在《龍公廟碑記》。」

唐

劉大師。唐時姓劉者，不詳何地人，人莫知名，因以大師呼之。劉初騎白馬過油店橋，見久盲者，以藥點之，立愈。往來倏忽，一日再至，墜馬，坐林下鼾睡如怒濤，即之不見。後人爲寺於睡所，今猶稱其橋爲迎仙云。〔一〕

皇明

張古山。潁州人。幼端重不流，父母嘗欲爲聘，不從。誘以他，不動。出家，居迎祥觀。以高道，召爲武當提點。能預言未形事。後入山採藥，不知所終。今迎祥觀存所遺渾元衣，後有學製者，竟莫能肖。〔二〕

論曰：昔子路問死，夫子曰：「未知生，焉知死！」〔三〕蓋欲其原始反終，知氣聚而生，則知氣散而死矣。至孟子

〔一〕《正德潁州志·仙釋·唐》：「大師，姓劉。唐時騎白馬過油店橋，以藥點久盲者，立明復初。因號橋曰迎仙。往來倏忽，一日再至，跌坐大林中，鼾睡如怒濤，即之不見。後人爲立寺睡所。」李宜春《嘉靖潁州志·方伎·唐》：「劉太［大］師，不詳何地人，人亦莫知其名，因以太［大］師呼之。初騎白馬過油店橋，見久盲者，以藥點之，立愈。倏而來，倏而去。一日忽墜馬，坐林下鼾睡如雷，即之不見。後人因睡所爲寺。今稱其橋爲迎仙橋云。」

〔二〕《成化中都志·道釋神仙異人·潁州》：「張古山，本州人。幼端重不流。父兄爲娶，不從。出家，居迎祥觀，以高道，召爲武當提點，能預言未來事。入山採藥，不知所終。」《正德潁州志·仙釋》：「張古山，本州人。幼清重不流。父兄爲聘，堅不從。誘以他，不動。遁身迎祥觀，以高道，召爲武當提點，能預言未形事。入山採藥，不知所終。」李宜春《嘉靖潁州志·方伎·明》：「張古山，潁州人。幼端重不流，父母欲昏娶之，不從，乃寄蹟迎祥觀。永樂間，以高道召爲武當山提點，能預言未形事。後入山採藥，莫知所終。今迎祥觀存所遺渾元衣，有學製者，竟莫能肖。」

〔三〕《論語·先進》：「季路问事鬼神。子曰：『未能事人，焉能事鬼？』『敢问死？』曰：『未知生，焉知死？』」

曰：「夭壽不貳，修身以俟之。」〔一〕張子曰：「存，吾順事；没，吾寧也。」〔二〕聖賢之道如是而已。世之學楊墨者，精其「兼愛」「爲我」之術，果於仁義而不差乎？學佛老者，精其禪坐、丹鼎之術，果能長生而不死乎？甚至名爲儒者，亦有論理似楊墨、制行似佛老者，皆欲率天下而禍之，是皆聖人之罪人也。

《方伎傳》終

〔一〕《孟子·盡心上》：「盡其心者，知其性也。知其性，則知天矣。存其心，養其性，所以事天也。夭壽不貳，修身以俟之，所以立命也。」

〔二〕（宋）張載《西銘》：「富貴福澤，將厚吾之生也；貧賤憂戚，庸玉汝於成也。存，吾順事；没，吾寧也。」

潁州志卷之二十

傳十二・外傳

夫子曰：「君子有勇而無義爲亂。」〔一〕故古聖人在上必有仁政，以爲教養，斯民之本，則人皆知君臣、父子之義，而自不爲亂矣。苟上無道揆，下無法守，雖君子不免犯義矣，而復有天下小人響應其間，惡能免於亂亡哉！作《外傳》。

陳勝　鄧宗　劉福通

秦

楚人陳勝起兵。陳勝者，陽城人也，字涉。少時，嘗與人傭耕，輟耕之壟上，悵恨久之，曰：「苟富貴，無相忘。」傭者笑而應曰：「若爲傭耕，何富貴也？」涉太息曰：「嗟乎，燕雀安知鴻鵠之志哉！」二世元年（前二〇九）七月，發閭左戍漁陽者九百人，屯大澤鄉。涉次當行，爲屯長。會天大雨，道不通，度已失期，法皆斬。涉乃謀曰：「天下苦秦久矣。吾聞二世少子也，不當立，當立者乃公子扶蘇。扶蘇以數諫故，上使外將兵。今或聞無罪，二世殺之。百姓多聞其賢，未知其死也。項燕爲楚將，有功，愛士卒，楚人憐之。或以爲死，或以爲亡。今誠以吾

〔一〕《論語・陽貨》：「子路曰：『君子尚勇乎？』子曰：『君子義以爲上。君子有勇而無義爲亂，小人有勇而無義爲盜。』」

衆詐自稱公子扶蘇、項燕，爲天下倡，宜多應者。」吴廣以爲然。乃令徒屬曰：「公等遇雨，皆已失期，當斬。假令毋斬，而戍死者固什六七。且壯士不死則已，死則舉大名耳，王侯將相寧有種乎！」衆皆從之。乃詐稱公子扶蘇、項燕，爲壇而盟，稱大楚。攻大澤鄉，拔之；攻蘄，蘄下；徇蘄以東。行收兵。比至陳，卒數萬人。入據之。大梁張耳、陳餘詣門上謁，勝素聞其賢，大喜。豪傑父老請立勝爲楚王，勝以問耳、餘，耳、餘對曰：「秦爲無道，滅人社稷，暴虐百姓，將軍出萬死之計，爲天下除殘也。今始至陳而王之，示天下私，願將軍毋王。急引兵而西，遣人立六國後，自爲樹黨，爲秦益敵。敵多則力分，與衆則兵强。如此野無交兵，縣無守城，誅暴秦，據咸陽，以令諸侯，則帝業成矣。」不聽，遂自立爲王，號張楚。時郡縣苦秦法，争殺長吏以應之。陳王以苛察爲忠，其所不善者，弗下吏，輒自治之。其信用之諸將，以其故不親附，此其所以敗也。勝雖已死，其所置遣侯王將相竟亡秦，由涉首事也。高祖時爲陳涉置守塚三十家碭，至今血食。

按漢《地里［理］志》，陽城一屬潁川，一屬汝南。史遷云：「今爲汝陰。」近時馮舒智云：「故城在宿州南。」考之，潁州在秦爲潁川郡地，漢爲汝陰縣，隸汝南郡。若嵩山之陽城，本有虞之國，至秦漢已廢，而非潁川、汝南所屬。遷去此時甚近，謂陽城在汝陰，是也。而宿之陽城不見於《漢志》，當時陳勝攻蘄，蘄即宿州，恐爲後人誤爲之附會耳。且漁陽亦在汝南之西，大澤則在徐之豐縣以東，相去千有餘里。閭里貧民之戍漁陽者已不能堪，今發遠屯大澤，復會天大雨，道不通，雖東行，將及失期當斬，此陳勝之起兵，蓋有所激而然者。予筆削至此，隨考訂之，故於《郡紀》失載云。

鄧宗。汝陰人。秦二世元年，陳勝、吴廣起兵，宗從勝徇九江郡。〔一〕

〔一〕《史記·陳涉世家》：「當此時，諸郡縣苦秦吏者，皆刑其長吏，殺之以應陳涉。乃以吴叔爲假王，監諸將以西擊滎陽。令陳人武臣、張耳、陳餘徇趙地，令汝陰人鄧宗徇九江郡。」李宜春《嘉靖潁州志·傳疑》：「鄧宗，《近志·外傳》載：『宗爲汝陰人。』《一統志》載：『在宿州。』」

元

劉福通。潁州人。元至正辛卯（一三五一），四方盜起，欒城韓山童倡言天下當大亂，福通因稱山童爲宋徽宗八世孫，當爲中國主，乃刑牲誓告天地，遂同起兵，以紅巾爲號。出《綱目》。初，庚寅歲（一三五〇），山童以百姓苦賈魯治河之役，因挾詐陰鑿石人，止開一眼，鐫其背曰：「莫道石人一隻眼，此物一出天下反。」預當開河道埋之，掘者得之，遂相爲驚詫而謀亂，至是與福通合。縣官捕之急，山童就擒，妻子逃於武安。惟福通黨盛不可制，遂破潁州，據朱皋，攻羅山諸縣，犯武陽，陷汝寧府及光、息二州，衆至十萬。乙未（一三五五），福通自碭山夾迎韓林兒，稱宋帝。林兒，山童子也。戊戌（一三五八），破汴梁，奉其主入都之。分兵略山東西地，遂破遼州。其黨關先生破上都，焚宫闕。己亥（一三五九）秋八月，元察罕帖木兒克汴梁，福通以其主復走安豐。癸亥［卯］（一三六三），張士誠將吕珍入安豐，殺福通，據其城。〔一〕

〔一〕劉福通（？——一三六三或一三六六），潁州人。至正十一年，依靠白蓮教在潁州起兵反元，後擁立韓林兒爲小明王。二十五年（一三六五），與張士誠部作戰而死。一説二十八年（一三六八），在揚州瓜洲渡與元兵作戰時溺水而死。《元史·順帝紀》：「（至正辛卯）五月己酉朔，日有食之。辛亥，潁州妖人劉福通爲亂，以紅巾爲號，陷潁州。初，欒城人韓山童祖父，以白蓮會燒香惑衆，謫徙廣平永年縣。至山童，倡言天下大亂，彌勒佛下生，河南及江淮愚民皆翕然信之。福通與杜遵道、羅文素、盛文郁、王顯忠、韓咬兒復鼓妖言，謂山童實宋徽宗八世孫，當爲中國主。福通等殺白馬、黑牛，誓告天地，欲同起兵爲亂，事覺，縣官捕之急，福通遂反。山童就擒，其妻楊氏，其子韓林兒，逃之武安。癸丑，文水縣雨雹。壬申，命同知樞密院事秃赤以兵討劉福通，授以分樞密院印。丙子，命大都至汴梁二十四驛，凡馬一匹助給鈔五錠。六月，發軍一千，從直沽至通州，疏濬河道。是月，劉福通據朱皋，攻破羅山、真陽、確山，遂犯舞陽、葉縣等處……（至正乙未）二月己未，劉福通等自碭山夾河迎韓林兒至，立爲皇帝，又號小明王，建都亳州，國號宋，改元龍鳳。」李宜春《嘉靖潁州志·傳疑》：「劉福通，《近志·外傳》載爲潁人。至正間因與山童以紅巾爲號，破潁州，據朱皋，攻羅山諸縣，顛末甚悉。於李穀反不録，豈穀不如通邪？」

論曰：秦政暴虐，元政酷亂，已非一日矣。秦至二世，戍及閭左；元至順帝，役興河夫。當時百姓困苦極矣，莫不欲死中求生，此陳勝、福通所以能造亂也。勝、通皆潁人，蹟其所言所爲，亦豪傑耳！宋秦觀謂：「銷亡大盗之術，莫大乎籠取天下之豪傑。」[一]奈何秦之與元，行政既失，用人又非，遂使天下豪傑不得爲治世之能臣，而徒爲亂世之姦雄也，惜哉！雖然，不有陳勝首事，何以收漢高祖之功？不有福通倡亂，何以成我高皇帝之業？亂極當治之時，天生仁義之主出乎其間，此群雄所以敗亡，而天下所以平定也。

衮論曰：按《易》稱：「包無魚，起凶。」聖人爲之象曰：「無魚之凶，遠民也。」[二]夫民之去已，猶已遠之耳。秦之亡也，以閭左戍；元之亡也，以治河夫。一夫大呼，天下響應。當此時，雖有利兵重險，無益於守也。然則興役而不恤其民者，亦可以鑒矣。

《外傳》終

門下吏李椿謄寫

〔一〕（宋）秦觀《淮海集·進策·盗賊下》：「臣以爲銷亡大盗之術，莫大乎籠取天下之豪俊。天下豪俊爲我籠取，則彼卒材鼠輩，雖千百爲群，不足以置齒牙之間矣。」

〔二〕《周易集解·姤》：「九四：包無魚，起凶。象曰：無魚之凶，遠民也。」

吕景蒙跋

《潁志》採摭、編次凡三閱月，訂定惟儘公餘，脱稿隨壽諸梓，則越十月。起筆自三月朔，畢工於十有二月終。其爲工費亦煩矣，惟工銀呈於兵備道，動支本州無礙官銀二十有一兩，而工人日用飲食則倍焉，乃自出俸餘及略爲措處資給，分毫不與里甲相干也。爲照。各處書板俱置諸學宫，雖兩京，亦置於國子監並府學，蓋以公論所在，非但不能增減事實，亦且不致損失也。今置厨一座，用板藏於儒學尊經閣上之右面，東與史厨並列。凡游於斯、生於斯之賢士大夫，有欲印者，當計紙張，命工就印，幸勿以勢相挾而典守；義氣師友，亦幸勿以其勢而屈從，毋使一日出閣，則斯志之幸也。

景蒙敬識

校箋後記

校箋吕景蒙《嘉靖潁州志》，最初是出於以下兩個方面的考慮：一方面，筆者生長於阜陽，工作於阜陽，又無其他能力回報鄉梓，祇能整理一些地方文獻。在現存的幾種《潁州志》中，《吕志》雖然遲於《正德潁州志》，但早於李宜春《嘉靖潁州志》。在現存的幾種明清《潁州志》中，吕景蒙《嘉靖潁州志》的口碑最好，對其後修志的影響也非常大。但其中也夾雜許多錯誤，如不進行系統的整理，則可能以訛傳訛，對研究者産生不利影響。另一方面，則是爲了切合研究生培養的需要。學校招收的古代文學專業研究生，一開始根本没有能力直接閲讀古籍刻本。爲了提高他們認字、斷句和標點的水平，進一步培養閲讀和整理古籍的能力，筆者决定讓他們親自動手做一些文獻校注工作。岳冰雖然不是我的研究生，但也參加這樣的工作。《嘉靖潁州志校箋（吕本）》就是這樣的一個結果。

該書的整理經過以下三個階段：第一個階段，讓岳冰對吕景蒙《嘉靖潁州志》進行認字、斷句和標點。我要求她每天做一頁，然後發給我看，我在逐字核對原文的基礎上指出其所有的錯誤，當天晚上發還給她。這個工作持續了一年多，她做得很辛苦，我也改得很辛苦。

第二個階段，讓岳冰做校對和箋注工作。還是要求她每天做一頁，發給我看，我當天把我修改過的部分和修改意見發還給她。這個過程進行得很慢，又因爲岳冰撰寫碩士論文、考博士而中斷了一年多。而今，岳冰早已碩士畢業，正在上海師範大學文學院爲撰寫博士論文而拼命，我也已進入閩南師範大學文學院工作。儘管如此，在兩個月前，這個工作纔算完成了。

第三個階段，我對全部内容又進行了一些增删。主要是增加了《明實録》中的一些史料，以彌補有些重要人物的注釋中僅有地方文獻之不足；同時補充了許多文獻，包括各種方志中的文獻；删去了岳冰引用《順治潁州志》和《康熙潁州志》的注釋，因爲我覺得前引《正德潁州志》，後引李宜春《嘉靖潁州志》，許多記載的前後關係已經清楚了。至於統一全書的體例，編寫詳細的目録，對書稿進一步整理和加工，就全由我來承擔了。

本書是對吕景蒙《嘉靖潁州志》的系統整理，目的是給讀者提供更方便、資料更豐富的一種文本。如果這個目的能達到，則主要是岳冰的成績，因爲從斷句、標點到校對、注釋，大部分都是由她完成的；至於其中存在的錯誤和不足，則應該由我承擔，因爲她標點的每一句話、校箋的每一條内容，我都檢查、修改過三遍以上。

阜陽師範大學文學院校級一流學科負責人李長中教授和古代文學學科帶頭人鄭虹霓教授非常關心本書的出版，並予以經費支持。此外，在本書整理過程中，得到了鄭斌、戴歡歡、劉洪芹的大力幫助。在此，謹向他們致以深深的謝意！

張明華書於二〇二〇年七月二十日